仏教珍説・愚説辞典

松本慈恵　監修

国書刊行会

はじめに

現代は葬送儀礼が極端に簡略化されている。簡略化ならまだしも、それらしい儀式をまったく行なわず、病院から火葬場、そして霊園へというケースも増加している。なぜこのような状況になってしまったかを、いま真剣に考え直さなくては、寺院の未来はないのではないかと危惧されるほどである。

江戸時代の初め、キリシタン弾圧からはじまった寺請制度が、檀家制度の基礎となって今日までつづいている。明治になると、西洋文明の急激な移入、なかんずくキリスト教伝道と、神道の国教化により、仏教は危機にさらされた時もあった。

そうした困難も、先師たちの深き仏心と、民衆の信仰にささえられて乗り越えてきた。その後、寺院は檀家の葬儀と法事さえ行なっていればある程度の維持ができる時代が長くつづき、寺側も大衆もそれに慣れきっていた。

しかし現代のように少子化が進むと、跡継ぎのない無縁墓がふえたり、自家の菩提寺と家さんの実家の菩提寺のどちらかを選ばなければならなくなったりする場合もでてき

て、寺側が選別されるという状況になりつつある。

また、檀家だからしかたなく寺に行っているという人も増えている。むかし、寺の総代はその地域の名士という感があったが、現代ではＰＴＡの役員と同じで、しかたなく引き受けているといった総代も多いと聞く。

こうした寺・総代・檀家の疎遠な関係は、寺が地域の人びとに信心の大切さを伝え、悩みごとに真心をもって接するという役割を果たしていないためなのではないだろうか。そうでなかったとしても、お寺に行ったって、わけのわからないむずかしい説教をされて、おかしくもおもしろくもない、などの理由のようだ。

たしかに仏教の奥義は一般の人びとにはむずかしく、なかなか理解しにくいものではある。しかし古き良き時代には、仏教語がことわざや川柳などに用いられ、広く深く市井に定着していた。ここでは仏教が生活の一部であり、信仰が生活にとけこんでいたといって過言でない。お盆やお彼岸の行事はもちろん、種蒔きや漁は月の満ち欠けで判断され、海や山や川も信仰の対象とされていた。

これらのことを考え合わせると、いつの時代でもそうであるが、人びとに安心をおくるということは、笑わせながら理解にみちびくてだてが必要だと、強く思うのである。

つまり、現代の人びとが受け入れやすいような状況を寺の側からつくりだしていく必

要があるということである。

このような想いから、本書『仏教珍説・愚説辞典』は企図された。

本書には、俗説・俗信をふくむ珍奇な説、思わず笑ってしまいそうな愚かな説、そして辛ロトークやブラックユーモア、下ネタ、さらには奇談の数々など、総二〇〇〇数項目を収録した。

「もっと笑いを」という方針で多くの方に原稿をお願いしたが、寺院で使えるものということから、企図に反してやや硬くなりすぎた嫌いもあり、珍説・愚説というより、むしろ正説・真説といえるものも少なくない。それらには具体例を交えるなどして、専門の仏教辞典よりはるかにとっつきやすく、実用的に使いやすくなっている。

また、一般読者のために、楽しみながら仏教の知恵が身につくように配慮もした。

さらに、同じテーマの項目も、見方や理解を異にして並列とした。それぞれの項目は親しみやすい見出しにして、全体を五十音順配列とした。見出しはすべて目次に示し、巻末に見出し・小見出し、および語句をふくむ索引を付した。

そして、各項目の分量は、利用の便を考慮して二〇〇字前後とし、長い奇談類は区分して示した。

法話の枕に、寺報の原稿に、談笑のネタにと、本書の内容をそのまま、あるいはさらに展開させて、また批判的に、どのように活用されるかは読者諸兄にお任せし、地域のリーダーとしての寺院、住職の立場をより確かなものとしていただくために役立てていただければ幸いである。

最後になったが、本書各項の執筆をこころよく引き受けてくださった、神奈川県横須賀・法道寺の島田智肇師、静岡県戸田・本善寺の内藤歓祐師、東京都多摩・明観寺の照智一生師、中央大学文学部の川越泰博教授、エッセイストの割田剛雄氏、歴史研究家の山下昌也氏等に深く感謝したい。

平成十六年秋彼岸

松本慈恵

仏教珍説愚説辞典／目　次

はじめに—i

【あ】

合縁奇縁—3
愛語は布施行—3
挨拶は試し合い—3
愛染明王とキューピット—3
愛想と愛想尽くし—3
愛はエゴの最たるもの—4
青の洞門①—4
青の洞門②—4
閼伽と化粧水—4
垢抜けた女性—5
閼伽は浄水—5
あきらめなかった梵天—梵天勧請—5
悪人も善男善女に—5
朝題目に夕念仏—6
阿闍梨と阿闍—6
阿修羅道からの生まれ変わり—6
遊びは仏に通じる—6
頭だけになった娘①—7
頭だけになった娘②—7
新しい道具—7
甘い汁と甘露—7
甘い水—8
雨乞いと祈禱—8
雨請いの龍王① 請雨法の本尊—8
雨請いの龍王② 請雨法日—8
雨請いの龍王③ 請雨法月—8
雨請いの龍王④ 請雨法火—9
雨請いの龍王⑤ 請雨法水—9
甘茶でカッポレ—9
尼になった猫①—9
尼になった猫②—10
尼になった猫③—10
尼になった猫④—10
阿弥陀笠—10
あみだくじ—11
阿弥陀籤—11
阿弥陀の光も金次第—11
飴と鞭—11
雨降って地固まる—12
雨を降らす龍王—12
過ちと慢心—12
荒行は教育か修行か—12
蟻に食われた弥勒さま①—12
蟻に食われた弥勒さま②—13
行脚は師を求める旅—13
安国寺恵瓊① 情報分析の天才—13
安国寺恵瓊② 秀吉に恩を売る—14

【い】

癒えた傷①—14
癒えた傷②—14
生きている舌①—14
生きている舌②—14
生きている舌③—15
威儀を正す—15
石田三成と沢庵① 遺骸を引き取る—15
石田三成と沢庵② 筋を通す—15
石の奇跡—16
石原裕次郎の散骨—16
医者と坊主—16
以心伝心①—16
以心伝心②—17
以心伝心③—17
韋駄天走り—17
一隅を照らす—17
一汁一菜か一住一妻か—17
一大事は人びとを救うこと—18
一日作さざれば一日食らわず—18
一味—18
一蓮托生はホモ願望か—19
一休伝説① 天皇のご落胤—19
一休伝説② 関地蔵開眼①—19
一休伝説③ 関地蔵開眼②—19
一休伝説④ 傷心の一休—20
一休伝説⑤ 一休の修行—20
一休伝説⑥ 一休の悟り—20
一休伝説⑦ 放埒の一休—20
一休伝説⑧ 中身が大事—20
一休伝説⑨ 老いらくの恋—21
一休の袈裟—21
一茶① 捨てる礼儀—21
一茶② 死はあなた任せ—21
一切はすべて—22
一水四見—22
一得一失—22
田舎坊主白隠① 押しつけられた赤ん坊—22
田舎坊主白隠② 地獄—22
田舎坊主白隠③ 一昼夜眠る—23
田舎坊主白隠④ 死期の予言—23
稲守稲荷①—23
稲守稲荷②—23
稲守稲荷③—24
稲守稲荷④—24
稲荷鮨と連想ゲーム—24
稲荷の復讐—24
猪苗代湖と弘法さま①—25
猪苗代湖と弘法さま②—25
犬は守り神—25
いのちの花①—25
いのちの花②—26
いのちの花③—26
いのちの花④—26
いのちの花⑤—26
いのちの花⑥—26
いのちの花⑦—27
いのちの花⑧—27

いのちの花⑨―27
いのちの花⑩―27
いのちの花⑪―28
いのちの花⑫―28
いのちの花⑬―28
いのちの花⑭―28
いのちの花⑮―29
いのちの花⑯―29
位牌は死者の霊―29
意馬心猿―29
イヤミな貧者の一灯―30
入れ代わった娘①―30
入れ代わった娘②―30
入れ代わった娘③―30
入れ代わった娘④―30
色好まざらん男は―31
色と色―31
鰯の頭も信心から―31
岩にしみ入る蟬の声―31
因果と縁―32
因果と善行―32
因果骨―32
因業と果報―32
引導と松明―33
引導と導引―33
引導のはじまり―33
引導は死者へのものではない―33
引導法語を聞いてショック死―34
引導を渡さない宗派の教え―34
引導を渡すは殺すこと―34
因縁一つ―34

【う】

有為転変は世の習い―35
飢え死にした男①―35
飢え死にした男②―35
飢え死にした男③―35
飢えと渇きの世界―餓鬼―36
有学と無学―36
胡散臭い―36
牛になった父親①―36
牛になった父親②―37
牛になった父親③―37
牛になった母親①―37
牛になった母親②―37
牛になった母親③―37
牛になった母親④―38
牛の字紋―38
有象無象はいっさいことごとく―38
嘘、戦略、方便―38
嘘も方便―39
歌題目は日蓮賛歌―39
有頂天から地獄の底へ―39
写し残しの『法華経』①―39
写し残しの『法華経』②―40
写し残しの『法華経』③―40
腕を切った慧可和尚―40
産声は「天上天下唯我独尊」―40
馬じゃげな―一休と蓮如―41
馬の耳に念仏―41

海から生まれた吉祥天—41
海に流された兄弟①—41
海に流された兄弟②—42
有無を言わさず—42
梅の中の仏—42
うやむやも時と場合—42
雲水と流れ者—42

【え】

永代供養も期限つき—43
回向はふりむけること—43
絵師の布施①—43
絵師の布施②—43
絵師の布施③—44
会釈と会得—44
衣体の知れぬ—44
衣鉢を継ぐ—44
恵比寿は漁師の神さま—45
縁覚と過去七仏—45
縁起と吉凶の前兆—45
円珍と黄不動—45
円珍の頭—45
縁日は有縁の日—46
円仁の奇跡①—46
円仁の奇跡②—46
円仁の奇跡③—46
役行者① 父なし児—47
役行者② 梵字を書く子供—47
役行者③ 龍樹菩薩から法を授かる—47
役行者④ 蔵王権現の感得—47
役行者⑤ 吉野山の桜—48
役行者⑥ 守護仏—48
役行者⑦ 従者の鬼—48
役行者⑧ 人を食う鬼—48
役行者⑨ 山に架ける橋—49
役行者⑩ 捕らえられた役行者—49
役行者⑪ 宙を飛ぶ行者—49
役行者⑫ 飴になった刀—49
役行者⑬ 無実の行者—49
役行者⑭ 消えた遺骸—50
役行者⑮ 鬼の住居—50
役行者⑯ 仙人になった行者—50
縁は運命の赤い糸—50
閻魔様への送り状①—51
閻魔様への送り状②—51
閻魔帳はブラックリストか—51
閻魔と亡者—51

【お】

追い出された福の神①—52
追い出された福の神②—52
黄金は毒蛇—52
横死は非業の死—52
往生際は良い—53
往生は極楽に生まれること—53
王の残した言葉①—53
王の残した言葉②—53
王の見た夢①—53
王の見た夢②—54
王の見た夢③—54

王の見た夢④—54
王の見た夢⑤—54
オウム事件の加害者—55
御会式と万灯—55
大田垣蓮月① 身代わりになった泥棒—55
大田垣蓮月② 蓮月尼の美貌—55
お開帳とご開帳—56
お金の価値観①—56
お金の価値観②—56
お金の価値観③—56
おかめそばは和風五目そば—57
荻野独園① 都々逸問答—57
荻野独園② 山岡鉄舟の禅哲学—57
お経になった魚①—57
お経になった魚②—57
お経の意味—58
お経は退屈なものか—58
奥の院—58
贈り物①—59
贈り物②—59
おさんどんは飯炊き女—59
お地蔵さんの杖—59
お釈迦さまの頭のイボイボ—59
お釈迦さまの銭①—60
お釈迦さまの銭②—60
お釈迦さまの銭③—60
お釈迦さまの銭④—60
お釈迦さまの銭⑤—61
お釈迦さまの銭⑥—61
お釈迦さまは宇宙人か—61
おシャカになる—61
おせちは神前料理—62
お祖師さまは日蓮—62
恐れ入谷の鬼子母神—62
お大師さま—62
お大師さまの護摩の灰—63
御陀仏—63
御陀仏は弥陀仏か—63
お中元と物欲餓鬼—63
億劫は永遠の時間—64
お告げの鮑①—64
お告げの鮑②—64
お告げの鮑③—64
男盛りの出家—64
男は死体で女は遺体—65
お内仏—65
同じ木の切れ—65
同じ水でも乳と毒—65
同じレベル—66
鬼は人を害するもの—66
お墓は高いか—66
「おふだ」と「おさつ」—66
お盆①—67
お盆②—67
お盆はいつから—67
お守りと加持祈禱—67
おみおつけとおつけ—68
親の因果—68
おれとおまえは一蓮托生—68
女三界に家なし—68

女になる―68
女は愛敬、坊主はお経―69

【か】

開眼してコツがわかる―69
開眼は悟ること―69
快川和尚① 一徹な禅僧―70
快川和尚② 信玄の悟り①―70
快川和尚③ 信玄の悟り②―70
戒壇と鑑真―70
海中の不動明王像―71
戒は悪を防ぐための規律―71
戒名と居士―71
戒名なしの葬儀―71
カエルの鳴き声とさとり―71
顔欠け地蔵―72
香りとリラックス効果―72
鏡のなかの観音菩薩―72
鏡餅は祖先の霊魂―72
餓鬼道からの生まれ変わり①―73
餓鬼道からの生まれ変わり②―73
餓鬼と子供―73
架空の吉相①―73
架空の吉相②―74
架空の吉相③―74
学がある―74
覚悟はさとり―74
学僧と僧学―75
隠れた吉祥天①―75
隠れた吉祥天②―75
家系の不思議―75
駆け込み寺―75
過去帳を振れ―76
笠地蔵①―76
笠地蔵②―76
笠地蔵③―76
呵責は坊さんの罰―77
柏手は二回手を打つ―77
風邪は人に移せば治る―77
火葬場と観音さま―77
火宅と家計簿―78
形から入る―78
ガタピシ―78
合掌の意味―78
葛藤は言語文句―79
河童と合羽―79
喝を入れる―79
蟹の恩返し①―79
蟹の恩返し②―79
下半身は別人格―80
家宝は寝て待て―80
蟷螂の菩提―80
釜風呂の起源―80
我慢にも忍耐―81
我慢は思い上がり―81
神風を起こす①―81
神風を起こす②―81
神々の住処―82
神さまも死ぬ―82
神も仏も無い―82

髪結いの乱れ髪—82
カラスの駆け落ち①—82
カラスの駆け落ち②—83
カラスの駆け落ち③—83
がらんどう—83
ガラン堂—83
かわいい阿修羅—84
川を遡った薬師如来—84
眼横鼻直—84
棺桶とがんばこ—84
寒苦鳥は懲りない性格—85
関山と薪—85
漢字使用について①常用漢字—85
漢字使用について②理解—85
漢字使用について③俗字—86
漢字使用について④仏教の俗字—86
患者をみない治療—86
灌頂①立太子式—86
灌頂②方便灌頂—87
灌頂③秘密灌頂—87
灌頂④般若灌頂—87
勧請と勘定—87
鑑真大和上と味噌—87
勧進帳—88
勧進は喜捨のすすめ—88
観世音菩薩は女か—88
完全な精進料理—88
勘違い—89
観音さまと大黒さま—89
観音さまの生まれ変わり—89
観音さまの依怙贔屓①—89
観音さまの依怙贔屓②—90
観音さまの依怙贔屓③—90
観音さまの依怙贔屓④—90
観音さまのくれた子①—90
観音さまのくれた子②—91
観音さまのくれた子③—91
観音さまの櫃①—91
観音さまの櫃②—91
観音さまの櫃③—91
観音さまの櫃④—92
観音さまの櫃⑤—92
観音さまの目①—92
観音さまの目②—92
観音さまの目③—93
観音さまの目④—93
観音さまの目⑤—93
観音さまの料理①—93
観音さまの料理②—93
観音さまの料理③—94
観音さまの料理④—94
観音さまの料理⑤—94
観音さまの料理⑥—94
観音さまの料理⑦—95
観音は誤訳か—95
観音菩薩は女性か—95
勘弁は点検すること—95
還暦は再生の祝い—96
甘露甘露—96

【きこ】

帰依心矢の如し―96
消えた火種①―96
消えた火種②―97
消えた火種③―97
義淵僧正の悪龍退治―97
気が遠くなる時間―劫―97
祈願もいろいろ―98
聞く耳を持つ―98
機嫌はそしりきらうこと―98
既視体験(デジャヴュ)は幻覚か―98
喜捨は布施のこと―98
起承転結―99
疑心暗鬼―99
気絶か死か―99
北枕の真相―99
北枕は縁起が悪い―100
吉祥天女からの料理①―100
吉祥天女からの料理②―100
吉祥天女からの料理③―100
吉祥天女からの料理④―101
吉祥天は美女の代表―101
吉祥天ファミリー―101
狐の宝物①―101
狐の宝物②―101
狐の宝物③―102
狐の復讐①―102
狐の復讐②―102
狐の復讐③―102
狐の宝珠―中野宝仙寺―103
祈禱はいのり―103
木の枝の霊骨―103
帰命頂礼―103
逆縁も縁―104
キヤノンは観音―104
牛肉と倶利伽羅―104
今日からは楽に寝よ―104
経木で生臭を消す―104
行基の宮殿①―105
行基の宮殿②―105
行基の宮殿③―105
行基の宮殿④―105
行基の宮殿⑤―106
行基の宮殿⑥―106
行基の宮殿⑦―106
行基の宮殿⑧―106
行基の宮殿⑨―107
行基の宮殿⑩―107
行基の宮殿⑪―107
今日来るか明日来るか―107
行者と業者―108
教主は無数にいる―108
経典の編集会議①結集―108
経典の編集会議②合誦―108
経読みの経知らず―108
清く暮らせ―109
極限状況―109
拒否する悟り―109
浄めの塩は禊―109

キリギリスの恩返し―110
キリスト教と狩猟民族―110
キリスト教と仏教の真理―110
義理でする法事―110
径山寺味噌―111
琴線は金銭―111
勤王の僧―月照―111
金の髪飾り―111

【く】

空海の死―112
空也と神泉苑の老女①―112
空也と神泉苑の老女②―112
空也と逃げた盗賊―112
空也と蛇と蛙―113
空理空論は造語―113
食えない芋―113
苦界十年離れがたし―113
苦行と女性―114
苦行の空しさ―114
臭い物に蓋―114
草に縛られた僧①―114
草に縛られた僧②―114
草に縛られた僧③―115
草に縛られた僧④―115
草に縛られた僧⑤―115
草に縛られた僧⑥―115
愚者と紀三井寺―116
くしゃみ三回で風邪―116
九種浄肉―116
救世観音―116
愚痴―117
愚痴と無明―117
愚痴のなおし方①―117
愚痴のなおし方②―117
愚痴は無知のこと―118
功徳と利益―118
功徳は無い―118
苦と楽―118
供養で罪を免れる―118
供養と似非僧―119
供養はおそなえをすること―119
クリスマスと花祭り―119
クリスマスはイエスの誕生日にあらず―119
庫裏は寺の台所―120
黒と玄―120
薫育と機械化―120
葷酒山門に入り浸り―120

【け】

猊下は高僧の尊称―121
解脱は解き放たれること―121
結縁は仏道修行の縁結び―121
結界は境界線のこと―121
血気の勇①―121
血気の勇②―121
結婚と墓場―122
月蝕はラゴラのしわざ―122
欠点と諌言―122
外道の妨害①―123

外道の妨害②—123
外道の妨害③—123
外道は異なる宗教—123
玄関は道理の入口—124
元気は大いなる呼吸—124
研究熱心と挫折—124
健康で長生きは万人の願い—124
元帥大将①—125
元帥大将②—125
元帥大将③—125
元帥大将④—125
元帥大将⑤—125
現世利益が売りもの—126
現代お寺繁盛記—126
現代人の求道—126
現代僧の三毒—126
現代の教化—127
献体は捨身供養か—127
乾闥婆①受胎の神—127
乾闥婆②美女を誘惑する半神—127

【こ】

香が食料—128
豪商吉利①—128
豪商吉利②—128
豪商吉利③—128
豪商吉利④—129
広長舌は嘘がない喩え—129
香典と御霊前—129
香典は香の代金—129
香には沈静効果がある—130
コウノトリは親を選ぶ—130
光背は仏の光—130
業はつくりだすこと—130
講は仏教の講義—131
降伏と降魔—131
弘法も筆の誤り—131
高野豆腐—131
高野聖から護摩の灰—132
行李は使者—132
コオロギの恩返し—132
御開帳と船玉—132
五戒は簡単でむずかしい—133
五月人形①—133
五月人形②—133
五月人形③—133
五月人形④—133
五月人形の鍾馗さま①—134
五月人形の鍾馗さま②—134
黒白衣—134
極楽トンボ—134
極楽はオアシス—135
虚仮は偽りのもの—135
五眼は仏の眼—135
心の美人—135
心は受動的—136
心は仏のもの①—136
心は仏のもの②—136
心は仏のもの③—136
心は仏のもの④—137

護寺会はメンバーシップ―137
乞食桃水①　乞食小屋の禅僧①―137
乞食桃水②　乞食小屋の禅僧②―137
乞食桃水③　掘っ建て小屋の桃水―138
乞食桃水④　実とはいかなるものか―138
乞食桃水⑤　阿弥陀如来と禅僧―138
乞食桃水⑥　青物から酢屋へ―138
こじつけ―139
居士と大姉―139
居士は在家の男子―139
ご出家は尊敬された―139
五障三従―140
後生は死後の生存―140
後生は来世のこと―140
後生への思い―140
五辛と西洋野菜―141
護身法と泥棒―141
御前様―141
こだわりのない布施―141
こだわる心―141
ごちそうさま―142
こつじきとこじき―142
骨壺の大きさ―142
木端微塵―142
粉々になった役人①―143
粉々になった役人②―143
粉々になった役人③―143
個の保存の法則―輪廻転生―143
この世との縁を切る儀式―引導―144
この世の一日―144
この世の地獄―144
この世は火宅のごとし―144
この世は忍耐の地―145
子はカスがいい―145
五百人力の女①―145
五百人力の女②―145
五百人力の女③―145
五百人力の女④―146
五百人力の女⑤―146
五百羅漢に知人を見る―146
五味と五時―146
垢離は禊―147
五輪塔の位牌―147
五輪は全身―147
御霊前と御仏前―147
衣の色は黄褐色―148
壊された仏さま―148
子を淵に投げた女①―148
子を淵に投げた女②―148
子を淵に投げた女③―149
子を淵に投げた女④―149
権現は神仏の生まれ変わり―149
金剛はダイヤモンド―149
金剛づくし―149
言語道断―150
根性は気の習慣―150
こんにゃく閻魔①―150
こんにゃく閻魔②―150
こんにゃくで身心のダイエット―151
蒟蒻問答―151

金輪際は大地の下―151

【さ】

さあ逝くか―151
西行の出家の理由―152
在家と出家の区別―152
最澄の死―152
済度は救い渡すこと―152
西方の虚空蔵菩薩①―153
西方の虚空蔵菩薩②―153
西方の虚空蔵菩薩③―153
西方の虚空蔵菩薩④―153
西方の虚空蔵菩薩⑤―153
西方の虚空蔵菩薩⑥―154
西方の虚空蔵菩薩⑦―154
西方の虚空蔵菩薩⑧―154
西方の虚空蔵菩薩⑨ 慈悲①―154
西方の虚空蔵菩薩⑩ 慈悲②―155
西方の虚空蔵菩薩⑪ 如意宝珠①―155
西方の虚空蔵菩薩⑫ 如意宝珠②―155
西方の虚空蔵菩薩⑬ 如意宝珠③―155
西方の虚空蔵菩薩⑭ 清浄な虚空①―156
西方の虚空蔵菩薩⑮ 清浄な虚空②―156
西方の虚空蔵菩薩⑯ 清浄な虚空③―156
西方の虚空蔵菩薩⑰ 清浄な虚空④―156
財宝を授ける弁天さま―157
先立つ不幸―157
鷺になった観音さま①―157
鷺になった観音さま②―157
桜は八方美人―158
さくらんぼ―158
酒の罪①―158
酒の罪②―158
酒の罪③―158
酒の罪④―159
座頭の魂①―159
座頭の魂②―159
座頭の魂③―159
座頭の魂④―160
坐と座―160
鯖と『華厳経』―160
サバをよむ―160
差別と平等―160
さまざまな浄土―161
作務と掃除夫―161
猿だった釈尊―161
猿になった大王①―161
猿になった大王②―162
猿になった大王③―162
猿になった大王④―162
猿になった長者―162
三界に家なし―163
三帰依は仏教徒の基本―163
残虐な王子―163
三国一の婿①―163
三国一の婿②―163
三国一の婿③―164
散骨の本音―164
散骨(撒骨)は自然葬―164
三途の川① 三つの渡し―164

三途の川②悲惨な強深瀬—165
三途の川③死者の着物—165
三途の川で溺れるつらさ—165
三世の縁—165
三千世界のカラス—166
三蔵法師は女性か—166
三蔵法師は多数存在—166
山賊の宿—166
三大仏あれこれ—167
産道とタイムトンネル—167
三毒は三つの煩悩—167
三度なる栗—167
三度の食事—168
三昧と等持—168
三昧場でロック三昧—168

【し】

寺院の聖と俗—168
四恩はこの世で受ける四つの恩—169
資格と人格—169
死から生へ—169
四苦八苦—169
自業自得—170
自業自得の教え—170
自業自得は当然の報い—170
地獄からの生まれ変わり①—170
地獄からの生まれ変わり②—171
地獄の沙汰も金次第—171
四国遍路の起源—171
死後の世界の有無—171
死後の祭り—172
死後もマイホーム—172
師子身中の虫—172
四捨五入と死者悟入—172
四住期と長寿社会—173
自然葬は物真似—173
自然に還る—173
自然のままに—173
寺族は台風一家—173
四諦八正道①—174
四諦八正道②—174
四諦八正道③—174
七五三は「しめ」の祝い—174
七夕と織女伝説—175
七福神の誕生—175
七福神のなかで唯一の女神—175
七面山は久遠寺の守護神—175
死中に活を得る—176
十返舎一九—灰左様なら—176
寺庭は寺の家族—176
四天王と数字合わせ—176
品川宿と寺—177
死ななかった坊さん①—177
死ななかった坊さん②—177
死ななかった坊さん③—177
死ななかった坊さん④—177
死ななかった坊さん⑤—178
死ななかった坊さん⑥—178
死にがけの念仏—178
死に金と生き金—178

死に化粧と遺体復元―179
死に装束―179
死に水を取る―179
死ねば仏①―179
死ねば仏②―180
死は薬味―180
慈悲はなさけ―180
慈悲は無私の愛―180
至福感と脳内麻薬物質―181
自分が原因なのに―181
釈迦族はアーリア系か―181
釈迦にも経の読み違い―181
釈迦の尻①―181
釈迦の尻②―182
釈迦は部族の名―182
釈迦牟尼は釈迦族の聖者―182
写経は手動印刷―182
錫杖の役割―183
釈尊と魔王―心の葛藤―183
釈尊と魔王①―183
釈尊と魔王②―183
釈尊と魔王③―184
釈尊と魔王④―184
釈尊と魔王⑤―184
釈尊と魔王⑥―184
釈尊と魔王⑦―184
釈尊と魔王⑧―185
釈尊と魔王⑨―185
釈尊と魔王⑩―185
釈尊と魔王⑪―185
釈尊と魔王⑫―186
釈尊と魔王⑬―186
釈尊と魔王⑭―186
釈尊の禅―186
釈尊より仏弟子が勝れている―187
娑婆世界と極楽―187
沙門はさもしい―187
沙門は出家修行者―187
舎利信仰―187
しゃりと舎利―188
舎利弗と目連①―188
舎利弗と目連②―188
舎利弗と目連③―188
舎利弗と目連④―189
舎利弗と目連⑤―189
舎利弗と目連⑥―189
舎利弗と目連⑦―189
舎利弗の親友①―190
舎利弗の親友②―190
舎利弗の親友③―190
十牛図と青い鳥―190
周及の雨乞い―191
宗旨ちがいで葬式争い―191
集中する心―191
修行僧の恋―191
修行に女は邪魔―192
修行年数の差―192
修験道は忍術のルーツ―192
数珠と句読点―192
数珠はカウンター―193

受胎の法門―193
出家とは家を出ること―193
出家の動機などはどうでもいい―193
出家は一族の安全策―194
朱は善人、紫は悪人―194
寿老人は福禄寿と同じルーツ―194
巡礼は癒しの旅―194
生涯教育―194
正覚と大酒飲み―195
商家の結界―195
性空と深山の草庵―195
性空と遊女の普賢菩薩①―195
性空と遊女の普賢菩薩②―196
性空と遊女の普賢菩薩③―196
正眼と正眼―196
上戸と泥棒上戸―196
精舎はいずこへ―197
精進落としとは―197
精進落としの席順―197
精進と仏道修行―197
聖天さまの恐ろしさ―198
聖天さまのご利益―198
聖天さまの大根まつり―198
聖天の頭①―198
聖天の頭②―198
聖天の頭③―199
聖天の頭④―199
聖天の結婚―199
聖天の大根―199
聖天の誕生①―200
聖天の誕生②―200
聖天の誕生③―200
聖徳太子とお札―200
浄土に生まれる―200
浄土もいろいろ―201
上人か笑人か―201
聖人・上人と商人―201
少年の策略①―201
少年の策略②―202
少年の策略③―202
少年の策略④―202
少年の策略⑤―202
少年の策略⑥―203
少年の策略⑦―203
少年の策略⑧方便としての破戒―203
商売違い―203
丈夫と大丈夫―203
聖宝と東大寺の荒間①―204
聖宝と東大寺の荒間②―204
聖宝の荒修行―204
上品と下品―204
少欲知足―205
唱和する舌―205
諸行無常は変化の相―205
食後のタバコ―205
女性は成仏できない―206
女性蔑視のお釈迦さま―206
初七日忌はサービスではない―206
除夜の鐘と借金取り―206
女郎買いの釈尊①―207

女郎買いの釈尊②——207
知らぬが仏——207
シルバーシートは和製語——207
進化しない宗教界——208
真教①将門の祟りを鎮める——208
真教②念仏で引いた濁流——208
真教③沼にできた参道——208
心外と青い鳥——209
身心脱落——209
神通力①通——209
神通力②神通力を身につける——209
神通力③釈迦の神通力——210
人生二回でルンルン気分——210
人生の特効薬——210
親切と深切——210
寝台と布団——210
死んだときの呼び方——211
死んで花になる美しい幻想——211
死んで花実がなる——211
死んでも未来は存在する——211
心頭滅却——212
信不信は信仰にあらず——212
親鸞の死——212
真理としての苦——212
診療時間は三分——213
人類滅亡か進化か——213

【す】

随喜の涙——213
随喜も同じ功徳——213
随犯随戒——214
姿を変える妻——214
鈴木正三①嘘つかばこそ仏なり——214
鈴木正三②辻斬り①——214
鈴木正三③辻斬り②——215
鈴木正三④伊勢神楽の諭し——215
頭陀行と頭陀袋——215
捨鉢は師の鉢を捨てること——215
すべて仏になる——216

【せ】

正解は無い——216
生活の規範——216
正座は封建的な座り方——216
聖書の輪廻転生説——217
精神医学と宗教、そしてオカルトとカルト——217
生前戒名①——217
生前戒名②——217
生前に仏事を行なう——逆修——218
正反対の教え——218
清貧の修行——218
性欲の苦しみ——218
世界はヴィシュヌ神の臍から生じた蓮華——219
世間は鬼か——219
説教泥坊——219
セックスと体操——219
雪舟の禅——219
雪舟の鼠——220
節制と摂生——220

節分①鬼―220
節分②豆まき―220
節分③災難除け―221
説法と地震―221
選挙違反の報い―221
禅家の死に方に三種―221
千手観音の手①―222
千手観音の手②―222
善処する―222
前世の狐①―222
前世の狐②―222
前世の狐③―223
禅僧がもたらしたがんもどき―223
先祖は留守番―223
旃陀羅の自覚―223
善人と悪人―224
仙人の肘①―224
仙人の肘②―224
仙人の肘③―224
仙人の肘④―225
千の風―225
禅の公案―225
善友と悪友―225

【そ】

僧階は虚仮威しか―226
葬儀①必要性―226
葬儀②寺への相談―226
葬儀③船頭多く船進まず―226
葬儀と生花―227
葬儀と花輪―227
葬祭ディレクター―227
増上慢と謙虚さ―227
僧職もいろいろ―228
僧と坊さん―228
僧と暴走族―228
即身成仏した弘法大師―228
即身成仏は生き仏―228
即身仏になった川人足①―229
即身仏になった川人足②―229
即身仏になった川人足③―229
即身仏になった川人足④―229
賊をあわれむ心①―230
賊をあわれむ心②―230
賊をあわれむ心③―230
素読は貴重な学習方法―230
卒塔婆と収入の差―231

【た】

退屈は尻込みすること―231
大黒さまと大国主命―231
大黒さまは怒りの神―231
大黒さまはお寺の奥さん―232
大黒さまは男女の和合を表わす―232
大黒天の妻たち―232
大黒天舞と門付け―232
大黒天をまつると商売繁盛―233
大黒鼠は大黒さまの使い―233
大黒柱は大黒さまを支えるもの―233
太鼓叩きになった井戸掘り①―234

太鼓叩きになった井戸掘り②―234
醍醐味はくすり―234
大蛇を食った蟹①―234
大蛇を食った蟹②―234
大蛇を食った蟹③―235
大蛇を食った蟹④―235
大乗は仏説にあらず―235
大乗仏教は大きな乗り物―235
大丈夫はりっぱな人物―236
大蔵経、三蔵、一切経―236
大胆と慎重―236
大力の使い方―236
題目は救いの旗印―237
大力王の施し①―237
大力王の施し②―237
大力王の施し③―237
第六感と意識のちがい―238
田植え地蔵―238
田植え如来①―238
田植え如来②―238
宝の持ち腐れ―238
滝壺の水①―239
滝壺の水②―239
荼吉尼天と稲荷信仰―239
荼吉尼天は鬼女①―239
荼吉尼天は鬼女②―240
沢庵和尚の真相①―240
沢庵和尚の真相②―240
沢庵和尚の真相③―240
沢庵和尚の真相④―241
沢庵和尚の真相⑤―241
沢庵和尚の真相⑥―241
沢庵和尚の真相⑦―241
沢庵和尚の閻魔様への添書①―242
沢庵和尚の閻魔様への添書②―242
沢庵和尚の閻魔様への添書③―242
沢庵和尚の閻魔様への添書④―242
沢庵和尚の閻魔様への添書⑤―243
沢庵漬の名づけ親―243
沢庵問答―243
竹藪の髑髏①―243
竹藪の髑髏②―243
竹藪の髑髏③―244
竹藪の髑髏④―244
竹藪の髑髏⑤―244
堕地獄―244
多生の縁と多少の縁―245
達者が何より―245
達者は真理に達した人―245
達人にはこだわりがない―245
脱落は捨て去ること―246
たどり着けない地図―246
棚経は宗門改め―246
七夕とお盆―246
七夕の竹は神の憑代―246
旅人と放浪者―247
食べもの①―247
食べもの②―247
魂のルーツ―247
魂を抜く①―248

魂を抜く②—248
魂を抜く③—248
魂を抜く④—249
魂を抜く⑤—249
魂を抜く⑥—249
魂を抜く⑦—249
他力と自力①—249
他力と自力②—250
他力本願はあなた任せ—250
達磨大師と薬屋—250
達磨大師とダルマ人形—250
達磨大師と武帝—251
達磨大師の足—251
達磨大師の化身—251
ダルマと神道—251
ダルマの目—251
田を耕す仏道①—252
田を耕す仏道②—252
檀家制度は請負制度—252
檀家と旦那—252
啖呵は叱り真実を説くこと—253
端午の節句と菖蒲湯—253
男根は悪業をつくる因果骨—253
断食とダイエット—253
男女平等と不平等—254
だんだんよくなる法華の太鼓—254
タントラにはエロスの神秘—254
断臂不動明王—254
断末魔の苦しみ—255

【ち】

智慧は平等を知ること—255
力自慢①—255
力自慢②—255
力自慢③—256
力自慢④—256
力持ちの女二人①—256
力持ちの女二人②—256
力持ちの女二人③—256
畜生界からの生まれ変わり①—257
畜生界からの生まれ変わり②—257
畜身の釈尊—257
地磁気と北枕—257
知識と智慧—258
痴は馬鹿—258
中風は風大の障り—258
長広舌は大演説—258
長者たちの出家①—258
長者たちの出家②—259
長者たちの出家③—259
長者たちの出家④—259
長者たちの出家⑤—259
長者たちの出家⑥—260
長者たちの出家⑦—260
長者たちの出家⑧—260
長者たちの出家⑨—260
長者たちの出家⑩—260
長者の万灯より貧者の一灯—261
長者の婿①—261
長者の婿②—261

長寿社会の住職—261
聴衆と聴き手—262
弔電と句読点—262
調伏も慈悲から—262
長老は老年にあらず—262
治療ミスと引導ミス—263

【つ】

月の人間への影響—263
継蠟燭がいけないわけ—263
つけひも閻魔—263
漬物石の墓—264
辻説法は日蓮聖人から—264
妻への写経①—264
妻への写経②—264
妻への写経③—264
妻への写経④—265
妻への写経⑤—265
通夜と喪服—265
通夜ぶるまい—265
鶴が亀をうらやむ—266

【て】

できそこない—266
デクノボー—266
弟子たちの説法①—266
弟子たちの説法②—267
弟子たちの説法③—267
弟子たちの説法④—267
弟子たちの説法⑤—267
弟子たちの説法⑥—268
弟子たちの説法⑦—268
弟子たちの説法⑧信者の布施—268
弟子たちの説法⑨高座の設置—268
弟子たちの説法⑩唄う説法①—268
弟子たちの説法⑪唄う説法②—269
鉄眼、冤罪を晴らす—269
寺子屋は世界水準—269
寺銭は席料—269
寺とパソコン①パソコンの必要性—270
寺とパソコン②パソコンにできないこと—270
寺とパソコン③パソコンの可能性—270
寺とパソコン④パソコンの値段—270
寺とパソコン⑤パソコンの操作性—271
寺とパソコン⑥寺院専用ソフト—271
テレフォン法話と双方向性—271
天海僧正の長寿の秘訣—271
天海大僧正①年齢不詳の天海—272
天海大僧正②松明を灯した狐—272
天海大僧正③天海の柿—272
伝教大師は釈尊—272
天狗と山伏—273
電光影裏—273
天国と浄土—273
天上界から奈落の底—273
天上界から人間へ—273
天上天下唯我独尊—274
天への道①—274
天への道②—274
天への道③—274

天への道④―275
天への道⑤―275

【と】

東海道五十三次―275
投機のすすめ―275
投機は心の感応―275
道具は修行僧の生活用品―276
道元の死―276
導師はかつての同志―276
道場は修業の場―277
道心は童心にあり―277
当然のこと―277
盗賊退治の地蔵さま―277
盗賊の出家①―277
盗賊の出家②―278
盗賊の出家③―278
盗賊の出家④―278
盗賊の目―278
堂々巡り―279
当番制・日雇いの神仏―279
豆腐の好きなお地蔵さま―279
豆腐の味噌汁―279
兎角は実在しないもの―280
読経は冥界の道案内―280
得意の絶頂―280
毒婦高橋お伝の墓―280
トクホンは名僧の名―281
髑髏の恩返し①―281
髑髏の恩返し②―281
髑髏の恩返し③―281
土左衛門は力士の名―282
年の劫と智慧―282
どじょうと踊り子―282
屠所の羊―282
富を授ける吉祥天―282
弔い戦は精進落とし―283
友引と葬儀―283
土用の丑の日はウナギを食べる―283
銅鑼打つ―283
ドラえもんと土左衛門―284
虎退治の清正公―284
鳥居はにわとり―284
取越し苦労―284

【な】

内縁は内心の分析―285
長生きしないと出世できない―285
流れ灌頂は水死者を葬る儀式―285
情けは人の為ならず―285
鍋かむりの日親①爪を剝ぐ修行―286
鍋かむりの日親②将軍を折伏―286
鍋かむりの日親③地獄の刑罰①―286
鍋かむりの日親④地獄の刑罰②―286
鍋かむりの日親⑤地獄の刑罰③―286
鍋かむりの日親⑥地獄の刑罰④―287
生臭坊主と清僧―287
涙の治療薬①―287
涙の治療薬②―287
南無三とちくしょう！―288

南無はサンスクリット語―288
奈落と転生―288
奈落は舞台の下―288

【に】

贄食い坊主の布施好み―289
仁王は帝釈天―289
肉食禁止のルーツ①―289
肉食禁止のルーツ②―289
肉食妻帯は至難―290
肉食の禁止―290
肉を食べても食べたことにならない―290
二世はこの世とあの世―290
尼僧の誕生―291
ニダイの出家①―291
ニダイの出家②―291
ニダイの出家③―291
ニダイの出家④―292
ニダイの出家⑤―292
ニダイの出家⑥―292
ニダイの出家⑦―292
ニダイの出家⑧―292
日蓮の死―293
日蓮の法難―293
日光は観音の浄土①―293
日光は観音の浄土②―293
日光は観音の浄土③―294
似て非なるもの―294
日本最初の私立大学―294
日本で最初の留学生―294
日本初の日本地図―295
二枚舌でも足らない―295
入院と出院―295
入寂と遷化―295
入道は袈裟姿の俗人―296
入滅と滅入る―296
如意棒と不邪婬戒―296
如説修行で成仏―296
女人禁制と角界―297
女人成仏はあたりまえ―297
如来になった童女①―297
如来になった童女②―297
如来になった童女③―297
如来になった童女④―298
如来は来るが如し、去るが如し―298
人間界から人間に①―298
人間界から人間に②―298
人間としての苦しみ―四苦八苦―299
人間はみな仏陀候補―299
忍者は九字を切る―299
人薬王子①―299
人薬王子②―300
人薬王子③―300
忍力仙人①―300
忍力仙人②―300

【ね】

猫の和尚①―301
猫の和尚②―301
猫の和尚③―301

猫の和尚④—301
猫の和尚⑤—301
猫の和尚⑥—302
猫の鳴き声①—302
猫の鳴き声②—302
猫の鳴き声③—302
猫の鳴き声④—303
猫も杓子も—303
鼠の宝①—303
鼠の宝②—303
鼠の宝③—304
涅槃で待つ—304
涅槃と昼寝—304
涅槃西風—304
年賀状と春—304

【の】

脳死と臨終—305

【は】

拝啓は中国の書簡文—305
売茶翁①ただよりは負けない—305
売茶翁②雲水行脚で病を治す—306
倍の力①—306
倍の力②—306
蝿が手をする足をする—306
破戒は格好のゴシップ—307
墓とコインロッカー—307
墓参りの意義—307
墓参りは口実—307
墓参りは六度行—308
墓も変化する—308
白眼視の由来—308
博士は「はかせ」か「はくし」か—308
白楽天①木の上の禅僧—309
白楽天②知識と実行—309
馬耳東風—309
蓮の花と葉っぱ—309
跣足禁止令—310
八月だから裏盆—310
八正道は正しい理解と実践—310
法被の由来—310
八百歳の尼①—310
八百歳の尼②—311
八百歳の尼③—311
初詣でと日本教—311
花咲じいさんは芽吹きのスイッチ—311
花は仏国土の荘厳—312
花祭りは釈尊の誕生祝い—312
母の愛①—312
母の愛②—312
母の愛③—313
母の愛④—313
母の胎内に六年間—313
早い出家が勝ち—313
原坦山①女の妄想—314
原坦山②蝸牛の家—314
原坦山③天狗を使う—314

婆羅門はカーストの最上位―314
春の色は青、秋の色は白―315
般若心経と三蔵法師―315
般若湯は智慧の湯―315
般若湯もいろいろ―315

【ひ】

火から生まれた子①―316
火から生まれた子②―316
火から生まれた子③―316
火から生まれた子④―316
火から生まれた子⑤―317
火から生まれた子⑥―317
火から生まれた子⑦―317
火から生まれた子⑧―317
火から生まれた子⑨―317
火から生まれた子⑩―318
火から生まれた子⑪―318
彼岸としがん―318
彼岸は飛雁のこと―318
彼岸は日願のこと―319
ビキニの語源―319
毘沙門天(多聞天)は福の神―319
美人に見えるとき―319
美人の基準―320
額も頭のうち―320
必勝祈願―320
ひとでなし―320
人の首を売る①―321
人の首を売る②―321
人の首を売る③―321
人の首を売る④―321
人の真価は死んでから―322
独り善がり―322
人を見て法を説け―322
雛人形①―322
雛人形②―322
雛人形③―323
雛人形④―323
ビフテキはフランス語―323
百尺竿頭―323
百姓清九郎①母の枕を天井に―324
百姓清九郎②盗る金があってよかった―324
百姓清九郎③これで充分―324
百日間で背が伸びた栄西―324
譬喩は理解のたすけ―325
病院とパチンコ―325
病院と霊の存在―325
平等①―325
平等②―326
平等と慈悲―326
非理の根源①―326
非理の根源②―326
非理の根源③―326
琵琶は弁才天の持ち物―327
火を吹く仏―327
貧者の一灯―327
貧乏になった長者―327
貧乏の褒美①―328
貧乏の褒美②―328

貧乏の褒美③―328
貧乏の褒美④―328
貧乏の褒美⑤―328

【ふ】

不安は病気のこと―329
夫婦の理想像―329
夫婦は夫に仕える妻―329
不可解なのは万有か女心か―329
鱶地蔵①―330
鱶地蔵②―330
鱶地蔵③―330
鱶地蔵④―330
吹上観音―331
布教と説教師―331
福寿の散らし模様―331
福神漬は坊さんの知恵―331
福禄寿と寿老人は同体異名―331
無事が一番―332
ふしだら―332
無事はさわりのない心の状態―332
不惜身命と命知らず―332
不生禅①乗馬のこつ①―333
不生禅②乗馬のこつ②―333
不生禅③槍の極意―333
不生禅④盗みの根性―333
普請は大衆を集めること―334
ブスはトリカブトのこと―334
不殺生と生類憐みの令―334
布施にも悪魔―334
布施の相場―335
布施は取られるものか―335
布施をする人―335
二つの霊―335
淵のなかの浄土①―335
淵のなかの浄土②―336
淵のなかの浄土③―336
仏教学の領分―336
仏教語―336
仏教語の読み―337
仏教と農耕民族―337
仏教とヒンドゥー教―337
仏教の入口―337
仏教は農耕民族の宗教―338
仏教はヒンドゥー教の一つ―338
仏事回向と修行―338
仏歯寺で信心が爆発―338
仏性は人間だけにあるのではない―339
仏像の数え方―339
仏像の見方―339
仏足跡と仏像―339
ブッダか仏陀か―340
仏陀となる予言―340
仏壇を購入する時期―340
仏弟子への誘惑―340
仏道から遠ざけるもの①―341
仏道から遠ざけるもの②―341
仏門に入る―341
蒲団は丸いもの―341
振袖火事はお寺が火元①―341

振袖火事はお寺が火元②―342
フルーツ・ポンチはインド産―342
糞掃衣はボロ布で作った衣―342
分別は世間知―342

【へ】

平均寿命はいま―343
蛇になった猟師①―343
蛇になった猟師②―343
蛇になった猟師③―343
蛇の嫁になった女①―344
蛇の嫁になった女②―344
蛇の嫁になった女③―344
蛇の嫁になった女④―344
蛇娘①―345
蛇娘②―345
蛇娘③―345
蛇娘④―345
勉強と道心―345
弁才天から弁財天へ―346
弁説さわやかな弁天さま―346
弁天さまと蛇①―346
弁天さまと蛇②―346
弁天さまの夫①―347
弁天さまの夫②―347
弁天さまの嫉妬―347
弁天(弁才天)の由来―347
弁天(弁才天)のルーツ―347
遍路の娘①―348
遍路の娘②―348

【ほ】

方位① 八方除け―348
方位② 地磁気―348
判官贔屓とハルウララ―349
坊さんと坊ちゃん―349
坊さんの隠語―349
坊さんは長生きする―349
坊さんよ大志をいだけ―350
法事① お経の時間―350
法事② 脚のしびれ―350
法事③ 簡略化―350
法事はだれのためにするのか―351
方丈の起源―351
方丈は四畳半一間―351
法人の救い―351
坊主丸儲け―351
疱瘡の神さま―352
棒に振る―352
法然の死―352
法楽は法会の後の楽しみ―352
法律は釈尊の教えと戒律―353
法輪は武器―353
牧師と神父―353
菩薩は努力する人―353
菩薩は身近な存在―354
墓参は家族のメモリー―354
墓相学①―354
墓相学②―354
菩提寺と寺檀関係―355

菩提寺をもたない人びと―355
菩提心は敬虔な心―355
ぼたもちとおはぎ―355
墓地と賃貸マンション―355
発願と祈願―356
布袋和尚は弥勒菩薩の化身―356
布袋信仰とことわざ①―356
布袋信仰とことわざ②―356
布袋信仰とことわざ③―357
布袋信仰とことわざ④―357
仏さまは大法螺吹き―357
仏と石頭―357
仏嬲りと病院通い―358
仏の顔も三度―358
仏の僕―358
仏の泣き声①―358
仏の泣き声②―359
仏の泣き声③―359
仏の変化身―359
仏ほっとけ神かまうな①―359
仏ほっとけ神かまうな②―360
施しを受ける価値―360
骨に霊は宿るか①―360
骨に霊は宿るか②―360
骨に霊は宿るか③―361
法螺吹きは転法輪―361
本因坊は寺坊名―361
盆棚と棚経―361
梵天①天地創造の神―361
梵天②ヴィシュヌの子供―362
梵天③仏陀と大日如来の兄弟―362
梵天④自在神―362
煩悩の犬―362
煩悩の裸―363
煩悩は無数にある―363

【ま】

蒔かぬ種は生えぬ①―363
蒔かぬ種は生えぬ②―363
蒔かぬ種は生えぬ③―364
蒔かぬ種は生えぬ④―364
蒔かぬ種は生えぬ⑤―364
摩訶不思議―364
幕の内弁当とお斎―364
真姿の池―365
抹香臭い―365
末法と「世も末だ」―365
待てなかった若殿①―365
待てなかった若殿②―366
待てなかった若殿③―366
待てなかった若殿④―366
待てなかった若殿⑤―366
待てなかった若殿⑥―366
待てなかった若殿⑦―367
守り本尊―367
魔羅は悪魔―367
摩利支天①多妻―367
魔利支天②聖地となった妻―368
卍はおめでたい証―368
マンダラとマントラ―368

曼荼羅は仏教的宇宙―368
万年機―369

【み】

見栄の戒名―369
身代わり和尚①―369
身代わり和尚②―369
身代わり和尚③―370
身代わりと代受苦―370
身代わりになる仁王さま―田端東覚寺―370
身代わりの石①―370
身代わりの石②―371
身代わりの石③―371
身代わりの石④―371
水子と供養―371
水で死の判定―372
水と塩は海水の意味―372
水辺の弁天さま―372
蜜月は欠けていく―372
密語と蜜語―372
密葬と家族葬―373
水戸黄門は水戸の中納言―373
南では無い―373
身延詣でと落語―373
明恵の狼のなかの坐禅―374
明恵の耳を切る修行―374
妙超① 逃げた辻斬り①―374
妙超② 逃げた辻斬り②―374
妙超③ 後継者―375
弥勒は救世主① 成仏の予言―375
弥勒は救世主② 仏陀となる―375

【む】

無一物と貧乏人―375
無益な殺生―376
無学は阿羅漢の別名―376
むかしの火葬―376
むかしの茶と自販機の茶―376
無我ということ―377
麦の炎①―377
麦の炎②―377
婿養子はあさましいか―377
無言の話①―378
無言の話②―378
無言の話③―378
無言の話④―378
蒸風呂の縁起①―379
蒸風呂の縁起②―379
無尽灯は尽きない火種―379
娘の骸骨①―379
娘の骸骨②―379
娘の骸骨③―380
娘の骸骨④―380
娘の骸骨⑤―380
娘の骸骨⑥―380
娘の骸骨⑦―381
娘の寿命①―381
娘の寿命②―381
娘の寿命③―381
娘の寿命④―381

娘の寿命⑤―382
娘の布教①―382
娘の布教②―382
娘の布教③―382
娘の布教④―383
娘の布教⑤―383
娘の布教⑥―383
娘の布教⑦―383
夢窓疎石の名前の由来―384
夢窓疎石は観世音菩薩から授かった子―384
無相とクオーク―384
無体は実体のないこと―384
無二無三は一―384
胸の釘―385
無念は不本意なこと―385
無仏時代の救世主―地蔵菩薩―385
無分別は悟りの智―385
無明の酒―386
紫は聖なる色―386

【め】

名刹① 旗―386
名刹② 悟得を知らせる―386
明治は遠くなりにけり―387
瞑想で名僧になる―387
滅入ることは悟ること―387
迷惑をかけないは妄説―387
妾の喧嘩―388
目玉の観音① 病から里人を救う―388
目玉の観音② 盗賊を殺す―388
滅法は並外れていること―388
目で殺す―388
面目は本来の心性―389

【も】

儲けか布施か―389
もう一人の創造神① 毘首羯磨―389
もう一人の創造神② チャクラの発明―389
木魚と津波―390
木食上人① 木食行―390
木食上人② 阿闍梨―390
木食上人③ 放浪―390
目的は何か―391
目連と目蓮と木蓮―391
持ち味を生かす①―391
持ち味を生かす②―391
物惜しみは飢えと渇きに苦しむ―392
喪の期間―392
桃の花酒①―392
桃の花酒②―392
桃の花酒③―393
桃の花酒④―393
燃やされた仏像―393
文覚の荒行①―393
文覚の荒行②―393
文覚の藪のなかの修行―394
文覚、龍神を鎮める―394
文殊と文珠①―394
文殊と文珠②―394

文殊と文珠③—395
文殊と文珠④—395
文殊の化身—聖冏—395
文殊の智慧—395
文殊菩薩の前身①—396
文殊菩薩の前身②—396
文殊菩薩の前身③—396
文殊菩薩の前身④—396
文殊菩薩の前身⑤—396
文殊菩薩の前身⑥—397
文殊菩薩の前身⑦—397
文殊菩薩の前身⑧—397
文殊菩薩の前身⑨—397
文殊菩薩の前身⑩—398

【や】

薬師如来とヤブ医者—398
薬師如来の脂①—398
薬師如来の脂②—398
薬師如来の脂③—399
薬師如来の脂④—399
薬石功なく—399
薬石と懐石・会席—399
厄年はダジャレ—400
野僧に徹すべし①野僧沢庵—400
野僧に徹すべし②沢庵番—400
八つ裂きにされた玄昉①—400
八つ裂きにされた玄昉②—400
野暮天は神像—401
病と教え—401
山芋と鰻—401
山の神とカミさん—401
山の小判①—402
山の小判②—402
山の小判③—402
山の小判④—402

【ゆ】

唯我独尊—403
唯識と倶舎—403
幽閉された王①—403
幽閉された王②—403
幽閉された王③—404
幽閉された王④—404
幽閉された王⑤—404
雄弁家になった爺①—404
雄弁家になった爺②—405
幽霊とお化け—405
幽霊の足—405
幽霊の住処—405
湯灌①清めの儀式—406
湯灌②脱脂綿を詰める—406
湯灌は受戒得道の準備なのに—406
遊戯は自在な心身の活動—406
遊山は遍歴修行—407
ユダヤ教の輪廻転生説—407
ゆばは豆乳の薄皮—407
指一本①—407
指一本②—408
ゆるす努力—408

【よ】
良い良くないは心がつくる―408
ヨガと修行―408
良き友は金持ちか―409
欲の順位―409
欲は喉の渇き―409
欲深な男①―409
欲深な男②―410
横車を押す―410
吉原で弔い戦―410
世捨て人―410
夜爪は世をつめる―410
黄泉に行った男①―411
黄泉に行った男②―411
黄泉に行った男③―411
黄泉に行った男④―411
黄泉に行った男⑤―412
黄泉に行った男⑥―412
黄泉の国から帰った金持ち①―412
黄泉の国から帰った金持ち②―412
黄泉の国から帰った金持ち③―412
黄泉の国から帰った金持ち④―413
黄泉の国から帰った金持ち⑤―413
黄泉の国の報い①―413
黄泉の国の報い②―413
黄泉の国の報い③―414
黄泉の国の報い④―414
黄泉の国の報い⑤―414
黄泉の国の報い⑥―414
読みのパターン認識―415
嫁になった吉祥天女①―415
嫁になった吉祥天女②―415
嫁になった吉祥天女③―415
嫁の曼陀羅①―416
嫁の曼陀羅②―416
嫁の曼陀羅③―416
嫁の道①―416
嫁の道②―417
夜爪を切ると―417
世渡りの殺生―417
弱みと霊感商法―417

【ら】
ラゴラと寺の子供―417
羅刹①梵天の怒り―418
羅刹②親殺しの結婚法―418
ラマ教のラマは神人―418

【り】
力士は仁王―418
利他で悟りに近づく―419
律義者の子沢山―419
龍王①―419
龍王②―419
良寛①土佐の良寛―420
良寛②無言の意見―420
良寛③五合庵の泥棒―420
良寛④別れの和歌―420
良寛さんの鍋―421

猟師の発心①―421
猟師の発心②―421
猟師の発心③―421
猟師の発心④―421
霊鷲山と耆闍崛山―422
料理の秘訣は三つの心―422
臨済宗と曹洞宗の違い―422
臨終正念と死に水―422
臨終は安らかに―423
輪廻転生とリセット①―423
輪廻転生とリセット②―423
輪廻転生の逆輸入―423
輪廻は生まれ変わり死に変わり―424

【れ】

霊魂は不滅か―424
霊能者にも得手不得手―424
霊の呼び出し―424
蓮華の台―425
蓮如の死―425

【ろ】

聾唖になった泥棒―亀戸東覚寺―425
老体を養う女体地獄―425
老は尊敬の意―426
良弁杉①―426
良弁杉②―426

【わ】

若返りの水―426
若さとバカさ―426
若僧と若様―427
我がもの大海のごとし―427
鷲にさらわれた子供①―427
鷲にさらわれた子供②―427
鷲にさらわれた子供③―428
鷲にさらわれた子供④―428
鷲にさらわれた子供⑤―428
鷲の食い残した子供①―428
鷲の食い残した子供②―428
鷲の食い残した子供③―429
忘れ去ること―429
笑いと信仰―429
悪ガキは飽食の時代の産物―429
ワンダー・さとりへの道①―何ものにも恐れない獅子の姿―430
ワンダー・さとりへの道②―宮殿になる祇園精舎―430
ワンダー・さとりへの道③―きらびやかな空間―430
ワンダー・さとりへの道④―悟りの浄土①―430
ワンダー・さとりへの道⑤―悟りの浄土②―431
ワンダー・さとりへの道⑥―声聞と仏の資格①―431
ワンダー・さとりへの道⑦―声聞と仏の資格②―431
ワンダー・さとりへの道⑧―声聞と仏の資格③―431

ワンダー・さとりへの道⑨
菩薩の神通力―432
ワンダー・さとりへの道⑩
顔だちのいい童子①―432
ワンダー・さとりへの道⑪
顔だちのいい童子②―432
ワンダー・さとりへの道⑫
南方の修行者①―432
ワンダー・さとりへの道⑬
南方の修行者②―433
ワンダー・さとりへの道⑭
南方の修行者③―433
ワンダー・さとりへの道⑮
海辺の修行者①―433
ワンダー・さとりへの道⑯
海辺の修行者②―433
ワンダー・さとりへの道⑰
海辺の修行者③―434
ワンダー・さとりへの道⑱
海岸の修行者①―434
ワンダー・さとりへの道⑲
海岸の修行者②―434
ワンダー・さとりへの道⑳
海岸の修行者③―434
ワンダー・さとりへの道㉑
海岸の修行者④―434
ワンダー・さとりへの道㉒
自在国の良医①―435
ワンダー・さとりへの道㉓
自在国の良医②―435
ワンダー・さとりへの道㉔
自在国の良医③―435
ワンダー・さとりへの道㉕
自在国の良医④―435
ワンダー・さとりへの道㉖
林の中の長者①―436
ワンダー・さとりへの道㉗
林の中の長者②―436
ワンダー・さとりへの道㉘
林の中の長者③―436
ワンダー・さとりへの道㉙
林の中の長者④―436
ワンダー・さとりへの道㉚
瞑想の修行者①―437
ワンダー・さとりへの道㉛
瞑想の修行者②―437
ワンダー・さとりへの道㉜
瞑想の修行者③―437
ワンダー・さとりへの道㉝
瞑想の修行者④―437
ワンダー・さとりへの道㉞
瞑想の修行者⑤―438
ワンダー・さとりへの道㉟
瞑想の修行者⑥―438
ワンダー・さとりへの道㊱
園林の信女①―438
ワンダー・さとりへの道㊳
園林の信女③―439
ワンダー・さとりへの道㊴
園林の信女④―439

ワンダー・さとりへの道㊵
園林の信女⑤——439
ワンダー・さとりへの道㊶
林の中の仙人①——439
ワンダー・さとりへの道㊷
林の中の仙人②——439
ワンダー・さとりへの道㊸
林の中の仙人③——440
ワンダー・さとりへの道㊹
林の中の仙人④——440
ワンダー・さとりへの道㊺
苦行のバラモン①——440
ワンダー・さとりへの道㊻
苦行のバラモン②——440
ワンダー・さとりへの道㊼
苦行のバラモン③——441
ワンダー・さとりへの道㊽
苦行のバラモン④——441
ワンダー・さとりへの道㊾
金色の童女①——441
ワンダー・さとりへの道㊿
金色の童女②——441
ワンダー・さとりへの道(51)
金色の童女③——442
ワンダー・さとりへの道(52)
金色の童女④——442
ワンダー・さとりへの道(53)
経を読んで歩く修行者①——442
ワンダー・さとりへの道(54)
経を読んで歩く修行者②——442
ワンダー・さとりへの道(55)
相を観る童子①——443
ワンダー・さとりへの道(56)
相を観る童子②——443
ワンダー・さとりへの道(57)
相を観る童子③——443
ワンダー・さとりへの道(58)
平服の童女①——443
ワンダー・さとりへの道(59)
平服の童女②——443
ワンダー・さとりへの道(60)
平服の童女③——444
ワンダー・さとりへの道(61)
平服の童女④——444
ワンダー・さとりへの道(62)
物欲を満たす長者①——444
ワンダー・さとりへの道(63)
物欲を満たす長者②——444
ワンダー・さとりへの道(64)
物欲を満たす長者③——445
ワンダー・さとりへの道(65)
貧苦を除く長者①——445
ワンダー・さとりへの道(66)
貧苦を除く長者②——445
ワンダー・さとりへの道(67)
貧苦を除く長者③——445
ワンダー・さとりへの道(68)
貧苦を除く長者④——446
ワンダー・さとりへの道(69)
病を癒す長者①——446

ワンダー・さとりへの道⑩
病を癒す長者②——446
ワンダー・さとりへの道⑪
病を癒す長者③——446
ワンダー・さとりへの道⑫
病を癒す長者④——446
ワンダー・さとりへの道⑬
残虐な王①——447
ワンダー・さとりへの道⑭
残虐な王②——447
ワンダー・さとりへの道⑮
残虐な王③——447
ワンダー・さとりへの道⑯
残虐な王④——447
ワンダー・さとりへの道⑰
残虐な王⑤——448
ワンダー・さとりへの道⑱
残虐な王⑥——448
ワンダー・さとりへの道⑲
慈しみの王①——448
ワンダー・さとりへの道⑳
慈しみの王②——448
ワンダー・さとりへの道㉑
慈しみの王③——449
ワンダー・さとりへの道㉒
慈しみの王④——449
ワンダー・さとりへの道㉓
慈しみの王⑤——449
ワンダー・さとりへの道㉔
慈しみの王⑥——449
ワンダー・さとりへの道㉕
心を浄める信女①——450
ワンダー・さとりへの道㉖
心を浄める信女②——450
ワンダー・さとりへの道㉗
心を浄める信女③——450
ワンダー・さとりへの道㉘
心を浄める信女④——450
ワンダー・さとりへの道㉙
心を浄める信女⑤——451
ワンダー・さとりへの道㉚
香の長者①——451
ワンダー・さとりへの道㉛
香の長者②——451
ワンダー・さとりへの道㉜
香の長者③——451
ワンダー・さとりへの道㉝
香の長者④——452
ワンダー・さとりへの道㉞
香の長者⑤——452
ワンダー・さとりへの道㉟
海辺の船師①——452
ワンダー・さとりへの道㊱
海辺の船師②——452
ワンダー・さとりへの道㊲
海辺の船師③——452
ワンダー・さとりへの道㊳
出没自由な長者①——453
ワンダー・さとりへの道㊴
出没自由な長者②——453

ワンダー・さとりへの道⑩
智の底を究める尼僧①——453
ワンダー・さとりへの道⑩
智の底を究める尼僧②——453
ワンダー・さとりへの道⑩
智の底を究める尼僧③——454
ワンダー・さとりへの道⑩
智の底を究める尼僧④——454
ワンダー・さとりへの道⑩
智の底を究める尼僧⑤——454
ワンダー・さとりへの道⑩
智の底を究める尼僧⑥——454
ワンダー・さとりへの道⑩
智の底を究める尼僧⑦——455
ワンダー・さとりへの道⑩
離欲の信女①——455
ワンダー・さとりへの道⑩
離欲の信女②——455
ワンダー・さとりへの道⑩
離欲の信女③——455
ワンダー・さとりへの道⑩
離欲の信女④——456
ワンダー・さとりへの道⑪
離欲の信女⑤——456
ワンダー・さとりへの道⑫
離欲の信女⑥——456
ワンダー・さとりへの道⑬
過去・現在・未来の仏を見る長者①——456
ワンダー・さとりへの道⑭
過去・現在・未来の仏を見る長者②——457
ワンダー・さとりへの道⑮
過去・現在・未来の仏を見る長者③——457
ワンダー・さとりへの道⑯
大悲光明の観世音菩薩①——457
ワンダー・さとりへの道⑰
大悲光明の観世音菩薩②——457
ワンダー・さとりへの道⑱
大悲光明の観世音菩薩③——457
ワンダー・さとりへの道⑲
大悲光明の観世音菩薩④——458
ワンダー・さとりへの道⑳
あらゆるところに赴く菩薩①——458
ワンダー・さとりへの道㉑
あらゆるところに赴く菩薩②——458
ワンダー・さとりへの道㉒
方便の天人①——458
ワンダー・さとりへの道㉓
方便の天人②——459
ワンダー・さとりへの道㉔
方便の天人③——459
ワンダー・さとりへの道㉕
方便の天人④——459
ワンダー・さとりへの道㉖
善根の蔵①——459
ワンダー・さとりへの道㉗
善根の蔵②——460
ワンダー・さとりへの道㉘
智慧の光で救う夜天①——460
ワンダー・さとりへの道㉙
智慧の光で救う夜天②——460

ワンダー・さとりへの道⑬⓪
智慧の光で救う夜天③―460
ワンダー・さとりへの道⑬①
智慧の光で救う夜天④―461
ワンダー・さとりへの道⑬②
智慧の光で救う夜天⑤―461
ワンダー・さとりへの道⑬③
智慧の光で救う夜天⑥―461
ワンダー・さとりへの道⑬④
智慧の光で救う夜天⑦―461
ワンダー・さとりへの道⑬⑤
智慧の光で救う夜天⑧―461
ワンダー・さとりへの道⑬⑥
智慧の光で救う夜天⑨―462
ワンダー・さとりへの道⑬⑦
智慧の光で救う夜天⑩―462
ワンダー・さとりへの道⑬⑧
静かな禅定の夜天①―462
ワンダー・さとりへの道⑬⑨
静かな禅定の夜天②―462
ワンダー・さとりへの道⑭⓪
静かな禅定の夜天③―463
ワンダー・さとりへの道⑭①
喜びの悟りの夜天①―463
ワンダー・さとりへの道⑭②
喜びの悟りの夜天②―463
ワンダー・さとりへの道⑭③
喜びの悟りの夜天③―463
ワンダー・さとりへの道⑭④
喜びの悟りの夜天④―464
ワンダー・さとりへの道⑭⑤
喜びの悟りの夜天⑤―464
ワンダー・さとりへの道⑭⑥
喜びの悟りの夜天⑥―464
ワンダー・さとりへの道⑭⑦
喜びの悟りの夜天⑦―464
ワンダー・さとりへの道⑭⑧
喜びの悟りの夜天⑧―465
ワンダー・さとりへの道⑭⑨
喜びの悟りの夜天⑨―465
ワンダー・さとりへの道⑮⓪
喜びの悟りの夜天⑩―465
ワンダー・さとりへの道⑮①
王女だった夜天①―465
ワンダー・さとりへの道⑮②
王女だった夜天②―466
ワンダー・さとりへの道⑮③
王女だった夜天③―466
ワンダー・さとりへの道⑮④
王女だった夜天④―466
ワンダー・さとりへの道⑮⑤
王女だった夜天⑤―466
ワンダー・さとりへの道⑮⑥
王女だった夜天⑥―466
ワンダー・さとりへの道⑮⑦
王女だった夜天⑦―467
ワンダー・さとりへの道⑮⑧
王女だった夜天⑧―467
ワンダー・さとりへの道⑮⑨
かぎりなき喜びの三昧①―467

ワンダー・さとりへの道⑯⓪
かぎりなき喜びの三昧②―467
ワンダー・さとりへの道⑯①
かぎりなき喜びの三昧③―468
ワンダー・さとりへの道⑯②
かぎりなき喜びの三昧④―468
ワンダー・さとりへの道⑯③
かぎりなき喜びの三昧⑤―468
ワンダー・さとりへの道⑯④
かぎりなき喜びの三昧⑥―468
ワンダー・さとりへの道⑯⑤
かぎりなき喜びの三昧⑦―469
ワンダー・さとりへの道⑯⑥
かぎりなき喜びの三昧⑧―469
ワンダー・さとりへの道⑯⑦
かぎりなき喜びの三昧⑨―469
ワンダー・さとりへの道⑯⑧
自在音声の夜天①―469
ワンダー・さとりへの道⑯⑨
自在音声の夜天②―470
ワンダー・さとりへの道⑰⓪
自在音声の夜天③―470
ワンダー・さとりへの道⑰①
自在音声の夜天④―470
ワンダー・さとりへの道⑰②
光の悟りをもつ夜天①―470
ワンダー・さとりへの道⑰③
光の悟りをもつ夜天②―471
ワンダー・さとりへの道⑰④
光の悟りをもつ夜天③―471
ワンダー・さとりへの道⑰⑤
光の悟りをもつ夜天④―471
ワンダー・さとりへの道⑰⑥
光の悟りをもつ夜天⑤―471
ワンダー・さとりへの道⑰⑦
光の悟りをもつ夜天⑥―471
ワンダー・さとりへの道⑰⑧
光の悟りをもつ夜天⑦―472
ワンダー・さとりへの道⑰⑨
光の悟りをもつ夜天⑧―472
ワンダー・さとりへの道⑱⓪
光の悟りをもつ夜天⑨―472
ワンダー・さとりへの道⑱①
光の悟りをもつ夜天⑩―472
ワンダー・さとりへの道⑱②
器量に応じた悟り①―473
ワンダー・さとりへの道⑱③
器量に応じた悟り②―473
ワンダー・さとりへの道⑱④
器量に応じた悟り③―473
ワンダー・さとりへの道⑱⑤
器量に応じた悟り④―473
ワンダー・さとりへの道⑱⑥
器量に応じた悟り⑤―473
ワンダー・さとりへの道⑱⑦
器量に応じた悟り⑥―474
ワンダー・さとりへの道⑱⑧
器量に応じた悟り⑦―474
ワンダー・さとりへの道⑱⑨
器量に応じた悟り⑧―474

ワンダー・さとりへの道㉒⓪
蓮から生まれた娘⑭—481
ワンダー・さとりへの道㉒①
蓮から生まれた娘⑮—481
ワンダー・さとりへの道㉒②
仏の母①—482
ワンダー・さとりへの道㉒③
仏の母②—482
ワンダー・さとりへの道㉒④
仏の母③—482
ワンダー・さとりへの道㉒⑤
仏の母④—482
ワンダー・さとりへの道㉒⑥
仏の母⑤—482
ワンダー・さとりへの道㉒⑦
仏の母⑥—483
ワンダー・さとりへの道㉒⑧
仏の母⑦—483
ワンダー・さとりへの道㉒⑨
仏の母⑧—483
ワンダー・さとりへの道㉓⓪
仏の母⑨—483
ワンダー・さとりへの道㉓①
仏の母⑩—484
ワンダー・さとりへの道㉓②
功徳を思いうかべる童女①—484
ワンダー・さとりへの道㉓③
功徳を思いうかべる童女②—484
ワンダー・さとりへの道㉓④
技芸の童子①—484
ワンダー・さとりへの道㉓⑤
技芸の童子②—484
ワンダー・さとりへの道㉓⑥
技芸の童子③—485
ワンダー・さとりへの道㉓⑦
空の心の信女①—485
ワンダー・さとりへの道㉓⑧
空の心の信女②—485
ワンダー・さとりへの道㉓⑨
執着を離れた長者—485
ワンダー・さとりへの道㉔⓪
浄い智慧の長者—486
ワンダー・さとりへの道㉔①
海岸の修行者—486
ワンダー・さとりへの道㉔②
誓願の言葉のバラモン①—486
ワンダー・さとりへの道㉔③
誓願の言葉のバラモン②—486
ワンダー・さとりへの道㉔④
幻のなかに住む男女①—486
ワンダー・さとりへの道㉔⑤
幻のなかに住む男女②—487
ワンダー・さとりへの道㉔⑥
幻のなかに住む男女③—487
ワンダー・さとりへの道㉔⑦
弥勒菩薩①—487
ワンダー・さとりへの道㉔⑧
弥勒菩薩②—487
ワンダー・さとりへの道㉔⑨
弥勒菩薩③—488

ワンダー・さとりへの道㉕⓪
弥勒菩薩④——488
ワンダー・さとりへの道㉕①
弥勒菩薩⑤——488
ワンダー・さとりへの道㉕②
弥勒菩薩⑥——488
ワンダー・さとりへの道㉕③
弥勒菩薩⑦——488
ワンダー・さとりへの道㉕④
弥勒菩薩⑧——489
ワンダー・さとりへの道㉕⑤
弥勒菩薩⑨——489
ワンダー・さとりへの道㉕⑥
弥勒菩薩⑩——489
ワンダー・さとりへの道㉕⑦
弥勒菩薩⑪——489
ワンダー・さとりへの道㉕⑧
弥勒菩薩⑫——490
ワンダー・さとりへの道㉕⑨
文殊菩薩①——490
ワンダー・さとりへの道㉖⓪
文殊菩薩②——490
ワンダー・さとりへの道㉖①
普賢菩薩①——490
ワンダー・さとりへの道㉖②
普賢菩薩②——491
ワンダー・さとりへの道㉖③
普賢菩薩③——491
ワンダー・さとりへの道㉖④
普賢菩薩④——491

仏教珍説・愚説辞典

【あ】

合縁奇縁《あいえんきえん》

友人に芝居のチケットをもらい、隣に座った娘にスナック菓子を上げて親しくなった。合コンがあったので、その娘を誘って行くと、芝居のチケットをくれた友人の元彼がいて、焼け木杭《ぼっくい》に火がついて、おれはふられた。チケットをくれて因を作ったのは友人だけど、縁をつないで行ったのはおれだ。おれは、何か悪いことしたのかな〜。縁は異なもの、まずいものである。

愛語《あいご》は布施行《ふせぎょう》

他人と接するとき、常に親愛の情をもって優しい思いやりのある言葉で語りかけることを愛語という。これもりっぱな布施行の一つである。言葉はときには人を救い、ときには傷つける。心ない発言は人を悩ませ、寸鉄を帯びることがある。しかし、うわべだけよくても、心のこもっていない言葉を見抜く力は、男より女のほうが勝っている。いくらくどき文句を研究しても、下心ミエミエでは肘鉄《ひじてつ》をくらうのがオチだ。

挨拶《あいさつ》は試《ため》し合《あ》い

挨拶は、一般には人と出会ったときに取りかわす言葉や動作をさすが、本来は禅門の修行僧同士が問答し、相手の雲水がどれほどの悟道に達しているかを試すことである。一挨一拶《いちあいいっさつ》ともいわれる。相互に相手の悟りの深さや修行の成果を確かめるために、その応対は真剣そのものであった。

愛染明王《あいぜんみょうおう》とキューピット

愛染明王は愛の神で、女性の美と幸せを護る。そこから芸者や花魁《おいらん》の守り神とされるようになった。かつて、愛染堂の前にある桂の木に恋人同士が手を添えて愛を誓う映画(愛染かつら)があった。愛染明王は大いなる愛欲の仏さまで、身の色は太陽のように真っ赤で日輪を背にしている。天に向かって弓を引く「天弓愛染明王」の姿は、ローマ神話のキューピットとも関連する。

愛想《あいそう》と愛想尽《あいそづ》くし

愛想は仏教語で「ことばで表現されるものに執着すること」(佛教語大辞典)とされるが、一般には「あいそ」と読んで、人に接するときに示す好意や愛らしさ、茶菓《さか》などのもてなし、おせじなどをいう。お愛想と「お」をつけて丁寧にいうと、もっといいことかと思いきや、もと遊里語の「愛想尽かし」の略で、飲食店などの勘定をいうから要注意だ。客のほうが「お愛想！」というのをよく聞くが、客が愛想尽かしをしてくれというのも変な話だ。

愛《あい》はエゴの最《さい》たるもの

愛は渇愛《かつあい》、愛著《あいじゃく》、愛執《あいしゅう》などとも訳される。貪《むさぼ》り執着すること。ひたすら欲望の満足を求めることで、仏教では迷いの生存をもたらすものとして、それを捨てることが求められる。多くの人は愛とは美しいものと理解しているが、人間のエゴの最たるものでもある。ちなみにわが国で愛人と称するのは不倫の相手だが、中国では妻のことを愛人というらしい。つまり愛する人というわけか。妻を愛人とはドキドキする。

青《あお》の洞門《どうもん》①

旗本中川三郎兵衛の家臣市九郎は、主人の妾お弓と密通し、主人を殺して逃げ、木曾の山中で山賊稼業をはじめた。だが市九郎は、殺した女の髪の毛まで巻き上げるお弓の強欲さと残忍さを見て、自分の罪の恐ろしさに目覚め、お弓から逃げ出した。放浪のあげく、豊後湯布院《ぶんごゆふいん》の興禅寺《こうぜんじ》の前で行き倒れになり、助けられた住職にそれまでの罪を懺悔《さんげ》して出家し、僧禅海《ぜんかい》となった。

青の洞門②

寺の近くにある耶馬渓《やばけい》は、大きな岩が道をふさいだ絶壁で、一歩誤れば下の激流に落ちて命を失う難所だった。禅海は托鉢《たくはつ》でこれを実感すると、己の罪を償うため、ここに洞門《どうもん》を掘って人びとの役に立とうと悲願を立てた。禅海は人の嘲笑をよそに、一丁の鑿《のみ》と金槌《かなづち》でコツコツと掘りはじめ、三十年経った。貫通間近になって、殺した主人の一子が敵討《かたきう》ちに現われたが、八十歳の禅海の懸命な姿を見て敵討ちをあきらめ、まもなく「青の洞門」が完成した。

閼伽《あか》と化粧水《けしょうすい》

閼伽は水、功徳水《くどくすい》を意味し、仏に供える供物《くもつ》、供え水の意である。古くインドで客人を接待するのに水をささげたことに由来するという。水は生命の再生や若返りなどの象徴で、勧請《かんじょう》した仏・菩薩に水を供えることは、聖なる力の再生・新生を願うことを意味する。またラテン語のアクア(水)は閼伽からきているという説がある。若返りを願う熟女たちは化粧水という閼伽を顔に塗り、再生を図ろうと涙ぐましい努力をしている。

垢抜《あかぬ》けた女性《じょせい》

粋で洗練された都会風の容姿や態度の人を、垢抜けた人という。よく花柳界の芸者衆にたいしていわれたが、一般でも使われてきた。このうえない誉め言葉である。垢(あか・く)の本来の意味は、けがれや煩悩のことである。ところで、垢抜けた女性が煩悩や欠点を、すべて克服し脱却したという意味ではない。たんに「洗練された」という意味で使われているだけである。

閼伽《あか》は浄水《じょうすい》

閼伽は価値のあるものという意味で、貴賓または神仏の前に供えるものだが、とくに仏前または墓前に供える浄水をさすようになった。仏壇の水は毎日替えて供養しなければ、ご先祖さまから赤の他人と思われるのでいけない。とくに大晦日など、垢を落として閼伽を替え、赤い顔して燗《かん》つける、なんてのは、いかにも無事で安らかな情景である。→無事はさわりのない心の状態

あきらめなかった梵天《ぼんてん》――梵天勧請《ぼんてんかんじょう》

釈尊は悟りを得た後も坐禅をつづけ、そのまま涅槃《ねはん》に入ろうとしていた。それを知った梵天は、釈尊に「法を説きたまえ」と頼んだが、釈尊は「私の得た法は難解で世の人たちには理解できないだろう」といって断わった。梵天はあきらめず、「ですが世の中には、泥のなかから咲き出る蓮の華のように、世尊《せそん》の教えを受けて見事に花を咲かせる者もいるはずです」と説得をつづけた。

悪人《あくにん》も善男善女《ぜんなんぜんにょ》に

善男善女は善男子《ぜんなんし》・善女人《ぜんにょにん》の略で、元来は良家の子女のことをいう。高貴で有徳な成人男女を意味し、仏典においては仏教の正しい信仰をもった在家の信者をいう。神社仏閣にお参りする人を十把《じっぱ》ひとからげに善男善女と

呼ぶが、そのなかには怪《あや》しい者もいるだろうし、悪い奴もいるだろう。そうケチをつけるへそ曲がりもいるが、神仏の前に行けば、悪人も善男善女になるということを知らないか。

朝題目《あさだいもく》に夕念仏《ゆうねんぶつ》

「朝題目に夕念仏」は、朝に「南無妙法蓮華経《なむみょうほうれんげきょう》」という日蓮宗の題目を唱え、夕方には「南無阿弥陀仏《なむあみだぶつ》」という浄土教の念仏を称えることから、定見・節操のないことをいう。「夕」は「昼」も「宵《よい》」もある。実際にはこれほど無定見な人もおるまいが、宗旨にかかわらず何かの拍子につい「なんまいだー」と出てしまうことは、一般人ならだれしもあるのではないだろうか。

阿闍梨《あじゃり》と阿闍《あじゃ》

阿闍梨とは、密教の学徳を兼ね備えた高僧である。伝《でん》法灌頂《ぼうかんじょう》を受けた者は阿闍梨となる。しかしその後、学頭から合格の判定を受け、他の者に伝法灌頂を授けなければ本物にはならない。阿闍と省略したものは、尊敬や親しみ、あるいは優越感をともなった幅広い感情のこもる呼称である。だから、空海《くうかい》が最澄《さいちょう》を否定してからは、阿闍とは呼んでいない。

阿修羅道《あしゅらどう》からの生《う》まれ変《か》わり

高慢でわがままで、他人を軽蔑し、常に怒り、闘争を喜び、身体は強く逞しく、大力を備えている。目は白く、歯は犬のように長く露出しているような顔で、両舌《りょうぜつ》で他人を破壊するようなことを好んでする者は、阿修羅道から生まれ変わってきた者である。この人たちは、前世に多くの善根《ぜんごん》を行なったとしても、高慢な心で行なったのだから、ふたたび人間に生まれ変わっても、慣性となっているその強烈な高慢さを直さなければならない。

遊《あそ》びは仏《ほとけ》に通《つう》じる

遊びは、日常われわれを束縛している「生産性」からはなれ、純粋に生きる喜びを表わすものである。では、仏教では遊びをどう捉えているだろうか。漢訳の「遊」は「居る」とか「住す」を意味し、英語の現在進行形にあたるらしい。遍歴修行を遊行《ゆぎょう》といい、仏菩薩が衆生を教化することを遊化《ゆげ》とか遊戯《ゆげ》という。とくに遊戯は、仏菩薩の自在な活動・働きを意味する。遊びは仏に通じるものでもあるようだ。

頭《あたま》だけになった娘《むすめ》①

大和国の裕福な家の娘は、生まれながら賢くて、美しく気立てがよかた。良い縁談は多かったが、どういうわけか娘は断わりつづけた。ある日、見かけない男が三台もの車に美しい絹をいっぱい積んでやってきて、結婚を申し込んだ。娘はびっくりしたが、絹に心を奪われ、婿《むこ》に入れて夫婦になる約束をした。祝言《しゅうげん》をすませた夜、寝室から娘の悲鳴が聞こえた。

頭だけになった娘②

翌朝、寝室の戸を叩いたが、返事がない。中を覗《のぞ》くと、頭と一本の指だけが畳の上にあった。両親はびっくりして、男が持ってきた荷物をあらためると、絹は動物の骨で、車はただの木だった。父母は娘の頭を棺に入れ、ていねいに葬ったが、娘は山の鬼に食われたと噂《うわさ》され、「前世にこのような報いを受けなければならないようなことをしたのだ」とささやかれた。

新《あたら》しい道具《どうぐ》

「道具」はもともとは仏教語で、道はそこをまっすぐ進めば目的地に到達できる場のことである。目的は仏の境地になることであり、その修行の道を行くために必要な用具が道具である。――「ぼくはお経をカセットテープで憶え、法話もカセットテープで聞き、聖地巡りはインターネットでやっているので、ウォークマンとパソコンがあれば、ことが足りる」

甘《あま》い汁《しる》と甘露《かんろ》

自分では苦労せず他人を利用して利益をむさぼることを「甘い汁を吸う」という。テレビの時代劇などで悪代官が演じる役柄だ。ところが昨今、甘い汁を吸っているのは悪代官ばかりでなく、一見善良そうにみえる役人や医師・教師などが槍玉《やりだま》にあげられている。彼らは、わずかばかりの袖の下で、せっかく築き上げた社会的地位を失ってしまう。仏教では甘い汁を甘露というが、こちらは真理の玉露《ぎょくろ》であるから、だれにも遠慮せず味わえる霊妙な汁だ。しかし、それを味わっている人はけっして多くない。

甘《あま》い水《みず》

老婆が甘い酢の入った瓶を背負って、道々甘い木の実を取って食べながら歩いていた。咽《のど》が渇いたので水をもらって飲むと、なんともいえない甘い水だった。老婆が水と酢の交換を頼むと、大喜びで応じてくれた。老婆が帰って水を飲んだが、ただの水だった。試しに近所の人に飲んでもらっても、臭いという。水が甘かったのは、口中に果物の味が残っていたからだった。老婆がこの思いこみに気がついたときは、もう手遅れだった。

雨乞《あまご》いと祈禱《きとう》

農業をするには水が必要不可欠で、科学技術や土木技術が発達していない時代には雨乞いの儀式が盛んに行なわれた。それはいまも、民間信仰として各地にその名残《なごり》がのこされている。その形式はさまざまで、寺社に籠もる方法や、他の地域から水をもらってきてそれを自分の地域の聖地に撒《ま》き唄《うた》や踊《おど》りをするなどがあるが、仏教に祈禱が加わると僧侶が行なうようになった。雨乞いの祈禱はかならず成就《じょうじゅ》する。なぜなら、雨が降るまでつづければよいのだから。

雨請《あまご》いの龍王《りゅうおう》① 請雨法の本尊

多くの眷属《けんぞく》を引き連れて法華経説法の会座《えざ》に列席するのは全龍王の王で歓喜《かんぎ》龍王の難陀《なんだ》(ナンダ)、歓喜龍王の兄弟の跋難陀《ばつなんだ》(ウパナンダ)、海龍王の娑伽羅《しゃがら》(サーガラ)、九頭《くず》龍王の和修吉《わしゅきつ》(ヴァースキ)、多舌《たぜつ》龍王の徳叉迦《とくしゃか》(タクシャカ)、無熱悩《むねつのう》龍王の阿那婆達多《あなばだった》(アナヴァタプタ)、慈《じ》心《しん》龍王の摩那斯《まなし》(マナスヴィン)、青蓮華《しょうれんげ》龍王の優鉢羅《うはつら》(ウトパラ)で、娑伽羅龍王が請雨法《しょううほう》の本尊とされる。

雨請いの龍王② 請雨法日

「オーム　アーハ　フーッ」と書いた龍王の小像を作り、それを尿など五種類の排泄物を合わせた五甘露で洗い清め、龍を調伏するという名の植物ナーガダマナカの汁を塗り、発情期の象のこめかみから流れる液をその頭に塗る。一対の皿を合わせて龍王の像を安置し、黒牛の乳で満たした後、黒い龍女が紡《つむ》いだ糸で巻く。これで像の準備はできた。

雨請いの龍王③ 請雨法月

北西の方角に池を掘り、龍王の像を安置する。そして火葬場の炭で黒い粉、男の骨で白い粉、硫化砒素《りゅうかひそ》を主成分とする硫黄《いおう》で黄色い粉、火葬場の煉瓦《れんが》で赤い粉、チャウルヤの葉と男の骨を混ぜて緑の粉、男の骨と火葬場の炭を混ぜて青い粉を作り、曼荼羅《まんだら》を描いて、屍体から抜き取った腸で長さ三肘《ちゅう》と三指《し》の曼荼羅を仕切って、その中央に龍王を踏みつけた八面十六臂《ひ》で四脚二十四眼のヘーヴァジュラを描く。

雨請いの龍王④ 請雨法火

阿闍梨《あじゃり》は、内心に猛悪の心を起こして、人払いして真言を唱える。「オーム　グルグル　グツグツ　ダダダダ　マサマサ　起これ起これ、起らしめよ、起らしめよ、龍王を震わせるもののために、龍どもの主のために、七つの地界に棲む龍どもを句召せよ、雨を降らせよ、轟《とどろ》かしめよ、威嚇《いかく》せよ、ブッブッブッブッブッブッブッ　フーム　フーム　フーム　プハット　スヴァーハー」

雨請いの龍王⑤ 請雨法水

これで請雨法はすべて終わり、たちどころに雨が降るはずである。もし雨が降らなければ、さきの真言を逆に唱える。そうすれば、かならず雨は降りだすはずである。それでもなお雨が降らなければ、効果をもたらさなかった龍王の頭はアルジャカの花房のように裂けるのだ。——以上は、後期密教聖典『ヘーヴァジュラ・タントラ』の請雨法である。

甘茶《あまちゃ》でカッポレ

甘茶は甘茶の木の葉を煎じた湯で、釈尊が誕生したとき二頭の龍が天上に現われ甘露の香水を降らせたことにちなんで、灌仏会《かんぶつえ》のとき誕生仏に注いでお祝いする。生まれたばかりの釈尊は力強く七歩半歩まれ、天と地を指さし「天上天下唯我独尊《てんじょうてんげゆいがどくそん》」と宣言したという。古今亭志ん生は噺《はなし》の枕で「七歩半歩いたお釈迦さまを見た龍が、あのガキャ生意気だと甘茶をかけたところ、カッポレを踊ったことから、甘茶でカッポレとなった」と笑わせた。

尼《あま》になった猫《ねこ》①

貧乏暮らしの夫婦が、畑に出ているあいだの留守番に、本家に行って猫を借りてきた。猫は帰ると出迎えてくれるが、手伝いにはならない。「本家で婆さままでも貸してくれると、麦粉でも引いてくれるのに」と夫婦で話しているのを、猫が聞いていた。あくる日、畑から帰ると、灯りもついてない家で臼《うす》を引く音がする。本家の婆さまかと思ったが、猫が臼の柄《え》に取りついて引いていた。

尼になった猫②

ある晩、猫が「お伊勢参りして人間になりたいから暇《いとま》をください」と頼んだ。夫婦は本家に断わって、「伊勢参り猫」と書いた袋をつけて送り出した。伊勢参り猫が家の前でニャアニャア鳴くと、食べものや小銭をくれ、無事に伊勢参りをすませると、帰りには、その功徳で年とった尼《あま》の姿になった。ある村で宿を頼んだが、「この村では一人旅の者は泊めない掟《おきて》、寺に頼め」といわれた。

尼になった猫③

寺には村人たちがいて、頼むと寺のなかに案内してくれ、みな帰っていった。尼が一人で火にあたっていると、にわかに風が吹き、本堂のほうで恐ろしい音がして、黒牛のような鼠《ねずみ》が出て、尼の袈裟《けさ》に飛びかかった途端、尼が睨《にら》むと、鼠は慌てて逃げた。しばらくすると、風が吹き、音がして、赤牛のような鼠が出てきたが、尼に睨まれると逃げていった。

尼になった猫④

今度はもっと大きな鼠が出てきたが、尼は長い格闘のすえ退治した。次はさっきの黒鼠が襲ってきたが、これも退治し、次の赤鼠が襲ってきたときは、尼は疲れて猫の姿になっていた。夜が明けて村人がようすを見にくると、大鼠と破れた袈裟をつけた猫の格闘のさいちゅうだった。村人が声援を送ると、猫は元気を取り戻し、鼠を退治したが、猫も手傷を負って死んだ。村人は猫塚を作り、化け鼠を退治してくれた猫をまつった。

阿弥陀笠《あみだがさ》

帽子や笠を後方にずらして被るのを「あみだ被《かぶ》り」という。阿弥陀笠とは、あみだに被った笠のことで、時代劇などで三度笠を阿弥陀に被って街道をぶらぶら歩いている登場人物は、ちょっと軽い役回りである。しかし、阿弥陀仏を軽く見て、あみだ被りというのではなく、その形状が阿弥陀仏の光背《こうはい》に似ているところからきているだけである。

あみだくじ

ほとんどの仏像には光背といわれるものがある。それは仏像の頭部を中心にして放射線状に伸びているが、たんに放射線状に伸ばしただけでは非常に不安定で、横に線を入れる必要があった。現代の阿弥陀籤《あみだくじ》は縦線と横線でできているが、本来は放射線状の光背をさしていて、その中心、すなわち阿弥陀さまの頭にあたる部分が「当たり」の場所で、そこから「阿弥陀籤」の名がついたのである。

阿弥陀籤《あみだくじ》

紙に放射状の線を引き、その端に金額を書いて隠しておき、くじ引きをするのが阿弥陀籤で、各人が引き当てた金額を出しあって、菓子などの買いものをする。買ってきたものは、平等に分配する。それは、阿弥陀如来が平等に光明を照らすという意味からきているのではなく、たんに籤の線が阿弥陀如来の後光に似ているからいうのである。

阿弥陀《あみだ》の光《ひかり》も金次第《かねしだい》

阿弥陀如来の威力に満ちた光明は、明々として十方に輝いていて、その光にあう者は、喜びに満ち、善心が生まれる。また、地獄《じごく》・餓鬼《がき》・畜生《ちくしょう》の苦悩のなかでこの光明を見ると、安らぎを得て苦しみから逃れることができるとされる。しかしその平等であるはずの光も、賽銭《さいせん》の多い者により利生《りしょう》があるというもので、金力は仏に勝るとして「阿弥陀も金で光る」という言葉もある。その背景には、金ピカに光る阿弥陀像のイメージがうかがわれる。

飴《あめ》と鞭《むち》

世の中「飴で餅」のようにうまいことばかりならいいが、現実はそうはいかない。人生山あり谷ありで、けっこう浮き沈みが激しい。浮いたり沈んだりして悲喜こもごもの迷える衆生を、「飴と鞭」でもって正しい仏法に導くのが、三界の大導師たる僧侶の務めであろう。しかし、多くの人びとにとって何が飴であり、何が鞭になるか、地獄・極楽を信じなくなってしまった現代においては、きわめてむずかしい問題となっている。

雨降《あめふ》って地固《じかた》まる

「雨降って地固まる」——雨天の日の結婚式の挨拶などによく使われる言葉である。困難なことがあったあとに、以前にも増して人間関係や状況のよくなることをいう。晴れた日には「幸い晴天に恵まれ」というのだから、まさにものは言いようだ。人の心もしかりである。雨が降って固まるのは地面だけではない。固まらないのは、心に冷たい雨の降る中年男性の魔羅《まら》ばかりだ。

雨《あめ》を降《ふ》らす龍王《りゅうおう》

一角仙人《いっかくせんにん》が山道を下っていたとき、岩が雨で濡れていて滑って転んだ。すると「龍王がいるから雨を降らせ、雨が降るから滑って転んだのだ」と腹を立て、八大龍王を捕らえて岩屋に閉じ込めたので、雨が降らず人びとは困惑した。ところが、助平な一角仙人は、後宮第一の美女扇陀《せんだ》女に誘惑され、神通力を失って龍王が逃げたため、ふたたび雨が降りだした。

過《あやま》ちと慢心《まんしん》

人はとかく自分の得意なことに頼りがちである。しかし「過ちは好む所にあり」で、むしろ得意とするところで過ちが起こりやすいものだから、気をつけなければならないという。それは慢心からくる。おごり高ぶる心がすべてを狂わせるもとだ、というのだ。少しニュアンスは違うが、「河童《かっぱ》の川流れ」「弘法《こうぼう》も筆の誤り」「猿も木から落ちる」ともいう。

荒行《あらぎょう》は教育《きょういく》か修行《しゅぎょう》か

所願成就のために険しい山に籠もったり滝の水に打たれたりする激しい修行を荒行という。たとえば日蓮宗では、祈禱修法《きとうしゅほう》の秘法を授ける加行所《けぎょうしょ》が十一月一日から百日間、中山法華経寺《なかやまほけきょうじ》に開設される。寒中に修行僧は粗衣・粗食で読経三昧《どきょうざんまい》に明け暮れ、暁天《ぎょうてん》から夜半《やはん》にいたるまでに七回の冷水を浴びて身を清める。この荒行が教育か修行かで議論されているが、どう考えても修行であろう。教育機関の研修生に祈禱されても御利益はない。

蟻《あり》に食《く》われた弥勒《みろく》さま①

紀伊《きい》国の個人で建てた貴志寺に、僧ではないが信仰の篤い男が泊まった。夜中に、寺のなかで「痛い痛い」と老人がうめくような声がした。男は、最初は先に病気の老人でも泊まっているのかと思った。また、たいへん痛がっているような声がする。心配になって声の主を探したが、どこにも見あたらなかった。ただ、塔を造る材木が、造りかけのまま放置され、腐りかかっているのが目についただけだった。

蟻に食われた弥勒さま②

「まさか、腐りかかった木が泣くわけがない」と男は寝床にもぐったが、声はいっそう大きくなり、真夜中過ぎには大地に響くようだった。もう、腐りかかった塔を造る材木の霊がうめくのだとしか思えなかった。翌朝、男が堂の中を調べると、壇の上にあった弥勒菩薩の首が床に落ちていて、千匹の蟻に首を噛《か》み砕かれていた。男は急いで村人に知らせ、村人は中断していた塔のことを後悔し、弥勒さまの首をつないで作り替えた。生身でない仏像に、仏の意志が現われたのだった。

行脚《あんぎゃ》は師《し》を求《もと》める旅《たび》

行脚は、おもに禅宗の僧が修行のため師を求めて諸方を旅することだが、いまは、ほとんどが師は親という状況なので、師を求めて旅をする行脚はきわめて少ないと思われる。父が師、子が弟子というなれあいの間柄では本格的な修行ができないと、子供を信頼に足る知り合いの僧侶に預け修行させる例も稀にあるが、むかしに比べれば坊ちゃん坊主が急増している。世間知らずのなまくら僧侶が法を説いても、聴衆が聞く耳をもたないのは、むしろ当然であろう。

安国寺恵瓊《あんこくじえけい》① 情報分析の天才

恵瓊は僧としてよりも武将のイメージが強いが、けっして武力派ではなく文官で、とくに情報分析力にすぐれていた。恵瓊は安芸《あき》の安国寺の住職で、毛利家の外交顧問だったが、京の東福寺の塔頭《たっちゅう》退耕庵の住職も兼ねていた。東福寺は大禅寺で人の出入りが多く、それが恵瓊の情報源になっていたのである。彼の情報分析力がいかにすぐれていたかは、本能寺事件の十年前に、信長が殺され、秀吉が天下を取ると予言した文書が残されていることからも、すぐれた予知能力をそなえていたことがわかる。

安国寺恵瓊② 秀吉に恩を売る

秀吉の高松城攻めでは、安国寺恵瓊が毛利側の代表として、秀吉側の黒田官兵衛と和議を結んだ後、信長の死の情報が入った。秀吉は窮地に立ったが、恵瓊は毛利軍の秀吉追撃を止めた。秀吉が天下を取ると予想し、恩を売ったのだ。恵瓊は秀吉にスカウトされ伊予で六万石の大名になったが、依然として情報源の住職は兼務し、東福寺の住職になった。また、毛利家の外交顧問もつづけた。秀吉も毛利家も、恵瓊の情報分析力を必要としたのである。

【い】

癒《い》えた傷《きず》①

王舎城に、夏の九十日のあいだ、多くの僧に医薬を施した女がいた。そのとき一人の修行僧が重病にかかり、医師は人肉以外に薬はないという。女は人肉を求めて歩き回った。「いくら高くてもよいから」といっても、誰も売ってくれる者はいなかった。女は仕方なく、自分の股肉を切り取って野菜に混ぜ、香味を添えて病人に施すと、病は癒えた。

癒えた傷②

女は傷が悪化し、その苦痛はひととおりのものではなく、苦しみに耐えながら「南無釈迦仏」と唱えて、一心に釈尊の救いを求めた。釈尊は舎衛城《しゃえじょう》におられたが、女の唱える「南無釈迦仏」を耳にすると、大慈悲心を起こされた。すると女は、釈尊みずから名薬で治療してくれたと感じ、たちどころに全快した。

生《い》きている舌《した》①

紀伊国に、海辺を歩いて仏法を説く永興禅師がいた。品行は正しく暮らしも質素で、人びとは奈良の都から南にいる菩薩という意味で「南菩薩さま」と呼んだ。『法華経』を書いた巻物一巻と白銅の水入れと縄を張った椅子《いす》を持った旅の僧が禅師を訪れ、一年ほど禅師に従って村々を歩いていたが、伊勢の国に旅立つことになった。旅の僧は禅師に椅子を与えて、別れを告げた。禅師は食糧を与え、信者二人に見送らせた。

生きている舌②

山道で日が暮れ、別れるとき、旅の僧は見送りの二人に「途中、お腹が空くでしょう」といって、禅師からもらった食糧と『法華経』一巻を渡し、自分は麻縄二十尋《ひろ》と白銅の水入れを持って去っていった。二年経って、村人が山に入り木を切り、舟を造っていると、山の中から『法華経』を読む声が聞こえてきた。何日も何日も『法華経』の声はつづいた。

生きている舌③

声の主を探したが、どこにも見当たらず、声だけは聞こえてくる。村人から話を聞いた禅師が山に入り、声のほうに行くと、白骨があった。白骨をよく見ると、麻縄で両足を縛り、岩壁に身を投げたらしい。禅師はかわいそうに思って山を下りた。数日後、村人が山に入ると、まだ『法華経』の声はつづいていた。禅師がふたたび山に入り、白骨をよく見ると、死後三年も経つのに、舌はまだ生きていた。

威儀《いぎ》を正《ただ》す

威儀とは戒律のことで、仏の法にかなったふるまいであり、袈裟《けさ》を肩に掛ける紐《ひも》でもある。どちらも、決められたように、きちんとしなければいけない。べつに重々しくもったいつけることもないが、重要な案件での頼みごとや交渉のときに威儀を正すのはとうぜんであり、とくに玄関に入るときはなおさら威儀を正さなければいけない。**↓玄関は道理の入口**

石田三成《いしだみつなり》と沢庵《たくあん》① 遺骸を引き取る

慶長五年(一六〇〇)京都六条河原で処刑された石田三成の遺骸を丁重に収めていたのが、当時二十八歳の沢庵《たくあん》宗彭《そうほう》だった。三条戻り橋に晒されていた首も、三成が深く帰依した大徳寺の春屋宗園《しゅんおくそうおん》の願いを京都所司代が聞き入れ、三日後、沢庵が引き取りに行った。その後、春屋の許可を得た沢庵は、大徳寺に刻字のない小さな石塔を建て、人知れず、三成の菩提を弔った。沢庵は佐和山城が落城するまで一年間、三成のもとで暮らしていた。

石田三成と沢庵② 筋を通す

沢庵は、慶長十四年(一六〇九)大徳寺第百五十三世を三日で辞任した後、同十六年、豊臣秀頼に招かれるが拒否。細川忠興が父幽斎のために建立した寺の住職に請われたが拒否。同十七年、浅野幸長が面会を望むが拒否。元和元年(一六一七)黒田長政が父如水のために建てた寺の開山法要を依頼するが拒否。沢庵は、石田三成を滅亡へと追いやった者たちとの関係をすべて拒んだ。

石《いし》の奇跡《きせき》

釈尊が涅槃《ねはん》のためクシナガラ城に行くということを聞いて、五百の力士たちが道を修理していた。道には大きな石が一つあって、みんなで力を合わせて動かそうとしたが、びくともしない。釈尊はこれを見て、足の親指で石を押し上げると、右の手のひらに乗せて砕いて粉末にし、ふたたびその粉末を固めて大石にした。

石原裕次郎《いしはらゆうじろう》の散骨《さんこつ》

昭和六十二年七月十七日、国民的スターの石原裕次郎が亡くなると、その密葬の席で、兄の慎太郎は「弟の骨を海にもどしてやりたい」といったそうだが、墓埋法により散骨はできないと思い断念した。のちにこの判断はまちがいとわかったが、その後の散骨ブームの口火となった。平成二年「葬送の自由をすすめる会」が発足し、相模《さがみ》灘《なだ》で初めての散骨が行なわれた。

医者《いしゃ》と坊主《ぼうず》

「病め医者、死ね坊主」とは、生活のために医者は病人を望み、坊主は死者を願っていると世間の人びとは評しているという意だが、仁術をもって銘とする医師、衆生済度を標榜する僧侶にとっては耳の痛い言葉だ。江戸時代の庶民のたくましさ、したたかさの表出したこのことわざを、いま誰も言わなくなっているのは、それがあたりまえのことと受けとめられているからだろうか。

以心伝心《いしんでんしん》①

三代将軍家光は、六尺(一・八メートル)もあろうかという大きな犬を飼っていた。はるばる中国から持ち込まれた唐犬で、家光はことのほか寵愛していた。江戸城内の庭を散歩するときには、いつも連れていた。ある日のこと、この巨大な唐犬が何に驚いたのか、家光を見て激しく吠え、飼育係がいくらなだめてもだまらない。いよいよ哮《たけ》り狂って、吠えつづける。家光はカッとなり、「ハサミを取れ」と命じた。

以心伝心②

「この耳が長く垂れ下がっているから、ワシの声を聞かぬのじゃ。だれか、この犬の耳をハサミで切れ！」と、家光は怒りにまかせて小姓《こしょう》に命じた。すると、かたわらにいた沢庵和尚が、小姓の手からハサミを取り上げ、家光の面前につきつけ、「上様の御耳よりお試しするのがよろしい」といった。いくら動物であっても、いきなり耳を切られたのではたまったものではない。

以心伝心③

「ではだれか、この吠えつづける犬を静めよ」と、家光は左右を見渡した。しかし、だれも静めに出ようとしない。沢庵和尚は自分の左手に唾をつけ、哮《たけ》り立つ唐犬の前にその手を差し出し、右手の数珠で、犬の頭を静かになでた。犬は急におとなしくなり、おいしそうに和尚の手をなめている。家光はじめ一同は驚いた。和尚は「これが禅家の悟道です。己の心を犬に移してなだめる。これすなわち、以心伝心の極意です」といって平然としていた。

韋駄天走《いだてんばし》り

運動会などでとくに速く走ること、目の前をすばやく走り過ぎていくことなどを、足の速い韋駄天の走りに喩えて韋駄天走りという。これは、お釈迦さまが入滅されて火葬の後、その舎利《しゃり》(お骨)を帝釈天が受け取ろうとしたとき、鬼神が後ろから来てお釈迦さまの歯を盗み取ってしまうが、それを韋駄天が追いかけてすばやく取り返したことに由来する。

一隅《いちぐう》を照《て》らす

「一隅を照らす」とは、家庭でも職場でもいい、自分が置かれている小さな場所で精一杯努力して明るく生き、輝くような人をめざせということである。日本天台宗開祖の最澄は「一隅を照らす人こそ国の宝だ」といった。——赤ちゃんは家の宝だといわれる。それは、ニコニコ顔で一隅を照らしているからだ。

一汁一菜《いちじゅういっさい》か一住一妻《いちじゅういっさい》か

一汁一菜は、ご飯と味噌汁に野菜の煮つけ、漬物といった粗食をいうが、そのルーツは禅僧の精進料理にある。

世俗の生活を捨てて出家した僧が粗食に耐えるのは当然だが、今や寺が世俗化してグルメ僧が多くなっている。グルメならまだしも、あちこちに愛人を囲って、一汁一菜ならぬ一住一妻なんてことになってはいないだろうか。寺をお山ともいうが、山の神の怒りが心配だ。

一大事《いちだいじ》は人《ひと》びとを救《すく》うこと

一大事は漢訳『法華経』にでてくる「一大事因縁」で、仏が人間世界に現われるのは、方便を用いて仏の智慧《ちえ》を凡夫《ぼんぷ》に教え、示し、理解させ、悟らせて人びとを救済するという「仏の唯一の偉大な目的と仕事のため」を意味する。そこから「因縁」が取れ、「おおごと」「たいへんなこと」として世間で使われるようになった。本来もっている「因縁」を忘れ、功徳を積まず、地獄に堕ちては一大事である。

一日《いちにち》作《な》さざれば一日《いちにち》食《く》らわず

仏教では生産と所有につながる労働は禁じられているが、中国で禅の修行者がふえると、托鉢《たくはつ》だけでは修行僧の食事がまかなえなくなり、やむなく修行僧が田畑を耕すことになった。百丈《ひゃくじょう》禅師は禅の大家だが、修行僧と同じ作業をしていた。ある日、小僧が、高齢で地位もある禅師さまに休んでいただこうと、クワを隠したところ、禅師は「一日作さざれば一日食らわず」といって食事を抜いた。

一味《いちみ》

現代では悪事をはたらく集団をさし、悪い意味に使われるが、一味は一つの味のことである。仏の教えは時と場所に応じて多種多様に説かれるが、その本旨は同一である、というのが本来の意味である。インドの大地を流れる四つの大河も、海に流れ込めば、すべて同じ海の水となる。生きとし生ける衆生も、仏の海に帰すならば、誰もが同じ釈種《しゃくしゅ》と称されるのだ、という教えである。

一蓮托生《いちれんたくしょう》は心中《しんじゅう》の決《き》まり文句《もんく》

一蓮托生は、共に極楽往生《ごくらくおうじょう》して同じ蓮華《れんげ》に座ろうという意味。それだけ仲睦まじい関係を表わすが、江戸時代に流行《はや》った心中ものでは、制度やしがらみで思いをとげられない恋人同士が、せめてあの世で添い遂げようという思いである。いっしょに極楽浄土に行くために心中をするとき、「覚悟はよいか」「はい」と目を見合った後、「南無阿弥陀仏」の念仏でなく、お題目ではさまにならない。

一蓮托生はホモ願望《がんぼう》か

極楽には、阿弥陀如来が説法している宮殿の前に池があり、水面には種々の蓮の華が咲いている。その蓮華の上に生まれ変わろうというのだが、『無量寿経』の法蔵菩薩の願いが変成男子願《へんじょうなんしのがん》なので、極楽に生まれるときは、必ず男になっている。池の蓮の華の大きさは、車輪ほどだが、いくら大きめの車輪にしても、二人で座るのは無理がある。そんなところに男二人でいるのは、ホモしかいないだろう。

一休伝説《いっきゅうでんせつ》① 天皇のご落胤

一休は嵯峨野の民家で生まれ、肖像画も野人の顔だが、後小松天皇のご落胤だといわれる。成人した一休は、しばしば宮中に呼ばれ、後小松上皇に謁し、称光天皇崩御のときは後継天皇について意見を求められ、後小松天皇の臨終のときにも、宮中に召されて遺墨などを下賜され、一休は葛籠《つづらこ》に納めて終生放さなかったという。自ら建立したという酬恩庵《しゅうおんあん》の墓所は、宮内庁の管轄である。

一休伝説② 関地蔵開眼①

「関の地蔵に振り袖着せて、奈良の大仏婿《むこ》にとる」の俗謡で知られる地蔵堂の地蔵の開眼供養《かいげんくよう》を、たまたま通りかかった一休禅師に頼んだところ、地蔵にむかって「釈迦はすぎ、弥勒《みろく》はいまだ出《い》でぬ間の、かかるうき世に目あかしの地蔵」と詠み、前をまくって立ち小便をして立ち去った。人びとは怒って別の僧に頼んで開眼供養をやりなおしたが、その夜、世話人に高熱が出た。

一休伝説③ 関地蔵開眼②

夢枕に地蔵が立ち、不服そうに「せっかく名僧の供養で開眼したのに」といって、供養のやりなおしを命じた。あわてて桑名の宿にいた一休に助けを求めると、一休は古びた下帯をはずして地蔵の首にかけるようにといって渡した。人びとは半信半疑でいわれたとおりにすると、世話人の高熱はたちまち下がったという。関の地蔵が首に麻の布切れをまいているのは、この故事によるといわれている。

一休伝説④ 傷心の一休

一休が二十一歳のとき、師の謙翁《けんおう》が死んだ。ショックが大きく、琵琶湖畔の石山観音に十七日間参籠したが、癒されず、瀬田の唐橋で身投げしょうとしたところ、抱きとめられて助かった。母の庵で傷心の身を癒していたが、つけさせていた下男だった。心配した母が、堅田（大津市）の禅興庵に隠棲する華叟宗曇《かそうそうどん》に弟子入りしようと決心した。

一休伝説⑤ 一休の修行

一休の入門を、厳しい宗曇はなかなか許さなかった。一休は湖畔の小舟で眠り、夜明けとともに禅興庵の門前に座り込んだ。水をぶっかけられても動かず、なんとか入門を許されるが、修行は厳しく、薬草を刻んでいて指を切っても「なんだ、そのなまくら指は」といわれるぐらいだし、ひどい貧乏で、その日の食事にも事欠いた。栄養失調の一休は、京で人形造りなどのアルバイトをし、兄弟子のいじめにあった。

一休伝説⑥ 一休の悟り

一休は、鳥の声で忽然と悟りを得た。急いで師の宗曇に告げると、師は「おまえの悟りは、羅漢の境地にすぎず、本物の禅者ではない」と冷たくいった。一休は「羅漢であれば、それでけっこう。本物などになりたくない」と答えた。師はにっこり笑って「おまえこそ、真の禅者だ」といった。一休は、ついに大悟に達した。

一休伝説⑦ 放埓の一休

一休は、盗賊が横行し、行き倒れが街にあふれ、一揆《いっき》や飢饉《ききん》の頻発する動乱の世を放浪し、遊女を買って放埓《ほうらつ》な生活をしていた。大灯国師《だいとうこくし》の忌日の法要に女を連れて現われ、山内の僧が読経しているあいだ、隣の寺で女を抱いていた。四十歳の一休は、堺の南宗寺《なんしゅうじ》に息子の紹禎《しょうてい》と住んでいたが、紹禎の母は誰だかわからない。

一休伝説⑧ 中身が大事

一休は蓬髪《ほうはつ》で薄汚れた衣に木剣を持って、堺の町を徘《はい》徊《かい》していた。この異様な姿の僧を見て、人びとは「僧侶の姿で、殺人道具を持って歩くとは何事だ」と批難した。

一休は「当今、巷にあふれる偽坊主《にせぼうず》への当てつけだ」と答えた。「木剣は、外見は真剣に似ているが、抜いてみれば、ただの木にすぎない。人はすべて、うわべだけではどうにもならないのだ」と説明した。

一休伝説⑨ 老いらくの恋

七十七歳になった晩年の一休は、ほっそりとした盲目の美少女、森侍者《しんじしゃ》との熱烈な愛欲生活にひたった。朱色の着物を着て白い打ち掛けをまとい、傍らに鼓と杖を置いた絵に、その美貌と芸人のような生活をしのぶことができる。一休は、昼寝をしている森を見て楊貴妃のようだと称え、「美人の陰に水仙花の香りあり」と詠んで、正直に肉欲の情を披瀝している。

一休の袈裟《けさ》

財産を鼻にかけて威張っている金持ちに法要を頼まれた一休禅師が、わざと乞食坊主の姿でその家に出向いた。家の前に立って案内を乞うと、家の者は乞食坊主とかんちがいして「出て行け」とどなった。それでも出て行かないので、主人は「たたき出せ」といい、禅師は殴られ追い出された。次は緋《ひ》の衣に金襴《きんらん》の袈裟をつけて行くと、ていねいに迎えられた。禅師は「金ぴかの袈裟がお気に入りなら進ぜよう」といって、法衣を脱いで帰ってしまった。

一茶《いっさ》① 捨てる礼儀

俳諧《はいかい》で地位を確立した一茶が、加賀百万石の殿様に招かれ、衣服を賜わった。だが、帰るとすぐに田圃《たんぼ》に捨てた。せっかくの賜わりものを、もったいないと思った門人が理由を聞くと、一茶は「せっかくの申し出をその場で断われば、清廉《せいれん》をてらうものだとされるだろう。だから、いったんもらって、捨てるのが、礼儀というものだ」と答えた。

一茶② 死はあなた任せ

一茶は、下谷の庵を俳諧寺と称していた。そして晩年、「さて浮き世の一大事は、その身を如来の御前に投げ出して、地獄なりとも極楽なりとも、あなた様のおはからい次第、遊ばされ下されませ。とお頼み申すばかりなり。……あながち作り声して、念仏申すに及ばず、願わずとても、仏は守りたもうべし」と書いて、「ともかくもあなた任せの年の暮れ」と詠んだ。

一切《いっさい》はすべて

一切はすべて、残らずを意味する言葉で、だれでもふつうに使っているが、もともとは一切衆生、一切種智、一切法などと使われる仏教語である。――「一歳のときから一切衆生を救おうと大願を立て、一切法を観察して、一切種智を学んだが、一切の注意力が仏典に集中していたので、転んで石で頭を打って、一切合切忘れてしまった。一切のことは、いちから出直しだ」

一水四見《いっすいしけん》

「一水四見」とは、同じ水を見ても見る立場によって四つの見方があるという意味である。ふつうはただの水だが、天人の見方では宝で飾られた池で、魚にすれば住みかとなり、地獄で苦しむ餓鬼には膿血と見える。水自体は変わらなくても、立場や環境、時代によって無数の見方があるのである。だから、自分の見方を絶対視して判断すると、まちがいをおかす危険がある。

一得一失《いっとくいっしつ》

師に呼ばれた二人の修行僧に、師は壁にかけられた御《み》簾《す》を黙って指さした。二人の修行僧は、共に簾《すだれ》を一枚ずつ巻き上げた。それを見た師の言葉は「一得一失(一人は良いが、一人は悪い)」だった。一見同じに見えるが、師の悟りの境地から見ると、片方は似て非なるものだったのである。つまり、形だけ真似てそれらしくふるまっても、見る人が見れば底が割れるのである。

田舎坊主《いなかぼうず》白隠《はくいん》① 押しつけられた赤ん坊

白隠は生涯、沼津の松蔭寺《しょういんじ》で過ごした田舎坊主である。平易な言葉で教えを説く、庶民的で飄々《ひょうひょう》とした坊さんだった。寺の門前の商家の娘が赤ん坊を生んで、苦しまぎれに父親は白隠だといった。怒った商家の主人は、子供を白隠に押しつけた。だが、和尚は一言の弁明もせず、冬でも素足に草鞋《ぞうりば》履きで乳をもらって歩き、赤ん坊を大事に育てた。

田舎坊主白隠② 地獄

彦根藩士が参勤交代の途中、松蔭寺に立ち寄り、「地獄とか極楽は本当にあるのか」と白隠に聞いた。白隠は「貴公は何者であるか」と聞き返した。藩士は、「見たとおりの武士だ」と答えた。「地獄だ極楽だのと騒ぐのを見ると、腰抜け侍だな」と白隠がいうと、武士は怒って刀に手をかけた。白隠が「まだ骨が残っていたか」とからかうと、武士はいきり立ち、斬りかかった。白隠は「これが地獄だ」と刃の下で一喝《いっかつ》した。このとき、武士は悟りを得た。

田舎坊主白隠③ 一昼夜眠る

白隠がまだ慧鶴《えかく》と呼ばれていた二十歳前後の修行時代、備後《びんご》に行った帰り、兵庫から船に乗った。慧鶴は長旅の疲れで、ぐっすりと眠った。よく眠ったような感じで目を覚ますと、まだ船は止まったままである。不審に思って、船頭に「船はまだ出ないのか」と聞いた。船頭は「この寝ぼけ坊主! 寝言もいいかげんにしろ」とどなった。一昼夜経っていたのだった。まわりの船客を見ると、みな青ざめていた。その間、暴風雨に見舞われ、ほかの船は遭難していた。

田舎坊主白隠④ 死期の予言

白隠は重い病にかかった。十一月に床に伏し、十二月になっても病状は好転しない。診察した医者は「脈には異常は見られない」といったが、白隠は急に起き上がると「ヤブ医者に何がわかる。わしの命は四、五日ももたぬ」と大喝した。それから四日めの未明、白隠は床の中で「うん」と、まわりが驚くような大きな唸《うな》り声を上げた。枕頭の人びとが近寄ると、すでに息は絶えていた。

稲守稲荷《いなもりいなり》①

沼の側に住む若者は、嫁をとって共働きで田を起こすこともできないくらい貧乏だった。冬の萱野《かやの》で枯れ草刈りをしていると、白狐が飛んできて、積み上げた枯れ草のなかに身を隠した。猟師が追ってきて、狐を見なかったかと聞き、若者が「何かがあっちに駆《か》けていった」というと、猟師はその方向に走っていった。狐はなんども振り向きながら、枯れ野に消えた。

稲守稲荷②

春になって、若者が夜なべの縄ないをしていると、土間に美しい娘が立って「道に行き暮れて難儀しています。一夜の宿を」と頼んだ。若者は、家があまりにも粗末なので、よそに案内しようとしたが、娘はもう歩けないといって、土間にくずれるように膝を折った。次の日から娘はここに留まり、若者の世話をし、若者と力を合わせて萱野を開いて田を起こした。

稲守稲荷③

田植えの季節になり、若者が田の水を引きに行くと、もう一面に苗が植えられ、泥にまみれた娘が立っていた。その年、若者の田の稲は、村一番の稔《みの》りだった。幸せな年月が流れ、若者の家は豊かになり、子供も生まれた。若者が野良へ出ているあいだ、子供が添い寝している母の尻尾を見つけた。つい、気がゆるんだのだった。

稲守稲荷④

若者が帰ると、子供だけが泣いていて「みどり子の母問わば白狐　原に泣く泣く伏すと答えよ」と、歌が書かれていた。若者は猟師に追われた白狐のことを思い出し、その後の幸せな日々をかみしめた。「白狐だっていい。この子の母だもの、どうか戻っておくれ」と、若者は子供を抱いて白狐を探し歩いた。若者は家に稲荷を祀《まつ》り、やがて稲の守り本尊として信仰されるようになった。

稲荷鮨《いなりずし》と連想《れんそう》ゲーム

甘煮にした油揚げの中にすし飯をつめたものを稲荷鮨というのはなぜか。稲荷は五穀をつかさどる倉稲魂《うかのみたま》をまつったもの。狐が稲荷の神使であるという俗信に加え、油揚げが狐の好物ということからの命名という。江戸末期の連想ゲームである。また稲荷大明神は、インドの夜叉女神の荼枳尼天《だきにてん》と習合して同体とされた。さらに稲荷は、盗人仲間の隠語で豆腐、あずきめしをいう。

稲荷の復讐《ふくしゅう》

むかし、東北の山奥に鷹《たか》組、梟《ふくろう》組の猟師が小屋を掛けていた。雪の夜、鷹組の小屋に女が来て「子供を産む場所がなくて困っている」と訴えたが、女は汚れものだから小屋に入れない掟《おきて》がある。断わられた女は梟組のところに行って頼んだ。哀れに思った梟組は承諾した。朝、目覚めると、十二人の赤ん坊を抱いた女は、お礼に熊の居場所を教え、鷹組の小屋を覗くようにいって去った。梟組が熊を仕留め、鷹組の小屋を覗《のぞ》くと、人の代わりに鼠がいた。女は狐だった。

猪苗代湖《いなわしろこ》と弘法《こうぼう》さま①

暑い日、磐梯山《ばんだいさん》の麓《ふもと》で、みすぼらしい坊さまが機《はた》を織る家で水を乞うと、女は顔も上げずに「水はねえ」といった。次の家で「米のとぎ汁でもいいから飲ませてくれないか」と頼むと、手桶《ておけ》のわずかな水を飲ませてくれた。坊さまが、このあたりは水が不自由かと聞くと、女房は「飲み水も田の水も不足している」という。坊さんは「明日になれば良いこともありましょう」といって去った。

猪苗代湖と弘法さま②

明くる朝、女房が目を覚ますと、家の前に大きな湖ができていた。みな喜び、不思議がっていた。女房は昨日の坊さんの帰り際の言葉を思い出し、「あれはきっと弘法大師さまだ」といいあっていると、湖のなかから悲鳴が聞こえた。機織りの女の家が湖のなかに取り残されていた。湖は猪苗代湖と名づけられ、中の島を扇島と呼んだ。

犬《いぬ》は守《まも》り神《がみ》

犬と人間の関係は猫よりも古い。犬は芸をするが、猫はあまりしない。これは、付き合いの長さが原因といわれている。犬は太古の時代から人間の近くに住んで人間の食べものの残りをいただいて生活し、まわりに敵が近づくと吠えて危険を知らせた。また、ほんとうに人間が食料に困ったときは、その肉を提供してくれた。このように、犬は人間を守るものとして役立ってきた。そのため、狛犬《こまいぬ》(高麗犬の意)として神社の守り神となった。魔よけである。

いのちの花《はな》①

むかし、南の国に親を失った姉弟がいた。親の弔いを出した日、集まった親戚が、誰が姉弟を引き取って育てるか相談したが、七歳の姉は、自分一人で三歳の弟の面倒を見るといった。弟が六歳になったとき、姉は寺小屋へ行って学問をするようにいった。弟は姉に感謝して、学問に励んだ。賢い弟は、三年目には八十四人の年長者を抜いて、一番の成績になっていた

いのちの花②

抜かれた弟子たちは悔しく、「親もない年下の者に負けることはできない。なんとか負かすことを考えよう」と相談し、扇争いをすることに決めた。両親のいない姉との二人者に、りっぱな扇は買えないと思ったのだ。弟は姉に負担をかけることを悩み、布団を被って横になっていると、畑から帰った姉は「なぜ寝ているのですか、学問はどうしたの」と聞いた。

いのちの花③

弟は「学問は一番になったが、扇争いをしようといわれ、その金をどうしようかと心配で」と答えると、姉は「心配しなくても心あたりがある」と弟が寝た後、わずかな銭を持って出かけた。山道に入ると、大木の陰に白鬚《しらひげ》の老人が立って、「夜更けの山道を女童がどこへ行く」と聞いた。姉が扇を買いに行くわけを話すと、老人は「扇を買いに行くのはもう遅い」といって止めた。

いのちの花④

老人は扇を取り出すと、「粗末な扇だが、何かの役に立つだろう」と姉に渡した。翌朝、弟が寺に行くと、みな美しい扇を持っていたが、弟が粗末な扇を開くと、描かれている鳥は歌を唄い、花弁がちらちらと散った。一同、息を呑み、師の和尚は弟の扇が一番だと判定した。他の者はおさまらず、今度は舟争いをしようといった。弟は、また布団を被って寝ていると、姉が帰って事情を聞いた。

いのちの花⑤

夜、小銭を持った姉が山道にさしかかると、白鬚の老人が立っていて事情を聞くと、「いまから舟屋へ行くと、明日の昼になる。ここにみすぼらしい舟がある。何かの役に立つだろう」と舟を持たせた。翌日、弟の舟は一番みすぼらしかったが、池に浮かべると、他の舟は風のままに流されるが、弟の舟には七人の人形が乗り、櫂《かい》で自由に漕《こ》ぎ進んだ。和尚は弟の舟を一番とした。

いのちの花⑥

悔しい年長者たちは、今度は弓争いをすることにした。弟はまた寝込み、事情を聞いた姉は夜、小銭を持って出かけた。山道で事情を聞いた白鬚の老人は、「いまから弓屋へ行っても、まにあわぬ。ここに弓がある。粗末だが、何かの役に立つだろう」といって弓を姉に渡した。翌日、みんなの弓は輝くばかりだったが、粗末な弟の弓は、はるか雲に届いて一番になった。

いのちの花⑦

兄弟子たちは「何をやっても、おまえにはかなわない。われわれは別の寺へ行く。明日は別れの乾杯をしよう。りっぱな酒肴《しゅこう》を持ってこい」といった。弟から話を聞いた姉は、「心配しなくてもよい。そんなこともあるかと思い、その用意はしてある」といって弟を安心させた。姉は料理を作り、酒を添えて包み、床につくと、亡くなった両親が現われて、「明日は毒を食わせる企みだな」といった。

いのちの花⑧

姉は弟に「毒を入れているから、身体の具合が悪いといって、何も飲み食いしてはいけません。むりやり口に入れられたら、吐き出して、馬で急いで帰ってきなさい」と言い含め、寺で飲食しなくてもいいように腹一杯食べさせて馬に乗せて送り出した。寺では、年長者たちは豪勢な料理を持ち寄って待ちかまえていた。弟は、むりやりすすめられるのを「身体の具合が悪いから」といって断わった。

いのちの花⑨

年長者たちは、「せっかくのものをなぜ食わぬ。毒でも入っていると思っているのか」と怒りだし、髪をつかんで引き倒すと、口を開けて毒の入った料理を口に押し込み、酒で流し込んだ。弟は吐き出したが、気分が悪くなり、やっと馬に乗ったが、死んでしまった。馬は足を折ったが、弟を落とさず家までたどり着いた。姉は、弟の死骸を酒樽に入れると、弟の着物を着た。

いのちの花⑩

弟の格好をした姉は、鶴に琴を弾かせ、自分は三味線をひいて歌を唄った。そこへ、八十四人の年長者たちがようすを見にきて、「なんだ、歌なんか唄って遊んでいる。あの毒はきかなかったのだ。無駄なことをしたもんだ。われわれも帰って食おう」と、寺へ帰って宴会をはじめたが、やがて残らず死んでしまった。姉は弟の着物をきたまま、鉄砲を肩に寺へ行った。

いのちの花⑪

姉は師の和尚に「死んでしまっては、なんのための学問でしょう」と、涙をながしていった。和尚は「大勢のすることを、一人で止めることはできなかった。だが、彼らはみずから死んだ。あれを見て慰めてくれ」といったが、姉は「それで慰められるわけはありません。きっと弟を生き返らせてみせます」といって、振り向きもせず山に入った。

いのちの花⑫

山には白鬚の老人がいて、「女童が男の格好をして鉄砲を持って行くとは、ただごとではない。わけを話してみよ」と問うた。わけを聞いた老人は、「弟の魂はすでに後《ご》生《しょう》の国に旅立った。後生の国の飯を食うた者は、もう二度とこの世には戻れない。だが、おまえの力で弟を生き返らせようと思うなら、いのちの花を手に入れるしかない」と、花のある場所を教えた。

いのちの花⑬

姉は、その方角に走った。すると、ふいに金の光が射し、真昼の明るさになった。そこには千の花、万の花が咲き乱れ、彼方には輝く御殿が建ち、七色の雲がたなびいていた。姉が御殿の前に来ると、花々の香りが立ちこめ、小鳥が唄っていた。姉が小鳥に鉄砲を向けると、十六歳ぐらいの美しい姫が座敷に出てきて、父母に向かって「門前に立っているりっぱな殿御を呼んで、煙草をすすめてはいかがでしょう」と、鈴のような声でいった。

いのちの花⑭

両親は優しい声で「おまえの好きなように」といった。姫は「彼に酒を飲ませて、あの話をしてください」と頼むと、姉は招き入れられた。ご馳走が出て一段落すると、この家の婿《むこ》になってほしいと頼まれた。弟の着物を着た姉は、男になりすまして「なってもよいが、闘鶏《とうけい》で殺された鶏《にわとり》を生き返らせる花を求めにきたので、それを持ち帰り姉に渡してから、すぐに戻って婿入りしよう」と返事した。

いのちの花⑮

姫はうれしそうな声で「この家の財産は花です。財産の花の名を教えてさしあげましょう」といって、かぐわしい花の香りが立ちこめ、七色に輝く庭を案内しながら、鳥を生かせる花、牛を生かせる花、馬を生かせる花、犬猫を生かせる花、山羊を生かせる花、豚を生かせる花、人間を生かせる花……と説明していった。姉は、人間を生かせる花を素早く袂《たもと》に入れ、鳥を生かせる花を一枝もらった。

いのちの花⑯

姫は、美しい瞳を向けて「寝ずに待っていますから、明日の夜明けに来てください」といい、姉は固く約束して御殿を後にした。姉は急いで帰り、花の汁を絞って弟の身体に擦《す》り込むと、青ざめた顔に血の気がさし、「ああ、朝寝した」といって起き上がった。姉は、いままでのことを説明し、いのちの恩人であるいのちの花の咲く国の姫のところへ行って婿になってくれと頼んだ。弟は山道を急いだ。

位牌《いはい》は死者《ししゃ》の霊《れい》

死者の霊をまつるために戒名あるいは俗名を書き、仏壇に安置する木の札(牌)のことを位牌という。はじめ、中国宋代の禅家で用いられた。日本で一般に広く普及するようになったのは江戸時代、寺檀制度が確立した後である。笏《しゃく》型をした薄い板状のものを基台の上に立て、白木に墨書したものと、黒漆《こくしつ》に金泥《きんでい》書きしたものがあり、形は頂上を擬宝珠《ぎほうじゅ》形にした宝珠型、雲形をあしらった雲型、唐破風《からはふ》をかたどった屋根型がある。いずれにせよ肝心なのは、仏具屋の商法に乗らないことだ。

意馬心猿《いばしんえん》

「モデルのA子とデートして、Bホテルでブランチを食べ、その後、Cテーラーでスーツを仕立て、オーナー社長の娘にプロポーズするための作戦を立て、銀座のD子と浮気し、明日はこの商談をまとめて部長の鼻を明かし、E高原に別荘を持ち、車はFがいいな。それにしても忙しい」などと、人間には煩悩や欲情、妄想が絶えずめぐっている。それを仏教では、馬が奔走《ほんそう》し、猿が騒ぎ立てるようだとして、意馬心猿といった。

イヤミな貧者《ひんじゃ》の一灯《いっとう》

貧者の一灯は貧女の一灯ともいい、貧しい生活のなかから誠実にささげた一灯は、豊かな者がささげた万灯《まんどう》よりも功徳が多く、より光り輝くということである。裕福な人が布施《ふせ》をするとき「貧者の一灯です」というのは、かなりのイヤミである。自分では貧者と思ってもいないのに、謙遜でいうのであれば、お門違いである。ただ一心に真心をもって供養し、布施をすることが大事なのだ。

入《い》れ代《か》わった娘《むすめ》①

讃岐《さぬき》国の急病になった娘が、なかなか治らないのでご馳走を作り、門の両側に置いて疫病の神に供えたところへ、黄泉《よみ》から閻魔《えんま》大王配下の鬼が来てご馳走を見つけた。長い道を走り腹が減っていたので、全部食ってしまった。満腹になった鬼は、娘に「おかげで助かったが、ご馳走を全部食ってしまった。お礼をしたいが、この世におまえと同じ名前の娘はいないか」と尋ねた。

入れ代わった娘②

娘は、同じ国にいる同名の娘の家を教えた。鬼は同名の娘を黄泉へ牽《ひ》きたてて帰った。閻魔はその娘を一目見て「この娘ではない。もう一人を連れてこい」といった。鬼が供えものをした娘を連れてくると、閻魔はうなずいた。間違えられた娘は、家に帰って三日めに死んで火葬され、再び黄泉へ舞い戻ると、閻魔に「身体が焼かれたので、魂の宿るところがありません」といった。

入れ代わった娘③

閻魔は「供えものの娘の身体はあるか」と鬼に聞いた。あるという返事を聞くと、閻魔は「その身体をもらうがいい」といった。身体をもらって娘が生き返った場所は、供えものの娘の家で、父母はいなくなった娘が帰ってきて喜んだが、生き返った娘は「ここは私の家ではない」という。娘がいくら説明しても、父母は納得しない。娘は自分の生家に逃げていった。

入れ代わった娘④

生家では、見知らぬ娘が飛び込んできたので、父母はびっくりした。娘が「あなたたちの娘です」といっても、「娘は死んで火葬にした」と受けつけない。納得しない。

黄泉での出来事を詳しく話して、ようやく納得してもらった。娘は、供物の娘の家に行き、重ねて詳しく説明して納得してもらい、両方の娘として暮らした。村人はこの不思議な出来事に、供物の娘は極楽に行ったにちがいないと語り合った。

色好《いろこの》まざらん男《おとこ》は

明治の初め、「色好まざらん男は、いとさうざうしく、玉の巵《さかずき》の当(底)なき心地ぞすべき」(『徒然草』)を地でいくような知事がいた。京に上るたびに先斗町《ぽんとちょう》の旅館に泊まり、そこの二十歳になるお世辞にも美人とはいえないぽっちゃり女中に惚れ込んで、すっかり精力をぬかれてしまったという。それもそのはず、その知事は鹿児島県人で、娘はおさつ、というのだから無理もない、と京の口さがない人びとははやしたてたとか。

色《いろ》と色《しき》

色は、仏教では「しき」と読んで物質的な存在をいう。ところが「いろ」と読むと日常語で、色彩、見た目のよさ、はなやかさ、愛情・愛人、種類・租税、邦楽の節など、じつにいろいろな意味がある。「イロ男」「おれのイロ」「イロがある」「もっとイロをつけろ」などとさまざまに使われるが、それらはすべて物質的現象に属するものであるから、仏教でいう色《しき》に包含される。

鰯《いわし》の頭《あたま》も信心《しんじん》から

「鰯の頭も信心から」というのは、鰯の頭のようなとるにたらないものでも、信仰するとありがたく思えるという皮肉のこもったことわざである。柊《ひいらぎ》の枝に鰯の頭を刺して門口などに立てる関東の習俗は、鬼が鰯の匂いが嫌いだという俗信による。鬼遣《や》らいである。鬼というのは、恨みをもって死んだ人などの悪霊だという。――あなたの信仰も「鰯の頭」でなければよいが。

岩《いわ》にしみ入《い》る蟬《せみ》の声《こえ》

「閑《しず》さや岩にしみ入る蟬の声」は俳聖芭蕉が山形の山寺(立石寺《りっしゃくじ》)で詠んだ有名な句だが、この蟬はなんの蟬かで斎藤茂吉(油蟬)と小宮豊隆(にいにい蟬)のあいだに激しい論争があった。けっきょく元禄二年五月二十七日(新暦七月十三日)に山形で鳴いた蟬ということから、後者に落ち着いた。残念ながら、私は「にいにい蟬」を知らない。

因果《いんが》と縁《えん》

宇宙を統一する理論としてアインシュタインの相対性理論が出され、それからまた特殊相対性理論なるものが出された。しかし、お釈迦さまは二千五百年前の昔に、すでに宇宙を統一する理論を発表されていた。それは縁起説、すなわち因果の考え方である。因果というと「親の因果が子に報い」などと悪く考えがちだが、因は原因、果は結果で、原因があることによって結果が生まれるという、すべてに通用する理論だ。これに縁(間接原因)が加わる。

因果と善行《ぜんぎょう》

『正法眼蔵《しょうぼうげんぞう》』の深信因果《じんしんいんが》という巻に「原因結果の原則は明々白々としていて、個人的な事情を少しも含んでいない。悪いことをする者は堕落し、善いことをする者が向上してゆくことに関しては、一分一厘の狂いもない」と書かれている。やはり、善行を行なわなければ良い結果が得られるはずはない。しかし一般世間の人びとは、欲のからんだ自己主張ばかりして良い結果を求めている。

因果骨《いんがぼね》

ペニスを因果骨といった。ふだんはフニャフニャしているのに、いざというときには骨のように硬くなるので、この名がついた。しかし、用のないときに硬くなったりして、男はこの骨のためにいろいろと苦労するものである。別名を如意棒《にょいぼう》ともいうが、年とともに意のままにならなくなり、骨抜き状態になって、なんの役にも立たなくなることがある。「今はただ小便だけの道具かな」

因業《いんごう》と果報《かほう》

「因業婆《ばば》あ」と悪口をいったりする。この場合の因は因果の因で、果をもたらす原因である。業は善あるいは悪の行為で、因業とは苦楽の果報をもたらす善悪の行為を意味する。ところで言葉のニュアンスとして、因業というと「悪」を連想し、果報というと「善」を想いやすい。現に、因業婆あや爺《じじ》いに良い意味はないであろうし、果報者は幸せな人をいうのである。しかし、因業と果報の言葉自体に善悪の意味は含まれていない。

引導《いんどう》と松明《たいまつ》

この世への未練を断ち切り、あの世に行く瞬間のケジメをつけさせるのが引導である。ケジメを死者にも、列席者にも、はっきりとわからせるために、むかしは火葬のばあいは松明を、土葬のときは鋤《すき》の形をした木片を棺《ひつぎ》に投げる所作をした。これも唐の高僧黄檗希運《おうばくきうん》禅師が、河に落ちた母親をさがすため、船端に松明をかざし、母親の死を知ったあと、大喝一声、手に持っていた松明を水中に投げ、その炎のなかに昇天してゆく母の姿を見たことにはじまるという。

引導と導引《どういん》

一般に「あいつには愛想《あいそ》が尽きたので、引導を渡してやった」といえば、相手のことがすっかりイヤになったので最後通告をしてあきらめさせた、会社であれば社員への首切り通告をした、などの意味。ところで、仏教で「引導を渡す」のは葬儀のときである。意味は、死んだ人を仏教の教えに導くこと。日本仏教のうち浄土真宗以外の宗派で行なう。中国の道教では、仙人になる道に導き入れることを「導引」という。

引導のはじまり

禅門での葬儀の折、僧侶が遺骸の入った棺を前に死者に対して法語を読みあげ、迷わず成仏すべきことをさとし、大喝する。修行を積み、肚《はら》のすわった禅僧の大音声に、ビクッとさせられた経験を持つ人も多いはずである。この禅門での死者への大喝一声「喝《かつ》」による引導渡しのはじまりは、中国唐の時代の名僧黄檗希運《おうばくきうん》禅師が、自分の目の前で溺死《できし》した母親が迷わず往生するためを思い、天地も割れんばかりの大喝を発したことにはじまるという。

引導は死者《ししゃ》へのものではない

一般に、引導を渡すのは、現世への執着を断ち切れず、いつまでも未練のつきない死者に対し、迷わず成仏して、涅槃寂静《ねはんじゃくじょう》の仏の世界に行くことを教えさとす所作といわれる。死者への最後通告と思われがちだが、仏教本来の教えからすれば、あくまでも生者への教戒である。近親者との死別を機縁にこの世の無常を示し、愛する者ともいつかは別れねばならぬという愛別離苦《あいべつりく》の教えと、安心《あんじん》の世界を示すものである。

引導法語《ほうご》を聞《き》いてショック死《し》

「引導を渡す」とは、「おまえはクビだ」とか「もうプロの選手としては無理だろう」などと、いいにくいことをいう最後通告を突きつけるときに使う。本来は人びとを善道に導くことだが、転じて坊さんが棺桶《かんおけ》の前に立って死者に言い渡す法語《ほうご》のことである。弔電や弔辞が終わって最後に引導法語となる。生き返った死者が、引導法語を聞き、ショックでほんとうに死んだことがある。

引導を渡《わた》さない宗《しゅう》派《は》の教《おし》え

葬儀のときに引導を渡さないのは、浄土真宗である。その理由は、親鸞聖人《しんらんしょうにん》を開祖とする浄土真宗の教えにもとづけば、絶対他力《ぜったいたりき》の念仏《ねんぶつ》を一度でも口にした門徒は、その瞬間に阿弥陀仏《あみだぶつ》によって救われており、臨終のとき、ただちに阿弥陀仏が迎えに来てくれて、極楽浄土《ごくらくじょうど》へ連れて行ってくれるから、引導は必要ない、というものである。

引導を渡すは殺《ころ》すこと

引導を渡すとは、本来は人びとを善道に導くことであるが、死んだ人が極楽に往生できるように、葬儀において坊さんが棺桶の前で死者に法語をいいわたすことをさす。それが「おまえはクビだ」というように使われ、あげくは「引導を渡してやる」などというように、殺すことをも意味するようになった。——「おれ、好きなだけ休養をとって、充電期間にしろと、監督にいわれたよ。優しい監督だ。うれしいね」「バカ！　おまえは引導を渡されたのだ」

因縁一《いんねんひと》つ

すべてのものは、原因があれば結果があるという因果関係のなかにあり、それを免れることはできない。結果にはかならず原因があり、善因には楽果、悪因には苦果がともなう。因果応報という言葉は、もっぱら「悪因苦果」について使われることが多い。業《ごう》や悪因縁は現在、差別的要素もふくんでいるので、よほど気をつけて使用しなければならない。仏教は因果応報の教えともいえるが、何事も因縁一つで片づけてしまう嫌いがあるのは困ったものである。

【う】

有為転変《ういてんぺん》は世《よ》の習《なら》い

有為とは、因縁によって生じた世の中のもろもろの現象のこと。それは仮のものだから、移ろいやすく、無常で一定しないことを有為転変という。——仕事のギャラが振り込まれ、これで当分安心だと思っていると、いろんな引き落としや集金の支払いで、すぐに残高の数字は減額し、もとの姿を留めない。まことにこの世は無常であり、無常はまた無情なものである。

飢《う》え死《じ》にした男《おとこ》①

勉強はするが、親を粗末にする悪い男が大和国《やまと》に住んでいた。ある日、母親が息子の稲を借りたが、礼をする物がないと、男は母を責めたてた。母は土下座したが、男は平然と寝たままだった。それを見ていた友人が、「世の中には、父母のために寺や塔を建て、仏像を作り、写経をする人がいるのに、君はどうして親不孝なのか。君には資産もあり、学識もあるではないか」と問いただした。

飢え死にした男②

男は「よけいなことをいうな」と、どなっただけだった。友人が帰った後、母は胸を開けて乳房を見せながら、「私はおまえを育てるために、休むことなく昼夜働いた。よその子は父母に孝養《きょうよう》しているのに、私だけがこんな辱《はずかし》めを受けるとは思ってもみなかった。おまえが私の借りた稲を取り立てるなら、私はおまえに、長いあいだ飲ませてやった乳を返してもらおう。親子の縁も今日かぎり、悲しいが仕方ない」といった。

飢え死にした男③

男は何もいわず部屋に入ると、母に貸した稲の証文を取り出し、庭で焼くと、山に入っていった。それきり出てこない男を探して村人が山に入ると、男は髪をふりみだし、身体を傷だらけにして走りまわり、山から下りても家には入らなかった。男の家から火が出て、無一文になった男は飢え死にした。「親不孝は地獄に堕ち、孝養をつくせば浄土に行ける。この世で悪いことをすれば報いがある」と、村人は話しあった。

飢えと渇《かわ》きの世界《せかい》——餓鬼《がき》

生前の悪業《あくごう》の報《むく》いとして、死んだあと六道の下から二番めの餓鬼道に堕ち、飲食物を与えてもそれが火に変わり、つねに飢えと渇きにさいなまれる亡者を餓鬼という。また飲食物を貪《むさぼ》る人や、聞き分けのない子供を餓鬼ということもある。人間は尽きることのない欲望に身を焦《こ》がして生きている。「足るを知る」と意識を変えなければ、貪りの心は消えず、いつ餓鬼界と背中合わせの危うい世界に堕ちても不思議ではない。

有学《うがく》と無学《むがく》

学には有学と無学とがある。いまの常識でいうなら、有学は学があり教養深いこととなり、無学は学問がなく教養がないということになるが、仏教語としてはまったく逆である。有学とはまだ学ぶべき事柄が多数あり、勉強が足りないという意味であり、無学は学びつくして、もはや学ぶべきことが何もないことをいう。無学といわれて腹を立てるよりも、学びつくしたほど教養があるとほめられたと思いつつ、本来の意味での無学になれるように決意を新たにしたいものだ。

胡散臭《うさんくさ》い

胡《う》は唐音ででたらめなこと。禅宗で、胡乱《うろん》(胡論)は根拠のない解釈をいう。散は粉状の薬。そこから、胡散臭いは怪しく疑わしい人や物をいうようになった。歯磨き粉を良薬と称して飲ませたら腹痛が治ったという笑い話もあるくらいだから、むかしは、いかがわしいものを薬として売り歩いた輩も多かったのであろう。薬ばかりでなく、宗教家も胡散臭いものの筆頭にあげられる。これは、今も昔も変わらない。

牛《うし》になった父親《ちちおや》①

大和国《やまと》に、仏の教えに従って前世で犯した悪を悔い改めようと思った男が、召使いに「坊さんをお招きしてまいれ」と命じた。どこの寺の坊さんかという問いに、「道で最初に出逢った坊さんでよい」と答えた。男は坊さんを手厚くもてなした。坊さんが床に入ると、りっぱな掛布団だった。「明日になれば、お経を読んだお礼がもらえるだろうが、どんなものよりもこの掛布団がほしい。盗んでいこう」と、坊さんは思った。

牛になった父親②

そのとき「その掛布団を盗んではいけない」という声がした。だが、部屋には誰もいない。倉のほうを見ると、牛が一頭、こちらを見ていた。坊さんが牛の側に行くと、牛が話しかけた。「私はこの家の主人の父だが、前世で子供の藁《わら》を十束盗んで人にくれてやった。それで、この世で牛になって前世の償《つぐな》いをしているのです。あなたは僧の身でありながら、なぜ布団を盗むのですか。嘘だと思うなら、私の座席を作りなさい」

牛になった父親③

翌朝、お経を読み終わると、主人に昨夜の牛の話をし、主人の側に藁で席を作ると、牛は膝を折って座った。主人は牛を拝み「前世でお使いになった藁は帳消しにしましょう」というと、牛は涙を流し、その日の夕方死んだ。主人は、掛布団や供え物をすべて坊さんに施し、父親のために盛大な供養を営んだ。

牛になった母親《ははおや》①

伊賀《いが》国に、信心が篤く思いやりがあって、母のために『法華経《ほけきょう》』を写すのを日課にする長者がいた。ある日、盛大な法会《ほうえ》の準備をして「縁《ゆかり》のある坊さんに供養してもらおう」と思い、召使いに「いちばん最初に出逢ったのが縁のある坊さんだから、その方をお連れしなさい」といいつけた。召使いが最初に出逢ったのは、乞食坊主だった。みすぼらしい姿で、鉢と袋を肘《ひじ》にかけ、酒に酔って道ばたで寝ていた。

牛になった母親②

坊主はほんとうの乞食で、酔って寝ているところを通りがかりの人に、面白半分で頭を剃《そ》られ、縄を肩にかけて袈裟《けさ》代わりにしたのだった。召使いの連れてきた風変わりな坊さんを、長者は疑いもせず礼拝し、一晩で袈裟を作り、坊さんに与えた。乞食の坊さんは、これはどういうことかと聞いた。長者は「あなたに、村の人びとに『法華経』を説いていただくためです」といった。

牛になった母親③

乞食は驚いて「私は学問をしたことがない。ただ『般《はん》若心経《にゃしんぎょう》』を唱えて物を乞い、命をつないできただけですから」長者は真剣に頼んだ。これを見て、乞食は逃げるしかないと思った。長者は見張りをつけた。この夜、乞食の夢に赤牛が現われ、「私は長者の母で、この家にいる赤牛が私です。私は前世で子供のものを盗み、それでいま牛になっています。明日の説法の場に、私の座席を設けておいてください」と告げた。

牛になった母親④

乞食は、このことを長者に話した。説法の堂のなかに赤牛の座を作り、赤牛を呼ぶと、赤牛はそこに座った。長者は泣きながら「私は知らずにこの牛を使ってきたが、私は母のすべてを許します」といった。赤牛はこれを聞いて大きな息をして、法会が終わるまで座っていたが、終わったとたんに死んだ。法会に来た村人は、みんな泣いた。長者は母のために、あらゆる功徳を施した。

牛の字紋《じもん》

武蔵《むさし》国の大伴赤麿は、二月十九日に死んで、翌年の五月七日に黒い子牛に生まれ変わった。子牛の肌には字紋があり、「赤麿は自分で作った寺を飾り立て、思うがままに寺のものを借りて使ったが、一つも返さないで死んだ。牛に生まれ変わったのは、その罪を償うためである」と読めた。赤麿の親戚や友だちは嘆き悲しんだが、因果の恐ろしさを話しあい、この牛を戒めにした。

有象無象《うぞうむぞう》はいっさいことごとく

象とは鼻の長い動物ではなく、形、姿を意味する。だから、仏教では、有形のもの、無形のもの、いっさいことごとくである。それが、いっさいのものではなく、その他大勢の、あまり役に立ちそうにない者をひっくるめて「有象無象の輩」として使われている。だが、使うほうも使われるほうも、自分だけは有象無象の外にいると思っているから、おたがいに幸せである。

嘘《うそ》、戦略《せんりゃく》、方便《ほうべん》

「嘘も方便」というが、嘘もつく人によって呼び方が異なる。たとえば「武士は戦略、坊主は方便」というのがある。武士の嘘は戦略といい、坊主の嘘は方便という。しかし、逆は真ならず。嘘は、戦略にせよ方便にせよ、そのごく一部で便宜的に許されてもよいというにすぎない。「嘘も方便のうち」ならまだよいが、善なる目的のない嘘は救いようのない大罪である。

嘘も方便《ほうべん》

方便とは、ある目的を達成するために設けられる巧《たく》みな手立て、手段のこと。仏教では、真実へと導く行ないをいう。『法華経』方便品《ほうべんぼん》に、仏は方便の力によって一仏乗《いちぶつじょう》を三乗《さんじょう》として説かれたという。現代では、便宜的な方法や手段も方便といい、目的が正しくないばあいでも方便という。「嘘も方便」という言葉があるが、本来、嘘は方便ではない。悪意をもっての手段は方便ではなく、たんなる嘘にすぎない。

歌題目《うただいもく》は日蓮賛歌《にちれんさんか》

歌題目は、日蓮宗の信者たちが太鼓などを打ちながら賛歌を唱和すること。歌詞は日蓮聖人の事跡や教えをまとめたもので、生誕・出家・開宗・法難・身延入山・入滅などの伝記が織り込まれ、各章に「南無法蓮華経」と歌われる。現在は歌題目というよりも、法華和讃《ほっけわさん》と呼ぶのが一般的になっている。全国各地に伝承された歌題目があり、それぞれ独特の賛歌があり、日蓮聖人にたいする信仰の思いが吐露されていて興味深い。

有頂天《うちょうてん》から地獄《じごく》の底《そこ》へ

彼女がプロポーズを受けてくれたり、希望の学校に入れたとき、雲にも昇る気分で、有頂天になる。得意絶頂で、すなおでよろしい。有頂天とは、仏教の九つある天上界の一番上の天名であり、ここに昇れば、どんな望みも叶えられる。だが、すなおがすぎて、有頂天になりすぎると、地獄の底に堕ちてしまうので、ほどほどにしておこう。

写《うつ》し残《のこ》しの『法華経《ほけきょう》』①

美作《みまさか》の国営の鉄山に、役人が十人の人夫を集め、鉄を掘らせていた。ある日、山が崩れ、穴の口が塞がった。人夫たちは驚き慌てて、われ先に逃げだした。九人まではなんとか外に出たが、一人だけ中に閉じ込められた。役人は、もう死んだものだと思い、妻子に知らせた。信心深い妻子は悲しくて泣いたが、翌日から観音像を描いて拝み、『観音経《かんのんぎょう》』を写して夫の霊に供養し、そして七日経った。

写し残しの『法華経』②

中に閉じ込められた人夫は、『法華経』を写す願をかけていたが、まだ終わっていないので、「もし命があれば、仕上げたいものだ」と祈りながら、出口を探した。よく見ると、穴の口だったところに指くらいの小さな穴があり、そこから一人の坊さんが入ってくると、鉢に入った食べものを差し出し「水と食べものを持って助けるよう、おまえの妻子に頼まれた。またあとで来る」というと、また穴から出ていった。

写し残しの『法華経』③

坊さんが出ていくと、男の座っている上に、ぽっかりと穴があき、光がさしてきた。そして、何人かの人が通っていた。男は助けを求めた。家に男が送り届けられると、妻子や親戚は喜んだが、国の役人も驚いて「おまえはこれまで、どんな善行を積んだのか」と聞いた。男が『法華経』の写し残しの話をすると、役人は不思議な力に感心して、人びとに『法華経』を写すことをすすめた。

腕《うで》を切《き》った慧可和尚《えかおしょう》

達磨大師《だるまだいし》が嵩山少林寺《すうざんしょうりんじ》で修行していたとき、慧可和尚が弟子入りにきた。腰までうまる大雪で、涙が凍るほどの寒さのなか、黙々と坐禅する達磨大師は、慧可がどんなに頼んでも、弟子入りを許さない。明け方近く、達磨大師が修行の厳しさを説き、「軽い気持ちなら苦しむだけだ」と告げた。慧可は、刀を取り出して自らの左の腕を切り落とし、志が固いことを示して、ようやく弟子入りが許された。

産声《うぶごえ》は「天上天下唯我独尊《てんじょうてんげゆいがどくそん》」

人は生まれたとき産声をあげる。その声は、だれの目にも「かけがえのない命のほとばしり」と見えよう。それがお釈迦さまのばあい、「天上天下唯我独尊」というものであったという。四月八日はお釈迦さまのご生誕の日とされ、寺院では花御堂《はなみどう》に誕生仏をまつり、天から降りそそぐ甘露《かんろ》になぞらえて甘茶《あまちゃ》をそそぐなどの行事が行なわれる。花祭りとか、灌仏会《かんぶつえ》・浴仏会《よくぶつえ》・仏生会《ぶっしょうえ》・釈尊降誕会《しゃくそんごうたんえ》などといわれる、仏教徒にとってめでたい喜びの日である。

馬《うま》じゃげな——一休《いっきゅう》と蓮如《れんにょ》

名のある絵描きに描いてもらった馬の絵を持って、一休のところに賛《さん》を頼みにきた人がいた。一休は無造作に「馬じゃげな」と描いて渡した。馬鹿にされたと思った依頼主は怒って帰り、蓮如のところに行って、なんとかつくろってくれと頼んだ。蓮如は、一休の賛の後にすらすらと「そうじゃげな」と書いた。一休と蓮如は二十一も年齢差があるが、交友があり、親鸞《しんらん》の二百回忌大法会《だいほうえ》に参列した一休は「襟巻《えりま》きのあたたかそうな黒坊主、こいつが法は天下一なり」と詠んだ。

馬の耳《みみ》に念仏《ねんぶつ》

「馬の耳に念仏」は、人から意見されてもなんの手ごたえもないのは「馬耳東風《ばじとうふう》」と同じだが、こちらのほうは風のように軽い意見ではなく、念仏のようなありがたい言葉を耳にしても、聞く人がその価値を認めなければなんの反応もないことで、猫に小判、豚に真珠である。——「株価が少しもちなおしたようだな」「……」「昨日の試合、シーソーゲームですごかったな」「……」「今年、総務部に入った女の子が……」「何だって?」

海《うみ》から生《う》まれた吉祥天《きちじょうてん》

吉祥天は梵名シュリー・マハーデーヴィーで、インドの伝説では海の泡から蓮華を持って誕生したといわれ、水に関係のある弁天《べんてん》と時どき混同される。日本では古代、「吉祥天」を本尊として天下泰平・五穀豊穣を祈願する天《てん》女法《にょほう》(吉祥悔過法《けかほう》)が行なわれていたが、しだいに同じく福徳を祈願する弁才天にその特色を持っていかれた。しかし陰陽道《おんようどう》では、何ごとをするにも吉とする吉祥日がある。

海に流《なが》された兄弟《きょうだい》①

紀伊《きい》国に人使いの荒い万侶朝臣《あそみ》に仕える兄弟がいて、朝から晩まで日高川の河口で魚を採って暮らしていた。急に大雨が降った日、万侶朝臣は、上流から流れてきた木を使用人に集めさせた。兄弟も、いわれたとおり筏《いかだ》を組んで上流に上っていった。流れは激しくなり、二人は流れに飲み込まれてしまい、なすすべもなく海に流されていった。兄弟は、それぞれ一本の木につかまりながら「南無釈迦牟尼仏、どうかお助けください」と、一心に唱えていた。

海に流された兄弟②

弟は五日めに、兄は六日めに、瀬戸内海の田の浦に流れ着いた。村人は親切だった。弟は「生きものを殺せば、苦をうけるのは当然だ。帰ればまた生きものを殺す仕事にこき使われる」と考え、淡路で僧になった。兄は二か月ほどして故郷に帰ると、死んだと思い葬式を済ませていた妻と子は、驚き喜んだ。兄は釈迦如来のおかげだと思い、俗世間を捨て山に入って修行をはじめた。

有無《うむ》を言《い》わさず

「有無を言わさず」とは、あるとかないとか文句をいわせず強引に実行することだが、有無とは仏教の有《う》と空《くう》、有法《うほう》と無法《むほう》のことである。——有無を言わさず、女房から小遣いを減らされるのは嫌だが、女房に有無を言わせないように、若いときから教育したいものだ。ついこないだ、イラクで核爆弾があるといって、有無を言わさず強制査察したが、何も出てこなかった。

梅《うめ》の中《なか》の仏《ほとけ》

梅照院《ばいしょういん》(新井薬師《あらいやくし》)の本尊薬師如来は弘法大師《こうぼうだいし》の作と伝えられ、鎌倉時代の武将新田氏《にったし》に代々伝わる守護仏だった。それが南北朝の戦乱のさなか、忽然と行方がわからなくなった。ある日、相模国《さがみ》から沙門行 春《しゃもんぎょうしゅん》が新井の里を訪れ、草庵《そうあん》を結んだ。行春は、もと小田原北条《ほうじょう》の武将だった。庭の梅の古木から毎夜、光が出る。不思議に思って調べると、梅の木の穴から新田家の尊像が発見された。

うやむやも時《とき》と場合《ばあい》

「うやむや」は、あるかないかはっきりしないこと、転じていいかげんなこと、あいまいなことをいう。その語源は「有耶無耶」と、存在の有無を問うことだ。仏教ではこのような形而上学的《けいじじょうがく》な問いには、無記《むき》といって答えず、どちらかといえばあいまいな態度をとる。現実生活においても、白黒はっきりさせず、あいまいなままにしておくのが最良の策の場合もある。

雲水《うんすい》と流《なが》れ者《もの》

雲水は行雲流水《こううんりゅうすい》の略で、悠々《ゆうゆう》と去来する雲や、自然に流れる水のように、なにごとにも障《さわ》ることなく、天下のいたるところを自分のすみかとして行脚《あんぎゃ》する僧で、ふつうは禅宗の坊さんをさす。同じように行方《ゆくえ》定めず旅をするといっても、一本どっこの旅がらすや凶状もちで逃げている者は、執着心があるので、ただの流れ者である。

【え】

永代供養《えいたいくよう》も期限《きげん》つき

永代経は永代読経《どきょう》の略で、寺院が檀信徒の要請により永代供養料を受けて物故者を過去帳に記載し、毎月の命日あるいは毎年の祥月命日《しょうつきめいにち》に読経することを永代にわたって受け継ぎ、供養することをいう。ただし最近の傾向として、永代といっても五十年を区切りとするところも多く、かならずしも永代にわたって供養してくれるとはかぎらないので、確認が必要だ。近年は独身や後継者のいない人が増えているので、永代供養の関心は高い。

回向《えこう》はふりむけること

回向とは自分の積んだ功徳《くどく》を他の人に施すことで、利《り》他《た》によってやがて自利《じり》になるという大乗仏教の精神だが、ふつうは死者を弔うための追善《ついぜん》回向の意味として使われることが多い。――「おまえの今月の営業成績が悪いようだから、おれの分、分けてやるよ」「それはありがたい。恩に着るよ」「そのかわり、彼女から手を引け」などと自利を強要してはならない。

絵師《えし》の布施《ふせ》①

絵師が遠い国の精舎《しょうじゃ》のために絵を描いて、三十両の報酬を得た。国に帰って人びとが大供養会を設けているのを見て、供養の施主は誰かと聞くと、まだ申し込みがなく、費用が三十両と聞いて、そっくり三十両渡し、供養を依頼して家に帰った。妻は、久しぶりに帰った夫に仕事の成果を聞いた。夫が稼ぎをそっくり供養に供えたと話すと、妻は家の暮らしはどうするのかと怒り、親戚も同調し、役人に訴えた。

絵師の布施②

役人が絵師を呼び出し真偽を質すと、絵師は事実だと認めた。役人は感心し、自分の着ている衣服や首飾り、馬や鞍《くら》まで与えた。りっぱな服に宝石をつけ、上等の鞍の馬に乗って帰った絵師を、家の者は貴人がお咎《とが》めに出張して来たと思い、門を閉めて隠れようとした。絵師の

「何を慌てているのか」という声で気づいた妻が、「そのなりはどうしたのか」といぶかった。

絵師の布施③

絵師は妻にいった。「妻よ、よく聞け。私はいま実を説かん。多くの僧に供養してまだ食べ終わらないのに、布施の功徳は実った。種も下ろさぬその先に、芽がふき茎が生じたようだ。布施は幸いを作るに似ている。果報はかならず実る。僧は浄らかな幸だ。誰か種を植えずにおられよう。芽生えて茂るそのときこそ、多くの人びとは仰ぎ見る」これを聞いた妻の心に信仰心が湧《わ》いた。

会釈《えしゃく》と会得《えとく》

ふつう、軽いお辞儀をするか、うなずきあってあいさつするのを、会釈といっている。だが本来の仏教語では、たがいに仏教上の疑問点や解釈などを確認しあって、正しいものを示すことである。その積み重ねのうえに了解して得たものを会得という。——二人の僧侶が、たがいに疑問点を出しあって検討し、うなずきあっていた。これを遠くから見ていた小僧が、なにを思ったか、膏薬を買いに薬屋に走った。

衣体《えたい》の知《し》れぬ

素性《すじょう》のわからない人や物をさして、ふつう得体が知れないとして使うが、本来は、法衣の材体が何でできているか知れない、という意味である。——「あの寺に居候《いそうろう》している坊主は、いっていることを聞くと、なんだか得体が知れないぞ」「いや、この前会って話したが、おれの法衣は新素材で、排水性があり雨の日でも大丈夫なんて威張っていたから、衣体はハッキリしているよ」「?・」

衣鉢《えはつ》を継《つ》ぐ

「衣鉢を継ぐ」は、跡目を相続する、個人の意志を継承するなどの意味で使われているが、衣は袈裟《けさ》、鉢は食器のことで、禅宗で弟子が師の跡を継ぐとき、師の衣鉢を授受したことによる。——「おれは親父の衣鉢を継いだよ」「それはよかった。塗師《ぬりし》を継承するのか」「いや、塗師はやらない。形見分けで、親父の羽織と茶碗をもらったんだ」というのではなく、業績を引き継ぐことである。衣鉢は「いはつ」とも読む。

恵比寿《えびす》は漁師《りょうし》の神《かみ》さま

恵比寿神はイザナギノミコトの第三子で蛭子尊《ひるこのみこと》ともいい、大国主命の御子とも伝えられ、天照大神とは兄弟の関係にある。烏帽子《えぼし》をかぶり、狩衣指貫《かりぎぬさしぬき》を着てエビス顔で岩座し、右手に釣り竿、左手に大きな鯛を持っているが、「釣りして網せず」といわれ、清廉の心を象徴する。もともと漁師の神さまで、海産物の売買から商売繁盛の神さまとなった。ご利益《りやく》は水と縁があって、海上交通安全、漁業・水商売守護、貿易・商売繁盛である。

縁覚《えんがく》と過去七仏《かこしちぶつ》

人里離れたところで一人で修行し、悟りを開いた人をプラティエーカ・ブッダ(独覚《どっかく》・縁覚)といい、ジャイナ教でもパッテーヤ・ブッダという。当然ながら、ブッダ＝「覚者」は過去にも複数いたとされて、毘婆尸仏《びばしぶつ》・尸棄《しき》仏《ぶつ》・毘舎浮仏《びしゃぶぶつ》・勾留孫仏《くるそんぶつ》・拘那含牟尼仏《くなごんむにぶつ》・迦葉仏《かしょうぶつ》・釈迦《しゃか》牟尼仏《むにぶつ》の七仏が挙げられる。この「過去七仏」の七は、インド神話の七仙(北斗七星の化身という)に由来している。

縁起《えんぎ》と吉凶《きっきょう》の前兆《ぜんちょう》

縁起は物事が何かによって起こることで、因縁・縁生《えんしょう》などともいう。ものごとには固定的な実体がなく、さまざまな原因・条件によって生じるという仏教の基本思想である。また事物の起原・沿革、寺社の由来や霊験《れいげん》などの伝説を記したものもいう。一般に使われるばあいは、吉凶の前兆をさすことが多い。縁起がいい、悪い、縁起をかつぐなど、日常的に使われている。勝負師などはゲン(験)をかつぐという。

円珍《えんちん》と黄不動《きふどう》

円珍が比叡山《ひえいざん》で修行している時代、坐禅をしていると、虚空に金人《きんじん》が現われ「我は不動明王《ふどうみょうおう》である。汝を守護するために現われた。わが姿を描き信仰せよ」と告げた。この不思議な体験に円珍は感じるものがあり、ただちに画工に頼み、できあがったのが黄不動で、その原本は円珍が再建した大津の園城寺《おんじょうじ》に残されている。

円珍の頭《あたま》

円珍の容貌は異様で、親戚の空海を頼って出家しようとしたが、あまりにも頭が尖《とが》りすぎていて断わられたくらいである。中国に渡り、天台山国清寺の元璋に会ったときも、円珍の相を見るなり「あなたのような頭は霊骸といって、無頼漢どもはこの頭蓋骨で吉凶禍福を占って金儲けをするので、気をつけるように」と忠告されている。

縁日《えんにち》は有縁《うえん》の日《ひ》

縁日は神仏の降臨など有縁の日で、各寺院で縁日を催し、その日に参詣すれば、神仏と結縁《けちえん》して、平日の何倍も功徳があるといわれる。この因縁によって結果が生まれ、それがまた原因になって次の結果を生む因縁生起を縮めて縁起というが、縁日の縁起は、寺院の沿革やご利益の伝説などさまざまである。――「あなた、今日はわが家の縁日よ」「なんだって!?」「だって、あなたがわたしにプロポーズした日でしょ」

円仁《えんにん》の奇跡《きせき》①

三十歳で籠山《ろうざん》修行をはじめた円仁は、四十歳になると体力が衰え、視力がなくなり、死を覚悟した。比叡山の奥の堂に蟄居《ちっきょ》して、日夜『法華経』の書写供養に没頭し、ふとまどろんだとき、天より声が聞こえ、瓜《うり》のようなものがさしだされた。口にすると、蜜のように美味だった。夢から覚めると、口の中に芳香が残っていた。不思議なことに、円仁の体力はこれを境に回復した。

円仁の奇跡②

四十二歳になった円仁は、朝廷の命で唐に向かった。しかし船が難破し、翌年、遣唐使とともにたどり着いたが、天台山巡礼が許可されず、帰国を命ぜられ、密入国を企てた。ようやく五台山巡礼をはたし、長安の青龍寺《せいりゅうじ》で奥義を窮めるが、外国人僧侶はすべて還俗させ国外退去という武宗《ぶそう》皇帝の仏教弾圧に遭った。

円仁の奇跡③

長安をやっと逃れた円仁は、吸血鬼の住む纐纈城《こうけつじょう》に迷い込み、危機一髪のところを、白い犬に導かれて難を逃れた。しかし帰国のめどはたたず、絶望の淵に沈んでいたとき、夢のなかに達磨《だるま》や聖徳太子《しょうとくたいし》、行基《ぎょうき》、それに恩師の最澄《さいちょう》が現われて、「われわれは汝を護り、かならず帰国を成就させる」と告げた。夢に出た人たちは、円仁がつねに畏敬している先達《せんだつ》だった。

役行者《えんのぎょうじゃ》① 父なし児

生年や誕生地に異説は多いものの、舒明天皇六年(六三四)一月一日、大和国葛城上郡茅原村(現御所《ごせ》市大字茅原《ちはら》)で生まれた役行者は、生母マーヤー夫人が身体の中に白象が入る夢を見て懐任したというお釈迦さまと同じく、母が金色の独鈷杵《どっこしょ》を呑む夢を見て懐妊したという。父は高賀茂間賀介麻呂《たかがものかげまろ》、母は白専女《しらとうめ》といわれるが、役行者は父《てて》なし児《ご》だったのである。

役行者② 梵字を書く子供

役小角《おづぬ》は四、五歳のころから、いつも泥や土で仏像を造ったり、草木を集めて堂社の形をまねて作っては礼拝するなどして、ほかの子供たちと交じわることはなかった。七歳のときには、おかしな文字を書くので、父は戯れていると思い、これを叱ったが、その字を見た奈良京の僧が、これは梵字であるといったので、みんなが驚いたという。

役行者③ 龍樹菩薩から法を授かる

役小角が十九歳の時、生まれ故郷の茅原の里にいると、ある日、五色の霊光が小角の頂を照らした。光を追って行くと、摂州箕面山《せっしゅうみのも》の滝に至り着いた。そこで童子が小角に「この滝穴に入れば必ず役行者龍樹菩薩《りゅうじゅぼさつ》に逢い奉るべし」と告げた。小角はその言葉に従って、本有灌頂《ほんぬかんじょう》の法を授かることができた。龍樹大士とは大乗仏教の基盤を確立したナーガールジュナ(二〜三世紀)のことで、小角と時空を共にすることはありえない。

役行者④ 蔵王権現の感得

役行者は金峯山中で一千日の修行に入った。そのとき衆生救済のため、濁れた世のなかに最もふさわしいご本尊仏の出現を祈ると、釈迦如来が出現した。ところが行者は、世の中が乱れた日本人にはその本当のお姿を見ることができないと考え、さらに祈ると観世音菩薩《かんぜおんぼさつ》が出現した。しかし行者は、末法悪世の人びとにはまだふさわしくないとして、また祈ると、今度は弥勒《みろく》菩薩が出現したが、行者は「願わくば悪魔を降伏させるお姿を」となおも祈ると、天地が揺れ、雷鳴とともに大地から忿怒相の金剛蔵王権現《こんごうざおうごんげん》が出現したのであった。

役行者⑤ 吉野山の桜

祈りによって大地の間から出現した金剛蔵王権現を「これこそ末世の民衆を救うために求めていた守護仏だ」と、役行者はそのお姿を桜の木に刻んだ。吉野山が桜の名所となるのは、蔵王権現のご神木が桜の木であるという信仰が広まったためで、釈迦・観音・弥勒の本地仏は、それぞれ過去・現在・未来の三世救済を示しており、この役行者の誓願が三世救済信仰の基盤となっている。

役行者⑥ 守護仏

役行者は涌出ヶ岳で、自己の守護仏を求めて二十一日間、祈念した。七日めに弁財天が現われたが、その容姿端麗な姿では守護仏に適さないとして、坪の内の天の川に流すと、天河の弁財天となった。十四日めに現われた地蔵菩薩も柔和な姿で本尊には適さないとして吉野川に流すと、川上の勝軍地蔵となった。最後の二十一日め、大日・釈迦・阿弥陀一体の忿怒形のお姿が現われ、天に登ろうとしたが、これを役小角が引き止めて、守護仏としてまつり、蔵王権現となった。

役行者⑦ 従者の鬼

役行者の従者の鬼はよく知られている。役行者三十九歳のとき生駒山で修行していると、夫婦の二鬼が来てひざまずいて「吾は天手力雄の末裔でこの山に住み、いまだなお神通を有する。請い願わくは随侍をゆるしたまえ、永くあえて背かず」と頼んだ。行者は喜んで聞き入れ、夫を善童鬼と名づけ、妻を妙童鬼と名づけ、また前鬼・後鬼とも名づけて、諸国開拓に用いた。

役行者⑧ 人を食う鬼

生駒山の断髪山中に赤眼と黄口の夫婦の鬼が住み、五子がいた。この鬼が付近の人の子を捕らえて食らうので、人びとは困っていた。役行者が二鬼の子を捕らえて隠すと、二鬼は驚き四方を捜したが見つからないので、行者に愛児の行方を尋ねた。行者は「なんじらもわが子を愛しているのに、なぜ人の子を食らうのか」と聞くと、二鬼は「禽獣を食らっていたが、禽獣が尽きたのでやむをえず」と答えた。行者は「なんじらは、不動明王の怒り

に遇ってかならずや後悔するであろう」と諭すと、二鬼は悔い改め随身となった

役行者⑨ 山に架ける橋

役行者は金峯山から葛城山に橋を架けたいと思い、もろもろの鬼神を使役したが、いっこうに仕事がはかどらない。行者は不審に思い問いただすと、葛城の峯の一言主神《ひとことぬし》がその容貌が醜いため、昼間は働かないからだとわかった。怒った行者は一言主神を呪縛して深谷につないだ。一言主神は、役行者は国家をうかがうものだとして、帝に讒言《ざんげん》した。

役行者⑩ 捕らえられた役行者

韓国連《からくにのむらじ》広足の讒言によって罪にとわれた役行者は、伊豆大島へ配流されることに決まった。捕縛の役人が取り囲んだが、修行によって自由自在の神通力を身につけた行者は、縄をかけようとしても宙を飛んで捕まえることができなかった。困った役人は、やむなく行者の母を捕まえた。それを知った行者は、みずから縛についたという。

役行者⑪ 宙を飛ぶ行者

文武天皇の三年(六九九)、役行者は伊豆大島へ配流となった。泉州から船出し、大島に向かったという。行者は昼間は神妙に牢のなかで囚人として過ごしていたが、夜になると牢を抜け、海を歩き、宙を飛んで霊地に帰り修行に励んだ。その速さは鳥よりも速く、なかでも富士山がお気に入りだったが、修行の場として箱根・甲府・江の島など各地を巡っていた。

役行者⑫ 飴になった刀

役行者が大島にいるあいだ、富士の山頂に龍灯が点ったり、伊豆の海中に五重の宝塔が現われるなど不思議な現象があった。行者が大島に流されているにもかかわらず、都ではなおも行者に対する誹謗はつづいたため、斬刑に処すことになった。が、執行しようとすると、刀は折れてしまった。行者はその刀を取り、舌でなめると刀は飴のようになった。このことは、帝に奏上された。

役行者⑬ 無実の行者

文武天皇五年(七〇一)、役行者は罪を許されて都へ戻

ることになる。許された理由は、処刑の刀身が飴のようになった話とあわせて、この年、近畿で時ならぬ霜や雪が降り、五穀が実らず人馬が多く死に、文武天皇が深く憂いていたが、ある夜夢うつつに童子が現われ、無実の聖者が配流されたために、天候が時を得ないのであると告げたので、調べてみると、まったく無実の罪であることが明らかになったからだという。

役行者⑭ 消えた遺骸

役行者は大島より赦免帰国してから四か月めの大宝元年（七〇一）五月初旬、「私がこの世を去っても心はここに留まっているので修行に励むように」と告げ、大峰山で入滅した。だが、十七日を経ないで摂津で行者に会った紀州の商人が、天竺《てんじく》に行くと聞いたので、棺を開いてみると行者の遺骸はなく、衲衣《のうえ》・錫杖《しゃくじょう》・鉄履のみが残っていたという。六十八歳であった。

役行者⑮ 鬼の住居

二人の高弟を従えた役行者像は大和各地で見られる。この弟子の名は、前鬼・後鬼という鬼である。彼らは生駒山中で暴れまわっていたが、役行者に調伏されて弟子になり、全国をめぐるようになる。彼らが住んでいた鬼取の集落は今も残り、鬼が髪をおろしたと伝わる、髪切山慈光寺が今も山中にある。

役行者⑯ 仙人になった行者

海を風のように走り、鳳凰《ほうおう》のように空を飛んだ役小角は、許されて大島から帰ると、仙人になって大空に飛び去ったとか、母親を鉄鉢に入れ、共に唐に渡ったなど諸説あり、晩年の消息は謎が多い。だが、小角の開いた道は受け継がれ、平安時代に行者の尊号を贈られて以来「役行者」と呼ばれるようになった。さらに寛政十一年（一七九九）、光格天皇より「神変大菩薩《じんぺんだいぼさつ》」の尊号を賜わった。

縁《えん》は運命《うんめい》の赤《あか》い糸《いと》

「縁は異なもの（味なもの）」という。このばあい、縁は婚姻関係のことで、それは不思議なものだということ。むかしから、男女は運命の赤い糸で結ばれているという伝承があったが、これは俗説にすぎないのだろうか。赤い糸かどうかはともかく、何か運命的な結びつきがあると考えられてきた。仏教では業説にあたるが、ニューエイジの論者たちは「ソウルメイト」と呼んでいる。

閻魔様《えんまさま》への送り状《おくじょう》①

浄土宗の高僧、福田行誡《ぎょうかい》上人は、明治二十一年(一八八八)四月二十五日に八十三歳で円寂された。その前日、弟子を呼び、「明日は宗祖法然上人のご命日だ。わしも明日、往生しようかな。掛け物を変えてくれ」という。浄土宗では死に臨んで、枕元に来迎仏を掛けるのが儀式である。弟子の福田循誘は、師匠の死に直面しうろたえたのか、あるいはわざとしたのか、来迎図のかわりに閻魔大王の像を掛けた。

閻魔様への送り状②

枕元に掛けられた閻魔大王像を見あげ、行誡上人は、「ほう、閻魔様もお迎えか。どれどれ」と笑いながら、起き上がった。墨と筆を運ばせ、送り状を書き始めた。「右の者は、老病臨終の趣につき、点検申候ところ、御本願相応の行者と断定候まじく、ご都合つき次第ご来迎の用意しかるべく……」と閻魔大王への送り状を墨痕鮮やかに記したのである。そして翌日、大往生をとげた。

閻魔帳《えんまちょう》はブラックリストか

ブラックリストといえば、クレジットカードで支払い不能な人など、いわば悪いヤツのリストだ。ところが「一切衆生悉有仏性《いっさいしゅじょうしつうぶっしょう》」と性善説をとる仏教では、基本的には人間を分け隔てすることはない。悪人正機《あくにんしょうき》とさえいう。では、死後それによって裁きを受けるという閻魔帳はブラックリストなのか。いや、そこには善いことも悪いことも全部記してあるらしいから、人生を総覧する白黒リストといえそうだ。

閻魔と亡者《もうじゃ》

宴席などに招かぬ客が来ることを「呼ばぬ閻魔に推参亡者」という。冥界の閻魔王が呼んでもいないのに、死者がかってに押しかける図である。それを想像する分には楽しいが、現実の宴席では「呼ばずが来る」で、迷惑千万なことこの上ない。それが通夜などの接待の席であれば、なおさらである。とかくただの酒席となると、押しかけていつまでも居残る手合がいるものだ。

【お】

追《お》い出《だ》された福《ふく》の神《かみ》①

百姓がやっと金を溜《た》めて買った田圃《たんぼ》が稔ったが、雀が稲を荒らしに来る。朝早く起きて追っ払ってもおっつかない。夢に「お地蔵さまを田圃の三隅に立て、大晦日にお地蔵さまにご馳走するように」というお告げを受けた。そのとおりにすると雀は来なくなり、田圃は村一番の収穫をあげた。正月になって、嫁にお地蔵さま用の料理を三膳作らせ、床の間に並べた。

追い出された福の神②

見知らぬ童が三人入ってくると、膳の前に座った。百姓はお地蔵さまの使いに違いないと思ったが、それを見た嫁は「私という者がありながら、よくも隠し子を作って」と怒りだし、童を蹴り、殴って追い出した。百姓はやっと一人にしがみついた。元旦、隣人が年始に来て、稗俵《ひえだわら》を抱えている百姓を見た。わけを聞いた隣人は「せっかくの福の神を、嫁が追い出した。心得違いしなければ、金俵三俵になるものを」といった。

黄金《おうごん》は毒蛇《どくじゃ》

釈尊は侍者の阿難《あなん》(アーナンダ)を連れて野原を歩き、「あの畦《あぜ》のところに悪い大毒蛇がいる」と話しながら歩いていった。貧乏な百姓がこれを聞いていて見にいくと、黄金が埋まっていた。百姓は「これを怖がる坊さんの気が知れない」といいながら持って帰り、ぜいたくな暮らしをしはじめた。その評判を聞いた役人は、てっきり盗んだものと思い、百姓を取り調べた。だが無実を証明できず、家人は釈放を頼んで賄賂《わいろ》を使い、黄金を使い果たしてしまった。

横死《おうし》は非業《ひごう》の死《し》

横死とは、首を吊って死ぬ以外のすべての死ではなく、事故や殺害など災いに遭って死ぬ、いわゆる非業の死である。『薬師経』では、横死には刑死、中毒死、焼死、溺死、餓死、墜落死、悪獣の餌になるの九種類があるとされる。しかし現在では、交通事故、医療ミス、薬害などもあり、さらにいまわしい無差別大量殺人、テロも加えなければならなくなっている。

往生際《おうじょうぎわ》は良《よ》い

往生は、この世から極楽世界に生まれることである。ところが一般には、「人身事故で電車が立ち往生した」とか、「雨に降られて往生した」などと、困った、閉口した状況を示すときに使われている。それゆえに、往生際が悪いなどと、本来とは異なる表現となってしまった。本来の往生はこの世よりすばらしい浄土や極楽へ生まれることで、けっして往生際が悪いなどということはない。

往生は極楽《ごくらく》に生《う》まれること

「むずかしい仕事で往生したよ」とか「往生際が悪くて、しつこいやつだ」などと、往生は日常的によく使われる言葉だ。前者は自分一人の能力では処理できなくて困った状態を意味し、後者は決断のつかない状態をいう。さらに前者はどこか仏に助けてもらいたい意を含み、後者は死を意味する往生である。しかし往生は本来、悪しき輪廻転生《りんねてんしょう》を免れ、極楽世界に生まれることをいう。

王《おう》の残《のこ》した言葉《ことば》①

インドの小国が大国に滅ぼされた。王が処刑されるとき、王子に「長く見てはならない。短く急いではならない。恨《うら》みは恨みなきによって鎮《しず》まる」と言い残した。王子は助かり、復讐の機会を狙って一青年として大国に雇われ、王の信頼を得て狩猟のお供をした。王は疲れて青年の膝で眠った。青年はやっと復讐のときがきたと思い、王の首に刃を当てた。

王の残した言葉②

そのとき父の言葉がよみがえり、ためらっていると、王が目覚めた。青年は正直に告白すると、王は感動し、国を滅ぼしたことを詫びると、青年に国を返した。「長く見てはならない」とは恨みをいつまでも抱《いだ》くなということで、父王のいった「短く急ぐな」とは短気を起こしてはならないということである。

王の見《み》た夢《ゆめ》①

(→娘の布教)二万年前、迦葉《かしょう》如来《にょらい》が出現されたころ、ハラナ国の聡明な国王の王女は、生まれたときから頭に金の髪飾りがあった。大事に育てられた王女は信心が厚く、聖者のところに行って「私は今日以降、飲食・衣服・寝具・医薬などのいっさいを、生涯供養いたします」といって、供養を怠らなかった。ある夜、王は次のような十種の夢を見た。

王の見た夢②

一、大象が窓から身体を出し、尻尾が出ずに苦しんでいる。
二、咽《のど》が渇いた人の後ろに井戸があるが、その人はそれを飲まずに耐えている。
三、真珠を持っている人が、麦と交換している。
四、栴檀の香木と常木とを貿易している。
五、広漠とした果樹園で熟している果実が、暴風で一瞬に落とされた。

王の見た夢③

六、小さな象の群れが一頭の大象に追撃され、あわてて騒ぎ暴走している。
七、身体に糞をつけた一匹の猿が走り回って他の猿を汚すので、ほかの猿が避難している。
八、一匹の猿が座っていると、多数の猿が集まってきて、その猿に灌頂《かんじょう》している。
九、一枚の白い毛織物を十八人で奪いあっているのに、毛織物は少しも破れない。
十、多くの人が一か所に集まって、何か争っている。

王の見た夢④

王は夢の内容が心配で、翌朝、家臣を集めて夢の吉兆を諮問《しもん》したが、誰も答える者はいない。バラモンを呼んで夢を占わさせた。バラモンの答えは「この夢は凶で、それを未然に防ぐには、王の寵愛している王女を殺して江河を作り、腹を裂いて腸を取り出し、それを城の境界とする。この修法で凶を未然に防がないと、王の命にかかわります」だった。王は「それはできぬ」といった。

王の見た夢⑤

王は黙然《もくねん》として座っていた。「かわいい王女を殺すくらいなら、自分が死んだほうがいい」憂いに沈んでいる王を見て、わけを聞く王女に、王はすべてを話した。王女は「迦葉如来に相談するのが一番いい」と王にすすめた。迦葉如来は「王よ、心配することはない。その夢は、王のこの世の善悪を予想するものではない。後世、釈迦牟尼仏という聖者が現われ、その法のなかに現われる出来事を予想したものである」といって夢の解説をした。

オウム事件《じけん》の加害者《かがいしゃ》

オウム真理教の麻原彰晃に東京地裁で死刑の第一審判決がくだった。しでかしたことからして当然の判決と思われるが、オウム関連の一連の事件でいえることは、だれもが被害者で加害者不在ということである。加害者の総元締めであるはずの麻原本人でさえ、事件は弟子たちが勝手にやったことで、みんなが寄ってたかってグルになって、ワシを死刑にしようとしている、と被害者意識でいるらしい。「加害者は時代だ」などと責任転嫁しても、真相は見えてこない。

御会式《おえしき》と万灯《まんどう》

御会式は、もともとは寺院で催される法要儀式をさしたが、近来は日蓮聖人の忌日(十月十三日)法要をいうようになった。江戸時代には御命講、御影講などと呼ばれ、この名称が今日まで伝わっている地方もある。江戸庶民の御会式にたいする思い入れは強く、職人の日当を棒に振ってもお参りしたいという心が「一貫三百(当時の日当)どうでもいい」という万灯奉納のかけ声になり、全国各地の日蓮宗寺院で今もなお盛大に行なわれている。

大田垣蓮月《おおたがきれんげつ》① 身代わりになった泥棒

幕末の女流歌人として知られる蓮月尼は、勤王の志士と交わりがあり、幕府も目をつけはじめていた。聖護院《しょうごいん》内の蓮月尼の庵室に泥棒が入ったが、尼は大風呂敷を与えて「ほしいものはなんなりと」と盗るに任せ、茶漬けをふるまおうとさえした。だが、泥棒は長居はできないというので、尼は麦焦がしを与えた。翌朝、往来で血反吐《ちへど》を吐いて死んでいる泥棒が見つかった。幕府の手の者が庵室に忍び込み、麦焦がしに毒を仕込んでいたのだった。

大田垣蓮月② 蓮月尼の美貌

大田垣蓮月は、肉身の死と二度の結婚によって世俗に希望を失い、養父とともに知恩院で得度を受けて蓮月尼となり、真葛庵《まくずあん》にいたころ、その美貌にひかれて言い寄る男が絶えなかった。四十歳をすぎた尼は、秤《はかり》を歯に縛りつけ、一本一本歯を抜いた。顔は苦痛にゆがみ、鮮血があたりを染め、すさまじい光景だった。これを聞いた男たちは、恐れをなして近寄らなくなった。

お開帳《かいちょう》とご開帳《かいちょう》

「こんど、深川でお開帳があるそうだ」「そいつぁ、ありがてぇ。線香代はいくらだ」「いくらかって、布施は気持ちだけでいいだろう」「へえ、気前のいい観音さまだな、そのご開帳の観音さまは。そうか、きっと醜女《しこめ》だな」「なに寝言いってやがる。お開帳はお不動さまだ」「よせやい。不動のご開帳なんて、真っ平だ」——お開帳は厨子《ずし》の扉を開いて、尊像を公衆に拝ませることだが、ご開帳には別の意味があるようだ。

お金《かね》の価値観《かちかん》①

王が狩りに出て、仏塔を発見し、お金を五円出して供養した。遠くからこれを見ていた身分の低い男が「善いかな」と叫ぶと、王の耳に届いた。王はその男を捕らえさせ、面前に連れてこさせると「おまえは、私が供養に出した金が少ないので、あざ笑ったのであろう」と糾問した。男は「王さま、私に〝すべて許す〟といってください。そしたら、すべて申し上げます」といった。

お金の価値観②

身分の低い男が正直そうなので、王が「すべてを許すから申してみよ」というと、男は安心して話しだした。「私はむかし、山の中の盗賊でした。一人の旅人を捕らえて奪おうとすると、固く拳を握り、開けようとしなかった。大金を握っていると思い、その手を開けさせようとしたが、いうことを聞かない。矢を向けても手を開こうとはしない。

お金の価値観③

やむをえず矢で射殺して手を開けてみると、命の代償は一円でした。私は一円盗るために人を殺し、彼は一円を惜しんで命を失ったのです。思えば、一円は貴重なものです。私はそれ以来、お金の尊いことを知りました。先ほど王さまは、五円という大金を供養されたのです。それで私は思わず大声を出したのであって、けっして嘲笑したのではありません」

おかめそばは和風五目《わふうごもく》そば

油揚げを入れたそばをきつねそば(関東)、揚げ玉入りをたぬきそば、生卵入りを月見そばという。では、おかめそば(阿亀蕎麦)はというと、具のかまぼこやシイタケでおかめの顔に見立てたものだ。中華に五目そばがあるが、こちらはいわば和風の五目そばである。そば好きの坊さんも多いと思われるが、通ともなれば盛りそばにかぎる。

荻野独園《おぎのどくおん》①都々逸問答

明治維新前、人斬り半次郎といわれた中村半次郎は、相国寺《しょうこくじ》の荻野独園を訪ね「三千世界の鴉《からす》を殺し、ぬしと添い寝がしてみたい」という都々逸《どどいつ》を見せた。独園は、その自慢そうな顔を見て「こんなことでは、維新の大事はならぬ」といって、にやりと笑った。半次郎は「なぜだ！」と顔色を変えた。独園は、わしならこうだといって「三千世界の鴉と共に、ぬしと添い寝をするわいな」と書いて見せた。

荻野独園②山岡鉄舟の禅哲学

山岡鉄太郎(鉄舟)が荻野独園に初めて会ったとき、滔々《とうとう》と本来空《ほんらいくう》の自分の禅哲学を語り出した。独園は煙草をプカプカとやりながら、黙って聞いていた。ひととおり聞いたところで独園は煙管《きせる》を持ち替えると、鉄太郎の頭をポカリとやった。鉄太郎は憤然として、「なにをするか！」とつめよった。独園は一言「無というものはよく怒るものだな」といった。以降、鉄太郎は独園に私淑した。

お経《きょう》になった魚《さかな》①

吉野山の山寺に僧が住みつき仏道の修行をしていたが、熱心なあまり食べるのを忘れ、身体が弱ってきた。とうとう起き上がれなくなって、弟子の童子に「海の魚が食べたい。どこかで求めてきてくれ」といった。童子は紀《き》伊《い》国まで行って、鯔《ぼら》を八尾箱に入れて帰途についた。途中、檀家の三人に会い、「何を持っているのだ」と聞かれた。箱から魚の汁が垂れ、匂っていた。

お経になった魚②

童子はとっさに「『法華経』です」といった。道々、三人はしつこく聞き、箱を開けさせた。箱の中には、八巻の『法華経』が入っていた。納得ゆかない一人が、童子の跡をつけていった。童子から話を聞いた僧は、不思議に思いながらも、魚を食べた。つけてきた男は、これを見て僧に謝罪し、山寺を復興した。そして、仏法の修行者は毒を食っても甘い水になり、魚肉を食べても仏法の罪にはならず魚は経になると、檀家の人びとは話しあった。

お経の意味《いみ》

「お経に意味なんてあるんですか」ときた。若い女性からの質問だ。しかも、一流大学出で出版社勤務の女性である。もっとも、彼女が学んできたのは欧米流の学問だし、実際にお経を聞いてもチンプンカンプンなのだから、そう思うのも仕方がないといえなくもない。しかし、これでは仏教の完全否定だ。聖書に意味がないという人はいないだろう。聖書と同じように、仏教経典にも意味がある。真読といって漢文を音読みするから、わからないだけである。読み下せば、古い言葉だが、りっぱな日本語である。

お経は退屈《たいくつ》なものか

仏教が伝来する以前の中国では、聖人の言葉を記したものを経といった。経とは織物の縦糸のことで、根本の義という意味がある。仏教もこれにならって釈尊の教えを文章にまとめたものを経と呼ぶようになった。今では経といえば、釈尊の教えの文章というよりも、葬儀や法要で唱えられるわけのわからない退屈な文章と捉えられている。これは僧侶の怠慢によるもので、むずかしくわかりにくい経文のほうがありがたみがあるという屁理屈のためだ。

奥《おく》の院《いん》

「彼女と旅行して、本山に寄って、奥の院を見てきたよ」「いい思いしたな。で、どうだった?」「神々しい、穏やかな姿だったよ」「よく見えたな、暗いところで。それ用の懐中電灯でも持っていったのか」「懐中電灯なんかいるもんか。ロウソクがあるんだから」「変わったやつだな。彼女、火傷《やけど》しなかったか?」「なんで火傷するんだ?」――奥の院は、寺院の本堂の奥にある秘仏堂だが、別の意味でも使われる。

贈《おく》り物《もの》①

あるとき、釈尊を面罵《めんば》する男がいた。声高に次々と難詰したが、釈尊は黙していた。語り疲れ、悪口をやめたので釈尊は、「もし、贈り物を差しだしたとき、相手が受け取ってくれなかったとしたら、その贈り物は誰のものとなるだろうか」とたずねた。男は「その時は、贈り物は、贈ろうとした人のものになるにきまっている」と答えた。釈尊は静かに「そのとおりだね」と言った。

贈り物②

釈尊は男の目を見ながら、「いま、あなたは私をさんざんにののしっていた。けれども私は、あなたの悪口を一つも受け取らなかった」といった。男は昂奮が少し鎮まり、軽くうなずいた。「私は悪口の贈り物を受け取らなかったのだから、この悪口はあなた自身が受け取るものだね」とさとす釈尊に、返す言葉もなく、男は釈尊に帰依したという。

おさんどんは飯炊《めした》き女《おんな》

「おさんどん」というのは、三度の食事の支度をするからいうのかと思っていたら、江戸語で飯炊き女のことだった。幕府の奥女中の一つ「御三の間」の「御三」からという説もある。接尾語の「どん」は「殿」の音便形である。そういえば、一日に三度食べるようになったのは、そう古いことではないらしい。すくなくとも江戸時代までは二食だった。坊さんばかりではなかったのだ。もっとも、坊さんは昼の十二時以後は食べなかったが。

お地蔵《じぞう》さんの杖《つえ》

村に継子《ままこ》がいて、いつも泣いていた。あまり泣きやまないので、ある夜、河童《かっぱ》に食わせようと川に捨てた。大人が帰った後、継子がいつも花を供えているお地蔵さんの前を通ると、「危ないからこの杖を持って行け」と杖を貸してくれた。泣きくたびれた継子が寝ていると、河童が川に引きずり込もうとした。とつぜん杖が光り、河童は慌てて逃げた。翌朝、ようすを見に来た大人が、花を摘んでいる継子を見て、そのまま連れて帰った。

お釈迦《しゃか》さまの頭《あたま》のイボイボ

お釈迦さまは母親である摩耶夫人《まやぶにん》の右脇から生まれ、

生まれてすぐに七歩あゆみ「天上天下唯我独尊《てんじょうてんげゆいがどくそん》」と声高らかに降誕《ごうたん》を宣言した。それを見ていたまわりの大人たちは「なんて生意気なガキなんだ」といって、よってたかってお釈迦さまの頭をたたいたそうだ。それ以来、お釈迦さまの頭にはたくさんのイボイボ(螺髪《らほつ》)ができてしまったといわれている。

お釈迦さまの銭《ぜに》①

奈良に、形容のしようのないぐらい貧乏な女がいた。ある日、村人が来て「近くの大安寺にある一丈六尺の木で造ったお釈迦さまは、信心を深くして拝んでいると、どんなことでも願いを聞きとどけてくれ、ほしいものは、どんなものでも施してくれる」といって帰った。喜んだ女は、工面して花と線香と油を買って大安寺に行くと、お堂の中に大きなお釈迦さまの木造があった。

お釈迦さまの銭②

女はひざまずいて「私は前世でよい行ないをしなかったので、こんなに貧しい報いを受けています。食べものも着るものも耕す畑も薪を取る山もなく、暮らしていけません。どうかこの貧乏な報いからお救いください」と祈った。だが、お釈迦さまは何の反応も示さなかった。「村人の話では、拝めばすぐに聞きとどけてくださるといっていたのに、どうしてだろう」と女は思った。

お釈迦さまの銭③

女は「私は大貧乏だから、一度ぐらいでご利益があるはずはなく、もっと熱心に信仰を深めなくてはならない」とお参りを重ねたが、大貧乏は改善されなかった。女はますます信心を厚くし、毎日通って何か月か経った。いつものように拝んで帰った翌朝、家の前に四貫の銭があり、「大安寺の大修多羅供《だいしゅたらく》の銭」と書かれた短冊がついていた。

お釈迦さまの銭④

大安寺は国の寺で、「大修多羅供の銭」はお経の研究のための費用で、国から預かったものである。女にとって、永年見たことも手にしたこともない大金だった。ほしかったが、お寺の金だと思い、すぐに返しにいった。大安寺の坊さまは銭を受け取ると、倉に行って確かめた。封印はしてあるが、銭四貫がなくなっていた。坊さんは不思議だと思ったが、黙って元に納め、鍵をかけた。

お釈迦さまの銭⑤

女はお釈迦さまを拝んで帰り、翌朝起きてみると、庭の隅に銭四貫が置かれていて、こんどは「大安寺の常修多羅供の銭」と書かれた短冊がついていた。女が銭を返し、坊さまが調べると、やはり銭四貫がなくなっていて、坊さまは銭を元に戻した。女は同じようにお釈迦さまを拝んで帰り、翌朝起きてみると、敷居に銭四貫が置かれ「大安寺の成実論《じょうじつろん》分の銭」と書かれていた。女は銭を返し、坊さまが元に戻した。

お釈迦さまの銭⑥

不思議なことがくり返し起こるので、坊さまは集まって相談したが、原因がわからないので、女を呼んで事情を聞いた。女は「死ぬほど貧乏だが誰も助けてくれず、お釈迦さまにすがっていた」と答えた。坊さまは「あの銭はお釈迦さまが運んだに違いない」と考え、銭を女に渡した。女はその銭をもとにして働くと、どんどん銭がたまり、この村で一、二を争う金持ちになった。

お釈迦さまは宇宙人《うちゅうじん》か

お釈迦さまには、一般の人間とはちがう三十二種の特徴があるとされている。代表的なものを挙げると、足は偏平足で手や足の指が長く、それぞれに水掻《みずか》きのような膜がついている。身長は両手を広げた長さに等しい。舌が長く、髪の生え際まで伸びる。身の色は黄金のようで、つねに光を放って、歯の数も多く、眉間に白毫《びゃくごう》といわれる第三の目があって光を放つ。頭頂には肉髻《にくげい》という中央の盛り上がりがあるなど、まるで宇宙人と見まがうほどである。

おシャカになる

ものごとが失敗したり、不良品を作ったりすると「おシャカになった」などという。お釈迦さまは仏で、死者も仏というが、死者は役に立たない。だから、三段論法で、役に立たないことをおシャカというようになった。あまりおシャカばかり作っていると、仏の顔も三度で、本人がおシャカにされてしまうから気をつけたい。

おせちは神前料理《しんぜんりょうり》

おせちは御節と書き、御節供《おせちく》の略で、一月一日と七日、三月三日、五月五日、七月七日、九月九日などの節句のごちそうに用いる煮しめ料理をいう。節句全般に用いられたが、いまは正月料理のみをいうようになった。一度食べれば「もういい」といいたくなるほど、さほどおいしいものではないが、なければないでまた何かものたらない。それもそのはずで、もともとは神前料理だったのだ。

お祖師《そし》さまは日蓮《にちれん》

お祖師さまは、本来は一宗一派を開いた人をいい、新しい教えの創始者で、元祖・開祖・宗祖・高祖ともいう。たとえば日蓮門下では日蓮聖人を「祖師」といい、「お祖師さま」と尊崇の念を込める。江戸時代に現世利益信仰と結びついて庶民のあいだで日蓮聖人を崇める祖師信仰が盛んになり、祖師といえば日蓮聖人をさすようになった。「大師は弘法にとられ、祖師は日蓮にとられる」と、お祖師さまは日蓮、大師は空海を特定していうようになった。

恐《おそ》れ入谷《いりや》の鬼子母神《きしもじん》

鬼子母神は訶梨帝母《かりていも》ともいい、もとは幼児を食らう鬼女神であったが、のちに釈尊の教化を受けて仏法および幼児を守る神となった。天女形と鬼形とがあり、「きしぼじん」ともいう。とくに近世、日蓮宗の祈禱《きとう》が盛んになるにつれ、『法華経』の守護神として信仰を集め、現世利益の神として崇められるようになった。鬼形の鬼子母神は日蓮宗の祈禱本尊として多くの寺院で勧請されている。「恐れ入谷の鬼子母神」というように、台東区と豊島区雑司が谷の鬼子母神はあまりにも有名だ。

お大師《だいし》さま

大師は偉大な師、高徳の僧をいうが、中国で諡号《おくりな》のひとつともなった。わが国では最澄《さいちょう》に伝教《でんぎょう》大師(八六六)、空海《くうかい》に弘法《こうぼう》大師(九二一)を諡号されたのが初めという。ところで大師といえば、とくに弘法大師空海をいうようになったが、それは後に弘法大師信仰が盛んとなったことによる。真言宗では「お大師さま」と尊称し、「同行《どうぎょう》二人《ににん》」と祖師と共なるあり方を最勝とする。四国八十八か所巡礼がその典型である。

お大師さまの護摩《ごま》の灰《はい》

護摩の灰とは、一般には、旅人から金銭をかすめ取る盗人をさしていう。護摩は真言密教の祈禱法だが、高野山の僧の扮装をした偽行者が、「お大師さまの護摩の灰」といってだまし、高い値で売りつけたことから出た言葉である。そういえば、八大将軍吉宗の飼っていた象の糞を、疱瘡《ほうそう》の薬だといって売った百姓が中野にいて、その効能を裏書きしたヤブ医者がいたが、「象の糞」では語呂が悪い。その象の牙が中野の寺に保存されているが、非公開だという。

御陀仏《おだぶつ》

悟りを得ようとして王位を捨てて出家し、諸仏の浄土を見学し、四十八の請願を起こし、長い修行を重ねたうえ、四百三十二万年の千倍もの昔に成仏して阿弥陀仏となった国王は、仏国土の彼方に西方極楽世界を作り、今もそこで法を説いているといわれる。「御陀仏」とは、その阿弥陀仏の名号を唱えて極楽に往生することで、転じて「死ぬ」ことを意味するようになった。

御陀仏は弥陀仏《みだぶつ》か

御陀仏は「南無阿弥陀仏」の六字名号を唱えて極楽世界に往生することで、そこから死ぬことを意味するようになり、転じて物事がだめになることをいう。これは「御釈迦」と同意である。では、なぜ御陀仏という省略形なのだろうか。御は「お」のほかに「ご」「み」とも読み、阿弥陀仏は「弥陀」とか「弥陀仏」と略されるから、御陀仏の「御」は弥陀仏の「弥」の誤用から起こったのではないだろうか。また、御釈迦と綯《な》いまぜにされたとも考えられる。

お中元《ちゅうげん》と物欲餓鬼《ぶつよくがき》

中元はもと中国の星祭りである三元のうちの一つで、七月十五日の祭りをいった(ほかに正月十五日の上元、十月十五日の下元がある)。それが日本に伝わると盂蘭盆《うらぼん》の行事と結びつき、先祖の霊を供養するようになった。中元の時期に「お中元」といって贈り物をするようになったのは、半年の無事を祝い、世話になったことへの感謝のしるしであって、けっして物欲餓鬼への供養なのではない。

億劫《おっくう》は永遠《えいえん》の時間《じかん》

　億劫は一劫《こう》の一億倍、一劫じたいがとてつもなく永い時間のことであるから、ほとんど永久・永劫を意味する。仏さまは何億劫にもわたって菩薩の修行を重ねたという。そんな仏教の教えを聞いた気の短い江戸っ子、とても時間がかかりすぎてやりきれないことから、面倒で気がすすまないことを「おっこう」から「おっくう」というようになったらしい。

お告《つ》げの鮑《あわび》①

　南の国の船が東北に向かう途中、目的地の近くで時化《しけ》に遭って沈没し、若者が一人だけ浜に打ち上げられた。気がついた若者は、川を遡っていったが、疲れで倒れ、気がつくと柴の弾ける音がして、目を開けると、同じ年ぐらいの美しい娘がいた。若者は、船が遭難したことを話した。生まれ故郷を聞いた娘は、懐かしそうに、私も同じ村の生まれだといった。

お告げの鮑②

　若者は娘の話を嘘だと思った。狭い村はみな顔見知りだ。それを察した娘は、「嘘だとお思いでしょうが、私は六百二歳になります。ゆえあっていまは東北にいますが、郷里で漁師に嫁ぎ、病になって、どんな薬も効きませんでしたが、主人が夢で見た仏のお告げによって採ってきた鮑を食べるとすぐに治り、年をとらなくなりました。嘘だとお思いなら、その鮑を寺に納めたので調べてみてください」といった。

お告げの鮑③

　娘は若者の健康が回復するまで世話をした。半年後に故郷に帰った若者は、村に一つの寺に行くと、その鮑があり、納めた日付も書いてあった。その鮑は寺宝となった。この話が人びとに知られると、鮑は病除けとして信心され、村で疫病がはやったときは、鮑に入れた水で薬を呑むと霊験あらたかだったという。

男盛《おとこざか》りの出家《しゅっけ》

　「奴只中道心者《やっこただなかどうしんもの》」というが、これは日本人らしい発想なのではないか。とくに近世までは、年老いてから仏道を志すとか、世をはかなんで出家するとか、世の無情を感じて剃髪するという傾向があって、出家にはどこか暗いイメージがつきまとっていた。僧侶はふつうの生産的な労働には従事しないものだが、悟りという人生最大の精神的生産活動に取り組むのは、血気さかんな男盛りこそが望ましいはずだ。

男《おとこ》は死体《したい》で女《おんな》は遺体《いたい》

死体も遺体も死んだ人の体という意味では同じだが、ある葬儀社では次のような使い分けをしていた。それは、男性が死体で、女性が遺体なのだという。その理由を尋ねると、男性は「したい」＝死体で、女性は「痛い」＝遺体だからだそうだ。いつまでも痛いでは困るが、多くの人と「したい」も、これまた困ったものだ。

お内仏《ないぶつ》

浄土真宗では、仏壇のことをお内仏という。その由来は、本堂以外に自己の念持仏《ねんじぶつ》をまつるところを持仏堂《じぶつどう》・内仏堂《ないぶつどう》というが、このうち後者を略したものであろう。一般的には、寺院の庫裏《くり》や自己の居室に安置した仏像のことである。寺院本堂の仏壇に対して、個的なニュアンスがある。ちなみに浄土真宗では、僧侶の妻＝坊守《ぼうもり》を内方《ないほう》という。

同《おな》じ木《き》の切《き》れ

「下駄《げた》も仏も同じ木の切れ」とは、出発点は同じであっても結果において大きな差がついてしまうことのたとえだ。ここで仏は木造の仏像をいう。もともと人間には、力量の差はほとんどないといってよい。小さな違いの積み重ねが、ついには雲泥の差となってしまうのだ。それが運によるものか、努力によるものなのかはわかりにくいが、恐るべきは現実である。

同じ水《みず》でも乳《ちち》と毒《どく》

人も動物も植物も、水なくして生きることはできない。同じように水を飲んでも、牛や山羊《やぎ》は乳を出し、子牛や人の生命を養う。それに対して蛇は毒を出して、人畜に危害を加える。牛が飲む水も、蛇が飲む水も、水という真実は一つである。人の心も同じで、同じように仏の教えの水を飲んでも、心がけしだいで、薬にする人もおれば、薬にならない人もいる。

同じレベル

説法のために釈尊が高座に座ったが、しばらく黙ったままだった。弟子たちは、じっと説法が始まるのを待った。しばらくして、釈尊は一本の華を手に取り、拈《ひね》った。弟子たちは意味がわからず首をひねっていたが、摩訶迦《まかか》葉《しょう》だけが微笑んだ(拈華微笑《ねんげみしょう》)。釈尊の心を摩訶迦葉は受け取ることができたのである。法が伝わるためには、伝える者の力量と受け取る者の力量が同じでないと成立しない。

鬼《おに》は人《ひと》を害《がい》するもの

日本の鬼はまつる者のいない亡霊魂が人に祟《たた》り、危害を加えるもので、姿が見えない隠《おぬ》の訛りだといわれる。仏教の影響で幽鬼《ゆうき》、餓鬼《がき》、邪鬼、悪魔、夜叉《やしゃ》、羅刹《らせつ》など、凶悪で強く神通力をもって人を害するものすべてをさすようになった。鬼が恐れるのは、唾液、尿、宝剣、灯火、観音経、神社仏閣とされる。――だからといって、立ち小便をお巡りさんに咎《とが》められたとき「鬼が出たから、追っ払ってやる」などと唾を吐けば、逮捕されてしまう。

お墓《はか》は高《たか》いか

よく「墓地は高い」といわれる。高いと思うのは、ふだんの生活においては必要ないからと思われる。家や車はりっぱなのに、いざお墓を造るとなると、高いという人がいる。墓地は半永久的に使うものだが、家はせいぜい生きているあいだだけ、車もよく使って十年くらいであろう。自分がそこに眠ることを考えれば、りっぱなところにしたいと思うだろうし、永遠の住まいと考えれば、墓地はけっして高いものではないのだ。

「おふだ」と「おさつ」

「お札」――これだけでは「おふだ」か「おさつ」かわからない。漢字の札は音「サツ」で文字を記す薄い木のふだ、官吏の上から下への公文書などを意味するが、日本でこの音が訓化して紙幣をいうようになった。全国的には明治以後のものだが、江戸時代には藩札《はんさつ》があった。わかりやすくいうと、「おふだ」はあの世の守り札、「おさつ」はこの世の守り札である。ところで、紙幣を「しべい」と読むと、とくに葬式などで使う紙花《かみばな》、つまり死《し》華《か》・死《し》華花《かばな》を意味する。

お盆《ぼん》①

南の国では、霊は舟に乗ってあの世に行くと考えられ、墓地の霊屋《たまや》に「先島丸《さきしままる》」の帆をつけた舟の絵を描いていた。お盆には漁を休んで寺参りをし、家にこもることになっていたが、一人の漁師が急用で西の村まで行くことになり、暗いうちに家を出た。硫黄島の見える峠で一休みしていると、海のほうでざわめきが聞こえる。漁に出る者もいないのになんだろうと思い、暗い海に目を凝らした。

お盆②

海には、何百もの帆掛け舟がひしめいていた。そして、どの舟にも「先島丸」と書いてある。漁師は思わず、持っていた煙管《きせる》を落とした。それは、霊屋に描いてある死者の魂をのせる舟なのだった。漁師は「とんでもないものを見てしまった」と思いながら、気を落ちつけようと煙管を拾い、一服つけて海を見ると、舟もざわめきも消えていた。漁師は、先祖の霊を迎えるため、急いで家に帰った。

お盆はいつから

お盆というと十三日から始まると思っている人がほとんどであるが、お盆は七夕《たなばた》から始まる。七夕は死者があの世から現世に帰るのを迎える行事で、六道にいる人びとが、天界、人界、修羅界、畜生界、餓鬼界、地獄界と順番に帰ってくる。七日の夜に迎え火を焚き、八日からとなると、最後の地獄界から帰ってくるのは十三日となる。このため「お盆は十三日の夕方から」となったが、本来は七日からである。→先祖は留守番

お守《まも》りと加持祈禱《かじきとう》

日本人はお守りが大好きで、カバンのなか、サイフのなか、クルマのなか、家のなか、はてはケータイ電話にまでつけている。お守りは神社仏閣の霊域にある石や砂を懐に入れて持ち歩き、その霊力によって悪鬼悪霊から身を護ってもらう、ということから始まったと考えられる。これに加持祈禱をすることによって特別な力をもった護符《ごふ》や呪符《じゅふ》がつくられ、霊験あらたかなお守りとして尊重されている。

おみおつけとおつけ

一汁一菜といえば、一汁と一品の菜《さい》の食事で、粗食のたとえである。汁は汁物で「おみおつけ」、漢字で書くと「御御御付」、なんと「付」に御が三つもついている。シンプルに「おつけ」ともいい、女房言葉である。付は本膳に付け添える意。いまは味つけも具も豊かだが、古くはほとんど白湯《さゆ》に近かった。自分の目玉が汁の面に映るほどうすいことを強調した古典落語がある。

親《おや》の因果《いんが》

よく「親の因果が子に報い」といわれる。これは親の行動の結果が子供に引き継がれるということで、だいたいのばあいは悪いほうに解釈されている。しかし、これは逆のばあいも考える必要がある。親が一所懸命に働いて大きな財産を残したばあい、その財産はとうぜん子供が相続する。このように、因果応報は悪いことばかりでなく、良いほうにもはたらいているのである。

おれとおまえは一蓮托生《いちれんたくしょう》

極楽浄土に生まれる際に、二人以上の人が同じ蓮華の上に生まれること、複数の人が運命を共にすることを一蓮托生という。よく「おれとおまえは一蓮托生」という科白《せりふ》を聞くが、たいていは悪事のばあいに使われる。善につけ、悪につけ、同じ行為を共同で行ない、結果を共にしようという覚悟は、深い信頼感がなければできるものではない。そんな信頼を寄せられる人がいることじたい、いまの時代においては、ある意味、幸せなことかもしれない。

女《おんな》三界《さんがい》に家《いえ》なし

三界は欲界《よくかい》・色界《しきかい》・無色界《むしきかい》で全世界のこと。そこに安住の家がないというのだから、ひどい話だ。女上位の現代にはふさわしくない。むかし、女は五障三従《ごしょうさんじゅう》といって罪障《ざいしょう》が深く、子供の時は親に従い、結婚したら夫に従い、老いたら子に従わなければならず、どこにも落ちつく場がないとされたが、いまは「女三界を闊歩《かっぽ》する」で、どこにもそんな風情は見られなくなった。

女になる

現代社会における成人は満年齢で二十歳である。これは寿命にも関係がある。むかしの人の平均寿命は短く、そのため早く子孫を残す必要があったので、元服という成人の儀式も十二歳から十五歳くらいに行なわれていた。この年代は精神的にも親の支配から独立する時期でもあるので、どうしても不安定になるといわれる。こんな話をしていると、ある人が「女になるのはひとつき」といった。

女は愛敬《あいきょう》、坊主《ぼうず》はお経《きょう》

顔や姿がかわいらしく、そのようにふるまうことを愛敬というが、仏教では仏《ぶっ》・法《ぽう》・僧《そう》の三宝《さんぽう》を敬うことである。むかしから「女は愛敬、坊主はお経(男は度胸↓坊主は読経の転)」といわれるが、最近、ジェンダー・フリー(性差別からの解放)の影響か、愛敬のない女性がふえているのは嘆かわしい。それと同時に、お経を読むことをないがしろにする僧もふえており、ときおり満足にお経も読めないのに偉そうな説教をたれているのを見かける。僧の基本はまず読経と心得よ――これは先師の戒めである。

【か】

開眼《かいがん》してコツがわかる

開眼は「かいがん」と読むときは「眼を開くこと。眼が見えるようにすること」(広辞苑)とあって、「かいげん」と読む仏教語とはっきり区別している。しかし仏像・仏画の魂入れの義はともかく、真理を悟る意味から芸道などにおいて奥義《おうぎ》を極めることにも使われ、いまはもっと軽い意味でも用いられる。「コツがわかった」ぐらいのノリである。そのばあいは、たいてい「かいがんする」といっている。開眼供養を「かいがんくよう」という可能性もでてきた。

開眼は悟《さと》ること

開眼とは、仏道の真理を悟ることや、新しく造った仏像や仏具を安置し、魂を入れる行事が本来の意味だが、芸事や技術の極意、奥義を会得したときにも使う。武道家は蝿《はえ》を捕まえたり水を斬って剣の奥義に開眼し、衆道《しゅどう》(男色)に明け暮れ、女は眼中になかった家光は、お楽の方によって女体開眼した。また、温度計とストップウォッチで、カップラーメンの旨い食べ方に開眼した男もいる。

快川和尚《かいせんおしょう》① 一徹な禅僧

信長に火をかけられ「火自ずから涼し」と有名な言葉を残して焼き殺された恵林寺《えりんじ》の快川は、歯に衣《きぬ》を着せない一徹な男だった。信長に火をかけられたのも、礼をつくした信長の誘いを断わり、信長の敵を恵林寺にかくまったからだった。快川は一時、故郷美濃《みの》で崇福寺の住職をしていたが、美濃の主斎藤義龍とそりがあわず、当人の面前で「仏法という笠に比べれば、蓑(美濃)笠などは小さくて問題にならん」といった。

快川和尚② 信玄の悟り①

「動かざること山の如し」が、武将としての武田信玄の哲学である。信玄が晴信といっていた青年時代、鼻っ柱が強くて、人の意見を聞こうとしない晴信の教育のため、重臣たちが快川を招請した。講義の最初の日、晴信は師の力量を試そうと、衝立《ついたて》の陰に隠れ、太刀を振りかざして躍り出た。だが、快川は「香炉の上一点の雪、喝《かつ》!」と、泰然としていた。晴信は、これ以来、快川の弟子になった。

快川和尚③ 信玄の悟り②

後に、晴信の問いに答えて、快川は「わが心、寂然不《じゃくねんふ》動《どう》である以上、心は形もなく、生死《しょうじ》もない。心動かざれば、身は傷ついても惜しむに足らぬ」と心構えを説いた。晴信は、このとき初めて不動心を知った。そして「頼み難い乱世にあっては、頼むものは物でも石垣でもない。ただ、君主の決定心のみである。それが山のように動かなければ、人心は自然に治まる」と悟った。

戒壇《かいだん》と鑑真《がんじん》

僧侶を含めて仏教の信者となるためには、その教えと戒律を守らなければならない。その戒を授ける式場に壇を設けるので戒壇という。日本では、鑑真和上が中国より来朝するまで正式に戒を授かった者はいなかった。しかし、当時の仏教は隆盛を極め、奈良には東大寺大仏殿までできていた。それを嘆いた聖武天皇が、鑑真和上を招請したのである。そして、やっと日本にも正式の仏教信者が誕生したのだった。

海中《かいちゅう》の不動明王像《ふどうみょうおうぞう》

威徳寺《いとくじ》(赤坂)の本尊の不動明王像は、伝教大師最澄の作と伝えられる。最澄が唐から帰国の途中、暴風雨にあい、難破しそうになった。最澄が自作の不動明王像を海に沈めて嵐がおさまるのを祈願すると、嵐は鎮まり、無事帰国できた。約五十年後の天安二年(八五八)、越後出雲崎の漁師が、毎夜見る不思議な光のもとを探すと、海中から最澄の不動明王像が見つかった。

戒《かい》は悪《あく》を防《ふせ》ぐための規律《きりつ》

戒は人の犯しやすい悪を防ぐための規律で、仏になるために行なってはならないことである。仏教では、信者になるための五つの戒がある。「殺すなかれ」「盗むなかれ」「みだらな性行為をすることなかれ」「うそをつくことなかれ」「酒を飲むことなかれ」であるが、この五戒さえ守ることはむずかしい。ましてや比丘《びく》の二百五十戒などは、言うに及ばずである。

戒名《かいみょう》と居士《こじ》

居士とは、一言《いちげん》居士といったり、戒名につけたりするが、家にいる男子のことで、インドでは商工業の富豪、中国では学徳高く仕官しない人(処士《しょし》)をさし、日本では一般の信者で仏道を学習する男性のことである。室町時代ごろから、大名や藩主が戒名をつけるとき、家臣と差をつけるために居士をつけはじめたが、仏教の本来からいうと根拠はない。だから、戒名に居士をつけて自分の偉さを誇示しても、ナンセンスである。

戒名なしの葬儀《そうぎ》

近ごろ、戒名をつけずに葬儀を行なっているのを見かける。菩提寺が遠く、とりあえず地元で葬儀をださなければならないなどの理由があればよいが、「故人が生前、戒名はいらない」といっていたからなどという人もいる。これは、じつは戒名料が高いと思っているのだ。また、そのような葬儀を平気で行なっている僧侶もいる。戒名がない、つまり戒律を守らない人に、どうして引導を渡せるのだろうか。

カエルの鳴《な》き声《ごえ》とさとり

「蛙鳴蟬噪《あめいせんそう》」とは、カエルが鳴きセミがさわぐこと、転じて多くの人の騒がしさや、くだらない文章の類をいう。ところで、仏教では法身説法《ほっしんせっぽう》という。初夏の夕暮れ時のカエルの合唱、真夏の油ゼミのやかましさに閉口させられることなど多々あるが、「心頭滅却すれば」と力まなくとも、それも生《せい》の風光として心静かに受けとめられる心境のときもある。さとりの道場は平生《へいぜい》にあり。

顔欠け地蔵《かおかけじぞう》

追い剝《おいは》ぎが、道連れになった侍を峠で殺し金を奪った。側で見ていた地蔵に「誰にも言うなよ」というと、地蔵は「儂《わし》は言わぬが、お前が言うぞ」といった。追い剝ぎは「お化け地蔵め」と地蔵に斬りつけると、地蔵の顔半分が欠けた。十年後、追い剝ぎが同じ峠を通り、地蔵を見て、よけいなことをいうからこのざまだと、当時のことをひとりでしゃべると、地蔵の後ろにいた若侍が「親の仇」と一刀のもとに斬り捨てた。

香《かお》りとリラックス効果《こうか》

釈尊が入滅し、火葬に付されるとき、白檀《びゃくだん》の木を用いたので、釈尊は芳香に包まれて火葬されたが、ここから仏前に抹香や線香を供えるようになった。香りはリラックス効果があり、有益だが、釈尊は「人びとは欲の火の燃えるまま、名声を求める。それは、香りが薫りつつ自ら焼いて消えていくようなものである。名誉と富と色香《いろか》を求めるのは、刃に塗られた蜜をなめるようなもので、舌を切る危険がある」といっている。

鏡《かがみ》のなかの観音菩薩《かんのんぼさつ》

蘭渓道隆《らんけいどうりゅう》の弟子の一人の夢に師の鏡が現われ、そのなかに師の姿がハッキリと映っていた。その弟子が、師の鏡を譲られた弟子に話して鏡を見ると、うっすらと人の形が浮かんでいる。よく見ると、観音菩薩のようだった。この噂が広まり、執権北条時頼のもとに持ち込まれ、研ぎ師に磨かせると、観世音菩薩の姿がはっきりと浮かんでいた。

鏡餅《かがみもち》は祖先《そせん》の霊魂《れいこん》

食べる餅は四角に切るが、鏡餅などお供え用の餅は丸くつくる。その理由は、丸い餅は祖先の霊魂だという説がある。古代日本人は、丸い餅を先祖に見立てて、ともに新年を迎えたのかもしれない。体外離脱体験者などの報告によると、霊魂あるいは「非物質的なもの」は白くて丸かったという。人は時代とともに物質的に豊かになったが、それに反比例して心霊的には貧しくなっている。たんに奥深く隠されているだけならよいのだが。

餓鬼道《がきどう》からの生《う》まれ変《か》わり①

身体中に毛が多く、頭髪は黄色味を帯び、眼球は赤く、常に怒気を含んで人を直視する癖がある。性質はケチで、他人に与えたがらず、食べものも自分で一人じめしようとする。財物を見るとほしがり、盗心をおこし、少しであっても、ものを手に入れると非常に喜ぶ。また嫉妬心が強く、他人の資産が多いのを見ると羨み、道に果実や五穀が落ちていると取ろうとする者は、餓鬼道からの生まれ変わりである。

餓鬼道からの生まれ変わり②

餓鬼道に堕ちた原因は、前生にケチだったことである。ケチの原因は物欲で、その源は執着である。執着が嫉妬を生み、独占欲を起こさせ、盗みを促す。だから、習慣性になっているそれらの相にみずから気がつけば、よい師を求め、その悪行のもとである執着心を除くために、布施の偉大な法門を学ばなければならない。

餓鬼と子供《こども》

亡者の住む三悪道の一つで、ここに堕ちた者は、つねに飢餓《きが》に苦しみ、骨と皮ばかりに痩《や》せ細っているという。それが、聞き分けがなく、しきりに食べものをほしがる子供をさすようになったが、いまは子供を呼ぶ下品な表現、または「あの餓鬼ぁ、またドジを踏みやがって」などと、大人を蔑《さげす》んで呼ぶ場合に使われる。だが、あまり乱用すると、こちらが餓鬼呼ばわりされかねない。

架空《かくう》の吉相《きっそう》①

修行僧が檀家に行くと、もう食事を終えて、楊枝《ようじ》を口にして牛黄《ごおう》という香を額に塗り、貝を頭に乗せ、ビロクカという果物を額につけてかしこまっていた。何をしているのかと聞くと、「こうすれば、吉相によって大功徳が得られるのです。つまり、死ぬ者が生き返り、縛られるものから解脱し、笞打《むち》たれるべきものが許されるのだ」

という。修行僧は「無知な連中が馬鹿なことをいう」と思った。

架空の吉相②

だが、修行僧は微笑んでいった。「それで福利が得られるなら、けっこうです。牛黄は牛が持っているものだが、牛は縄で鼻を穿《うが》たれ、使役に使われ、苦しい目にあっているが、牛黄は牛の苦労を救えない。貝は陸に置かれると太陽にさらされ、苦しんで死ぬ。木の実は人間が石を投げて取る。実があるために枝葉は傷つくのです。そんなものに吉相があり福利が得られるわけがない」

架空の吉相③

檀家は「なるほど」といったが、「しかし、むかしから智慧《ちえ》のある人がそう言い伝えているではありませんか」と聞いた。修行僧は「かつてはみな欲がなかった。後に欲心が起こり、欲のない者は天上に生まれることができないと言いふらすようになった。無知の人はこれを信じた。男女は、おたがいに身を飾ってだましあい、牛黄や貝や木の実で飾るようになった。すべては欲心から出たことです」と諭《さと》した。

学《がく》がある

「あなたはなんて学があるのでしょう」といわれれば、悪い気持ちになる人はいないだろう。しかし仏教語として「学がある」ということは「学ぶべきことがまだ残っている」という意味で、「無学」とは「すべて知り尽くしてもはや学ぶべきことがない」という意味なのである。一般に使われているのとはまったく逆で、じつは無学のほうが偉いのだ。これは、学のある人が知ったかぶりをして使ったまちがいである。

覚悟《かくご》はさとり

心の準備、決意を定めるなどの意味で「覚悟はできたか」「覚悟しろ!」などと使われるが、本来は、仏教で真理を会得し、真智を開くことで、悟りのことである。——「私って、高くつく女よ。覚悟してね」と一方的にいわれても、財布のなかを考えると、悟りなんて、簡単に得られるものでもなく、あきらめるか、身ぐるみはがされて地獄に堕ちる覚悟をしなければならない。

学僧《がくそう》と僧学《そうがく》

学問に長じた僧、あるいは修学中の僧を学僧というが、ある仏教学者は、程度の低い学僧を僧学といって軽蔑していた。なんでも、手に入れた貴重な資料を公表せずに独占し、ちびりちびりとその成果を発表しているのが気に入らなかったらしい。僧学は、坊さんが自己顕示欲から片手間にやっている学問、そんな侮蔑的なニュアンスのある言葉だが、もちろんこれを知る人はほとんどいない。

隠《かく》れた吉祥天《きちじょうてん》①

吉祥天は吉祥天女、吉祥功徳天などの異名をもつ。父は徳叉迦《とくしゃか》、母は鬼子母《きしも》で、毘沙門天《びしゃもんてん》の妃である。だが、インドでは幸運の女神ラクシュミーで、梵天の子ブリグ仙人とその妻キヤーティの子であり、世界維持の神ヴィシュヌの妃である。太古、神々は仙人の呪詛《じゅそ》によって苦しみ、ラクシュミーも天界を出て、乳海に隠れた。乳海は、梵天(ブラフマン)が吐き出した牛の乳が大海に集められたものだが、幸運の女神に隠れられて神々は困ってしまった。

隠れた吉祥天②

困った神々は梵天に助けを求めたが叶わず、ヴィシュヌ神に頼み、マンダラ山で乳海を攪拌《かくはん》することにした。山に大蛇ヴァースを巻きつけ、阿修羅たちといっしょに左右から引っ張り攪拌すると、美と富と繁栄の女神ラクシュミーが現われ、神々は繁栄を取り戻した。このためラクシュミーは「乳海の娘」「大海から生まれた」といわれる。

家系《かけい》の不思議《ふしぎ》

男子家系とか女子家系というのがある。その理由は不明だが、精子に一方の型をつくる要素が欠けているからだと推定されている。とすれば、男腹とか女腹といわれるのはウソで、男のほうに原因があることになる。それでも不思議なことに、有史以来、人間の男女比はほぼ半々である。そこには、何か大きな意志の力がはたらいているとしか考えられない。

駆《か》け込《こ》み寺《でら》

駆け込み寺は縁切り寺ともいい、江戸時代に離縁を望む女性が助けを求めて駆け込んだ寺である。鎌倉の東慶《とうけい》寺《じ》が有名だ。むかしは三下《みくだ》り半《はん》といって夫から妻に簡単な離縁状を出して別れることができたが、妻からは離縁できず、その救済のためのものであった。いまは妻から夫に離婚請求することも珍しくなく、夫がオロオロと慌てふためく例も少なくない。近年は夫のための駆け込み寺が必要となっている。

過去《かこ》帳《ちょう》を振《ふ》れ

過去帳は、寺院の檀信徒の死亡年月日、行年、法名、俗名などを記す帳簿である。寺院にとってはある意味、何よりもたいせつなものである。火災にみまわれたとき、本尊とともに真っ先に持ち出すのが過去帳だ。別名、鬼簿とか霊簿ともいうが、昔ある老僧が、葬儀が絶えてないときの最後の手段、「過去帳を振れ」と話していたことがあり、驚いてしまった。なんという坊主かと思ったが、実際に試してみようと脳裏をかすめたことが恥ずかしい。

笠地蔵《かさじぞう》①

ひどく貧乏な爺と婆がいて、年越しの金を作るため、婆の織った布を爺が町に売りに行った。だが、大晦日に布を買う者はいない。爺はとぼとぼと下を向いて歩いていると、誰かとぶつかった。見ると、笠を背負ってとぼとぼと歩いて来た笠売りの爺だった。聞くと、一つの笠も売れなかったという。笠売りは「どうせ売れないものならば、布と笠を交換しようじゃないか」といった。

笠地蔵②

爺が、布と交換した五つの笠を背負って野中の道に来ると、雪になり、黙って並んでいる六地蔵が寒そうでかわいそうになった。爺は五つの笠を地蔵に被せ、足りない一体には自分の古手拭いを被せてやり、「地蔵さまも、よいお年を」といって家に帰った。今日の出来事を聞いた婆は、「それはよいことをした。それじゃ、今年も菜の漬物食って、湯を呑んで年を取ろう」といって、二人は早々と寝てしまった。

笠地蔵③

その晩、雪が降りつづき、静かな闇から歌声が聞こえ、だんだん近づいてきた。歌声は「……地蔵に笠被せてくれた爺の家はどこだ……」と唄っていた。戸口で凄い音がし、爺と婆は震え上ったが、音はすぐにやみ、「……爺も婆もまめでなあ……」と唄う歌声が遠ざかっていった。戸を開けると、年越しの米や魚や金などがいっぱいつまったかますが置かれ、六地蔵が遠ざかっていた。

呵責《かしゃく》は坊《ぼう》さんの罰《ばつ》

呵責とは「良心の呵責に耐えない」などと、自責の念を現わす言葉だが、もともとは坊さんを罰する七法の一つで、罪を犯した坊さんに、大勢の坊さんたちの面前で呵責を宣告し、三十五事の権利を奪うことだった。それが、厳しく咎《とが》める、責めさいなむ、という意味になった。——なかには、金を払って女王さまの呵責を求めて特殊なクラブに行く人もいるが、そんな人が地獄に堕ちたら、極楽のような悦楽を味わうのだろうか。

柏《かしわ》手《で》は二回《にかい》手《て》を打《う》つ

お寺では合掌するが、神社にお参りに行くとポンポンと二回手を打って一礼する。柏手はもと拍手と書き、手を打つこと。『魏志倭人伝《ぎしわじんでん》』という中国古代の書に「日本人は偉い人に会うと手を打つ」とある。卑弥呼《ひみこ》の時代にまでさかのぼる古いものだ。柏手は開手《ひらて》ともいうから、武器を持っていないことを表わすものだったかもしれない。柏と書いたのは、手の平の形が柏の葉に似ているからか。また、柏は拍の誤写ともいう。

風邪《かぜ》は人《ひと》に移《うつ》せば治《なお》る

風邪は（体内の）風の病の意で、感冒のこと。風は仏教の四大の一でもある。流行性であることから、よく人に移せば治るといわれる。医学的にはなんの根拠もない俗説だが、まわりの人に移るころには治っていることが多いという経験から、そういわれるようになったものと思われる。風は万病のもとである。人に移せば治るなどとかるく見ないで、養生するに越したことはない。

火葬場《かそうば》と観音《かんのん》さま

戦後、公的な場から宗教的なものは排除された。公立の義務教育に宗教の科目はない。首相の靖国参拝は憲法違反だと、隣の大国からさえも抗議がくるご時世である。ところが公営の火葬場へ行くと、なぜか入口あたりに、たいてい観音さまがまつられている。たんなるオブジェのつもりではあるまい。さほど高価なものではないであろうが、これも税金でまかなわれているものにちがいはない。しかし不思議なことに、このことに抗議があったという話を聞かない。

火宅《かたく》と家計簿《かけいぼ》

火宅とは、文字どおり火事の家である。この世は四苦八苦に充ち、人びとは苦しんでいるが、そのことにも、来るべき運命にも無関心で、呑気である。あたかも家は火事で燃えているのに、それに気づかずに、なかで遊んでいる子供のようだという意味である。だが、火宅の火は見えなくても、地獄からきた火の車が家計簿のなかで燃えさかるのは、見えすぎるほどよく見える。

形《かたち》から入《はい》る

「仏作って魂入れず」の仏とは仏像のこと、仏像を作っても開眼供養を行なわないと、真の信仰の対象にはならないことから、形だけはできていても肝心要の事や物が欠けていることをいうようになった。外見だけつくろってみても、そこに心がこもってなければ意味がない。だが逆に、物事の深みはなかなかつかみにくいものだから、形から入るという方法もあるにはある。

ガタピシ

我他彼此と書いて「がたぴし」と読む。我と他、彼と此が対立して争いの絶えないことである。そこから、戸などの立てつけが悪くて騒がしいさまをいうようになった。「がたつく」「がたがたいう」なども、これに由来している。これにたいして仏教では無我の教えを説き、我見・我執を戒めている。それによって得られる無分別の智は、平安で寂静な境地である。

合掌《がっしょう》の意味《いみ》

「手と手のシワを合わせてシアワセ」というコピーの仏具店のコマーシャルがあるが、合掌の具体的なイメージを、その意味にあわせてシャレたものだ。合掌はインドで心の専一なことを表わす礼法で、古代から現在まで、宗教的な事柄においてばかりでなく、日常のあいさつなどでふつうに行なわれている。日本の浄土真宗では、合掌はすべてを阿弥陀仏におまかせした安堵《あんど》の姿だという。

葛藤《かっとう》は言語文句《ごんごもんぐ》

葛藤は「心の葛藤」などと使い、もつれ、悶着、もめごとをさす言葉である。葛や藤の茎がからまっていることで、禅宗では言語文句を意味する。言語に縛られ、文句に拘泥していては、仏教の真意に達しないのだ。葛藤を離れることが肝心だが、凡夫が葛や藤の茎をカットして、色恋の葛藤から解き放たれたとしても、すぐ別の女に目がいって、新しい葛藤がはじまるにちがいない。

河童《かっぱ》と合羽《かっぱ》

河童は想像上の動物で、河に棲《す》み子供に見えることから「かわわっぱ→かわっぱ→かっぱ」となった。有名な『西遊記』の沙悟浄《さごじょう》は河童姿だから、起源は中国のようだ。人が川でおぼれるのは河童の仕業とされ恐れられたが、河童にしてみれば「とんだ濡《ぬ》れ衣《ぎぬ》」と怒っているかもしれない。それとも「屁《へ》の河童」とキュウリをかじって澄ましているか。なお、雨のときに着るカッパ(合羽)はポルトガル語で別のもの。

喝《かつ》を入《い》れる

喝はもと禅宗で励まし叱るときに発する「カーッ!」という叫び声である。引導法語《いんどうほうご》・香語《こうご》では一字関《いちじかん》の一つ。そこから一般にも、大声を出すこと、大声で叱りつけることをいうようになった。また、おどして金品をゆすりとることを恐喝、邪説を排し真理を説くことを喝破《かっぱ》、大声をあげてほめそやすことを喝采《かっさい》という。

蟹《かに》の恩返《おんがえ》し①

むかし、長者の家の幼い下女は、小川で米をとぐとき、沢蟹《さわがに》に米のとぎ汁や残飯を与え、沢蟹もそれを待っていた。やがて下女は美しい娘になり、美しい男が夜な夜な通ってくるようになった。男の正体はわからないが、床下から来るのがわかった。魔性の者だった。娘は観音堂に籠もって、七日七晩祈願した。七日め、観音堂の扉を叩き「開けろ!」という声がする。のぞくと大蛇だった。

蟹の恩返し②

大蛇は観音堂に巻きつき、締め上げた。やがて外で争う音がし、雷鳴がとどろいた。娘は一心に観音さまに祈った。騒ぎは鎮まり、夜が明けた。七日たっても帰らない下女を心配した長者が観音堂に来ると、大蛇が観音堂に巻きついている。石を投げてみたが動かない。こわごわ近づいてみると、大蛇は死んでいて、無数の沢蟹が蛇に食らいついたまま死んでいた。

下半身《かはんしん》は別人格《べつじんかく》

よく「下半身は別人格」などという。また男は「息子」「せがれ」、女は「娘」などともいっている。性的なことを照れて直接いうのを避けたり、親子といえども他人なのだからシモのことは本人に責任がないととぼけ、逃げる言葉でもある。しかし、かりに他人であったとしても、その行ないの結果は引き受けなければならない。因果応報で、それが修羅場であったり地獄行きでなければよいが。

家宝《かほう》は寝《ね》て待《ま》て

「果報は寝て待て」は、幸運はのんびり待てという意だ。この言葉の背景には、音が同じことと、良きことという両面で、果報に家宝が重ねられて受けとめられたフシがある。家宝はその継承者にとっては、寝ていても転がり込んでくるもの、それに仏教の果報が重ね合わせて捉えられた。「家宝は寝て待て」だ。果報は明らかな形ですぐに現われるようなものではないから、このほうが単純明快ではある。

蟷螂《かまきり》の菩提《ぼだい》

寺男が使いの帰りに茂みに腰を下ろして一休みしていると、蟷螂(カマキリ)の交尾が始まった。やがて雄蟷螂は雌に食べられ、交尾は終わった。寺男は帰って住職に、雌蟷螂の残酷さを話した。住職は「その雌は妊《みご》っていたか」と聞いた。寺男がなぜ住職が知っているのかと不審に思いながら「そういえば腹が膨らんでいた」というと、住職は「それは母体に入ったのじゃ」といった。

釜風呂《かまぶろ》の起源《きげん》

「湯に入って身体の垢を落とし、念仏を唱えて心の垢を落とそう」と考えた重源《ちょうげん》は、浴場念仏のために、摂津に二組ずつの湯屋《ゆや》を開いた。一つは誰でも入れる「無差別大湯屋」、一つは弟子の不断念仏衆が入る「別所小屋」として十五、六か所に設置した。岩穴を掘って造った釜風呂は、岩のなかで火を焚いて熱くし、水を打って蒸気をこもらせて入浴するのである。

我慢《がまん》にも忍耐《にんたい》

我慢はもともと仏教語で、自分の心身を永遠不滅の我(アートマン)として恃《たの》むことで、高慢の意もある。ところが「我慢する」といえば、忍耐の意味で用いられる。他人に対し強情に我意を張り通すのではなく、それを抑える。意味が逆転してしまった。その理由は、我を張り通すにはさまざまなことを忍耐する必要があり、そこから転じたのだというが、そのへんがどうも理解しにくい。

我慢は思《おも》い上《あ》がり

我慢は、忍耐や辛抱する意味に使われる。我とは自己主観の中心を意味し、ヒンドゥー教のアートマンである。それが、宇宙の本体である梵、つまりブラフマンに帰るのをヒンドゥー教では理想とした。だが仏教では、存在する一切のものは仮で、空だから、どこにも我は存在しないと説く。この我に執らわれるのを我執、我を張るといい、我をたのんでおごる煩悩が我慢の原義である。だから我慢すると肩が凝り、我慢をやめると解放される。

神風《かみかぜ》を起《お》こす①

弘安四年(一二八一)蒙古《もうこ》の大軍が襲来した。齢八十を超える奈良西大寺《さいだいじ》の叡尊《えいそん》は、石清水八幡宮《いわしみずはちまんぐう》の舞殿で、尊《そん》勝法《しょうほう》を朗々と修して祈願した。「異国襲来し、いま貴賤男女のすべてが嘆き悲しんでいる。神も仏も、この神国を見捨てたもうか。蒙古は犬の子孫、日本は神の末裔、彼らは他国の財を奪い、人民の命を断つ非道の輩、わが国が仏法を護り、神祇《しんぎ》を敬う国であるから、神も仏も護りたまえ」と必死で数珠を揉《も》んだ。

神風を起こす②

思円《しえん》上人ともいわれる叡尊の願いは届いた。そよとも動かなかった社殿の幡《はた》が揺れ、ハタハタと鳴った。人びとは、大菩薩の霊験だと噂した。数日後、栂尾《とがのお》の大明神が神子にのり移り、「思円上人の仏法により、神明は威光を増し、大風を吹かせて夷敵を滅ぼすであろう」とのご託宣があった。その後の九州からの報告によって、大風で蒙古の大軍が海に沈んだのは、社殿の幡が鳴ったときだとわかった。

神々《かみがみ》の住処《じゅうしょ》

ヒンドゥー教では、須弥山《しゅみせん》の周りを毎日のように太陽と月が廻り、山頂にはブラフマン(梵天《ぼんてん》)やインドラ(帝釈天《たいしゃくてん》)、アグニ(火天《かてん》)、ヤマ(閻魔《えんま》)、ヴァルナ(水天《すいてん》)、ヴァーユ(風天《ふうてん》)、クベーラ(毘沙門天《びしゃもんてん》)などの九つの都があるとされる。仏教では、須弥山の中腹に四天王が住むのをはじめ、上方に向かって多くの天部の神々が住んでいる。

神《かみ》さまも死《し》ぬ

生死を何度もくり返すことを輪廻転生《りんねてんしょう》という。生まれ変わるといっても、人間ばかりではない。仏教では、天・人間・阿修羅・畜生・餓鬼・地獄という六つの世界で生死をくり返している、と説く。このうち天は、神々が暮らしている場所だが、神さまたちも永遠に生きられるわけではない。神といえども死ぬし、どこかに生まれ変わらなければならない。たしかに他よりも楽しい世界にはちがいないが、死ぬときには地獄の十六倍もの苦しみがあるともいわれている。

神《かみ》も仏《ほとけ》も無《な》い

つらく苦しいことの連続で、救ってくれる神も仏も現われそうもないとき「神も仏も無い」といって嘆く。近時、自殺者はうなぎのぼりであるが、宗教指導者は苦しむ人の心を救い、安心を与える。されば「神も仏も無い」は死語となるであろう。ぜひ、そうなってほしいものである。

髪結《かみゆ》いの乱《みだ》れ髪《がみ》

人の髪を手入れするのが仕事の髪結いが、自分の髪は乱れ放題にしていること。むかしから「紺屋《こうや》の白袴《しろばかま》」「医者の不養生《ぶようじょう》」「儒者の不身持ち」「坊主の不信心」「陰陽師《おんようじ》の身の上知らず」などといわれる。いずれも、他人にはりっぱなことをいい、教え導きながら、自分自身は実行しないことのたとえである。

カラスの駆《か》け落《お》ち①

和泉《いずみ》国の大領《だいりょう》(知事)の庭の大木にカラスの巣があり、

雛《ひな》を育てていた。母鳥が雛を抱き、父鳥が餌《えさ》を採って与えていた。父鳥が餌を探している留守に、雄のカラスが来て、母鳥を口説いて駆け落ちした。父鳥は母鳥の代わりに子供を抱くと、餌を採りに行けなくなった。巣が静かになったのに気づいた大領が巣を調べると、雛を抱いたまま父鳥が死んでいた。

カラスの駆け落ち②

駆け落ちした母鳥の邪な心で、父鳥も雛も不幸になったことを思い、人間の社会に重ねあわせて、大領は世の中が嫌になり、すべてを捨てて行《ぎょう》基《き》大徳《だいとく》の弟子になった。元大領は、「西方浄土に往生できるように修行を積みます」と行基にいった。大領の妻は、夫の気持ちを理解していたので、家を守り子供を育てた。ところが、男の子が死ぬような病気になり、母親は悲しんでいた。

カラスの駆け落ち③

男の子は「母の乳を飲めば、少しでも命が延びるかもしれない」と母にいい、母は乳を与えた。子供は「この甘い乳を捨てて死ななければならないのか」といって死んだ。母は夫と同じ心境になって、尼になって仏道に励んだ。元大領は病気で、師よりも早く死んだ。師は悲しんだが、「元大領は、鳥の邪な行ないを見て仏心を起こして自分の身を浄め、仏道を歩んだが、この人こそ世の中から抜け出た、すぐれた修行の士だったのだ」といった。

がらんどう

がらんどうは、広い空間に何もない状態を表わす。漢字で書くと伽藍堂である。伽藍とは、坊さんが集まって修行する清浄閑静な場所で、日本では、塔や金堂、僧坊などをそろえた七堂伽藍の制が生まれ、寺院を守護する帝釈天や毘沙門天などの神を祀《まつ》る伽藍堂が建てられた。これが、天井が高く、空虚な室内を現わすようになった。だが、財布が空っぽだと、頭も心もガランドウになる。

ガラン堂《どう》

がらんどうの「がらん」は「伽藍」という寺院を表わす言葉からきている。『広辞苑』には「寺院の中で伽藍神を祭ってある堂」とある。また、本堂には無用のものが一切なく、何もないことから「がらんとした」という言葉が生まれ、がらんとしたお堂から「がらんどう」という合成語ができたという説が一つ。ほかに、本堂の屋根の四隅に「風鐸《ふうたく》」がぶら下がっている。これが風に吹かれると「ガランガラン」という音が出る。このガランとお堂が組み合わさってできたという説もある。

かわいい阿修羅《あしゅら》

阿修羅といえば、阿修羅のごとくとか、修羅場とか、あまりいいイメージのものではない。インドで最強の神インドラ神(帝釈天)と戦ったとされるぐらいだから、それも無理からぬことである。だが、奈良興福寺《こうふくじ》にある三面六臂《ひ》の阿修羅像(奈良時代)などは、なんてかわいいのだろうと思ってしまう。仏像だからあまり醜くなく造ったものか、東アジアの東端、穏やかな自然に恵まれた島国ゆえのやさしさなのか、はたまた仏教にとりいれられて守護神となったからなのか。

川《かわ》を遡《さかのぼ》った薬師如来《やくしにょらい》

江戸の弥勒寺《みろくじ》の本尊薬師如来は、水戸黄門こと光國《みつくに》が、国許の常陸《ひたち》国で真言宗寺院を没収したとき、川に流された。ところが薬師如来像は、川下ではなく、川上に一里半(約六キロ)遡っていった。この霊験に人びとは驚き、「川上の薬師さま」として尊び、弥勒寺の本尊として安置されたという。

眼横鼻直《がんおうびちょく》

「眼横鼻直」と書いて、「がんおうびちょく」とか「げんのうびちょく」などと読む。眼は横に、鼻はまっすぐについているということだ。ごくあたりまえのことだが、禅宗で悟りの境界を表わす語として「柳緑花紅(柳は緑、花は紅)」とともに用いられる。今は昔「あたり前田のクラッカー」はあまり聞かなくなったが、どっこい禅語は不滅だ。いや、そうであってほしいものである。

棺桶《かんおけ》とがんばこ

柩《ひつぎ》を棺桶というのは、むかしは屈葬が一般的で、遺体を収納するのに縦長・円形の木桶が用いられていたことによる。俗に「がんばこ」というのは、もと仏像を納める厨子《ずし》から棺をも意味するようになった龕《がん》の箱ということであろう。いまでも禅宗の葬送式のなかに、鎖龕《さがん》・起《き》龕《がん》の儀がある。それは、がんばこの蓋を閉じることと、棺を家から運び出すことである。

寒苦鳥《かんくちょう》は懲《こ》りない性格《せいかく》

寒苦鳥は雪山鳥《せんせんちょう》ともいい、雪山(ヒマラヤ)に棲《す》むという想像上の鳥である。夜になりと雌は「寒くて死にそうだ」と鳴き、雄は「夜が明けたら巣を作ろう」と鳴くが、夜が明けて太陽が昇り暖かくなると夜の寒さを忘れ、巣作りを忘れてしまうという懲りない性格で、何か今の日本を象徴しているような鳥だ。年金、赤字国債、高速道路など、どれをとっても寒苦鳥である。そんな政治家を性懲りもなく選ぶ国民も寒苦鳥か。

関山《かんざん》と薪《まき》

雨の日、関山の部屋から「なにか器を持ってこい」という声が聞こえるので、小僧が急いで笊《ざる》を持っていくと「よく持ってきた」といい、雨漏りだとおもった僧が桶を持っていくと「これがなんの役に立つ」と叱った関山だが、ある日、客を風呂でもてなそうとした。だが、薪がない。これを聞いた関山は「愚か者、薪なら禅堂にいくらでもあるではないか」と、禅板を剝《は》がして風呂を焚《た》かせた。

漢字使用《かんじしよう》について① 常用漢字

常用漢字は、一九八一年に国語審議会が一般の社会生活において使用する漢字の目安として一九四五字の字種と音訓を選定したものだ。その前は当用漢字といっていた。ところが仏教関係では、旧字を使うばあいが非常に多い。仏教語をはじめ戒名や寺院名などであるが、旧字あるいは正字は格調高く、一般世間とはちがうということを示すには有効だが、反面、現代人には読めないため無視される恐れもある。

漢字使用について② 理解

常用漢字や仮名遣いなど、国語審議会が示すのはあくまで目安にすぎず、どんな字を使おうが、どう表現しようが、個人の自由に属する問題である。しかし、文章は対他的な表現である以上、他の理解を期待するものである。表現は自由だが、独善的とか排他的ではしかたあるまい。とくに寺報や寺誌など、一般の方に読んでもらうことを目的としたものは、なおさら気をつけたいものである。

漢字使用について③ 俗字

漢字には俗字というものがある。正字に対し正格でない漢字のことだ。俗字は中国古代からあるが、日本ではとくに江戸時代に盛んに用いられた。ところが明治の維新政府は俗字を排し、『康熙字典《こうきじてん》』により正字使用に統一を図った。戦後の国語審議会による当用漢字・常用漢字の多くは、もと俗字であった。さらに近年、日本工業規格(JIS)が定めた新しい俗字が幅を利かせている。祇・顛・焔などワープロ・パソコンに特徴的な俗字で、「拡張新字体」という命名もある(岩波現代用字辞典)。

漢字使用について④ 仏教の俗字

俗字といえば、仏教にも特徴的な俗字があり、ことさらにそれを残しているフシもある。涅槃《ねはん》の「涅」とか煩悩の異名「纒《てん》」とか、はたまたササ菩薩などなど、挙げればけっこうある。また、仏教の佛の字だけを正字にするとか、竜樹ではなく龍樹とするとか、伝灯はいやだから伝燈にするとか、俗字ではなくても仏教における表現はまちまちだ。「理解」ということを軸にすえれば、答えはひとつしかないはずなのだが……。

患者《かんじゃ》をみない治療《ちりょう》

さる大病院で診察を受けた。担当医は症状を聞くと、レントゲン、MRIと最新技術による検診を指示し、薬を処方した。しかし病名を告げはしたものの、その病状の程度、治癒の方法や期間については一言もない。ほとんどパソコンの画面を見て薬や料金の指示をするのみで、患者をみようとしていないのだ。僧侶はよく医師に喩えられるが、生身の人間を見ずに教義と儀礼のみに頼って教化しようとしてはいないだろうか。

灌頂《かんじょう》① 立太子式

灌頂は頭に水を灌いで一定の資格があることを証明する密教の秘儀伝授の儀式だが、本来は古代インドで立太子式のとき、王子の頭頂に世界中の五つの大洋の水を灌いで王位を継承する資格があることを内外に証明するものだった。密教の厳粛な儀式は、平安時代になると、権威づけのため別の社会でも広く行なわれるようになり、琵琶法師の平曲伝授でも灌頂が行なわれた。

灌頂②方便灌頂

密教の真理を受けとめる伝法《でんぼう》灌頂は厳しく、一生修行しても受けられない者が多かった。そこで、方便《ほうべん》灌頂が考え出され、血縁《けちえん》灌頂とか受明《じゅみょう》灌頂、投華得仏《とうけとくぶつ》などが行なわれるようになった。入唐《にっとう》した空海《くうかい》が受けたのは投華得仏で、目隠しをして手を縛り、中指に挟んだ華を曼荼《まんだ》羅《ら》に投げ、華の落ちた仏が護り本尊となる。空海は胎蔵《たいぞう》界《かい》・金剛界《こんごうかい》の両部とも大日如来《だいにちにょらい》で、師の恵果《けいか》は「不可思議、不可思議」といった。

灌頂③秘密灌頂

インドでタントラ仏教の時代になると、秘密《ひみつ》灌頂・般《はん》若《にゃ》灌頂などが加わるが、日本には伝わらなかった。秘密灌頂とは、阿闍梨《あじゃり》が目隠しした受者の前で十六歳の美しい少女(般若の智慧《ちえ》)と交わり、自分の精液(方便)と少女の体液(般若)の混じり会ったもの(菩提心《ぼだいしん》)を受者の口に指で落として菩提心を植えつける。

灌頂④般若灌頂

次に、受者が般若の智慧である十六歳の少女と交わり、そこにひろがる快楽の世界を、阿闍梨が歓喜《かんぎ》、最勝歓喜、離喜歓喜および第四歓喜の段階に分けて、受者に実地に教え込む。次に、言葉による第四灌頂になり、性的な快楽は、しょせん刹那《せつな》的で無常なものにすぎず、真の悟りの境地は絶対の安楽の境地にあることを言葉で教える。

勧請《かんじょう》と勘定《かんじょう》

勧請とは、仏の来臨を請うことをいう。お釈迦さまが悟りを得たとき、その悟りがあまりに深いので自分のなかにだけに秘めておこうとなさったのにたいして、梵天《ぼんてん》がその悟りの内容を説いてほしいと願った(梵天勧請)のが始まりとされる。しかしいま「謹んで勧請し奉る」と法事をはじめると、「勧請」と「勘定」をかんちがいしてお布施を要求されたと思う人がいる。また、現に請求する僧もいるらしい。まさかあなたは……。

鑑真大和上《がんじんだいわじょう》と味噌《みそ》

日本に律宗《りっしゅう》を伝えた鑑真大和上が、日本に来て初めて味噌を食し、あまりのうまさに「古今未曾有なり」(むかしも今もいまだ曾て有せざるものなり)と感嘆したので、この「みそ」の名が生まれたという。この説はかなり眉唾物で、味噌は朝鮮語の蜜祖《みっそ》からきた語という(広辞苑)。

勧進帳《かんじんちょう》

勧進とは勧化《かんげ》ともいい、人を説き勧めて仏道に入らせることである。または、社寺の建立、修理のために金品を募ることである。その主旨を書き、寄付を記したものが勧進帳だ。勧進のために、勧進相撲、勧進能なども行なわれた。勧進比丘尼《びくに》は、地獄極楽を描いた絵巻物で絵解きをして勧進したが、しだいに女を売るようにもなった。仇討ち前の大石蔵内助も、日本橋でときどき買っていたというホントの話。

勧進は喜捨《きしゃ》のすすめ

勧進とは、人びとに説き勧めて仏教に帰依させ、善行を実践させること、また、寺院建立などのために浄財の喜捨を勧めることで、勧募《かんぼ》、勧財《かんざい》ともいう。鎌倉時代以降は造寺・造仏にたいする勧進が盛んとなり、とくに東大寺大仏殿再建事業の勧募を務めた僧は勧進聖《ひじり》といわれた。成田屋・市川團十郎家に伝わる歌舞伎十八番のうち「勧進帳」の弁慶と富樫《とがし》との名場面は、こうした歴史を背景としている。相撲や芝居、富くじなども勧進として行なわれた。

観世音菩薩《かんぜおんぼさつ》は女《おんな》か

大慈大悲《だいじだいひ》で衆生を済度する観音さまは男性とされている。観世音の梵語アヴァローキテーシュヴァラが文法的には男性だからである。しかし本来は、イランの女神アナーキタが起源だという説がある。アナーキタは、水神・豊饒を司る神で、それが西北インドに入って男性に変化し、仏教にも取り入れられ、勢至《せいし》菩薩とともに阿弥陀如来の脇侍《わきじ》になった。

完全《かんぜん》な精進料理《しょうじんりょうり》

「割殻喰《わりからく》わぬ上人《しょうにん》はなし」生臭《なまぐさ》ものを口にしないという高僧でも、知らないあいだに食べていることをいい、世の中に絶対ということはありえないことを意味する。割殻はヨコエビ目ワレカラ亜目の甲殻類の総称だが、とくに現代では、精進料理といっても調味料などに生臭ものを使っているかもしれず、完全な精進料理は期待できないのではないか。精進の原義を思えば、むしろ完全にこだわることのほうが危険だ。

勘違《かんちが》い

近年、公僕たる警察官など公務員の不祥事が目立つ。彼らに公僕の意識などなく、一般市民を愚民として指導しているどころか支配していると思っているフシがある。そんな特権階級意識が、愚行を重ねる要因となっているらしいのだ。高級であれ下級であれ官僚・公務員も生身の人間、悩みもあれば苦しみもある。その生身の人間に立ち返って自らを省みなければ、何事も始まらないのではないか。

観音《かんのん》さまと大黒《だいこく》さま

村の人たちが大勢集まって寺の自慢話に花を咲かせていると、ある人が「うちのお寺の奥さまは美人で、まるで観音さまの生まれ変わりのような人だ」と自慢した。困ってしまったのは、もう一方の寺の檀家の人。しかたなく「うちの寺の奥さまは体格がよくガッシリしていて、まるで大黒さまの生まれ変わりだ」と自慢した。それ以来、その寺の奥さまは大黒さまと呼ばれたそうだ。

観音さまの生《う》まれ変《か》わり

むかしの僧侶は結婚を許されなかったが、なかには自分のところに女性をおいていた人もいたようである。その人が、ある檀家に「お坊さまは妻帯してはいけないはずなのに、なぜここには女性がいるのですか」と問われ、その坊さまは「夜、お経を唱えていると観音さまが現われ、おまえの一生懸命やっている姿を見て身のまわりの世話をしてあげたくなったといって現世に現われたのだ」と答えた。

観音さまの依怙贔屓《えこひいき》①

貧乏な山伏《やまぶし》が二人、そろって旅をしていた。一人の山伏は信心深く、いつも観音さまにお参りしていたが、もう一人は一度も観音さまにお参りしたことがなかった。信心深い山伏は、どうにかして不信心な山伏を観音さまにお参りさせようと機会をうかがっていた。ある日、どうしても観音堂の前を通らなくてはならなくなり、不信心な山伏は仕方なく御座なりに拝んだ。

観音さまの依怙贔屓②

その夜、不信心な山伏の夢に観音さまが現われて、「いずれ天子さまが重い病にかかられて、占者が診ることになった。そのとき、おまえの祈禱《きとう》で治ることにしておいたので、おまえを呼びにくるだろう」といった。不信心な山伏は、たった一度お参りしただけなのに、どうしてだろうと不思議に思った。ある日、観音さまのお告げのとおり、大勢の役人が迎えに来た。

観音さまの依怙贔屓③

不信心な山伏の祈禱で、天子さまの病はすぐによくなり、天子さまから「おまえのような偉い祈禱師はおらぬ」といわれ、一生暮らせる銭をもらったうえ、評判を聞いた人びとから依頼が殺到した。信心深い山伏はおもしろくない。観音さまに「観音さまを信心してお参りを欠かさないのに、いいことはない。あんな不信心なやつにいい思いをさせるとは、依怙贔屓もひどすぎる」と悪口をいった。

観音さまの依怙贔屓④

その夜、観音さまは信心深い山伏の夢に現われて、「おまえは前世が悪いが、あの山伏は前世が善い。前世では、この堂ができるとき、おまえは建築の銭をごまかして、一人いい暮らしをした。この世では、おまえの願いは叶えてやらぬ。それに比べて、あの山伏の前世は牛で、堂の建設では重い石を運び、見るのもイヤになるほど働いた。それで、この世で幸せを与えることにしたのだ」といった。

観音さまのくれた子《こ》①

南の国に裕福な年老いた夫婦がいたが、子供のないのが悩みだった。どうしても子供がほしいと、観音さまに願をかけた。満願の朝、観世音菩薩が夫婦の夢枕に現われると、「願いを叶えて子供を授けよう。だが、どちらかが世を去るまでのあいだしか手もとにはおかぬぞ」と告げて消えた。夢から覚めると、枕もとに元気な男の赤ん坊がいた。赤ん坊は病気もせず、元気に育った。

観音さまのくれた子②

ところが、ふとした風邪で、爺さまが死んだ。婆さまは悲しみ、赤ん坊をしっかり抱いて、観音さまに「お願いですから、この子をもうしばらく手もとにおかせてください」と、一心に頼んだ。観音さまは「それはならぬ。その代わり、この子をいつでもおまえの見えるところにおいてやろう。明日の朝、北のほうを見るがよい」観音さまの言葉が終わると同時に、赤ん坊の姿も消えた。

観音さまのくれた子③

婆さまは一晩中泣き明かした。だが、それでも観音さまの言葉に期待をもち、夜明けを待って北を見ると、新しい山ができていた。観音さまの伏せた形に似て、腹のあたりが膨れていた。婆さまはありがたいことだと伏し拝み、子のない寂しさを山で紛らわせて暮らした。それ以来、村人はこの山を伏せ観音と呼び、子のない夫婦がこの山に願をかけると、たちどころに叶えられるという。

観音さまの櫃《ひつ》①

九人の子供をもつ貧乏な母親がいた。父親は遠くに働きに出て、帰らなくなっていた。父親がいても貧乏だったのに、父親がいなくなると、もっと貧乏になった。女はぼろを着て一所懸命働いた。朝、暗いうちに起きて山で薪《たきぎ》を集め、地主の畑で働き、その後は自分の小さな畑を耕した。それでも子供は腹をすかし、母親はひもじさを我慢していた。

観音さまの櫃②

女が、いくら働いても楽にならない暮らしを嘆き、いつになったら人並みの暮らしができるのかと嘆いていると、観音さまを信仰する人は、どんな貧乏人でもその身代わりになってくださると人に教えられて、近くのお寺にある千手観音を信仰するようになった。忙しい女は、お寺に行けないときは、山でも畑でも観音さまのことを思い、祈っていた。

観音さまの櫃③

ある日、めったに顔を見せない妹が来て、皮の櫃を預けていった。底には馬の糞がついていた。妹は、しばらくのあいだといって預けていったのに、いつまでたっても取りにこない。近くの弟に聞いてみると、妹にはしばらく会ってないし、そんな皮の櫃なんて知らないという。女は、狭い家で邪魔になるので櫃を開けてみると、百貫の銭が入っていた。

観音さまの櫃④

女は驚いて、どうしたものかと観音さまのところへ行った。観音さまを拝んで見ると、その足先に馬の糞がついていた。女は、観音さまが妹に化身して持って来てくれたのだと思った。女は子供に腹いっぱい食べさせ、温かい火にあたらせ、新しい着物を着せて、また一心に働いた。三年たって、観音堂を造営する金のなかから、銭百貫がなくなっているのがわかった。

観音さまの櫃⑤

村人は「なくなった百貫の銭は、貧乏な女をみかねて、観音さまが櫃に入れて運んだにちがいない」と話しあい、あの女は信仰心が厚く、子供たちのために人の倍も三倍も働いたのだから、その信仰心と労働にみあう報酬を与えたのだと思い、「観音さまは慈悲深いお方だ」と言いあった。そして「母親は子供を慈しむために、天上の国に生まれる」という言葉を思い出していた。

観音さまの目①

働き者の百姓が、年とった母の目が見えないので、優しい嫁を探していると、美しく優しい嫁がきた。親孝行な嫁で、子供もでき、仲睦まじく暮らしていた。だが、夜中になると、嫁は床を抜け出し家を出ていく。雨の日も風の日も同じ時刻だった。しかし、家の者は気づかなかった。ちょうど九十九日め、嫁は山道で隣の爺と出逢った。不審に思った隣の爺は、翌朝、婿《むこ》に教えた。

観音さまの目②

婿は、嫁に男でもできたかと心配で、仕事も手につかず、その夜、嫁の後をつけた。逢引場所だと思われるいくつかの小屋の前を通り過ぎ、山道を一里も歩いて観音堂にたどり着くと、嫁は「婆さまの目を治してください」と一心に拝んでいた。婿は、実の親なのに自分にはできなかったと悔やみ、嫁に詫びながら先に帰って寝たふりをした。

観音さまの目③

翌朝、嫁は青い顔をしている。婿は心配して聞いたが、嫁は何も話さなかった。婿が仕事に行くと、嫁は食事のしたくをして隣の家に行くと、「用があるので」といって婆さまを預けた。百日の願が明ける昨晩、嫁の夢に観音さまが現われて、「婆さまの目は、医者や薬では治らぬ。ただ一つの方法は、おまえの子供の生き肝《いぎも》を取って婆さまの目につけることしかない」と告げたのだった。

観音さまの目④

嫁はまんじりともできなかったが、子供より婆さまの目を選び、婆さまを隣に預けたのだった。嫁は子供を呼ぶと抱きかかえ、小刀で子供の咽《のど》を刺した。子供の悲鳴が隣の家に届いた。婆さまは、かわいい孫の悲鳴を聞いて、家に帰ろうと立ち上がった瞬間、婆さまの目が開いた。婆さまが急いで帰って状況を見て、嫁を咎《とが》めようとしたとき、子供の傷は治っていた。

観音さまの目⑤

嫁はすべてを話し、婿は嫁を疑ったことを詫び、赤飯を炊いて祝うと、三人で山の観音堂にお礼に行った。三人は、観音さまを見て驚いた。観音さまの咽から胸に血がどっと流れているのだ。身代わりになってくれた観音さまに感謝し、三人は拝んだ。そのとき、嫁のうしろに後光がさし、するすると天に昇っていった。

観音さまの料理《りょうり》①

奈良に、裕福で信心深い家があった。仏殿を建てて銅の観音像をまつり、一家で毎日拝んでいた。ところが両親がつづけて急病で死に、娘一人になると、使用人は暇をとり、世話のゆきとどかない馬や牛も死に、働き手のいなくなった家は急に貧しくなって、財宝も田畑も倉も人手に渡り、娘は一人で泣いて暮らしていた。

観音さまの料理②

しかし両親の残してくれた観音像は手放さず、毎日花と線香と油を供えて、「両親は亡くなり財産もなくなったが、どうかお守りください」と、泣いて拝んでいた。この村に、妻を亡くした金持ちの男がいて、仲人を立てて娘を嫁にほしいといってきた。娘は仲人に「私の家は貧乏で着物もなく、花嫁になるしたくができません」といった。

観音さまの料理③

それを聞いた金持ちは、「それはわかっている。大事なのは、嫁になってくれる気持ちがあるかないかだ」といった。仲人がそれを娘に伝えると、娘は「年も違うし、後妻になるのはいやだ」と断わった。だが、金持ちはあきらめず、直接娘を口説き、娘も熱意に負けて夫婦の約束をした。明くる朝降り出した雨は三日もやまず、金持ちは家に帰れなかった。

観音さまの料理④

腹をすかせた金持ちが、三日めに「何か食べさせてくれないか」というと、娘は「しばらくお待ちください」といって竈《かまど》のところに行って鍋《なべ》をかけた。そして、顔をおさえてうずくまった。食べものがなかったのだ。念のため家中探してみたが、むだだった。娘は口を漱《すす》ぎ手を洗うと、仏殿に入って泣いて「観音さま、どうか私に恥ずかしい思いをさせないでください」と祈った。

観音さまの料理⑤

午後遅く、門の外から娘を呼ぶ声が聞え、出てみると隣の乳母が大きな櫃《ひつ》にいろいろな料理を入れて立っていた。乳母はそれを娘にさしだし、「うちの奥さまが、隣にお客が来ているようだから、これを渡すようにといわれました。食器は返してください」といった。鉢《はち》も椀《わん》も皿も、りっぱなものだった。娘は着物を脱ぐと、「垢じみていますが、お礼はこれしかありません」といってさしだした。

観音さまの料理⑥

乳母はその着物を身につけると、大急ぎで帰っていった。娘は、いそいそと夫の前に料理を運んだ。夫は見事な料理と、金の皿や漆の椀などりっぱな食器に驚いたが、喜んで料理を食べた。翌日、家に帰った夫から、大量の絹と米が送られてきた。そして「早く絹を着物に仕立て、米で酒を造って貯えておくように」と手紙が添えられていた。これも、すべては隣からの料理のおかげだった。娘は、隣の家に礼に行った。

観音さまの料理⑦

隣の女主人は怪訝《けげん》な顔をして、夢でも見たのかと相手にされなかった。乳母にも聞いてみたが、覚えがないという。隣で馬鹿にされた娘は、いつものように観音さまの前にひざまずいて見ると、観音さまは、昨日、隣の乳母に渡した娘の着物を着ていた。すべては観音さまのお恵みだったのだ。娘は観音さまの慈悲に、あらためて感謝した。娘夫婦は幸せに長生きしたという。

観音は誤訳《ごやく》か

観音さまは観世音菩薩を縮めたもの。語源はアヴァローキテーシュヴァラで、「観世音」と訳したのは鳩摩羅什《くまらじゅう》である。アヴァローキタは「見られた」の意味だから「観」でよく、ローカという世間を表わす語も混じっているから「世」も大目に見てもよい。しかし「音」はどこにもない。語末のイーシュヴァラは「主」であり、「自在天」と訳される。玄奘《げんじょう》は「観世音」を「観自在」と改めた。

観音菩薩は女性《じょせい》か

観音さまは、どちらかというと女性的な像容で表現されていることが多い。それどころか、観音さまは女だと断言する人さえ少なくない。歴史的にも、マリア観音などその典型的なものだ。観音は正式にいうと観世音菩薩(略して観音菩薩)あるいは観自在菩薩で、菩薩はサンスクリット語のボーディサットヴァ(菩提薩埵《ぼだいさった》)で男性名詞である。原語からしても、女性ではありえない。しかし元来イラン系の女神だったという説もあり、奈良法隆寺の百済《くだら》観音など、飛鳥《あすか》時代にすでに女性的な観音が伝来している。観音の有する慈悲の広大さから、次第に女性化して大衆に迎えられるようになったのであろう。

勘弁《かんべん》は点検《てんけん》すること

勘弁とは、「勘弁してくれ」などと、ふつうに過失を許すことに使われるが、本来は考えわきまえることで、師が弟子の脚下を点検し、弟子が師の力量を点検することだった。——「書類を書き損なったから勘弁しないといわれたって、もっと書式が簡便だったら、こんなにまちがえるはずがない。簡便な頭で、こんな複雑な書式をつくったやつこそ勘弁できない」

還暦《かんれき》は再生《さいせい》の祝《いわ》い

還暦は生まれた年の干支《かんし》(本卦《ほんけ》)に還《かえ》ること。干支は十干と十二支の組み合わせで、全部で六十になる。還暦の祝いは六十一年めで、またの名を「華甲《かこう》」というのは、華の正字をバラバラにすると十×6＋一＝61画となり、甲は甲子《きのえね》で干支の第一番、年、歳を意味する。還暦は本卦還(帰)りともいう。——いまどき還暦を赤い帽子、赤いちゃんちゃんこ、赤い座布団で祝う姿はあまり見かけなくなったが、これは赤ん坊に還る、つまり再生の祝いであった。

甘露甘露《かんろかんろ》

甘露は、ふつうは旨《うま》いことを表わし、「甘露甘露」などという。本来はインドの神々の飲料ソーマで、甘く香気があり、不老不死の霊薬でもある。それが、釈尊の説法をさすようにもなった。甘露水、甘露煮など、甘味を利かした食品もある。——甘露な酒を飲まされ、甘い言葉をささやかれ、芳ばしい香りに誘われて、つい極楽気分を味わうと、やがて借金地獄に堕ちていく。

【き】

帰依心矢《きえしんや》の如《ごと》し

「帰心矢の如し」という。動物に帰巣本能《きそう》があるように、人間には故郷やわが家に帰りたいという欲求があり、その足が矢のように速くなるという意である。ところで、仏法を心底から頼りにすることを「帰依」(たよりになるところへおもむく)というが、その心もかくありたいものである。「帰依心矢の如し」と仏法に馳せ参ずれば、霊験あらたかなことまちがいないのだが、凡夫の心はあらぬ方向にむかいがちだ。

消《き》えた火種《ひだね》①

新しく来た嫁に、婆が「うちは先祖伝来の火種を絶やしたことがない。これを絶やさないように、きっと守ってくれ」といいつけた。素直な嫁は、とくに火種に気を配って守っていた。年越しの大晦日には気になって、夜中に三度も起きて確かめたが、三度めに見ると、どういうわけか火は消えている。慌てて火打石を探したが、長年使ってないので見つからない。

消えた火種②

なんとか、婆が目を覚ますまでに火をおこさなければならない。嫁は、どこかで火をもらおうと外に出たが、真夜中の村は静まりかえっている。とぼとぼ山道を歩いていると、遠くにボーッと灯りが見えた。近づくと、男が焚き火をしていた。嫁がわけを話すと、こころよく火をくれた。ところが「その代わり、この死骸を持っていってくれ」という。気味悪いが、そうしなければ火がもらえない。

消えた火種③

嫁はこわごわ菰《こも》に包まれた死骸を背負って山を降り、家に帰った。そして、そっと死骸を納屋《なや》に隠すと、急いで火種を灰に埋めた。どうにか正月を無事迎えたが、昨夜の死骸が気になってしかたがない。ところが、年始の客が次つぎと来て、料理を出したり酒の燗《かん》をつけたりで、嫁の仕事は忙しかった。夜になってやっと納屋をのぞくと、菰が小さくなって、ボーッと光っていた。不思議に思って開けてみると、中には金色に輝く仏さまが入っていた。

義淵僧正《ぎえんそうじょう》の悪龍退治《あくりゅうたいじ》

義淵僧正は、父母が子宝を観音に祈って生まれたとされている。草壁皇子《くさかべのおうじ》の住んでいた岡の宮を仏教道場に改め、当時の仏教の指導者だった義淵僧正に下賜《かし》されたといわれる奈良の岡寺《おかでら》は、厄除けで有名だが、その由来は、この近辺で農地を荒らす悪龍がいて、村人を困らせていた。義淵が法力をもって悪龍を小池に封じ込め、大石で蓋《ふた》をして、被害をくいとめた。ここから龍蓋寺《りゅうがいじ》の名前がついたという。

気《き》が遠《とお》くなる時間《じかん》——劫《こう》

劫は時間の単位で、きわめて長い時間をさす。喩えとして芥子《けし》劫、盤石《ばんじゃく》劫などがある。一立方由旬《ゆじゅん》(距離の単位)の巨大な盤石に百年に一度天女が舞い降り薄い羽衣で石を拭き、その石が磨り減ってなくなったときを一劫とする。気が遠くなるような長い時間である。最新の大型コンピューターで計るような天文学的な時間ではないだろうか。こんな時間の単位を考えだしたインド人は数学の天才だ。チマチマコセコセした日本人には、ぜったい生まれない発想である。

祈願《きがん》もいろいろ

明治のころ、皎々《こうこう》たる月明かりのなか、両国回向院《えこういん》の境内にある鼠小僧次郎吉の墓前で一心不乱に祈願する者がいた。大工職人の某で、万引き稼ぎがはかばかしくないので窃盗に宗旨替えをしようと念じていたらしい。そのあやしげなようすに、巡回中の憲兵に御用とあいなったという。いかに一心不乱の合掌祈願も、その動機が不純だと、「一念岩をも通す」というわけにはいかないようだ。

聞《き》く耳《みみ》を持《も》つ

「仏法というものは知っていそうもない人が知っているものだ」(『蓮如上人御一代記《れんにょしょうにんごいちだいき》』)。宗祖親鸞《しんらん》聖人以来、浄土真宗は聞法《もんぽう》といって「聞くこと」を最重要視してきたが、このことは一般にも通じる。人の話を「聞くこと」から人間の相互理解がなりたつのであり、意外な人の言葉に、自分を向上させるヒントが含まれていたりするものである。聞く耳を持たなければ井の中の蛙《かわず》であり、世間という大海を知らずに虚しく過ごすことになる。

機嫌《きげん》はそしりきらうこと

機嫌とは、心持ち、気持ちを表わす言葉で「機嫌がよい」「ご機嫌いかが」などと使うが、本来は、人びとが譏《そし》り嫌い、不愉快になることで、罪悪の動機、原因となるべきものである。だから、譏嫌と書くのが正しい。——「昨日、社長に借金の申し込みをしたら、えらい剣幕で叱られたよ。よっぽど機嫌が悪かったんだ」「そりゃぁそうさ、今日が手形の期限だもの。機嫌がいいわけがない」

既視体験《きしたいけん》(デジャヴュ)は幻覚《げんかく》か

「この道はいつか来た道」という歌があったが、初めての場所なのに前に来たことがあるように思うのは、精神病理学で既視体験といい、脳の疲労により幼年時代などに見た光景と重なってしまうのだという。しかし、体外離脱体験者などによると、前世の記憶がよみがえるのだとされる。もちろん多く錯覚もあるだろうが、今後は後者の説を支持する人が確実にふえつつあるともいわれる。

喜捨《きしゃ》は布施《ふせ》のこと

喜捨とは、仏・法・僧の三宝《さんぼう》に喜んで財宝を施与することで、財物に対する執着や貪欲《とんよく》を離れ、清浄《しょうじょう》な心を育てることができる。財施《ざいせ》と法施《ほっせ》があり、檀家が僧侶に財施をし、僧侶が檀家に法施をする。これを聞いた八五郎が信心を起こしたが、喜んで施すものがない。銭は小銭すぎるし、道具は鍋・釜・茶碗の類である。八五郎は女房を寺に連れていき、「飯炊き洗濯を施します」といった。

起承転結《きしょうてんけつ》

起承転結は漢詩の絶句《ぜっく》の構成法からきているが、一般的な文章構成の基本にもなっている。まずテーマを起こし、それを承《う》け、いったん他に転じ、そして最後に結ぶ――これによって文章にメリハリがつく。新聞掲載の四コマ漫画の構成も、これを利用することが多い。さまざまな式での挨拶《あいさつ》、また法話などにこの技法を応用すると、短くしまりのあるものとなる。一度お試しあれ。

疑心暗鬼《ぎしんあんき》

疑心暗鬼の暗鬼は、暗がりの鬼、居もしないのに居ると思い怖がることだ。仏教で疑は正法への疑いで、信に対する。暗鬼は「迷い」と言い換えることができよう。迷いはじめると、それが増幅して、何もかもが信じられなくなってくる。人間にとって不信は、仏教にかぎらず不幸の根本原因であるから、そういう意味で、生きるとは信を獲得する営みなのだといえる。

気絶《きぜつ》か死《し》か

臨終のときに水を飲ませることを末期《まつご》の水というが、いまは脱脂綿や筆に水を含ませて唇を拭くというかたちで残っている。お釈迦さまの入滅の際、侍者の阿難《あなん》に水を求めたことがその由来という。だが実際には、現代のように医学が発達していなかった時代は、気絶しているのか死んでしまったのか判別がむずかしかった。そこで、水を飲ませることによって息を吹き返すこともあったからという。

北枕《きたまくら》の真相《しんそう》

お釈迦さまが入滅するとき、弟子たちは沙羅《さら》の林のなかに床をしつらえた。とにかく身体がしんどいから、楽な姿勢がいい。心臓に負担をかけないように右腹を下にして、そして、頭を北向きにして身体を南北に横たえた。

なぜかというと、地球は大きな磁石だから、その磁気の流れに沿って寝かせたのだという。

北枕は縁起《えんぎ》が悪《わる》い

死人を北枕に寝かせるので、北枕は縁起が悪いといわれる。釈尊が涅槃《ねはん》のとき、顔を西に向け、頭を北にして伏したことがそのはじまりだが、江戸の隠語で、北は吉原のことで、極楽浄土でもある。北枕に寝かされた死者が、吉原に行き、花魁《おいらん》の極楽浄土で成仏し、もう一度、転生して生まれ変わって生き返るかもしれないし、『箕輪《みのわ》心中』の藤枝外記は、北枕で寝る習慣だったのだろうか。

吉祥天女《きちじょうてんにょ》からの料理《りょうり》①

二十三人の皇族が、順番に料理をつくって宴会をしたことがあった。二十二人の皇族たちは、それぞれ自慢の料理で宴会をすませたが、貧しい女王が一人だけ宴会が開けなかった。女王は、貧しくて宴会ができないのは前世の報いだろうと恥じ、奈良の寺院で吉祥天女に「貧乏になる原因を前世でつくり、皇族の宴会では人のものを食べるだけです。どうか私にも食事の用意ができる費用をください」と泣いて頼んだ。

吉祥天女からの料理②

そのとき女王の子供が走ってきて「りっぱな料理を持った女の人が京都から来ている」といった。女王が急いで宮殿に帰ると、幼いころ育ててくれた乳母《うば》だった。乳母は「女王さまのところにお客さまがお見えと聞いて、急いで食事を持ってまいりました」といって、黄金の皿や鉢に盛られた見事な料理や飲みものを並べた。三十人で運んできたというそれらの料理は、女王がこれまでの宴会で見たこともないものだった。

吉祥天女からの料理③

女王は「乳母はどうしてこんな料理を作ったのだろう」と思ったが、さっそく皇族を招き宴会を開いた。りっぱな料理に誰もが満足し、こんな宴会が開けた女王を喜んで祝福した。唄い踊って満足した皇族たちは、みんな女王に着物や装飾品の贈りものをした。すべては乳母のおかげである。女王は、皇族たちからもらった贈りものを乳母に与えた。乳母は喜んで帰った。

吉祥天女からの料理④

女王は吉祥天女に報告しようと、その前に行ってひれ伏した。そして像を見ると、さっき乳母に与えたばかりの着物や装飾品を身につけていた。不思議に思った女王は、乳母の家に行き「おまえに与えたものを、どうして吉祥天女が身につけているのか」と聞くと、何も覚えがないという。信心深い女王の心が、吉祥天女に届いたのだった。それ以来、女王は貧しい暮らしから逃れたという。

吉祥天《きちじょうてん》は美女《びじょ》の代表《だいひょう》

吉祥天の吉祥は繁栄・幸運を意味し、幸福・美・富を象徴する神で、密教では功徳天とも呼ばれる美女の代表である。『金光明経《こんこうみょうきょう》』には弁才天とともに現われている。七福神信仰の初期には七福神の一人に入れられていたのだが、寿老人《じゅろうじん》にとって替わられてしまった。同じく福徳を祈願する弁財天と女の戦いがあったのだろうか。

吉祥天ファミリー

仏教では、美人の神さま吉祥天の父は徳叉迦《とくしゃか》という龍王で、母は鬼子母神《きしもじん》。インドでは海から吉祥天が出現し、そのとき「天の象」が浄水を金瓶に汲んで彼女に浴びせたという。ヒンドゥー教ではヴィシュヌ神の妃だが、仏教では訶利帝《かりてい》の娘で毘沙門天《びしゃもんてん》の妃とされている。さらにインドでは「大地から生まれたもの」という異名を持ち、愛欲神「カーマ」の母でもある。

狐《きつね》の宝物《たからもの》①

爺が村はずれで、三人の子供にいじめられている子狐をかわいそうに思い、子狐を買い取って山へ逃がしてやった。町からの帰り、爺が狐を逃がしたところにさしかかると、かわいい女の子が待っていて、「私は助けてもらった狐だけど、母が礼をしたいといっているので、待っていた」といい、狐は爺に目隠をして背負うと駈けていった。目隠しを取ると、鳥居のあるりっぱな家の前だった。

狐の宝物②

母狐は礼をいうと、「一晩泊まっていってください」といって、爺の好きな稲荷鮨《いなりずし》を出した。翌朝、爺が帰ろうとすると、耳に当てるとどんな鳥の声でもわかるという小さなしゃもじをくれた。家に帰って、木に止まっているカラスの会話を聞くと、「京では帝《みかど》が病で苦しんでいるが、橋を架けるとき、杭で亀を刺し通してそのままにしているからで、薬では治らん」と話していた。

狐の宝物③

爺は都へ行くと、「日本一の占い師、万病を治す占い師」といって、帝の屋敷の前を歩いた。すぐに爺は招き入れられると、しゃもじを出して呪文を唱え、占い師のふりをしてカラスのいったことを告げた。川底の亀の甲羅《こうら》の杭を抜くと、帝の病はたちどころに治り、爺はたいへんな褒美《ほうび》をもらった。金持ちになって村に帰った爺は、庭にりっぱな稲荷社を建てた。

狐の復讐《ふくしゅう》①

度胸自慢の男が、村人の止めるのをふりきって、狐の住む森に入っていった。しばらく行くと、きれいな娘が立っていた。男は「狐だということはわかっている。化かされるものか」というと、娘は木の葉を取り頭に置くと、きれいなかんざしに変わった。男は「おれを化かそうとしてもむだだ」といったが、娘はにっこりと笑い、私の家に行こうと誘った。男がついて行くと、母親が迎えてくれた。

狐の復讐②

男は母親に「これは娘の格好をしているが、正体は狐じゃ。嘘だと思うなら、正体を見せてやる」といって薪を取ると、娘を殴りつけた。娘はきゃあきゃあいって逃げた。男は「しっぽを出せ、しっぽを出せ」といって追いかけた。そこへ和尚が通りかかり、家のなかの騒ぎを聞きつけて、止めに入った。男がわけを話すと、和尚は「おまえのいうとおりかもしれないが、無意味な乱暴はいかん」といった。

狐の復讐③

和尚は薪を取り上げると、「おまえをりっぱな管長にしてやるから、いっしょに寺に来い」といった。男は、りっぱな管長と聞いて心が動いた。寺に着くと、和尚はさっそく、男の髪を剃りはじめた。小僧が何人も出てきて、男を囲んでお経を上げはじめた。男の帰りが遅いので心配した村人が、探しにいこうとお寺の前を通りかかると、男は大勢の小狐に囲まれて、親狐に頭を剃られていた。

狐の宝珠《ほうじゅ》——中野宝仙寺《ほうせんじ》

平安時代の後期、寛治年間(一〇八七〜九四)、奥州を平定した八幡太郎義家が京へ凱旋《がいせん》する途中、陣中に護持して戦勝を祈願していた不動明王像を祀《まつ》るため、かつて父の源頼義が八幡社を祭祀《さいし》した地に寺を建立した。そのとき地主の稲荷神が現われて、義家に宝珠を与え、「この珠は稀世《きせい》の珍、宝中の仙である」といって白狐となって去った。その言葉を寺号とし、宝珠は寺宝として祀った。

祈禱《きとう》はいのり

祈禱とは、呪文や読経などの言葉、平伏・跪坐《きざ》・合掌などの動作、数珠・護摩《ごま》などの道具と形式で、仏や菩薩、諸天と融合し、不安から平安に、悲哀から喜悦へと意識を変化させることである。そして、ご祈禱は息災・増益・調伏・敬愛の四法で、安産・商売繁盛などの実利的な効果を祈願する。——「ひとつ、祈禱してくれねえか」「なんの祈禱がお望みか」「この財布が下痢しやがって、いくら口から入れても、すぐ出て行きやがる」

木の枝《えだ》の霊骨《れいこつ》

鎌倉建長寺の開山蘭渓道隆《らんけいどうりゅう》は、三十四歳で中国から日本に来て禅を広めた。弘安元年(一二七八)六十六歳で逝った後、火葬にしたとき、燃え上がる炎のうえに五色の霊骨が浮かび、たなびいた煙が木々の枝にかかると、その枝に宝石のような霊骨が鈴なりに下がった。数十日して、その林に入って見ると、木々の枝に、まだ数個の霊骨が残っていたという。

帰命頂礼《きみょうちょうらい》

帰命頂礼の帰命とは、帰向、敬順のことで、自分の身命を差し出して、仏に帰依すること。頂礼とは、頭を地につけて敬礼することで、インドの最敬礼である。頭を仏の足につけて礼拝する。——仏像の足に頭をつけて、じっと瞑想している男がいた。ころあいを見て、坊さんが声をかけた。「あなたのような、敬虔な祈りをする人は珍しい。尊いことです」「話しかけないでくれ。二日酔いで気持ち悪いんだ」

逆縁《ぎゃくえん》も縁《えん》

逆縁とは、本来は、仏に逆らって教えをそしれば、かえって仏に助けられて仏道に入る因縁になるという意味である。だが一般には、親が子のため、兄が弟のために供養することをいい、生前の仇敵が供養することをもいう。——「三途の川を渡るのに難儀するそうだ」と夫婦で話していると、「ぼくが先に行って、引っぱって渡してあげる。親孝行になるよね」と子供がいった。「ばかなこというんじゃないよ。親不孝で、とんだ逆縁だ」

キヤノンは観音《かんのん》

一九三三年、キヤノン初代のカメラの試作機がKWANON(カンノン)と名づけられた。この名前は、観音さまのご慈悲にあやかって世界一のカメラになるようにとの願いを込めたもので、そのマークには千手観音が描かれ、火焔《かえん》をイメージしたKWANONの文字がデザインされたという。やがて世界で通用するブランド名として、一九三五年に、聖典・規範・標準という意味の「キヤノン」Ｃａｎｏｎという名称を商標とした。

牛肉《ぎゅうにく》と倶利伽羅《くりから》

富山と石川の県境に倶利伽羅峠という北陸道の峠があって、山中に倶利迦羅不動明王の小祠がある。一一八三年、源義仲が「火牛《かぎゅう》の計《けい》」(牛の角に刀を束ね、尾に葦《あし》を結びつけて点火し、夜、敵軍に放ちやる)によって平維盛《これもり》を破ったところだ。この由来から、坊さんの隠語で「牛肉」を「倶利伽羅」というようになった。倶利伽羅は倶利伽羅龍王(不動明王の化身)である。

今日《きょう》からは楽《らく》に寝《ね》よ

春秋の彼岸のころ、渡り鳥の雁《がん》は日本に飛来し、また飛び去ってゆく。その雁を見つめ、「けふからは日本の雁ぞ、楽に寝よ」と俳人一茶はやさしく呼びかけている。遠い北の国から大空を飛びつづけ、助け合い、はるばるとやってきたのだね、ご苦労さん、今日からは安心して休息しなさいと呼びかける、スケールの大きな俳句である。

経木《きょうぎ》で生臭《なまぐさ》を消《け》す

古い時代のお経というと、薄く切った木切れの経木に書かれたものが多く、紙の経本は紙が一般に入手しやすくなってからのものだ。ところが現代人は、経木というと菓子を包んだり菓子折に敷いたりするものを思い浮かべるようである。それさえ今は懐かしいものになってしまったが、経木で肉や魚を包むことによって生臭さが消え、清浄な食べ物に変わると考えられたのかもしれない。

行基《ぎょうき》の宮殿《きゅうでん》①

河内《かわち》に聡明な智光という僧がいて、異国の本も読み、お経をやさしく書きなおして多くの人に分け与えた。やがて智光は都の大寺院で講義し、多くの学生が説法を聞きに集まった。同じころ、越後の行基という聡明な僧は都を嫌い、みすぼらしい身なりで村里を説法して歩いていた。欲がなく質素な暮らしを見て、人びとは菩薩《ぼさつ》のようだといっていた。

行基の宮殿②

噂は都の天皇の耳にも入り、行基に大僧正の位を与えた。智光は自分が一番聡明だと思っていたので、行基が大僧正になったと聞くと、「行基は田舎で説法をする、まだ小僧ではないか。都には智慧《ちえ》第一といわれる私がいるではないか」と嫉妬《しっと》した。そして、もう都が嫌になったと河内に帰ったが、激しい腹痛がおこり、一か月ほど床について死にそうになった。

行基の宮殿③

臨終だというとき、智光は弟子たちを枕もとに呼び、「わたしが死んでも火葬にせず、九日間そのままにして待ちなさい。学生が来たら、用があって出かけたといって待たせるように。このことは他言してはならない」といって死んだ。弟子たちは、いいつけを守って誰にもいわず、悲しみのなかで九日めがくるのを待った。

行基の宮殿④

戸を閉めきって鍵をかけた智光の部屋に、閻魔《えんま》の使いの男が二人、誰にも気づかれないうちに入ってきて、智光を連れて出ていった。どんどん歩いていくと、金色に輝く宮殿が見えた。智光が「あれはなんだ」と聞くと、男は「智慧第一だといっているのに知らないのか。あれは行基がこの国に生まれ変わったときに住む宮殿だ」と答えた。門には鎧《よろい》をつけ、額に赤い鬘《かずら》をつけた二人の男が立っていた。

行基の宮殿⑤

使いの男が鎧をつけた男にひざまずき、智光を連れてきたことを告げると、鎧の男は「おまえが日本の有名な智光か」と聞いた。智光が「そうだ」と答えると、鎧の男は北のほうを指さして「この道から連れていけ」と使いの男に命じた。北のほうへ歩いて行くと、前方に火が燃えているようだった。だが、それは火でも太陽でもなく、不思議な光で、こちらに向かって猛烈な熱を送っていた。

行基の宮殿⑥

熱くて息もできないくらいで、智光は「どうしてこんなに熱いのか」と聞かずにいられなかった。使いの男は「あれは、おまえを鍋に入れて煎《い》るための地獄の火だ」と、こともなげにいった。智光が驚いてものもいえずにいると、前方に鉄の柱があり、使いの男は、それに抱きつけといった。智光がそれを抱くと、それは鉄ではなく火の柱で、智光の肉はまたたくまに溶け、骨だけになった。

行基の宮殿⑦

三日後、使いの男が古い箒《ほうき》で柱を撫《な》で「活きよ、活きよ」いうと、智光の身体はもとどおりになった。使いの男は、さらに北のほうに智光を連れていくと、こんどは銅の柱があり、火のように燃えていた。使いの男はまた、あれに抱きつけといった。しかたなく抱きつくと、智光の肉はまたたくまに溶け、骨だけになった。三日後、使いの男が古い箒で柱を撫で「活きよ、活きよ」というと、智光の身体はもとどおりになった。

行基の宮殿⑧

智光は、さらに北のほうに連れていかれると、こんどは火が高く燃え上がり、空が焦げていて、飛んでいる鳥が炎に触れると、鉄板に落ちて焦げた。智光が「ここはどこだ」と聞くと、「おまえを煮るための阿鼻《あび》地獄だ」と使いの男は答えながら、智光を火の中に入れ、焼いたり煎ったりした。そのうち不思議な鐘の音が響いてくると、智光の身体が冷えて楽になった。

行基の宮殿⑨

三日後、使いの男が阿鼻地獄の鉄板を叩いて「活きよ、活きよ」というと、智光の身体はもとどおりになった。使いの男は、智光を連れてもと来たほうに戻り、黄金の宮殿まで来た。そこにはやはり鎧をつけた男が待っていて、「連れて帰りました」と報告を受けると、智光に「あなたをここに連れてこさせたのは、徳の高い行基菩薩を罵《ののし》った罪を償ってもらうためだったのです。行基菩薩は、まもなくこの宮殿に住まわれるのです」といって言葉をつづけた。

行基の宮殿⑩

「あなたはけっしてこの黄泉《よみ》の国の食べものを口にしてはならない。早く帰りなさい」と、使いの男に目配せした。こうして智光は、九日めに生き返った。元気な姿で部屋から出てきた智光を見て、弟子たちは喜び、むせび泣いた。智光は黄泉で体験したことを、弟子たちにすべて語って聞かせた。そしてしばらく休んで、浪速《なにわ》で橋を架け船着き場を造っている行基のもとへ、謝るために訪れた。

行基の宮殿⑪

行基は智光を一目見て、智光の心を読み取り、「どうしてこれまで、あなたにお目にかかれなかったのでしょう」と、情のこもったまなざしでいった。智光は、行基に嫉妬して悪口をいったことを詫び、黄泉の国でのことを話した。黄金の宮殿のことを聞くと、行基は「尊いことです」といった。智光は、「口は自分自身を傷つけ、舌はこの世の善を切る斧《おの》のようなものだ」と、あらためて思い知った。

今日《きょう》来《く》るか明日《あす》来《く》るか

沢庵和尚《たくあんおしょう》が重病と聞いて、親しい人たちが江戸品川の東海寺《とうかいじ》に集まった。沢庵和尚は一同を見渡して、「わしはこの世に一人来て一人で帰る。死んだからといって嘆いてくれるな」といった。柳生但馬守宗矩《やぎゅうたじまのかみむねのり》がたずねる。「和尚は、ご自分の遷化《せんげ》の日時をご存知ですか」「うん、昨夜、弥陀《みだ》が来てな、今日来るか明日来るのかという」「それで……」「行きたくはない。けれども、行かねばなるまい。三、四日したら行くと約束した」と、沢庵和尚は答えたという。

行者《ぎょうじゃ》と業者《ぎょうしゃ》

行者は仏教の修行をする人をさすが、とくに難行・苦行をする人のことをいう。日蓮聖人も「法華経の行者の祈りの叶わざることなし」と述べられ、一心に祈念することによって天地にも影響が現われて、その祈りが通ずるといわれている。しかしいま、あまりにも「業者」が多すぎ、一心に金銭のことを考え、物的に裕福な生活のみのために祈っている人が、あまりにも多くなっている。

教主《きょうしゅ》は無数《むすう》にいる

教主といっても新興宗教の教祖のことではない。仏教の教法を説いた主尊のことである。仏教はお釈迦さまが説いたので、お釈迦さまが教主ということになるが、お釈迦さまは娑婆《しゃば》の教主で、仏の真理の行なわれる国土は十方に無数にあり、教主も無数にあることになる。たとえば、極楽浄土の教主は阿弥陀如来で、浄瑠璃浄土《じょうるりじょうど》の教主は阿閦如来というように、信仰によって異なる。

経典《きょうてん》の編集会議《へんしゅうかいぎ》①結集

「団結のため、昼休みに屋上に結集しよう!」「結集して目的を貫徹しよう」などと、ひとところに集まることを結集という。仏滅後、教法の統一と教義の散逸《さんいつ》を防ぐため、分散した修行僧のなかから代表者を集め、各人記憶した教義を出し合い整理する編集会議が行なわれた。この集まりを結集《けつじゅう》といった。このころはすべて記憶に頼り、文字に記録されることはなかった。

経典の編集会議②合誦

結集では、首座《しゅざ》を選び記憶にある釈尊の説教を持ち寄り、首座が朗誦すると、補足したり削ったりして、一定の方式に編集した。それを首座が一節ごとに朗誦すると、他の者は後から確かめるように朗誦し、最後に首座と他の弟子たちがいっしょに合誦《ごうじゅ》した。現在、葬式や法事などで、経典が僧侶たちによって合誦されるのは、この形式を踏襲したものである。

経読《きょうよ》みの経知《きょうし》らず

「論語読みの論語知らず」とは、理屈は知っていても実行のともなわない人をあざけっていう言葉だ。むかし学問は素読《そどく》から入ったから、読み方だけは知っているという人が多かった。とくに『論語』は倫理道徳の学問だから、実践がともなわなくては何の意味もない。これは何も『論語』にかぎったことではない。仏教の世界でも「経読みの経知らず」にならないよう気をつけねばなるまい。

清《きよ》く暮《く》らせ

「汚《きたな》く稼《かせ》いで清く暮らせ」という。この場合の「汚く稼ぐ」は、えげつないほどの稼ぎの手段と、人の嫌がるような「汚い仕事」の二通りの意味がある。いずれにしても、お金を稼ぐには現実的にそう綺麗《きれい》ごとではすまされないことが多いもの。そうではあっても、暮らしは清楚《せいそ》に心豊かせによという。「汚く稼いで」はえぐい表現だが、けっして悪事をいうのではあるまい。

極限状況《きょくげんじょうきょう》

あくまでも、絶対に、断じてなどを意味する「金輪際《こんりんざい》」は、仏教語に由来する。金輪は大地の下百六十万由旬《ゆじゅん》(一由旬は約一〇キロメートル、一五キロメートル等諸説ある)の深さにある地層の名である。地層の最下層を風輪《ふうりん》といい、その上に水輪《すいりん》と金輪とがある。この三輪を合わせたのが地輪《じりん》、つまり大地である。金輪の下は水で、金輪際は金輪と水輪との接点であり、金輪の底ぎりぎり、ということんであるところから、極限状態を表わす言葉となった。→金輪際は大地の下

拒否《きょひ》する悟《さと》り

むかし、聖者のように悟った僧がいた。この僧に老婆が惚《ほ》れた。老婆は庵《いおり》を建ててやり、毎日の食事も供養した。ころあいを見て、老婆は美しい娘に僧を誘惑させた。僧は心を動かさず、「枯木寒巌《こぼくかんがん》によりて、三冬に暖気なし」つまり、自分は悟っているので誘惑にのらない、というのだ。報告を聞いた老婆は、「二十年間も、こんな俗物の供養をしたのか」と僧を追い出し、庵を焼いた。

浄《きよ》めの塩《しお》は禊《みそぎ》

宗派や個人によって「死は穢《けが》れではないから浄《きよ》めの塩を使用しなくてもよい」という説がある。日本では古来、死は死霊《しりょう》によって引き起こされるものと考えられ、その死霊を浄め他者に害を及ぼさないようにするために禊《みそぎ》の儀式が行なわれた。これは海中で行なわれるものであっ

たが、人びとの生活が内陸に入ってきたために海水が使えなくなり、塩と水で代用したことにはじまる。

キリギリスの恩返《おんがえ》し

むかし東北に、怠け者の仁五郎がいた。握り飯を持っていたが、包みを解くのが面倒で食べずにいた。腹が減って野原で寝転んでいると、口のなかにキリギリスが飛び込んできた。腹が減っていたが、仁五郎が吐き出すと、キリギリスは喜んで飛んでいって、お城の殿さまの寝床で唄った。「仁五郎サ扶持《ふち》くれねば、殿様の首、切りぎりす、切りぎりす」殿様は何かのお告げかもしれないと考え、仁五郎を探しだして扶持を与えた。

キリスト教《きょう》と狩猟民族《しゅりょうみんぞく》

欧米人は元来、狩猟民族が多く、その伝統をついでいまでも牧畜が行なわれ、獣肉や乳製品の摂取量が多い。そのため日本人に比べて腸が短いので、足の長い人が多い。狩猟民族は自分が手塩にかけて育てた動物を殺して食べてしまうことが多いので、自分以外のものを殺してしまうことにあまり抵抗がない。そこで、キリスト教のような一神教の考え方が受け入れられたのである。

キリスト教と仏教《ぶっきょう》の真理《しんり》

道路を車で走っていると「神は真理なり」というキリスト教の張り紙を見ることがある。これは、キリスト教の神は真理そのものだという意味である。さて仏教では、仏の教え、法は梵語「ダルマ」の漢訳語である。ダルマは仏教の教えの中心的な概念をなすもので、その意味は複雑だが、存在の法則すなわち真理を表わしている。要をいえば、キリスト教では神が真理、仏教では法が真理ということである。

義理《ぎり》でする法事《ほうじ》

「他所《よそ》の牛蒡《ごぼう》で法事する」とは、他人の物で世間の義理をすませることで、「他人の褌《ふんどし》で相撲を取る」とか「他人の念仏で極楽詣り」ともいう。義理は物事の正しい筋道が原義だが、江戸時代以後、交際上の関係からいやでもつとめなければならないことをいうようになった。世間体だけでいやいやする法事や念仏では、よい果報を期待できないことはいうまでもない。

径山寺味噌《きんざんじみそ》

径山寺味噌は、鎌倉時代の僧覚心《かくしん》(虚無僧《こむそう》で知られる普《ふ》化宗《けしゅう》の祖)が中国の径山寺の製法を伝えたので、この名があるという。なめ味噌の一種で、金山寺味噌とも書く。炒《い》り大豆と大麦の麹《こうじ》に塩を加え、細かく刻んだなすやうりなどを入れて発酵させ、さらにしょうが・しそなどを入れて熟成させたものである。坊さんが獣肉や魚介類を食してはいけなかった時代、大豆は貴重なタンパク源であった。

琴線《きんせん》は金銭《きんせん》

「琴線に触れる」とは、心の奥底にふれて感動を呼び起こすことをいうが、大人になり世間ずれしてくると、琴線がしだいに金銭になってくる。琴の線はもちろんいい音色を出すが、むかしの小判はチャリンとぞくぞくするようないい音を出したらしい。今の新札も音こそ出さないが、なんともいえないいいにおいがするから、欲望の琴線を刺激することにちがいはない。さらには、この世ばかりでなく「冥土の沙汰《さた》も金次第」と、あの世のことまでもいわれるようになった。

勤王《きんのう》の僧《そう》——月照《げっしょう》

「僧籍にある者は国事に奔走するものではないというが、国のために害を除き、国のために難に当たるのは仏意にかなうものである」という月照は、西郷隆盛などと組んで反幕府運動に奔走していた。安政の大獄で追われ、西郷らと薩摩に逃れたが、藩は月照を受け入れようとはしなかった。身の置きどころのない月照を見捨てることのできない西郷は、月照と抱きあって薩摩湾に飛びこんだ。二人はすぐに引き上げられたが、月照は息を吹き返さなかった。

金《きん》の髪飾《かみかざ》り

外道の都に釈尊の教えを広めた娘の前身が、頭に金の髪飾りをつけて誕生した王女だが、それについて次のような因縁話がある。ハラナ国に毎日、荘厳《しょうごん》の具、塗香《ずこう》を乞い求めて歩く貧しい婦人がいた。ある日、縁覚聖者をまつった塔を荘厳の具で飾り「来世は頭に金の髪飾りをそなえ、大富豪の家に生まれ、心のままに布施をして仏の道に近づくことができるように」と祈った。この婦人が王女の前身である。→王の見た夢

【く】

空海《くうかい》の死《し》

　空海（七七四～）は日本真言宗の開祖。承和二年（八三五）三月二十一日午前四時、高野山において右脇を下にして入定。ときに六十二歳。遺教《ゆいきょう》により高野山の東の峯に納められた。延喜二十一年（九二一）弘法大師の諡号を賜わる。空海の場合は入寂ではなく入定といい、今もなお生きていて仏道に励む人びとを助けてくれているという信仰がある。また大師霊廟にいたる高野山奥の院では、今も納骨信仰が盛んだ。

空也《くうや》と神泉苑《しんせんえん》の老女《ろうじょ》①

　平安時代、朝廷ゆかりの庭園である神泉苑の水門の外に、一人の病んだ老女が住んでいた。巷の聖といわれた空也は、朝夕、食事を持参し、世話をして慰めた。二か月ほどして、老女はようやく回復した。ほっとした空也が訪れると、老女はそわそわし、はにかんで、言葉もうまくしゃべれず、いつもとようすが違う。空也は「どうしたのか」と聞いた。

空也と神泉苑の老女②

　老女はしばらくためらっていたが、「身体がほてって仕方がない。どうかお情けをください」という。容色も衰えた汚い老女である。空也はしばらく考えていたが、承諾して、首を縦に振った。すると、老女は深い溜め息をつき、光を発すると、「我は、古来より神泉苑に住む老狐である。上人こそ、まことの聖者なるぞ」といって、忽然と消えた。

空也と逃《に》げた盗賊《とうぞく》

　関東では平将門が威をふるい、瀬戸内海に藤原純友が出没し、京の都には盗賊が横行し、天災も頻発し疫病がはやって、世相は荒廃しきっていた。そのころ、空也は乞食で得た布施で仏事を行ない貧者に施し、巷で市《いち》の聖《ひじり》として慕われていた。ある日、鍛冶屋《かじや》の男が、百鬼夜行《ひゃっきやぎょう》の夜道を帰るはめになり、困って空也に相談すると、「ただ一心に阿弥陀仏を念じなさい」と空也はいった。盗賊に襲われた鍛冶屋がいわれたとおり念ずると、盗賊は「市の聖だ」といって立ち去った。

空也と蛇《へび》と蛙《かえる》

京都東山の西光寺《さいこうじ》(のちの六波羅蜜寺《ろくはらみつじ》)の北門で、蛇が蛙を呑み込もうとしいた。これを見つけた近所の子供たちが石を投げつけたが、蛇は蛙を吐き出さない。そこへ通りかかった空也が錫杖《しゃくじょう》をふりあげ、「いかなる獣の類も、錫杖の音を聞けば菩提の心を起こすものぞ」と蛇に呼びかけると、錫杖を二、三度ふった。蛇は、しばらく聞くようなようすで鎌首をもたげていたが、やがて蛙を吐き出した。そして、蛇と蛙は左右に別れていった。

空理空論《くうりくうろん》は造語《ぞうご》

空理空論というと、大乗仏教でいう「すべてが空《くう》であるということわり」のことかとも考えられるが、中身のない屁理屈、空疎な理論のことである。明治初期ごろの造語らしい。仏教の空の教えも、興味のない人にとっては空理空論みたいなものであろう。空はああでもない、こうでもないと、否定に否定を重ねていく論法であるから、造語にあたって、そのイメージが重なっていたかもしれない。

食《く》えない芋《いも》

川で婆が芋を洗っていると、みすぼらしい坊さんが通りかかって「腹がすいてたまらん。その芋を少し分けてくれんか」と頼んだが、婆は「この芋はえぐくて食えぬ」といって断わった。坊さんがあきらめて通り過ぎると、婆は「こんな甘くて旨い芋を乞食坊主なんぞに食わせてたまるか」といった。婆が帰って芋を煮ると、芋は固くえぐくて食べられなかった。坊さんは弘法《こうぼう》さまだといわれた。

苦界十年離《くがいじゅうねんはな》れがたし

「泥水をはなれて痩せるかはづ(蛙)かな」「手に取って見ればぶざまな南瓜哉《かぼちゃかな》」明治三十三年の娼妓自由廃業のときの句だ。そのころ、ストライキ節がはやった。自由廃業はしたものの、けっきょく娼妓にまいもどる者も多かったという。苦界十年というが、なじんだ世界はなかなか離れがたいもののようだ。これも業というものか。なお南瓜は「南瓜に目鼻」というように、ずんぐりした不美人を形容したもの。ちなみに、公娼廃止は昭和三十三年のことである。

苦行《くぎょう》と女性《じょせい》

釈尊は骨と皮になるほど苦行をし、「自分と同じような苦行のできる者はいないだろう」と語っている。修行者は苦行によって得た全能の力を貯えることができる。その力は神々をも縛ることができ、帝釈天は修行者を恐れ、苦行の妨害をしたという。しかしその力は、婦人と交わると、すべて放出されてしまう。天女や遊女が苦行者を誘惑するために、しばしば近づいてきた。

苦行の空《むな》しさ

苦行は古代インドでよく行なわれた修行法で、とくにジャイナ教では厳しい修行が評価された。肉体を徹底的に苦しめることで、肉体が滅びて魂が純粋になり、完全な解脱《げだつ》が得られるというのである。釈尊は苦行の空しさを知り、苦行林を去って菩提樹の下で悟りを開いたが、ライバル教団のジャイナ教の極端な苦行礼讃《らいさん》に対抗して、苦行を重要視しなくなったものである。

臭《くさ》い物《もの》に蓋《ふた》

「臭い物に蓋をする」というと、すぐに病院の治療ミスとか、大会社や役人の不正隠しなどの報道が思い出される。臭い物に蓋をすれば、その場はしのげるものの、根本的な解決にはならない。ところが人は責任逃れなどから、蓋をしてすませたがる。「臭い物」は悪行、「蓋」は嘘にたとえられるが、へたをすると、嘘で塗り固めた人生に終始してしまいかねない。そして、臭い物は地獄の猛火と変ずる。

草《くさ》に縛《しば》られた僧《そう》①

荒野を歩いていた僧の一団を襲った盗賊の頭《かしら》が、僧たちに村へ行ってしゃべられたら困ると思い、子分たちに「坊主どもを殺してしまえ」と命じた。子分のなかに一度出家した者がいて「なにも手間をかけて殺すことはない。坊主たちは草といえども生きものを殺すことができない掟《おきて》なので、生草で縛れば、草を傷つけまいとして動けず、逃げる心配はない」と頭にいった。

草に縛られた僧②

頭は「それは楽でいい」と同意し、僧たちを生草で縛り立ち去った。僧たちは禁戒を犯すことを恐れ、草を切ることはできなかった。衣服を盗られた肌は直射日光にさらされ、蚊やアブ、蝿、ノミに食われ、夜になると夜行の獣が走りまわり、狐《きつね》や梟《ふくろう》が鳴き、身の毛もよだつような恐ろしさが僧たちのまわりをつつんだ。

草に縛られた僧③

老僧が若い僧に「人の命の短いことは、川の流れよりも速く、無常の最たるものだ。それゆえ、無常の命を惜しんで禁戒を犯して生草を断ち切ってはならぬ。死んでふたたび人間に生まれ変わるのはむずかしく、ここで死ぬのは残念だが、それにもまして尊いのは仏の教えで、この教えには遭いがたく、信心を起こすことは、なおむずかしいことです」と諭し、僧たちは生草を傷つけないようにじっとしていた。

草に縛られた僧④

老僧はさらに「われわれの修行は、いまのこの状態と同じで、均衡を保ちつづけ、困難にあっても志を曲げず、そしてこの卑しい命をもって尊い法に従うまでです。われわれは、ほかに行こうと思っても行くところはない。わ

このまま戒を厳守して死ぬべきです」と説いた。これを聞いた若い僧たちは、おのおの身を正しくして、動かず、揺るがず、石のようになっていた。

草に縛られた僧⑤

ちょうど狩りに来た王がこれを見て「あの裸の一団は、外道か僧か見てまいれ」と家臣に命じた。見て来た家臣は「右肩が黒いところを見ると、袈裟《けさ》を着けている僧にちがいありません。きっと俗に衣服を奪われたのでしょう」と報告した。王は側に来て「健やかな身体で力もあるのに、なぜ草に縛られて動けないのか。呪術に縛られているのか、それとも苦行のためなのか」と聞いた。

草に縛られた僧⑥

僧たちは「もろい草を切るのは雑作ないが、戒めのため切ることはしない。草木も生きものなので、それを切るのは殺生と仏が説いているので、それに従っているのです」と答えた。王は僧たちを縛っている生草を解いて「わが身を捨てて法を守り、戒を犯さないのは尊敬にあたいする。私も仏に従い、戒をたもつ者に従って悩みから

解放されよう」といった。

愚者《ぐしゃ》と紀三井寺《きみいでら》

紀三井寺は和歌山市名草山にある救世観音宗《ぐぜかんのんしゅう》の寺で、もと真言宗であった。紀伊の三井寺(園城寺《おんじょうじ》)の意。正式名は紀三井山金剛宝寺護国院。西国三十三所第二番の札所である。第二番の札所であるところから、智者を一番、二番を愚者にたとえて、愚者をいう隠語となった。ちなみに、第一番は那智山青岸渡寺《なちさんせいがんとじ》(天台宗)である。寺そのものとはなんの関係もない言葉遊びの一種だ。

くしゃみ三回《さんかい》で風邪《かぜ》

「くしゃみ三回ルル三錠」という風邪薬のコマーシャルがあったが、むかしは「一ほめられ、二そしられ、三くさされ、四かぜをひく」といったそうだ。俗信だが、二も三も悪口で区別がつきにくいので、三で風邪というふうに整理されたのであろう。むかし、くしゃみは不吉なものとされ、いっしょに魂まで飛び出してしまうと思われた。「くしゃみ」というのは、もと「はなひる」がでるときに唱えた「くさめくさめ」という呪《まじな》いからきているといわれる。

九種浄肉《くしゅじょうにく》

僧侶でも、病気のときは栄養補給のため、次の肉は食べてもよい。殺すところを見ない肉、殺すときの声を聞かない肉、天を祠《まつ》るためで自分のために殺したものでない肉、自然死の肉、動物の食い残した肉の五種浄肉と、自分のために殺されたものでない肉、自然に死んで乾いた肉、偶然食べる肉、以前殺した肉を加えた九種の浄肉で、市販の肉はすべてOKである。肉が食べたくなれば、医者の診断書も不要なので、病気になればよい。

救世観音《ぐぜかんのん》

救世観音の救世は「くせ」「ぐせ」「ぐぜ」と読み、世間の人びとの苦しみを救うという意味で、聖観音《しょうかんのん》ともいう。——ある男が、聖観音を性観音(観音は俗に女性の秘所をいう)とまちがえ、自分の性的欲求不満の苦しみを救ってくれるセックス好きの菩薩と思いこんだ。それだけならまだしも、救世《くせ》観音を臭い観音《くせえ》、風呂が嫌いな女性だと思ったという馬鹿話がある。いくら変化の菩薩でも、そうつごうよく変化するものではない。

愚痴《ぐち》

一般に「愚痴をこぼす」といえば、言ってもしかたのないことを言って嘆くことである。似た表現に「泣きごとを言う」「繰《く》りごとを言う」がある。いずれも、愚痴をこぼしても、置かれた状況が好転する見込みがないのに、くどくどと嘆くことである。世の中には愚痴っぽい人もいれば、愚痴一つ漏らさない人もいる。仏教では、仏の智慧《ちえ》に暗いことを意味する。

愚痴と無明《むみょう》

愚痴と無明は関連した言葉である。人生や世の中の真理に暗いのが無明。すなわち、真理に明るくないために、智慧がはたらかないのも無明である。そうした自分自身の愚かさに気づかないで、あれやこれやと迷うのが仏教でいう愚痴で、根本的な無知をさす。仏教では、仏教を学び仏道を修行する者の三大煩悩の一つに数えられている。ところで三大煩悩とは、貪欲《とんよく》・瞋恚《しんい》(怒り)・愚痴のことで三毒ともいう。

愚痴のなおしかた①

根本的な無知(愚痴)でも治療法があります、というのが『般若経』の教え。三毒それぞれに対して、貪欲には骨相観《こっそうかん》、瞋恚(怒り)には慈悲観《じひかん》、愚痴には縁起観《えんぎかん》を教えると効果的ですよ、と説く。たしかに、愛欲におぼれ貪りの煩悩にとらわれている者には「どんなにきれいな女性もしょせんは骨と皮よ」と教え、怒る者には「慈悲の心がたいせつ」とさとし、愚かで智慧のはたらかぬ愚痴の者には「縁起の理法を観察せよ」と教える。まちがいなく特効薬である。

愚痴のなおしかた②

「愛欲におぼれているときに、かわいいあの娘もしょせんは骨と皮よか。残酷だけどわかるね」「怒りっぽい者には慈悲の心だって、実行はむずかしいけれど、これも諒解だね」「愚かな頭で、縁起の理法を観察せよ、こりゃダメだね。まったくわからないよ、縁起の理法は」「そうかい。縁起ってのは原因と結果のことだ。犬が西向きゃ尾は東よ。わかるかい」「わかった。はなっから、そういってくれよ。頼むよ」

愚痴は無知《むち》のこと

言ってもしようのないことを言って嘆いたり悩んだりすることを愚痴というが、もとは、迷うとか昏《くら》まされるを意味するモーハから出た仏教の言葉である。心の奥に潜んで、われわれがものの道理や事実を正しく認識するのを妨げる心の作用で、別の言葉でいうと無明《むみょう》(無知)である。すべての煩悩や心の汚れは、これに起因するとされる。でも、愚痴を言い合っている女性がしだいに明るくなり、顔に光明が灯ることがある。マイナスとマイナスでプラスになるのだろうか。

功徳《くどく》と利益《りやく》

利益は仏教語としては「りやく」と読むが、一般社会では「りえき」である。商売をして儲かったときなどに「〇〇円の利益が出た」などと使われているが、本来は自分のために行なうことを功徳というのにたいして、他者のために行なうこと、他者にたいして利することを利益というのである。はたしてほんとうの意味で利益することのできる人が、僧侶もふくめて現代社会にどれだけいるだろうか。

功徳は無《な》い

梁《りょう》の武帝に造寺・写経等の功徳を聞かれて、中国禅宗の祖菩提達磨《ぼだいだるま》が「無功徳《むくどく》」と答えた話は有名だ。ご利益を期待しての問いに「功徳は無い」と一蹴したのである。達磨のいったことだから禅問答の一種だが、武帝はその意味がわからず達磨を帰したという。功徳、すなわちよき果報は求めて得られるものではなく、ただ行為の結果として生ずるといった種類のものだ。

苦《く》と楽《らく》

楽とは何かを尋ねると「毎日、楽しく遊んで暮らすこと」などという答えが返ってくるが、ほんとうにそうであろうか。毎日酒ばかり飲んでいれば糖尿病に、肉類ばかり食べていれば痛風にと、けっして行く末は楽しいものではない。それにたいして働くということは、そのときはさまざまな苦があるが、それによって得られる楽も大きい。苦のなかに楽があり、楽のなかに苦があるのだ。

供養《くよう》で罪《つみ》を免《まぬが》れる

供養とは、仏・法・僧の三宝や死者の霊前に供物を供える行為をいう。実際には、死者の冥福を祈る追善供養、餓鬼のための施餓鬼供養、造立した仏像・仏画・位牌にたいする開眼供養、寺院や仏壇に仏像を迎える入仏供養や、折れた針を豆腐に刺す針供養など、あらゆる存在に生命を認める考えから、さまざまな対象物に供養している。そこには、ふだん殺生をしたり悪業をしていても、供養すれば罪を免れるという安易な考えも見え隠れしている。

供養と似非僧《えせそう》

供養というのは便利な言葉だ。本来は三宝や死者の霊などにたいして供物をささげることをいうのだが、ひどい場合は女性にたいしてその身体を供養させたり、自分のつごまが果物をほしがっている」などといって、「仏さうで物を要求する似非僧もいるらしい。供養とは、施主が心から供物をささげることをいうのであって、その施主にたいし金品を求めるなどは、もってのほかである。

供養はおそなえをすること

供養とは、仏・法・僧の三宝や父母、師長、死者などに物を供えることで、寺院の装飾などをする敬《きょう》供養、読経の行《ぎょう》供養、飲食や衣服などを供する利《り》供養がある。また、三宝を別々にして仏供養、法供養、僧供養とする場合がある。――「会社ではお局《つぼね》さまを供養し、わが家では山の神を供養している。だれか、おれを供養してくれないかなー」

クリスマスと花祭《はなまつ》り

ある坊さん学者が「今日はクリスマスイブだから早く帰らなければ」という。意外な感じがしたので聞くと、「クリスマスは国民的な行事だから」と。イエス・キリストの誕生日がそうなったいきさつにはさまざまな要因があろうが、お釈迦さまの誕生日のことは誰もいわない。それどころか花祭りがそのお祝いであることさえ、知る人はきわめて少ない。国民意識の方向性が歴然としている一証である。

クリスマスはイエスの誕生日《たんじょうび》にあらず

お寺もクリスマスを祝うこのごろ、もはや国民的行事である。ところで、十二月二十五日はイエス・キリストの誕生日ではないというのは、以外に知られていないのではないだろうか。イエスの誕生日は『新約聖書』にも書いてないそうだ。キリスト以前から冬至の日を太陽の誕生日として祝うことが行なわれていて、それが当てられたらしい。預言者は人類の太陽には違いないが。

庫裏《くり》は寺《てら》の台所《だいどころ》

庫裏(裡)は本来は庫院《くいん》で、寺の台所の意味だが、住職とその家族の居住空間をさしていうようになった。かつて台所に大黒天がまつられていたことから、寺の台所を担当する寺の奥さんを大黒さんと呼ぶ。だからといって、庫裏では大黒さんが威張っているとはかぎらない。「大黒を下から見るは坊主なり」「大黒を撫でて坊主は抱いて寝る」

黒《くろ》と玄《くろ》

黒のことを玄ともいう。黒衣が墨染めの衣、すなわち僧侶を意味したのに対し、「玄裳縞衣《げんしょうこうい》」といえば、黒い裳裾《もすそ》模様に白い縞柄《しまがら》の上着を着た人のこと。いかにも美人を表現しているように思われるが、じつは鶴である。鶴の容姿から名づけられたものである。

薫育《くんいく》と機械化《きかいか》

「門前の小僧習わぬ経を読む」というが、いまはそんな風情もなくなりつつある。意味がわかればいいのであって、読み方などどうでもいいという傾向がある。もう一つは録音機器の発達と普及である。意味もよくわからぬまま、何度も音に出して読み、そして聞く。それは薫育にもつながるよき伝統だと思うのだが、○×式の試験と機械化が、日本的なるものを破壊してゆく。

葷酒山門《くんしゅさんもん》に入《い》り浸《びた》り

よく禅宗の寺の山門前に「不許葷酒入山門(葷酒山門に入るを許さず)」と大書した石碑が建っている。臭みのある野菜(五辛《ごしん》)を食べたり飲酒した人は寺内に入ってはならないということだ。ところが、庫裏《くり》の坊さんはといえば「許されざる葷酒山門に入る」と漢文の読みを変えて、平然と晩酌を楽しんでいる。そういえば、本の編集会議のとき「禅宗の坊主を呼んで酒を出さないとは何事だ」と編集者をどなりつけた人がいたとか。

【け】

猊下《げいか》は高僧《こうそう》の尊称《そんしょう》

猊下は貫主《かんじゅ》(貫首)級の高僧の尊称である。猊は獅子の一種、人中の王の意で、猊下とは猊座の下を略したものであり、獅子座の下を意味する。高僧は獅子座に昇って、獅子のように堂々とした声で獅子吼《しく》して、仏の道を説法するのである。獅子座は師子座とも書く。――「でも、あの猊下はえらく細い声だなー」「そりゃそうだよ。鼠年生まれだもの」

解脱《げだつ》は解《と》き放《はな》たれること

解脱は執らわれないこと、執着を離れることで、厭離《おんり》である。自己・他人の身体を観察して、不浄を感じ、嫌悪の思いを抱き、それからの離脱を願う。心を観察し、心の執らわれに惑わされる自己を知り、心の執着から厭離することで、言い換えれば、自己を忘れることである。だが、記憶喪失が解脱でないことはいうまでもない。古い殻を脱ぎ捨てて生まれ替わる蟬《せみ》や蝶《ちょう》、蛇は解脱して悟っているのだろうか。

結縁《けちえん》は仏道修行《ぶつどうしゅぎょう》の縁結《えんむす》び

結縁とは、仏や菩薩が人びとを救おうとして関係をつけること、仏道修行の縁結び、また、仏道に入って功徳を得ようとすることである。――「おれ、心を入れ替えて、お寺に行ってきたよ。ちゃんと賽銭《さいせん》も持っていったし、仏と縁が結べるかなー」「そりゃよかった。これで、おまえの後生も大丈夫だ。それで、賽銭はいくらなんだ?」「十円」「なんだって! これがほんとのケチ縁だ」

結界《けっかい》は境界線《きょうかいせん》のこと

結界とは境界を限ることである。かつて僧侶は一定の住居に留まらず遊行するのが原則で、月に一回、同一地域の僧侶が集まり、反省会を開き、あらためて戒律を読み上げて自らを戒めていた。だから、無理なく帰って来られる区域を決めて行動していた。そして、修行の妨げになる者の入って来るのを許さない境界を定めていた。それを結界といい、結界の第一の義である。

血気《けっき》の勇《ゆう》①

山中に多くの野象が住み、白・青・黒の三種類があった。王はそれを捕らえ調教しては、乗り物にしたり戦わせたりしていた。ある日、猟師が体が雪のように白く、尾が朱色で牙が黄金の神象を見つけ王に報告すると、王はただちに捕らえるように命じた。三十人の捕象師たちは網を張って待った。これを知った神象は、自分から網に入り、近づく者を蹴散《けち》らして殺し、逃げる者を追った。

血気の勇②

山中に若い道人《どうにん》たちがいて、長く修行していた。まだ悟りを得ることはできなかったが、力が強く、勇気があり余っていた。彼らは怒った象が多くの人を殺害するのを見て、象を捕らえようとした。釈尊が遠くから、この血気にはやった修行者たちが神象に殺されるのを見て、ただちに山中に赴き、大光明を放って象の怒りを解き、修行者に「神象を弄べば苦痛を招く。悪意を有する者は自らを殺し、善をなすことができない」と説いた。

結婚《けっこん》と墓場《はかば》

「結婚とは、まさしく相互の誤解に基づくものである」とはイギリスの詩人ワイルドの言葉だが、まさに「恋は盲目」「痘痕《あばた》も笑窪《えくぼ》」だ。恋は誤解によるものでも、それは美しい誤解だ。それを長く維持するには、誤解であるという認識と忍耐が必要である。恋愛から慈愛へ、人は成長しなければならない。「結婚は墓場」というが、まさしく墓場から生まれ変わるのだ。

月蝕《げっしょく》はラゴラのしわざ

釈尊は月について語った。——人びとは、月が見えないと月が没したというが、この国で見えなくても月は没したのではなく、他の国では見えている。四阿修羅《あしゅら》王の一人ラゴラが時どき大きな手を広げて月を覆い、人びとはそれを月蝕というが、いくらラゴラでも月を蝕《むしば》むことはできず、ただ月光を邪魔するだけである。

欠点《けってん》と諫言《かんげん》

「過ちを補い潰《こぼ》ちたるを拾う」とは忠臣が主君の徳の欠点を補い助けることだが、そのような人は少なく、ともすると甘言ばかりをいう「獅子身中の虫」のような悪臣・愚臣が多い。いわゆるイエスマンだ。主君も、えてしてそれをよしとする傾向がある。「諫言は耳に痛し」「良薬口に苦し」である。欠点は誰にでもあるものだが、それを指摘してくれる人の言葉に耳を傾ける度量のある人は少ない。

外道《げどう》の妨害《ぼうがい》①

南インドのシュバラ城にロシという長者がいて、諸仏に仕え、善根をつんでいた。当時、城内の多くの人びとは邪道を信じ、外道に仕えていた。釈尊は、ロシを済度《さいど》するためシュバラに向かった。外道たちは、釈尊に信者を取られては死活問題だと思い、城内の人びとに「釈尊がここに来るというが、僧という輩は自分の父母を捨ててなんとも思わない連中で、彼らの行くところには災難が待っている」と悪口をいいはじめた。

外道の妨害②

外道たちはつづけて「釈尊は無頼の徒だから悪鬼・羅《ら》刹《せつ》を連れ、親なしの孤独な連中が門徒となっている。そのお家芸は一にも二にも空《くう》で、しょせん空思想の宣伝にすぎず、結果は苦悩だけである」と脅かした。人びとは恐怖に震え、対策を外道に聞いた。外道は「釈尊は木や草や泉が好きだから、それらを取り払い流れや池は汚物で埋め、城門を閉ざし武器を持って守れば安全だ」と教えた。

外道の妨害③

人びとは、敬い信頼する外道にいわれたとおり林を伐り池を埋め門を閉ざし、武装して釈尊の到来に備えた。釈尊はすべてを悟り、大慈悲心を起こすと、樹木は生い茂り、池や川の水は青い瑠璃《るり》のように浄められ、花々が咲き乱れた。武器は花に変わり、城門はひとりでに開いて、ロシ長者をはじめ人びとは城門で出迎えた。

外道は異《こと》なる宗教《しゅうきょう》

外道とは、仏教以外の宗教や教学のことだが、真理に反した説やそれを説く人もさす。また「この外道！」などと、人を罵るときにも使い、釣りや狩猟での目的外の獲物もさす。外道がとれた場合、ふつうは放してやるが、外道ばかりとれると収穫はなく、坊主で帰ることになり、恥ずかしくて家に帰れないので、魚屋で買って帰るか、さもなくば出家状態になる。

玄関《げんかん》は道理《どうり》の入口《いりぐち》

玄関は家の出入り口だが、勝手口やアパートの出入り口ではなく、ある程度の格式をもっていて、江戸時代は、庶民は玄関を造ることを禁じられていた。武家や貴族の玄関にしても、禅寺の書院からきた様式である。いずれにしても仏教語からきており、玄とは微妙な道理のことで、関とは要所の出入り口のことである。だから玄関とは、「微妙なる道理の入口」を意味し、深遠秘蔵の真理へ通ずる関門である。となると、無神経なやつは、畏れ多くて通れなくなる。

元気《げんき》は大《おお》いなる呼吸《こきゅう》

会ったときに「お元気ですか」といい、別れるときは「お元気で」という。ここで元気は健康というほどの軽い意味だが、もともとは天地宇宙の根本となる精気を意味した。「元」は大いなる、根元のを意味し、「気」は呼吸のことである。天地そのものが一つの大きな生き物で呼吸をしている――なんと壮大な世界観・宇宙観であろう。それを個体の健康のみに限定したら、元気のほどは高が知れている。

研究熱心《けんきゅうねっしん》と挫折《ざせつ》

明治のむかし、産婆修業のため上京した若い娘が、産婆は学問より実地がたいせつと、研究熱心さからみずから子を宿したはいいが、いざとなると実地研究が恐ろしくなり、困ったあげく尼寺へ駆け込んだ。尼寺でも赤子の泣き声がしていては困る。檀家に相談し粋なはからいをして一件落着。だが、こんな中途半端な修業なら、だれでもできる。身ごもったまま死んで八幡地獄《はちまんじごく》に堕ちなかったのが、せめてもの救いだ。ともあれ、挫折《ざせつ》は仏祖入門の好機ではある。

健康《けんこう》で長生《ながい》きは万人《ばんにん》の願《ねが》い

「病み上手に死に下手」とは、病気がちの人が意外に長生きするということ。よく病気をする人が日々の生活に留意し長生きするのは、医学の進んだ現代ではさらに多くなっているかもしれない。しかし、それは健康な人の急死などから逆に目立つだけで、やはり病弱な人は短命だし、健康体の人は長生きする。心身ともに健康で、ゆたかで長生きしたいとは、いつの世でも万人の願いである。

元帥大将《げんすいたいしょう》①

元帥大将の阿吒薄俱《あたばく》は、天龍などの悪神を率いて鎧《よろい》を着、鉾《ほこ》を持って身体から光明を放ち、彼が一度怒るともろもろの鬼神は姿を消し天地を振動させる力をもつ。正しくは大元帥明王《たいげん(すい)みょうおう》という夜叉神である。彼がこれほどの力をもつようになったのは、前世で空王如来《くうおうにょらい》のもとで修行をしていたことにはじまる。空王如来の滅後、末世になって人びとの福徳は薄くなり、三年も日照りがつづいて水も涸《か》れ、炎熱のため人びとは正気を失い、飢えや渇きに苦しんでいた。

元帥大将②

このとき、元帥大将はまだ一修行僧だったが、彼の家は裕福で世の中の人びとが苦しむのを見て、妻子一族を捨てて飢えた者に食を与え、渇いた者に水を与えるため奔走した。この救済事業は、一日も休まず六十年にも及んだ。ところが賊に捕らえられ、責め苦を受けることになった。修行僧は「私は年寄りで死期も近い。手足を緩めて十方を礼拝し、仏・法・僧の三法に帰依することを許してくれ」と頼んだ。

元帥大将③

賊は老人の願いを聞いて、手足を緩めた。修行僧が天に向かい「十方の賢人聖者よ、罪なくして縛られている者のあることを知ろしめせ」と訴えると、天地が震動し、十方の諸仏が雲のごとく集まった。このとき賊どもは正気を失い大地に倒れ悶《もだ》えていたが、しばらくして凄い形相をして暴れだした。修行僧は賊に身をまかせ、狂った賊の凶刃に倒れた。

元帥大将④

修行僧は死に臨んで、「一切の賢人聖者よ、私が罪なくして今日、横死《おうし》を遂げなければならないのをごらんください。願わくばこの身を捨てて、未来には大力勇猛の神となり、無限の力をそなえ、仏の力によって悪人を降伏し、極悪の天魔・鬼神を破る身とならしめたまえ。もしも十方世界の人にして邪なる者があれば、これを救って安穏ならしめるであろう」と誓いをたてた。

元帥大将⑤

この誓願力によって、諸神のなかで第一人者となった元帥大将が一族を連れて釈尊のところに行く途中、釈尊の弟子が賊に衣服を取られ、二万五千の鬼神に悩まされ、大蛇に足を巻かれ口から泡をふいて身動きができなくなっていた。元帥大将が釈尊の許しを得て呪文を唱えると、四大海の水はあふれ、大山は崩れ、諸天は震動して月日は落ち、百万の鬼神は血を吐き、賊は頭を砕かれた。

現世利益《げんぜりやく》が売《う》りもの

現世利益は、この世で受ける仏・菩薩の恵みである。来世に受ける後世利益にたいし、現世で受ける利益が今では最も人気がある。参拝者が押し寄せている寺社はほとんどが現世利益を売りものにしているし、信者を多数獲得している新宗教も現世利益を布教の前面に押し出している。人間の欲はとどまるところを知らず、現世利益に非常に弱い。後生《ごしょう》を信じていないためか、現世の利益ばかり追い求める。

現代《げんだい》お寺繁盛記《てらはんじょうき》

大学を出たての若い僧が、僻地の小さな寺の住職に迎えられた。入寺にあたり、檀家総代は寺院収入だけではやっていけないことがわかっているので、新住職にサラリーマンの職を用意していた。その若い僧は「私はサラリーマンになりにこの寺に来たのではありません」と断わり、日夜、大声でお経を唱えつづけた。やがて、ありがたいお坊さんがいると噂になり、その小さな寺は大繁盛したという。

現代人《げんだいじん》の求道《ぐどう》

仏教はドグマのない宗教で、それは自己発見の道だという。しかし、どんな道でも師は必要である。現代人は、それをどこに求めればよいのだろうか。大学には語学・文献学しかなく、お寺はもはや道場ではなく寺庭と化している。宗派の専門道場も、宗門の子弟か、大金を積まなければ入れない。多くの人が仏教書を読んで一念発起しても、その行き場がないのだ。新新宗教とやらに走る要因の一端は、どうやらここにあるようだ。

現代僧《げんだいそう》の三毒《さんどく》

煩悩は人の善心を害するので毒に喩え、貪欲《とんよく》・瞋恚《しんい》・愚痴《ぐち》を三毒という。貪欲は自分の欲望のままにむさぼること、瞋恚は怒りの心で平安を乱す、愚痴は愚かな心で煩悩の根本ともいわれる。ところで現代の僧侶にとって三毒とは、酒と女と金ではないだろうか。これらにおぼれることによって自分を失い、社会的地位や名誉まで失う——これでは世間一般となんら変わるところがないと、さる老僧が嘆いていた。

現代の教化《きょうけ》

釈尊の時代ならいざ知らず、現代において完全な悟りを開いた上で教化をする者など、まずいないであろう。しかし僧職にある者は、日々教化を要請されている。悟ってもいないのに、どうして教化などできるのか——素朴だが現実的な、しかも深刻な問題である。結論をいおう。上から教え導くのが教化だと思うから、できなくなるのだ。人びとから、生の現場から学び、共に仏道を歩むことが、現代の教化なのではないか。

献体《けんたい》は捨身供養《しゃしんくよう》か

最近、献体とか○○バンクなどとよく聞くが、献体は一九八三年に「医学及び歯学の教育のための献体に関する法律」が制定されてからだから、ずいぶん新しいものだ。洋の東西を問わず、自分や家族の遺体を切り刻まれることには抵抗があったもののようである。仏教的には、献体は今生の最後のお布施(捨身供養)であるとも考えられるが、いかがなものだろうか。

乾闥婆《けんだつば》①受胎の神

『観音経』に阿修羅・迦楼羅《かるら》らとともに、天龍八部衆の一つとして出てくる乾闥婆は、サンスクリット語のガンダルヴァの音訳である。ガンダは「香」を意味するので、香を食べて生きていると解釈され、食香《じきこう》・尋香《じんこう》と漢訳される。古代インドの結婚法に、重恋愛で結ばれるガンダルヴァ婚があるが、仏教では受胎を司る神とされ、ガンダルヴァが来ないと受胎しない。

乾闥婆②美女を誘惑する半神

ヒンドゥー教のガンダルヴァは、帝釈天(インドラ神)の宮廷に仕える半神の音楽師だが、水の妖精アプサラスという妻がありながら、空中を自由に飛び回り、人間の世界に紛れ込んでは美女たちを誘惑する。また魔性の神通力で空中を自由に飛び回るところから、ガンダルヴァの都市、乾闥婆城は蜃気楼のことである。

【こ】

香《こう》が食料《しょくりょう》

人が死んで生まれ変わるあいだを中陰《ちゅういん》とか中有《ちゅうう》(死から生への中間的な存在の意)といい、ふつう四十九日間とされるが、この間の存在を乾達婆(ガンダルヴァ)ともいう。乾達婆は帝釈天に仕える天上の楽神で、香神とも食《じき》香《こう》とも訳される。香を食べものとして生きている神である。それで、人が死ぬと香を絶やさずに焚くようになった。

豪商吉利《ごうしょうきつり》①

吉利という豪商が大海に出て、珍しい財宝を手にして本国に帰ってきた。これを伝え聞いた乞食たちが吉利を取り囲み、無事の帰国を祝った後、「われわれ貧困の者にお恵みを」と、ねだった。吉利は「望むものはなんでも与えよう」と、大海から危険をおかして持ち帰った高価な財宝を、惜しげもなくすべて与えた。だが、手ぶらでは家に帰ることはできない。

豪商吉利②

彼はふたたび海に出て、前回に数倍にも増した珍しい財宝を持って、八十年ぶりに帰国した。彼が城下に入ろうとしたとき、重罪人が城下を引き回され、刑場に向かうのに出くわした。囚人は遠くから吉利を見つけると「吉利さま、どうか私の死罪を救って寿命をください」と哀願した。吉利は「王さまのところに行き、おまえの命を買ってくるから、しばらくがまんしなさい」といって王宮に行った。

豪商吉利③

頼みを聞いた王は、「彼の罪を許すことはできぬ。だが、おまえの財宝のことごとくを私に与え、おまえが罪人の身代わりになって死ぬというなら、願いを叶えてやろう」といった。吉利は驚いてあきらめると思ったが、逆に喜んで、ただちに家に帰ると、すべての財宝を王宮に運び込んで「約束どおり、あの罪人の命を救ってください」と頼んだ。王は珍しい財宝を手にし、吉利の処刑を命じた。

豪商吉利④

刑場に引き出された吉利を処刑しようと、役人が刀を振り下ろしたが、刀は途中で止まり、吉利まで届かなかった。驚いた役人は、吉利を王宮に連れ戻した。報告を聞いた王は、みずから刀を取り、吉利を処刑しようとしたが、振り下ろした刀は、不思議なことに王の両肘《ひじ》を切り落とした。王はその場で悶絶した。この豪商吉利は釈尊であった。

広長舌《こうちょうぜつ》は嘘がない喩え

広長舌は長広舌ともいい、お釈迦さまの身体的特徴である三十二相の一つ広長舌相のこと。お釈迦さまの舌は広く長く、のばすと顔全体が隠れるほどであったと伝えられ、お釈迦さまの言葉には嘘がないことを喩えたものという。ここから、舌は言葉の意味をもつようになった。——あいさつや披露宴の祝辞など、長演説の最後に「はなはだ簡単ではありますが」などとつけ加えること(人)を「ぜっこうちょう」というそうだ。

香典《こうでん》と御霊前《ごれいぜん》

香典は、むかしは香奠と書いた。奠は「そなえる」義で、典は代用の字である。香奠は亡くなった人の霊に香を供えることを意味し、のちに香の代わりにお金を包むようになった。「これで香を供えてください」というわけである。ところが、香典というと通夜・葬儀にかぎって使われ、表書きは「御霊前」とし、なぜか「御香奠」「御香典」とは書かない。それでいて、その返礼を「香典返し」という。ただし、法事のときに「御香料」と書くことはある。

香典は香《こう》の代金《だいきん》

香典(奠)の奠は薦(すすめる)で、仏前や死者の霊前にすすめる薫香物であり、典は物を買い取る意味で、霊前にすすめる香の代金である。人の死に際し、香の代金として親類や知人から遺族へ贈る金銭だが、現実には、遺族の負担を軽減する意味あいが強い。落語に、大家《おおや》の家の葬儀にお悔やみに行って、そのお返しで飯を食おうとする噺《はなし》があるが、あまり損得は考えず、とむらう心がたいせつである。

香《こう》には沈静効果《ちんせいこうか》がある

香を嗅ぎ、身に塗れば、心身を浄めて無量の功徳を得るという。香には沈香《じんこう》、梅檀《せんだん》、丁子《ちょうじ》、鬱金《うこん》、竜脳《りゅうのう》の五香があり、塗香《ずこう》、末(抹)香、丸香、線香などと、形状によって区別される。香りには心を静める沈静効果、リラックス効果があるが、成分によっては催眠効果や催淫効果もあるので、まちがって使うと、居眠りしたり、妄想にとらわれたり、あらぬ経を唱えてしまったりして、たいへんなことになる。

コウノトリは親《おや》を選《えら》ぶ

「赤ちゃんはどこから生まれてくるの?」「コウノトリが連れてきてくれるんだよ」——定番の幼児の素朴な疑問と、それにたいする親の受け答えである。いまどきこんな応答をする親もいないと思うが、「コウノトリが連れてくる」には、じつはそれなりの理由がある。というのは、親がいくら子供をほしがっても、かならずしもできるわけではない。逆に、子供のほうが親を選んで托胎するというのだ。コウノトリは、その寓話《ぐうわ》的な表現の一種である。

光背《こうはい》は仏《ほとけ》の光《ひかり》

光背は、仏像の背後に立てて光り輝く仏の威相を表わしたもので、元来は仏陀像だけにかぎられていたが、しだいに菩薩以下の像にも用いられるようになった。阿弥陀像や地蔵像の光背は放射光だが、誤って鋳造に失敗したのを釈迦像としたため、不良品をオシャカというようになったとの説がある。つくりそこないをお釈迦と呼ぶとは不届きだが、いかに阿弥陀信仰が盛んで、お釈迦さまがないがしろにされていたかがわかる説でもある。

業《ごう》はつくりだすこと

イライラして業を煮《に》やすとか、腹が立つのを業腹《ごうはら》、強情な人を業突張《ごうつくば》りなどというが、業は本来は造作の意味で、身体・口・心がさまざまな苦楽や煩悩をつくりだすことである。仏教では、この三つの業は、未来に善悪の果を生む原因であり、前世の善悪によって、この世で報いを受けると説く。——碁を打っていて、いくら頼んでも《待った》を認めてくれない。業腹が立って、相手の饅頭《まんじゅう》を引ったくって食ったら、「この因業《こんごう》親父」と怒られちゃった。

講《こう》は仏教《ぶっきょう》の講義《こうぎ》

講とは、無尽講《むじんこう》や頼母子講《たのもしこう》など経済的な相互扶助のグループのイメージが強いが、もともとは仏教の講義をしたり議論をする往生講《おうじょうこう》、涅槃講《ねはんこう》などのグループのことである。――お盆に地獄から帰っていた亡者たちが、帰りの船の中で相談し、閻魔《えんま》排斥の講を組織した。団結した数の力を頼んで団体交渉しようと、はりきって地獄に向かったが、これを知った閻魔は入口を閉めた。中に入れない亡者たちは、次のお盆まで闇を漂うことになり、刑期は一年延びた。

降伏《ごうふく》と降魔《ごうま》

降伏とは、調伏、折伏《しゃくぶく》ともいい、煩悩や悪業を抑えて無力にすること、また、他人の悪心を善心に変えさせることである。釈尊が菩提樹の下で悟りを開くのを邪魔しようと集まった悪魔たちを打ち破ったことを降魔《ごうま》という。不動明王《ふどうみょうおう》の持つ剣を降魔の剣といい、密教では五大明王をまつって怨敵や災厄を降伏するのが重要な修法《しゅほう》になっている。降伏されると、降りて伏し、服従することになる。つまり、降参である。

弘法《こうぼう》も筆《ふで》の誤《あやま》り

弘法大師の能筆は有名だが、そんな方でもまちがえることがあるという意味である。それでは何をまちがえたのかといえば、応天門《おうてんもん》(平安京大内裏の朝堂院の南面正門)の額を書いたときに点を書き落としたために、この言葉ができたという。しかし、そこは弘法大師、筆を投げ上げて点を入れ、一瞬に直してしまった。これを「弘法の投げ筆」というが、こちらのほうはあまり知られていない。

高野豆腐《こうやどうふ》

むかしの僧侶の生活に欠かすことのできない食品のひとつに、豆腐があげられる。肉や魚を断った食生活のなかで貴重なタンパク源が大豆であり、これを加工して作ったのが豆腐である。しかし、僧侶の修行の場は高い山中にあり、寒中はとくに気温が下がるので、せっかく作った豆腐が凍りついてしまった。もったいないので、これを煮て食べたらうまかった。高野(凍)豆腐の起源だが、もと高野山で製したことからの命名とされる。凍り豆腐、凝《こごり》豆腐、しみ豆腐ともいう。

高野聖《こうやひじり》から護摩《ごま》の灰《はい》

旅人を装ってほかの旅人をだまし、金品をかすめとる盗賊を護摩の灰というが、もともとは高野山の僧(高野聖)の扮装をして、弘法大師の修したありがたい護摩(木を焚いて仏に祈る法)の灰と称して押し売りした者があったことから、この名があるといわれる。また、「はい」の訛音と胡麻《ごま》の上の蝿は見分けがつきにくいことから「胡麻の蝿《はえ》」ともいう。このほうが邪悪なうっとうしさが強く感じられる。

行李《こうり》は使者《ししゃ》

行李は、日本では昭和初期まで衣類入れとして一般に使われ、中国では旅行カバンとして使われた。だがその前は、行李の李は、理、吏に通じ「行って理《おさ》める吏」の意味で、使者をさす言葉だった。いつしか修行僧の用具入れの箱を行李と呼ぶようになり、そして、行李に入っている物を見れば、その修行者が本物であるかどうかがわかるといわれ、行李は修行僧の日常の行住坐臥のすべてをさすようになった。だから、中身によっては功利の心を見すかされるから、ご注意あれ。

コオロギの恩返《おんがえ》し

南の国の長者が下男の勘助を使いに出した。勘助は途中、茂みで蜘蛛《くも》の巣《す》にかかって苦しんでいるコオロギを助けてやった。次の日、長者の仏間から歌が聞こえてきた。長者が仏間に入ってみると、コオロギが「ちょうちょう長者ちょう長者、かんかん勘助の賃上げちんあげ」と唄っていた。長者は、これは仏さまのお告げだと思い、勘助は何倍もの賃上げをしてもらい、裕福に暮らしたという。

御開《ごかいちょう》帳と船玉《ふなだま》

寺院で、ふだんは開かない厨子《ずし》の扉を、特定の日に開いて中の尊像を拝ませることを御開帳という。ふだん開かないことから転じて、隠れて賭博場を開くことも御開帳と呼ぶようになった。また艶語となって、川柳にも「船玉を開帳して下女昼寝」などというのもある。これは秘仏を拝むということから、下女の秘所が見えてしまったという意味である。船玉さまは今ではあまりなじみがなくなってしまったが、船中でまつる神さまで、女性の姿をしていた。

五戒《ごかい》は簡単《かんたん》でむずかしい

五戒は、在俗の信者たちが日常的な習慣として身につけるべき五つの戒め——①殺すなかれの不殺生戒《ふせっしょうかい》、②盗むことなかれの不偸盗戒《ふちゅうとうかい》、③邪な性的関係を結ぶなかれの不邪婬戒《ふじゃいんかい》、④嘘をつくことなかれの不妄語戒《ふもうごかい》、⑤酔わせるものを飲むことなかれの不飲酒戒《ふおんじゅかい》である。日常の基本的なルールだが、いったいどれだけの人が守っているだろうか。出家者でも守っていない者がいるのではないか。簡単な決まりだが、これを遵守するのはかぎりなくむずかしい。

五月人形《ごがつにんぎょう》①

いり昆布《こんぶ》などを担いで行商する男は女房の出産の前だったが、貧乏で仕事を休めなかった。男は行商の途中、観音さまの前を通ると、安産を祈った。ある日、空が曇り、夕立が降りそうになった。雨に濡《ぬ》れると商品がいたむ。男は、雨の降る前に家に帰ろうと急いだ。だが、雨は降り出し、激しくなった。幸い大きな杉の古木があって幹が大きな空洞になっていたので、ゆったりと雨宿りできた。

五月人形②

夕立は地雨になってやみそうもない。男は女房のことが心配で、「どうか安産を」と観音さまにくり返し祈っているうちに、眠ってしまった。杉の木の上で大鳥の羽ばたくような音がして、「おい、行こう」「いま客が来て、よく眠っているので、おまえだけで行ってくれ」という声を聞いた。明け方になって、また木の上が騒がしくなった。「子供はできたか」「安産で男の子じゃ」

五月人形③

それから気がかりなことをいいだした。「その子の運命は」「気の毒に、あの子は九つで川の者に命を取られる運命じゃ」「どうすれば良い」「助かる方法は、五月五日にその子の人形を作り、お神酒《みき》と団子を供え、後で人形を川に捨てればよい」朝、目が覚めた男は家に急いだ。家では、隣の婆が手伝って、男の子が生まれていた。男は、昨夜の声は観音さまのお告げだと思った。

五月人形④

それから男は、九つの年を間違ってもかまわないように、毎年五月五日になると、わが子の人形を作り、お神酒と団子を供え、後で人形を川に捨てた。問題の九つを無事に過ぎ、十、十一になっても、大人になるまで人形を作り川に流した。やがて、この五月五日に男の人形を飾るのが村中に広まり、さらに日本中に広まった。

五月人形の鍾馗《しょうき》さま①

鍾を姓とする人名で最も著名なのは、五月五日の端午《たんご》の節句に飾る鍾馗であろう。晋《しん》の王羲之《おうぎし》と並び称される書の名人、魏《ぎ》の鍾繇《しょうよう》も、その知名度ではかなわない。鍾馗は、疫病《えきびょう》神を追い払う神である。鐘馗と書き誤らぬことが肝要だ。唐《とう》の玄宗《げんそう》が激しい熱病にかかって苦しんでいるとき、容貌魁偉で満面ひげだらけの大男が、小鬼を追いかけているという、不思議な夢を見た。その男は、小鬼を捕まえると、そのまま呑み込んだ。

五月人形の鍾馗さま②

玄宗が「おまえは何者だ」と問うと、大男は「私は武官登用試験に落第して自殺した鍾馗と申すもの。陛下のために鬼めを退治しております」と答えた。玄宗が夢から覚めると、熱病はすっかり完治していた。そこで玄宗は、夢の中の男の姿を画家の呉道子に描かせ、宮中に掛けさせた。これが庶民にも伝わり、年末になると鍾馗の絵を家の中にかかげて魔除けとした。これが日本に伝来すると、絵ではなく人形が端午の節句に飾られるようになった。

黒白衣《こくびゃくえ》

中国では王宮を守る兵隊が着る服を、黒衣という。仏教では墨染めの衣、すなわち僧侶の着物をさす。では黒に対する白の、白衣は何か。「白衣の天使」と書けば、病院の看護婦さんをさす。しかし仏門や古典文学の世界で、「黒白衣」と言えば、墨染めの衣と一般の人の着物を意味し、具体的には僧侶と俗人をいう。黒衣の宰相《さいしょう》として名高いのは、江戸初期に活躍した金地院崇伝《こんじいんすうでん》と天海僧正《てんかいそうじょう》である。

極楽《ごくらく》トンボ

極楽は、悩みもなく、安らぎに満ち、光に満ちあふれ、美しく飾られた、まさに楽の極まった世界である。楽な状態をさして「極楽だな〜」といい、極楽人生、極楽の旅、極楽鳥、極楽鳥花など、楽しいものや美しいものに極楽をつける。しかし、楽が極まってストレスや刺激がないと、思考力が低下して頭が惚《ぼ》ける。その惚けた状態が極楽トンボ(蜻蛉)である。

極楽はオアシス

極楽は、はるか遠くの仏国土を過ぎた彼方にある阿弥陀仏の世界で、極楽浄土という場合は、極楽という名の浄土の意である。そこには死も悩みもなく、一面さまざまな宝石で飾られ、天上の音楽が流れ、花の雨が降る。阿弥陀仏は本来、ペルシアの太陽神で、また極楽はエデンの園のことであり、大砂漠の彼方にあるオアシスを宗教的に昇華させたものとの説がある。

虚仮《こけ》は偽《いつわ》りのもの

虚仮は真実に対する言葉で、虚偽、偽りのことをいう。聖徳太子《しょうとくたいし》の有名な言葉に「世間虚仮、唯仏是真《ゆいぶつぜしん》」(世の中は偽りのものであり、ただ仏だけが真実である)がある。また、うわべだけ飾り、内容がともなわないものも虚仮といい、形式的で真実がみられない修行を虚仮の行という。ならず者の捨てぜりふや脅しの言葉に「虚仮にしやがって」というのがあるが、与太者の虚勢などは虚仮である。虚仮にして当然、されて当然の内容だからだ。

五眼《ごげん》は仏《ほとけ》の眼《め》

五眼とは、人間のもつ肉眼《にくげん》、天人のもつ天眼《てんげん》、阿羅漢のもつ智慧の慧眼《えげん》、菩薩が人びとを救うために一切の法門をみる法眼《ほうげん》の四眼をそなえる仏眼《ぶつげん》のことで、ともかく、すべてを見とおし知っている、人智を超えたものである。徳川十一代将軍家斉《いえなり》が、江戸にいながら薩摩城内のことを薩摩藩主に話して驚かせる蘇鉄問答《そてつもんどう》は有名だが、そのネタもとは、お庭番からの情報だった。とても、仏の力はうかがい知れない。

心《こころ》の美人《びじん》

美人とは顔立ちやスタイルのよい女性ということであるとされるが、はたしてほんとうにそうだろうか。美人でも、ひどく性格の悪い人がいる。これでは、いくら美人でも付き合いたいとは思わない。逆に、顔やスタイルはよいとはいえなくても、とても気立てのよい人がいる。このように、外見による美人という基準ではなく、心の美人あるいは美男になりたいものである。

心は受動的《じゅどうてき》

人は意志をもっていて、すべてを主体的に行なっていると思っている。ところが仏教では、煩悩を「とらわれ」という。もちろん、とらわれるのは心だ。心は対象をとらえるのではなく、対象にとらわれるのである。煩悩の異名を「縛《ばく》」ともいう。縛られるという意だ。みずからの欲望に縛られるのである。「ハッ!」とこのことに気づいたとき、心はとらわれから自由になり、悟りの世界が開けるというのだ。

心は仏《ほとけ》のもの①

罪人の首切り役に命ぜられた男は、族姓は低かったが、在家信者として真理を究めていたので、人を殺すことを承知しなかった。典獄は、王の命に従わぬのかと怒った。男は「私の体は王さまの支配下にあるが、心は王さまのものではない」と言い放った。典獄の報告を受けた王は男を呼び出し、理由を糺《ただ》した。男は、仏の戒めによるものだと答えた。

心は仏のもの②

しかし王は耳を貸さず、「おまえが命令に従わなければ、自分の命がないのを承知か」というと、男は「私の体は王さまの自由にしてもよいが、心はたとえ帝釈天《たいしゃくてん》の命令でも従うわけにはいきません」ときっぱりというと、王は怒って臣下に命じて男を殺させ、彼の七人の兄弟を呼んで罪人の首を切るように命じた。だが、いずれの兄弟も命令に従わなかったので、つぎつぎと六人を殺した。

心は仏のもの③

七人めも拒んだのでこれも殺そうとしたが、母親が目に涙をうかべ、命乞いをした。王が「この者はおまえのなんだ」と聞くと、「みんな私の子供です」と答えた。王は子供が六人殺されても黙っていた母親が、最後の一人に命乞いするのを不思議に思って理由を聞くと、「六人の子供は道を得て心配はないが、この子はまだ幼く人間が未完成で、死に臨んで心が乱れ、どんな悪いことを考えるかわからない。後生《ごしょう》のことを考えると、そのことが心配で」と答えた。

心は仏のもの④

　母の話を聞いた王は、「階層は低い族姓かもしれないが、彼らは身命を捨てて修行しているからには賢聖の徒であり、彼らのいる場所は賢聖の村である。しかも親族一同、心を同じくして、固く仏の教えを守っている」と感激し、その死骸のまわりを三度右に回り合掌した。まわりの群臣やバラモンたちも、王に従った。

護寺会《ごじかい》はメンバーシップ

　名称はさまざまだが、護寺会の組織をつくっている寺院が多い。これは、寺のメンバーシップと考えればよい。会費もさまざまで一律ではないが、年会費としてはそれほど高くない。これさえ納めていれば、その寺のメンバー(檀家)としての最低限の義務をはたしたことになる。このお金は庭の手入れや小さな修理、墓参りの水道代などに使われるが、実際には会費だけでは不足で寺が負担していることが多く、そのお金で僧侶が生活をするなどということとはほど遠い。

乞食桃水《こじきとうすい》① 乞食小屋の禅僧①

　島原の東向寺にいた桃水は、乞われて摂津《せっつ》の法巌寺《ほうごんじ》の住職になったが、数年して行方知れずになった。手分けして探し、清水寺の下の乞食の巣で、乞食の形《なり》をして親切に病人などの世話をしている桃水を、若い僧がやっと見つけた。だが、いくら頼んでも、和尚は帰ろうとしない。夕方になって、桃水がつきっきりで世話していた年寄りの乞食が死んだ。それは痩《や》せ細り、皺《しわ》くちゃになった骸《むくろ》だった。

乞食桃水② 乞食小屋の禅僧②

　死者の始末が一段落すると、桃水は死者の食いかけの雑炊《ぞうすい》を旨そうに食い、弟子にもすすめた。だが弟子は、腹は減ってないといって手をつけようとしない。桃水は「これが汚いと思って、腹が減ってないといっているのだろう。そんなことでは、わしの側にはおれぬぞ」というと、雑炊を弟子の口に流し込んだ。弟子はたまらず吐き出した。弟子は寺に帰り、和尚を連れ帰ろうと、兄弟子の蜜禅《みつぜん》を連れてきたが、もう桃水の姿は乞食の巣から消えていた。

乞食桃水③ 掘っ建て小屋の桃水

清水寺の下の乞食小屋から姿を消した桃水を、次に蜜禅が見かけたのは大津の宿場でだった。髪も鬚《ひげ》も伸び放題で、ぼろを着て、宿場はずれの掘っ建て小屋で草鞋《ぞうり》を編んでいるのを、偶然見つけたのだ。蜜禅は師に、帰ってくれるようにと必死に説得したが、聞き入れられなかった。桃水は一か所に永く留まらず、伊勢路から近江にかけて放浪していた。

乞食桃水④ 実とはいかなるものか

桃水は伊勢路から近江にかけて、あるときは乞食仲間に入り、あるときは人夫となって柴を運び、水を背負って肉体を酷使した。たまたま出会った信者の武士が、どうしてこんなに身体を痛めつけるのかと聞くと、桃水は「世間の偉い坊主どもは、口ではりっぱなことを説法するが、実がない。わしは身を捨てて、実とはいかなるものかを試そうとしているのだ」といった。

乞食桃水⑤ 阿弥陀如来と禅僧

桃水が大津に流れていったとき、親しくなった浄土宗信者の老人が「そなたも寄る年波じゃ。これを掛けて念仏申すがよい」といって、小さな阿弥陀如来の掛け軸をくれた。桃水は、ありがたくもらって帰ったが、小屋に掛け軸を掛けると、「狭けれど宿を貸すぞえ阿弥陀どの、後生《ごしょう》願ふと思し召すなよ」と、尊像の上になぐり書きをした。

乞食桃水⑥ 青物から酢屋へ

京の東山で数十年ぶりに桃水と邂逅《かいこう》した雲山は、身寄りのない病気の老婆のために、青物の行商をしているのだと聞いた。その後、桃水は鷹ヶ峰に移り住み、酢《す》の行商をはじめ、近所の人から親しみを込めて「酢屋の茂助どん」と呼ばれていた。天和三年(一六八三)になって、朝いつまでも戸が開かないので、近所の人が戸を開けてみると、炉端で結跏趺坐《けっかふざ》して死んでいた。このころ、豪商の角倉家の帰依を受け援助を申し出られたが、断わっていたという。

こじつけ

居士《こじ》というと、すぐに戒名の位を思い浮かべてしまうが、本来は一般人で仏教の教えを学ぶ男性で、ある程度の地位や資産をもっている人を意味した。したがって、生前、仏教に帰依《きえ》する心が強く、多くの布施行《ふせぎょう》を行なった人にたいして、戒名に居士号がつけられるようになった。しかし、いまでは「うちのお父さんは偉かったから居士号の戒名がほしい」という人もでてきて、しかたがないからこじつけておくのだ。

居士と大姉《だいし》

大姉とともに戒名につけられる居士号は、『維摩経《ゆいまきょう》』の維摩居士が有名だが、居士の原意は家主(梵語グリハパティ)で、大資産家の家長を意味する。ちょっと前までわが国でいっていた億万長者にも匹敵しようか。それに対して、大姉は尼さんか身分の高い家の婦人を意味した。いまはお金しだいで居士号が授けられるようになったが、むかしは信士《しんじ》がふつうだった。居士号を望むのは、けっして故人の菩提《ぼだい》への祈りなどではなく、たんなる遺族の見栄にすぎまい。

居士は在家《ざいけ》の男子《だんし》

「一言居士《いちげんこじ》」とは何事にも口出しをする人のことであるが、「居士」は漢語では学芸に精通し、仕官を求めない隠者を意味する。ヒンドゥー教では、学問の時期が終わり、家長として家族を養い、祭祀《さいし》を行なう在家の男子、または商工業に従事する資産家をさす。インドでは、有力な資産家階層を中心に教典が作られたという歴史的事実がある。日本では、在家で仏教徒になった者の意味で、法名・戒名に用いられる。

ご出家《しゅっけ》は尊敬《そんけい》された

出家は家を出ること、世俗の束縛を捨てて修行の道に入ることで、たんなる家出は出家ではない。家を出て仏門に入り、ひたすら修行に励む人を「ご出家」といい、むかしは尊敬を受けたが、いまはオウム事件の影響などで、うさんくさい目で見られてしまう。出家者がサリンをまき散らして社会に不安を与えたりするわけがない。それを出家と称するなら、怪しいと思われてもしかたがない。出家らしい「ご出家」がいなくなったことも、偏見で見られる原因か。

五障三従《ごしょうさんじゅう》

女性がもつとされる五つの障害と三つの忍従を五障三従という。三従は伝統的には「さんしょう」と読む。五障は梵天・帝釈天・魔王・転輪聖王《てんりんじょうおう》・仏になれないことだが、いまどきの女性は「はあ、なんですかー」だろう。三従は親・夫・子供に従うということだが、親は娘にたいし腫物にさわるようだし、夫などは無視、子供はちょっと気に入らないと殺してしまう。これで、はたして進歩といえるのだろうか。

後生《ごしょう》は死後《しご》の生存《せいぞん》

後生は死後に受ける生存のこと。また、死後の極楽往生のこと。後生頼み、後生願いなどと用いる。転じて、人にものを頼むときの懇願の言葉。「後生だから」は「お願いだから」と同じ。歌舞伎や文楽では、後生という言葉が頻繁に出てくる。名作『曾根崎心中』では、お初と徳兵衛が最期にたがいに後生を願って心中する。当時の人びとの意識のなかで、後生ということが大きく場を占めていたことがわかる。現世で添い遂げられず後生を願ういじらしさ。

後生は来世《らいせ》のこと

後生とは、後の世、来世に生まれ変わることで、後生心や後生願い、後生楽のように、来世の幸福を意味するようになった。また「後生だから、お願い」などと、折り入って人に頼みごとをするときにも使う。——後生のためを思って、できるだけ善根を積み、極楽往生まちがいなしと安心していた。ところが「後生だから」と頼まれ、保証人になったら、当人が逃げた。そのしりぬぐいに詐欺《さぎ》を働き、後生は地獄が約束された。情状酌量お願いします、閻魔さま。

後生への思《おも》い

平清盛の娘建礼門院《けんれいもんいん》は、二位尼に抱かれた息子の安徳天皇につづいて、硯石と焼石を懐中にして壇ノ浦で入水《じゅすい》したが、引き上げられて、囚われの身となって京に送られ、真如覚として尼となった。山里の大原寂光院《じゃっこういん》の生活は、仕える者も二、三人で寂しいものだったが、訪れた後白川法皇に「このような運命になったことも、後生のためを思えば、かえって喜びでございます」と語ったという。

五辛《ごしん》と西洋野菜《せいようやさい》

五辛は五つの辛味《からみ》をもつ野菜のことで、ねぎ、にんにく、らっきょう、にら、しょうがをさす。これらは肉や魚と同様、精力がついて修行の妨げとなるため食べてはいけないものとされてきたが、最近は西洋野菜が入ってきているので、それもむずかしくなっている。わたしの修行中にも、セロリが入っていて、それが五辛に入るかどうかで問題となったことがある。いまは、修行もたいへんな時代になった。

護身法《ごしんぼう》と泥棒《どろぼう》

護身法は護身術ではない。真言密教の行者が読経や修法に際して、印契《いんげい》を結び真言《しんごん》を唱えて自らの身体と言葉を浄めることである。護身法だけでなく、真言陀羅尼《だらに》を唱え印契を結んで行法を修すれば、そのまま仏になる(即身成仏)ことができ、どんな願いも叶えられるという。――これを聞いた泥棒が、見様見真似で「どこでも入れる身体を与えよ」と願うと、荷物を運ぶ働き蟻《あり》になっていた。

御前様《ごぜんさま》

映画『男はつらいよ』シリーズには、笠智衆《りゅうちしゅう》扮する「御前様」が登場し、映画の主人公であるフーテンの寅《とら》の精神的支柱となっている。寺の住職をなぜ御前様というのか。理由は、かつて大きな寺は寺領を持っていて、寺領を耕す農民にとって、領主である住職は殿様と同じであった。そこで、寺領内の農民から「御前様」と呼ばれるようになった。その名残である。

こだわりのない布施《ふせ》

タイで僧が信者から供養を受けると、礼もいわず、使った食器や座布団までもらってしまう。布施をする側にもされる側にも、いっさいのわだかまりがない。「空寂《くうじゃく》」が原則だからである。つまり、施す人の心に相手への憐れみや驕《おご》りがあってはならず、受ける人が相手に恩義を感じたり、「いつかお返しを」などのこだわりがあってはいけないのだ。

こだわる心《こころ》

住職が夕立にあい、急いで寺に帰ろうとしたとき、鼻《はな》緒《お》が切れて困っていると、門前の豆腐屋のおかみさんが手拭いを裂いて鼻緒をすげ替えてくれた。住職は頭を下げて、急いで寺に帰った。後で「あの住職は人の親切に礼もいわない、ろくでもない人間だ」という噂が広まった。おかみさんは、はじめは無心にした親切だったが、しだいに「親切したぞ」という気持ちが芽生え、それにこだわったのである。

ごちそうさま

釈尊の言葉で「吾唯知足(われただたるをしる)」というのがある。「足ることを知る人は心が穏やかであり、足ることを知らない人は心がいつも乱れている」ということで、人は欲望を無限にふくらませがちだが、心の平安を求めるのであれば、「ごちそうさま」あるいは「もう充分」「もうけっこうです」といえる心のゆとりをもたなければならない。

こつじきとこじき

乞食と書いて「こつじき」と読めば、僧侶が修行しながらその日の糧《かて》を得るために家々をまわることで、「こじき」と読めば、働かずにものを乞うて生きる人のことである。僧侶は非生産者であり、自分の生活や私利私欲のためには働かないのに対して、「こじき」は自分の非生産的な貧しい生活のためにだけ生きる者だが、はたして実際にはどれほどの違いがあるものだろうか。

骨壺《こつつぼ》の大《おお》きさ

遺骨を収める骨壺の大きさは、関東と関西では異なる。関東は六〜七寸(直径二〇センチくらい)、関西は四〜五寸(直径一五センチくらい)である。それは、関東では遺骨のすべてを骨壺に収めるが、関西では喉仏《のどぼとけ》など遺骨のごく一部しか収めないからだ。その境界線は、日本海側の糸魚川と太平洋側の静岡の構造線のようである。

木端微塵《こっぱみじん》

木端は斧《おの》などでけずった木の屑《くず》、石の破片、とるにたらないつまらないもので、微塵は仏教語で目に見える最小のもの、ごくわずかなものである。木端微塵と極小を表わす語を二つ重ねて、きわめてこまかく砕けることを意味する。粉微塵ともいう。微塵は仏教語でも「微塵もない」「微塵切り」「微塵粉」など熟語が多く、一般化して国語として定着した。

粉々《こなごな》になった役人《やくにん》①

越前にいる浮浪人を取り締まる役人は厳しかった。住居を定めずぶらぶらしている者を見つけると、容赦なく捕らえ、働かせて税金を取った。都に千手観音を信仰し敬い、いつも呪文を唱え、諸国を歩き回っている信心深い男がいた。男は加賀の国の山中の村を歩いて修行しているとき、取り締まりの役人と出逢った。役人は男の風体を見て、浮浪人と思い込んだ。

粉々になった役人②

男は修行者で俗人ではないと説明したが、役人は修行者を縛り、殴って、労役につけようとした。男は「衣につくシラミは白くても、頭に上れば黒くなり、頭のシラミは黒くても、衣に移れば白くなる。頭に経本を載せ、背中にも経本を背負っているのは、俗人のあう災難から逃れるためだ。仏心の篤い修行者を殴るでない。千手観音さまの呪文に力があれば、いまこそ現われるであろう」といった。

粉々になった役人③

役人は耳をかさず、縛った男を引きずっていくと、労役につかせて自宅に帰り、馬から下りようとしたが、身体が動かない。とつぜん強い風が吹くと、馬もろとも空に舞い上がり、男を縛った場所で止まった。一昼夜宙吊りになった役人は、地面に叩きつけられ粉々になった。男は「千手経に、千手経を唱えると枯れ木に花が咲き実が実る。悪口をいう者は、九十九の仏の悪口をいうのと同じ罪になるとある」といって修行に励んだ。

個《こ》の保存《ほぞん》の法則《ほうそく》――輪廻転生《りんねてんしょう》

咲いた花は枯れて実となり、実は地に落ちて新しい芽を吹くが、それは種の保存の法則にのっとっているのである。仏教にはほかに、輪廻転生という考え方がある。これは種の保存の法則ではなく、いわば個の保存の法則である。その行なった行為の結果に従い、個体が死に変わり生まれ変わりするという思想だ。いま、それを信じる人は少ない。だが信じようと信じまいと、法則は厳然として存在する。

この世《よ》との縁《えん》を切《き》る儀式《ぎしき》――引導《いんどう》

引導とは、本来は衆生を仏道に導くことで、『法華経』法師品《ほっしほん》に「衆生の心を引導す。聞く者皆歓喜す」とある。転じて葬儀で導師が棺の前に立ち、諸行無常、本来空の真理を法語という韻文の詩で唱えて死者に言い聞かせ、この世との縁を切らせる儀式をいう。また最後通告をするとき、引導を渡すという言い方をする。いま引導を渡すとは、リストラの肩たたきか、あるいは取引中止の通告か。

この世の一日《いちにち》

「あの世千日この世一日」という。来世の長い安楽な生活よりも、この世の一日の快楽のほうがいいということである。仏教の教えに背くものであるが、これは庶民の偽らざる心境であろう。だが逆に、現実生活の苦しさの裏返した表現であり、厳しい現実の中で「なにくそ」と踏ん張る掛け声とも受け取れないだろうか。死ねば安楽であろうとも、苦境を生き抜く勇気が何より望まれる。

この世の地獄《じごく》

地震などの被害のありさまを表現するのに「阿鼻叫喚《あびきょうかん》の巷《ちまた》」という。阿鼻は梵語のアヴィーチ、意訳して地獄の音写語である。地獄で獄卒に責めさいなまれ、そこで発する耐えがたい苦しみの叫びが阿鼻叫喚である。現代ではほとんどの人が地獄の存在など信じなくなってしまったが、カード地獄やローン地獄など「この世の地獄」は多々存在する。地獄に堕ちないためにではなくとも、この世の地獄を脱するために、宗教は何ができるだろうか。

この世は火宅《かたく》のごとし

火宅は『法華経』譬喩品《ひゆぼん》に説かれる三車火宅の喩え「三界無安　猶如火宅」の経文にある語で、迷える衆生が住む三つの世界のことであり、三界火宅ともいう。人びとはこの三界のなかで迷い苦しみながら生活しているが、そんな自分の姿にさえ気づいていないことを、燃え盛る火に包まれた家に喩え、身に迫る災難にも気づかず、遊びほうけている子供と同様だとしている。檀一雄の名作『火宅の人』の題名はここから出ている。

この世は忍耐《にんたい》の地《ち》

この世、われわれが生きている世界である娑婆《しゃば》(梵語サハー)は、堪え忍ぶという意味の語根サフからきているといわれる。そのため忍土《にんど》、堪忍土《かんにんど》、忍界《にんがい》などと意訳される。釈尊が生まれて教えを説いた世界だから、釈尊を「忍土の教主」と呼ぶ。「娑婆の空気を吸いたい」とは刑務所にいる人の願いであり、「娑婆気がある」とは俗気の多いことをいう。年中、娑婆の空気を吸っている者は、たまに苦悩のない娑婆以外の空気を吸ってみたいと思うのだが。

子《こ》はカスがいい

「夫婦喧嘩は犬も食わぬ」ということわざの究極が「子は鎹《かすがい》」であろう。いくら夫婦喧嘩をしていても、子供の笑顔を見ると終わってしまう。しかし昨今、子供が邪魔なので殺してしまうという夫婦もでてきて、子はほんとうにかすがいなのかどうかを、若い人に聞いてみた。すると、「子はカスがいい」という。そのわけは、頭のよい子はよい学校へ行くのでお金がかかるが、そうでなければ教育にお金がかからないので親孝行なのだそうだ。

五百人力《ごひゃくにんりき》の女《おんな》①

尾張《おわり》国の地方役人の妻は、元興寺《がんごうじ》の法師の孫だといわれ、気立てがよくて、夫によくつくしていた。働き者の妻は、よい麻を作り機《はた》を織って里一番の布を着物に仕立て、夫に着せていた。国守がそのりっぱな着物がほしくなり、「これは、おまえのような者の着るものではない」といって取り上げた。抵抗したが、目上の者ではしかたがなかった。

五百人力の女②

裸で帰った夫は、妻に「着物が惜しい」という。妻は国守のもとへ走っていって、「夫の着物を返してください」と頼んだが、「どこの女か知らないが、放り出してしまえ」と、国守は怒った。召使いが妻を放り出そうとしたが、大勢かかっても妻はびくとも動かなかった。女は急に力持ちになり、国守の座っている床を指一本で持ち上げると、国守を外に放り出し、着物をずたずたにした。

五百人力の女③

国守はこの大力に驚いて、すぐに着物を返した。妻は洗い清め、長持にしまった。妻の大力は村中で評判になった。だが、夫の両親は、嫁が力持ちになったのを恐れ、国守の咎《とが》めにも怯《おび》え、おとなしい妻を追い出した。実家に返された妻が草津川の船着き場で洗濯していると、商人の荷物を積んだ舟がやってきて、妻を見つけた船頭がからかいはじめた。

五百人力の女④

妻は「無礼をいうと、頰を打たれますぞ」と注意したが、船頭は女と見くびって舟を止め、岸に上がると妻を打った。妻はいくら打たれても痛いともいわず、舟のへりをつかむと、半分岸に上げた。船頭は人を雇い、舟をもとどおりにしたが、妻は「無礼を働いたから下る舟を岸に上げた。私らのような下の者をあなどってはいけない」といって、舟を一町も陸に上げた。

五百人力の女⑤

舟は五百人が引っぱっても動かない重さで、妻の力が五百人力だとわかった。乗っていた船頭や商人は「お許しください」とひれ伏した。妻が大力を授かった不思議な現象が評判になり、和尚が「餅を作って三宝にお供えすれば、金剛力士のような大力を持つことができるとお経にあるが、この女は前世で大きな餅を作って仏さまに供養したのだろう」と説教した。

五《ご》百《ひゃく》羅《ら》漢《かん》に知《ち》人《じん》を見《み》る

釈尊が入滅のとき五百人の羅漢が集まったことに由来するとされる五百羅漢のなかには、かならず知人の顔があるという。「悟ったといったって、菩薩でも仏でもない人間なのだ。あれくらいだったら、おれでもなれそうだ」という親しみから、知人がいるように感じるのだろう。だが、羅漢は他人を救済するところまでいっていない、いわば自分のことでいっぱいの人たちだから、あまり親しみを込めて仲間になると、他人のために善根が積めなく、後生《ごしょう》が悪いかもしれないので、楽観はできない。

五《ご》味《み》と五《ご》時《じ》

仏教に「五味」というのがある。一は乳味《にゅうみ》(生乳)、二は酪味《らくみ》(ヨーグルト)、三は生酥味《しょうそみ》(練乳)、四は熟酥味《じゅくそみ》(バター)、醍醐味《だいごみ》(チーズ、酒という説もある)である。醍醐味は仏教の最上の教えをもいうが、天台大師は五味を「五時」の教えに置き換えた。一は華厳時《けごんじ》、二は阿含時《あごんじ》、三は方等時《ほうどうじ》、四は般若時《はんにゃじ》、五は法華涅槃時《ほっけねはんじ》である。これによれば、仏教の最上の教えは『法華経』『涅槃経』ということになる。

垢離《こり》は禊《みそぎ》

垢離とは、神仏を拝む前に海や川、井戸などの水を浴びて心身を浄めることをいう。沐浴《もくよく》とか禊というのと同じである。――やっと彼女を口説き落としたと思ったら、牛乳風呂に入って、香水で身体を清めるのだという。しかも、高価なブランド品だ。いくら金があっても、まにあわない。もう、彼女の観音さまを拝みにいくのはこりごりだ。

五輪塔《ごりんとう》の位牌《いはい》

四角い土台の上に球形の石が乗り、その上に三角の石の屋根、さらにお椀《わん》のような石、一番上に宝珠の石が乗った五輪塔に五字の梵字を彫ったものがある。五輪卒塔婆《そとば》といわれるもので、大日如来《だいにちにょらい》を表わしている。――長屋の熊公の家の棚に団子が乗り、線香が立っている。「なんだ熊、あの団子食わねえのか」と八公が聞くと、「仏壇を質に入れちまって、ありゃあお袋の位牌だ」

五輪《ごりん》は全身《ぜんしん》

五輪といってもオリンピックではない。「五体投地」のことである。オリンピックの体操の着地は、足の裏以外がマットにつけば減点だが、五体投地では全身を大地になげうって、仏の御足を自分の頭頂に戴く礼法で、古代インドでは、相手に最高の敬意を表わすものだった。密教で、地水火風空《ちすいかふうくう》の五つにそれぞれ種子《しゅじ》、色、形を当てはめてすべてを象徴するので、五輪は全身である。

御霊前《ごれいぜん》と御仏前《ごぶつぜん》

通夜・葬儀・仏事に出向く時には、何がしかのお金を包むのが礼儀だ。だれもそれを異とする人はいない。ところがその表書きになんと書いたらいいのか、多くの人は迷う。一般に葬式までは「御霊前」、それ以後の年回法要のときは「御仏前」とされているようである。その根拠は、葬儀で導師の引導によって亡者の霊は仏になったからだという。ところが、ある喪主云く「なんでもいい、中身が入っていれば。御祝でもいいよ」

衣《ころも》の色《いろ》は黄褐色《おうかっしょく》

仏教で僧侶の階位を示すのが衣の色。朱や紫が尊ばれ、宗派によって衣の色の序列が違う。でも本来は、仏弟子同士はみな平等である。釈尊在世当時、だれもが糞掃衣《ふんぞうえ》を着ていた。ゴミ(糞塵)のなかに捨てられたボロキレを洗い、縫い合わせて作る粗末な僧衣であった。色は黄褐色。東南アジアの僧が今も着ている黄褐色の衣がその名残である。

壊《こわ》された仏《ほとけ》さま

建仁寺《けんにんじ》にみすぼらしい男がやって来て、「私の家は貧乏で、ご飯を炊くこともできず、夫婦と子供三人が餓死《がし》寸前です。どうか私どもをお救いください」と力なく訴えた。建仁寺も貧乏寺で、金目のものは何一つなかった。栄西禅師《えいさいぜんじ》はしばらく考えていたが、仏さまの光背を躊躇《ちゅうちょ》なく取ると、それを男に与えた。禅師は、人びとを救うことが仏の心だとしたのである。

子《こ》を淵《ふち》に投《な》げた女《おんな》①

河内《かわち》の女が大きな子供を抱いて、行基《ぎょうき》の説法を聞きにきた。だが、途中で子供が泣くので、女はもとより、ほかの人たちも説法がよく聞こえない。この子は十歳をすぎていたが、歩くこともできず、まだ乳を飲み、いつも泣いて何かを食べていた。みんな迷惑だったが、女は説法を聞きたくて、座を立たなかった。子供は、いっこうに泣きやまない。行基は女に「その子を淵へ捨てよ」といった。

子を淵に投げた女②

それを聞いた人びとは「行基さまは慈悲深いと聞いていたが、ずいぶん冷たい人だ」とささやきあった。女はとまどいながら、泣く子を抱いて説法を聞きつづけた。翌日も、女は泣く子を連れてきて、子供は泣き、同じことがくり返された。行基は女に「その子をなぜ淵に捨てないのか」と聞いた。女は行基の冷たい言葉に迷ったが、貴い僧の言葉だからと決心して、淵に子供を投げ捨てた。

子を淵に投げた女③

捨てられた子は、すぐに水面に上がり、岸の母に向かって「情なや、あと三年、おまえから取り立ててやろうと思ったのに」と、大人のだみ声でいった。女は行基に、子供のいった内容を訊ねた。行基は「おまえは前世で、あの子のものを借りて返さなかった。それで、あんな姿になって、その分を取り立てているのだ」と説明した。

子を淵に投げた女④

十歳をすぎて乳を吸うのも、歩かずにいつも抱かれているのも、説法の途中で泣いて邪魔するのも、すべて復讐として女を苦しめるためだった。女は恥ずかしさで、真っ青になってひれ伏した。「人から借りたものを返さずに死ぬのはいけない。後世にかならず報いがあることは、塩を借りて返さなかった者が、後世で牛になり、毎日、塩を背負わされて返した」と仏の教えていることである。

権現《ごんげん》は神仏《しんぶつ》の生《う》まれ変《か》わり

権現とは、神仏が人間の要望に応えて世の苦しみを救い正義を実現させるため、姿を変えて地上に現われることで、権化、権者、応現、化現、示現などともいう。天照大神は大日如来、八幡神は観音さま、弘法大師は三位の菩薩、親鸞聖人は阿弥陀仏の権現だといわれる。わが女房は、大黒天女にちがいない。なお「怪訝《けげん》」は、化現した神仏の、いぶかしい姿が語源だという。

金剛《こんごう》づくし

金剛とは、究極の固いもので、金剛石はダイヤモンドである。仏教では、堅固不動なことを喩えて金剛心、金剛杖、金剛力などと使う。金剛心で金剛の企画を立て、金剛力で世界を飛びまわり、相手を圧倒して成果を上げ、金剛石を大量に買って金剛の信用を得て会社の基盤を金剛にし、金剛石で彼女を口説き、金剛の子供をもうけ、石で金剛の家庭を築いて、幸せを金剛にしたい。

金剛はダイヤモンド

金剛には二通りある。一つは金属のなかでいちばん硬いもので、古くは武器の材料に使われた。もう一つは、金剛石の略語で、ダイヤモンドのことである。ほかに、金剛の語源のヴァジュラには本来、雷電や落雷の意味があり、落雷のように切るにつながる。文殊菩薩の持つ剣は、一切を切断する智慧で金剛に繋がり、金剛を持った杵金剛力士の金剛は切断や破砕を意味する。

言語道断《ごんごどうだん》

言語道断は、もってのほか、沙汰《さた》の限りなどのニュアンスで、否定的な意味として使われるが、本来、道は「言う」という意味で、「奥深い真理は言語で言い表わすことができない」という妙法を誉め称えた言葉である。だから、芸術の受け取り方や、旨いまずいの味覚を分析して解説したり、人の彼女をブスだ美人だ、痩せだデブだと批評するのは、言語道断である。惚れているのはおれなのだ。

根性《こんじょう》は気《き》の習慣《しゅうかん》

「根をつめる」とか「根性が悪い」とか「根性なし」などというが、気力の本を根、善悪の習慣を性という。――早く仕事を片づけようと残業していたら、課長が「あまり根をつめるな。ちょっと一息入れて、食事でもおごるよ」と、親切に声をかけてくれた。飯屋で「一口ビールを頼もう」「一口だけいただきます」「次は酒にしようか」「僕は仕事がありますから……」「一杯だけならいいだろう」「一杯だけなら」そのうち、すっかり仕事の気力を失った。課長は根性悪だ。

こんにゃく閻魔《えんま》①

小石川の源覚寺《げんかくじ》の閻魔さまの片目が潰《つぶ》れ、大騒ぎになった。不思議なことに、こんにゃくが供えてある。誰のいたずらだろうと話しあったが、こんにゃくは毎日供えられるようになった。ある日、こんにゃくを供えて一心にお祈りしている老婆がいた。前からこの寺に来ている盲目の老婆だった。住職が声をかけ、振り向いたその顔を見て驚いた。片目が開いているのだ。

こんにゃく閻魔②

住職が目のことを聞くと、老婆は「二年ほど前、目が見えなくなり、あらゆる手当てをしたが効きめがなく、前から信心していたここのお閻魔さまに願をかけ、二十一日間一心にお願いしたところ、満願の日に、お閻魔さまが夢のなかに現われて、右の目をくり抜いて私にくださった」といい、お礼の気持ちとして自分の大好物のこんにゃくを断ち、毎日お供えしているのだと語った。

こんにゃくで身心《しんしん》のダイエット

こんにゃくはサトイモ科の多年生作物、インド原産で、六世紀ごろ仏教とともに伝来したという。食べもののコンニャクは「おなかの箒《ほうき》」として、とくに禅寺で重宝された。それは、コンニャクが胃の砂を掃き出すように、煩悩や心の汚れを掃ってくれるとされたからだ。いまマンナンライフなどというが、じつは昔から心身のダイエットに用いられてきたのである。

蒟蒻《こんにゃく》問答《もんどう》

蒟蒻問答とは、話のかみ合わない会話、とんちんかんな問答のことだ。もとは古典落語の題で、住職に化けた蒟蒻屋の主人が旅僧の禅問答を受け、滑稽なやりとりをする話である。禅問答自体がわかりにくいのに、それを素人が受け答えするのだから、滑稽なことこの上ない。話のかみ合わないことを笑いの素材にしているが、禅問答にたいする一般人の偽らざる感想も込められている。

金輪際《こんりんざい》は大地《だいち》の下《した》

「金輪際そんなことはしない」「金輪際いやだ」などという。では、金輪際とはなんだろうか？　虚空のなかに浮かんだ風輪の上に水輪が、さらにその上に金輪が乗り、その上に九つの山と四つの大陸、八つの海、つまり大陸が乗っている。金輪際とは、大地と金輪の際のことで、大地の下である。そこから、物事の極限、徹底的、トコトンの意味として使われる。↓極限状況

【さ】

さあ逝《い》くか

臨済宗の僧覚心《かくしん》は虚無僧《こむそう》の元祖である。中国に留学したとき、尺八の秘曲を習い、尺八を禅入門の助けにしようと考え、弟子に伝えた。都会の喧噪《けんそう》を嫌って紀州に帰った覚心は、九十二歳で逝くが、死ぬまで元気だった。その日も老和尚は元気だが、なんとなくようすがおかしかった。和尚はいつものようにみなを集めると、「念の起こるはこれ病、つづかざるはこれ薬。一切の善悪、すべて思量することなかれ」と説教し、正座して目を閉じると「さあて、もう逝くとしよう」といったのを最後に没した。

西行《さいぎょう》の出家《しゅっけ》の理由《りゆう》

西行は、平将門を滅ぼした藤原秀郷の子孫である。昨日約束をしていた友人を訪ねると、昨夜亡くなったという。十九歳になる友の妻と、七十歳になる母が泣き悲しんでいた。出家の思いを強くして家に帰った西行に、四歳になる愛娘が抱きついてきた。西行は思わず抱き上げようとしたが、「いまこの子を抱けば、出家の心が鈍る」と思い、子供を縁の下に蹴り落とした。夫の出家にショックを受けた妻も、尼になった。

在家《ざいけ》と出家《しゅっけ》の区別《くべつ》

在家は出家の対をなす言葉で、居家、住家ともいう。家にあって世俗的な生活を営みながら仏道修行をすることは好ましい境遇ではないとされたが、それでも仏教に帰依した在家者は出家者の指導を受け、彼らを経済的に支持しながら五戒を守って今生と来世の幸福を願った。いまの僧は形式的な出家がほとんどで、在家との区別がつかない。妻帯し子をもつ僧が出家者とは片腹痛いと、在家の人たちは内心思っているのではなかろうか。ここだけの話。

最澄《さいちょう》の死《し》

最澄(七六七〜)は日本天台宗の開祖。弘仁十三年(八二二)六月四日午前八時ごろ、比叡山《ひえいざん》の中道院において、釈尊にならい頭北面西《ずほくめんさい》、右脇に臥して示寂《じじゃく》したという。ときに五十七歳。遺告《ゆいごう》により遺体は比叡山東塔の浄土院に納められた。先立つ四月「なんども生まれ変わって一乗の教えを学び広める」と宣言したそうだが、その生まれ変わりとは、はたして誰であろうか。貞観八年(八六六)、伝教大師と諡《おくりな》され、日本大師号の初めとなる。

済度《さいど》は救《すく》い渡《わた》すこと

済度は救って彼岸に渡すという意味で、罪業に苦しみ迷っている人びとを仏が諭し導いて、安楽の境地に至らしめることである。――山道で迷い、誰もいないと思っていたら、運良く出逢った人が目印を教えてくれた。まさに済(すくって)渡してくれる仏に出会った思いである。いわれたとおり目印をたどって行ったが、途中、谷の向こうに美人がいた。つい見とれていると、目印がわからなくなってしまった。どなたか再度、済度をお願いします。

西方《さいほう》の虚空蔵菩薩《こくぞうぼさつ》①

釈尊は佉羅陀山《きゃらだ》の洞窟で、多数の菩薩に『破悪業障陀羅尼経《はあくごっしょうだらにきょう》』を説いていた。ちょうどそのとき、佉羅陀山のはるか遠い西方の一切香集という仏の世界で、勝華敷蔵如来《しょうけふぞうにょらい》が人びとのために説法をしていた。その聴衆のなかに虚空蔵菩薩がいた。虚空蔵菩薩は、多くの菩薩が虚空に昇り住み、東方に向かって行き、そして東方はるかに燦然たる大光明が輝いているのを発見した。

西方の虚空蔵菩薩②

虚空蔵菩薩はすぐ勝華敷蔵如来のもとに行き、「私はいま、大菩薩の方々がみな、虚空に昇住して東方に行き、そしてはるか東方に異様に輝く大光明を発見しました。どうして菩薩たちは東方に行き、東方に大光明が現われたのでしょう」と訊ねた。勝華敷蔵如来は「ここから東方に八十恒河沙劫《ごうがしゃこう》のところに娑婆《しゃば》という世界がある。そこに釈迦牟尼仏《しゃかむにぶつ》という仏がいて、佉羅陀山で大衆を集めて『破悪業障陀羅尼経』を説いている」と説明をはじめた。

西方の虚空蔵菩薩③

勝華敷蔵如来は「東方の大光明は釈迦牟尼仏の放つものであり、これを見た菩薩たちが虚空に昇って娑婆の世界に行こうとしているのだ」と話し、「娑婆世界は五濁《ごじょく》に汚された悪い国で、この世界と変わらない。おまえもこれから娑婆に行き、釈迦牟尼仏を礼拝して正しい法を受け、かの国の悪い衆生のために『破悪業障陀羅尼経』を説くがよい」と勧めた。

西方の虚空蔵菩薩④

虚空蔵菩薩は喜んで「かの国の悪い衆生のために『破悪業障陀羅尼経』を説こうと思います」というと、虚空に昇って娑婆世界に向かった。このとき、如意宝珠の大光明がはるか西方に現われ、世界の万物を照らした。佉羅陀山で釈尊の説法を傾聴していた人びとは、このとつぜんの光を見て、一部の悟りを得た少数の菩薩を除いて、ただ驚き恐れていた。

西方の虚空蔵菩薩⑤

このとき、梵頂《ぼんちょう》菩薩が釈尊に合掌して「目の見えない群集は驚いていますが、この光は勝士《しょうじ》が来て法を説き、怯《おび》える群集を慰安するためです」といった。釈尊は「そのとおり、これは勝士虚空蔵の放つ大光明で、彼がここに来る吉祥である。菩薩中の大勝幢《だいしょうどう》である彼を迎えるための準備をし、各自の分に応じて供養するように」と、西方を指さしていった。

西方の虚空蔵菩薩⑥

大光明の意味がわかると、驚きと不安に襲われていた人びとは、西方の光明を喜びと敬虔な目で見、迎える準備をした。娑婆で敬虔な出迎えを受けた虚空蔵菩薩は、神通力でもろもろの汚れをことごとく除き去って七宝の地とし、衆生の苦悩を除き、地獄、餓鬼、畜生界などの苦痛も中止させ、飲食、衣服も自然に豊かにさせ、喜びによって清浄な心を三宝に帰依するようにし、すべての人びとの両手に如意珠を与えた。

西方の虚空蔵菩薩⑦

如意珠の光は世界を照らし、天の伎楽を奏で、種々の珠宝、雑色の宝衣、金・銀・真珠を如意珠から雨のように降らされた。この虚空蔵菩薩の不思議を見た人びとは、心に歓喜を生じた。そして、この大神力をもった菩薩に、どう接したらいいのか心配していると、とつぜん釈尊の前に、白銀を茎とし、黄金を葉とし、瑠璃《るり》を実とし、瑪《め》瑙《のう》をひげとした大きな蓮華が地中から湧き出した。

西方の虚空蔵菩薩⑧

大衆は、あまりの吉祥に転倒するばかりに驚いて宝の蓮華を見ていると、とつぜん、如意珠を頂に乗せた虚空蔵菩薩が多数の菩薩に囲まれて、蓮華の上に安座していた。このとき、虚空蔵菩薩が釈尊に対して礼を欠いているのに気がついた弥勒《みろく》菩薩が、薬王《やくおう》菩薩に「釈尊に礼をして座に着くのが行儀なのに、この神通力をそなえた智《ち》慧《え》の大士《だいじ》は、なぜ行儀を無視して蓮華に座っているのか」と聞いた。

西方の虚空蔵菩薩⑨ 慈悲①

薬王菩薩が「智慧の大士の虚空蔵は、妙なる法を体得しているのです」と説明しかかると、釈尊は「薬王のいうとおり、修行、悟りに隔たりがある以上、下位の者は上位にある者の聖意がどこにあるかわからないのが当然である。菩薩のなかでも上位にある虚空蔵の行動は、菩薩になった諸君でも不可解な点があるのだから、大衆が驚き惑うのは当然である」と引き継いだ。

西方の虚空蔵菩薩⑩ 慈悲②

釈尊は、虚空蔵菩薩について「人びとが虚空蔵菩薩の名号《みょうごう》を称え、真実に帰依《きえ》して堅黒沈水および伽羅《きゃら》の香を焼いて恭敬礼拝《くぎょうらいはい》すれば、病気の者には薬を与え、貧しい者には大富を与え、子のほしい者には、おのおの求める子女を授け、その他、人びとを苦しみから解放し、願い求める者には大慈悲の心で己の身命を捨ててでも、かならず叶えてくれる」と、その本質を説明した。

西方の虚空蔵菩薩⑪ 如意宝珠①

そして「虚空蔵菩薩はこのように不思議な功徳と智慧を得ているから、人びとが心穏やかで、純粋な精神を保ち、他人をそしったり、嫉妬心や高慢さがなければ、もろもろの罪科をうすめ、仏の道を求める大道心を起こさせてくれる」と、憐れみ深い心の偉大さを説いた。これを聞いた弥勒菩薩が「なぜ虚空蔵菩薩の頂にだけ如意宝珠があって、光明が光り輝いているのですか」と、釈尊に聞いた。

西方の虚空蔵菩薩⑫ 如意宝珠②

釈尊は「それは、大慈悲をそなえて人びとの危厄険難を払い除き、人びとの罪咎冥暗に清浄の光明を与える偉大な導師だからである。また、人びとが経論を読誦しようとするとき、身を浄めて沈水香を焚き、東方に向かって名号を称えてダラニを唱えれば、彼はその人といっしょになって忘れない力を与えてくれる。

西方の虚空蔵菩薩⑬ 如意宝珠③

また、大海に入って珍しい宝を得ようとし、繋縛《けばく》から逃れようとし、愛別離苦《あいべつりく》、怨憎会苦《おんぞうえく》から逃れようとし、水火の難、盗賊の難、獅子・虎狼《こばい》・毒蛇の難を避けようとし、あるいは疾病や飢餓の苦しみから逃れることを望み、高位に昇ろうと願うなら、虚空蔵菩薩の名を一心に唱えれば、菩薩はかならず願いを成就させてくれる。頂に如意宝珠があるのは、このように偉大な功徳と大きな慈悲心をもって人間に臨んでいるからだ」と、弥勒菩薩にいった。

西方の虚空蔵菩薩⑭ 清浄な虚空①

釈尊の話を聞いた人びとは、手を合わせて虚空蔵菩薩を礼拝した。虚空蔵菩薩は宝蓮華座から立つと、右肩を肌脱ぎにし、合掌しながら「この五濁に満ちた無明の人びとを、いかにして導かれるのですか」と釈尊に訊ねた。釈尊は「この虚空を見るがよい。風塵、暗障があるから不浄だが、現在の虚空には貪欲《とんよく》も、怒りも、愚痴もない。風塵、暗障がなく、清く澄んでいる虚空は、日や月や星を見ることができるではないか。

西方の虚空蔵菩薩⑮ 清浄な虚空②

仏は第一義空《だいいちぎくう》において自在を得ているため、何の心も起こらず、自性清浄《じしょうしょうじょう》だが、多くの人びとは煩悩に覆われ、清浄の自体を覚悟することができないのだ。仏はこれらの無明の人びとに法を説いて煩悩を断ち、智慧の目を開いて清浄を見せようと腐心している。虚空蔵よ、虚空を認識することは眼《げん》か眼識《げんしき》か眼触《げんそく》のいずれか」と虚空蔵菩薩に問いかけた。

西方の虚空蔵菩薩⑯ 清浄な虚空③

虚空蔵菩薩が「いずれでもありません」と答えるのに、釈尊は「では、虚空を認識する人と、認識される虚空とは、いかなる関係にあるか」と、ふたたび問いかけた。虚空蔵菩薩は「両方が相対して対象となるが、宇宙の万物は、有形のものも、無形のものもすべて〈空〉ということで、人びとが実体があると認識する万象は、実は虚仮不実のものにすぎません。

西方の虚空蔵菩薩⑰ 清浄な虚空④

それは、虚空は破れることはなく、思いに分別《ふんべつ》がなく、動揺愛憎もなく、果てもなく、業もなく、報もなく、文《もん》字言説《じごんぜつ》を離れているようなものです」と答えた。これを聞いた釈尊は「よく無尽降伏獅子奮迅陀羅尼《むじんごうぶくししふんじんだらに》を説いたが、このダラニによって、人びとの犯す重罪を燃やし、清浄《しょうじょう》な仏国に往生《おうじょう》できるように教化し導いてもらいたい」というと、阿難《あなん》と弥勒菩薩に、この教えをたいせつにするように勧めた。

財宝《ざいほう》を授《さず》ける弁天《べんてん》さま

弁天さまは、芸術の神だけではなく、金銭面にも力を発揮し、信仰する人に対して、債務を滞りなく弁済して福知を与え、延寿および財宝を与えるように図り、天災地変を除滅するというなんともありがたい仏神で、古くから貴賤を問わず多くの人に信仰されてきたが、日本に入ってくると、弁天さまの水でお金を洗うとお金が増えるといわれるようになった(銭洗い弁天)。

先《さき》立《だ》つ不幸《ふこう》

若くして亡くなった人の遺書に、よく「先立つ不孝をお許しください」の一文をみかける。これは、親に先立つ子供は不孝者だという儒教的な発想からきたものである。儒教では、子供は親の葬送儀礼を滞りなく執り行なう義務があるのだ。しかし親を親とも思わず、保険金ほしさに親まで殺してしまう今のご時世には、こんな遺書を残して先立つ子供は、けっして不幸者などではなく、生死の無常と厳粛さを教えてくれる仏の使者ともいえるのではないだろうか。

鷺《さぎ》になった観音《かんのん》さま①

大和《やまと》の尼寺に、十二体の銅製の観音像があったが、そのうちの六体が泥棒に盗まれた。何年か経った初夏、村はずれの池に浮かんだ木に一羽の鷺が止まっていた。子供たちが小石を投げたが、鷺はびくともしない。子供たちが泳いでいって捕まえようとすると、鷺は水にもぐって逃げた。子供たちが鷺の止まっていた木を手に取ると、それは観音像だった。子供たちは尼寺に急いだ。

鷺になった観音さま②

尼さんたちが池に行って見ると、塗られていた金は剝《は》げ落ちていたが、それはまぎれもなく盗まれた銅製の観音さまだった。尼さんたちは「観音さまに再会できてうれしいけれど、観音さまはなんの罪で盗難にあわれたのでしょうか」といいながら、飾りのついた台に乗せて寺に持ち帰った。村人は「偽金造りが盗んだのだが、扱いかねて捨てたのだろう」「観音さまはいろいろなものに変化するというから、鷺は観音さまにちがいない」などと話しあった。

桜《さくら》は八方《はっぽう》美人《びじん》

春爛漫、花見のシーズンともなると、外気は暖かくなり心もうわついてくるが、私はどちらかというと桜は好かない。何か、みだらな感じがしてならないのだ。それかあらぬか、桜の花弁は四方八方を向いて咲くという。まさに八方美人の花だ。花見シーズンはまた、酒とカラオケの狂乱シーズンでもある。「あすありと思ふ心の徒桜《あだざくら》、夜半《よわ》に嵐の吹かぬものかは」(親鸞)

さくらんぼ

さくらんぼは、ふつうの桜の木になるのではなく、桜桃《おうとう》という木になる実である。ある坊さんで、チェリーというあだ名をもった人がいた。本人は日本の象徴の花の実の洋名で、たいそうご満悦なのだが、そのじつは、その人の言動は支離滅裂で、とても一般の人びとに理解できるものではない。そこから、錯乱した坊さん↓錯乱坊↓さくらんぼ↓チェリーとなったしだいなのだ。

酒《さけ》の罪《つみ》①

酒には穀酒、果実酒、薬草酒があるが、いずれも人の心を動かして人を動乱させ、行動を放逸《ほういつ》にするので、すべて有害である。その罪状は次のように三十五挙げることができ、不飲酒戒が定められた。一、現世に財が尽きる。二、病気のもとである。三、闘争のもとである。四、裸になっても恥と思わない。五、醜名を馳せて悪評のもとになる。六、正しい智慧を隠す。

酒の罪②

七、得るべきものを得られず、持つものを失う。八、秘密を漏らす。九、生業がなりたたなくなる。十、酔って失敗を重ね、憂愁のもとになる。十一、能率が低下する。十二、健康が損なわれる。十三、父を敬わなくなる。十四、母を敬うことを忘れる。十五、僧を侮《あなど》る。十六、バラモンを尊敬しなくなる。十七、長者や先輩を尊敬しなくなる。十八、仏を尊敬しなくなる。

酒の罪③

十九、法を尊敬しなくなる。二十、僧を尊敬しなくなる。二十一、悪人と仲間になる。二十二、善の者を遠ざける。二十三、破戒の者になる。二十四、慚愧《ざんき》の念がなくなる。二十五、欲情を抑えられなくなる。二十六、異性に放逸になる。二十七、他人に憎まれ、嫌われる。二十八、親族や友人から嫌われる。二十九、よからぬ行為が多くなる。三十、よい行為を捨てる。

酒の罪④

三十一、明智《みょうち》ある長者の信用を失う。三十二、涅槃《ねはん》から遠ざかる。三十三、凶暴、痴態の因縁になる。三十四、現世では短命で、死んでからは地獄に堕ちる。三十五、万一、人間に生まれ変わっても、凶暴な者になるのをさけられない。このような多くの害があるので、とくに僧籍にある者の飲酒は禁じられたのである。

座頭《ざとう》の魂《たましい》①

雨が多くあふれていた川も、ようやく水が引いたので、渡《わた》し守《もり》は流木を拾おうと舟を出した。手ごろな木が流れてきたと思ったら、死人だった。かわいそうに思って引き上げると、座頭だった。渡し守は座頭の死骸を背負って川の側の畑に運んで埋めた。二、三日すると、そこから芽が出て、木はどんどん伸び、見上げるような大木になったが、それがなんの木か知っている者はだれもいなかった。

座頭の魂②

やがて蕾《つぼみ》が膨らみ、大人が両手を広げたほど大きく、白・薄紅・紫・黄色の花が咲き、村中がうっとりするようないい香りに包まれた。村中の人が仰いで見ていると、一人の子供が「花の中に座頭さまが座ってござる」と叫んだ。あらためてよく見ると、それぞれの花の中心に、座頭が太鼓を叩いたり、三味線を弾いたり、唄ったりする、それぞれ別の芸の格好をして座っていた。

座頭の魂③

噂が広まると、何十里も遠いところから見物人が訪れ、行きも帰りも渡し船に乗ったから、渡し守は忙しく、儲かった。やがて風が吹き、花が川面に散りはじめると、花のなかにすわっていた座頭が、太鼓を叩き、笛を吹き、鐘を鳴らし、唄って、いっせいにお囃子《はやし》をしながら流れていった。見物人が押し寄せ、村人は団子を売ったり、筵《むしろ》を貸したりして儲かった。

座頭の魂④

花も散って、風も冷たくなった。木の下で遊んでいた子供が何気なく木を見上げると、手鞠《てまり》とか竹馬だとか、赤い着物だとか、お菓子だとか、子供の喜ぶものばかりが、木の実のようにぶら下がっていた。子供たちは見上げていたが、ついに一人の子が堪らず「座頭の木どの、座頭の木どの、おらあ饅頭《まんじゅう》食いてえ」と叫ぶと、風が吹いて、その子に饅頭が落ちてきた。

坐《ざ》と座《ざ》

すわる行為を坐といい、すわる場所を座という。たとえば坐禅・坐像、玉座・法座などの用例をみれば一目瞭然である。ただし、いまは坐は常用漢字にないから、一般には座が代用字として用いられる(座禅・座像など)。坐と座は本来別字だが、漢和辞典をみると「坐は座に通ず」とあるから、古くからどっちでもよかったのだ。しかし仏教の専門書では、まだ坐が多く用いられている。

鯖《さば》と『華厳経《けごんぎょう》』

『今昔物語』のなかで、聖武天皇が東大寺の大仏を建立して開眼供養を行なう当日のこと、聖武天皇は、夢で見た翁が東大寺に現われたというので使者を遣わせた。その翁が持っていた籠を開かせたところ、入っていたはずの鯖がなく、八十巻の『華厳経』が出てきたという。これは当時、鯖がどんなに貴重な魚であったかを伝える話である。

サバをよむ

数を誤魔化すことを「サバをよむ」というが、この語源には三つの説がある。一つめは、魚屋が小魚などを数えるのに早口で数えて、途中で数を飛ばして呼ぶからだという説。二つめは、寿司屋が客が食べた数を誤魔化すのを防ぐため、鮓《すし》を握るたびに生飯《さば》(飯粒)を置いて数えたという説。三つめは、中元にサバの開きまたは刺鯖《さしさば》を贈るとき、二尾を一枚または一刺しと数えたからだという。

差別《さべつ》と平等《びょうどう》

差別(さべつ・しゃべつ)は、区別すること、異なること。現代は平等の時代、身分や男女の差別をなくし、社会の差別撤廃を目標に政策がとられている。しかし、ほんとうに差別はないのだろうか。人間は絶対差別のなかに生まれてきているのではないか。能力の有無、容姿の美醜や、生まれた環境など、すべて違う。人間に差別がないとは幻想である。この考えを根本に、理不尽な差別をなくす努力をすべきなのではないだろうか。

さまざまな浄土《じょうど》

浄土は清浄な仏の世界で、衆生のけがれた世界を穢土《えど》という。もともと諸仏それぞれに浄土がある。阿弥陀如来は極楽浄土、薬師如来は浄瑠璃《じょうるり》浄土、久遠の本仏(久遠《くおん》実成《じつじょう》の釈迦牟尼仏)は霊山《りょうぜん》浄土であるが、阿弥陀信仰の隆盛とともに、浄土といえば極楽浄土をさすようになった。法華の信者が葬儀のあとの挨拶で、「故人も極楽浄土へ往生できるでしょう」といって題目を唱えたのを見たことがある。不思議だった。

作務《さむ》と掃除夫《そうじふ》

インドに発祥した仏教は、東に向かって広がり、日本に伝わった。いまは、ヨーロッパやアメリカにも広がって、日本に修行に来る人も少なくない。とくに坐禅などは、かなり打ち込んで修行に励んでいる。だが、掃除などの作務をさせると、けげんな顔をして「自分は坐禅をしにきたのに、なぜ庭師や掃除夫のやる労働を強いるのか」といって拒否するという。

猿《さる》だった釈尊《しゃくそん》

釈尊は悟りを開く前、なんども生まれ変わり利他行の修行をした。猿の群れがマンゴーを食べていると、狩りにきた王さまの一行に見つかった。猿が谷を渡って逃げるとき、猿の王が自分の身体を橋の代わりにして群れを向こう岸に渡らせた。それを見た王さまは、猿の王が力尽きて落ちないよう網を張り、猿の王に王としての心得を聞いた。このジャータカの猿が釈尊である。

猿《さる》になった大王《だいおう》①

近江《おうみ》国の山の多賀神社の近くに小さなお堂があって、大安寺の僧の恵勝《えしょう》が住み、堂に籠もって修行していた。ある夜、恵勝の夢に見知らぬ男が現われ、「私のために経を読んでください」といった。翌朝、縁先に小さい白い猿が来て、「恵勝さん、私のために『法華経』を読んでください」と頼んだ。昨夜と今朝の不思議な頼みである。恵勝は猿に「おまえは何者だ」と聞いた。

猿になった大王②

猿は「私は東天竺《てんじく》の国の大王です。国民の大多数が修行僧の弟子になり、稲を作る者がいなくなったので、坊さんが多くの弟子をもってはならぬと触れを出した。このため死んでから猿になり、この社の神にさせられた」といい、「私は仏道修行を禁じたのではないのですよ」とつけ加えた。そして「いつまでも猿でいたくないから、『法華経』を読んで、もとの大王にしてください」といった。

猿になった大王③

恵勝は「ならば、供えものをするように」というと、猿は「猿になったので、供えるものがない」といった。恵勝が「籾《もみ》があるではないか」といったが、「神の司《つかさ》が渡してくれない」と困りはてていた。「供えものがないと経が読めない」という恵勝に、「大勢の坊さんが『六巻抄《ろっかんじょう》』を読もうとしているので、それに紛れ込んで経を読もう」といって姿を消した。

猿になった大王④

恵勝はこの不思議な出来事と猿の言葉を、山科寺の満預大法師に詳しく話した。大法師は「猿のいうことは信用できない」といっているところへ堂童子と信者たちが走ってきて、「白い猿が堂を粉々にし、坊さまの家も壊された」といった。信者たちは新しい堂を造り、猿を僧の仲間に入れ、『六巻抄』を読んで猿の願いを叶えると、災難は起こらなくなった。

猿になった長者《ちょうじゃ》

貧しい爺は、お盆がきてもお供えするものがない。そこで隣の長者の家に借りにいったが、「なければ馬の糞でも供えておけ」と断わられた。しかたがないので、悪いと思ったが長者の畑から豆を少し盗んで供えた。お盆が過ぎた朝、隣の長者の家が騒がしい。のぞいて見ると、長者の家の者はみな猿になっていた。それからこの村では、お盆のお供えのない家には、みんなで持ち寄るようになった。

三界《さんがい》に家《いえ》なし

三界とは、欲界・色界・無色界で、現世のことである。そして、地獄・餓鬼・畜生・阿修羅・人間・天上の六道を輪廻《りんね》するので、三界に家なしというのは、悟り得ない凡夫のことで、悟りを得た者には別の世界がある。しかし、女は梵天王・帝釈・魔王・転輪聖王・仏身になれない五つの障りがあって悟れないとされる。だが、男だって現世では、家と仕事場をぐるぐる回り、亭主は家に書斎なしである。

三帰依《さんきえ》は仏教徒《ぶっきょうと》の基本《きほん》

三帰依とは、三は仏・法・僧の三宝のことで、仏とその教えと教団に心からすがることである。三帰依は仏教徒であるための必須条件であり、これによって仏教徒となることが決定し、仏道修行者として始まるのである。聖徳太子が制定した十七条憲法に「篤《あつ》く三宝を敬え」とある。仏教による国づくりをめざした聖徳太子は、仏教徒の基本が三帰依だと深く認識していた。現在、仏と法は帰依の対象となるとしても、僧ははたしていかがだろうか。

残虐《ざんぎゃく》な王子《おうじ》

父王を殺し王位についた王子は極悪人で、かねて恨みのある多数の釈迦族の男を殺し、一万二千の釈迦族の女を捕らえて耳や鼻を削《そ》ぎ手足を切断して穴の中に押し込んだ。女たちは、苦痛のなかで「南無釈迦仏、わたしたちをお救いください」と悲痛な叫びをあげていた。釈尊は竹林精舎《ちくりんしょうじゃ》でそれを聞いて大慈悲心を起こされると、苦痛は去り、耳や鼻、手足のすべてが回復した。

三国一《さんごくいち》の婿《むこ》①

三人の若者が旅に出た。ある村の長者の家の前に、三国一の婿がほしいという高札が立っていた。三人は応募し、田打ちのテストをされることになった。三人は持ち場を決め、ふつうは十日かかるところを一日で仕上げた。長者は感心したが、甲乙つけがたく、三人はしばらく下男として長者の家に留まることになった。ところが、何日たっても肝心の娘が姿を現わさない。

三国一の婿②

とりあえず、二人が娘の部屋を偵察した。暗い部屋に白装束で髪を散らした娘があたりを見回し、床下から白木の棺桶を出した。ニカニカ笑いながら赤ん坊の死体を取り出し、包丁で片腕を切ると、さも甘そうに食いはじめた。二人はガタガタ震え、腰を抜かした。なんとか逃げようとしていると、娘が振り向いてニカーッと笑うと、「この腕一本差し上げましょう」といった。

三国一の婿③

二人は三番めの若者にこの話をすると、すぐに家を逃げだした。三番めの若者は、一人で確かめに行くと、娘は血のしたたる赤子をバリバリ食っていた。恐怖に若者は、懐ろの守り仏を思わず握りしめると、気持ちが落ち着いた。よく見ると、餅でこしらえた人形だった。若者が「おれにも食わせろ」というと、娘は「よくいってくださいました。いままで何人もの若者が逃げていきました」といった。こうして、若者は長者の婿になった。

散骨《さんこつ》の本音《ほんね》

最近、散骨が話題になることが多い。これもよく聞いてみると、本音は「墓地が高い」「死んだ人はわからないだろう」ということのようだ。しかし山に撒《ま》くといっても、自分の庭に撒くのならともかく他人の山に撒くなんて、なんとも身勝手なはなしではないか。親は「あなた」というりっぱな財産を残してくれたのだ。せめて墓でも造って供養しなければ浮かばれまい。→墓も変化する

散骨《さんこつ》（撒骨）は自然葬《しぜんそう》

散骨ということで、海洋葬や樹木葬などの自然葬が実際に行なわれている。話題性が高いのに比して、その数はまだまだ微々たるものであっても、散骨は将来、徐々に増加していくと思われる。バブル経済とともに核家族も崩壊して、後継者のいない人が増える一途にあるため、これからは遺骨崇拝も希薄化していくと考えられるからだ。散骨の散は撒（まく）と書くのが正しく、散は代用字である。

三途《さんず》の川《かわ》①三つの渡し

仏教では地獄道・餓鬼道・畜生道・修羅道・人間道・天上道の六道のうち、地獄・餓鬼・畜生の三道が最も悪いとされ、三悪道といわれる。三途とはこの三悪道のこ

とで、この三途に行く渡り川が三途の川である。また、冥土で亡者を裁く初江王のところに行く途中に三途の川の大河があり、三つの渡りがある。浅い瀬は罪の浅い者が、橋渡しは善人だけが、強深瀬は悪人だけが渡るという。

三途の川② 悲惨な強深瀬

三途の川で悪人の渡る強深瀬の流れは、矢のように早く、波は山のように高い。水中には蛇が泳ぎ罪人を食い、川上からは大岩がゴロゴロと転がり、罪人の身体を砕く。岩に砕かれ死ぬとすぐに生き返り、また砕く。水中に潜ろうとすれば、大きな口を開けた蛇が待ち受け、浮き上がれば鬼王夜叉《やしゃ》が弓で射る。やっと向かい岸に着くのは、この苦しみが七日七夜つづいた後という。

三途の川③ 死者の着物

三途の川の渡り口に奪衣婆《だつえば》という老婆がいて、亡者の衣類を剝《は》ぎ取り、衣領樹《えりょうじゅ》という樹木の上にいる懸衣翁《けんねおう》に渡す。懸衣翁は亡者の衣類を樹木の枝にかけ、その枝の垂れぐあいを見て罪の軽重を判断し、三悪道のどこに行くのかを決める。亡者の運命は、この衣類の軽重で分かれるのだ。死者が白い着物を着せられるのは、無垢《むく》であることを証明するためである。

三途の川で溺《おぼ》れるつらさ

三途の川には、浅いところ、少し深いところ、とても深いところの三つの渡し場がある。人は生きざまによって渡るところが決まる。ある罪人が一番深いところを渡らなければならなくなり、「私は泳げないので溺れて死んでしまうかもしれない」といった。近くでそれを聞いていた死者が「貴殿は死んでいるから再び死ぬことはない」というと、渡しの番人は「おまえの犯した罪は重く、たとえ死んでいても溺れる。溺れる苦しみは何よりもつらいぞ」と止めを刺した。

三世《さんぜ》の縁《えん》

三世とは過去世・現在世・未来世をいう。ことわざに「親子は一世、夫婦は二世、主従は三世」というのがあり、本来「三世の縁」とは仏道における子弟の縁をいったものであるが、それが主従の関係になってしまった。主従関係が夫婦関係よりも重く見られているところに、封建的なにおいが残っている。はたしていまの社会ではどうであろうか。「仕合せは三世の縁を二世にする」とは、女中が後妻に治まったことをいう。

三千世界《さんぜんせかい》のカラス

高杉晋作《たかすぎしんさく》の作とされる都都逸《どどいつ》に「三千世界のカラスを殺し、主と朝寝がしてみたい」というのがある。三千世界は三千大千世界で、この世全体のこと。カラスを殺すとは乱暴だが、艶っぽい作品だ。カラスは世間の風評などを比喩的にいうのだろう。「♪夜明けのコーヒー　二人で飲もうと♪」という歌謡曲があったが、これももはや古くなってしまった。朝はカラスではなく、小鳥の鳴き声とともに早く起きたほうがいい。

三蔵法師《さんぞうほうし》は女性《じょせい》か

ふたむかし以上も前のことになるが、テレビドラマの「西遊記《さいゆうき》」で、三蔵法師(玄奘《げんじょう》)を今は亡き夏目雅子が演じていた。その十年後は観月ありさだった。帝の命に背き生命を賭して仏法を求めて天竺行を果たした法師を、なぜ、かよわい女性が演じるのか。それは本来、男性でしかありえない観音菩薩が女性的に語られるのと軌を一にするものである。荒くれ者の孫悟空をあたたかく包み込んで善導するのに、女性特有の徳性をドラマはうまく利用したのだろうか。

三蔵法師は多数存在《たすうそんざい》

三蔵法師といえば、孫悟空で有名な『西遊記』の三蔵法師を思い浮かべてしまう。この人は実在の玄奘三蔵がモデルとなっているが、じつは三蔵法師と呼ばれる人は多数存在していた。もともと、三蔵は仏典の経(教え)・律(戒め)・論(解説)をいい、そのすべてに通じた人を尊称して三蔵法師と呼んだのである。玄奘は、その三蔵をインドから中国にもたらした偉大な人物だが、三蔵法師の一人にすぎない。

山賊《さんぞく》の宿《やど》

旅の僧が谷間の宿に泊まり、旅の疲れで深い眠りに落ちると、子守唄が聞こえてきた。それはなんどもくりかえされ、念仏のように思われるので、起き上がって書き留めた。文字にしてみると、「殺されるから早く出て行け」という意味だった。隣部屋の襖《ふすま》を開けると、人骨の山だった。僧はそっと抜け出し、役人を呼んで来ると、そこは旅人を殺して金品を奪う山賊の宿だった。

三大仏《さんだいぶつ》あれこれ

大仏は日本の各地にある。丈六《じょうろく》(約一八メートル)以上の大きな仏像を大仏というが、三大仏というと、時代の流れとともに三種類ある。古い順に記すと、①奈良の東大寺、河内の太平寺、近江の関寺、②東大寺、鎌倉の高徳院、京都の方広寺、③東大寺、高徳院、高岡の大佛寺である。このうち最も新しいのが高岡大仏で、延享二年(一七四五)造立という。したがって、③の説はかならずしも一般的とはいえないかもしれない。

産道《さんどう》とタイムトンネル

臨死体験者の多くが暗いトンネルを通り抜けて明るい光の世界へ入るのは、人が生まれるときに産道を通って出てくることの逆を行なうのだという、いかにももっともらしい説がある。では、死後は胎内に戻るのだろうか。もし宇宙が巨大な胎のようなものだとすれば、そういうことがいえなくもない。しかし、このトンネルはこの三次元のこの世を超えて異次元に至るタイムトンネルのようなものではないだろうか。

三毒《さんどく》は三《みっ》つの煩悩《ぼんのう》

三毒は貪・瞋・痴の三つの煩悩をいい、この三つは人間の心を毒する点から三毒という。①貪は気に入ったものをほしがり執着する貪りの心、②瞋は自分の気に入らないことにたいする怒りの心、③痴はあらゆる事物の理に迷う愚かな心をいう。こうしてみると、凡人は三毒に惑わされ、汚されている。とくに為政者や官僚がはなはだしいと思われるが、考え方によっては国民にその程度の政治家しか選ぶ資質がないとすれば、同じ程度なのか。

三度《さんど》なる栗《くり》

村で子供が栗をむいていると、乞食坊主が来て「おれにも一つくれ」といった。子供は「おれの栗は甘いからやろう」「おれのも甘い」と、どの子もくれた。そして「おれは栗が大好きだ。秋ばかりでなく、年に三度なるといいな」といった。坊主は「みんな良い子だから、これから、年に三度なるぞ」といって帰った。それから、この村の栗は三度なるようになった。坊主は弘法さまだといわれた。

三度の食事《しょくじ》

インドでは「一日二食」という仏教の戒律が守られ、お昼過ぎには食事をとってはいけないとされていたが、中国では三食になった。中国にはもともと一日三食の風習があったことと、畑仕事や掃除なども修行の一部だとする、禅宗独特のきつい労働を行なうということとも関係して、しだいに一日三食がとられるようになった。

三昧《さんまい》と等持《とうじ》

三昧は梵語サマーディの音写語で、「さんまい」「ざんまい」と読み、心を一点に集中させることを意味し、ヨーガ(瑜伽《ゆが》)と同義である。読書三昧とか贅沢《ぜいたく》三昧などと、ふつうにも使われる。漢字を知らない若い人などは、三つの味などと誤ってグルメ風に読んでしまうかもしれない。等持という意訳語もあるが、こちらは耳で聞くだけだと湯治とまちがわれてしまうから、仏教語使用にはTPOが必要だ。

三昧場でロック三昧

三昧とは、心を平静に保ち、注意を一心に集中することをいう。熱中して他のものに目がいかないことから、「贅沢三昧」「絵画三昧」「放蕩《ほうとう》三昧」などと使われる。また、墓場のことを「三昧場」ともいう。――うちの倅《せがれ》ときたら、ひとつ熱中できるものを見つけろといったら、ロックに夢中になり、人のいないところがいいといって、「三昧場」でロック三昧だ。仏までロック三昧で踊りだしたらどうするつもりだ。落語の駱駝《らくだ》じゃあるまいし。

【し】

寺院《じいん》の聖《せい》と俗《ぞく》

会計など寺院運営にかかわることを、坊さんである著者がみずから「俗なること」と表現した。それを読んだ一寺庭婦人が憤りを感じ、その本を出した出版社に抗議の電話をした。「出家した身には聖なることのみで、俗なることなどありません」と。たしかに国も教団も出家の肉食妻帯と経済的な営みを認めている以上、まさしく出家の身にはすべてが仏道修行、すなわち聖なることで、俗なることなどありえようはずがない。脱税とか、頻繁に酒宴を催したり、妾を蓄えたりするのは論外として……。

四恩《しおん》はこの世《よ》で受《う》ける四《よっ》つの恩《おん》

四恩とは『心地観経《しんじかんぎょう》』に説く次の四つである。父母の恩、衆生の恩は社会の人びとから直接・間接に受けるもの、国王の恩は国家社会の安寧を保つさまざまな機構によるもの、三宝の恩は仏・法・僧による加護、平安へのものである。しかし現実問題として、人によってそれぞれが感じる恩に強弱があり、質的な評価もちがってくるのは否めない。

資格《しかく》と人格《じんかく》

医師、看護士、弁護士、経理士等々は、公的機関が定めた一定水準の知識や技術(資格)を修めることが要請される職業である。僧職もそのひとつだ。しかし、資格は最低限度の要件であるにすぎない。資格を活かすのは、それぞれの人格のいかんにかかっている。有資格者の不祥事が取りざたされることが多い昨今である。ペーパー試験で資格は取れても、それはスタート地点に立ったというにすぎない。有資格者に、おごり高ぶった特権階級者意識はないだろうか。

死《し》から生《せい》へ

ふつうは「生から死へ」で、死は生の最終段階と捉えられる。欧米的な生の直線的な考え方である。『死ぬ瞬間』で世界的に有名になったE・キューブラー＝ロスも、初めはそういう考えしかなかった。しかし、終末期患者との交流とその研究を進めているうちに、しだいに東洋的な死後の生を考えるようになっていった。仮に死後の生を認めないとしても、死を真正面から見つめることによって生はより輝きを増す。

四苦八苦《しくはっく》

四苦八苦とは「生・老・病・死」の四苦と愛別離苦《あいべつりく》・怨憎会苦《おんぞうえく》・求不得苦《ぐふとっく》・五陰盛苦《ごおんじょうく》の四つを合わせた八苦で、四に八を加えた十二苦ではない。前半の四苦は普遍的なもので、金持ちでも美人でも、そうでない人でも平等だが、後半の四つの苦は、同じ水を前にしても、のどの渇いた人と渇いてない人とは心の動きが違うように、個人差がある。だから、心のもち方で苦しみを和らげることができる。→人間としての苦しみ——四苦八苦

自業自得《じごうじとく》

「自業自得」は、身から出た錆《さび》のような悪い意味で使われるが、文字どおり自分のつくった善悪の業による苦楽の果報を、自分が受け取ることである。甘い柿を植えれば甘い実がなり、渋柿を植えれば渋柿が実るのである。——柿の実を取るのに「梯子《はしご》を貸してやろうか」といったのに、断わって木に登り、すべって落ちた。「せっかくの人の親切を無にして、自業自得だ。ざまあ見ろ」

自業自得の教《おし》**え**

釈尊が「池に石を投げ込んで、みんなでそれが浮くように祈ったら浮くだろうか」と弟子たちに聞いた。「浮くはずはありません」と弟子たちは答えた。「油を池に入れて、沈むように祈ったら沈むだろうか」と、釈尊は再び聞いた。弟子たちは「そんなはずはありません」と答えた。釈尊は「沈む沈まないは他人のせいではなく、すべての原因は自分自身にある」と教えたのである。

自業自得は当然《とうぜん》**の報**《むく》**い**

自業自得は、自分の行なった行為の報いや結果は自分が得るということ。本来は行為の善悪、結果の苦楽は問わず、行為との因果関係を述べるものだったが、一般的には悪行によって苦しみを受けるばあいにかぎられる解釈になっていった。何か失敗すると、さも知っているように「あれは自業自得、しかたがない」と同情されないのは、やはり日ごろの行ないに問題があったのか。人の不幸は蜜の味とばかり「それみたことか」と罵倒されるのは人徳のなさである。

地獄《じごく》**からの生**《う》**まれ変**《か》**わり①**

地獄の業を終えてから人間に生まれ変わった人の特徴は、声がロバのいななきのように恐れを帯び、小心でいつも怯《おび》えている。毛はまっすぐに立ち、その人の見る夢は、燃え盛る火炎や沸騰する釜の湯の情景であり、まわりには杖木を持った人が駆けまわり、水中の大蛇に追わ

れ、身を鉾で刺されたりする苦痛に満ちた悪夢である。

地獄からの生まれ変わり②

地獄に堕ちる前、もろもろの悪をつくし、怒りの心で殺害したため、自身のつくった悪行に引っぱられて地獄に堕ちて責苦を受けたのだから、ふたたび人間に生まれ変わっても、前前世の悪行の習慣性はまだ残っているので、みずからそのような相を見つけたら、地獄から人間界へ来たことを知って、よい師について前前世の悪業の因縁を断つ努力をしなければならない。

地獄の沙汰《さた》も金次第《かねしだい》

「地獄の沙汰も金次第」は、生前中に悪行を重ね、死後、閻魔大王に地獄行きの審判を下されても、金の力でどうにでもなるという、金力万能をいうことわざである。「そんなことはない」と青臭い意気込みで否定してみても、たしかに金次第で自由になることはあるようだ。いわゆる袖の下を使えば、不可能が可能になることもある。万事、金力がものをいう世の中に嫌気をさしている人も多いだろうが、これも現実である。金で戒名を買ったり、それを引き受ける僧もいるのだ。

四国遍路《しこくへんろ》の起源《きげん》

弘法大師空海ゆかりの寺々を巡る四国霊場八十八か所巡礼は今でも盛んに行なわれているが、その起源となるとはっきりしない。①大師の高弟の真済《しんぜい》説、②真如《しんにょ》法親王(七九九ごろ~八六五ごろ)説、③観見《かんけん》僧正(八五三~九二五)説、そして④空海説があるが、それらのいずれともいえないという。室町時代ごろから、弘法大師信仰のことでもあるし、大師開創ということにおさまったものらしい。

死後《しご》の世界《せかい》の有無《うむ》

死後の世界があるか否かという議論がよくなされる。仏教界に身を置いている人のなかにも、死後の世界を否定する人がいる。「そんな人は葬式や法事をするな」といいたい。死後何もないのに、どうしてお経を上げてお布施をいただくことができるのか。すると「生きている人に法を問いている」と答えが返ってきた。それならば、祭壇に背を向けて、残った遺族のほうを向いてお経を唱えるといい。

死後の祭《まつ》り

「後《あと》の祭り」は一説に「死後の祭り」ともいう。いい機会を逃して取り返しがつかないということ。死んでしまったあとで、いくらりっぱなお祭りをしてもしかたがない、生きているうちが花だというのだが、仏教ではかならずしもそうは考えない。虚飾の祭りは論外として、回向といい、追善という。死者を悼み、法要の善を故人の霊に回向する心からなる営みは、やはり貴重で美しい。

死後もマイホーム

マイホームを欲しがる傾向は、墓地についてはいっそう強いようだ。この世では団地やマンションの集合住宅で我慢せざるをえなかったが、せめて死んでからは一戸建ちの墓で安らかに眠りたいと思う人が多いのだろう。しかしいま、とくに都会では、ふつうの墓は住宅以上に求めるのが困難になっている。死後も集合住宅式でいいと、なぜ考えられないのだろうか。形だけりっぱでもしかたがないのは、生前も死後も同じではないのか。

師子身中《ししんちゅう》の虫《むし》

「師子身中の虫」は、一般には「獅子」の字を使い、味方を裏切る者、恩を仇《あだ》で返す者をいう。しかし本来の意味は、獅子の身中でその恩恵を受けている虫がかえってその肉を食って害をなすことで、仏教徒でありながら仏法に害をなす者を喩えていう。仏典では「師子」の用例が多い。——マージャンで、せっかくいい手ができたのに、うちの悪ガキがうしろに立って、いちいち「パパ、この丸い印はなんていうの」なんて聞きやがる。ったくも—。

四捨五入《ししゃごにゅう》と死者悟入《ししゃごにゅう》

四捨五入とは、四以下を切り捨て五以上を繰り上げることだが、仏教では「死者悟入」である。これは、死後にはすべての人が悟りの世界に入るという「一切衆生悉皆成仏《いっさいしゅじょうしっかいじょうぶつ》」の思想にもとづく。これを勘違いし、だめな人間を切り捨て良い人間だけを助けるとするのは、仏教の平等の精神を忘れてしまった僧侶の高慢さによるものである。うっかり自分も切り捨てられてしまわないよう気をつけたほうがいい。

四住期《しじゅうき》と長寿社会《ちょうじゅしゃかい》

古代インドには、梵行《ぼんぎょう》・家住《かじゅう》・林住《りんじゅう》・遊行《ゆぎょう》の四住期の考え方があった。人生を四つの時期に分け、それぞれになすべき道を教えたのである。これを現代日本にあてはめてみると、前の三つは学生時代・勤め人時代・隠居生活に相当する。最後は乞食生活というわけにもいかないから、巡礼ということになろうか。それとも養老院か。日本はいま世界に誇る長寿社会だが、人生を締めくくる時期にあたる第三・第四の時期についての配慮が著しく欠乏している。

自然葬《しぜんそう》は物真似《ものまね》

散骨など自然葬が、近年、静かなブームとなっている。そのもとになったのは、どうやらアメリカの簡易葬儀の普及にあるようだ。アメリカでは、いまでも土葬が一般的だが、火葬も急増しているという。その火葬のほとんどは簡易葬儀社が行ない、遺体を火葬にして骨灰を海や山に散布するのだそうである。この初めは一九七三年。この流儀が日本で行なわれるのに、約二十年かかっている。やっぱりアメリカの物真似なんだ!?

自然《しぜん》に還《かえ》る

遺体を焼き、焼骨を陶器の骨壺に入れ、墓石の下のコンクリート製などのカロートに納めるのは、埋骨し供養する生者からすると清潔感のあるものだが、遺体を自然に還すという点からみれば、土葬に比べてきわめて不都合な方法である。地方によっては骨壺に入れず、土のままのカロートにぶちまけるというが、そのほうがまだ自然に還るのは早いだろう。

自然のままに

ものに恬淡《てんたん》とし、自由をモットーとした沢庵宗彭《たくあんそうほう》のところに、若者が掛け軸を持ってきて広げた。沢庵は「けっこうなものじゃな」といって、なんの反応もない。若者は思惑がちがい、がっかりしたようすだった。沢庵をからかおうと、傾城《けいせい》の秘画を持ってきたのだ。若者は、こんどは困るだろうと賛を頼んだ。だが、沢庵は平然と「……色即是空、空即是色、柳は緑花は紅」と書いた。

寺族《じぞく》は台風一家《たいふういっか》

台風が来るという情報がはいると寺もたいへんで、一家そろってその対策に追われる。山門の扉のカンヌキがはずれないようにしたり、本堂の瓦は傾斜が大きく落ちやすいので、とくに気をつけなければならない。また、本堂脇に大木でもあればなおさらである。台風が通り過ぎたあとの晴天を「台風一過」というが、私はつい最近まで「台風一家」だと思っていた。

四諦八正道《したいはっしょうどう》①

四諦とは苦諦《くたい》・集諦《じったい》・滅諦《めったい》・道諦《どうたい》の四で、苦しみとその原因、苦しみを滅した理想の世界とそこへいたる道のことであるが、そこにいたるには八つの正しい道を歩まなければならない。正見《しょうけん》・正思惟《しょうしゆい》・正語《しょうご》・正業《しょうごう》・正命《しょうみょう》・正精進《しょうしょうじん》・正定《しょうじょう》の八正道である。しかし、これがなかなかむずかしい。八正道をしたいと思っていても、そうかんたんにはできるものではない。

四諦八正道②

人は苦しみのなかで生きている。そこから解脱《げだつ》するには八つの正しい道を歩まなければならない。正しく見る、正しく考える、正しい言葉で話す、正しい行ないをする、正しい生活をする、正しい努力をする、正しい努力をする、正しい意識をもつ、心を安定させるということであるが、生きているとさまざまな欲望や執着の心を消すことができない。やはり死後、死体(四諦)にならなければ無理なのだろうか。

四諦八正道③

人間には男女の二種類しかいないと思っていたが、最近ではニューハーフなるものも登場してきた。種の保存の法則どおりに考えると、ふつうの男女の関係しかない。いまの日本では一夫一婦制だが、男と女であればだれとでもあってしまうから、これが厄介なことのもとになっている。ときに動物的な衝動にかられ、したいのだが、八正道が邪魔をする。

七五三《しちごさん》は「しめ」の祝《いわ》い

七五三は、男子は三歳と五歳、女子は三歳と七歳にあたる年の十一月十五日(収穫祭あるいは氏神祭の日)前後に氏神にお参りする行事である。ところで「しめなわ」は標縄・注連縄と書き、神の坐《ましま》す聖域であることを示すが、縄の捻《よ》り方から七五三縄とも書くことから、七五三を「しめ」の祝いともいう。子供が共同体の仲間入りをする「しめ」の年なのだ。

七夕《しちせき》と織女伝説《しょくじょでんせつ》

七夕とは五節句の一つで、旧暦の七月七日の夕方のこと。「たなばた」と読むのは、ご存知「織女伝説」による。織女(星)は機織《はたおり》の名人で、その機には棚がついていたので「棚機女《たなばたつめ》」「棚機星《たなばたぼし》」と呼ばれた。年に一度の織女と牽《けん》牛《ぎゅう》の逢瀬《おうせ》の七月七日、早朝に朝露で墨をすり、字も上手になり、他の技芸も上達することを願って、短冊に詩や短歌を書いて竹の枝につるした。

七福神《しちふくじん》の誕生《たんじょう》

「七難即滅、七福即生」(『仁王経』)という言葉がある。これは教えを篤く信じ、実行すれば、世の中の七つの大難(太陽・星の異変、火災、水害、風害、旱害、盗難)が消滅し、七つの福が生ずるというもの。鎌倉時代、日本古来の守り神恵比須《えびす》信仰に、仏教の大黒天(五穀豊穣など)・弁財天が加わり、室町時代にかけて毘沙門天、布袋尊、道教の福禄寿、寿老人の四神が加えられて七福神となった。

七福神のなかで唯一《ゆいいつ》の女神《めがみ》

弁財天《べんざいてん》は、本来はインドのサラスヴァティー河の女神で、「水をもつもの」(富むもの)を意味する。河のせせらぎの音から音楽の神となり、転じて弁舌の神(弁才天)、智慧の神となった。また、宇宙創造の神ブラフマン(梵天)の娘で妃の一人でもある。容姿端麗で、日本では唐服を着て左手に琵琶を持ち右手で弾いている技芸の神の姿で表わされる。

七面山《しちめんざん》は久遠寺《くおんじ》の守護神《しゅごしん》

日蓮宗の総本山・身延山久遠寺の守護神は七面大明神である。この神がまつられているのが七面山で、身延山参拝の後、熱心な信者がめざす霊山である。急な山道を五〇丁登ると、敬慎院《けいしんいん》という七面山頂にある伽藍《がらん》に到着する。運がよければ翌朝ご来光を拝むことができるが、そのすばらしさは筆舌に尽くしがたい。雲海に富士山が望まれ、春秋彼岸の中日には富士山頂の真上から日天子

（太陽）が昇る。登詣の信者は一心に題目を唱える。

死中《しちゅう》に活《かつ》を得《え》る

「死中に活を得る」は、「九死に一生を得る」と同じように大きなピンチを逃れる意で用いられるが、本来は禅語である。生死のぎりぎりのところが悟るチャンスだというのだ。「日々を臨終のつもりで生きよ」というのも、同じことをいっている。俗に「火事場の馬鹿力」というが、人はいざとなったら、自分でも信じられないようなとんでもない力を発揮するものだ。危機は悟りの絶好のチャンスというわけだ。

十返舎一九《じっぺんしゃいっく》——灰左様《はいさよう》なら

十返舎一九は江戸後期の戯作者《ぎさくしゃ》で、弥次郎兵衛と喜多八コンビの『東海道中膝栗毛』で知られる。その辞世の句「此世《このよ》をば、どりゃおいとまに、線香とともに、ついには灰左様なら」も一九らしく洒脱《しゃだつ》だが、自分の棺桶に花火を仕掛けておかせた。それを火葬にしたらどうなるか——人びとを楽しませたのは、たんに作品だけではなかったようだ。

寺庭《じてい》は寺《てら》の家族《かぞく》

寺庭というと、禅寺の庭園のことかと、一般の人は想うかもしれない。ところが、寺庭は寺の家族のことだ。寺の家庭の略と思えばいい。浄土真宗以外の住職の奥さんを呼ぶ尊称ともなっている。僧侶に妻帯が許されたのは明治時代初期のことだから、それ以後につくられた言葉である。そして、寺庭の語が定着したのはそう古くなく、おそらく第二次世界大戦後の復興の時期であろう。時代は下って、『寺の家族』そんなタイトルの、僧多聞さんの書いた小説がある。

四天王《してんのう》と数字合《すうじあ》わせ

世界の中心とされる須弥山《しゅみせん》の中腹にある四王天の主、持国天（東方）・増長天（南方）・広目天（西方）・多聞天（北方）を四天王といい、須弥壇の四方に安置されるが、転じて、それぞれの道にもっとも秀でた四人の称ともなった。もともと仏教に基づく語であるが、御三家や三羽烏などと同じく、たんなる数字合わせで用いられたものにすぎない。だがそれは、仏教が庶民の生活に定着していた証でもある。

品川宿《しながわじゅく》と寺《てら》

品川は東海道五十三次の一番はじめの宿場として有名で、多くの寺が国道一号線沿いに建てられている。これはむかしの海岸線で、品川から船に乗って各地へ旅にでる人も多かった。そのなかには僧もいて、そこに長く逗留する者もでてきて、そこが寺になったといわれている。また、宿場には遊廓があった。「死んだ金生かして使う品の客」お布施で品川宿に遊びにくる坊主をいったものだ。

死《し》ななかった坊《ぼう》さん①

奈良に一日中、方広経(大乗経典)を読んでいる坊さんがいた。寺はもたず俗人の暮らしをして、妻子を養い、人に銭を貸して利子を取っていた。娘は嫁いでいたが、夫が陸奥《むつ》国の役人として赴任することになり、そのしたくのために、妻の父の坊さんから二十貫の銭を借りた。一年経ち、借りた金は倍になったが、利子も払わないので、坊さんは矢のように催促した。

死ななかった坊さん②

銭を返す当てもなく、困った夫は「あんな欲張り、生かしておくわけにはいかん」と逆恨みした。そうとは知らず、坊さんは催促をつづけた。婿《むこ》が奈良に来たとき「いっしょに陸奥国へ行こう」と誘った。坊さんは、娘に会えると喜び、婿といっしょに舟に乗った。船頭と示しあわせていた婿は、坊さんの手足を縛ると、海に投げた。

死ななかった坊さん③

夫は妻に「父さんは、おまえに会いたいと、いっしょに舟に乗ったが、途中、荒波で舟は沈み、助けようとしたがだめだった。生き残ったのは、私だけだった」と、残念そうに語った。だが、投げ込まれた坊さんは、水の中で方広経を口ずさんでいると、海底に窪みがあって、窪みの中にうずくまって溺れなかった。坊さんは、窪みで二夜過ごし、水面に浮き上がると、陸奥に向かう舟が見え、船尾から一本の縄が伸びていた。

死ななかった坊さん④

坊さんが綱につかまっていると、船乗りが綱を引き上げ、坊さんを見て驚いた。坊さんは、婿に投げ込まれたとはいえず、盗賊に縛られ投げ込まれたと説明した。船乗りは驚いて「水に溺れなかったのは、どんな秘術を使ったのか」と聞いてきた。坊さんは「心あたりは方広経を読んだことだろう」と答え、陸奥に連れていってくれと頼んだ。

死ななかった坊さん⑤

婿は妻の手前もあり、供養を怠らず、法事を行なうことにした。坊さんは陸奥に着いて、乞食しながら歩いていると、法事の列に出くわし、法事の食事にありつこうと、顔を隠して供養を受ける列にまぎれこんだ。見ると、正面で、婿が集まった坊さんに施しをしているのが見えた。

死ななかった坊さん⑥

父親の坊さんの順番がきて手を伸ばすと、気がついた婿はびっくりして目をみはり顔を赤くし、姿を隠した。しかし、坊さんは婿のしたことを誰にもいわなかった。すべては方広経のお陰で、仏さまの加護なのだ。阿含経《あごんきょう》の「恨《うら》みで恨みに報いるのは、草で火を消すようなもので、人を慈しむ心で恨みを忘れるのは、水で火を消すようなものである」というとおりなのだと思った。

死《し》にがけの念仏《ねんぶつ》

「したくはできたか」「はい」「では、まいろう。ついてまいれ」「で、行き先はどこで」「地獄だ」「あっ、しまった。忘れもの」「なにを忘れた」「南無阿弥陀仏」「いまさら、遅い遅い」「南無妙法蓮華経」「それも遅い」——死に際に念仏を唱える人は多いが、丈夫なときに信心をする人は少ない。まして、死んでからでは、もう手後れである。

死《し》に金《がね》と生《い》き金《がね》

死に金とは、死んだときのために貯えておく金だが、役に立たない金の意味として使われるようになった。——「さあ、行こうか。おい、何ぐずぐずしてるんだ」「この金を持っていこうと思って」「そんなもの持っていっても意味がない」「三途の川を渡るときに……」「そんなものは必要ない」「でも、わたしゃ食べものの好き嫌いが激しくて」「なに寝言いってるんだ」金は、時と場所がそろって、はじめて生き金となる。

死《し》に化粧《げしょう》と遺体復元《いたいふくげん》

最近の言葉にエンバーミングというのがある。遺体の復元を意味する、欧米からきた考えと技術だ。死に化粧の一種ともいえるが、エンバーミングはそんななまやさしいものではなく、体内の血液を全部抜いて防腐剤を注入し、外傷などを復元する専門の職業である。しかし、わが国ではあまり定着していないようだ。遺体を生前のまま埋葬したいとするキリスト教文化圏と、遺骨信仰の文化圏の違いがあるのだろうか。

死《し》に装束《しょうぞく》

「夕べママンが死んだ」というカミュの『異邦人』の書き出しではないが、母親の死に直面した。胃がんである。親不孝を重ねてきた者としては、あらかじめわかっていたとはいうものの、言葉では言い表わせないほどのショックだ。しかし、納棺の儀のとき、思わずむっとした。経帷子《きょうかたびら》はまあいいとしても、三角の頭巾や六文銭は許せないと思った。滑稽でさえあった。江戸時代の習俗を、はたしてそのまま踏襲する必要があるのだろうか。新しい時代の方法が望まれてならなかった。

死《し》に水《みず》を取《と》る

臨終の近い人に水を含ませることを死に水を取るといい、末期《まつご》の水ともいう。冥土の旅には三途の川のほかに火の山もあるそうで、そこで咽喉《のど》が渇いて苦しまないための用心だという説がある。また、善光寺詣りのための水筒だとする説もある。しかし、それは水のもつ神秘的な力でまさに死なんとする者をこの世に呼び戻そうとする祈りと、一種の死の判定のための儀礼であったようである。

死《し》ねば仏《ほとけ》①

「死ねばだれでも仏」という。しかし、中途半端に仏教学などを学ぶと、「それは迷信とか習俗の類で、仏教は生きている者のための教えであって死者のための教えではない。まして、なんの修行もしていないふつうの人が死んで仏になるなんて、とんでもない」などと思いがちである。はたしてそうであろうか。人は死ねば、死んだ当体の肉体を離れ、霊体のみとなる。その霊体は仏にほかならない。ただ、その仏にもいろんな段階があるということなのだ。

死ねば仏②

「だれでも死んだら仏になるというなら、この世でどんな悪いことをしていても仏になれるなんて、不公平じゃないか。いつも『善いことをしなさい。悪いことはするな』といっているくせに」と反発されそうであるが、それが業《ごう》(カルマ)の問題なのである。業によって仏にもさまざまな段階があり、その業の問題を解決しきったのが、お釈迦さまのような聖者の三藐三菩提《さんみゃくさんぼだい》(無上の完全な悟り)である。その解決のためにも、回向と供養が必要なのだ。→読経は冥界の道案内

死《し》は薬味《やくみ》

「武士道というは死ぬことと見つけたり」「貴となく、賤となく、老となく、少となく、悟りても死に、迷うても死ぬ」(『葉隠』)――死を自覚することの重要さは、何も武士のみにかぎったことではない。人はみな死ぬ――このことに思いをいたさないと、人の生は真の意味で生きてこない。「死は生の薬味だ」と誰かがいったらしいが、じつは薬味以上のものであろう。

慈悲《じひ》はなさけ

慈悲の慈は人に楽を与えること(与楽《よらく》)であり、悲は人びとの苦をなくすこと(抜苦《ばっく》)で、喜びは人と分かちあうことで倍増し、悲しみは人と慰めあって半減する。慈と悲とは表裏一体のものなのだ。――昼飯は、もう一品あれば満足度は高まり、カバンはもう一つポケットがあれば整理しやすい。奥さま、お慈悲だから、小遣いを倍にしてください。

慈悲は無私《むし》の愛《あい》

慈悲は、仏・菩薩が衆生をあわれみ、いつくしむ心で、慈は友、友情、親愛の情を意味し、楽を与える与楽、いつくしみと解される。悲は憐れみ、優しさ、同情を意味し、苦しみを抜く抜苦と解される、仏教的な愛である。慈が父性的、悲が母性的といわれ、慈父、悲母と表現される。愛は貪り、執着だが、慈悲は無私の精神で及ぼされる崇高な行為である、と偉い坊さんに教えられた。なるほど、父母の愛は無私である。しかし、最近は虐待もあるから油断できない。子供の人権を無視した自己愛では困る。

至福感《しふくかん》と脳内《のうない》麻薬物質《まやくぶっしつ》

臨終時や臨死体験における至福感は、脳内で分泌される麻薬物質エンドルフィンによるものだという、脳生理学者の説がある。大まかな言い方をすると、死という人生最大の危機を楽に迎えられるように、身体自身の機能がはたらくというのだ。科学のめざす方向は、物質的に説明できる極限である。しかしいくら物質を究めても、現段階では精神世界のすべてを説明できるわけではない。まして、超常現象についてはなおさらである。

自分《じぶん》が原因《げんいん》なのに

学校が休みとなると、通勤電車が空いて乗客はホッとする。ところが、ＪＲ武蔵野線だけはさにあらず。通勤時間だというのに、電車はディズニーランドへ行く子供たちでふくれあがる。しかも、満員電車内のマナーも知らない。荷物も下に提げればいいのに、肩にかついだままだ。「ギャー!」「死ぬー!」「お父さんも毎日こんなに乗って通ってるのか?」——そうではない、いつもは君たちが乗っていないのだから。人はえてして、自分を枠外に置いて対象を捉えがちである。

釈迦族《しゃかぞく》はアーリア系《けい》か

釈迦族の拠点は現在のネパール領タラーイ地方にあり、先祖は太陽神の氏族に属する甘蔗王《かんしょおう》(イクシュヴァーク)で、一人の妃との間に四人の王子と五人の王女をもうけたが、自分の息子を王位につけようとした他の妃の企みで、四人の王子と五人の王女は追放され、ヒマラヤの麓に建国したのが釈迦族の始まりという。地理的にはアーリア系だが、風俗習慣ではビルマ系だとされる。

釈迦にも経《きょう》の読《よ》み違《ちが》い

「釈迦にも経の読み違い」というが、経典はそもそも釈尊の教えを弟子が後でまとめたものだから、釈迦が経を読むはずはない。それはともかく、釈迦で経を代表させて、その道に長じた人でも時には間違うことがあるということをいったものだ。「弘法も筆の誤り」「猿も木から落ちる」「よき仏師も斧の躓《つまず》きあり」などともいう。弘法は弘法大師空海で、三筆の一人。

釈迦の尻《しり》①

沢庵《たくあん》和尚の小僧時代の話である。ある日、大勢の弟子たちが寄り集まって、経文読誦の稽古をしていた。そこへ秀喜(沢庵和尚の小僧名)が入ってきて、「やあ、相変わらず嘗《な》めてやがるな」といった。「何だい、秀喜。その嘗めているというのは。私たちはいま、経文のお稽古をしているところだが」「何もわかっていないんだな。経文こそ、釈迦の尻を嘗めているようなもんじゃないか」

釈迦の尻②

「秀喜、経文を釈迦の尻とはいいすぎだよ」一同は驚きながら反論した。秀喜はさらに「オレは、これから眠るから、ちょっと枕を貸してくれ」という。「ぜいたくなことをいうな。枕なんてありゃしないよ」「あるよ、そこに。その釈迦の尻をちょっと貸してもらうよ」「この経文?」「そうだよ、尻の枕では少し寝心地が悪いけど、我慢するさ」弟子たち一同は呆れてしまった。

釈迦は部族《ぶぞく》の名《な》

釈迦は、いうまでもなく仏教の開祖で、釈迦族の聖者という意味の釈迦牟尼《むに》とか釈尊と尊称される。またブッダ(仏陀)も用いられるが、これは「覚った人」という意味である。釈迦族の王子として生まれながら、人生の苦の根本を解決するため出家し、難行苦行の末、悟りを得て人びとにその教えを説かれた。一神教どうしの争いが世界の平和を脅かしている現在、釈迦の教えが人類の幸福を実現させるものと、世界の識者に期待されている。

釈迦牟尼《しゃかむに》は釈迦族《しゃかぞく》の聖者《せいじゃ》

釈迦はサンスクリット語のシャーキャ、またはパーリ語のサーキャを音訳したもので、仏教の開祖のみをさすのではなく、インドとネパールの国境近くに住んでいた地方豪族の名称である。いわゆる「お釈迦さま」の俗名ゴータマ・シッダールタは、悟りを開いてシャーキャ族出身の聖者(ムニ)としてシャーキャ・ムニと呼ばれ、釈迦牟尼はそれを漢字の音で写したものである。

写経《しゃきょう》は手動印刷《しゅどういんさつ》

写経は自己修養の手段として現在でも盛んに行なわれているが、もともとは印刷技術がなかった時代の、いわば手動の印刷だった。経典は口で伝えられ、後に文字に写されるようになり、『法華経』など経典自体にも写経の功徳が説かれているが、それは経典伝播のために必須のことであった。紙が発明され、さらに木版印刷されるようになってからも写経は行なわれたが、しだいに修養のためのものとなった。

錫杖《しゃくじょう》の役割《やくわり》

棒杖の頭部に錫《すず》製の環《わ》のついたものが錫杖で、諸国を巡る修行僧が持っていた。インドでは、修行僧が山野を遍歴するとき、頭部についている錫環を振って鳴らし、毒蛇や害虫を追い払った。また錫杖を地面に叩きつけ、小さな虫を踏み潰さないようにした。中国では、遍歴をやめ一か所に留まって修行をするときは、錫杖を鉤《かぎ》に掛けたので、修行生活に入るのを掛錫《かしゃく》といった。

釈尊《しゃくそん》と魔王《まおう》——心《こころ》の葛藤《かっとう》

釈尊が悟りを得ようと決心したとき、魔王は三人の娘を送って誘惑しようとするが、釈尊に近づくにつれて醜い老婆に変わった。次に魔王は、富でも名声でも権力でも望みのものをやろうといったが、もともとそれらを捨てて出家した釈尊は、耳を貸さなかった。魔王は最後に軍隊を送り込んだが、刀は折れ、矢は届かなかった。これらは、じつは釈尊の心の葛藤を説いたものである。

釈尊と魔王①

舎利弗《しゃりほつ》と目連《もくれん》の妨害に幾度も失敗し、宮殿に戻ってきた魔王は、どうしたら釈尊を負かすことができるか悩んでいた。魔王のしょげた姿を見た一族の者は不思議に思い、魔王の妓女五百人は魔王を慰めようと歌い踊りながら魔王の側に集まった。しかし魔王は「しばらく一人にしておいてくれと」いって、大声を出して泣いた。妓女たちは制止も聞かず、さらに慰めようと舞い歌った。魔王は「やめろ！」と大声でどなった

釈尊と魔王②

妓女の一人が「王は自在な力をもっているのに、なぜ元気がないのですか。死相さえ現われています」と訊ねると、魔王は「敵の釈迦を滅ぼそうと数回試みたが、すべて失敗に終わった。このままだと、私の世界は釈迦のために滅ぼされてしまう」と悩みを打ち明けた。妓女は「もう何度か試みれば成功するでしょう。この三界の苦を

解きほぐす法などないのですから」と励ました。

釈尊と魔王③

この間、ほかの妓女たちは、仏の功徳を讃える天の声を聞いて、釈尊を慕う心が芽生え、天の香華や伎楽で釈尊を供養した。竹林精舎《ちくりんしょうじゃ》にとつぜん、天の花が降ってきたのを見た釈尊の弟子たちは、釈尊に「ここに不思議な吉兆が現われていますが何事でしょう」と訊ねると、「これは天魔と五百の妓女とが私を供養しているもので、まもなく私のもとに来るでしょう」と答えた。

釈尊と魔王④

この釈尊の言葉を遥かに聞いた妓女たちは感激し、魔室を出て釈尊に帰依した。これを察知した魔王は五種の縛法で妓女たちを捕らえ、釈尊のところに行けないようにした。ところが妓女には釈尊の慈悲の力が加わっていて効果がなく、釈尊のところに向かった。魔王は怒り、大風を起こして阻止しようとしたが、微風にもならなかった。魔王は「一族の者集まり、美言をもって釈尊一味をたぶらかせ！」とどなった。

釈尊と魔王⑤

王のどなり声を聞いた一族の悪魔たちは、ことごとく宮殿に集まった。「恨み重なる釈迦が竹林にいる。いま、あの集団を粉砕して灰にするから、みんな努力しろ」と命じた。一族の者たちは、それぞれの神通力で釈迦を粉砕することに決め、大風を起こし、松明を降らせ、波を起こし、須弥山《しゅみせん》を叩いて震動させ、須弥山から大石や刀、杵《たて》を投げつけて釈迦の一団に攻撃をかけた。

釈尊と魔王⑥

釈尊は魔王の軍を破るため、破魔軍場三昧の瞑想に入り、虚空に満ちる松明や刀、杵などの敵の武器を白や赤、青の蓮華などの花に変え、天地震動の無気味な音は妙なる仏の声や法の声、僧の声に、大石や瓦は七宝に変えて、眉間より大光明を放って三千世界を照らした。これを見て、二万の魔王一族も釈尊の徳に触れ、釈尊を仰いで魔宮に急いだ。

釈尊と魔王⑦

魔宮に帰った二万の悪魔たちは、別れを告げ釈尊のところに行った。五百の妓女と二万の悪魔に去られた魔王は、怒りに震え、固く復讐を誓った。釈尊の眉間から放たれた大光明は全世界を照らし、娑婆の悪魔は驚いて、誰が放っているのかと詮索した。念のために魔王の宮殿を見ると、魔王はうなだれ顔色がすぐれなかった。娑婆の悪魔たちは、魔王の宮殿に馳せ参じた。

釈尊と魔王⑧

見舞いにきた悪魔たちに、魔王が事情を説明した。「君たちを驚かせたあの光明は、釈迦が幻術で放ったものだ。釈迦を滅ぼして、わが一族を取り返し、釈迦のところにいる者たちをみなこちらの一族にすれば、悪魔の世界は栄える。どうか力を貸してくれないか」と頼んだ。だが悪魔たちは、魔王に釈迦の徳を説き、釈迦に帰依するようにすすめた。しかし魔王はあきらめず、かさねて助力を頼んだ。

釈尊と魔王⑨

悪魔たちは、魔王のかさねての頼みを無下に断わることもできず、百万の軍勢で釈尊を攻撃しようとした。釈尊は神通力で三千世界を仏国土に変え、その大地を金剛のように固くしたので、悪魔は手を出すことができなかった。翌朝、舎利弗が托鉢に出ると、悪魔の子供が五十人、歌い踊って歩いていたが、舎利弗の姿を見ると、舎利弗に歌舞をすすめた。

釈尊と魔王⑩

舎利弗は、歌舞への執着を捨てろといい、執着心がすべての悪の根源だと諭すと、悪魔の子供たちは執着心を捨て、さらに目連・富楼那《ふるな》・須菩提《しゅぼだい》から仏の教えを聞いた。他の悪魔たちにも信心が生まれ、魔王の宮殿に行って別れを告げた。魔王は、怒りと恐怖と寂しさで、声を上げて泣いた。魔王は釈尊の蓮華台の根を抜き取ろうとしたが、釈尊の神通力で、指を触れることさえもできなかった。

釈尊と魔王⑪

魔王は宮殿に帰ろうとしたが、未練が残り迷っていると、どこからともなく飛んできた縄で縛られた感じがした。魔王が、もう宮殿に帰れないと泣いていると、魔王の泣き声を聞いた悪魔が転輪王《てんりんおう》に変身して現われ、仏を賛美した。魔王はそれを聞いて、まず縄を解くのが先決だと、釈尊に向かって「釈尊に帰依《きえ》し、従います」といった。魔王の縄は解かれた。

釈尊と魔王⑫

魔王が「しめた、宮殿に帰ろう」と思った瞬間、また魔王は縛られた。魔王は再度、釈尊に帰依を誓うと、縄が解けた。こんなことが七度もくり返され、魔王は釈尊の側に黙って座るより他はなかった。多くの悪魔が釈尊を敬っているのを見た魔王は「こんどこそ釈尊に帰依します」というと、釈尊は「私は来る者を拒まず、去る者を追わない。どうぞご自由に」といった。

釈尊と魔王⑬

魔王が「去ろうとしても、この縄が解けなければ帰れない」というと、釈尊は「おまえはずいぶん私の修行の邪魔をしてきたが、私はずっと耐えてきた。おまえは清い心で私を信じなさい。そうすれば苦悩から逃れることができる」と優しくいった。これを聞いた魔王の心に、怒りと恨みが沸き上がり、縛られたまま魔力で釈尊を殺そうとしたが、利きめはなかった。

釈尊と魔王⑭

魔王の悪心が消えないのを見て、堅固菩薩が仏の道を説き、魔の境界から出て真実の世界に入ることをすすめたが、魔王は「いかに苦しくとも、金輪際、仏に対する信心は起こさない」と突っぱね、今生において善心を起こすことなく、怒り、恨み、嫉妬などにつきまとわれ、悩みと苦痛に満ちた生活を送った。

釈尊《しやくそん》の禅《ぜん》

道元禅師は「坐禅は安楽の法門なり」といった。数ある法門のなかでも、坐禅こそが最も楽に究められる修行法だというのである。その証拠に、釈尊も道を究めるために出家し、骨と皮だけになって、自分で自慢するぐらいの苦行を六年間もつづけたが、けっきょく何も得られず、苦行生活を捨てて菩提樹のもとで坐禅をしたら、たった一週間で悟りが得られたのである。

釈尊より仏弟子《ぶつでし》が勝《すぐ》れている

明治二十六年、文部省が行なった教員学力認定試験の和文英訳の問題中に「凡そ人新たに真理を発見するは極めて有益なれども人の既に発見せし所を取て之を衆人に示すの勝れるには若かず」という一題があった。教員の仕事を奨励する意図があっての言葉らしいが、この論法でいうと、お釈迦さまよりも仏弟子のほうが勝れているということになる。奇妙な問題をだしたものだ。

娑婆世界《しゃばせかい》と極楽《ごくらく》

私たちが現在住んでいるこの世界を、仏教では娑婆世界という。これはサンスクリット語「サハー」の音写語で、忍土《にんど》と意訳される。多くの苦しみがあり、それに耐えてしのぶ場所という意味であるが、荒行などの修行から帰ってくると、食べ物は豊かで色はカラフル、冬は暖房、夏は冷房と、まるで極楽のように感じる。『法華経』の「娑婆即寂光土」とは、まさにこのことかと思う。

沙門《しゃもん》はさもしい

「さもしい」は見苦しい、みすぼらしい、いやしい、卑劣な、心がきたないなどの意だが、この語は仏教語の「沙門」からでたものだとする説がある。沙門は仏教にかぎらずインドにおける出家修行者をいう。見かけがみすぼらしく、まるで沙門のようだという意味で、「しゃもん↓さもん↓さもんしい↓さもしい」となったのだとか。ここにも、仏教語から聖なる部分がすっぽりと抜け落ちた例が見られる。

沙門は出家修行者《しゅっけしゅぎょうしゃ》

沙門は仏教の修行者、出家のことである。サンスクリット語のシュラマナの音訳で、「修行をする人」を意味し、仏教以外の修行者もシュラマナといった。ところが釈尊のころから、非バラモンの修行者を限定してシュラマナと呼ぶようになり、釈迦も「沙門ゴーダマ」と呼ばれた。やがて、仏教内で出家修行者をさす言葉になり、「沙門空海」のように肩書きとして使われるようになる。

舎利信仰《しゃりしんこう》

舎利は、遺骸または遺骨のこと。仏の遺骨を収めた建造物を塔(ストゥーパ)というが、仏や聖者の遺骨を崇める舎利崇拝は、釈尊入滅直後から起こった。この仏教的な考えから、日本人ほど遺骨をたいせつにする民族はいないといわれる。遺骨、舎利に魂が宿っていると、ほとんどの人が考えている。日本人の主食の米飯を舎利と呼ぶのは、米粒が仏舎利に似ているからである。すし屋でのシャリはおなじみの隠語。真っ白いご飯を銀シャリといって尊んだのは、今は昔の話だ。

しゃりと舎利

「しゃり」は「銀しゃり」とか「この鮨《すし》、しゃりが生きてるよ」などと、米や飯の隠語としてよく使われるが、もとをただせば、その形状が米に似ている火葬した後に残った粒状の骨を意味する梵語のシャリーラからきた言葉で、漢字で「舎利」と書く。仏舎利は釈尊の遺骨である。だが、鮨をつまむたびに仏舎利を思い出してもいられない。「柔肌も猛火潜ればしゃりになり」

舎利弗《しゃりほつ》と目連《もくれん》①

聡明多才で知られる二人の外道がいた。釈尊に従って最初に修行した五人の一人馬勝《めしょう》がいつものように托鉢していると、外道が馬勝を見て、「あのような威儀端正な修行者を見たことがない。師は誰だろう」と思い、馬勝に訊ねた。馬勝は「師は悟りを開いて大慈心をもつ釈尊です」と答えたが、外道は「釈尊の名前は初耳ですが、その方はいま、どこにいるのでしょうか」と聞いた。

舎利弗と目連②

馬勝が、釈尊はカラダ池の畔に千人の修行者とともにいると話した。外道は喜んで仲間のところに行くと、釈尊の弟子になろうと誘った。二人は出家することを外道の衆団に告げた。これを知った魔王は、「名声の高い二人の外道が釈尊の弟子になれば悪魔は滅ぼされる。つまり、おれの破滅だ。なんとか二人の出家を止めねばならぬ」と考え、馬勝に変身した。

舎利弗と目連③

馬勝に変身した魔王は、釈尊のところに急ぐ二人を待ちうけていた。二人は外道の衆団に別れを告げ、多くの弟子を連れて喜びに満ちて釈尊のもとに急いだ。魔王は二人の前に現われると、「先日の話は君たちを試すためのもので、世の中に善悪とか因果とか、生老病死、未来の生活などというものは本来なく、釈尊が善悪因果などの法を説くのは自分の利益のためである」と、先日と逆のことを言い出した。

舎利弗と目連④

そして「それを信じて出家するのは馬鹿げたことだ」と止めた。だが、聡明な二人は、悪魔の正体を見破っていた。二人は弟子たちに、世間の悩み、過ちを話させた。弟子たちは、老いや病や死を語った。二人は「おまえには、わが智を動かす力はない。早く立ち去れ」と命じた。このとき「あなた方は最上の人である。早く釈尊に従って出家されよ」という二人をたたえる諸天の声がした。

舎利弗と目連⑤

この諸天の声を聞くと、悪魔は姿を消した。二人は弟子たちに「これから仏門に入って修行するが、おまえたちのなかで出家を望まぬ者はここにとどまれ」と告げた。五百人の弟子たちは「どうぞお連れください」と、いっせいにいった。悪魔はこんどは、王舎城外に大きな深い穴を掘って妨害しようとしていた。これを見ていた釈尊は、神通力で二人に穴を見せることなく通れるようにした。

舎利弗と目連⑥

二度失敗した悪魔は、高い山をつくり、山中に千頭の獅子を放って妨害をしようとしたが、釈尊は神通力で山を隠し、まっすぐ釈尊のところに来る道を示した。釈尊はまわりの弟子たちに、釈尊のほうに進む二人をさして「二人のうちの一人は後年、かならず弟子中一番の智慧者になり、もう一人は神通力第一番の弟子になる」と予言した。

舎利弗と目連⑦

二人と五百人の弟子は無事入門を許され、一人は舎利弗、一人は目連となった。二人の出家を妨害することのできなかった悪魔は、こんどは天人に姿を変えて釈尊の前に立ち「われに帰依せよ」といったが、釈尊に「汝の道法は邪法なり」と追い払われ、次に梵天になって「早く涅槃《ねはん》に入るがよい」といったが、正体を見破った釈尊に「なぜ、わが入滅を望むのか」と詰問され、魔の宮殿に帰った。

舎利弗《しゃりほつ》の親友《しんゆう》①

釈尊の弟子舎利弗は、王舎城から来た修行僧に在家時代の親友の消息を訊ねた。「元気でいるが、精進もせず、守るべき禁戒も守らず、人の悪口をいって、善人とはいえない」ということだった。舎利弗は親友のことが心配で、王舎城に向かった。竹林精舎に留まって、翌朝、乞食をしながら親友の家を訪ねた。親友は家の者を酷使して働いていたが、舎利弗の姿を見つけ出迎えた。

舎利弗の親友②

下にも置かぬもてなしだったが、舎利弗は志だけで充分だと断わり、食事にも手をつけなかった。親友は「せっかく訪ねてくれたのに、なんの布施も受けぬとは」とつめ寄った。舎利弗は「なぜ精進せず、禁戒を守らないのか」と聞いた。親友は「私は家業に従事し、父母に孝養し、妻子を養い、使用人に給料を払い、税を納め、先祖の供養をし、僧に布施を怠らない。そして長寿をまっとうし、後生は天に生まれ、悟りを得ることを願っている」と答えた。

舎利弗の親友③

舎利弗は「では、ある人が、父母のためだといって悪事をはたらき地獄に堕ちて苦しいめにあったとき、私は父母のためにやったのだから苦しめないでくれ、といってとおるだろうか」と聞くと、親友は「それは許されないだろう」と答え、妻子のためでも同じことかと聞くと、そのとおりだと答え、愛人がいることを告白した。そして、愛人を捨てて仏に帰依する決心をした。

十牛図《じゅぎゅうず》と青《あお》い鳥《とり》

禅に十牛図というのがある。行方不明になった牛を探し求めて家に連れ帰るまでの話を十の図と解説でつづったものだ。ここで牛は「真の自己」を象徴している。ところで、メーテルリンクの童話劇に「青い鳥」がある。チルチルとミチルの兄妹が幸せを象徴する鳥を探して夢で諸国を旅し、覚めて身近にいることを知る物語だが、十牛図の牛とどこか共通するものがある。真の自己が見つけられたら、どんなにか幸せだろう。

周及《しゅうぎゅう》の雨乞《あまご》い

夢窓疎石《むそうそせき》の弟子の周及は、十九歳のとき中国に渡った。だが、当時の沿岸は海賊が横行し、この防御のため、数百の船が遮って上陸できなかった。周及の乗った船は交渉したが、上陸は許されず、一年近く海上にとめおかれた。飲料水も底を尽き、乗員の生命も危うくなってきた。周及は坐禅して、一心に「円通懺摩法《えんずうせんまほう》」を修し祈念すると、空がにわかにかき曇り、豪雨が降ってきた。

宗旨《しゅうし》ちがいで葬式争《そうしきあらそ》い

夫婦で宗旨がちがうことは、いまでは珍しくないが、明治のむかしからある。夫は熱心なクリスチャン、妻はこれまた不惜身命の法華題目イノチの信徒。ふだんからアーメンと南無妙法蓮華経の争いが絶えず、近所の人びとは珍しい夫婦だと笑ってみていたという。そこへ葬式ができた。どっちの宗旨で葬式をだそうかで大もめにもめ、やがて女房に味方する者が多く仏葬になったとか。クリスチャンの亭主も題目を唱えたのだろうか。

集中《しゅうちゅう》する心《こころ》

武帝《ぶてい》が達磨大師《だるまだいし》に「無功徳《むくどく》」といわれた後、「じゃあ、最高の真理とは何か」と聞いた。達磨大師は「廓然無聖《かくねんむしょう》（がらんとしていて、なにものにも執着しない心）」と答えた。武帝は達磨大師の「無功徳」を理解できず、寺院を建て、仏教に物的援助をしている功徳に執着していたのだった。功徳を積んでも、それを意識せず、ただ功徳を積むことだけに集中することが肝心なのである。→功徳は無い

修行僧《しゅぎょうそう》の恋《こい》

若い修行僧が娘に一目惚れし、恋煩いで食事もとらず寝込んでいた。心配した仲間がいくら慰めても、なんの役にも立たない。釈尊に相談すると、意外にも「その願いはすぐに叶う」といって、若い修行僧が回復するのを待って娘の家に行った。娘はその三日前に死んでいたのだが、父母は愛着のあまり葬らず、遺体は悪臭を放っていた。釈尊は、若い修行僧に「すべてのものは常に変化する。愚か者はその外観を見て煩悩に縛られるのだ」と諭した。

修行に女《おんな》は邪魔《じゃま》

見かけは美しくやさしそうに見えても、女性の心の内は夜叉のように恐ろしいということを「外面《げめん》似《じ》菩薩《ぼさつ》内心《ないしん》如夜叉《にょやしゃ》」という。菩薩は本来男性だが、その性質からか、よく女性になぞらえられる。夜叉は人食い鬼。女は外見はたおやかでやさしく見えるが、いざとなると男より残酷だともいわれる。いま、こんなことをいうと嚙《か》みつかれてしまいそうだが、「修行に女は邪魔だ」というむかしからの警告とも受けとれる。

修行年数《ねんすう》の差《さ》

釈尊当時の仏教教団では、仏弟子たちは原則的にみな平等であった。古来、カースト制度が厳しいインドにあって、世俗社会での身分の差は乗り越えられない障害であった。それゆえにこそ、仏門に入れば四姓平等で、出身カーストを問われることはなかった。では、仏弟子のあいだに序列はなかったのだろうか。いや、あった。それが、入門してからの年数の差である。これを臘次《ろうじ》といい、日本仏教でも連綿と伝えられ、守られている考え方である。

修験道《しゅげんどう》は忍術《にんじゅつ》のルーツ

修験道は、わが国古来の山岳宗教に仏教・神道・道教などが習合して成立したもので、その基本は、教理を探究するのではなく大自然の霊気のなかで修行を積むことにより、人間の本能的欲望を断ち切り、即身即仏の境地に達しようとする実践実修の宗教である。自然と一体化することで、精神性が高められるのだという。印《いん》を結ぶところから、忍術のルーツだといわれる。↓忍者は九字を切る

数珠《じゅず》と句読点《くとうてん》

数珠は仏を礼拝するときに手にかけ、唱題や念仏の回数を数えるために使う仏具である。珠《たま》の数は百八個で、煩悩の数に由来している。――句読点など無用と豪語していたある数珠屋が「ふたえにまげてくびにかけるようなじゅず」の注文を受け、長い数珠を作り届けると、「二重に曲げ、手首にかけるような数珠」だと、作りなおしを命じられた。「二重に曲げて首」と読み違えたのである。注文主の近松門左衛門は、句読点のたいせつさを教えたという逸話である。

数珠はカウンター

数珠はサンスクリット語ジャパ・マーラーで、「誦するときの輪」または「つぶやくときの輪」を意味する。だから「誦珠」でも「呪珠」でも「念珠」でも同じである。だが、真言陀羅尼《しんごんだらに》を唱えるときに珠を繰って回数を数えるため、数珠となったのである。百八の煩悩を消滅させるため、数珠の珠は百八あるといわれ、百八が基本になってはいるが、かならずしも数は一定せず、幾つかの種類がある。「じゅじゅ」「ずず」とも読む。なお、ローマ教会のロザリオはインド起源という。

受胎《じゅたい》の法門《ほうもん》

法における母とは過去の縁で、父とは過去の因のことである。この過去世の善悪の行為が因となり縁となって和合し、そのよりどころである母の胎内でしだいに大きくなるのである。つまり、過去の業《ごう》が物事の道理を分別するようになり、それが識《しき》の依処《えしょ》におかれるとき、入胎《にったい》と呼ぶ。この識が母胎で大きくなり、出胎《しゅったい》して成長するのである。だから、過去世の行為(習慣力)が常につきまとうのである。

出《しゅっ》家《け》とは家《いえ》を出《で》ること

明治になって僧侶の妻帯お構いなしの布告が出たあとも、戦前までは、在家から寺に小僧に入り、坊さんになる人が多かった。貧しい農家にとっては人べらしであるが、少年にとっては、まさに家を出て、小僧名をもらい、幼名と決別し、新しい人生の出発であった。本来、妻帯しないのが僧侶のあり方。ゆえに、子供はいないのが当然。後取りの弟子を他家から迎え、血のつながらぬ者への仏法継承が正当であった。

出家の動機《どうき》などはどうでもいい

得度《とくど》の「度」は渡るの意。教化を受けて迷いの世界から悟りの世界の彼岸に渡ること。転じて、出家・剃髪《ていはつ》して仏門に入ることをいう。どんな名僧知識でも、得度をしたときは初々しい。よく出家の動機を尋ねられるが、たいした理由がある者ばかりではない。衆生済度《しゅじょうさいど》が目的という者も、デモシカ坊主も、結果がすべてである。要は何をしたか、何をしているかで、僧の価値は決まってくる。出家の動機などはどうでもいい、というのは言いすぎだろうか。

出家は一族《いちぞく》の安全策《あんぜんさく》

出家の功徳ははかり知れない、と考えられてきた。子供が一人出家すれば、一族郎党九代の者が成仏でき、天に生まれるという。「一人出家すれば九族天に生まる」である。九族の数え方に二説がある。一つは、高祖父、曾祖父、祖父、父、本人、子孫、曾孫、玄孫。二つ目は、父の族四親、母の族三親、妻の族二親という。いずれにしても、出家の功徳は大きく、一族の誇り、一族の成仏を願うものでもあった。

朱《しゅ》は善人《ぜんにん》、紫《むらさき》は悪人《あくにん》

仏教の宗派によって衣の色の序列は異なっても、墨染めの黒の衣よりも、朱や紫の衣のほうが確実に上の序列である。ところで朱と紫の色を対比して、中国ではむかしから、朱は善人、紫は悪人、朱は正で紫は悪とする。なぜか。その理由は、朱は純粋の正しき色であるのに対し、紫は色を混ぜてできる不純の色だから、という。

寿老人《じゅろうじん》は福禄寿《ふくろくじゅ》と同《おな》じルーツ

寿老人は寿老神とも書き、白髭《ひげ》で杖か軍配団扇《うちわ》を持ち、鹿を連れている。この鹿肉を食べた者は二千年生きられるとされている。長寿の神さまで老子の化身の神ともいわれているが、中国道教の南極老人星の化身で、福禄寿とルーツは同じである。ご利益は、長命・富財・与宝・諸病平癒・富貴繁栄で、人びとの安全と健康を守る。

巡礼《じゅんれい》は癒《いや》しの旅

巡礼は、功徳を得るため聖地や霊場などを参拝すること。キリスト教のパレスチナ巡礼、イズラム教徒のメッカ巡礼が有名だが、日本では四国八十八か寺巡礼がブームになっている。テレビや書物で紹介され、弘法大師空海の霊場を巡拝する人びとがふえている。引きこもりやノイローゼを治療するために行なっている例もある。土地では巡拝者に「ご接待」し、善根をほどこす美風がある。殺伐とした現代に生きる人びとは癒しを求めて「お四国へ」

生涯教育《しょうがいきょういく》

高齢社会のいま、とくに生涯教育が喧伝《けんでん》されている。テーラワーダ仏教のA・スマナサーラ長老によれば、生涯教育は生まれてから死ぬまでの涅槃(さとり)をめざした広大なスケールのプログラムだという。現実問題としては、とりあえずそんな壮大なものでなくてもよいが、老いと病と死を汚れとしかみない社会においては、なんであれ障害のある教育しか期待できないであろう。

正覚《しょうがく》と大酒《おおざけ》飲《の》み

正覚といえば、仏教の悟りを開くこと、または正しい悟りのこと、というのが通説である。そうであれば、正《しょう》覚坊《がくぼう》は、正しい悟りを開いたお坊さん、ということになるはずである。ところが、正覚坊は大酒飲みの人をいう。どうしてかといえば、正覚坊は海亀の別名で、亀が酒を飲むところから、海亀のようにいくらでも酒を飲む人をさすようになった。

商家《しょうか》の結界《けっかい》

むかしの商家の帳場は店の奥にあり、三方を低い格子《こうし》で囲っていた。時代劇でよく見る、あの大福帳の掛かっている格子である。この帳場格子を結界と呼んでいたが、これは、密教で修法壇の四隅に杭を打ち込み、垣根を巡らせて道場を囲んで、魔ものが近づけないようにする壇上結界に似ていることによる。

性空《しょうくう》と深山《しんざん》の草庵《そうあん》

性空が出家したのは中年になってからだが、人間社会にあまりなじめず、比叡山《ひえいざん》での学業が終わると、深山を求めて九州に渡り、人里はなれた草庵でひたすら『法華経』を読誦して過ごした。とうぜんながら、日常の生活用品、とくに食糧には事欠き、長いあいだ食べものがないこともあったが、性空は夢のなかでご馳走を食べると、眼が覚めても満腹し、経典のなかから白米や搗《つ》きたての餅が出てきたという。

性空と遊女《ゆうじょ》の普賢菩薩《ふげんぼさつ》①

性空は書写山《しょしゃざん》に円教寺《えんきょうじ》を開いて上人となるが、生身の普賢菩薩に会いたいと願いつづけていた。ある夜、猛烈な睡魔に襲われ、経本を手にしたまま眠ってしまい、夢のなかで「普賢菩薩に会いたいなら、神崎の遊女の長者のところに行くがよい」という声を聞いた。僧の身で遊里に行くのはためらわれたが、永年の念願である。決心して、夢で告げられた伎楼に行った。

性空と遊女の普賢菩薩②

遊女の長者は、若くて妖艶《ようえん》だった。性空が出家の身も忘れて見とれていると、遊女が普賢菩薩に変身した。錯覚かと思ったが、菩薩は六牙《りくげ》の白象に跨《また》がり、眉間から青い光芒を放って「実相無漏の大海に、五塵六欲の風は吹かねど、随縁真如の浪たたぬ時ぞあるまじき……」と妙なる声でいった。性空は、ありがたさに思わず泣いた。だが、ふと気がつくと、脂粉ただようもとの座敷で、長者が唄っていた。しかし、長者の歌声に聞きほれていると、長者はふたたび菩薩になった。

性空と遊女の普賢菩薩③

宿に帰った性空の部屋に、その夜、思いがけず遊女の長者が人目をはばかって訪ねて来ると、「先刻のことは、口外しないでください」といい、ここに来たことも内緒にしてくれと頼んだ。性空が不思議な出来事の連続に、言葉もなく呆然としていると、遊女はとつぜん倒れ、そのまま息が絶えると、妙なる芳香が部屋に充ちた。

正眼《しょうげん》と正眼《せいがん》

仏教で正眼といえば、正法眼《しょうぼうげん》の略で、釈尊と同じように、釈尊が悟られた正法を証得するならば、どんなとき、どんな状況にあっても、少しの迷いもなく、ものの真相を見抜き、真実を照破できる正しい眼力のたとえである。岐阜には、禅宗の名刹正眼寺《しょうげんじ》がある。また、一般読みで正眼《せいがん》といえば、相手を正視しまともに見ることと、剣道で刀の先を相手の目に向ける中段の構えのことをいう。

→白眼視の由来

上戸《じょうご》と泥棒上戸《どろぼうじょうご》

酒を好むのを上戸、酒がダメで甘いものを好むのを下戸《げこ》という。酒飲みが甘いものを好まないということはないが、ふつうは辛党《からとう》一本やりとなる。なかには両方好む人もいて、むかし、そういう人は泥棒上戸と悪口をいわれた。おいしいものを二つながら味わうのはずるい、という発想からのものであろう。ところで、泥棒は泥坊とも書く。坊さんが泥酔するのではなく、「こそ泥をするヤツ」をさす。泥は身持ちが悪い意で、坊は親しみや軽蔑の気持ちを込めていう「人」のことである。

精舎《しょうじゃ》はいずこへ

精舎は精修練行する者の舎宅の意で、出家修行者の住居をいう。寺院の別称であるが、元来それは粗末なものであった。寺の本堂の扁額に「〇〇精舎」と揮毫してあるが、多くは精舎とはいえないりっぱな建物である。冷暖房完備、車庫を見れば外車があり、庫裏も高級料亭と見まがうばかりの贅沢さ、こんな居心地のよさそうなところで精修練行できるのかと、不思議に思ってしまう。寺院が本来の目的から離れ、儀式場、家庭になってしまったからであろう。

精進落《しょうじんお》としとは

精進には、六波羅蜜の第四で善を行ない悪を断つということと、仏門に入り仏道を実践するという意味がある。仏道を実践するのだから、とうぜん酒は飲まない、タバコは吸わない、肉・魚は食べないという生活をしなければならない。しかし、遺族以外の葬儀に参列した人びとは、次の日からふだんの生活に戻らなければならない。そこで精進を中止することになり、精進落としとして酒や肴《さかな》が供されるのである。

精進落としの席順《せきじゅん》

地方によってちがいはあるが、葬儀終了後、火葬場から帰ったあとにだされる食事を精進落としといっている。これは、葬儀でお世話になった方々にたいし、その労をねぎらうという意味合いがつよい。しかし最近では、葬儀の延長と考えちがいしている人が多く、喪主が一番上座にいることもある。精進落としのときは、手伝ってくださった方が上席(僧侶がいるばあいは最上席)で、親族は末席に座るものときまっていた。

精進と仏道修行《ぶつどうしゅぎょう》

精進とは都合のよい言葉で、「精進します」というと、悪いことはしない、ギャンブルをやめる、酒や女性関係を断つなどの意味合いがある。仏教における精進は、サンスクリット語「ヴィーリヤ」の訳で、勇気、努力を表わす。六波羅蜜《はらみつ》の一つであるが、これが一般に即「仏道修行」と理解されるようになったのは、肉や魚を使わずに野菜類だけを材料とする精進料理のイメージによるところが大きいようだ。

聖天《しょうてん》さまの恐《おそ》ろしさ

聖天さまは、祀《まつ》り方に妥協を許さない厳格な神さまである。霊験も大きいが、祟《たた》りも強力であり、おざなりな祀り方をすると、むしろその祟りが恐ろしいといわれる。また願いがかなったときは、かならず、多少にかかわらず、社会のために奉仕をし、布施をしないと、歓喜天《かんぎてん》に見はなされると伝えられている。ただ、軍荼利明王《ぐんだりみょうおう》が歓喜天を支配していて、頭が上がらない。

聖天さまのご利益《りやく》

聖天さまの真言は「オン　キリク　ギャク　ウン　ソワカ」この真言を唱えれば七代の富を一度に集められ、男女和合・子授けなどの功徳があるとされる。また七回唱え相手の名前を呼べば、その人を呼び寄せられる。さらに、牛の体から生ずる牛黄《ごおう》を百八回真言で呪し額につけると、人から愛され敬われるといわれる。

聖天さまの大根《だいこん》まつり

聖天さまの大般若講・大根まつりでは、多くの二股大根のお供えがある。法要の後、供えられた大根は調理してふるまわれる。供えられるのが二股大根ばかりなのを見て、境内に彫刻された巾着がついに切れた。「もう、いい加減にしてちょうだい。二股大根ばかりじゃないか。たまには割れてない大根持ってきておくれ。あたしゃ、百年もここにいるんだよ。早く悟らしておくれよ」

聖天の頭《あたま》①

聖天は歓喜天とも呼ばれ、象の頭をしている。本来はインドのガネーシャで、シヴァ神とその妃パールヴァティーとのあいだの子供で、同じ両親をもつ韋駄天《いだてん》の兄弟である。ガネーシャが象の頭をしている原因は諸説あるが、シヴァ神と妃が象の姿になって合歓して生まれたのがガネーシャだとする説があり、そうだとすれば、男天と女天が抱擁する歓喜天はガネーシャではなくなる。

聖天の頭②

両親が象の姿で交わったのでガネーシャの頭が象になったという説のほかに、ガネーシャが土星を見つめたため、頭が溶け、代わりに象の頭をつけたとも、パールヴァティーが垢《あか》でガネーシャを作り、入浴時の番人にした。帰ってきたシヴァ神の入室を言いつけどおり止めたガネーシャは、怒った父に首を刎《は》ねられ、最初に出逢った象の頭をつけられた。

聖天の頭③

跡取り息子のいない妻を哀れに思ったシヴァが、パールヴァティーの衣服の生地で人形の男の子を作り、パールヴァティーが胸に抱くと、本物の男の子になった。シヴァが子供の欠陥をチェックしたとき、息子の恐ろしい運命を予感し、首を一打に落とした。悲しむ妻を見たシヴァは後悔し、天の声に従ってつけたのが天候の神インドラの乗る巨大な象の頭だった。

聖天の頭④

すぐに息を吹き返したシヴァの息子に、ほかの神々はたいへん驚き、象の顔をもつ子供に贈り物をし、賢者たちは「主人たちの支配者」を意味するガネーシャという名を与えた。このほかにも、ヴィシュヌがパールヴァティーの願いを聞き入れて創ったが、祝いの席で邪神によって首を飛ばされたとか、シヴァが創造したが、あまりにも美しかったので、パールヴァティーが嫉妬して呪《のろ》いをかけたともいう。

聖天の結婚《けっこん》

ガネーシャ(聖天)とスカンダ(韋駄天)の兄弟に、どちらが先に結婚するか両親は競争させた。先に世界一周したほうが勝ちである。スカンダは孔雀《くじゃく》に乗って世界をまわりはじめたが、ガネーシャは両親のまわりを一周しただけだった。わけを聞かれたガネーシャは、「全世界はシヴァとパールヴァティーのなかに存在する」と答え、感心した両親はガネーシャを先に結婚させた。

聖天の大根《だいこん》

聖天の境内には女性器を現わす二股大根や富を象徴する巾着が至るところに彫られ、二股大根やその絵馬が奉納されている。これは、何かを断つ祈願をしたとき、聖天さまの大好きなものを奉納し、大根を断つと願うと、早く願いが叶うといわれるからである。だが、ガネーシャが大根好きだとは聞いたことがなく、同じインドの象頭人身の鬼神ヴィナーヤカと混同されたふしがある。

聖天の誕生《たんじょう》①

象頭人身の鬼神ヴィナーヤカはインドの大根と牛肉が大好物なマラケラレツ王の化身で、牛を食いつくし、死人も食いつくすと、生きた国民を食べるようになった。人民が反旗を翻すと、王は鬼王ヴィナーヤカとなって国民に祟《たた》り苦しめた。人びとが観世音菩薩に助けを求めると、観音さまは美しい女に化身してヴィナーヤカの前に現われた。ヴィナーヤカはその美女に夢中になった。

聖天の誕生②

抱かせてくれというヴィナーヤカに、観音の化身である美女は「祟りをやめ、仏法を守護する善神になると誓うのなら抱いてもよい」と答えた。ヴィナーヤカは、観音の化身の美女を抱き、善神となった。二神が抱き合う姿として現わされている双身歓喜天像の、相手の足を踏みつけているほうが、十一面観音菩薩の化身した女神である。この伝説から、歓喜天の好物は大根だとなった。

聖天の誕生③

ヴィナーヤカには別なヴァリエーションがあって、それは王妃と不倫関係をもった大臣を王が殺そうと、毒を大臣に食わせた。それを知った王妃は、毒を消す大根を食べさせ一命を取りとめたが、大臣は王を恨み大魔神ヴィナーヤカとなったというものである。このまったく関係のない二つの神話だが、鬼神ヴィナーヤカが善神ガネーシャに転じ、歓喜天に変わっていったとされる。

聖徳太子《しょうとくたいし》とお札《さつ》

聖徳太子は飛鳥時代の政治家、用明天皇の皇子で、厩《うまや》戸皇子《どのおうじ》、上宮太子《じょうぐうたいし》などとも呼ばれた。叔母にあたる推古天皇の即位とともに摂政として政治に携わった。遣隋使派遣、冠位十二階制定、憲法十七条公布など、その功績は甚大である。さらに仏教振興に力を注ぎ『勝鬘経《しょうまんぎょう》』や『法華経』を講じた。聖徳太子といえばお札とは、少々古いか。だが、近代の文化人や政治家をモデルにしてから、日本がおかしくなったという。早くの再登板を願う。

浄土《じょうど》に生《う》まれる

往《ゆ》き生まれること、この世から他の世に生まれること、また穢土《えど》(この世)を捨てて浄土に生まれることを往生《おうじょう》という。一般的には阿弥陀如来《あみだにょらい》の西方極楽浄土《さいほうごくらくじょうど》への往生で、往生といえばこのことをさす。『日本霊異記《にほんりょういき》』には「父母に孝養《きょうよう》すれば、浄土に往生す」とある。また死ぬことや、あきらめてじっとしていること、困ったことがあって閉口することにも用い、さらに往生際という極限まで追いつめられたときの態度にも使われる。

浄土もいろいろ

浄土というと、阿弥陀仏の西方極楽世界があまりにも有名だ。しかしそれは浄土教系のもので、それ以外に『法華経』の霊鷲山浄土《りょうじゅせんじょうど》、大日如来《だいにちにょらい》の密厳《みつごん》浄土、『華厳経』の華蔵《けぞう》世界、弥勒菩薩《みろくぼさつ》の兜率《とそつ》浄土などもある。むかし人が死ぬと、墓地の周囲に四十九基(本)の塔婆を建てた。これは弥勒菩薩の居所である兜率天の内院にある四十九重の摩尼宝殿《まにほうでん》(四十九院)のことで、それを模したものである。

上人《しょうにん》か笑人《しょうにん》か

日本の結婚制度は一夫一婦制であるが、国によっては一夫多妻制のところもある。これは男が危険な砂漠などで働くため、家系をつなぐ子孫繁栄を図ってのものでもあるらしい。これを見習ったわけではないだろうが、日本でも愛人をもつ宗教者がいる。これでは世間の人びとに軽蔑されて笑われ、上人ではなく笑人になってしまうであろう。

聖人《しょうにん》・上人《しょうにん》と商人《しょうにん》

日蓮宗や浄土真宗では「日蓮聖人」「親鸞聖人」というように聖人を最重要視して、それ以外の高僧を上人と呼んで区別している。しかし最近では、これにもうひとつ「商人」なるものが登場してきている。「法事のお布施は〇〇万円」「葬儀のお布施は〇〇万円」「戒名料は〇〇万円」と値段をつけて、あたかも売っているかのごとくである。値段があっての商売ならば、買うも買わぬも自由である。

少年《しょうねん》の策略《さくりゃく》①

王が病気で亡くなったが、王子は幼すぎて王位継承ができず、センダラ族の金持ちが、その財力と仲間の数を頼んで王位についた。しかし国内の長者やバラモン、学識者などは国外に移住し、国内に残った者も意欲を失っていた。王はこのことを気にして、センダラ族に命じて厳重に国境の監視をさせた。そして、即位の式で灌頂師を希望する者には、国の半分を与えると触れを出した。

少年の策略②

だが、人道に外れた王のために灌頂師を希望する者は現われず、「われわれバラモンは、センダラごときとは住む世界が違うのだ」と語りあっていた。自尊心を傷つけられた王は、「バラモンのなかに灌頂師を希望する者が一人もいなければ、今後、バラモン族はセンダラ族といっしょに暮らし、同じ職業につける。灌頂師になる者には、国半分のほかに天上界の甘露不死《かんろふし》の薬を与える」と告示した。

少年の策略③

国半分に天上界の甘露不死の薬がついても、灌頂師の希望者はいない。この状況を見て、バラモンの一少年が「バラモンが王を無視しつづければ、乱暴な王は何をするかわからない。場合によっては、バラモンの死活にかかわるかもしれない」と心配した。バラモンの行を積み、呪術も身につけている少年は、王のところへ行き「私が灌頂師を勤めます」といった。

少年の策略④

王は喜んで、少年を灌頂師に任命した。これを知った他のバラモンたちは「センダラ族の師になるとは、わがバラモンの高潔な伝統を汚すものだ」と怒り、少年を非難したが、心に決するところのある少年は、柳に風と受け流し、見通しをもたず、目先の現象にこだわるバラモンたちを哀れに思った。無事、即位式を挙げた王は、約束どおり少年に国の半分を与えた。

少年の策略⑤

それから何年か、センダラの王と少年の共同統治がつづいた。頃合いを見て、少年はセンダラの王に「大王よ、私はバラモンの習慣に背いて灌頂師を勤め、秘密の呪術まで教えたにもかかわらず、いまだに私を信用してくれない。裏切り者の汚名まで着て王に尽くした私のことを、わかってください」と訴えた。王は「私は大師を疎んじたことはない」というと、少年は「先王の持っていた甘露不死の薬をまだもらってない」と催促した。

少年の策略⑥

王は「忘れていた」といって、すぐに甘露不死の薬を少年に渡した。少年は、諸大臣とともに薬を飲んだ。これを聞いたセンダラの王は「大師よ、諸大臣と薬を飲みながら、私には声をかけてくれないとは」と不満を訴えた。これを予期していた少年は、用意していた毒薬を、甘露不死の薬だといって王に渡した。それを飲んだ王は、みるみる顔が青ざめていった。

少年の策略⑦

少年は、かねて予定していたように、先王の王子を位につけて、新王に「センダラが王になった試しはない。新王は先王の心を心として正しい政治を心がけてくださ い」といった。計画どおり事が運ぶと、少年はセンダラの王に解毒剤を飲ませ、国外に追放した。少年の行動は、バラモンの法に背くものではなかった。少年を裏切り者としていた人びとは、少年を賞賛した。

少年の策略⑧方便としての破戒

釈尊は、センダラの王を破戒僧に、バラモンの少年を菩薩になぞらえて、「菩薩が悪い修行者を糺《ただ》すため、方便として破戒僧に接近し、さまざまな供物を捧げても罪にはならない。また、破戒僧と行動をともにする場合もあるが、その菩薩を破戒者としてはならない。菩薩の護法のための破戒は、破戒とはいわない」と迦葉《かしょう》にいった。

商売違い《しょうばいちがい》

目連《もくれん》に、悟りを開けない二人の弟子がいた。舎利弗《しゃりほつ》が教えの内容を聞くと、一人には不浄観《ふじょうかん》を、もう一人には数息観《すそくかん》を教えているという。出家前の二人の職業を聞くと、不浄観が鍛冶屋で数息観が洗濯屋だという。舎利弗は「それは商売ちがいで、あなたは人を見て法を説かないから効果が現われないのだ」といった。ふいごを使う鍛冶屋には息を数える数息観が、ものを浄める洗濯屋には不浄観が適している。二人は、まもなく悟りを得た。

丈夫《じょうぶ》と大丈夫《だいじょうぶ》

大丈夫はもと古代インドの言葉でマハープルシャ、偉大な人物を意味する。仏教では菩薩《ぼさつ》(大士《だいじ》)をさすこともある。大人物はやることなすことまちがいがなく、安心してみていられることから、大丈夫の現代的意味につながる用法が出てきたと思われる。丈夫(じょうふとも読む)は一人前の健康な男子をいう。大乗的な見地からすれば、「だーいじょうぶだー」の志村けんも菩薩である。

聖宝《しょうぼう》と東大寺《とうだいじ》の荒間《あらま》①

役小角《えんのおづぬ》の開いた修験道の中興といわれる聖宝が貞観十年(八六八)、奈良へ来たとき、坊舎に空室がなく、東大寺東坊の第二室だけが、祟《たた》りのある《荒間》といわれて空いていた。背に腹はかえられない聖宝は、勇気を出して入った。予期したように、夜中になると、物《もの》の怪《け》が怪しく動きまわった。しかし聖宝は、修験の秘法を一心に誦しつづけた。泰然とした聖宝の前に、物の怪はなす術もなく、一夜が明けた。

聖宝と東大寺の荒間②

聖宝が荒室で夜、経巻をひもといていると、執拗な眠気におそわれ、ついうとうととした。なにかの気配を感じ、はっと眼を覚ますと、梁《はり》から大蛇がぶら下がり、聖宝を狙っていた。目覚めるのが遅ければ、危ないところだった。だが聖宝は慌てず、神通力を出して、なんなく大蛇を鎮まらせた。蛇の祠《ほこら》を造ってやると、荒間にはなにごとも起こらなくなった。

聖宝の荒修行《あらしゅぎょう》

聖宝は光仁天皇五代の孫とされ、俗名を恒蔭王という。空海の弟子真雅について出家し、元興寺と東大寺で修行した後、修験道の奥義を窮めようと、大和の大峰山、葛城山、金剛山に入って修行した。その修行はすさまじいもので、練行の記念だとして、長さ七尺(二・一メートル)、広さ一尺(三〇センチ)の大磐石をかついで山を駆けめぐったという。

上品《じょうぼん》と下品《げぼん》

品は、一般には「あの人は上品だ」とか「品がいい人だ」という使い方をするが、仏教語では「ひん」ではなく「ほん」「ぼん」と読んで別の意味がある。人の宗教的な位を表わすのに「上品」「中品」「下品」と三つに分け、そのおのおのがさらに「上品」「中品」「下品」の三つに分けられて合計九つあることになる。品はまた、お経のなかでは章を意味し、親王から賜わった位階を表わす。くれぐれも下品な人にはならないようにしたいものだ。

少欲知足《しょうよくちそく》

バブル経済がはじけてから、少欲知足の語が一時はやった。高度な資本主義社会にあっては、少欲知足などというと敗北宣言とうけとられかねない。勝ち組などといった心境にある人には、酸っぱいブドウとか負け犬の遠吠えと聞こえるだろう。じつは少欲というのは、お金や地位や名誉などの小欲を捨てて大欲につけ、という意味だ。では大欲とはなにか。それは小欲を捨てたときにはじめて見えてくるものであろう。

唱和する舌《しょうわ　した》

吉野の金峰山《きんぷせん》で山を巡って修行していた僧が『法華経』を読む声を聞いた。しばらく聞いていたが、不思議に思い、草をかき分け声のほうに歩いて行くと、長い年月雨風に晒《さら》された頭蓋骨が落ちていた。声は、この頭蓋骨から聞こえた。よく見ると、舌は生きていた。僧はきれいな場所に安置し「前世の因縁でめぐり会えました」といって、草で屋根を葺《ふ》き『法華経』を読むと、頭蓋骨もそれに調子をあわせて読みはじめた。

諸行無常は変化の相《しょぎょうむじょう　へんか　そう》

諸行無常は儚《はかな》さや死、離別の意味に受け取られているが、無常は変化のことであり、死ぬことも生きることも変化であり、木でも石でも、この世のものはすべて変化する。つまり、諸行(万物)は時とともに流れている(無常)ことである。同じ無常でも成長は喜ばれ、衰退は嫌われるが、すべて刻々と変化しているものだから、一瞬もおろそかにできないということである。

食後のタバコ《しょくご》

「飯前の煙草と死ぬ前の念仏は実にならぬ」とは、タバコは食後がうまいということ。浄土教では「臨終の正念」を重視するが、ここでは平生の念仏行がたいせつなことを前提としていっている。ところで、生理学的には食後のタバコがいちばん身体に悪いとのことだが(活動すべき胃を収縮させるから)、人はとかく身体に悪いことをやりたがるようにできているもののようだ。

女性《じょせい》は成仏《じょうぶつ》できない

かつての仏教は、女性には五つの障害があり、梵天王、帝釈、魔王、転輪聖王、仏になれず、成仏できないとされていた。だが、すべての者が成仏できるとする大乗仏教の教えと矛盾するので、女性は男性に姿を変えて成仏するとした。「変成男子《へんじょうなんし》」というもので、女根が内に隠れ、男根が現われるという意味で、『法華経』に龍王の娘が男に身を変えて成仏したとある。

女性蔑視《べっし》のお釈迦《しゃ》さま

釈迦は女性を信用していなかった。理由は、女性の求めるのは男性であり、装飾品や化粧品に心を奪われ、よりどころは子供であり、夫を独占することに執着する。さらに、究極の目的は支配権である、というものである。そして、女は怒りやすく嫉妬ぶかくて、そのうえ、もの惜しみして愚かである、とつづく。だが、女性にも優れた者がいることを認め、仏教という車に乗る者は、男女を問わず涅槃《ねはん》に至るだろうといっている。

初七日忌《しょなのかき》はサービスではない

初七日忌は臨終の日から数えて七日めとされるが、地方によっては六日めというところもある。これは中陰《ちゅういん》に入って一番初めに行なわれるべき行事であるが、最近は葬儀の直後に行なわれることが多くなった。その理由は、葬儀が臨終から二、三日してからであり、すぐ初七日忌を迎えてしまうために、またみんなが集まるのはたいへんだからという理由からである。けっして、葬儀のあとのサービスのお経なのではない。

除夜《じょや》の鐘《かね》と借金取《しゃっきんと》り

除夜の鐘は大晦日の夜、十二時に百八回つく鐘。百八の煩悩を消すためにつくというが、その根本は「むさぼり(貪)」「いかり(瞋)」「おろかさ(痴)」の三毒である。江戸の昔は除夜の鐘で借金取りも退散したというが、ずいぶんのんびりしたものである。一夜明ければ元旦、春が来るので、そこまで負債者を追いつめなかった。貸し手と借り手の攻防が落語や芝居にみられる。あくどい金融業者も、このおおらかさを見習ってほしいものだ。

女郎買《じょろうが》いの釈尊《しゃくそん》①

いつもいっしょにいる二人の遊び人が、どうしたはずみか釈尊を訪れて僧になった。二人は一房に同居したが、遊んでいたころのことが忘れられない。いつも女や欲情のことを話していたが、とうとう病気になった。釈尊はそれを知ると、一人が留守のとき、その男に化けて「妄想ばかりしていても仕方がない。いっそ、実物の美人のところへ行こう」と誘った。

女郎買いの釈尊②

誘われた僧は快諾し、こっそり房を抜け出し遊女の村へ行った。釈尊は同時に遊女に化けて二人を迎え、首飾りや香や美しい衣裳を脱ぎ捨て、素っ裸で立った。見るに堪えない汚れた身体からは悪臭が漂い、二人は鼻をつまみ、目をそむけた。釈尊の僧は「なんと汚い身体だ。女の美しさは白粉と衣裳で飾ったものだ。そうでなければ、革の袋に糞を盛ったのと同じだ」というと、釈尊は本来の姿になった。元遊び人の僧は目覚め、その話を聞いた仲間も目覚めた。

知《し》らぬが仏《ほとけ》

当事者だけが知らないでいることを「知らぬは亭主ばかりなり」と、憐れんだり嘲笑していう。また「知らぬが仏」という。嘲《あざけ》っていう言葉だが、現実生活では知らないでいるほうがいい場合も少なくない。ここで仏とは、仏のように心が平静でいられるということ。だが、何であれ、知っていて悪いことはないはずである。それとも、知っていて知らぬふりをするのが仏なのか。

シルバーシートは和製語《わせいご》

シルバーシート silver seat は和製語で、バス・電車などで老人や身体の不自由な乗客を優先的に腰かけてもらう座席のことだが、昭和四十八年、国鉄(現JR東日本)の山手線などに設置されたもの。これが定着してから、老齢・高齢関係のものに「シルバー」の語が形容詞的に用いられるようになった。シルバーは「いぶし銀」などいいイメージではあるが、もとサービス業から出た言葉であって、民衆のあいだから老人等を尊敬して自然にでてきたものではない。

進化《しんか》しない宗《しゅうきょうかい》教界

釈迦はバラモンや他の宗派の沙門《しゃもん》を「草木を傷つけ、食糧・衣類を貯え、音楽などの娯楽にふけり、賭博・将棋で遊び、上等な家具を揃えて身を飾り、低俗な話題を好み、人の使い走りをし、詐欺をはたらく。また占星術・観相術で金を稼ぎ、護摩《ごま》を焚いたり、呪法を行なったり、卑しい予言術、医者の真似事で暮らしを立てている」と批難しているが、それは現代でも同じである。宗教家は進化しないものらしい。

真教《しんきょう》① 将門の祟りを鎮める

一遍《いっぺん》の継承者、真教が全国遊行の途中、江戸の柴崎(千代田区大手町)にさしかかると、平将門の首塚があり、世話をする者もなく荒れはてていた。村人の話だと、近隣に疫病が蔓延して困っているという。真教は「将門の祟《たた》りに違いない」と考え、将門に「蓮阿弥陀仏」の法号を追贈し、首塚を修復して供養すると、まもなく疫病も静まった。

真教② 念仏で引いた濁流

真教が加賀に滞在していたときのことである。付近の川を渡ろうとしたが、昨夜来の雨で水嵩は増し、濁流となって渡れそうになかった。躊躇《ちゅうちょ》する人びとを尻目に、真教はみずから濁流に身を乗り入れ、腰に縄を結んで先頭に立つと、同行の面々が縄をつかんで一列になって後につづいた。真教が念仏を唱えると、一同もいっせいに唱和した。すると、たちまち濁流は静まり、浅瀬となった。

真教③ 沼にできた参道

真教は越前気比《けひ》の庄(敦賀市)の気比神宮に参拝し、境内で一夜を明かし、神宮の西方にある西方寺を訪れた。ところが、そのあいだに大沼があり、すごい遠回りとなるので、人びとは難儀していた。真教は翌日から一人で鍬《すき》を持ち、海辺から砂を運んで沼に参道を造りはじめた。六十五歳の老僧の汗を流す姿を見て、村人がわれもわれもと手伝いはじめ、一日で沼のなかに参道ができたという。それは現在も、気比神宮鳥居前の参道として残っている。

心外《しんげ》と青《あお》い鳥《とり》

心外は、仏教では「しんげ」と読み、「心の外」のこと。人間の心の本性が仏さまであり、心の外に仏を求めても得られませんよ、ということである。メーテルリンク作の童話劇「青い鳥」を思い浮かべると理解しやすいであろう。いまでは「しんがい」と読み、思いもよらないことやさま、意外、予期に反したことで残念なことやさまの意味で使われる。もしも仏さまがこのことをお聞きになられたら、きっと「心外《しんがい》」といわれることでしょう。

身心脱落《しんじんだつらく》

道元禅師が中国の天童山《てんどうさん》で修行していたときのことである。師の如浄《にょじょう》禅師は修行に非常に厳しい人だったので、道元禅師の隣で坐禅していた修行僧が居眠りしはじめると、自分の履いていた靴を脱いで、それで僧を殴った。そして「参禅は、すべからく身心脱落すべきもの。居眠りするとは言語道断!」と叱りつけた。これが、道元が坐禅に結果を求めず、集中することを悟るきっかけであった。→道元の死

神通力《じんずうりき》① 通

「あの人は芝居通だ」とか「あいつは通ぶりやがって」とか、その分野に精通していることを通《つう》という。この「通」は、じつは仏教の神通力に由来している。神通力は超越的、超自然的な知識・能力という意味である。それに、思いどおりのところに行け、変身できる神足通《じんそくつう》、世の中の現象を区別し、見通せる天眼通《てんげんつう》、すべての声を聞き分ける天耳通《てんにつう》、他人の心がわかる他心通《たしんつう》、自分と他人の過去がわかる宿命通《しゅくみょうつう》、煩悩をなくす漏尽通《ろじんつう》の六神通がある。六通ともいう。

神通力② 神通力を身につける

漏尽通は聖者(仏)のみが会得できるとされ、逆に漏尽通を身につければ仏になったことになる。それ以外の五通の神通力は、凡夫でも身につけることができる。その方法は、鬼畜・天人などのように先天的なものは別にして、修行僧の禅定や、仙人のように仙薬によるもの、バラモンのように呪術によるものがある。その修行はきびしいが、だれにでも可能性はあるらしい。

神通力③釈迦の神通力

お釈迦さまは神通力を会得していて、それに憧れて出家得度した者も多かった。幾つかの神通力を身につけた修行者たちは、他宗教の修行者と神通の優劣を競うことも多く、ときには一般の人に対してふざけたり、脅《おど》したりして戯れていたらしい。お釈迦さまは、自分の弟子に対して、神通力を多用することを固く禁止した。

人生《じんせい》二回《にかい》でルンルン気分《きぶん》

定年離婚がふえているという。寿命が延びたいま、人生二回説も静かにささやかれている。子育ても無事果たし、長い会社勤めも終えて、もう一度人生をやりなおすという考え方も、長寿の恩恵によるものかもしれない。いまの六十歳は、まだまだ元気だ。たんに隠居してしまうのはもったいない。それに加えて、純粋に老境を楽しむには、あまりにも年金が頼りなさすぎる。

人生の特効薬《とっこうやく》

「世過ぎと死ぬのは薬がない」とは、死病を治す薬がないように、生活の苦しさを楽にする薬はないということである。「世過ぎ」は世渡り、生活のことで、「世過ぎ身過ぎ」ともいう。死病を治す薬はないが、死を迎える心がまえはできる。その心がまえは、日常生活にも効く特効薬となるものだ。もっとも、それができれば人生の達人といえるが。

親切《しんせつ》と深切《しんせつ》

禅寺では、親切を「深切」と書くそうだ。「深く切る」とは、相手に生涯忘れられないかたちで示すことだと、玄侑宗久《げんゆうそうきゅう》氏がいっている。それは、よけいなおせっかいをしないことだとも。一般には不親切とうけとられかねない。親切で人情にあついのもいいが、相手のためだからとなんでもかんでもやってやることは、かえって人のためにならないというのも真実だ。とくに子育てとか教育には肝要な一事である。

寝台《しんだい》と布団《ふとん》

漢訳仏典を読んでいると、牀という字がでてくる。床と同じ意味のようでもあり、ベッドのような寝台らしいのだが、従来の日本的な感覚では理解しにくい。漢和辞典を調べると、牀は寝台とか高くなっている床とある。そして、床の字はもと牀の俗字とある。けっきょく同じ字だし、意味も同じだ。理解しにくいのは、生活文化のちがいによる。中国では寝台に寝るし、日本では床に敷いた布団に寝る。

死《し》んだときの呼《よ》び方《かた》

寿命が尽き、臨終を迎えた人の死を表現することばに、崩、薨、卒、死などがある。漢字の国の中国では、身分によって使い分けられている。「崩」は天子の死を示し、諸侯と二品以上の身分の死が「薨」、五品以上が「卒」、六品の身分から一般庶民までの死を「死」と区別する。

死んで花《はな》になる美《うつく》しい幻想《げんそう》

近年、樹木葬なるものが一部で話題になっている。遺骨を直接土に埋め、その上に樹木の苗木を植え、死んで花に生まれ変わることを謳《うた》った新手の葬法だ。たしかに遺骨に含まれる成分の一部が樹木の花の養分になることはあろうが、「生まれ変わる」とはあまりに大仰な表現だ。美しくはあるが、どこか嘘っぽい。霊が存在するかどうかはともかく、生まれ変わるとは、そんなものではあるまい。

死んで花実《はなみ》がなる

「死んで花実がなるものか」という。生きていてこそ花も実もなるのであって、死んでしまってはつまらないという意味だ。しかし「死んでも命がありますように」と、あまりに生にこだわりすぎるのも、よりよく生をまっとうすることにはならないらしい。生きていてこそ花も実も咲くが、咲いた花は萎んで実となり、実は地に落ちて新しい芽を吹く。それが自然の理というものである。

死んでも未来《みらい》は存在《そんざい》する

極楽という言葉は『阿弥陀経』の「これより西方十万億土を過ぎて世界あり、名づけて極楽という」からきている。西は日が沈む方位で、死を表わしているともいわれる。またインドでは、西という言葉には未来の意味も含まれているという。死んでも、まだ未来は存在するのである。これは、人の一生は死んで終わるのではなく、死んだのちも魂が生きつづけるということで、また生ま

れ変わるのである。阿弥陀仏の説法は、極楽に往生して聞くことができる。↓極楽はオアシス

心頭滅却《しんとうめっきゃく》

信長に焼き討ちされた恵林寺《えりんじ》の快川和尚《かいせんおしょう》の「心頭滅却すれば、火自ずから涼し」という言葉はあまりにも有名である。だが、火が涼しいわけがない。しかし、何かに熱中しているときは暑さ寒さも忘れるもので、真剣に打ち込めるものがあるかどうかが問題になる。つまり「心頭滅却」とは、その時、その立場で、自分の最善を尽くすことである。↓快川和尚①〜③

信不信《しんふしん》は信仰《しんこう》にあらず

「ある種の宗教では、必死になって神や神格化された何かを『信じている』姿を見かけるが、信じているうちは疑っていることに気がつくべきである。疑っているうちは救われていないのだ」（坂本政道『体外離脱体験』）――じつに手厳しい指摘だ。世に信を善とする発言は多いが、信不信をいっているうちは、まだ絶対的な信仰にはほど遠いのだ。

親鸞《しんらん》の死《し》

親鸞（一一七三〜）は浄土真宗の開祖。弘長二年（一二六二）十一月二十八日午後二時ごろ、京都三条富小路の善法坊において娘の覚信尼《かくしんに》に看取られ、頭北面西、右脇を下にして往生した。ときに九十歳。翌二十九日、鳥辺野の南の延仁寺で火葬に付し、その翌日遺骨を拾い、鳥辺野の北の大谷に納骨した。十年後、覚信尼と門弟が墓所を改造して御影を納め、大谷廟堂とした。のちの本願寺である。

真理《しんり》としての苦《く》

「苦」を真理として最初に概念化したのはお釈迦さまだという。真理としての苦は四聖諦《ししょうたい》のうちの第一苦諦であるが、これは私たちの日常的で具体的な苦しみとは次元がちがっている。人間の存在の根本を「苦」と捉えたのである。その苦の原因は、人間の根源的な無知（無明《むみょう》）にあるという。ここで、諦はあきらめることではなく、明らかにすること、真理のことである。↓四苦八苦　↓人間としての苦しみ

診療《しんりょう》時間《じかん》は三分《さんぷん》

大きな病院へ行ったら待たされるのがあたりまえと、患者のだれもがあきらめきっている。二時間も待たされて、診療時間はたったの三分というのも珍しくない。よほどの急患でもないかぎり、すぐには診てもらえない。極端にいえば、各科をたらい回しされ、待っている間に死んでしまいかねないのが現状である。医は仁術から錬金術へと変わりはて、心の代わりに大量の薬を処方し売りつける。

人類滅亡《じんるいめつぼう》か進化《しんか》か

人類は遠からず滅びるという見方、説がある。ノストラダムスの預言などもその一つに入るが、とくに最近「スピリチュアル」とか「ニューエイジ」とかいう世界でいわれる。人類の闘争はやまず、破壊的な化学兵器のために滅ぶが、より高度な精神的、あるいは霊的なものとして進化しつつあるのだという。その真偽のほどはともかく、この不可思議な世界は、おかしな宗教やカルトなど、魑魅魍魎《ちみもうりょう》が跋扈《ばっこ》する世界でもある。オカルトに堕さない研究が望まれる。→精神医学と宗教、そしてオカルトとカルト

【す】

随喜《ずいき》の涙《なみだ》

随喜は他人の善い行ないを共に喜ぶことで、随喜の功徳は善事をなしたものに勝るとされることから、仏教の儀式に参列することをも意味する。他人の善事や功績を心から共に喜ぶという度量が、近ごろ失われてきているようだ。そんなことをほのめかすと、お人好しと糾弾される世知辛い世の中になってしまった。ところで肥後ずいきの語源は、この随喜からだろうか。あれを巻いてことに及んだところ、随喜の涙を流したからというが、ホントかなぁ。

随喜も同《おな》じ功徳《くどく》

「随喜の涙」はうれし涙、とくに性具の肥後芋茎《ひごずいき》にひっかけて性の絶頂感を現わす言葉だが、本来は、他人の善行を見て、それに随同して歓喜する状態をいう。仏教では、他人が善行を積むのに随喜すれば、自分も同じように功徳を得ると説いている。――「ふーん、そんなによかったのか。おれ、今夜行くから教えてくれ」「いいとも、

地図描いてやらぁ。ついでに電話番号もな」ということで、友だちが随喜の涙をながしても、善根にはならないだろうな。

随犯随戒《ずいほんずいかい》

初期仏教の戒律は一つ一つ定められていった。釈尊入滅後の安居の折に、戒律は追加された。安居に集まった修行僧の一人が報告する。「坐禅したら動いてはならない」と決められていたので、私は動かずに我慢していたら、蛇に噛まれてしまいました、と。長老たちの決議により、「そうした時には、動いてもよい」と改められた。

姿《すがた》**を変**《か》**える妻**《つま》

ヴィシュヌ神はさまざまな姿になって現われ、妻のラクシュミーもそれに応じて姿を変える。たとえばヴィシュヌ神が太陽のときは妻は蓮華から生じ、夫がラーマになればその妃シーターとなり、夫がクリシュナになれば妻は牧女ラーダーか、その妻ルクミニーになる。吉祥天《きちじょうてん》が毘沙門天《びしゃもんてん》の妻だとされるのは、ラクシュミーが一時、クベーラ(毘沙門天)のところに滞在していたための誤解である。

鈴木正三《すずきしょうさん》**①　嘘つかばこそ仏なり**

中年の旗本が出家し、武士道禅を説いた鈴木正三は、「洒落仏法、抜け殻坐禅はなんの役にも立たぬ。目を据え、歯をかみしめ、果たし眼になって群がる敵中に踊り込み、敵の鉾先に突っ立つ覚悟で修行しろ」と、仏法の修行には勇士が敵陣に臨む覚悟が必要だと門人に教え、歌に「釈迦阿弥陀うそつかばこそ仏なり　真をいわば凡夫なりけり」と詠んだ。

鈴木正三②　辻斬り①

武士道禅を唱える鈴木正三の晩年、牛込の了心庵に若い武士が来て「世の中に辻斬りほど面白いものはない」と話した。正三も「わしも、むかしはよくやった。今夜は、わしの腕を見せてやろう」と調子を合わせて品川に行った。町人や百姓、女子供が通ると、若い武士はそれを斬ろうとする。正三はことごとくそれを止めた。若い武士がだんだんじれてきたとき、供を十数人連れた武士が来た。

鈴木正三③ 辻斬り②

正三は「あれを斬れ」といったが、相手の人数を見て、若い武士は尻込みをした。正三は「この腰抜け！　おまえがやれなければ、わしが斬る」と構えると、若い武士は慌てて止めた。供を連れた武士の一行は通り過ぎた。正三は若い武士に向かって、「あれが斬れないような臆病者が、辻斬りが面白いとは片腹痛い。女子供を何人斬っても、手柄にはならぬ」と諭した。

鈴木正三④ 伊勢神楽の諭し

武士道禅を唱える鈴木正三が深川の知人宅にいると、客が来て紹介された。客は「ご尊名は存じています。拙者は薩摩の老職、諏訪杢右衛門と申す」と挨拶した。正三はそれに答えず、すっと立つと、伊勢神楽を舞い始め、もろ肌脱いで大声で謡いながら、気が触れたように杢右衛門の頭や肩をぴしゃぴしゃと叩き、足拍子をとって踏みつけた。それは、みずから老職といった杢右衛門の驕慢さを諫《いさ》める正三の演技であった。それに気づいた杢右衛門は、正三の門に入った。

頭陀《ずだ》行《ぎょう》と頭陀《ずだ》袋《ぶくろ》

人間の苦労は衣・食・住の欲望から起こる。悟りを開くには、まずこの欲望への執着を捨てなければならない。そのための修行を頭陀行といい、人のいないところで過ごし、一日二食の食べ物を人に乞い、衣服は三衣にかぎり、貯えはしないなど、十二(あるいは十三)項目を守らなければならない。頭陀行のために必要な仏像・教典・鉢などの最低限の生活必需品十八種を入れる袋が頭陀袋である。

捨鉢《すてばち》は師《し》の鉢《はち》を捨《す》てること

「捨鉢になった」などというと、やけくそになった状態を表わす。本来は、師の志を受け継ぎ、師から受けた鉢を無用のものとして捨てることだが、自暴自棄、やけくその意味として使われるようになった。鉢は頭骸骨のことで、むかしヒンドゥー教の一部の僧が鉢として使ったことに由来するが、織田信長が討ち取った敵将の頭蓋骨で酒を飲んだ話は有名である。また、頭に巻くものを鉢巻という。思いどおりにいかなくても捨鉢にならず、鉢巻きを巻いてがんばろう。↓遺鉢を継ぐ

すべて仏《ほとけ》になる

この世に生きとし生けるもの(一切衆生)は、すべて仏になる可能性(仏性)を有しているという教えを一切衆生悉有仏性《いっさいしゅじょうしつうぶっしょう》といい、一切皆成《いっさいかいじょう》(仏)とか悉皆成仏《しっかいじょうぶつ》ともいう。大乗仏教の究極的思想の一つとして『涅槃経《ねはんぎょう》』に説かれている。さらに、動物以外の草木国土の成仏も主張されるようになった。成仏(仏と成る)は、仏教における最終目標である。

【せ】

正解《せいかい》は無《な》い

一匹の猫の前で、修行僧が言い争っていた。入ってきた師が猫を摘まみ上げ、「この猫のために何かいえ。正しければ猫は無事だが、何も言えなければ猫は斬る」といった。誰も答える者はなく、猫は斬られた。夕方、帰ってきた高弟がこの話を聞くと、履いていた草履を頭に乗せて出ていった。師は「あの者がいれば、猫は殺されなかったのに」といった。「人生に正解は無い」という問答だった。これは「南泉斬却猫児《なんせんざんきゃくみょうに》」という名の禅の古則《こそく》のひとつで、師は南泉、高弟は趙州《じょうしゅう》禅師である。

生活《せいかつ》の規範《きはん》

戒律は戒と律のことで、戒は悪を防止し善を生ぜしめる道徳的な戒め、律は生活上の規律である。基本的な戒律は出家者だけでなく、だれもが守るべき生活の規範である。だから、仏教者としての規範一般を戒律とよぶこともある。大乗仏教国のわが国の僧は、厳しい戒律も課せられず肉食妻帯を許されている、世界でも特殊な人びとである。それだけに、みずからを律し修める努力が不可欠だが、タガが緩みっぱなしの僧も見受けられ、心配である。↓戒は悪を防ぐための規律

正座《せいざ》は封建的《ほうけんてき》な座《すわ》り方《かた》

正座は正しい座り方と書くが、なんとも窮屈なものだ。正座が正式な座り方となったのは、江戸時代に幕府が小笠原流の礼法を取り入れたことによるらしい。その理由は、家来や下位の者の足を窮屈にして従順の意を表わさせ、下剋上を防ぐためだったという。正座はまさに封建時代の座法といえる。いまの坊さんでも、法事のときなど正座しているのをみるが、これも封建制の名残なのだろうか。

聖書《せいしょ》の輪廻《りんね》転生《てんしょう》説《せつ》

輪廻転生といえば東洋の専売特許と考えられがちだが、じつは旧約聖書にも新約聖書にも、輪廻転生について書かれていたそうだ。三二五年、ローマ皇帝コンスタンチン大帝は、その母ヘレナとともに新約聖書の輪廻転生にかんする記述を削除した。五五三年コンスタンチノーブルで開かれた第二回宗教会議でこの削除が正式に認められ、輪廻転生の考えは異端とされるにいたった。前世紀末から今世紀は、キリスト教文化圏における輪廻転生説復権の時か。→ユダヤ教の輪廻転生説

精神医学《せいしんいがく》と宗教《しゅうきょう》、そしてオカルトとカルト

精神医学も宗教も、心や霊という厄介なものをあつかう。ともに相補ってよき成果を期待できるものである。しかし霊性(スピリチュアル)ということになると、どうしてもオカルトがかかわってくる。オカルトとは神秘的なこと、超常的なことの意だが、どこかいかがわしいイメージがつきまとう言葉でもある。それが集団となるとカルトとなる。オカルトに堕さない霊の探求が、いま求められている。→人類滅亡か進化か

生前戒名《せいぜんかいみょう》①

戒名とは読んで字のごとく、仏教の信者となり戒を授けられて与えられる宗教上の名前である。当然、生きているときに与えられるもので、死んでからのものではない。とすれば「生前戒名」というのは、いかにも矛盾した表現だが、これは檀家制度が確立して葬式が仏式で行なわれるようになり、その際に戒名が与えられるのがふつうになってからのものだ。葬式仏教の裏返しの現われである。本来からいえば、現在のような戒名を死後戒名といって、特殊に扱うべきなのだ。

生前戒名②

生前戒名を受けていても、実際の葬儀のとき、導師に「それは認められない」と断わられることがある。最近、新聞や折込広告で生前戒名を安く授けるというのも見受けるが、菩提寺がある場合には、住職に相談してからでないと、まったく無効になってしまう恐れがある。そもそも戒名を安く授けるという広告も、戒名の原義からすればおかしなものだが。→見栄の戒名

生前《せいぜん》に仏事《ぶつじ》を行《おこ》なう——逆修《ぎゃくしゅ》

「生前に行なうのに、逆修とはこれいかに」といいたくもなるが、それは追善供養をもとにしていうからである。親類縁者が、亡き人のために坊さんにお経を読んでもらい、故人の菩提を弔う、これはわが国では古代から行なわれていた。ところが戦乱のつづく世では、一族郎党いつ断絶するかわからない。だれも追善をしてくれないことだってありうる。そこで自ら追善を行なっておく。生前が死後の「逆」の意味である。

正反対《せいはんたい》の教《おし》え

仏教とはおもしろい宗教である。同じ教えであるはずなのに、まったく正反対の考え方や主張をしているばあいがある。たとえば禅宗系は「不立文字《ふりゅうもんじ》」といって、経文は不要で「只管打坐《しかんたざ》」黙って座ることにより心をととのえて悟りに近づくとする。もう一方で日蓮系では「一《いち》一文文是真仏《いちもんもんぜしんぶつ》」といって、経文の一文字一文字がたいせつで、これこそ仏の真の姿だとする。このようにまったく反対のことをいっているが、どちらもまちがいなく仏教である。

清貧《せいひん》の修行《しゅぎょう》

頭陀《ずだ》とは、衣食住という人間が生きるうえで必要不可欠なものにかかわる煩悩を捨てて修行することである。きれいな服を着て、おいしいものを食べ、快適な家に住みたい——この欲望を捨て去ることはきわめてむずかしい。しかし、釈尊はみずからこの修行を実践された。乞《こつ》食《じき》し、糞掃衣《ふんぞうえ》をまとい、露地に坐した。衣食住において貪りをもたないことを、みずから身をもって示されたのである。↓頭陀行と頭陀袋

性欲《せいよく》の苦《くる》しみ

生・老・病・死の四苦に愛別離苦《あいべつりく》・怨憎会苦《おんぞうえく》・求不得苦《ぐふとっく》・五陰盛苦《ごおんじょうく》を加えて八苦という。最後の五《ご》陰盛苦は五取蘊苦《しゅうんく》ともいい、前に苦の具体例を並べあげたあとで、それらを総括して人間の心身のすべてが苦しみであるということを示したものだが、今は亡きある坊さんはそれを「性欲の旺盛なことによる苦しみ」と説明した。たしかに、食欲と性欲のみで生きているかのようにみえる人間も少なくない。もちろん、それは男性ばかりではない。

↓四苦八苦　↓人間としての苦しみ

世界《せかい》はヴィシュヌ神《かみ》の臍《へそ》から生《しょう》じた蓮華《れんげ》

須弥山《しゅみせん》はサンスクリット語のスメールの音訳で、「ス」は見事な、美しいを意味する。虚空のなかの風輪に水輪、その上に金輪が乗り、さらに金輪の上に九つの大山、四つの大陸、海などが乗っている。その中心にあって、金・水晶・ルビー・エメラルド・玻璃《はり》でできた最高の山が須弥山である。四つの大陸は蓮華の花弁に似ていて、世界はヴィシュヌ神の臍から生じた蓮華に喩えられる。

世間《せけん》は鬼《おに》か

「渡る世間は鬼ばかり」は人気のテレビ番組名だが、本来はもちろん「渡る世間に鬼はない」である。世の中は鬼のような無慈悲な人ばかりではなく、人情に厚い人もいるということだ。鬼はたたりなどする悪霊をいうが、ここでは明らかに他人をさす。ところが世間には善人が多く、困ったときに助けられることも少なくない。「鬼ばかり」なのは、意外に身内であったりするものだ。

説教《せっきょう》泥坊《どろぼう》

大正末から昭和の初め、東京の新宿・中野・練馬あたりに出没した強盗を説教強盗といい、市民を恐れさせた。強盗に入っておきながら、「戸締りはちゃんとしろ」「犬を飼っておけ」などと防犯上の説教をするのである。もちろん、金品はしっかりと盗っていく。最近は説教淫行教師なるものも現われた。盗人猛々しいとは、このことだろう。ところで、心にもない説教をして説教泥坊といわれる坊さんはいないだろうか。

セックスと体操《たいそう》

いまセックスを特別視した物言いをすると、「古い」といわれる。若者によると、セックスも体操をするのと同じだというのだ。しかし、セックスは体操とは根本的に異なる。そこに愛という情念が介在したり、子供という重い存在の可能性もあり、エイズなどの性病の恐れもある。そうそう簡単に考えて「やる」べきものではないのだ。そこに、仏教の業《ごう》の思想をもちだすまでもないであろう。

雪舟《せっしゅう》の禅《ぜん》

雪舟が本格的に画道に開眼するのは、京の相国寺《しょうこくじ》である。相国寺は如拙《じょせつ》や周文《しゅうぶん》など、多くの水墨画の禅僧を排出している寺で、雪舟を開眼させたのは周文だった。雪舟は自然の変化を観察し、人間の生活の移り変わりに仏の世界を見出そうとし、その移り変わりに素直に従うのが、雪舟の禅の境地だった。つまり、絵の道を究めるのが、雪舟の禅だったのである。

雪舟の鼠《ねずみ》

雪舟は宝福寺の小僧をしていたが、絵ばかり描いて、お経を学ぼうとしない。和尚は、懲らしめのため柱に縛った。夕方、縄を解いてやろうとすると、雪舟の膝もとに鼠が一匹いた。追い払おうとしたが、逃げないのでよく見ると、雪舟が涙で描いたものだった。感心した和尚は、雪舟が絵を描くのを公認した。

節制《せっせい》と摂生《せっしょう》

「節制しろ」とはいうが、「摂生しろ」とはあまりいわない。節制はセーブの意で、摂生は養生と同意である。「生を養う」は、衛生に留意し健康の増進を図ることである。くだいていうと、「飲みすぎるな」「食べすぎるな」は節制、「○○するようにしましょう」が摂生、片や制限であり、片や奨励である。「つねにありき(歩き)、つねに働くは、養生なるべし」(『方丈記』)

節分《せつぶん》①鬼

南の国で、お城の手紙を運ぶ男が峠を越えるとき鬼に出逢い、昼飯に食ってやろうと捕まった。男は「この世の見納めに、大きな物に化けて見せろ」と頼むと、鬼は山ほどのものになった。こんどは「小さなものになってくれ」と頼むと、豆粒ぐらいになった。男は小さくなった鬼をつまむと飲み込んだ。ところが鬼は腹のなかで暴れ回り、腹が痛くて堪らない。

節分②豆まき

男は杖にすがって大きな山寺の玉泉寺にたどり着き、和尚に助けを求めた。和尚は小僧に豆を煎《い》らせると「鬼は外、福は内」と唱え、男に煎り豆を食わせた。男は屁《へ》をひりたくなった。和尚は「遠慮なく出せ」という。屁となって出た鬼は、間もなく死んだ。和尚が「……如是畜生発菩提心……」と唱えると、腹はすっきりと納まった。これから、節分の豆まきが始まった。

節分③災難除け

男を食おうとした鬼は、玉泉寺の境内にある椚《くぬぎ》の老樹の精で、長いあいだ峠を越える旅人を悩ましていた。玉泉寺では、節分の夜、七堂伽藍《しちどうがらん》で三俵の煎り豆を撒《ま》き、村人は翌朝早く、袋を持って拾いにきた。この豆は、家の神棚に供えて保存され、旅に出るときには財布に入れて災難除けとし、病気のときは粉にして飲むと、たちどころに治ったという。

説法《せっぽう》と地震《じしん》

お釈迦さまが説法なさるとき、多くの瑞相《ずいそう》が現われるという。そのひとつに、地面が六種に震動するというのがある。六種とは上下、左右、前後のことで、要するに全方向に揺れるのである。日本は太平洋プレートとフィリピンプレートがアジア大陸の下に沈み込む場所に位置しているので、その歪みを修正するためにたびたび地震にみまわれるが、インド亜大陸ではあまり地震は起きない。当時のインド人は、さぞかしびっくりしたことであろう。

選挙違反《せんきょいはん》の報《むく》い

明治半ばの話、「石川県石川郡にても各寺院の僧侶が選挙競争に関係し吏党の加勢をなしたりとの事により」七か寺に対し同村の檀家が申し合わせて次のように決議確定した。「仏事に請待せざること」「勧化志納《かんげしのう》を謝絶する事」――現在、寺院僧侶が選挙にかかわることはなんら差し支えはなく、むしろ国民としての権利であり義務であるが、それが違反行為にまで及ぶと、たいへんなことになる。

禅家《ぜんけ》の死《し》に方《かた》に三種《さんしゅ》

古来、坐禅修行に励んだ禅僧には、三つの死に方があるとされる。一つめは坐禅を組んだまま死ぬ坐脱《ざだつ》、二つめは杖をついたまま死ぬ立亡《りゅうぼう》、三つめは火のなかで死ぬ火定《かじょう》である。三つめの火定は「心頭滅却すれば火自から涼し」の偈《げ》を詠んだ恵林寺の快川和尚《かいせんおしょう》が有名である。二つめの立亡は、旅立ちないのは一つめの坐脱である。二つめの立亡は、旅立ちなど人生行路の途中で、杖をついたままの大往生である。

千手観音《せんじゅかんのん》の手《て》①

奈良に、目は開いているが、目の底が病んで、ぜんぜん見えない男がいた。男は千手観音を信仰し、拝んでいた。観音の千本の手の一つは、光った玉を持っているが、それは目で、「この玉の手を拝んでいると、どんな闇の世界でも光がさす」と里人はいっていた。男は昼間、薬師寺の東の門の下に布を敷いて毎日座り、玉を持つ摩尼手《まにしゅ》の名を讃えて呼んでいた。

千手観音の手②

門の前を通る人は哀れに思い、男の前に食べものやお金を置いていった。男は昼の鐘が鳴ると寺内に入り、坊さまに食事を乞うた。ある日、二人の男が現われ「わしら二人が目を治してあげよう」といって見えない両眼に手を添えると、急に見えるようになった。びっくりする男に、里人は「二人は千手観音にちがいない」と話しあった。

善処《ぜんしょ》する

「現世安穏、後生善処」とは、仏の説法を聞けばこの世の生活は安穏に、死後は天界・人間界などの善き処に生まれるということである。善処は人界・天上または諸仏の浄土をさすが、読みようによっては「善処する」とも読める。「仏にりっぱなお布施でゴマをすりさえすれば、この世ではご利益があり、死後のことは仏が善処してくれる」と、そう考える御仁もいるのではないか。最近は、そんな人さえ少なくなったが。

前世《ぜんせ》の狐《きつね》①

永興禅師は奈良が嫌になって、熊野の人びとに仏法を説いていた。村にどんな薬も効かない病人がいて、菩薩さまに拝んでもらうと治るかもしれないと思い、禅師のいる寺に運び込まれた。禅師がご祈禱をはじめ、経を読んでいるあいだは治っているが、経をやめて立ち去ると、また病気がぶり返す。このくり返しで、病状はよくならなかった。

前世の狐②

永興禅師がご祈禱をつづけて何日かすると、狐が現われ「いくら偉い禅師さまといったって、祈禱ぐらいで病気は治らない」といった。禅師がわけを聞くと、「この病人は、前世で私を殺した。私はそれに報いるため、狐になって乗り移っている。この病人が死んだら、また犬になって私を殺すだろう」といった。禅師はなおも祈禱をつづけたが、けっきょく、取りついた狐は病人を殺した。

前世の狐③

一年後、禅師の弟子が病気になり、病人の寝ていた部屋で寝ついていた。禅師のところに犬を連れた客があり、その犬が狂ったように鎖を切って病人に飛びかかろうとし、客は犬をしずめようとしたが、禅師は「放してやりなさい。なぜそのようにするのかわけがあるでしょう」といった。放された犬は、弟子の部屋に飛び込むと、狐をくわえてすぐに帰ってきた。禅師は取り押さえようとしたが、犬はまたたくまに狐を嚙《か》み殺した。

禅僧《ぜんそう》がもたらしたがんもどき

がんもどきは中国から渡来したもので、原名は「飛竜《ひりょう》子《ず》」という。禅僧が日本にもたらしたものである。「がん」は雁、「もどき」は似ているという江戸語で、雁の肉に似せた食べ物の意である。「雁擬き」と書き、「がんも」ともいう。むかしは、麩《ふ》を油で揚げたものという。

先祖《せんぞ》は留守番《るすばん》

盂蘭盆《うらぼん》はたんに「お盆」ともいわれ、人びとの生活に深く根づいている。現代でも正月と並んで「盆正月」といわれるが、本来は先祖さまが自宅に里帰りする時とされ、先祖さまといっしょの時を過ごせるようにとの配慮から、この時期を休みとしてきたのである。さて現代社会をみると、この時期は長期休暇で旅行のシーズンでもある。先祖さまに留守番をしてもらい、自分たちはちゃっかり海外旅行だ。↓お盆はいつから

旃陀羅《せんだら》の自覚《じかく》

インドには四姓制度があり、それにも属さない人びとをチャンダーラと呼んだ。漢訳すると旃陀羅で、アンタッチャブルと英訳され、不可蝕賤民と現代語訳される。カースト外の賤民だが、わが国の日蓮はあえて「われは旃陀羅が子なり」と宣言した。いまなお天皇家や大名家の祈願所であったことを誇りとする寺院は多いが、虐げられ

た人びとにこそ宗教は必要なのではなかったか。

善人《ぜんにん》と悪人《あくにん》

「勧善懲悪《かんぜんちょうあく》、殺生《せっしょう》なし」という。善を勧め悪を懲らすためであれば、かりに人を殺しても仏教の不殺生戒を犯したことにはならないということである。仏教の因果応報説と儒教思想が習合して、江戸時代後期以降、勧善懲悪の考えが民衆のあいだにまで浸透した。極端にいえば、善人を助けるためなら悪人を殺してもいいということだが、いったい誰が善人と悪人を区別できるのだろうか。善悪は人間を二つに区別するものではなく、一つひとつの行為についていうものである。

仙人《せんにん》の肘《ひじ》①

ある行商人の一行が、やむをえず夜道を歩いていたが、道に迷った。墨を流したような闇で、一行は一歩も進むことができず、一夜を過ごす場所もなかった。困った一行は「天でも龍でも、夜叉でも誰でもいいから、この闇夜に光明を与えて、行くべき道を教えてください」と、悲痛な声で叫んだ。その声を聞いたのは、林の湿地に草庵を作って住んでいる外道の仙人だった。

仙人の肘②

仙人は「私が助けてやらなければ、彼らは虎や狼、獅子、象などの悪獣に襲われ、命を失うだろう」と思った。仙人は「いま、私が光明を与えて道を教えよう」と大声で叫び、行商人を安心させると、身に衣をつけると、それに油を注ぎ、火をつけて肘を燃やし、行商人に光を与えて道を示した。危機を救われ、ほっとした行商人は、自分の身を燃やしている仙人を見て驚いた。

仙人の肘③

行商人たちは口ぐちに礼を述べた。仙人が「私が悟りを得たならば、邪道に落ちている人びとに法を示し、正しい道に導きたい」という大悲願を起こすと、仙人の燃えた両肘は、もとのように回復した。朝になって、仙人の肘がもとどおりになっているのを見た行商人たちは「この仙人は大徳のある人に違いない」と思い、「このような難行苦行をなされて、何を願望されるのですか」と訊ねた。

仙人の肘④

仙人は「苦行によって悟りを得、世の生死の迷いの海に沈んでいる人びとを救いたいのです」と答えた。行商人たちは「そのようなお方に助けていただいて、どうご恩返しすればいいのでしょう」と恐れ入ったが、仙人は「物質や目に見えるものは必要ない。諸君は今後善行をなして、身を慎む心をもてばいい。それが、何よりの報恩になる」という仙人の言葉を、行商人たちは肝に銘じ、礼をいって先を急いだ。

千《せん》の風《かぜ》

「千の風」a thousand windsという作者不明の詩が世界中に流布しているという。とくに葬式のときに朗読されるらしい。「私の墓の前に立って泣かないでください。私はそこにはいず、眠っていません」、光・雪・鳥・星になってあなたを見守っていて、「私は死んでいません」という意味の簡単な詩だ。けっして墓参りを否定しようというものではなく、「死んではいない」ということがいいたいのだろう。「不死」はすべての人間にとって、あらゆる宗教にとって永遠の、しかも最大のテーマだ。

禅《ぜん》の公案《こうあん》

禅では禅門に入ること、およびそのキッカケを「玄関《げんかん》」という。禅門、とくに臨済宗で重要視する『碧巌録《へきがんろく》』に、「相手を論破して、心の鎖の玄関を打ち砕き、禅門に入ることになった」と述懐する場面がある。ここから転じて、禅門では、開悟するための公案《こうあん》をさすようになった。ところで、玄関が家の正面出入り口を示す言葉として使用されるようになるのは、江戸時代以後である。**↓玄関は道理の入口**

善友《ぜんゆう》と悪友《あくゆう》

善知識《ぜんちしき》とは、正しい智慧《ちえ》をそなえ、道理を教え示し、真実の世界に導き入れる良友・指導者のことで、善友・親友・善親友などともいい、その反対の人を悪知識と称する。人を向上させてくれ、ためになるのは、なんといっても善知識である。だが、それだけで人生は面白いのか。やはり、ちょっと悪の匂いに惹《ひ》かれるのも人間である。良友だけでなく悪友も、人生には必要だ。善悪織り交ぜて幅広く付き合うことで豊かになる。ただし、それも程度問題である。

【そ】

僧階《そうかい》は虚仮威《こけおど》しか

僧階は日本仏教諸宗における僧侶の階位で、十五級から十級ほどに分かれている。何が不思議といって、僧侶の階位を定めるくらい不思議なことはない。そもそも出家者に階級などあるはずがない。みな平等である。僧伽《サンガ》では統制をとるために先輩と後輩、修行の進み具合によって序列を設けていただろうが、袈裟《けさ》や衣《ころも》の色までちがってはいなかった。偉くなるほど派手で豪華な袈裟・衣をまとうのは、見る者を圧倒する虚仮威しなのか。

葬儀《そうぎ》① 必要性

新聞のコラム欄などに「最近の葬儀は派手になりすぎている」とか「お金がかかりすぎる」などという批判の文をよく目にする。なかには、葬儀の必要性すら否定するものまである。個人の考え方は自由でいいのだが、葬儀のときの枕団子や枕飯などは、それぞれに意味があってのもので、本来の意味も知らずに飾る葬儀社も悪いが、それを不要とする人たちもどうか。長い歴史のなかで必要があって行なわれてきたことなのだから。

葬儀② 寺への相談

むかしは「二人使い」といって、死者が出るとその周囲の人びとが二人で寺へ葬儀の相談に行ったものである。今は喪主が一人でというのはよいほうで、葬家に代わって葬儀社が寺に来るような失礼な家もあり、そのばあい、通夜や葬儀の日時まで決めてから来ることが多い。寺は暇だと思っているのだろうか。寺にも都合があり、その日にはできないばあいもあるから、まず第一番に菩提寺に相談すべきなのだ。

葬儀③ 船頭多く船進まず

いざ葬式となると、さまざまな人がいろんなことをいってきて「船頭多く船進まず」の状態になってしまうことがある。聞いてみると、その出身の地方地方のしきたりをみんなが並べてしまうので、まったく収拾がつかなくなるのだ。しかしもっとよく聞くと、喪主を勤めたことのない人がよけいなことをいっていることが多い。まわりの人の意見もけっこうだが、まず経験ゆたかな菩提寺の住職に相談すべきだ。

葬儀と生花《せいか》

　葬儀に飾る生花は本来は白い菊で、これは花言葉も「冥福をお祈りします」ということで供養のひとつと考えてよい。しかし、その送り方は注意しなければならない。近くに知り合いの生花店があるからといって、そこに依頼してすむというものではない。せっかく祭壇が飾られ、生花がきれいに並べられたのに、とつぜん目上の人の生花が贈られてきたばあい、並べ替えなければならなくなるからだ。同じ生花店であれば、札の差し替えですむ。

葬儀と花輪《はなわ》

　ひとむかし前は葬儀といえば花輪があたりまえで、葬儀社の名前にも「○○花輪店」というのがあった。また花輪の数でその家のつきあいの程度がわかったものだが、最近では花輪があまり見られなくなった。それは花輪を飾るには広いスペースが必要だからで、現代の家ではそれほどのスペースはないのが実情である。花輪を贈るときはかならず連絡をしてからでないと、隣の家先まで占領してしまうことになりかねない。

葬祭《そうさい》ディレクター

　平成七年、葬祭業界に働く人びとの技能振興を目的として、葬祭ディレクター技能審査協会が設立された。葬祭ディレクターはアメリカのフューネラル・ディレクターの訳であり、厚生労働省の認定を受けてはいるが民間の資格である。まだ、ないよりあったほうがいい資格というぐらいの受けとめられ方のようだが、これによって葬祭業者の技術と意識の向上を期待したい。

増上慢《ぞうじょうまん》と謙虚《けんきょ》さ

　増上慢は、高慢な心、思い上がりのはなはだしい者をいう。知らないのに知っているようなふりをする者のこともいうらしい。ならば、この世は増上慢ばかりではないか。悟っていると思い上がっている宗教者や、なんでも知っていると思い込んでいる学者、知ったかぶりをする政治家やジャーナリストなど、増上慢がうようよいる。せめて、知らないなら知らない、悟っていないなら修行半ばといえる謙虚さがあればいいのだが。

僧職《そうしょく》もいろいろ

僧職とは「僧の職務。法会・授戒・灌頂などの儀式および寺院の経営をつかさどる者。一宗の教師(住職)」(広辞苑)とあるが、この規定によれば、葬儀社の契約社員であっても僧職といえそうである。かならずしも寺院に所属する必要はないのだ。契約僧があるとすれば、パート僧やアルバイト僧というものがあってもおかしくはない。現に、世の中にはいろんな形の僧職があるようだ。

僧《そう》と坊《ぼう》さん

坊さんのことを僧とか、もっと丁寧に僧侶ともいうが、本来、僧は僧伽《そうぎゃ》(サンガ)の略で教団全体をさす言葉である。僧伽に属する人、およびその集団ぐらいの意味あいで使われてきた。一方、坊さんは坊主の簡略形で、寺院に属する何々坊の住人(主)の意である。これら二つを合わせた僧坊は、僧伽藍(寺院)の坊が原意で、坊さんの住まいということだ。

僧と暴走族《ぼうそうぞく》

僧は梵語サンガの音写語「僧伽」の略で、和合の意。三宝の一つで、仏法を信じて仏道を行ずる人びとの集団。また、出家者・比丘《びく》のこともいう。いま僧といえば、ほとんどお坊さんをさす。以前、車やバイクを傍若無人に走らせているスキンヘッドの集団が「坊僧族」と大書した旗をなびかせていたのには驚いた。暴走と坊僧をひっかけたものだが、その風貌は異様で、妙に納得してしまう不気味さがあった。亡僧族にならなければよいが。

即身成仏《そくしんじょうぶつ》した弘法大師《こうぼうだいし》

嵯峨《さが》天皇の弘仁四年(八一三)、内裏清涼殿で八宗の学者が議論したとき、他の宗派の学者たちに即身成仏への疑問が出た。弘法大師はこれに対し、智拳印《ちけんいん》を結んで真言を唱えると、大師の身体がたちまち金色の毘盧遮那仏《びるしゃなぶつ》となり、眉間から白毫相《びゃくごうそう》の光を放ったので、帝《みかど》はじめ居並ぶすべての人びとはひれ伏して礼拝した。大師はヨーガの達人でもあった。

即身成仏は生《い》き仏《ほとけ》

即身成仏は真言密教の中心教義で、現在生きているままで成仏できるとするもので、死んで成仏するのは仏教本来の教えではない。成仏とは人間が毘盧遮那仏になることで、それは曼荼羅《まんだら》の中心の毘盧遮那になるのではなく、曼荼羅全体としての毘盧遮那仏に瞑合するのであれば、梵我一如を主張しヨーガを実践するすべてのインド宗教家は実現できるはずである。

即身仏《そくしんぶつ》になった川人足《かわにんそく》①

激しい風雨のため、庄内の青竜寺川の堤防が切れた。川の見回り人足の鉄は、急を知らせに役人の詰所に急いだ。役人は酒盛りの最中で、酔っぱらっていた。鉄は、かっとなって強い言葉を投げつけた。役人は「無礼者!」といって斬りつけた。鉄は、手にしていた鳶口《とびぐち》で応戦し、気がつけば、二人の役人が死んでいた。鉄の父は浪人で、鉄には剣の覚えがあった。

即身仏になった川人足②

役人殺しは死罪である。鉄は逃げた。注連寺《ちゅうれんじ》の寛能和尚に救われ、剃髪《ていはつ》して鉄門海となり、和尚のはたらきで、役人殺しは不問に付された。鉄門海はたいへんな美男子で、修行中のとき、娼妓が男装をして会いにきたことがあった。鉄門海は会わなかったが、不憫に思って、自分の身体の一部を切り取り、紙に包んで渡した。娼妓はお守りとして大事にし、いまも南岳寺に保存されているという。

即身仏になった川人足③

修験の修行は厳しく、脱落する者も多かった。ある朝、飢えと疲労で朦朧《もうろう》となった目を開くと、まぶしい強い光明がきらめいた。ふと右の足の裏を見ると、「アーク(梵字)」という大日如来の梵字が浮き出ていた。鉄門海が江戸に出たとき、眼病が蔓延していた。これを憂えた鉄門海は、両国橋の上で自分の目をくり抜いて海神に投じると、眼病の蔓延は鎮まった。

即身仏になった川人足④

晩年になって、鉄門海は即身仏になるため山籠《さんろう》行《ぎょう》をはじめた。木食《もくじき》で精進し、日に三度、川で穢《けが》れを祓《はら》った。ふつう、このあと、みずから塚に入って生を終え、三年三か月後に弟子や信者の手で掘り出されて即身仏となるのだが、鉄門海は注連寺に信者を集めて法儀を行ない、自分は椅子に寄りかかって大往生をとげ、弟子の手でアイヌの手法によってミイラになった。

賊《ぞく》をあわれむ心《こころ》①

仏光寺《ぶっこうじ》中興の了源《りょうげん》上人が伊賀から京都に向かう途中、七里峠にさしかかった。念仏宗門の繁栄をねたむ者が、了源上人の殺害を盗賊に依頼していた。従者一人とともに一歩一歩念仏しながら、急な山道を登っていた。峠の中腹で、賊の兵衛は従者を斬り、上人を刺し、「おれを怨むな、おれは頼まれただけだ」という。上人は死を覚悟し、流血の苦しみのなかで、賊をあわれむ言葉をかけた。

賊をあわれむ心②

「わしはこれまでの業《ごう》で、この山路で死ぬ。しかし西方浄土に往生する身なので、死の悲しみのなかにも喜びがある。ただ哀れなのは、おまえだ。兵衛は私たちを殺したことで、地獄に堕ちるにちがいない。いそぎ懺悔《さんげ》して後生《ごしょう》を願え」と述べ、指にみずからの血をとり、衣の裾《すそ》に「わしの死は宿業なり、この者を罰することなかれ、廻心《えしん》の心が見える……」と書き、西を向いて合掌し、息が絶えた。上人四十二歳であった。

賊をあわれむ心③

了源上人の泰然自若とした末期《まつご》のようすと、死に臨んでなお、自分をあわれんでくれた言葉に、兵衛は感動し、「殺してはならぬ人を、おれは殺してしまったのだ」と自責の念にかられた。そして、上人主従二人の死体を樹陰に埋めた。一か月後、京都仏光寺に事の顛末を知らせ、兵衛は剃髪し、仏道修行の道に入った。了源上人の鮮血は、ついに賊を救ったのである。

素読《そどく》は貴重《きちょう》な学習方法《がくしゅうほうほう》

戦後教育が行なわれる前、極端にいうと、学問をするとは素読を意味したらしい。まず師が朗読して、弟子がみんなでそれに和唱し、その合間に解説がある。テレビの時代劇などでよく「子曰《しのたまわ》く……」と読み上げる学習の場面が見られるが、そんな感じなのであろう。仏教でも経論の伝授は、師がそれを読み伝えることであった。文章の意味内容もさることながら、素読も貴重な学習方法の一つである。

卒塔婆《そとば》と収入《しゅうにゅう》の差《さ》

卒塔婆は梵語ストゥーパの音写語。追善供養のために墓に立てる上部を塔形にした細長い板で、梵字・経文・戒名などを記す。通常は塔婆といい、葬儀や年忌法要などに立てる。寺によっては付加価値をつけるため、塔婆に金のスプレーをかけて何万円も請求する寺もあるという。真偽のほどは定かではないが、ありそうな話だ。年忌法要で施主のみが立てる地域と、参列者のほとんどが立てる地域があり、それが寺の収入の差となる。

【た】

退屈《たいくつ》は尻込《しりご》みすること

「退屈」は暇で身をもてあましている状態で、落語の「欠伸《あくび》指南《しなん》」の世界である。だがもともとは、仏道修行の途中で困難にあい、尻込みをすることである。修行に屈して退き、することがなくなって退屈するのだが、あくまで再挑戦すべきだろう。――「なにぼんやりしてるんだ」「することがなくて退屈で」「本があるじゃないか」「読めない漢字が多くて。ゲームやろうと思っても、やり方がわからない」「じゃあ、母さんの肩もんでやれ」「手がくたびれていやだ」「この馬鹿野郎！」

大黒《だいこく》さまと大国主命《おおくにぬしのみこと》

インドの寺院の厨房《ちゅうぼう》に祀《まつ》られた木造大黒天の持つ金の袋は、おそらくは食糧や財物を掌ることの表徴で、いつしか、戦闘神・夜叉《やしゃ》神から財福をもたらす神、糧食を掌る神に変化した。日本では大黒と大国は同じ音で、さらに大きな袋を持つことから、大国主命と同一視されるにいたる。

大黒さまは怒《いか》りの神《かみ》

本来の大黒天の表情は、人間の心臓や肝を食らっていた夜叉《やしゃ》・荼吉尼《だきに》を改心させるために現われた大日如来《だいにちにょらい》の忿怒形《ふんぬぎょう》とされている。仏陀に命ぜられた大黒天は、荼吉尼を呼んで叱り、「おまえは人を食う。だから自分もおまえを食ってやる」といって、荼吉尼を飲み込んだ。荼吉尼は降伏して、人はもちろん一切の肉を口にしなかった。仏教に帰依《きえ》した荼吉尼は、人の死を六か月前に知ることができるようになり、死体を食べることは許されるようになったともいう。

大黒さまはお寺《てら》の奥《おく》さん

お寺の奥さんを「大黒さま」と呼んでいるが、由来は、七世紀ごろからインド各地の大寺院で、戦闘神・夜叉神を、金の嚢《ふくろ》を持ち、腰掛けに座って片足を地に垂れた木刻として厨房に置くようになり、いつも油で拭かれ黒くなっているので大黒天と呼ばれた。厨房では、あらゆる飲食のお初を大黒天に捧げた。それが次第に一般の寺院の台所にも祀《まつ》るようになり、寺院の奥さまを「大黒さま」と呼ぶようになった。

大黒さまは男女《だんじょ》の和合《わごう》を表《あら》わす

大黒さまが豊饒の神といわれるのは、セックスを意味するものでもある。大黒さまと同一視される大国主命には、大物主《おおものぬし》とか大穴牟遅《おおあなむち》という別名があるが、大物主とは巨根を持つという意味で、大穴牟遅とは多数の穴(膣)、つまり妻を持つことだという。さらに、大黒さまの持つ袋は子宮の象徴と考えられ、小槌《こづち》は陰茎である。大黒の姿はそのまま男女の和合を表現しており、生殖、つまり豊饒を祈願する形なのだ。これは農耕民族にとって重要な願いであった。

大黒天の妻《つま》たち

大黒天は、「灰をもって身に塗り、曠野《こうや》の中にあって荼吉尼《だきに》を待つ」(『大日経疏』)、「諸の鬼神、無量の眷属《けんぞく》とともに常に夜間に於て林中に遊行す」(『大孔雀明王経』)とされるところから、ヒンドゥーの神シヴァの夜の姿だとする説がある。そして、昼のシヴァの妻がヒマラヤの娘パールヴァティーであり、夜の姿の時の妻がインドで最も凶暴な女神カーリー(大黒天女)であるという。血のりのついた剣を振り回し血の滴る生首を下げる姿は、無知を破壊して知識を得ようと努力する人たちを祝福する。創造的かつ破壊的な力を象徴している。

大黒天舞《まい》と門付《かどづ》け

日本で、大黒天が寺院の厨房から民間の家庭でまつられるようになったのは、大黒舞を行ないながら全国各地を巡り歩いた出雲大社の下級神人や、京都悲田院の四か寺に所属する垣戸《かいと》(下級神人)が、大黒天の姿をして正月に門口を訪れ、祝詞《のりと》を述べて米や銭を乞い、お札を配って全国各地を巡ったことによる。江戸時代には、浅草の酉《とり》の市で、恵比寿・大黒の像を売る店が多く、大黒天の像を盗むと翌年の運が開けるという俗信までできた。

大黒天をまつると商売繁盛《しょうばいはんじょう》

仏教での本来の大黒天は梵名マハーカーラ、マハーは大、カーラは時間とか暗黒という意で、摩訶迦羅《まかから》と音写される。この神は不老不死の秘薬を持っており、自分の血肉を与えると、それに応じて秘薬を分け与えてくれる。大黒天の真言「オン　マカキャラヤ　ソワカ」を唱えれば、家が栄え、商売繁盛するという。だが、大黒天を恐れたり、だまそうとすれば、即座にその者の生命を奪う恐怖の神である。

大黒鼠《だいこくねずみ》は大黒《だいこく》さまの使《つか》い

大黒さまには、ときには使いとして白鼠(大黒鼠)がついているが、これには大黒さまが恵比寿とともに田の豊饒の神として米を食う鼠を管理していることを表わしているとか、鼠は多産だから、豊饒の神にすえられたとか、大黒は黒く、陰行五行説では黒は北なので、子《ね》の方角から鼠が使いとして登場することになったとか、諸説ある。

また、俵に乗っているのは「毎日ご飯を供えてお参りすれば、一生、食に不自由はさせない」という意味とされる。

大黒柱《だいこくばしら》は大黒《だいこく》さまを支《ささ》えるもの

家屋を支える中心の柱、一家を支える者を大黒柱というが、インドで大黒天の置かれたのが厨房の柱の側、または倉庫の門の前で、その柱を「大黒さまを支えるもの」として「大黒柱」と呼ぶようになった。大黒天を寺院の厨房の神として祀《まつ》ることは中国にも伝わり、それを日本に伝えたのは、伝教大師最澄とも、弘法大師空海ともいわれる。

太鼓叩《たいこたた》きになった井戸掘《いどほ》り①

大根が豊作だった。喜んで収穫したが、一本だけ根深く伸びて抜けない。井戸掘りを呼んできて周りを掘ってもらったが、掘っても掘っても根は深い。二十一日めに、やっと根のしっぽまで掘った。井戸掘りは大根のしっぽにしがみついて引き上げてもらったが、地上近くでしっぽが折れ、井戸掘りは底に落ちていった。勢いで地の底を抜け、極楽を抜け、その下の地獄に落ちた。

太鼓叩きになった井戸掘り②

地獄の鬼は驚き、閻魔さまが帳簿を調べ、「おまえがここに来るのは三十年早い。早く帰れ」といったが、井戸掘りは帰り方がわからない。閻魔さまは粒を三つ出し、「ひと粒飲めば極楽に、二粒で穴に、三粒めで地上に出る。まちがえるではないぞ」といったが、焦っている井戸掘りは三粒いっぺんに飲んでしまった。途端に井戸掘りは、極楽、穴、地上を通り抜け、雲の上に出た。雲の上には龍王がいて、手順を省いた罰として、雷の太鼓叩きにさせられた。

醍醐味《だいごみ》はくすり

「醍醐味」は「絵の醍醐味」「釣りの醍醐味」などと、最上の気分や境地を現わすが、本来、牛の乳の味で乳・酪・生酥・熟酥・醍醐と五つあるなかの最上のものである。奈良時代から一部の僧侶は味わっていたが、広く知られはじめたのは江戸時代中期からである。食品としてよりも医薬品としてだったが、新しもの好きの八代将軍吉宗が乳牛を輸入し、千葉の牧場で飼育して、乳製品を造りはじめたのである。

大蛇《だいじゃ》を食《く》った蟹《かに》①

子供のころから信心深く、娘になってからも因果を信じて、生き物を殺して食べたり、人を憎んだり、おとしめたりするようなことはしない、五戒十善を守る心優しい娘がいた。村道を娘が歩いていると、牛飼いの子供が八匹の蟹を捕り、火で焼いて食べようとしていた。蟹は口から泡をふいてもだえていた。娘がその蟹をくれといったが、子供は断わり、火に入れようとした。娘は着物と交換することにした。

大蛇を食った蟹②

娘が着物を脱ぎ、八匹の蟹を家に持って帰ると、近くの坊さまに経をあげてもらい、池に放った。またある日、娘が山道を歩いていると、大蛇が蛙《かえる》を呑み込もうとし、蛙はあきらめていた。娘は「蛙を助けてくれたら絹布をあげる」と頼んだが、蛇は話に乗らなかった。娘は御幣《ごへい》を集めて、「神と崇《あが》めるから、その蛙を助けて」と頼んだが、「神と崇められても腹はふくらまない」といって、蛇は断わった。

大蛇を食った蟹③

娘は決心して「それでは、私があなたの妻になります」というと、初めは疑っていた蛇も蛙を放した。「七日したら私の家に来てください」という娘の言葉に、「きっと約束だぞ」と蛇は念をおした。この話を聞いた両親はびっくりし、「たった一人の娘がなんとしたことだ」と泣いた。両親は、村に来ていた行《ぎょう》基《き》大徳《だいとく》に相談した。坊さまは「相手がだれであろうと、約束は守らなければならない。このうえは一心に仏さまに祈り、教えを守ることじゃ」といった。

大蛇を食った蟹④

両親はいわれたとおり、朝から晩まで仏を拝んだ。七日後の夜、娘を奥の部屋に入れ、戸締まりを厳重にした。夜中、大きな音がし、戸が開かないので蛇は屋根を破って下りてきた。親子は目をつむり、一心に仏に祈った。蛇の近づく気配はなく、ぱたぱたと音がした。朝、目を開けて見ると、ずたずたにされた蛇が死んでおり、まわりに八匹の蟹がいた。村では、蟹を尊び捕る者がいなくなった。

大乗《だいじょう》は仏説《ぶっせつ》にあらず

大乗経典は釈尊が説いたのではなく、釈尊滅後に弟子たちが作成したという歴史的事実から、仏説ではないとするのを大乗非仏説《ひぶっせつ》という。この問題は古くインドからあり、日本では江戸中期の富永仲基《とみながなかもと》が『出定後語《しゅつじょうごご》』を著わして非仏説を唱えた。明治期には村上専精らが歴史的立場からとの限定つきで主張。法華会の故春日屋伸昌博士は、釈尊の真意が大乗に伝わっているから非仏説にはあたらない、と述べた。この適当、いい加減さが仏教の神髄か。

大乗仏教《だいじょうぶっきょう》は大《おお》きな乗《の》り物《もの》

大乗仏教の大乗は大きな乗り物という意味で、自己の悟りだけでなく他者の救済をめざすなど、出家者中心の小乗よりも広範であり偉大なので大乗というが、これはあくまで大乗仏教徒の自称である。しかし、高らかな宣言であった。インドで大乗仏教は発展し、チベットへ伝わり、中国・日本へ伝播した。すべての人びとの救いを願う大乗仏教の実践に先師は挺身したが、現代の僧はいかがだろうか。気がついたら、だれも乗っていなかったなどというのでは、大きな乗り物が泣く。

大丈夫《だいじょうぶ》はりっぱな人物《じんぶつ》

大丈夫はサンスクリット語のマハープルシャの訳で、りっぱな人物の意味である。――いまは亡き室住一妙身延山大学学頭が「この法華経は、丈夫になる教え、きっと『大丈夫』になる教え」としたためられた年賀状を下さった。以後「座右の銘」として大事にしているが、残念ながらタレントの志村けんのギャグ「だーいじょうぶだー」にも及んでいないのが現実である。

大蔵経《だいぞうきょう》、三蔵《さんぞう》、一切経《いっさいきょう》

大蔵経は仏教の典籍を集大成したもので、たんに蔵経ともいう。経・律・論の三つに整理されるので三蔵ともいい、すべての典籍を網羅しているので一切経とも呼ばれる。大蔵経は仏教の伝播にともない各地で編纂あるいは翻訳され、いろいろな形で現在に伝えられている。わが国では大正新脩大蔵経、国訳一切経等が刊行されているが、国訳の訳、またその訳が必要なほど難解で、おそらく大蔵経を読破した僧もまれであろう。

大胆《だいたん》と慎重《しんちょう》

「機に臨んで譲ることなく、事に当たって再び思う」――これは大胆にして、しかも慎重であるべきことをいったもので、明治の禅僧釈宗演《しゃくそうえん》の座右の銘だという。人は、ともすると猪突猛進であったり優柔不断であったりするが、決断力と慎重さをあわせもつことはむずかしい。似たような言葉に、「肝は大きく心は小さく持て」というのがある。

大力《だいりき》の使《つか》い方《かた》

あるとき、寺の釣り鐘が下ろされていた。朝夕の行事の合図に梵鐘を鳴らすことができなくて、困った雲水たちは、総がかりで動かそうとしたが、鐘はびくともしない。そこへ「拳骨《げんこつ》和尚」こと武田物外《たけだもつがい》和尚がやってきて、「ごちそうしてくれたら、その鐘を上げてやる」という。「ごちそうというのは何だね」と雲水が尋ねると、「うどんじゃ」という。うどんをごちそうになる約束を取りつけると、物外和尚は軽々とその鐘を持ち上げ、もとの位置に釣り下げた。もちろん、鐘を下ろしたのは物外和尚だった。

題目《だいもく》は救《すく》いの旗印《はたじるし》

題目は「南無妙法蓮華経」のこと。日蓮聖人は、末法の救いは『法華経』のみにあり、その題目を唱えることによって永遠の釈迦牟尼仏《しゃかむにぶつ》の救いが与えられると説き、『妙法蓮華経』に帰依《きえ》することを表わしたのが題目であり、救済に包まれていることを表わす事《じ》の一念三千の法門が題目にそなわっていることを明らかにした。現在、題目を唱える教団は多数におよび、新興教団も多いので、唱題していると「○○会、○○学会ですか」と聞かれることが多い。

大力王《だいりきおう》の施《ほどこ》し①

大力王は威徳をたたえられ、善政をしいて盛名をうたわれていた。あるとき、王は「私はたくさん財宝を持っているのに、なぜこれを人民に分け与えないのだろう」と思い、食物、衣服、装飾品、家具、金銀財宝、乗り物、象馬、召使い、田地などを、希望どおりに与える催しを開いた。この慈悲済世の設会《せつえ》を見物にきた帝釈天王《たいしゃくてんのう》は、「王の施与がどの程度のものか、ひとつ試してみよう」と思った。

大力王の施し②

帝釈天はバラモンに姿を変えて、「王はこの催しで、いかなるものを施与されるのか」と聞いた。王の「私の持っているすべてのものだ」という答えに、バラモンは「では、王の身体をくだされ」といった。王は「このバラモンは設会の妨害が目的だと思ったが、これを拒否すれば、みずから設会の主旨を破ることになる」と考え、「そなたの望みどおりにしよう。欲しいだけ切り取っていけ」といった。

大力王の施し③

「後悔しないか」と念をおすバラモンに、王は「後悔はしないが、施しを受けようと集まった人びとに、満足を与えられないのが残念だ」といった。だが、バラモンは「私一人満足させられないのに、人のことなど知るものか」とうそぶいた。王は、みずから肘《ひじ》を切りバラモンに与えた。だが、王の心は平静で、肘はすぐに回復した。ほかの身体の部分も切って与えたが、ことごとく回復した。大力王の布施を妨害した帝釈天は、阿鼻《あび》地獄に堕ちた。大力王は釈尊であった。

第六感《だいろっかん》と意識《いしき》のちがい

五感は視・聴・嗅・味・触の五つの感覚であり、第六感は肉体的な五感のはたらきを超えて物事の本質を把握する感覚とされる。これを仏教の心識説にあてはめて考えてみると、五感は眼・耳・鼻・舌・身の五識に相当し、第六感は残る意識のなかでも、とくに知的直感にあたると思われる。そうすると分析的な知性(理性)のおさまりどころがなくなるが、ふつうの意識は第六感とはいわない。むしろ、唯識でいう末那識《まなしき》とか阿頼耶識《あらやしき》のほうに近い。

田《た》植え地蔵《じぞう》

田圃《たんぼ》の側にある地蔵尊をたいせつにする百姓夫婦が、田植えの時期に風邪で寝込んでしまった。起きられず、田植えができない。村の人びとは田植えが終わり、「ここの夫婦は風邪で寝込んでいるが、あの手伝いの若者は、いい手際だったな」と話しながら通っていった。夫婦は不思議に思いながら、風邪が治って田圃に行くと、田圃には苗が植えられていた。ふと、地蔵尊を見ると、下半身が泥だらけだった。

田植え如来《にょらい》①

上総《かずさ》の里に疫病がはやった。田植えも間近で野良仕事に忙しい時期で、村人は深刻だった。よその村の者も、疫病を恐れて手伝いに来ない。畦《あぜ》で相談していると、見知らぬ坊さまが通りかかり、「村の衆、わしがなんとかするから、安心して病人の看病をするがよい」といって、村に入ると村人を慰め、励ました。

田植え如来②

日も暮れて、村人は幽かな田植え歌を聞き、水の気配を感じた。不審に思ったが、確かめに行く気力も失せていた。翌朝、村の田はすべて田植えが終わっていて、大騒ぎになった。これを期に、疫病も峠を越した。村人は、田植えの終わった祝いに寺に集まり、本尊の阿弥陀如来を見ると、腰から下が泥だらけだった。それから、本尊は田植え如来と呼ばれ、寺の照明山は夜田植山と変わった。

宝《たから》の持《も》ち腐《ぐさ》れ

宝の持ち腐れとは、有用なすばらしいものを持っているのに、その使い方がわからなかったり、出し惜しみをすることを批判していうことばだ。仏教では仏・法・僧のことを三宝という。むかしから日域大乗相応の地といわれるが、現代の日本人はそれら至高の宝を粗末にしすぎてはいないだろうか。また、寺は仏法という宝を出し惜しみしてはいないだろうか。『法華経』に衣珠喩《えしゅゆ》(自分の衣服に忍ばせられた宝珠に気づかず各地で貧乏する比喩)がある。

滝壺《たきつぼ》の水《みず》①

文覚《もんがく》上人が若いころ、那智の滝で荒行をしようと舟で熊野浦にさしかかると、鯨が鯱《しゃち》に追われていた。助けてやろうと念仏を唱えながら杖を投げると、鯱は逃げた。鯨は「ご恩はけっして忘れません」と海に潜った。街道で子供が土龍《もぐら》を捕まえて虐めていた。文覚は土龍を譲り受け、逃がしてやると土龍はお辞儀をして「ご恩はけっして忘れません」と土の中にもぐっていった。

滝壺の水②

滝の高さは五十丈もあり、滝壺は深かった。これでは近づくこともむずかしそうで、あたりを見回していると、足もとの土が盛り上がってきた。地中では無数の土龍が滝壺から海まで随堂を掘り、海では大勢の鯨が随堂を流れてくる滝壺の水を呑んで土龍が溺れないようにしていた。滝壺の水はみるみる浅くなり、文覚は荒行をはじめた。土龍の掘った随堂は、勝浦の海の底から真水を出している。

茶吉尼天《だきにてん》と稲荷信仰《いなりしんこう》

インドの夜叉鬼《やしゃき》ダーキニーは大黒天の眷属《けんぞく》夜叉である茶吉尼天となり、真言密教と在来の狐神信仰が結びついてキツネに乗る姿になって、稲荷の本尊となった。茶吉尼天は現世利益の霊験強大で、所願成就・金運良好・立身出世・商売繁盛の福の神であり、豊川稲荷を屋敷神としていた大岡越前が下級武士から大名になった話は有名である。

茶吉尼天は鬼女《きじょ》①

お稲荷さんの本尊とされるダーキニーは、幻力をもつ恐ろしい鬼女である。人骨の腰帯をつけただけの裸体で、牙をむき出し、人間の生首を繋ぎ合わせた首飾りをし、右手に刀を持ち、左腕に髑髏のついた混紡をかい込み、血の入った髑髏盃《どくろはい》を手にしている。彼女たちはダーキニー・ジャーラという集団を形成し、日を定めて夜間、森林の奥の死体置き場の尸林《しりん》に集まった。

荼吉尼天は鬼女②

尸林に集まったダーキニーたちは、ヘールカという恐ろしい男神を囲んで音楽を奏で、酒を呑み、肉を食う。饗宴がクライマックスに達すると、ダーカと呼ばれる修行僧とのセックスが始まる。この性的合一によって彼らが得た至高の快楽が「大楽《たいらく》」で、これが涅槃(さとり)の境地である。また、ダーキニーは般若だとされ、般若(悟りの智慧)に抱かれて菩提に至るのである。

沢庵和尚《たくあんおしょう》の真相《しんそう》①

沢庵和尚は豊臣秀頼に招かれても応じず、徳川家康の招きにも出仕せず、とある山麓に庵を結び、浮世を逃れていたことがあった。一人静かに濁り酒を飲み、泥鰌汁《どじょうじる》などに舌鼓を打ち、花鳥風月を楽しんでいたのだ。驚いたのは村人たち。「和尚さま、ご出家の身に魚肉を召しあがっていいのですか」「よいにきまっている――悟りなば頭を剃るな魚肉を食え、地獄へ行って鬼に負けるな、だ」

沢庵和尚の真相②

村人に対し沢庵和尚は「世間の坊さんたちは魚肉を食わぬものかもしれんが、わしは体のために薬だと思って食っているのだ」といった。そこに一人の禅僧がやってきた。二人は意気投合し、禅僧は毎日のように沢庵和尚の庵を訪れ、教えを受けはじめた。ある日のこと、よもやま話に興じていたところ、外から「大根はいりませんか。大根、大根、これぞまことの大違い大根」という物売りの声が聞こえた。

沢庵和尚の真相③

沢庵和尚はこれを聞いて「おかしなことをいっているな。これぞまことの大違い、と申しているようだ」と禅僧を見た。「そのとおりですね。いかにも妙な物言いですな。ひとつ呼び入れて尋ねてみましょう」「これこれ、そこの大根屋」「ヘイ」「大根はとくにほしくはないが、おまえのことばのなかに『これぞまことの大違い』と申しておるが、それはいったいどういうことだ」

沢庵和尚の真相④

大根売りは庵に入り説明した。「じつは私には弟がおりまして、京都の近衛様の家来になっております。こんど、公卿《くぎょう》さんたちが集まって歌会が開かれるそうで、『これぞまことの大違い』という下の句が出されたのです。うまく上の句を詠んだ者にはご褒美を下さるそうです。弟は私に、兄貴は大根を売りながら多くの人に出会う商売だから、なんぞ佳《よ》い句を考えてくれと申すのです。それでとうとう口癖になってしまいました」

沢庵和尚の真相⑤

沢庵和尚は大根売りの話を聞き、思わずふき出しそうになりながら、「そうか、それはまことにおもしろいことだ」といった。すると禅僧が「上の句をひとつ考えました。――二人行き一人は濡《ぬ》れる時雨《しぐれ》かな、これぞまことの大違いなり。いかがです」と応じ、「なかなかおもしろい」という和尚の声を聞くと、矢立を出して紙にしたためた、「さあ、大根屋、これを弟に持っていってやれ」と渡した。

沢庵和尚の真相⑥

すると、沢庵和尚も「わしも一句浮かんだ。――御簾《みす》となる竹の産衣や上草履、これぞまことの大違いなり。どうじゃな」と上の句を示した。「それは名吟ですな」と禅僧。大根屋はお礼をいいながら二人の和歌をもらい、さっそく弟に届けた。弟は自分で詠んだような顔をして、歌会に出て発表した。数ある上の句のなかで、沢庵和尚の詠んだ一句が、みごと第一等となった。

沢庵和尚の真相⑦

歌会では「まことの大違いも、これほどまでに違っている例はあるまい。畏れ多くも玉体を隠し奉る御簾も、道路を歩く草履も、同じ竹から生産されるもの。見事な一句である」と評された。大根売りは弟が面目を上げ、ご褒美をもらい、出世の端緒を得たのを喜び、大根を荷車二つに積み、お礼に来た。沢庵和尚は、この大根をさまざまに工夫して糠漬《ぬかづ》けにしたところ、大好評であった。

沢庵和尚の閻魔様《えんまさま》への添書《そえがき》①

沢庵和尚が江戸城から品川の東海寺に帰る途中、一老婆が待ちかまえていて、「もしもし、あなたさまは沢庵さまでございますか」と声をかけられた。七十歳にもなろうかという老婆であった。「そうじゃよ。わしは沢庵じゃが、何か用かね」と訊《き》くと、「はい。前世にどんな罪を犯したのかわかりませんが、三人の子供も、三人の孫も死にました。わたしは極楽へは行けず、地獄に堕ちるのだろうと、心配なのです」と、老婆は身の上を語りはじめた。

沢庵和尚の閻魔様への添書②

「どうか沢庵さまの功徳によって、わたしが地獄へ行っても、鬼や閻魔様に責められないようにしていただきたいのです」「ずいぶん無理な注文だが、どうしてそう願うのかな……」「はい。この世で難儀しましたのに、また冥土とやらへ参ったあとも、閻魔様に叱られ、赤鬼や青鬼などに責め立てられ、なんでも映すという浄瑠璃《じょうるり》の鏡に照らされて、これまでの罪がわかり、針の山に登らされます」

沢庵和尚の閻魔様への添書③

「針の山のあとは、きっと血の海に入れと責められ、難儀するだろうと心配なのです。和尚さま、あなたはたいそう偉いお方だそうですので、なにとぞ地獄で難儀のないようにしてください。お願いいたします」老婆の表情は真剣そのものであった。沢庵和尚は、衣の裾を取らんばかりにして、必死に願う心根に打たれ、「よしよし。それではわしが、地獄の閻魔様に手紙を書いてやろう」といった。

沢庵和尚の閻魔様への添書④

「ありがとうございます。その手紙を持って行けば、地獄の鬼どもに責められずにすみますね」「そうだよ。いま書いてやろう」沢庵和尚は矢立を取り出し、老婆の目の前で懐紙に書いた。「閻魔大王　つくりおく罪は死ぬほどあるなれど、閻魔の帳へ附けどころなし　沢庵」——沢庵は書き終えると、「この手紙をお前に渡しておくから、死ぬときはしっかり左手につかんでおくのだよ。忘れてはダメだよ」

沢庵和尚の閻魔様への添書⑤

「ありがとうございます。大事に保管して、臨終を迎えるとき、必ず左手に持って行きます」「そうするのだよ。冥土に着いて閻魔の調べが始まったら、この沢庵の手紙を出せば、鬼たちに責められることはない」老婆は添状を押しいだいて、大喜びで帰っていった。沢庵和尚は侍者にむかって「生あるうちに安心させてやれば、それこそ成仏なのだ」と教えた。

沢庵漬《たくあんづけ》の名《な》づけ親《おや》

徳川三代将軍家光は、たびたび沢庵の寺を訪れている。沢庵は、保存食として大根を漬けていた。これを口にした家光が「これはなんというのか」と問うと、沢庵は「保存食ゆえ、貯え漬けとでも申しましょうか」と答えた。家光は「そちの考案によるものであろう。以降、沢庵漬といたせ」といって、沢庵漬の名づけ親になった。

沢庵問答《たくあんもんどう》

徳川家光は沢庵の寺(東海寺)を訪ねるだけでなく、近くの御殿山にある将軍家の別邸に沢庵を呼び、小堀遠州らとともに花見や茶会を楽しんだ。そんなときの問答に、次のようなものがある。家光が「海に近くても、遠(東)海寺とはいかに」と問うと、沢庵が「大軍を率いても、小(将)軍というが如し」と答えたという。

竹藪《たけやぶ》の髑髏《どくろ》①

暮れもおしつまったころ、斑鳩《いかるが》の男が町に正月の買い物に行った。途中で日が暮れ、野宿しようと竹林に入った。どこからか「痛い痛い、目が痛い」と声がした。どこを探しても人の気配はしない。だが声はつづき、朝まで眠れなかった。朝日に照らされた男の足もとの竹の葉のなかに髑髏があり、目のなかから筍《たけのこ》が生えていた。これが声の主だとわかった。男は筍を抜き、弁当を供えた。

竹藪の髑髏②

町の市場は混んでいたが、商人は男の注文を優先してくれ、安くしてくれた。男が、きっと髑髏の恩返しだろうと思い、喜んで帰る途中、竹藪のところで生き返った髑髏が待っていて、「私は近くの里の者で父母と幸せに暮らしていたが、悪い伯父に殺され、この竹藪に捨てられたのです。風が吹くたび目が痛かったのがお陰で治り、弁当までご馳走になって、すっかり元気になりました。

竹藪の髑髏③

お礼をしたいと思います。両親はまだ里にいるので、大晦日の夕方、私の家に来てください。この日の晩でないと、恩返しができません。その日、ここで待っています」男は半信半疑で大晦日に竹藪へ行くと、髑髏男が待っていた。髑髏男の家の戸は開いて、誰もいないがご馳走が並び、いろいろな供え物があった。髑髏男はご馳走を皿に盛り、男にすすめ、自分もいっしょに食べた。

竹藪の髑髏④

料理はいくら食べても食べきれなかった。髑髏男はあまった料理を包んでくれ、ほかの供え物も添えて土産にくれた。明日の正月の料理をいっぱい持って帰れるのだ。男は大喜びで礼をいおうとしたが、髑髏男はかき消えていた。そこへ髑髏男の父母と、もう一人の男が帰ってくると、見知らぬ男が家の中にいるので「どうしたことか」と聞いた。男は竹藪の髑髏のことを詳しく話した。

竹藪の髑髏⑤

話を聞いた父母は「今日が倅《せがれ》の命日だ」といい、もう一人の男を睨《にら》むと「倅を殺したのはおまえだったのか」とつめ寄った。伯父は、甥《おい》と町へいっしょに買い物に行った帰り、相手の品物がほしくなり、竹藪で殺したことを白状した。父母は泣き崩れた。男は「髑髏はりっぱな人だ。伯父の罪を家ではいわず、筍を抜いてやっただけの自分に礼をつくしている。恩を与えると、かならず返ってくるのだ」と思い、それからいっそう人に恵みを与えたという。

堕地獄《だじごく》

往生するとき、すなわち死に臨んで、未練がましく、もがくのを「往生際《おうじょうぎわ》が悪い」という。本来の往生は、極楽に生まれることなのだから、死に臨んでぐずぐずするはずがない。この世よりも劣る地獄や餓鬼や畜生界に生まれるのを、堕地獄という。このとき人は、もがき助けを求め、ぐずぐずしてしまう。もっとも、極楽往生も堕地獄も、ともに輪廻転生《りんねてんしょう》という仏の教えを信じる人の話である。→往生際は良い

多生《たしょう》の縁《えん》と多少《たしょう》の縁《えん》

「多生の縁」とは、なんどもこの世に生まれ変わって多くの生を受け縁をむすぶことで、「袖触れあうも多生の縁」などという。見知らぬ同士がすれ違い袖と袖が触れあうのも、多くの生を経験するあいだに結ばれた因縁によるという意味で、「他生の縁」の用法もある。現在、多くの人は「多少の縁」と勘ちがいしており、ある調査によると「多少」が大多数を占めていたという。そこに人間関係の希薄化による影響もみられるが、これもマルかもしれない。

達者《たっしゃ》が何《なに》より

達者はもともと禅門の言葉で、真理・悟道に達した人のことをいった。転じて、ものごとに熟達した人をいい、「芸達者」などとして用いられる。また丈夫・元気なことにも用い、別れの際に「たっしゃでな」「おたっしゃで」などというが、いまの若者は「バイバーイ、またねー」だから、これはほとんど死語となりつつある。禅語の原意からしても、「達者が何より」は当然のことといえる。

達者は真理《しんり》に達《たっ》した人《ひと》

達者は「達者でなにより」などと、健康の意味で使われているが、もと仏教語からきたもので、真理に到達した者、悟りを得た者のことであり、禅宗では達人、達道人などともいう。黙して坐禅し、すべてのものを洞察し、徹底して知悉《ちしつ》しないものはないところに到達した人のことである。一般社会でも、達人はその道で、あるところまで究めた人をさすから、これはわかりやすい。それにしても、達者でいたいものである。

達人《たつじん》にはこだわりがない

達者は悟った人、真理に達した人のことである。もとの意味は「達人」と同じだが、世間での使われ方は、だいぶちがっている。「達者でなにより」といえば「丈夫でなにより」と同じで、身体の健康なようすをいう。達人といえば、学問や技芸に通じた人、ものごとの道理に精通した人をいう。――真理に達した人はものごとに執着しないし、こだわりがないから、当然ストレスもない。丈夫で健康であり、そして長生きする。

脱落《だつらく》は捨《す》て去《さ》ること

脱落は抜け落ちる、落伍、置いてきぼりをくうなどの意味で使われるが、本来の仏教語では「捨て去る」ことで、脱落身心、身心脱落などと用いられる。つまり、自己の身体や心による拘束から抜け離れて悟りを得ることである。けっして、髪の毛が抜けるのにこだわり、植毛すると悟りが得られないとか、はげの人が悟りに近づいているというものではない。

たどり着《つ》けない地図《ちず》

坂本政道氏は、伝統宗教を「たどり着けない地図」といった。古代人が遺してくれた秘宝のありかを示した地図はあるのだが、永く伝承されているあいだに、実際にだれも行けなくなってしまったと、比喩的にいうのだ。仏教でいえば秘宝は「悟り」だが、その道はほんとうに閉ざされてしまったのだろうか。そういえば、本気で悟りを云々することがあまりにも少なくなってはいまいか。

棚経《たなぎょう》は宗門改《しゅうもんあらた》め

棚経は、盂蘭盆会《うらぼんえ》に精霊棚《しょうりょうだな》の前で僧が経を読むこと。江戸時代に禁教だったキリシタンの調査をするため、僧が檀家に赴いて仏壇から本尊や位牌を別の棚にまつらせ、禁教を信仰していないか改めたことにはじまったという説もある。酷暑中の棚経は激務で、日ごろ楽をしている僧には地獄の苦しみだとか。この日は地獄の釜が開き、霊魂がそれぞれの家に帰ってホッとしているときだから、盂蘭盆は僧と霊魂の立場が逆転する。

七夕《たなばた》とお盆《ぼん》

七夕は竹と五色の紙で作った、死んであの世にいっている人が一年に一度帰るときの憑代《よりしろ》である。天の川という天にある三途の川を越えて死者が現世に帰ってくるのを迎える行事で、紙を使って雪洞(ぼんぼり)を作ったりするのもそのためである。五色の短冊は施餓鬼幡《せがきばん》が変形したもので、「如以甘露灑、除熱得清涼、如従飢国来、勿遇大王饍」という願文が書かれ、それが竹につけられて施餓鬼壇に飾られたものが戸外に出た。

七夕の竹《たけ》は神《かみ》の憑代《よりしろ》

仙台の七夕祭りなどで知られるとおり、七夕は夏の祭りとしての位置づけがなされている。織姫と彦星は一年に一度逢うことができるという恋のロマンスを中心に考えられ、笹に願いを書くと叶えられるという。しかし、ここで使われる竹はお正月と同じで神の憑代であり、そこに五色の短冊を下げる。これは青黄白赤黒の五色で、お寺の施食(餓鬼)供養のときなどは、これに願文が書かれている。

旅人《たびびと》と放浪者《ほうろうしゃ》

「月日は百代の過客にして行きかふ年も又旅人也」松尾芭蕉の『奥の細道』の冒頭の一節である。このように、よく人生は旅になぞらえられるが、旅はわが家あってこそ旅であるといえる。でなければ、ただの放浪者にすぎないであろう。では、人生の旅にあってわが家とは何か。それは安心して帰ることのできる浄土であると、先徳方は示しておられる。たんなる放浪者では終わりたくないものである。

食《た》べもの①

現代人はカルシウム不足とか、アミノ酸が足りないとか、繊維質の摂取量が少ないなどといわれて、各種のサプリメント食品が数多く販売されている。その一方で、太りすぎや食べすぎ、飲みすぎなどによってひきおこされる生活習慣病が問題となっている。修行僧はスリムで長生きの人が多い。その理由は肉や魚を食べないこともあるが、食べものにこだわらずにあるものを食べるからである。

食べもの②

現代における仏道修行のむずかしさにはいろいろあるが、そのひとつに食べものの問題がある。「肉も魚も食べない」という一人の僧がいた。その人は法事などで呼ばれたときでも、ほかの人と同じものではなく特別に蕎麦《そば》を用意させていた。しかし、蕎麦つゆは魚でダシをとっているのである。そのときどきに、出されたものは素直にいただくようにしたい。隠れてステーキなど食べるでない。

魂《たましい》のルーツ

日本人はおかしな人種だ。葬儀や四十九日忌などの法事を行ないながら、じつはその意味を心から信じているわけではいない。人は死んだらそれまでで、葬儀や法事は生きている者が故人のいなくなった後の生活の決意を新たにするためのもの、と合理的に考えている。これは、とくに知識人とされる人びとに顕著に見られる傾向である。ところが、その人びとが無意識裡に信奉している欧米人の意識は、逆にかつての日本人の霊魂説に近づいてきているともいわれる。いま、わが国では魂のルーツどころか、葬送儀礼のルーツがいずこかへ消え去ってしまったかの感がある。それを教え示すのが仏教僧の務めのはずだが。

魂を抜《ぬ》く①

夜となく昼となく機《はた》を織る美人の妻に、夫は「夜機織る者は、あの世の亡者《もうじゃ》に魂を取られるという。どうしても夜機を織るときは、口に小刀をくわえるように」と注意した。ある日、隣村に出かけた夫が夜更けに帰ろうとすると、土砂降りの雨になった。夫はクバの葉で作ったクバガサと杖を借りて帰途についたが、川の水があふれて越せそうになかった。夫は岩に腰掛け、煙草をふかしていた。

魂を抜く②

森の墓地のところから人が来る気配に、声をかけた。向こうは二人らしい。近づいて見ると、クバガサを被り、杖をついていた。亡者は百姓と同じクバガサを被り、杖をついているという。夫はぞっとした。二人は近づいてくると、「おまえはどこの者か」と聞く。夫はとっさに「おれは今後生《ごしょう》(新仏)で、死んだばかりで、後生のことがわからず弱っている」と答えた。

魂を抜く③

二人が「顔を見せろ」というので、夫はクバガサに触らせ、「足を見せろ」というから杖に触らせた。「なるほど、骨になっておる。クバガサも被っている。後生のことは、だんだんと教えてやるから、われわれについてこい」と亡者はいうと、音も立てずに川を渡っていった。つづいて夫が渡ると、ザブザブと音がした。「なるほど、新後生で渡り方がへたで音を立てている」と亡者がいった。

魂を抜く④

夫がやっと川を渡ると、「この先の村に、美人でよく機を織る女がいるが、これからその女の魂を取りにいくから、おまえはよく見て覚えろ」と亡者がいった。夫は驚き、妻を救う方策を考えながらついていった。機を織る音がだんだん近づいていた。「なんとか小刀をくわえていてくれ」と夫は祈った。が、機織りに熱中する妻は、その日にかぎって、小刀のことを忘れていた。

魂を抜く⑤

「何をぼんやりしている。おまえはここで、われわれのすることを見ておれ」といって、亡者は音も立てずに家の中にスーッと入った。機の音がやんだ。夫が戸の隙間から覗くと、妻は機の横に寝かされ、一人が金襴の袋の口を妻の顔に近づけると、一人が扇であおいだ。妻の鼻からスーッと魂が抜け、袋に入った。妻の顔は、みるみる青ざめた。夫は叫ぼうとするのをこらえた。

魂を抜く⑥

亡者が出てくると、「よく見たか」と亡者が聞いた。夫は「この隣にもっと美しい女がいる。こんどは自分にやらせてくれ。きっと、うまくやってみせる」と頼んだ。亡者は「新前にはまだ無理だ」といったが、なんとか金襴の袋と扇を貸してもらうと、隣家の屋根に登り、クバガサを取ってパタパタとあおいで鶏の羽ばたきを真似ると、コケコッコーと鳴いた。

魂を抜く⑦

亡者はこれを聞くと、「しまった、もう夜が明ける。後生の国へ戻れなくなる」というと、「たまらぬ、たまらぬ」と慌てて、墓のある森をめざして走っていった。夫は屋根から下り、急いで死んだばかりの妻の傍に行くと、金襴の袋の口を開け、妻の口と鼻に向けて扇であおいで魂を入れた。妻はたちまち蘇生した。

他力《たりき》と自力《じりき》①

親鸞《しんらん》は流罪を許されて常陸《ひたち》へ移住する途中、下野《しもつけ》で『浄土三部経』を千回読経することを思い立ったが、四、五日して「千回読経は自力を頼るもので、他力にまかせる法然の教えに背くのではないか」と疑問をもつと、即座に中止した。十数年経って、風邪の高熱に苦しんだとき「苦しいのは、そうだったのか」と、とつぜん叫んだ。驚いた妻の恵信尼が起こした。

他力と自力②

親鸞は高熱のなかで『無量寿経』を誦していたのだという。目を閉じると、お経の文字が一文残らず浮かんでくるのだ。親鸞は「なにかおかしい」と思うと、十数年前の千回読経のことが思い出された。あのときの《自力》の心がまだ自分のなかに残っていたのだった。教団を組織するつもりのない親鸞は「弟子一人ももたず候ふ」といって、弟子を同朋としてあつかった。

他力本願《たりきほんがん》はあなた任《まか》せ

万事あなた任せで、他人の力をあてにすることを、他力本願というようになったが、本来は仏教語で、他力は阿弥陀如来の力であり、本願は人びとを救うという誓いである。その阿弥陀仏の本願力を頼りにして、絶対的な信をよせるという意味である。浄土真宗の思想の根幹をなすものだ。「他力本願じゃいけない」ではなく、浄土真宗においては「他力本願こそイノチ」である。

達磨大師《だるまだいし》と薬屋《くすりや》

紀元五世紀ごろ、南インドの香至国の第三王子として生まれた菩提多羅《ぼだいたら》は、般若多羅《はんにゃたら》の弟子となり、菩提達磨と改名した。般若多羅に四十余年師事した後、海路で中国へ渡った。梁《りょう》の武帝《ぶてい》と会ったときはすでに百三十歳で、六世紀前半に入滅して熊耳山《ゆうじさん》に葬られたときは、百五十歳だったといわれる。薬屋に「達磨」に因んだ名前が多いのは、達磨の長寿・不老不死にあやかってのものである。

達磨大師とダルマ人形《にんぎょう》

十月五日は達磨忌《だるまき》だが、達磨はインドで香至国の王子として生まれ、六世紀前半、海路中国に渡った。魏《ぎ》の国の崇山少林寺で壁に向かって九年間、坐禅を組んで悟りに達した。あまり長いあいだ坐禅をしていたために足が腐ってしまい、ダルマ人形のモデルとなった。ダルマ人形は最初、天変地異の邪気を祓《はら》う呪物として始まったという。

達磨大師と武帝《ぶてい》

達磨大師が中国に到着したとき、梁の武帝が「私は今まで多くの寺を造り僧を育ててきた。これはどのくらいの功徳になるのか」と聞くと、達磨大師は「無功徳《むくどく》」と答え、「では、仏教における聖なる真理とは何か」と聞くと、大師は「空っぽで何もない」と答え、さらに武帝が「ならば、おまえは何者だ」と聞くと、「知らぬ」と答えた。ご利益目当ての者など相手にしなかったのである。

達磨大師の足《あし》

ふつう達磨大師は坐像だが、立ち達磨大師がある。健康達磨大師とされるもので、通称健康寺といわれる西伊豆の富士見山達磨寺にある。達磨大師は、とくに足が丈夫な方であったと伝えられ、少林寺面壁で坐禅を九年間つづけたのではなく、ときには立って滝中にうたれていたという。立ち達磨大師の足や衣をさすり、健康を祈願する。

達磨大師の化身《けしん》

飛鳥時代の六一三年(推古天皇二十一年)聖徳太子は道端で餓死に瀕していた者に衣食を与えたが、翌日死亡し、葬った。後日、検死の時には衣服のみが棺上にあった。その「飢者」が達磨大師の化身であったとされ、棺上に精舎を建立し、太子がみずから刻んだ達磨の木像を安置した。十三世紀の初めに寺院が建立され、達磨廟を三重の搭にして、聖徳太子像、達磨像を安置した(奈良達磨寺縁起)。

ダルマと神道《しんとう》

仏教にはダルマという言葉がある。仏陀が説いた教えのもとの法をダルマと定義したもので、これを言霊《ことだま》解釈すると、ダは駄目だ、ルは存在、マは希に見る美しさ(女性)で女性は駄目な存在ということになる。ダルマとは菩提達磨、達磨大師のことではなく、女性の手足を取って無抵抗にしてオモチャにすること。ちなみに、インドのサンスクリット語はシンドゥだが、日本の神道から始まった真理ということ、これってホント？

ダルマの目《め》

ダルマさんの目は、左目を先に塗りつぶすのが正式。

密教の術語「阿吽《あうん》」からきているもので、サンスクリット語の最初の音(ア)と最後の音(ウン)を表わし、それを物事の始めと終わりにあてはめ、それで全宇宙を表わすという壮大な考えに基づいている。それを口の形に象徴したのが「仁王像」や「狛犬《こまいぬ》」の像で、向かって右が口を開いた阿、左が口を閉じた吽になっている。

田《た》を耕《たがや》す仏道《ぶつどう》①

お釈迦さまがあるバラモン村に滞在して托鉢にいったときのことだ。ちょうど種まきの季節で、多くの使用人に食事を出しているときであった。バラモンは出てきて釈尊にいった。「私は田を耕し種をまいて食を得ている。あなたも自分で耕し種をまいて食を得たらどうか」と。お釈迦さまは、それに答えて「私も同じく耕し種をまいて食を得ている」といわれる。

田を耕す仏道②

それは、信という種をまき、戒は雨となり、智慧という鋤《すき》で耕し……というように、仏道は自己の心田を耕し、悟りという稲穂(果報)を得ようとする営みであるということを意味する。そしてそれは福田であるから、在家信者は自己の功徳を積むために、喜んで仏道に励む者に布施をすべきなのであり、出家はけっして法話の代償として布施を受けとる者ではないと、お釈迦さまは諭された。

檀家制度《だんかせいど》は請負制度《うけおいせいど》

檀家とは寺院の経済的な後援者を意味するが、特定寺院に所属する家・家族のことをいい、檀家制度は江戸時代から現代にいたるまで寺院経営を支えてきた。成立したのは寛永十二年(一六三五)の寺請手形作成の時期以後である。この寺請は自分の檀家がキリシタンではないことを住職が請け負う制度で、島原の乱を境に強化され、全国に定着した。また、僧が楽して寺院を経営できるようにして、その勢力をそぐねらいもあった。

檀家《だんか》と旦那《だんな》

「右や左の旦那さま」というが、旦那は正確には檀那と書き、梵語ダーナの音を漢字で写したもの。布施と訳す。したがって檀那は布施(ほどこし)の意である。布施をする人を梵語でダーナ・パティといい、檀越(だんおつ・だんのつ)と音写して、それを檀家ともいう。檀家は「だんけ」とも読む。梵語パティは主のことで、日本では檀家制度ができてから家単位で布施をするから、檀家という言葉が定着した。

啖呵《たんか》は叱《しか》り真実《しんじつ》を説《と》くこと

維摩居士《ゆいまこじ》が『維摩経』という経典のなかで、小乗の教えにこだわっている仏弟子たちを叱りつけ、大乗の教えの真実を説いている。このようすを弾訶・弾呵(だんか・たんか)という。——江戸っ子の威勢よく、歯切れのよい口調でまくしたてる啖呵に、胸のすく思いがするのは、ひとり私だけではないであろう。

端午《たんご》の節句《せっく》と菖蒲湯《しょうぶゆ》

「五月五日のせいくらべ」の童謡で知られる端午(端五)の節句には、柏餅を食べ、菖蒲湯に入る。なぜ菖蒲湯かというと、武者人形に示されるように男の子の節句であるから、武を尚ぶ《たっと》(尚武)と菖蒲の掛け言葉である。アヤメ(菖蒲の古称)の節句ともいう。また鯉のぼりは、中国の故事から男子の立身出世を願って立てられた。室町時代には武家が、江戸時代から町家も立てたという。

男根《だんこん》は悪業《あくごう》をつくる因果骨《いんがぼね》

むかし、坊さんの隠語で、男根を因果骨といった。因果は直接的原因(因)と間接的条件(縁)によってさまざまな結果を生起することをいうが、この場合は、悪業の果報である不幸な状態をいい、それをつくりだす骨といった意味合いである。坊さんならずとも、なんの説明もなしに納得してしまえる言葉だ。骨ばらなければ、なんの因果ともならないのだが、それでは人生が寂しすぎるし、そもそも人類が滅んでしまう。→因果骨

断食《だんじき》とダイエット

断食は一定期間、いっさいの食物を断つこと。祈願の成就、自己修錬のためにおこなう苦行。釈尊も断食修行をしたが、結果的に悟りに至らず、これを否定した。しかし、実際には仏教にも取り入れられている。最近では、肥満で悩む人が断食をダイエットの一環としておこなっているが、いったんは成功しても、その反動による過食でリバウンドして、断食前よりも太ることが多い。くれ

ぐれも無理な断食はしないようにすべきだ。

男女平等《だんじょびょうどう》と不平等《ふびょうどう》

戦後、新憲法が発布施行され、それにもとづく教育制がしかれて男女平等の世となった。アメリカ文化のお仕着せという批判もあるが、それによって現代生活が始まったことは否めない事実だ。しかし、何か大事なことが忘れ去られている。男女は人権においては平等だが、性において差異がある。それにともなう役割分担というものもある。男女平等をはきちがえた結果、今のようなおかしな世の中になってしまった。

だんだんよくなる法華《ほっけ》の太鼓《たいこ》

日蓮宗の僧侶や信者が題目を唱えるとき、手に持って打つ太鼓、円形の枠に皮を張って柄《え》をつけたものを団扇《うちわ》太鼓という。形が団扇に似ているのでこの名がある。「だんだんよくなる法華の太鼓」というように、江戸時代より法華の信者は団扇太鼓を打ち鳴らし、寒修行や霊跡参りを行ない信心を増進した。現在でも十月十三日の日蓮聖人入滅の前日の逮夜には、鐘や太鼓を鳴らし、万灯供養を賑やかにくりひろげ、多くの参拝者の耳目を集めている。

タントラにはエロスの神秘《しんぴ》

タントラ(怛特羅)は、一般にエロスの神秘をともなってイメージされる。日本には性的要素の強い無上瑜伽《むじょうゆが》タントラは伝わっていないが、タントラが性的志向をもつのは事実で、般若を女性＝母、方便を男性＝父として、その合一の状態を悟りの境地とする。また、男性の精液を方便、女性の体液を般若として、性的結合によって両者の混じりあったものを菩提心《ぼだいしん》とする。

断臂不動明王《だんぴふどうみょうおう》

唐から帰朝した弘法大師空海が、羽州湯殿山《うしゅうゆとのさん》に籠もって修行をしていた。ある夜、忽然と不動明王に姿を変えた大日如来が現われると、持っていた剣で自分の肘《ひじ》を切った。すると、その肘から浄火が燃え上がり、炎が厳かな仏の形になった。弘法大師は、自らの肘を切ってまで衆生を救おうとする貴い姿を、断臂不動明王として像に刻んだ。

断末魔《だんまつま》の苦《くる》しみ

「断末魔の苦しみを味わった」といえば、死ぬほどつらかった状態のことである。本来は臨終の苦しみをいい、末魔《まつま》は死節《しせつ》・死穴《しけつ》で、身中にある特別の支節、これにちょっとでも触れると、激痛を起こしてかならず死に、この死穴を切られるときの苦しみが、断末魔の苦しみである。――病院で死に神が死穴をつついたが、病人はいっこうに痛がらない。不思議に思って顔を上げてみると、医者が麻酔を打っていた。

【ち】

智慧《ちえ》は平等《びょうどう》を知《し》ること

智慧とは、宗教的には宇宙・自然の秩序を洞察することによって人間生活を秩序づけする精神的能力をいう。ある名僧によると、智慧は人間が生まれながらに背負っている差別と平等を認識できる能力のことで、人間は差別のなかに生まれており、能力の有無、容姿の美醜、生活環境の貧富等はいかんともしがたい。これが絶対差別であるが、だれでも等しく仏になる可能性(仏性《ぶっしょう》)をそなえていることを認識するのが智慧であるという。簡単なことのようでいて、これがなかなかむずかしい。

力《ちから》自慢《じまん》①

クシナガラ城に三人の力士がいて、金剛力《こんごうりき》を自慢にして驕《おご》りのかぎりをつくしていた。釈尊は、この乱暴な力士たちの教化を目連《もくれん》に命じた。目連は五年間、手段をつくして指導したが、導くことができなかった。釈尊は阿《あ》難《なん》に「釈迦の涅槃《ねはん》は三か月後に迫った」といいふらすよう命じた。力士たちはそれを聞き、釈尊がクシナガラに来るのを知ると、道の修理をはじめた。

力自慢②

多くの弟子をつれた釈尊は、力士たちの道路工事を遠くから見ると、みすぼらしい修行僧に変身して力士に近づいて「童子らよ、そこで何をしているのか」と声をかけた。みすぼらしい坊主に童子と呼ばれて頭にきた力士たちは、「童子とは何事だ」と睨みつけた。釈尊は「こんなに多くで、通行を邪魔するちっぽけな石一つ動かせないのは童子じゃないか」「ならば、坊さんが動かしてみろ」と迫った。

力自慢③

釈尊は、右足の二本の指で石を掘り起こした。力士たちは驚いたが、「石を掘り起こしただけじゃ通行の邪魔になる。道の外に出せないのか」「おまえたちは、なんのために道路工事をしているのだ」と釈尊が聞くと、「坊さんは知らないのか、釈尊が涅槃に入るため、沙羅双樹《さらそうじゅ》においでになる。その道がこれだ」「ならば、石を片づけてやろう」と、修行僧は軽々と石を空中に放り上げた。

力自慢④

力士たちは、あまりの凄さに逃げ出そうとした。釈尊がそれを止めると、石はすごい勢いで落ちてきた。力士たちは震えていたが、修行僧が片手で受けとめると安心し、表情は尊敬に変わった。そして釈尊は「この石は永遠のものか、そうでないのか」と訊ねた。釈尊が石を吹くと、たちまち微塵《みじん》に砕けた。力士たちは、石が永遠のものでなく、体力や財力の空しさを知り、反省をした。

力持《ちからも》ちの女二人《おんなふたり》①

美濃《みの》国のきつねという名の女は、狐を母として生まれた人の四代目といわれ、身体も大きく百人力の凄い力持ちだった。市場に住み、その力を悪用して、商人から品物を奪って暮らしていた。尾張《おわり》国にも力持ちの女がいて、お寺の道場法師の孫だといわれ、身体は小さかった。美濃の女の話を聞くと、力を試してみようと、五十石《こく》の蛤《はまぐり》と二十本の笞《むち》を持って、舟で美濃に向かった。

力持ちの女二人②

美濃の町に着くと、きつねが蛤を取り上げ、どこから来たのかと聞いた。尾張の女は黙っていたが、四度めに「どこから来たか知らぬ」と答えた。きつねは「無礼者」といって怒り、なぐろうとした。尾張の女はきつねの腕を押さえ、笞できつねを力任せに打つと、笞にきつねの肉がつき、十本の笞を打ち終わると、きつねの肉はそのつど笞についてちぎれた。きつねは許しを乞うた。

力持ちの女二人③

尾張の女は、「悪いことは二度とするな。この町に来るな」といって逃がした。きつねは「殺されてはたいへんだ」と言いつけを守り、商人たちに安心が戻った。力のあるのは、前世でそのもとになる行ないをしたので、いまの世で力がもてるのだが、その力を悪いことに使えば、その酬《むく》いはかならずやってくるという話である。

畜生界《ちくしょうかい》からの生まれ変《か》わり①

畜生界から人間に生まれ変わった人は、愚かで小才で、好んで愚かな友とのみ交わり、怠け者で性質は弱く、いうことがはっきりしない。多食で、しかも泥土を好んで食べ、常に暗黒なところを喜ぶ。見る夢は、泥に塗られた身体や、自分が田や野原で草を食ったり、いろんな蛇につきまとわれて苦悩する情景である。

畜生界からの生まれ変わり②

畜生界から来た人は、長いあいだ畜生といっしょに暮らしていたため、人間に生まれ変わっても、習慣となっている畜生の行ないをするので、みずからそれに気がつけば、畜生界にいたことをさとり、畜生に生まれたのは愚痴のためであったことを自覚して、よい師について十二因縁の法を聞き、愚痴行を除く努力をしなければならない。

畜身《ちくしん》の釈尊《しゃくそん》

釈尊が一人で行をしていたとき、多くの獣が来て、釈尊を食おうとしたことがあった。釈尊は死に臨んで「私がここで死ねば、次には獣身となって、林や沢でもろもろの生きものを殺して食い、殺生の罪を犯している悪獣たちに私の身肉を食わせて、彼らが殺生の悪業をつくらないようにしてやろう」という大願を起こした。そして、その願いのように獣身となって、悪獣たちに血肉を与えたことがある。

地磁気《ちじき》と北枕《きたまくら》

遺体を北枕に寝かせるのは、釈尊の入滅《にゅうめつ》時の作法をならってのこととされるが、じつはもっと深い意味がある。それは、地球は北極から南極に磁気が流れていて、その吸収をよくするためだというのだ。古代中国にも北枕の慣習があり、急逝した人が生き返った例があるという。

——「そんなに身体にいいなら、縁起が悪いなどといわず、ふだんから北枕で寝ればいいのに」とは、素人の素朴な疑問である。

知識《ちしき》と智慧《ちえ》

智慧は知識を含むが、知識をいくら寄せ集めても智慧とはならない。断片的な知識をつなぐのは、智慧のはたらきをまってできることだ。「三人寄れば文殊《もんじゅ》の智慧」という。この場合も、三人の知識を寄せ集め、それを生かす工夫をすれば有効な智慧となるということだ。経験や学習による知識プラス直観、それが智慧ということになろうか。知識は学習できるが、智慧はそれができにくい。

痴《ち》は馬鹿《ばか》

「知は力なり」とはイギリスの政治家・哲学者フランシス・ベーコンの言葉だが、痴もまた力なり——ただし、こちらは馬鹿力だ。何も考えずに猪突猛進しても、けっこううまくいったりする。しかし、いったん困難に遭遇すると、にっちもさっちもいかなくなる。近代の初め、ベーコンの知の力は自然を支配する力を意味したが、いまは自然と協調する智慧の力が必要だ。

中風《ちゅうふう》は風大《ふうだい》の障《さわ》り

中風は腕または脚が麻痺して動かなくなる病気だが、語源は「風に中《あた》る」であり、一切を構成する地・水・火・風の四つの要素(四大)のうちの風大に障害があることから起こるとされた。人間もこの四大に支配されており、地は骨と肉、水は血液や体液、火は熱、風は動きに相当する。この風大のはたらきに障りがあって中風になるというのだが、じつは脳髄の器質的変化による。

長広舌《ちょうこうぜつ》は大演説《だいえんぜつ》

「長広舌」は、もとは広長舌といい、仏の三十二相の一つで、仏の広く長い舌のことである。仏の舌は、顔を覆いつくして髪まで届くほど広くて長いのだ。これは、仏の自由自在な説法に嘘偽りがないことをいうのだが、これが大雄弁、大演説をさすようになり、さらに内容のないことを長々としゃべることをいうようになった。会社や官公庁など、公の場で偉い人が使う技だが、これも供養と思ってあきらめよう。→広長舌は嘘がない喩え

長者《ちょうじゃ》たちの出家《しゅっけ》①

王舎城《おうしゃじょう》下に巨万の富を持ち、大邸宅で大勢の召使いを抱え、王を凌ぐような生活をしている賢護《けんご》という大富豪

がいた。彼は大富豪にもかかわらず、物質万能主義者ではなく、日常の善行を心がけ、信仰心も厚かった。彼は、王宮を捨てて出家した釈尊が、悟りを得て大偉聖となって多数の弟子をもち、いま教化のため王舎城外の霊鷲山《りょうじゅせん》に来ていることを知っていた。

長者たちの出家②

彼は、大偉聖を近くで仰ぎ見、その声に親しく接したいと思い、五百人の長者とともに霊鷲山の釈尊のもとを訪れ、礼拝《らいはい》することにした。その日の早朝、釈尊は弟子に囲まれ、王舎城に入って乞食《こつじき》をしていた。これを遠くから見た長者の一行は、自分たちが想像していたよりも尊いので、深く清浄な信仰心をもった。彼らは、そのまま釈尊の一行について霊鷲山まで行った。

長者たちの出家③

長者の一行は、釈尊の前に立つと「相好《そうごう》がとくに優れ、威徳、名称、光明、金色相等、すべてが衆人に優れているのは、生家を捨てて出家されたためでしょうか」と訊ねた。釈尊は、生、老、病など十種の苦しみ、十種の怒り、不善、十種の邪見、汚れなど、この世のあらゆる欠陥、悪業を観察し、人びとを救うため大道心を起こして出家したことを詳しく説明した。

長者たちの出家④

五百人の長者は、仏の徳の広大なことをあらためて感じ、異口同音に釈尊の説法を望んだ。釈尊は、彼らがすでに善根を熟成させ、正しい法を聞く準備ができていることを知ると、ただちに立って空中に結跏趺坐《けっかふざ》した。彼らは、釈尊が空中に安座するのを拝して、いちだんと深く尊重恭敬の清浄な信仰心をおこした。釈尊は彼らに「生、老、病、死、憂い、苦しみ、悩み、憂い嘆き、輪廻《りんね》などから、真に解脱することを求めるか」と、求道の心を確かめた。

長者たちの出家⑤

長者たちは「衷心から解脱を望んでいる」と覚悟を語った。釈尊は「もろもろの悲苦塵垢《じんく》から解脱するには諸法はことごとく因縁によるもので、実体はなく、虚妄《こもう》にほかならないという真理を体得することができさえすれば、それでよい。たとえば、万物の発生、出胎、または成立をさして《生》というが、これも色・受・想・行・識からなっているものにすぎず、実体はない。

長者たちの出家⑥

実体のないものに実体を認め、彼此、自他の相対的分別の観念をもつ結果が妄想となり、愛着となり、憎しみになって、苦しみを生むのである」といって、万物にはそれ自体の存在とか力があるのではなく、因縁のかかわりあいの結果として認識されるにすぎないということを、次のようなたとえ話で説明した。

長者たちの出家⑦

「池の中に水が流れこんでいて、その中にもろもろの魚や生きものがとどまって住んでいるが、おまえたちはこの魚や昆虫などの生きものが、なんの力でとどまり、棲息していると思うか」と、長者たちに問いかけた。長者たちが当然のように「水の力によって」と答えると、釈尊は「では実際に、水に力があるのだろうか」とつづけた。長者たちは「水に力はない」と答えた。

長者たちの出家⑧

釈尊は「水には魚をとどめようとする思慮がなく、力はない。諸法はみな、われわれの虚妄分別《こもうふんべつ》の起こすもので、実体は無力、無堅、ただ縁に従って存在するのみで、人間が眼・耳・鼻・舌・身・意の六根によって認識し経験するすべてに実体があると思うのは錯覚で、錯覚したものに執着し、迷っているのである。

長者たちの出家⑨

だから、解脱《げだつ》するとは、あなたたちのもっている我執、衆生執、寿執、人執、一切執、分別執等の、あらゆる執念から離脱することである。主観の我にしても実体はなく、客観の万象にも実体はない。主観客観が存在しないところに、執着するものはないはずだ。あなたたちは、わが教法のなかに出家して、一切が幻だと了解すれば、生・老などの憂いや悩みから解脱することができる」

長者たちの出家⑩

五百人の長者たちは、釈尊の説く法を傾聴し、心身のもろもろの塵埃《じんあい》を取り除いて、万象の実相を認識するための法眼《ほうげん》を得ることができた。長者たちは「法を拝聴した私たちは、心になんの恐れも苦悩もなく、澄んだ心地になりました。なにとぞ、出家することをお許しください」と釈尊に頼んだ。釈尊が出家を許すと、長者たちの鬚髪《しゅほつ》は自然に落ち、袈裟《けさ》は自然に身についた。

長者《ちょうじゃ》の万灯《まんどう》より貧者《ひんじゃ》の一灯《いっとう》

「長者の万灯より貧者の一灯」というのは『阿闍世王授決経《あじゃせおうじゅけつきょう》』にみえる説話にもとづく。貧者は貧女《ひんにょ》ともいい、個々人の布施の心の貴重さを示している。と、いくら頭ではわかってはいても、長者の万灯のみを喜び、貧者など一顧だにしないのが現実というものである。貧者がいくら寄り集まっても立派な伽藍《がらん》はできないが、無信心の大きなガラン堂ばかりでも仕方あるまい。↓貧者の一灯

長者《ちょうじゃ》の婿《むこ》①

長者の家に三人の兄弟の下男がいて、一休みしながらそれぞれの夢を話していた。兄は「酒を浴びるほど呑みたい」、中の兄は「寿司を腹いっぱい食いたい」、弟は「この家の婿になりたい」といった。これを長者は偶然聞いていた。夜、長者は「おまえたちの夢はなんだ」と聞いた。それぞれ自分のことを話すのは照れくさいので、兄はこういっていた、弟はこういっていたと話した。

長者の婿②

長者は「おまえたちはよく働いてくれるから、上二人の夢はすぐに叶えよう。だが、弟の夢は牛が泳いだら叶えてやろう」といった。これは無理な話だと、二人の兄は思った。弟は、お不動さまに一心にお願いした。嵐のあった翌日、長者の畑の肥桶《こえおけ》を運んでいた牛が、増水した川に落ちたが、じょうずに泳いで助かった。長者は、これも何かの因縁だろうと思い、弟を婿に取った。

長寿社会《ちょうじゅしゃかい》の住職《じゅうしょく》

人の寿命が延びることは、もちろんよいことである。しかし、かつて経験したことのない長寿社会は、いたるところで弊害を生んでいる。年金も深刻な社会問題だが、各寺院においてもまた同様である。住職が八十、九十歳でなお矍鑠《かくしゃく》としており、その後継ぎはというと、すでに六十歳を越えている。いかに寺の坊さんの世界で「四十、

五十は小僧のうち」とはいっても、一般社会ではそろそろ楽隠居の年齢である。それでも、世間でいわれるように坊主丸儲けなのだろうか。

聴衆《ちょうじゅ》と聴《き》き手《て》

聴衆は、仏教語としては「ちょうじゅ」と読んで、説法などを聴聞にきた人びと、法華八講などの講会に参列して聴聞《ちょうもん》する僧のうち講師・問者を除く人びとをいう。いまでは「ちょうしゅう」と読んで、講演会や演奏会など、何かを聴きに集まった人びと、聴き手をいうようになった。

弔電《ちょうでん》と句読点《くとうてん》

いまは通信機能の発達で弔電も普通の文章で送れるようになったが、少し前までは全部カタカナで書かれていたため、読み方をまちがえることがあった。「ゴセイキョヲイタミツツシンデオクヤミモウシアゲマス」(濁点も一字だった)とあるのを「ご逝去を悼みつつ、死んでお悔やみ申し上げます」と読み上げてしまい(一同大爆笑!)、葬儀の厳粛さをぶち壊してしまったとか。

調伏《ちょうぶく》も慈悲《じひ》から

調伏とは、諸悪を制伏、降伏させることである。釈尊の弟子デーヴァダッタ(提婆《だいば》)は落ちこぼれだった。十二年間修行を積んだが悟りが開けず、仲間に取り残されてゆく。提婆の悩みは、釈尊への憎悪に変わっていった。釈尊を殺そうと象に酒を飲ませて狂象にし、釈尊めがけて突進させた。だが、酔象は釈尊の前に来ると、おとなしくなって止まった。釈尊の慈悲の心が伝わり、象を制伏したのである。

長老《ちょうろう》は老年《ろうねん》にあらず

長老は、サンスクリット語でスタヴィラ、上座《じょうざ》とか大徳《だいとく》とも訳される。出家得度・受戒して年月を重ねた徳の高い僧、年齢にふさわしい修行と学識を修めた僧をいう。転じて、年をとり経験を積んだ人のこと。また、サンスクリット語のアーユシュマットの訳で、もとの意味は「齢《よわい》をもつ人」だが、かならずしも老年の者をさす言葉ではなく、尊い人、聖者を意味する。お釈迦さまは、年下の弟子阿難《あなん》を「阿難長老」と呼んでいる。

治療《ちりょう》ミスと引導《いんどう》ミス

近年、医者あるいは病院の治療ミスが取りざたされることが多い。それだけ治療者側の責任意識が低下しているともいえるし、それを受ける側の医学知識ないし意識が高くなっているともいえる。ところで、聖道門《しょうどうもん》系の宗派の葬儀で坊さんが死者に引導をわたすが、引導ミスがあったという話を聞かない。導師の引導作法によって、はたして亡者が救われたかどうか、だれも証明できないからだ。こちらのほうは、受ける側の意識は高まるどころか低下の一途である。

【つ】

月《つき》の人間《にんげん》への影響《えいきょう》

宇宙科学が発達して、人間が月に行くこともできる時代になった。いま「月を拝む」などというとバカにされてしまうが、人間の生き死になどは、自然のばあいは潮の満ちるときに生まれ、ひくときに死ぬことが多いとされる。これは、月と地球と太陽の位置関係による引力の影響によるものである。じつは、月は人間にさまざまな影響をあたえている。たとえば、満潮のときにケガをすると血が止まりにくい。

継蠟燭《つぎろうそく》がいけないわけ

蠟燭が燃えて短くなった上に、別の蠟燭を継ぎ足すことを継蠟燭といい、死者の霊前ではこれを忌みきらう風習がある。それは、蠟燭の明かりは灯明であり、灯明は仏の智慧を象徴するものであるから、それを継ぎ足したのでは故人の成仏にさしさわりがあるという考えからでたものだ。故人は暗い冥界をさまよっているわけだから、明かりが途切れたら一歩も進めなくなってしまう。

つけひも閻魔《えんま》

温かい春、新宿の太宗寺《たいそうじ》の閻魔さまの前で乳母が赤ん坊を抱いて子守唄を唄っていると、急に赤ん坊が泣き出し、いくらあやしても泣きやまない。腹の立った乳母は「泣く子は閻魔さまに食べられる」と脅《おど》したが、泣きやまないまま、乳母は睡魔に襲われた。気がつくと、赤ん坊がいなくなっていた。捜しまわったが、どこを探してもいない。ふと閻魔さまの口もとを見ると、赤ん坊の着物のつけひもが下がっていた。

漬物石《つけものいし》の墓《はか》
沢庵《たくあん》は、七十三歳で没した。死ぬ前に弟子が遺す言葉を求めると、筆を取って「夢」の一字を書いて息を引き取ったという。遺言は、「葬式はするな、香典はもらうな、死骸は後山に埋めて二度と参るな、墓を作るな、朝廷から禅師号を受けるな、位牌を作るな、法事をするな、年賦を誌《しる》すな」だった。東京品川の東海寺に残る沢庵の墓は自然石で、なんの銘も彫られていない。漬物石を意味するという。

辻説法《つじせっぽう》は日蓮聖人《にちれんしょうにん》から
辻説法は路傍に立ち、道行く人に説法することである。建長五年(一二五三)、鎌倉に出た日蓮聖人は、小町の辻に立って説法したと伝えられる。それまで寺の堂内で説法をするのが一般的であったが、日蓮聖人は街頭に出て大衆に説法をした。現在は政治家などが街頭演説をしていて珍しくもないが、当時としては画期的であった。それ以前、外に出て説法する僧は皆無だったのを、日蓮聖人が実践したことで、辻説法という布教法が注目されたのである。

妻《つま》への写経《しゃきょう》①
病気になった藤原広足が、病気平癒を願って大和《やまと》の山寺に籠もり、八戒を守って写経をしていた。ある日、筆を持ち机に向かったまま動かない広足を見て、眠っていると思った召使いの童子が、日没で仏さまを礼拝する時間だといって身体を揺すったが、目を覚まさなかった。もう一度揺すると、身体は倒れ、息をしていなかった。驚いた童子は、急いで家に帰った。

妻への写経②
身内の者が葬式の準備をして、三日後に山寺に来ると、広足は生き返っていた。不思議に思う一同に、広足はわけを話した。――自分は一度死んで、黄泉《よみ》の国に行った。暗い道を歩いていると、頬鬚《ほおひげ》が上向きに生え、赤い衣に鎧《よろい》をつけ、刀と鉾《ほこ》を持った男が大王のお呼びだといって、鉾で私の背中をつつき、前後を兵に挟まれて追い立てられていった。

妻への写経③
進んでいくと川があり、水は黒く淀んでいた。橋はなく木の枝が置いてあったが、岸には届いていなかった。前を歩いていた兵が「わしの足跡を踏んでついてこい」といって歩いていった。いわれるとおり足跡を踏んでついていき、向こう岸に着くと、正面に重なりあった宮殿があり、屋根は金色に輝いていた。四方には玉で飾った簾《すだれ》があり、中に人がいた。

妻への写経④

兵が入って報告すると「呼び入れよ」と声があり、簾が上がると大王がいて「おまえの後ろにいる者を知っているか」と聞いた。「私の妻です」と答えると、「この者の訴えでおまえを呼んだ。この女が地獄で受ける六年の責苦の半分は終わったが、この女はおまえの子供をみごもって死んだのだから、あと三年の責苦はおまえといっしょに受けたいというのだ」

妻への写経⑤

私は「妻のために法華経を写し、妻の責苦を救いましょう」というと、妻が「夫のいうのが本当なら、帰してやってください」といった。帰る許しを得た私は、大王に「あなたはどなたですか」と聞くと、大王は「私は閻魔《えんま》だ。おまえの国では地蔵菩薩という」といって、私の頭を優しく撫でると、「私が印《しるし》をつけたから、おまえは災難に遭わないだろう。さあ、帰れ」といわれて生き返った。——広足は妻のために写経し供養した。

通夜《つや》と喪服《もふく》

最近、お通夜で喪服の人が多いのに驚かされる。逆に、平服で参列するのが恥ずかしいくらいだ。本来、お通夜は急を聞いて駆けつけるということなので、まるで待ってましたとばかりに喪服で参列することは、かえって失礼なことといわなければならない。また、通夜は親族・友人が死者とともに最後の夜を過ごすということなので、通夜にでるくらい親しい間柄ならば、とうぜん葬式にも参列するべきである。

通夜ぶるまい

通夜ぶるまいとはお通夜の終わったあとにだされる食事のことだが、本来は故人といっしょに食事をすることであった。しかしいまでは、ちょうど夕食時なので、ふつうの食事とかんちがいしている人がいる。まだお経がつづいているのに、隣の部屋で大声で話をしたり、笑い声が聞こえたりすることがある。遺族にとってはたいへん迷惑であるばかりでなく、死者にたいして失礼なことこのうえもない。

鶴《つる》が亀《かめ》をうらやむ

「鶴は千年、亀は万年」ということわざをふまえて、「亀の年を鶴が羨《うらや》む」という。長寿の争いを示して、欲望には限りがないことをたとえた言葉だ。対して、仏教は少欲知足を説く。不況が長引く昨今、少欲を云々する書物などが目立つようになった。景気不景気にかかわりなく、少欲がじつは大欲につながるものであることを、少なくとも宗教者は示しつづける必要があるのではなかろうか。

【て】

できそこない

「お釈迦にする」はもと鋳物職人の隠語で、地蔵菩薩を鋳るのに誤って釈迦如来像を鋳てしまったことから、できそこないの品、役に立たないものをいうようになったらしい。阿弥陀如来という説もあり、「お釈迦になる」ともいう。まさか仏教の開組釈迦が「できそこない」とは、お釈迦さまでもご存知あるまい。↓おシャカになる

デクノボー

宮沢賢治の「雨ニモ負ケズ」で始まる手帳に理想として書かれているデクノボーだが、漢字では木偶坊と書く。木偶《でく》は木製の操り人形が原意だ。転じて役立たず、愚か者をいう。しかし、暑さ寒さに負けない丈夫な体をもち、欲なく怒らず、いつも静かに笑ってる人、困っている人を助け、喧嘩《けんか》があれば仲裁に入るような人が、どうして役立たずなのか。菩薩以外の何者でもないであろう。

弟子《でし》たちの説法《せっぽう》①

王の要請を受けて、釈尊は弟子に五日ごとに説法することを許可し、「人を集め、各自その力に応じて説法し、人びとを教化するように」といって、説法の内容も指示した。弟子たちは、いわれたとおり各自人を集め、各自でいっせいに説法をはじめた。説法を聞きに集まった人びとは、弟子たちの声が重なって何をいっているのかわ

からず、「まるで小学の児童がいっせいに声を出して読んでいるようだ」と批難した。

弟子たちの説法②

批難された弟子たちの報告を聞いた釈尊は、「いっせいに声を出したおまえたちが悪い。おまえたちのなかで、話の上手な者を選んで講演させればよい」と戒めた。弟子たちは、話の上手なことをポイントに、能弁者を選んで講演させた。不徳の者や低級な知識の者の講演を聞いた聴衆は、「われわれに道を説く者の非行乱行に比べれば、われわれのほうがましだ。口と行ないの異なる者の説法は、聞く価値がない」と批難した。

弟子たちの説法③

批難の声を聞いた弟子たちは、釈尊に報告した。釈尊は「諸根の暗い者、戒行をおろそかにする者は説法してはならない。知法、弁才にして、阿含経《あごんぎょう》などに精通した者を選び説法させなさい」と厳しくいった。阿含経に精通した者が多くいたので、弟子たちが釈尊に聞くと、「阿含経だけでなく、修多羅《しゅたら》(スートラ、経)を解し、律蔵を解し、論議を解する者がいたら、そのなかから文字に明るく、話の上手な者を選べばよい」といい、言葉をつづけた。

弟子たちの説法④

「文字を解し、話の上手な者が多数いれば、順番を決めて、疲れたら順次交代すればよい。また、露地で説法するとき、寒さ暑さを避けるため、堂を造ることを許す。堂に壁がなく、風や埃《ほこり》で汚れる場合は、壁を造ることを許す。地が平らでない場合は、麻や草を下に敷くとよい」弟子たちは説法堂を造り、そこで勉強し、釈尊のいうような者を選んで説法をつづけた。

弟子たちの説法⑤

知識があり、話術にすぐれ、巧みに説法するのを聞いた多くの聴衆は、説法者に感謝して香華《こうげ》を持ってきてその上に散じて尊敬の念を表わした。ところが、かつて釈尊から「出家者は、塗香末香《ずこうまっこう》、およびもろもろの香や華の髪飾りを持ってはならない」と厳しくいわれていたので、その散華《さんげ》の法を受けようとしなかった。

弟子たちの説法⑥

せっかくの感謝の気持ちを受けようとしない僧たちの態度を見た信者たちは、「この僧たちは、香華の供養さえ受けられない未熟者だ」と思い、嘲笑して批難した。嘲笑され批難された弟子たちは、釈尊に報告にいった。釈尊は「今後、仏教信者が歓喜と吉祥の心でさまざまな香華塗香末香をもって、あるいは花の髪飾りを僧に散じて供養したら、ありがたく受けるがよい」といった。

弟子たちの説法⑦

これ以降、説法者が香華の供養を受けるようになると、信者の人びとは、いろんな財貨や宝物、袈裟《けさ》などを僧に供養するようになった。だが、僧たちはこの供養にとまどい、受け取るのをためらった。これを見た信者たちは「この僧たちは、これぐらいの供養さえ受け取れない。これ以上の供養をしてもむだだ」と、僧に向かっていうようになった。

弟子たちの説法⑧ 信者の布施

弟子たちの訴えを聞いた釈尊は、「信者の人たちが真実の喜びを感じて財物や袈裟を布施してくれるなら、おまえたちの必要に応じて受け取るがよい。不要であれば返せばよい」と告げた。これで、僧と信者のあいだのルールがおおむね整い、五日ごとの説法は順調に行なわれるようになった。ところで、新たな問題点がもち上がった。

弟子たちの説法⑨ 高座の設置

ある程度以上の広さのところでは、説法者の声が小さかったりして聞き取れないことがある。せっかくの説法を聞き取れない信者から不満がでた。釈尊に相談すると、「聴衆のなかに高座を設け、説法者はそこに登って説法し、聴衆をしてあまねく法雨に浴せしめよ」と、高座の設置を許可した。こうして説法の講演会の聴衆は堂内にあふれるようになり、盛んになっていった。

弟子たちの説法⑩ 唄う説法①

盛況になると、講演者に事欠くようになり、そんなときは高座の上で経文を読誦して、説法に代えることを釈尊は許した。すると、経を読む者は、節をつけ、声を作って読むようになり、自己陶酔に陥って、たがいに新しい趣向を競うようになった。「これを聞く聴衆の心ある人たちのあいだから「あんな説法は、町の人が流行歌を唄っているのと同じだ。剃髪染衣《ぜんえ》の僧から低俗な説法は聞きたくない」という声があがった。

弟子たちの説法⑪ 唄う説法②

この悪評に驚いた弟子たちは、また釈尊に相談にいった。釈尊は「尊い教法を世俗の歌と同じ調子で説くことは絶対に許さぬ」と禁じた。なぜなら、第一に、自身がその歌声に染まり、第二に、その歌声を聞いた人たちがその法義をおろそかにする。第三に、発声に心を奪われ、説くべき内容がおろそかになる。第四に、俗人が聞くときは批難し、第五に、将来これが説法の作法だと誤解を招くからである。

鉄眼《てつげん》、冤罪《えんざい》を晴《は》らす

隠元《いんげん》の弟子鉄眼は『大蔵経』を出版するため浄財を募り、準備が整ったところで、大阪に大水害が起こり、浄財をすべて投げ出した。また浄財を募ったが、こんどは宇治の飢饉《ききん》で使いはたし、日本で最初の『大蔵経』が開版されたのは十八年後である。冤罪の囚人が死罪にされようとするとき、鉄眼は「冤罪の者を処刑するなら、わが首を刎《は》ねてくれ」と訴え、囚人を釈放させた。

寺子屋《てらこや》は世界水準《せかいすいじゅん》

寺子屋は寺小屋とも書く。江戸時代、庶民の初等教育機関で、読み・書き・そろばんを教え、江戸中期にいたると増加の一途をたどり、最盛期には全国で一万か所を超えたという。教師は僧侶・武士・神主・医師など、地域の知識人であった。寺子屋における漢字教育には見るべきものがあり、これによって当時の識字率は八〇パーセントを超えており、その教育水準の高さは世界各国と比較してもぬきんでていたという。

寺銭《てらせん》は席料《せきりょう》

「寺銭」とは、博打《ばくち》のしょば代である。本来は、灯火を照らすための料金だったが、寺院は寺社奉行の管轄下で町方の手が入らないので、強欲坊主は博徒に場所を提供し、出来高に応じて場所代を取っていた。――「和尚もたまには遊んじゃどうだ」「ほかのことならともかく、盆で遊ぶと、どぼんと地獄に堕ちかねない。せっかくの寺銭がだいなしだ」「そりゃそうだ、商売ものでは遊べねえな」

寺《てら》とパソコン①パソコンの必要性

パソコンは最新の情報づくりの道具であり、情報伝達の手段でもある。寺における情報はありとあらゆるものを含むが、その根幹となるのはやはり仏法である。その根幹となる法を意識してか、パソコンなどで何がわかるものかと、その最新の道具を拒否する僧も多いと聞く。だが、それもつまらぬ「こだわり」ではないか。機械的にできることは機械に任せておけばよいのだ。

寺とパソコン②パソコンにできないこと

事務的・機械的にできることはすべてパソコンとその周辺機器に任せ、それによって節約できた時間を人間にしかできないことに向ければよい。パソコンにできないこととは何か。それは感じることであり、考えることである。また、便利な道具の出現によってあふれる膨大な量の情報を取捨選択することは、最終的には個々の人間にしかできない。人間こそ、もっとも優秀なソフトウエアなのだから。

寺とパソコン③パソコンの可能性

寺でどのようにパソコンを活用できるか。愚問だ。それは、ありとあらゆることに利用できるからだ。檀家管理や会計はもとより、寺報などの文書類の作成、ホームページとEメールによる寺院の存在と法の伝達等々、その可能性には際限がない。個人や会社となんら変わることはないのだ。それどころか寺は公共性が高い施設であるから、その用途は限りなく広がっているといってよいであろう。

寺とパソコン④パソコンの値段

パソコンの値段は、その性能の急激な進歩に比して、とても安価になっている。使用頻度が高ければ、その経済効率、コストパフォーマンスはきわめて高いといえる。お寺は広いから一室をパソコンルームとし、一プログラム一台としてネットワークを組むことも可能だろう。また檀家管理ソフトなど、寺院専用ソフトも非常に安くなってきているから、これを活用しない手はない。

寺とパソコン⑤パソコンの操作性

パソコンを活用するのはいいが、最大の難関はその操作性にあるだろう。残念ながら、パソコンというハードウエアの理解、OSや各アプリケーションソフトの習熟には、まだまだかなりの時間と労力を要する。その点は、若い副住職にゆだねるとか、檀家さんのなかにはパソコンに詳しい人とかプロがいるはずだから、協力を求めるとか、対処の仕方はいくらでもあるだろう。

寺とパソコン⑥寺院専用ソフト

パソコン用ソフトウエアであるが、お寺をターゲットにしたバカ高い値段も影をひそめている。専門性が高いものだし、ソフトの開発には非常に経費がかかるのだが、ビジネスソフトより少し高い程度にまでなっている。檀家管理・寺院会計ソフトなど、その種類もどれがいいか迷うほど多くなっている。ただし入力を始めてしまうと、他のソフトへの乗り換えがけっこう困難となるので、その点は注意を要する。

テレフォン法話《ほうわ》と双方向性《そうほうこうせい》

テレフォン法話が盛んに行なわれている。だれもがみな忙しい生活のなかで、なかなか寺へお参りに出かけて、法話を聞くことができない。そんなとき、文明の利器の力を借りて法を伝えようとすることは、グッドアイディアであり、貴重な試みである。しかし、法話は一方的に聞かせるもののようであっても、じつは対告衆《たいごうしゅ》の反応をみながら臨機応変に説くものでもあろう。双方向性のある電話だが、カセットテープ相手では反応のしようがない。

天海僧正《てんかいそうじょう》の長寿《ちょうじゅ》の秘訣《ひけつ》

黒衣の宰相と呼ばれ、徳川家康の政治顧問として名高い天海僧正は、百二十五歳まで長生きしたとされる。家康から長寿の秘訣を聞かれ、「少食粗食、日湯、陀羅尼、時々ご下風相成るべし」と答えている。少食で粗食を心がけ、日湯(入浴、とくに朝風呂)を好み、陀羅尼や経文読誦を欠かさず、ご下風(オナラ)をよくすること、これに尽きます、という解説であった。

天海大僧正①年齢不詳の天海

天海は謎につつまれた人物で、明智光秀《あけちみつひで》だという説が根強くあり、死亡した年齢も、百三十歳説から百八歳説までさまざまある。いずれにしても、徳川幕府の記録に現われるのは、天海が七十歳近くになってからで、家光の代まで仕えているので、元気だったことはまちがいなく、七十七歳の記録では、壮年と同じように肌に油が浮き、風邪ひとつひかなかった。ただ、元気なのはいいが、鼻の穴が大きく、吸う息、吐く息が強すぎて、側に火鉢が置けなかったという。

天海大僧正②松明を灯した狐

元気な天海が珍しく、名古屋で病気になった。急遽、幕府から医者が派遣された。箱根で夜になってしまい、おまけに風雨が激しくなった。だが、急ぎの旅で、雨宿りをする余裕はない。とうとう松明も消えた。そのとき、どこからともなく多くの狐が現われて火を灯し、無事に天海の宿に着くことができたという。天海は祈禱《きとう》もよくし、医者がサジを投げた家光の疱瘡《ほうそう》を祈禱で治したことがある。

天海大僧正③天海の柿

江戸城で家光に柿を馳走になった天海は、その種を懐に入れ、持ち帰ろうとした。不審に思った家光が「どういたすのじゃ」と聞くと、持ち帰って植えるのだという。家光が「気の長い話だ」と笑うと、天海は「将軍ともあろうお方は、ものごとを性急に判断してはなりませぬ」と諭した。それから何年か経って、天海が柿を家光に献上した。柿の種のことなど、すっかり忘れていた家光だったが、話を聞いて、あらためて感じ入ったという。

伝教大師《でんぎょうだいし》は釈尊《しゃくそん》

釈尊は入滅後、日本に来て、志賀の浦で釣りをしている翁に「ここの主ならば、結界の地として仏法を広めるので、この山をもらえないか」と頼んだ。翁は「この地に六千年住んでいるが、そうなると、釣りをする場所がなくなる」といって断わった。そこへ医王善逝《ぜんぜい》が現われ、「私はもっと前からここの地主だが、教えを伝える大師となって開山しなさい」といった。それから千二百年後、釈尊は伝教大師となって比叡山《ひえいざん》を開いたといわれる。↓最澄の死

天狗《てんぐ》と山伏《やまぶし》

天狗は妖怪の一種で、山中に棲み、赤ら顔で鼻が高く、両脇に羽をはやして飛行し、手に羽うちわを持つ姿が一般的である。その姿は山伏に似ており、同一視されることも多い。近世以降、多くの社寺で、火伏せや除災などの現世利益をもたらす神として庶民の信仰を集めた。慢心している人を天狗というのは、鼻が高いことからきている。かつてストリップの天狗ショーが人気を集めたが、再三の手入れによって下火になった。「てんく」と読むと、中国古代の天文で流星をいう。

電光影裏《でんこうようり》

鎌倉円覚寺開山第一祖の無学祖元《むがくそげん》がまだ中国にいたとき、元の軍勢が寺を襲った。修行僧は蜘蛛《くも》の子を散らすようにわれ先に逃げたが、祖元一人は坐禅をつづけていた。その恐れのない態度に、兵たちは「なぜか」と聞いた。祖元は「電光影裏、春風を切る」と一句詠《よ》んだ。私の身体を切ったところで、どうということはない。稲妻が闇を裂き、刀が春風を切るようなものだ、という意味である。

天国《てんごく》と浄土《じょうど》

弔辞でよく聞く言葉に「いまは天国で安楽に」云々というのがある。仏教に天国がないわけではないが、それは天界といって、人間界より少しはましな世界であるにすぎない。天人五衰《てんにんごすい》というから、けっして永久に安楽な世界ではない。仏教で安楽な世界は浄土という。もっとも有名なのは、阿弥陀仏の西方極楽世界である。せめて「いまは浄土で」ぐらいは言ってほしいものである。

天上界《てんじょうかい》から奈落《ならく》の底《そこ》

天上界は、六道の一番上の世界である。仏の世界と見まがうほど美しく良いところらしいが、まだ煩悩に支配されている。「ねえちゃんはきれいだ」式のところで、その一番上の世界が有頂天《うちょうてん》である。しかし、良い状態も永遠につづくものではなく、あまり調子に乗りすぎていると真っ逆さまに堕ちてしまう。その先は地獄界の一番下、奈落の底である。

天上界《てんじょうかい》から人間《にんげん》へ

天上界から人間界に生まれた者は、かつて人間界から天上界に生まれるとき、すでに布施や持戒等の清浄行を修めて天上界に行ったのである。それが、さらに天上界の生活に習慣づけられて、天の行法を長く修めたのだから、現世でも前生の清浄行を修めると、その人はすぐに一切智を悟ることができる。

天上天下唯我独尊《てんじょうてんげゆいがどくそん》

釈迦は人間に生まれる以前、長い年月さまざまなものに生まれ変わり、多くの修行をし、その善行によって天に生まれ、多くの天人を教化した。その功徳によって人間として生まれることができた。仏陀になるには、人間に生まれなければならない。やっと願いが叶ったのだ。人間の世界を見渡すと、自分より優れた者はいない。うれしくてつい「天上天下唯我独尊」と口から出た。

天《てん》への道《みち》①

中インドに来た外国人を国王が気に入って、ある村の村長にした。村には多くのバラモンがいて、村長の家に出入りし、各自の得意とする外道の教えを村長に説いた。いずれも言葉巧みに昇天の快楽を説くものだから、村長は信じ、昇天してその快楽を得ようと思った。ある日、村長は決意して、香木を積み重ねて火をつけ、炎のまわりに昇天をすすめたバラモンを集めた。

天への道②

バラモンは、供養にあずかろうと村長の家に集まり、村長は快楽を得るため、炎の中に身を投じようとした。ちょうどそのとき、村長と親しい釈迦族の僧が村長の家を訪れ、いつもとちがうようすに「今日は何があるのですか」と聞いた。村長は、この晴れ舞台に、尊敬している僧が来てくれたことを喜び、得意満面で「今日は昇天しようとしているのです」といった。

天への道③

僧は不思議に思い、「どうして昇天できるのですか」と聞いた。村長は「火の中に身を投じればいいのです」「では、天上への道をご存知ですか?」「いや、道筋は知りません」「行く道も知らず、どうやってゆくのですか? 隣村へ行くにも、道を知らないと行けないでしょう。まして、あなたの行きたいところは、三百三十六里も離れたところです」というと、村長は不安な顔になった。

天への道④

僧は「幸い、あそこにいるバラモンの上座長老は、年寄りで財産もなく、妻君は二目と見られない醜女だから、この世に未練はないでしょう。天上のことは詳しいようだから、彼を誘っていっしょに行ってもらえば、迷わず昇天できるでしょう」とすすめた。村長は、もっともだと思った。「きっと、いっしょに昇天してくれるにちがいない。もし断わるなら、私を欺き、私を殺そうとしたことになるのだ」

天への道⑤

村長は長老の前に行くと、その手を取って、いっしょに炎の中に飛び込もうとした。長老は、わが身の一大事だとびっくりして、力のかぎり座にしがみついて離れなかった。村長は、金を得ようとして集まってきたバラモンの心がわかった。僧は村長に迷いや悟りの因果関係の四諦《したい》を説き、「いたずらに火の中に身を投じて昇天の楽を得ようとすることこそ迷いの極みです」と諭した。

【と】

東海道《とうかいどう》五《ご》十《じゅう》三《さん》次《つぎ》

『華厳経《けごんぎょう》』の最終章に「入法界品《にゅうほっかいぼん》」とよばれる物語がある。善財童子《ぜんざいどうじ》という少年が、文殊菩薩《もんじゅぼさつ》の教えに感激し悟りに憧れて、すぐれた智慧をもつ五十三人の人たちをたずね、修行ののち、ついに悟りを得る話である。これがもとになって、東海道五十三次ができたという。東海道は悟りの街道だったのだ。→ワンダー・さとりへの道

投機《とうき》のすすめ

『大日経疏《だいにちきょうしょ》』では、商人は世間をよく観察し、物が不足する兆しがあれば思いきって買い占め、高値で売って利益を得る投機のセンスと度胸がないと成功しないと教え、投機を奨励している。これは、インドで仏教を支えた中心は裕福な商人階層であり、菩薩もほとんどが裕福な商人階層だったことに由来する。

投機は心《こころ》の感応《かんのう》

投機は本来、禅の言葉で、人間対人間の関係において

使われる。機にはさまざまな意味があるが、心のはたらき、能力をさす言葉で、禅では弟子の機と師の機とがおたがいに感応し、通達しあうことによって心が開明し悟ることである。心は千変万化でとらえどころがないことから、経済学で価格変動が激しく、見通しがつけにくい商品を対象にして行なわれる売買行為をさすようになった。

道具《どうぐ》は修行僧《しゅぎょうそう》の生活用品《せいかつようひん》

茶道具や大工道具など日常使うものを道具というが、本来は仏教語で、三衣《さんね》・六物《ろくもつ》・十八物・百一物など、仏道を修める修行僧の必携の生活用品である。三衣は合わせた三種類の衣類で、六物とは部派仏教の修行僧の六種の生活用具、十八物は大乗仏教の修行僧の十八種の生活用具、百一物はもろもろの道具を意味するが、余分な物を長物《じょうもつ》といい、「無用の長物」の語源である。

道元《どうげん》の死《し》

道元(一二〇〇～)は日本曹洞宗《そうとうしゅう》の開祖。建長五年(一二五三)八月二十八日の夜半、京都高辻西洞院《にしのとういん》の俗弟子の家で柱に「妙法蓮華経庵」と書き一偈《げ》を遺して入寂。ときに五十四歳であった。遺体はまず龕《がん》に納めて高辻の小路の草庵に安置し、東山赤辻の小寺に移し火葬した。このとき、弟子の懐奘《えじょう》たちは「舎利礼文《しゃりらいもん》」を唱えて龕のまわりを巡った。九月十二日午後四時、永平寺方丈において入涅槃《にゅうねはん》の儀を行ない、その後、西北隅の承陽庵《じょうようあん》に遺骨を納めた。承陽大師が謚号である。→身心脱落

導師はかつての同志

「導師」とは、一般的には法事や葬式のとき指導者となって儀式を行なう僧をいう。ふつうは菩提寺の住職が勤めるが、仏道を究め、仏意を身につけ、人びとを信仰に導く力をもつ人のことをいうのが本来で、釈尊は人間や天人の大導師と尊称される。——法事があって、早めに行ったら懐かしい顔に出会った。学生時代、革命を企んだ同志である。「こんなところでどうした」と聞いたら、「どうしたもこうしたもなく、今日の導師を勤めるのだ」という。着替えて勤める導師ぶりは、どうしてなかなかのものだった。

道場《どうじょう》は修業《しゅぎょう》の場《ば》

「道場」とは仏道修行の場で、仏の供養の場、寺院のことでもあるが、釈尊が菩提樹の下で悟りを開いた場所を菩提道場と呼んだことにはじまる。それから、稽古事の場や種々の修練、修業の場をさすようになった。——「おれなんか、静かに瞑想にふけり、人生を考えるのはいつも酒場のカウンターの隅だ。だから、おれの道場は酒場だ。般若湯は智慧を妨げるとも、智慧を助けるとも両説あるが、おれの場合は絶対後者だ」

道心《どうしん》は童心《どうしん》にあり

「道心」とは道を求める心、信仰に入ろうとする心、または仏教を信仰する心である。また、十三歳または十五歳以上になってから仏門に入った人で、道心坊ともいう——会社の営業方針があまりにも阿漕《あこぎ》なので嫌気がさし、お寺に行ったら心が和んだ。和尚と話しこんでいたら、懐かしい風景が記憶に蘇り、田舎に行きたくなった。森や渓流や鳥や昆虫が迎えてくれるだろう。これからは、童心に返って道心を育み、心の洗濯をしよう。

当然のこと

子供を亡くした母親が、子供の屍《しかばね》を抱いて「なんとか息子を生き返らせてほしい」と釈尊に頼んだ。釈尊は「子供を生き返らせる薬は芥子《からし》の種だ。町へ行って手に入れて来るがよい。ただし、いままで一度も死人をだしていない家でなければならない」といった。母は喜んで町へ行った。だが、そんな家は一軒もなく、母は自分の愚かさにようやく気がついた。

盗賊退治《とうぞくたいじ》の地蔵《じぞう》さま

多数の盗賊が与楽寺《よらくじ》(田端)に入った。すると、どこからともなく多数の僧が現われ、凶悪な盗賊を撃退し、何も盗まれず、僧の一人として傷を負った者はいなかった。僧たちはいずこともなく去っていったが、本尊の地蔵菩薩の足に泥がつき、片方の小指が欠けていた。多数の僧たちは、本尊が姿を変えたものだった。以来、賊除け地蔵として信仰された。

盗賊《とうぞく》の出家《しゅっけ》①

修行者がたびたび盗賊に襲われ、門戸を閉ざして用心していたが、またもや盗賊が「戸を開けろ」と、どんどん叩いた。修行者は「私はおまえを見るのが怖い。だから、向こうをむいて懐手をしていてくれ。そうすれば、戸を開けてなんでもやる」といった。盗賊はいわれたように、後ろ向きで懐手をして家に入ってきた。修行者は素早く縄をかけ、柱に縛りつけた。

盗賊の出家②

盗賊はしまったと思ったが、もう遅い。修行者は太い杖で強盗を打ちすえ、「帰依仏《きえぶつ》といえ」と命じた。強盗はあまりの痛さに「帰依仏」と唱えた。修行者は二度めを打つと「帰依法《きえほう》といえ」と命じた。強盗は恐怖で「帰依法」と唱えた。三度めは「帰依僧《きえそう》といえ」と命じ、強盗は泣きそうになって「帰依僧」とかすれた声で唱え、だんだんと心配になってきた。

盗賊の出家③

「この修行者は、いくつの帰依を持っているのだろう。五つも六つも、いやそれ以上持っていて、叩かれれば死んでしまう。このあたりで、帰依がお終いになってくれ」

修行者は盗賊が素直に従うので、縄を解いてやった。強盗は、助かったとホッとしたが、力任せに打たれたため、起き上がることができなかった。しばらくして、やっと起き上がった強盗は、意外なことを口にした。

盗賊の出家④

とつぜん「私を出家させてください」といいだしたのだ。深いわけでもあるのかと聞いてみると、今日、三度打たれて、仏の偉大な智慧《ちえ》を知ったのが動機だという。「仏が修行者に三帰依を教えたのは、今日あることを知っていたためで、私を哀れに思ってのことです。もし仏が四帰依を教えていたら、私の命はなかったでしょう。私にとっては、ありがたいことです」

盗賊《とうぞく》の目《め》

国中を荒しまわる五百の盗賊を、王が軍隊を出して捕らえ、目玉をくり抜いて密林のなかに追放した。この盗賊は前世で釈尊について修行を積んだ連中だったから、密林のなかで「南無釈迦仏」と唱え「われわれをお救いください」と釈尊に祈っていた。祇園精舎にいた釈尊に祈りが届くと、密林に涼風が起こってさまざまな香薬を吹き、盗賊の目に入ると、えぐられた目は回復した。

堂々巡り《どうどうめぐ》

同じ議論や考えをいつまでも繰り返して進展がなく、はてしのないことを堂々巡りというが、本来は、祈願のために寺社の堂のまわりを巡ることをいう。同一の場所を巡ることからの転用だが、まったく別、というよりむしろ逆の意味になっている。神聖な行為を茶化すような言葉の転用は多々あり、庶民のバイタリティーを感じさせはするが、このへんにすでに宗教ばなれが見られるとするのは、うがちすぎているだろうか。

当番制《とうばんせい》・日雇《ひやと》いの神仏《しんぶつ》

三十日秘仏《にちひぶつ》とか三十番神《ばんじん》というものがある。説はさまざまあるが、日蓮宗の法華経守護の三十番神が有名である。要するに一か月三十日の一日一日に、守護してくれる神仏が配当されているわけである。顰蹙《ひんしゅく》を買うのを恐れずにいえば、神仏からすれば当番制、悩み苦しむ人間のほうからすれば日雇いの神仏ということになろうか。中国五代の三十日秘仏がもとになっている。

豆腐《とうふ》の好《す》きなお地蔵《じぞう》さま

東福院(四谷)のお地蔵さまは左手首が欠けているが、その腕を摩ると腫れ物が治るといわれ、お礼に豆腐を納める。むかし、金貸しもする欲深い豆腐屋に、毎日豆腐を買いに来る僧がいたが、ある日、代金のなかに樒《しきみ》の葉が一枚混じっていた。怒った豆腐屋は、包丁で僧の左手首を切り落とした。だが、後で恐ろしくなり、血の跡をたどっていくと、地蔵尊の前で止まっていた。それ以来、豆腐屋は改心したという。

豆腐《とうふ》の味噌汁《みそしる》

僧侶にかぎらず、むかしの日本人のタンパク源といえば、菜食中心のなかでは大豆が大きな比重を占めていた。肉食中心の外国人でも、長く日本に住んでいると味噌汁を好むようになるといわれる。日本食にはタンパク質が少なく、自然に体がそれを求めるということらしい。そこに登場してくるのが大豆を精製して作った豆腐の味噌汁で、これによってタンパク質の摂取不足を補うことになるのである。

兎角《とかく》は実在《じつざい》しないもの

かれこれ、ともすれば、とにかくなどのことを「とかく」「とにかく」「ともかく」「とにもかくにも」などというが、「と」も「かく」も副詞で、「兎角」と書くのは当て字だという。ところで、兎角はもともと仏教語で、ウサギの角《つの》であり、角と見えるのはじつは耳であって角ではなく、亀毛《きもう》と並んで、あり得ないもの、実在しないものの例として挙げられ、「亀毛兎角」と熟字して用いられる。

読経《どきょう》は冥界《めいかい》の道案内《みちあんない》

人が死ぬと、その魂(霊)は悟りを求めて暗い冥界の道を一人さまようとされる。そのときの食糧がお香であり、導きとなるのが蠟燭《ろうそく》の明かりと読経の声である。とくにお経は仏の悟りの境界を説き示すものであるから、故人に代わって唱和することは何よりの導きとなり、その功徳を回向することは善き供養となるのである。→死ねば仏①②

得意《とくい》の絶頂《ぜっちょう》

喜びや得意の絶頂にいることを「有頂天《うちょうてん》になる」といい、ともすると他をかえりみなくなることが多い。そもそも有頂天は、仏教における三つの世界である欲界《よくかい》(欲望の世界)・色界《しきかい》(物質と心とが対立している世界)・無色界《むしきかい》(欲もなく煩悩もない三昧の世界)の最上位にある無色界《かい》の最上天にあたる非想非非想処天《ひそうひひそうじょてん》のことで、深い瞑想によって得られる世界である。また、色界第四天の色究竟《しきくきょう》天《てん》という説もある。

毒婦《どくふ》高橋《たかはし》お伝《でん》の墓《はか》

世の中にはいろんな「三大」があり、そのなかでも日本三大毒婦の一人とされる高橋お伝だが、明治十二年一月三十一日、日本最後の斬首刑となって果てた。人間として最悪ともいえる世評と残酷な刑罰を受けたわけだが、そんな彼女にもりっぱな墓が立てられた。もと同棲していた小川市太郎が発起人で、戯作者・新聞記者でいた仮名垣魯文《かながきろぶん》(猫々道人《みょうみょうどうじん》)が援助しての建立という。いま、お伝の墓は東京台東区の谷中霊園にある。『高橋阿伝夜刃譚《おでんやしゃものがたり》』を書いた

トクホンは名僧《めいそう》の名《な》

今も昔も、坊さんはいろんな特技をもっている。治山《ちさん》治水《ちすい》や橋を架けたりする土木工事や医療の技術など、多岐にわたる技術で人びとを救ってきた。現代では医師免許をもたない者は医療行為が行なえないなどの法律があって、特別なケース以外行なわれることはないが、江戸時代に「徳本《とくほん》」という按摩《あんま》の特技をもつ浄土宗の名僧がいた。そこで、新しく売り出す膏薬《こうやく》に「まるで徳本に揉《も》んでもらったような」ということから、この名をつけたという。なお、貼り薬「トクホン」の名の由来は、もう一人の徳本、名医の長田徳本にある。

髑髏《どくろ》の恩返《おんがえ》し①

山城国《やましろ》の僧が宇治川に橋を架ける仕事をしているとき、途中にある谷川に落ちている髑髏が人や獣に踏まれているのを見て驚き、召使いに命じて木の上に移した。十二月晦日に寺を訪れる男があり、出て来た召使いに「私はご住職のご慈悲のお陰で、このごろたいへん楽になりました。今夜しかお礼のできる日はありません」といって、召使いを自分の家に連れていった。

髑髏の恩返し②

家の中にはたくさんの飲みものや料理が用意され、召使いにご馳走をすすめながら、自分も食べた。夜中の二時ごろになって、とつぜん外で声がすると、男は「すぐ出ましょう」といった。わけがわからない召使いがわけを聞くと、「私は昔、兄と商売に出かけ、私が儲けたのを兄が妬《ねた》んで私を殺し、儲けを横取りしたのです。山に捨てられた私は、髑髏となって獣や人に踏まれているところを、ご住職のご慈悲で木の上に移されたのです」と説明した。

髑髏の恩返し③

そのとき兄と母親が入ってきて召使いを見ると、「おまえは誰で、どうしてここにいるのか」と聞いた。召使いが詳しく母親に話すと、「賊に殺されたと聞いていたのに、実の兄のおまえに殺されていたとは……」というと、召使いの前にひざまずき、拝んで、またご馳走を用意してもてなした。この話を聞いた僧は、「髑髏でさえこうなのに、生きている人間が恩を返さぬことがあるものか」と召使いにいった。

土左衛門《どざえもん》は力士《りきし》の名《な》

溺死した人を土左衛門と呼ぶのは、江戸時代、享保のころに成瀬川土左衛門という体の大きい力士がいて、世人が溺死人のふくれあがった死体を土左衛門のようだと戯れにいったことにはじまるという。『法華経』に龍女《りゅうにょ》成仏《じょうぶつ》というのがあり、「変成男子《へんじょうなんし》」といって龍女は男に生まれ変わって成仏するという。溺死者は、女性であっても土左衛門と男の名で呼ばれる。

年《とし》の劫《こう》と智慧《ちえ》

「亀の甲より年の劫」とは、甲は甲羅、劫は非常に長い時間のことで、人間が長きにわたって蓄えた智慧《ちえ》の貴重なことをいう。この場合「亀の甲」に意味はなく「年の劫」の語呂合わせにすぎない。「年の劫」は「年の功」に通ずる。近年、老人はあまりいい捉え方をされないが、科学技術や物質ではなく智慧が貴重なものとされた時代、「老」「年寄」「耆」などはきわめて重要な意味を有した。

どじょうと踊《おど》り子《こ》

むかし、坊さんの隠語で、どじょう(泥鰌・鰌)を「踊り子」と呼んでいた。どじょうを生きたまま熱い味噌汁に入れると、苦しがって踊っているように見えたことから、「踊り子」がどじょう汁の異名となった。どじょう汁は丸のままのドジョウに、ささがきごぼうなどを入れた味噌汁で、夏の栄養補給食として好まれた。季語は夏である。

屠所《としょ》の羊《ひつじ》

「屠所の羊」とは、牛や羊が自分の運命も知らずに屠所へ向かって歩いているのと同じように、人間も目先のことだけしか見ず過ごしている迷いの状態をいう。――「ということは、この中の酒の残量がよくわからない不透明な酒のボトルのようなものだな。いい気で飲んでいると、とつぜん空っぽになって、振っても叩いても出なくなるからなー」

富《とみ》を授《さず》ける吉祥天《きちじょうてん》

庶民的な弁財天《べんざいてん》と違って、吉祥天の姿は唐の貴婦人の服装で冠を被り、さまざまなアクセサリーをつけ、天衣をまとっている。真言は「オン　マカリシエイ　ソワカ」

で、この真言を唱えれば大金持ちになれるという。また蓮の華が一万本咲いている池で、左手に香炉を持ち池に入って華を一本摘むごとに真言を唱え、これを一万回くり返すと吉祥天が現われ、願いを叶えてくれるという。

弔《とむら》い戦《いくさ》は精進《しょうじん》落《お》とし

戦国の弔い合戦は、死者のための復讐戦で、いまでは選挙のときによく使われるが、江戸時代には、葬儀の帰りに吉原にしけこむことをいった。精進落としである。「本堂で吉原と衆議一決し」――「これから精進落としといこうじゃないか」「しみじみと故人を偲《しの》ぶとするか」「じゃあ吉原しかねえな」「おれは気がすすまねえが、つきあうよ。なにしろ、故人がいちばん好きなところだったから」「いやなら、来なくていいんだぜ」

友引《ともびき》と葬儀《そうぎ》

友引は陰陽道《おんようどう》の言葉で、その意味は「良くも悪くもない日」でふつうの日なのだが、その字面が「友を引いてしまう日」ということから、葬式をしない日となった。あくまで迷信にすぎないのだが、この科学が発達した現代でもなお生きている。その理由は、寺や葬儀に関係する人びとは年中無休であるが、この日だけは葬儀が行なわれないので休むことができるからとか。それでも、通夜はやっている。

土用《どよう》の丑《うし》の日《ひ》はウナギを食《た》べる

七月下旬、夏の土用の丑の日にウナギを食べるようになったのは江戸時代、ウナギ屋の商戦によるもので、いまのバレンタインデーのチョコレートのようなものだ。諸説あるが、平賀源内《ひらがげんない》が土用丑の日の看板を大書したからとか、いや大田南畝《おおたなんぽ》(蜀山人《しょくさんじん》)だとか、大名の大量注文の蒲焼《かばやき》を焼いた日だとか、はっきりしない。いずれにせよ、暑気払いの時期、江戸庶民はウナギを食べて、酷暑を乗り切るべく気合いを入れた。

銅鑼打《どらう》つ

銅鑼は紐《ひも》でぶら下げて中央部をバチで打つ盆に似た銅製の打楽器で、法会《ほうえ》などに用いる。「銅鑼打つ」とは、鉦《かね》撞《つ》くが金尽くに通じるところから、道楽をする、散財する意味となり、道楽する倅《せがれ》は銅鑼息子である。――大黒さんが和尚に「もう、いい加減に歌舞《かぶ》の菩薩を供養するのはよしなさい」と意見した。「私はそんな不心得者ではない」「そんな嘘いっても、バレバレよ。うちの銅鑼が、だんだん鳴らなくなったじゃないか」歌舞の菩薩を供養する生臭坊主を世間僧という。

ドラえもんと土左衛門《どざえもん》

テレビアニメで子供たちに人気のあるドラえもんは、なんでも夢をかなえてくれる。よく見ると、ドラえもんは青い猫である。この姿とネーミングから、どうしても土左衛門を連想してしまう。猫がおぼれて体がふくれ、青く変色してしまったのではないか。そして、未来というあの世から戻ってきて、摩訶不思議な力で正しい心の子供を救ってくれる。まるで仏さまか菩薩のようだ。

虎退治《とらたいじ》の清正公《きよまさこう》

戦国時代の武将で肥後熊本の領主、加藤清正を日蓮宗の守護神としてまつるのを清正公信仰という。清正は日蓮宗に帰依し、朝鮮出陣の折に「南無妙法蓮華経」の題目旗を立てて進攻したと伝えられる。熊本に本妙寺を建立するなど、宗門の発展に尽力した。虎退治の伝説で有名だが、あるプロ野球監督は宿敵阪神を倒すため、清正公をまつる寺に参拝して宿願をはたしたという。

鳥居《とりい》はにわとり

神社の参道入口に立てて神域を示す鳥居は、鳥が居ると書く。では、どんな鳥がいるのだろうか。天照大神が天の岩戸に籠もり、天地が常闇《とこやみ》になったとき鳴かせた鳥で、にわとりの古称を長鳴き鳥というが、このにわとりの止まり木が鳥居だったというのだ。にわとりは夜明けとともに、朝一番にコケコッコーと鳴く鳥である。夜のケガレを祓《はら》うこの鳥は、神域に入る門にふさわしいとされた。

取越《とりこ》し苦労《くろう》

将来のことをあれこれ考えて、つまらない心配をすることを取越し苦労といい、杞憂《きゆう》ともいう。浄土真宗では親鸞聖人《しんらんしょうにん》の正忌、陰暦十一月二十八日を引き上げて、それ以前に法事を行なうことを「御取越」という。取越しは繰り上げであり、先取りである。法事の日程を繰り上げて行なうのはよいことだが、何も苦労を先取りして気に病んだり心配したりすることはあるまい。「案ずるより産むが易し」である。

【な】

内縁《ないえん》は内心《ないしん》の分析《ぶんせき》

内縁《ないえん》の妻《つま》などというが、内縁はもと仏教語で、五識が色などの外界の対象を認識するのを外縁《げえん》というのにたいして、意識が自己の心内の事象を分別判断することをいう。また、内的な間接原因をもさす。――同棲などは法的な手続きを経ていないので内縁関係というが、一定期間以上同居すると法的な権利が生じるものらしい。「同棲時代」という映画と歌がはやったこともあった。

長生《ながい》きしないと出世《しゅっせ》できない

日本は長いあいだ年功序列の社会で、現代は実力主義の社会とはいっても、その名残はある。これは儒教の年上を敬うという精神がいまでも生きている証であり、美徳のひとつでもある。だが僧侶の世界では、本来平等でみな一列に並んでいて差がない。そこで、出家してからの年数で序列を決めた。いくら年上でも、前の日に出家した年下の僧にはかなわない。坊さんは長生きしないと出世できないのだ。

流《なが》れ灌頂《かんじょう》は水死者《すいししゃ》を葬《ほうむ》る儀式《ぎしき》

頭上に水を灌いで一定の資格を認定するのではなく、水死者を葬る儀式を流れ灌頂という。川の畔に四本の卒《そ》塔婆《とば》を立て、白布を掛けてシキミを立てる。それから水を注いで死者の成仏を祈る法要だが、六本の卒塔婆を流れる川に立てる場合もある。水の浄化力を借りて死者の霊を供養するもので、水を注いで灌頂することで死者であることを認めて引導を渡すのである。

情《なさ》けは人《ひと》の為《ため》ならず

「情けは人の為ならず」(世阿弥)とは、人に情けをかけておけば、けっきょく自分によい報いがめぐってくる、人に親切にするのは自分のためだという意味で、けっして「あいつに情けをかけてやったら、恩を仇で返しやがって、情けなや〜」というような意味ではない。中途半端な同情から人に親切にするのは、かえってその人のためにならないということもまた、別な意味で真実ではあるが。

鍋《なべ》かむりの日親《にっしん》① 爪を剥ぐ修行

「鍋かむりの日親」といわれる日蓮宗の僧の修行はすさまじかった。少年時代、秋から冬にかけての百か日間、深夜寺に通って、一日に一つ指の爪を剝《は》いで、そこに針を刺し、さらに熱湯に浸けるという、言語に絶する修行である。この意志力と忍耐強さと剛胆さは、生涯消えることはなかった。

鍋かむりの日親② 将軍を折伏

日親は、あろうことか、将軍の足利義教《あしかがよしのり》を折伏しようとした。義教の前身は、天台宗の座主も勤めた義円《ぎえん》という僧である。その将軍に向かって、「邪宗邪法の帰依をやめ、一乗の法華を信じたまえ。そうしなければ、かならず無間地獄に堕ちるであろう」といったのである。将軍は怒ったが、日親はさらに日蓮にならって『立正治国論《りっしょうちこくろん》』を書き上げ献上した。将軍は我慢がならず、日親を捕縛させた。

鍋かむりの日親③ 地獄の刑罰①

将軍を折伏して捕縛された日親のために、高さ四尺五寸(一四〇センチ)、広さ二坪で、天上に八寸の釘《くぎ》が下に向かって打ちつけてある特別な牢獄が造られた。立てば、釘が頭に刺さる。ここに、三十六人の囚人といっしょに押し込められた。立つことも座ることもできず、中腰で、あまりの酷《むご》さに、翌日は人数が減らされ八人になったが、苦しさは大差ない。それでも日親は題目を唱えつづけ、いっしょの囚人も感化されて共に唱えた。

鍋かむりの日親④ 地獄の刑罰②

これを聞いた将軍の怒りに火が注がれた。日親は炎天下で、燃え盛る薪《まき》の山の真ん中に座らされ、四方から大団扇《うちわ》であおがれた。だが、題目はやまなかった。暮れには水攻めにあった。雪が降り、すべてが氷る寒夜、裸で木に縛られ、笞《むち》で打たれたが、題目はやまず、柄杓《ひしゃく》で水をかけられた。日親の身体は氷柱となって気を失った。

鍋かむりの日親⑤ 地獄の刑罰③

将軍は、一度でも日親に南無阿弥陀仏を唱えさせたいと思っていた。腹心の赤松満祐《あかまつみつすけ》に相談すると、風呂蒸しの案が出た。密閉した湯殿に入れて蒸気蒸しにし、窒息した日親に水をかけては攻め立てたが、屈服しない。梯《はし》子《ご》に逆さにくくりつけ、水を流し、焼けた鍬《すき》を両脇に挟み、竹の串で陰茎を刺すなど、あれこれやったが、だめだった。

鍋かむりの日親⑥　地獄の刑罰④

次は、鍋を被らせることを思いついた。焼けただれた大鍋が日親の頭に被せられた。頭の肉が焼け焦げた。鍋のなかから、幽かにとぎれとぎれに題目が聞こえ、やんだ。しかし、日親は死ななかった。日親は、将軍義教が赤松満祐に暗殺された後、釈放された。だが、頭は変型し、目も鼻も口もただれていた。

生臭坊主《なまぐさぼうず》と清僧《せいそう》

よく「生臭坊主」という。では、生臭とは何か。生臭には魚肉・獣肉を食することや、性的な犯戒のイメージがつきまとっている。しかし僧侶の肉食・妻帯が許されて、生臭は公に認められたことになる。生臭の対語は悟りとかそれをめざす精進であろうが、精進の原語ヴィリヤーは「努力」の意だ。生臭坊主の反対は清僧だが、現代では「努力する生臭坊主」が清僧ということになる。

涙《なみだ》の治《ち》療《りょう》薬《やく》①

王子が眼病にかかり目が見えなくなった。王は外国から来ている商人たちに、眼病を治す医者を知らないかと訊ねたところ、自分の国にいるクシャ聖人という僧が病を治すといった。王子はすぐに聖人のところに旅立った。聖人はたくさんの銅の盃を作って一人ひとりに持たせ、「私の話を聞いて涙が出たら、その盃にとっておくように」といって、十二因縁の説法をした。涙はいっぱい集まった。聖人がこれで王子の目を洗うと、たちどころに王子の目は治った。

涙の治療薬②

聖人の技に人びとは驚き、ますます信仰を深め、聖人を拝んだ。聖人は「涙で眼病を治すのは、昔、仏さまも行なっている。仏さまが菩薩の修行をしているとき、十二因縁の説法をされ、聴衆に感激の涙を流させた。仏さまはこの涙で龍王の吐き出す毒を消し、夜叉《やしゃ》悪鬼の害毒を除いた。仏さまの悟られた十二因縁の説法を聞いて流れた涙は、暴風雨でも、荒れ狂った象でも、軍隊でも鎮め、退散させることができる」と説いた。

南無三《なむさん》とちくしょう！

驚いた時や失敗したとき、また事の成功を祈るときに「南無三」という。また「しまった」「さあ大変だ」などの間投詞的な意味もある。南無三は南無三宝《なむさんぼう》の略で、南無は帰依《きえ》だから、仏法僧の三宝に帰依しますの意だ。それが「ちくしょう！」の意でも使われるにいたるのは、わが国ばかりではない。英語でも'Good [My, Oh] God!'といえば、南無三の間投詞的な用法に近い。

南無《なむ》はサンスクリット語《ご》

南無妙法蓮華経、南無阿弥陀仏、南無三宝など、南無が頭につく仏教語は多い。ある人が「お釈迦さまはインドの生まれ(日本からすれば南方)なのに、なぜ南が無いのか」と不思議がっていた。たしかに南が無いと書くのだが、これは字のほうではなく音のほうに意味がある。南無はサンスクリット語「ナマス」「ナモー」の音写で、その意味は「帰依」「帰命《きみょう》」ということである。

奈落《ならく》と転生《てんしょう》

「奈落」は地獄のことで、ものごとのどん底を意味し「奈落の底」などと表現される。底の底という意味で、劇場の舞台の下や花道の床下の地下室を奈落といって、回り舞台やせり出しの装置がある。こちらの奈落は、文字どおりの地獄のどんづまりではなく、セリに乗れば、すぐに明るい人間世界に出現できる。また、役者が早変わりし、奈落の通路を通って舞台に出るのは転生なのだろうか。

奈落は舞台《ぶたい》の下《した》

芝居の舞台の下を奈落という。これは、舞台の上では歌や踊りが華やかに演じられているのに対して、舞台の下は真っ暗でまったく光が当たらないという意味からきている。本来、奈落という言葉は梵語ナラカ(那落迦)の音写語で、地獄をさす。役者でも、舞台で踊っているときに突然、奈落に落ちて大怪我をした人もいる。まさに人生は地獄と壁一重の危うきものである。

【に】

贄《にえ》食《い》い坊主《ぼうず》の布施好《ふせごの》み

贄とは君主または師に贈る礼物のことで、敬意を込めて差し出すものである。「贄食い坊主の布施好み」とは、生臭坊主は布施をもらいたがると、批難、皮肉を込めた言葉で、同じ意味の「憎い坊主の布施好み」がある。――「どうぞ、これをお納めください」「これは恐縮です。うちは、全員これが好きなんですよ」「じゃあ、少し足りませんな。あとで、坊ちゃんと奥さまの分を、もう少しお持ちしましょう」「それは、かたじけない。うちは、猫も犬もこれが好物なんですよ」

仁王《におう》は帝釈天《たいしゃくてん》

仁王は、寺院の門の左右に守護神として立つ一対の金《こん》剛力士《ごうりきし》のことである。口を開けた左の像が密迹《みっしゃく》金剛、口を閉じた右の像が那羅延《ならえん》金剛だが、左が金剛で、右が力士だともいう。本来は、金剛杵《しょ》を持って釈尊の敵を成敗する夜叉《やしゃ》で、その姿が見えるのは釈尊と仏敵だけで、一般の人には見えない。また、金剛杵を武器とするのは帝釈天なので、仁王は帝釈天にほかならない。

肉食禁止《にくしょくきんし》のルーツ①

仏教が中国に伝わったころ、中国の仏教では菜食主義が第一とされた。『楞伽経《りょうがきょう》』禁肉食品《きんにくじきぼん》には、「菩薩摩訶薩《ぼさつまかさつ》は、酒と肉とネギとを飲食してはならない」「悪臭は聖ならざる人にしたがい、悪名をまねく。肉は食鬼の食べ物であり、食うべきものにあらず」「肉を食うところに過罪があり、食わないところに功徳がある」など、肉食を禁ずる教えが多い。

肉食禁止のルーツ②

戒律について説かれた『梵網経《ぼんもうきょう》』にも、「禁肉食戒」という戒律が上げられている。この厳しさは、修行する者が増え、教団が大きくなった結果、教団を統制するために必要なものだった。中国には古くから「医食同源」という言葉があり、食材・調理の研究が進み、肉をつかわなくても、野菜の栄養と味を利用した精進料理の下地があった。

肉食妻帯《にくしょくさいたい》は至難《しなん》

仏教教団では当初から出家者の妻帯を禁じており、日本でも浄土真宗の祖親鸞聖人《しんらんしょうにん》が妻帯して以後、同宗の宗風となった以外は、僧侶の妻帯は認められなかった。しかし、明治政府が勅令を発して僧侶の肉食妻帯を解禁した。その結果、世界の仏教界では稀ともいえる妻帯が常となった。肉を食い妻をもつ僧侶は他国から見れば奇怪かもしれないが、そのなかで戒律を守り、教えを広めるのは至難である。

肉食《にくしょく》の禁止《きんし》

「坊主のくせに魚が好きだった」私の先輩にあたる人を、その同僚が評した言葉だ。「肉食妻帯お構いなし」こちらは明治初年の太政官布告《だいじょうかんふこく》の言葉という。精進といって、出家僧が獣肉や魚肉を避けるようになったのはいつからなのだろうか。精進(ヴィリヤー、努力の意)という言葉そのものは古代インドの初期仏教以来のものだが、その戒律に肉食を禁ずる条目はない。肉食を廃したのは、おそらく中国の禅林生活で、その伝統がわが国に伝来したのであろう。

肉《にく》を食《た》べても食《た》べたことにならない

「肉食の中に肉食《にくじき》あり、肉食の中に肉食なし」なんだかよくわからない文章だが、僧侶は肉を食べないという一般社会の誤解がある。前文は『ジャータカ』のなかにでてくる言葉で、自分が肉を欲したならば、それは煩悩からでたもので肉を食べたことになってしまうが、托鉢などで、そこの家に肉料理しかなく、それを施してもらったなら、みずから求めたものではないので肉を食べたことにはならない、というのだ。

二世《にせ》はこの世《よ》とあの世《よ》

二世を「にせい」と読むと、父と同名の息子を呼ぶときの称で、転じて息子をいう。仏教では「にせ」と読み、いま生きているこの世と死後の来世のことである。それに過去世を加えれば三世《さんぜ》となる。ところで最近は、日本人でも過去世のことはもちろん、来世のことをいわなくなった。過去世がなければ業《ごう》の思想がきわめて狭められるし、来世がなければなんのために葬儀で引導を渡すのだろうか。

尼僧《にそう》の誕生《たんじょう》

釈尊の養母マハープラジャーパティーは、夫の死後出家しようとしたが、釈尊に断わられた。しかし彼女の決意は固く、ほかの釈迦族の女性たちと髪を切り、弟子のアーナンダもとりなしたが、やはり駄目だった。アーナンダが「女性は悟る能力がないのか」と尋ねると、釈尊は「その能力はある」と答え、重ねてのアーナンダのたのみによって出家が認められ、尼僧が出現した。ただし、比丘《びく》を敬うべき八敬法《はっきょうほう》を守ることが前提とされた。尼僧は比丘尼僧伽《びくにそうぎゃ》の略で、たんに尼《あま》ともいう。

ニダイの出家《しゅっけ》①

釈尊が修行のために大勢の弟子を連れて舎衛城に入った。城中にニダイという肥取《こえ》りがいた。髪は伸びるに任せ、顔や手足は垢まみれで、衣服は破れていた。彼が肥桶を担いで肥を捨てに行く途中、釈尊と出会った。ニダイは清らかで貴い釈尊の姿を見て、思わず称える言葉が口をついたが、こんな醜い身で釈尊を見るのはもったいないと、脇道にそれて姿を隠した。だが、残念な気持ちだった。

ニダイの出家②

釈尊には、ニダイの気持ちがよくわかっていた。神通力で姿をニダイの前に現わすと、ニダイは「私は仏さまを避けて脇道に入ったのに、また会ってしまった。どっちに行けばよいのだろう。私は生まれながら幸せの少ない身である。仏さまは気高い聖者だ。どうして仏さまに近づけよう。一歩でも近づけば、きっと罰を受けるにちがいない」と思ったニダイは、また脇道に入って釈尊を避けた。

ニダイの出家③

だが、釈尊はまた目の前に立っていた。ニダイは「仏さまは最上のお方である。私のような最低の者がどうして近寄れよう」と思うと、また脇道に入った。だが、やっぱり目の前に釈尊が立っていた。ニダイは恥ずかしさに逃げた。そのはずみに土壁に突き当たり、背負っていた肥桶を壊し、全身に肥を浴びてボロ服はいっそう汚れ、臭気が鼻をついた。「私は、さらに醜くなった」とニダイは思った。

ニダイの出家④

人びとは、釈尊がニダイのあとを追っていくのを見て、不思議に思った。釈尊は城中に入ってどこにも乞食せず、ニダイの後を追っているのだ。何か深い思慮があるに違いない。釈尊から逃げられないニダイは、地べたに座って「すべてを愛する仏さま、どうぞ私が隠れるために少し道を開けてください」と釈尊に頼んだ。釈尊は「ニダイよ」と呼びかけた。

ニダイの出家⑤

ニダイは「仏さまが私の名前なんか呼ぶはずがない。別のニダイがいるのだろう」と思い、まわりを見回したが、誰もいなかった。ニダイは返事もできずぼんやりしていたが、合掌して「仏さまを拝むと、帰依の心をおこします。平等に慈悲をくださる仏さまは、私に肥をかけてくださった。私にとっては甘露をしんしんと注がれるような心地です」といった。

ニダイの出家⑥

釈尊はニダイに「出家して私の弟子になりたくないか」と呼びかけた。ニダイは喜びに震え従った。出家して道をきわめるのが特権だと思っている城内の長者やバラモンは、ニダイの出家を聞いて怒った。「もし布施会《ふせえ》を開き、あんな下賤な者が来るようになれば、われわれの家は汚される」と騒ぎ、騒ぎは王の耳に入った。王は群臣を集めて、「私が釈尊にお目にかかって申し上げるから、騒ぐことはない。下賤な者を出家させることはできないのだ」といった。

ニダイの出家⑦

王は侍従を引き連れ、釈尊のいる祇園精舎へ行った。門前で大石に座って、修行者が糞掃衣《ふんぞうえ》を縫っていた。七百の梵天が左右に侍り、合掌しながら修行者を手伝っていた。ニダイを知らない王は、「私は王だが、私が門前で待っていると釈尊に伝えてくれないか」と頼んだ。修行者は大石に消えると、釈尊の前に現われ、王の到来を告げた。

ニダイの出家⑧

ニダイは大石から現われて、王を招き入れた。王は「いま案内してくれた修行者は大徳の方で、天人が供養し、石に自由に出入りできる」と、驚いて釈尊に訊ねた。釈尊は「あれが、あなたたちが下賤の生まれで、汚い、臭いと噂しているニダイです」といったので、王は驚きのあまり、よろよろと倒れた。そして、このような大徳を忌み嫌ったことを恥じ、後悔した。

日蓮《にちれん》の死《し》

日蓮（一二二二〜）は日蓮宗の開祖。弘安五年（一二八二）十月十三日、病気療養のため身延《みのぶ》から常陸《ひたち》の温泉に向かう途中、武蔵の池上宗仲の邸で示寂した。六十一歳。このとき弟子の日昭は「臨滅度時の鐘」をついた。翌十四日入棺、夜半に日昭と日朗が導師となり葬儀を行なう。遺体は池上邸の庭で火葬し、十六日遺骨を拾い、二十六日身延に納骨。翌年一月二十三日、百か日忌に墓石を建立した。

日蓮の法難《ほうなん》

囚われた日蓮を護送する行列が鎌倉八幡宮の赤橋にさしかかったとき、縛られた日蓮が「八幡大菩薩よ、何故われを助けたまわぬか」と大音声で叫んだ。龍ノ口で下ろされ首を斬られようとしたとき、江ノ島のほうの空が光り北西に走った瞬間、刑場は真昼のように明るくなり、首斬り役人の目は眩み、検死の役人は倒れて兵どもは逃げていった。首を差し出した日蓮は、「頸《くび》斬るべく急ぎ斬るべし。夜明けなば見苦しかりなん」と平然といった。

日光《にっこう》は観音《かんのん》の浄土《じょうど》①

日光の名称は二荒山《ふたらさん》神社の二荒が転化したものだといわれるが、「ふたら」は観音の浄土、補陀落山《ふだらくせん》である。名づけたのは八世紀の修験僧勝道《しょうどう》で、千二百年むかし、十人の弟子を連れて十七年かけて峻険な男体山《なんたいさん》に三度挑戦して山を開き、補陀落山として観音の聖地としたのだった。延暦三年（七八四）山頂の見える中禅寺湖畔に伽藍《がらん》を造り、みずから立ち木のままの桂の巨木に、高さ一丈六尺（約五メートル）の千手観音を彫って本尊とした。

日光は観音の浄土②

二荒山を開いた勝道の父は、下野《しもつけ》の上級役人だったが子供に恵まれず、母が十七日間、かつて役行者《えんのぎょうじゃ》や行基《ぎょうき》が籠もった出流《いずる》(栃木県)の洞窟の観世音菩薩に祈願し、そして生まれたのが勝道だった。幼い勝道は、近所の子供とは遊ばず、石や砂、木片で塔や寺を造り、香花を供えて一人で遊んでいた。勝道が母の籠もった洞窟で修行をはじめたのは、二十一歳のときだった。

日光は観音の浄土③

勝道が二荒山踏破を開始したのは、三十一歳のときだった。弟子十人とともに山伏姿で中禅寺湖畔にたどり着き、草庵を結ぶが、準備不足で登頂は失敗した。十四年後、ふたたび挑戦し、江尻湖畔に草庵を造るが、烈風が十七日間やまず失敗した。だが翌年、三度目の挑戦で、江尻湖畔の草庵で水垢離《みずごり》をとり柴灯護摩《さいとうごま》を焚き、山頂に到達した。上人となった勝道が、ふたたび山頂で雨乞いの祈禱を行なったのは七十三歳のときである。

似《に》て非《ひ》なるもの

剃髪染衣《ていはつぜんえ》して、固い信仰をもって出家し、仏の道を修行している者でも、諸根が確定していない者は雑念が多く、似非《えせ》僧である。「私は修行者だ」といっても、ロバが牛の群れに入って「私は牛だ」といっているようなもので、いくら自分で言い張っても、角もなく、尾も声も似てないのと同じである。僧とは、六根が安定して外的刺激や誘惑に動かされない者である。

日本最初《にほんさいしょ》の私立大学《しりつだいがく》

平安前期の学校は国立では官吏養成校しかなく、入学資格も厳重な制限があり、私立も一部の貴族のためのものだった。いずれにしても、官位をもたない庶民にとって、学校は高嶺の花だったが、空海によって天長五年(八二八)に創設された綜芸種智院《しゅげいしゅちいん》は、庶民にも解放された日本初の私立大学で、科目も仏教だけでなく、儒教や道教も教えるものであった。

日本で最初の留学生《りゅうがくせい》

日本で最初に出家したのは司馬達等《しばたつと》の娘嶋《しま》である。十一歳で仏門に入り、善信尼《ぜんしんのあま》と称した。つづいて豊女《とよめ》、石女《いしめ》という二人の女性も尼となり、善信尼の弟子となった。大阪の大野岳に寺を建てたが、当時流行した疫病を異国の仏を信ずる輩のせいとする物部守屋《もののべのもりや》によって破壊され、投獄、拷問された。蘇我《そが》氏の時代になって保護されるが、日本では充分な修行ができないため、十六歳で百済《くだら》に渡った。これが最初の留学生である。

日本初《にほんはつ》の日本地図《にほんちず》

行基《ぎょうき》は四十九の寺院を建立したが、布教活動だけでなく、橋を架けたり、道路や池などを造る土木工事や航路の開発、みずから鍬《すき》を握って田を開く開墾事業も行なっている。また当時は旅人は野宿するのがふつうだったが、宿泊施設・布施屋を造り、山野に捨てていた死体を一か所にまとめて供養し墓場をつくった。また、日本で最初に地図を作ったのも行基だといわれる。

二枚舌《にまいじた》でも足《た》らない

「二枚舌」は両舌《りょうぜつ》、離間語《りけんご》ともいって、仏教の教える十悪の一つである。両者に違ったことをいって両者を離反させることだが、嘘をつく意味として使われている。よく政治家は二枚舌だといわれるが、女性のなかには、食事用、送迎用、稽古事や遊びのパトロン、服や装飾品のパトロン、セックスフレンド、将来の子供の父親用と、何枚もの舌を使い分けて男どもをコントロールする天才もいる。

入院《にゅういん》と出院《しゅついん》

ふつう、病気で病院に入るのを入院という。入院の院とは、垣、囲い、役所、寺、学校という意味で、かつて仏教では、寺に住職として初めて入ることを入院といった。病気が治って病院を出るのは退院だが、寺を出るのは退院とはいわない。自発的に寺を出るのを出院というが、退院となると、犯戒によって寺を追放されたということになるので注意を要する。

入寂《にゅうじゃく》と遷化《せんげ》

「入寂」は寂滅に入ることで、聖者・高僧の死をいう。同じ意味で、煩悩を滅して生死の苦海を渡る入滅《にゅうめつ》、禅定に入る入定《にゅうじょう》という言葉も使われる。なお、高僧の場合には、今世の教化を他に遷すという意味で「遷化《せんげ》」ともいわれる。しかし、いくら高僧であっても「あの口やかましい師が入寂し、やっと静寂になった」などといわれたら、なんとも寂しいかぎりだ。

入道《にゅうどう》は袈裟《けさ》姿《すがた》の俗人《ぞくじん》

入道とは、道に入ること、仏道に入って悟りをめざすことをいうが、武士などが形だけ剃髪して袈裟を着けたまま寺に入らず俗人の生活をする者をいうようになった。戦国武将などが、その典型である。入道雲は、高く盛り上がった雲の頂が丸く大入道のように見えることからいわれる。入道雲はカミナリをよぶ雲でもあるから、庶民にとって入道は怖い存在であったにちがいない。また、坊主頭の者をあざけって入道ともいい、坊主頭の妖怪を入道ともいう。

入滅《にゅうめつ》と滅入《めい》る

「入滅」は釈尊をはじめ高僧などが滅度《めつど》(涅槃《ねはん》)に入ることだが、「滅入る」と訓読みにすると、元気がなく憂鬱になるとか、ふさぎこむ意味になる。それは何も、釈尊や高僧の死を悼んで落ち込むことからきているわけではない。「滅入る」はもともとは「滅入る」のことであり、滅は「減り込《めこ》む」のように、深く内面に入ることをいう。心が減退するのである。字面は似ているが、まったく語源が異なる一例である。

如意棒《にょいぼう》と不邪婬戒《ふじゃいんかい》

陰茎を幼児語で「ちんぽ」とか「ちんぽこ」「ちんちん」などという。やわらかくなったり硬くなったり世にも珍しい棒なので「珍棒」、伸縮自在だから「如意棒」ともいうが、年をとったり精神的な原因から意のままにならないことを「不如意」というのだ。また、女性に「珍宝」としてもてあそばれたり、へんなウイルスに冒されないよう、セキュリティーを怠らないことを「不邪婬戒」(ふざけんない)という。

如説修行《にょせつしゅぎょう》で成仏《じょうぶつ》

如説修行とは、経説の示すとおりに修行することで、『法華経』の如来神力品《にょらいじんりきほん》や陀羅尼品《だらにほん》に基づくものである。日蓮宗の熱心な檀信徒は、寺院にかならず御首題帳なるものを持参する。これに一遍首題(髭題目)を揮毫してもらうのであるが、題目の両脇に記される経文は「如説修行、功徳甚多」が多い。如説修行をすれば成仏できると確信しているから、おのずと熱が入る。仏教の究極的な目的は、やはり仏に成ることであると実感させられる瞬間である。

女人禁制《にょにんきんせい》と角界《かくかい》

特定の寺院や霊場内への女性の立ち入りを禁ずることを女人禁制という。かつては信仰上、女性をけがれ多いものとし、男性の修行の妨げになるとして立ち入りを禁じた。これが解かれたのは明治五年だが、いまでもかたくなに女人禁制を厳守しているのが角界である。女性を土俵に上げる上げないで論争が起こる。女性知事が優勝力士を表彰するのに土俵に上がれない。これは慣習だからしかたない、というのが一般の意見だ。

女人成仏《にょにんじょうぶつ》はあたりまえ

インドでは古くから女性の地位を低く見て、女性には梵天王・帝釈・魔王・転輪王・仏の五種の者にはなれない障害(五障《ごしょう》)があるとされてきた。だが、それは誰でも成仏できるとする大乗の教えに反することから、『法華経』『無量寿経』などで成仏が保障されるようになった。現代において女性は成仏できないなどと説けば、反発は必至である。女性も男性も同じ人間であり、釈尊も女性から生まれたのだ。女性が成仏できないわけはない。→尼僧の誕生

如来《にょらい》になった童女《どうにょ》①

王舎城の富豪に、かわいい童女がいた。まだ八歳だが、前世で多くの仏に供養し、さまざまの善根を積んでいたため、釈尊が王舎城に来ることを聞いて、釈尊のもとに来て合掌礼拝しながら「菩薩行について説法をお願いします」と頼んだ。釈尊の「問いたいことは、なんでもいうがよい」という言葉に、次のような質問をした。

如来になった童女②

「菩薩はどうして端正な姿で大富尊貴の身になったのか。どうして蓮華の葉の上に座って形を変えて生まれることができるのか。どうして自在な神通力を得て、諸国に往来できるのか。どうしてこの世になんの怨恨もないのか。菩薩の言葉をなぜ人びとは信じて疑わないのか。どうして障碍《しょうげ》を離れ、清浄を得たのか。どうしてもろもろの魔《ま》業《ごう》から離れることができたのか。どうして菩薩が臨終のとき、諸仏が目の前に現われるのか」

如来になった童女③

釈尊はていねいに答え、「菩薩行のむずかしいこと、そ

の功徳の偉大なことがよく理解できたであろう」というと、童女は「菩薩行を行ない、その教えを実行できなければ、釈尊をたぶらかしたことになりましょう」と釈尊に誓った。この誓いを聞いていた目連《もくれん》は、「童女よ、実行不可能な菩薩行を願ったが、どうして自在が得られるものですか」と冷笑的にいった。

如来になった童女④

童女は「その疑いはもっともですが、私の大願が真実で、それが成就したときは三千世界が六種に震動し、天から花が降り、妙なる音楽が流れるでしょう」というと、天から蓮華が降り、音楽が流れ、大地が震えた。童女はさらに「来世は仏になり、清らかな世界にしたい。この言葉に偽りがなければ、ここにいる人びとの身体が金色になるように」というと、人びとは金色に変わった。童女は、釈尊から殊勝功徳宝蔵如来の尊称を授けられた。

如来《にょらい》は来《く》るが如《ごと》し、去《さ》るが如《ごと》し

如来は真理に到達した者、もしくは真理より来た者を意味する。経典には如来・仏・世尊と呼び名がいろいろあるが、なぜ分けるのだろうか。――ある人が参拝のあと「かならず仏さまはここに来ておられるのですか。もし来られているとしたら、不思議ですね。世界中で仏さまは拝まれているのですから、忙しいですね。でも、そんなことができるんですか」と聞いてきた。「如来は来るが如し、去るが如し」と煙《けむ》に巻いた。

人間界《にんげんかい》から人間《にんげん》に①

生まれつき賢く素直で、善人と親しく交わり、悪人を非難し、信義を守り、自分の名声や名誉を願い、智慧を尊重し、羞恥心があって慚愧の念があり、柔軟な心で恩義を知り、布施を好み、目上や目下の区別ができ、年寄りや子供の順序をわきまえ、是非、得失を判断できる能力をもっている者は、人間界からふたたび人間界に還生《げんしょう》した人である。

人間界から人間に②

ふたたび人間界に還生した人は、前生に十善業《じゅうぜんごう》を修めたためであるので、それを回想してよい師を求めるべきである。そうすれば、知識はその人のために生死を説き、涅槃《ねはん》の悦楽を示す。だから、この人がこの説法を聞くときは、生死をいとい、涅槃を喜んで求めるようになり、六波羅蜜《はらみつ》の説法を聞くときは、無上大道の大いなる心を起こすようになる。

人間《にんげん》としての苦《くる》しみ——四苦八苦《しくはっく》

四苦八苦はたいへんな苦労を表わす日常語になっているが、もとは生・老・病・死の四苦と愛別離苦《あいべつりく》・怨憎会苦《おんぞうえく》・求不得苦《ぐふとっく》・五蘊盛苦《ごうんじょうく》を加えて八苦と数えるので、四苦と八苦が別にあるわけではない。俗に4×9＝36と8×9＝72をプラスすると百八になり、これが煩悩の数であるというが、真っ赤な嘘だ。煩悩の数はかぎりなく、百八ばかりではない。人間と生まれてきて避けることができない四苦八苦、執着によってますます苦しみはましていく。→四苦八苦

人間《にんげん》はみな仏陀候補《ぶつだこうほ》

仏陀になるには人間に生まれなければならない。人間は仏陀になるための最終形で、それまでに、釈迦と同じように、長い期間、さまざまな修行・功徳を積まなければならない。人間に生まれてこられるだけで有り難いことなのだ。それだけに人間だということは、修行し、功徳を積んできた証である。だから人間はすべて、その気になって修行をすれば、仏陀になれるのである。

忍者《にんじゃ》は九字《くじ》を切《き》る

忍者は、巻き物を口にくわえて指を絡ませ、呪文を唱えてドロドロと消えるが、あれは印契《いんげい》を結ぶのではなく、九字を切るのである。九字は道教の葛洪《かっこう》仙人が山に入るとき、護身のために用いた六甲秘呪《ろっこうひじゅ》という呪《まじな》いが修験道に取り入れられたものである。「臨兵闘者皆陣列在前」の九字を唱えながら、一字ごとに横縦、縦横と空中に指で線を引くもので、指は絡ませない。

人薬王子《にんやくおうじ》①

悪病が蔓延し、世界中の人びとが悩んだとき、王の妃が懐妊した。不思議なことに、妃が病人に触れると、たちまち平癒する現象が起きた。月満ちて、生まれた男の子は「私はすべての病人を治癒する」といった。世界中の天・龍・鬼神は「いま、王のところに生まれた男の子

は、人の薬である」といっせいに唱え、これを聞いた人びとは、王子を人薬と呼ぶようになった。

人薬王子②

人びとは病人を連れて王子のもとを訪れ、身体や手に触れてもらうと、病はたちまち癒えて、苦痛は消え、安らいだ気持ちになった。噂は広まり、世界中の病人が治療のために王子のもとを訪れた。こうして人薬王子は、千年間この世にとどまって病人の治療につとめた後、世を去った。これを知った多くの病人は、王子の死を悲しみ泣いた。そして、王子がどこで身を焼かれたかを聞いた。

人薬王子③

病人たちは焼身の場所に行き、骨を拾って粉末にして身体に塗ると、病気はたちどころに治った。この奇跡が人びとに伝わると、世の病人は競って骨を拾い、身体に塗ったので、骨はすぐに拾いつくされ、なくなった。遅れて来た病人たちは、残った灰や焼くときに使った炭などを拾って身に塗ると、やはり病気は治った。この人薬王子が、いまの釈尊である。

忍力仙人《にんりきせんにん》①

忍力仙人が忍辱行《にんにくぎょう》を勤修《ごんしゅ》していたとき、悪意という悪魔が「忍力の修行を破壊してやろう。それには、彼を怒らせるにかぎる」と考え、悪罵嘲笑を得意とする配下千人に命じて、忍力仙人の前後左右を取り囲んで、卑しい言葉で罵りつづけた。座るときも、食事のときも、村里に行くときも、しつこく罵りつづけたが、忍力仙人は知らぬ顔をして怒らなかった。

忍力仙人②

閉口した悪魔は、忍力仙人が集落に行ったとき、自分の糞尿を仙人の頭から注ぎ、衣鉢《えはつ》を汚した。しかし、仙人は悪魔を憎んだ目で見ることもなく自若としていた。忍力仙人の忍行を破ることのできなかった悪魔の千人の配下は、仙人を敬服し、己の罪を悔い、仙人のところに行って敬順した。だが、仙人は尊敬や誉れ、名声にあっても、耐え忍ぶことを怠らず、修行をつづけた。この忍力仙人が釈尊である。

【ね】

猫《ねこ》の和尚《おしょう》①

　山寺に、年を忘れるぐらい年寄りの和尚がいて、年を取った虎猫と仲良く暮らしていた。昼夜居眠りをしていたところがある朝、和尚が目を覚まし、衣を着ようとすると、しっとり濡れて、裾には泥がついていた。次の朝も、その次の朝もそうなので、和尚も不思議に思い、眠いのを我慢して寝たふりをしていた。すると、布団のすそに寝ていた虎猫が起き上がり、衣を肩から掛けて出て行った。

猫の和尚②

　和尚は虎猫の跡をつけると、お堂に入っていった。中を覗《のぞ》くと、何十匹もの猫がいて、みなきちんと並んで座っていた。そこへ、和尚の衣をつけた虎猫が現われ、和尚と同じようなお勤めが始まった。言葉は猫語である。和尚は「門前の猫もお経を読むのか」とおかしさをこらえ、部屋に帰ってぐっすりと眠った。翌朝、目が覚めると、枕もとに虎猫が畏《かしこ》まって座っていた。

猫の和尚③

　虎猫は「長いあいだお世話になったが、昨晩、姿を見られたからには、もうこの寺にはいられない。ご恩返しとして、近いうちに長者の家から葬式がでるが、そのとき、おらが呪《まじな》いをかけておくので、和尚さまを呼びに来たら行ってお経を読んでください。そのお経のなかで『南無虎やあやあ』といってくれれば、おら、呪いを解くから」というと、縁から飛び下りて行ってしまった。

猫の和尚④

　長いあいだ患っていた長者の一人娘が亡くなった。長者は盛大な葬儀をだそうと、あらゆるお寺の坊さんを呼んだが、山寺の眠り和尚のことは誰もが忘れて呼ばなかった。村はじまって以来の盛大な葬式の行列が進むなか、飾られたお棺が宙に浮き、昇っていった。お坊さんたちは、いっせいにお経を読んだり、それぞれの秘術をつくしたが、効きめはなかった。

猫の和尚⑤

　長者は「いままでどれくらいお寺に寄進したか」といっ

て怒りだした。「あの棺を下ろした者にはなんでもやるから、早く下ろしてくれ。もうほかに坊さんはいないのか」老婆が山寺の和尚のことを思い出した。だが「あの和尚に居眠り以外何ができる」といって、村人は笑った。しかし、藁《わら》にもすがりたい長者は「早く山寺の居眠り和尚を呼んでこい」といった。

猫の和尚⑥

山寺の和尚はゆっくりとやって来て、空を仰いで読経を始め、ころあいを見計らって「南無虎やあやあ」と読み上げると、娘の棺はするすると下りてきた。長者は居眠り和尚にひれ伏した。その後、山寺はりっぱに建てなおされ、参詣人も増えたが、和尚はやはり眠りかけていた。和尚は、虎猫の和尚を探したが、手がかりは得られなかった。

猫《ねこ》の鳴《な》き声《ごえ》①

会津藩の家中に、東野浅之助という少年がいた。隣家の猫が鶏の雛をたびたび盗むので、あるとき、吹き矢で猫を狙い、矢は見事に猫の額を射抜いた。猫はその場で三尺も飛び上がり、地に落ちてからキリキリ舞いをし死んでしまった。気の小さい浅之助は、猫の死にざまを気に病み、翌日から自分のお腹のなかで、猫の鳴き声を聞くようになった。悲しそうな猫の声はヘソのあたりや、胸元でした。

猫の鳴き声②

その次の日もお腹のなかで猫が鳴き、小心者の浅之助は来合わせた父の碁仲間の法蓮寺の和尚に相談した。和尚は「武士の子が猫に祟《たた》られたのが原因で、病死でもしたら東野家の恥だ。いっそのこと切腹したらよかろう」といった。父を振り返ると、無情にも父もうなずいている。そのとき、下っ腹のあたりで猫の鳴き声がした。思わず涙があふれてきてしまった。

猫の鳴き声③

浅之助は切腹することになった。作法どおりに正座し刀を手に取った。介錯《かいしゃく》役の横に立つ法蓮寺の和尚が、落ち着いた声で「慌てるでないぞ、せっかくの切腹なのだから。猫の声がするあたりを目がけて、一気に刀を突き立てるがよい」と呼びかけた。「はい」と答えて浅之助は下腹をなぜ、猫の鳴き声がするあたりに手を当て、耳を澄ました。介錯役の振り上げる白刃が光り、静寂そのものだった。

猫の鳴き声④

今朝まで聞こえていた猫の声がしない。「どうしたのだ、浅之助」と和尚が問う。「いまは猫の鳴き声が聞こえません」「そんなはずはあるまい。気を落ち着け、よく聞いてみよ」浅之助は体中を耳にして、一心に聞き入ったが、何一つ聞こえない。「声がしません」「猫め、逃げたか。逃げたのならしかたない。切腹には及ぶまい」と、和尚は父親と目をかわし、きっぱりと宣言した。

猫《ねこ》も杓子《しゃくし》も

「猫も杓子も」といえば、どんな人でも、だれもかれもの意だが、猫の皮は三味線の材料になることから猫は三味線の異称となり、三味線を使うことから芸妓の異称ともなった。一説には「寝子」とも書くという。杓子は飯《めし》盛《もり》の意から私娼の異称でもあった。また「釈子」とも書くといい、こちらはいうまでもなく釈迦の弟子、仏教僧である。まさに聖俗ごちゃまぜだ。

鼠《ねずみ》の宝《たから》①

信心深い爺が町へ柴売りに行こうと村はずれに来ると、鼠が出てきて「爺さま、どこへ行く」と聞いた。爺は「町へ柴売りに」と答えると、「だったら、女房がお産をしたので鰹節《かつおぶし》を買ってきてくれないか」と使いを頼み、銭を出した。「銭はあとでいい」と、町で鰹節を買って鼠に渡すと、鼠は自分の家まで来てくれという。目をつぶって、尻尾に捕まって行った鼠の家はりっぱだった。

鼠の宝②

鼠の女房もたいへん喜んで、「みんなで餅をついてご馳走を」というと、大勢の鼠が「猫がいなけりゃ極楽浄土」と唄いながら餅をつき、歓待した後、「お土産に好きなものを」といって宝物を出した。爺は宝石や大判小判のなかから、仏像をもらって帰ると、仏像の胎内から大判小判があふれ出た。その音を聞きつけた隣の婆が、「同じ貧乏どうしなのに、その金はどうした」と聞く。爺はすべてを話した。

鼠の宝③

隣の婆は、嫌がる爺をむりやり町まで柴売りに行かせた。やはり鼠が待っていて、同じことが起こった。隣の爺は唄の途中で、ここで猫の声を出せば、この家の宝はすべて自分のものになると思い、猫の泣き真似をした。とつぜん、まわりが暗くなり、鼠の逃げる音がし、宝物も家もすべて消えた。爺は深い泥のなかに一人とり残された。婆は家で、汚い着物を捨て、宝と爺を待っていた。

涅槃《ねはん》で待《ま》つ

昭和五十八年、〝おやじ　涅槃で　まってる〟とホテルの便箋の裏に書き遺して、俳優の沖雅也は飛び込み自殺した。この「涅槃で待つ」が、当時の私には解せなかった。「あの世で待つ」ぐらいの意味なのだろうが、涅槃という言葉が異様に映ったのだ。いうまでもなく、涅槃はお釈迦さまの死を意味する。それは完全なさとりの世界であって、一般人の死に用いられることはなかった。それ以来、涅槃の語が俗化した。

涅槃と昼寝《ひるね》

涅槃は滅《めつ》、寂滅《じゃくめつ》と訳すが、もとは吹き消すこと、吹き消した状態を意味する。燃え盛る煩悩の炎を吹き消し、悟りの智慧《ちえ》を獲得した境地をいう。迷いから自由となる悟りの世界である。また、釈尊の入滅を涅槃《ねはん》・般涅槃《はつねはん》ともいう。僧の隠語で「涅槃経を読む」というと、眠ることである。朝早くから起床して勤行《ごんぎょう》、作務《さむ》などで疲労をおぼえ眠くなるときがある。そこで、涅槃経を読む(昼寝)という。便利な言葉だ。

涅槃西風《ねはんにしかぜ》

旧暦二月十五日は涅槃会《ねはんえ》、お釈迦さまが亡くなった(入滅とか入涅槃という)と伝えられる日である。涅槃西風は、ちょうどこの涅槃会のころに七日間ほどやわらかく吹く西風のことで、浄土からの迎えの風ともいわれている。この西風がやむと、待ちに待った本格的な春になる。「ねはんにし」ともいう。

年賀《ねんが》状《じょう》と春《はる》

年賀状によく使う言葉に「新春」「頌春」など、春の字を用いたものがある。子供のころ、冬なのにどうして春と書くのかと思った人も少なくないであろう。これはお盆が旧暦と新暦の両方で行なわれているのと同じで、暦のちがいによる。旧暦の正月といえば、かなり春が近づいているが、新暦の正月はまだ冬のまっさかりである。おかしな表現ではあるが、いまはだれも正月の代名詞的なものとして疑わなくなっている。

【の】

脳死《のうし》と臨終《りんじゅう》

臨終は臨命《りんみょう》終時《じゅうじ》の略で、命の終わる時に望むことである。近年、その「命の終わる時」が論議をかもしている。医学と医療器具の著しい進歩にともない、人の死が心臓の止まった時をいうのか、脳死の時をさすのかという議論が、一時世をにぎわした。時勢は脳死のほうに傾き、臓器移植が現実のものとなっているが、それを一概に悪いと決めつけることはできまい。臨終行儀・臨終正念など伝統的な仏教の教えが、さらに再考を迫られているのである。

【は】

拝啓《はいけい》は中国《ちゅうごく》の書簡文《しょかんぶん》

拝啓は手紙の冒頭の一句で、中国の文士の書簡文からとったものという。「つつしんでもうしあげます」の意。同意のものに啓白・敬白(けいはく、うやまってもうしあげました)があり、敬具のように手紙の末尾に使う。「つつしむ」も「うやまう」も、自己をつつしめば相手をうやまうことになるから同じである。また、啓白・敬白を「けいびゃく」と読むと、神仏に申し上げることになる。いまは「ハ〜イ」と「バ〜イ」で英文並みだ。

売茶翁《ばいさおう》①ただよりは負けない

京都東山に「通仙亭」という茶店が開店した。茶代は二千両から半文銭までのあいだ、ただ飲みもかってだが、ただよりは負けない、というもので、代金は、側においてある銭筒に、客が入れるのである。茶の道具は銘品ばかりで、春秋の後楽日には、茶道具を担いで山で席を設けた。都の風流人は、こぞって集まった。従業員もいないこの茶店の亭主は、黄檗宗《おうばくしゅう》の月海元昭《げっかいげんしょう》で、煎茶道の祖の売茶翁である。

売茶翁② 雲水行脚で病を治す

売茶翁は、肥前の龍津寺《りゅうせんじ》化霖《けりん》のもとで修行していた。二十二歳のとき、激しい痢病にかかったが、おとなしく寝ているどころか「五体の苦さえ克服できなくて、どうして精神問題を解決できよう」といって、病気が癒えぬうちに一笠一杖を持って雲水行脚に出た。奥州を巡った後、筑前の雷山に籠もって火食を断っての修行の後、龍津寺に戻り、師の化霖に十数年仕えたが、師の死後、飄然《ひょうぜん》と旅に出た。京東山の茶店の亭主になったのだった。

倍《ばい》の力《ちから》①

生まれつき力が弱く、子供からも馬鹿にされる男がある日、旅人から、天狗のいる山の仏に願かけて力を得て相撲に勝った力士の話を聞いて、男もその山に願かけに行った。滝に打たれ、仏に祈って満願の日に、千人力を授かった。うれしくて小躍りすると、足が地面にめり込んで、不自由で仕方がない。千人力はお返しして、相手の倍の力が出せるように願かけすると、これも叶った。

倍の力②

村に帰ると、ならず者の集団が来て、寺の本尊を賭けて相撲をし、村の連中はみな負けて、本尊を持っていかれるところだった。まにあった男がならず者を次つぎに投げ飛ばし、ご本尊を取り返したと思ったら、ならず者は束になってかかってきた。だが相手の二倍の力が出せる男は、相手が五人なら十人力、十人なら二十人力が出る。とうとうならず者はあきらめて逃げていった。

蝿《はえ》が手《て》をする足《あし》をする

「やれ打つな蝿が手をする足をする」(一茶)蝿が手や足をすっているさまが「どうかご勘弁を」と手足をこすり合わせて命乞いをしているように見えるという、不殺生戒を思わせるような、じつに情け深い句である。ところが蝿のこの動作は、手足の吸盤を掃除しているのだという。その際、ついでにばい菌をまき散らしているのだとか。いま、蝿の飛び交うなかで食事をすることは少なくなったが、むかしの人は蝿をおかずにして食べてしまっても大丈夫なくらい、強い免疫性をもっていたのだろう。

破戒《はかい》は格好《かっこう》のゴシップ

僧侶や仏教信者には守るべき戒がある。それを破ることを破戒という。いつの時代にあっても、僧侶の堕落は庶民にとって格好のゴシップであり、スキャンダルである。破戒坊主、生臭坊主などと、さんざんな言われ方をするのは世の常だが、そこで困るのは、僧侶と仏教を同じ視点で捉え、批判されることである。僧の堕落、破戒は仏教そのものとは無関係であり、資質のない者が僧侶となることに問題があるのだ。僧侶の質の向上が待たれてならない。

墓《はか》とコインロッカー

寺がマンション式の墓を分譲して話題になって久しいが、墓の簡易化はさらに進み、いまはロッカー式になりはじめている。駅などのコインロッカーは味もそっけもないが、まことに便利なものだ。墓も、いたって合理的に「寺境内や街区が墓で占められているのは愚の骨頂、地下のコインロッカーに納めてしまえば狭い地上が有効に使える」と思う人も、近ごろでは多くなっているにちがいない。

墓参《はかまい》りの意義《いぎ》

いま、お墓にはお骨を納めるが、お墓はまた霊の依代《よりしろ》だという日本古来の民俗信仰がある。故人は葬儀と仏事で成仏し、やがて先祖霊となるが、その浄化された守護霊の依代だというのだ。そこへお参りして「家族を、私をお守りください」と祈願するのが、墓参りの意義である。だが、お守りいただくには、本人の精進努力がなくてはならない。墓参はたんに現世利益を願うものではなく、ましてや春秋の家族のリクリエーションなのではない。

墓参りは口実《こうじつ》

江戸時代は儒教的な倫理観にしばられ、とくに女性は外出がままならなかった。ところが春秋彼岸などの墓参りとなれば別で、どうどうと家を出ることができた。墓参りを口実にして、芝居見物を楽しんだ人もかなりいたという。――いつも寺にしばられて外出もままならない住職、宗門の学会出席を口実に寺を抜け出す人もいると聞くが、それとどこか似てはいないだろうか。

墓参りは六度行《ろくどぎょう》

墓参りには六種供養というものがある。水・塗香・花・焼香・飲食・灯明による供養である。この六種供養は、布施《ふせ》・持戒《じかい》・忍辱《にんにく》・精進《しょうじん》・禅定《ぜんじょう》・智慧《ちえ》の六度行に対応しているとされる。六度の「度《ど》」は波羅蜜《はらみつ》(パーラミター)の意訳であり、波羅蜜は古くから「到彼岸」と解釈されているから、春秋の彼岸に墓参りをするようになったのも、このことによっている。↓彼岸は飛雁のこと　↓彼岸は日願のこと

墓《はか》も変化《へんか》する

お墓といえば、多くの人は昔から変わらないと思っているが、墓も時代に合わせて変化してきている。古くは両墓制といって、死霊への恐れより家から離れたところに埋め墓を、家の近くに霊を弔う参り墓がつくられていた。また、土葬のため墓の用地も広かったが、火葬の普及によって現代ではあまり広い墓所は必要なくなった。死に対する考え方も変わり、山にまき海に流す人もでてきたが、できれば自分の墓地にしてほしいものである。

↓散骨の本音

白眼視《はくがんし》の由来《ゆらい》

剣道の構え方の一つに正眼がある。刀の切先を相手に向ける中段の構え方で、青眼の構えともいう。青眼が、相手を正視する「正眼」と同じ意味で使われるのは、竹林の七賢人の一人、阮籍《げんせき》の故事による。魏の時代に生きた阮籍は、訪ねてくる人のうち、心を許し好意を感じる人は青眼で迎え、きらいな人には白眼で応接した。これが、相手を冷淡に扱う白眼視と、人を親しく正視する青眼の由来である。↓正《しょうげん》眼と正眼《せいがん》

博士は「はかせ」か「はくし」か

俗に物知りな人のことを博士というが、博士と書いて「はかせ」と読むか「はくし」と読むか、ちょっと悩ましい。博士は律令時代の官名の一つであって、これは「はかせ」といい、それにたいして明治の初め、学位としての博士は「はくし」と読むようにと、当該大臣の厳命がでたという。文明開化をもくろむ維新政府の旧と区別する意図のものであったが、平成のいまもなおあいまいに使われている。

↓散骨の本音

白楽天《はくらくてん》① 木の上の禅僧

中国に道林和尚という変わり者の禅僧がいて、木の上に住んでいた。この噂を聞いて、白楽天が訪ねてきた。このとき、道林は木の高い枝で坐禅をしていた。それを見た白楽天は、思わず「危ない！」と叫んだ。道林は平然として、「危ないのはあなただ」といった。白楽天は「私は地面の上に立っている。危ないはずはない」と反論した。それにたいし道林は、「命のはかなさを悟らないあいだは危ないのだ」と諭した。

白楽天② 知識と実行

白楽天が道林和尚に「仏教の根本のこころは？」と聞くと、「悪いことをせず、善いことをする。これが根本である」といった。白楽天は馬鹿にされたと思い、「そんなことは三歳の子供だって知っている」と抗議した。道林は「そのとおり。こんなことは三歳の子供にもわかっていることだが、実行するのは八十歳の老人にもむずかしい」といった。有名な「諸悪莫作《しょあくまくさ》、衆善奉行《しゅぜんぶぎょう》」の故事である。なお、この句は最古層の原始経典『ダンマパダ』(法句経)に由来する。

馬耳東風《ばじとうふう》

「馬耳東風」とは、耳に東風が吹いても馬は何も感じないように、人のいうことに耳を貸さないし、聞いたとしても意に介さないこと、また、何をいっても、蛙《かえる》の面《つら》に小便、柳に風で、なんの反応もない状態をいう。──「向こうに行ったら、ちゃんとあいさつするんだよ」「……」「好き嫌いをいわず、出されたものは残さないように」「……」「途中、居眠り運転はぜったいしないように」「グーグー」 ↓馬に耳に念仏

蓮《はす》の花《はな》と葉《は》っぱ

清浄さを象徴する蓮の花(華)だが、同じ蓮でも「葉っぱ」となると、だいぶちがった意味合いとなる。「蓮《はす》っ葉《ぱ》な女」とは、軽薄で落ち着きがない女とか、浮気性で身持ちのよくない女をいう。そのわけは、蓮の葉が水をはじく形からきているという。しかし、「蓮っ葉な男」という表現は聞かない。それは江戸時代、京阪の問屋で接待役の女性を「蓮葉女《はすはおんな》」といったことに由来するからで、その名残である。

跣足禁止令《はだしきんしれい》

明治三十四年、ペスト予防のため人力車夫をはじめ一般市民に跣足禁止令が出された。そのため深川不動《ふかがわふどう》や水天宮《すいてんぐう》など、はやりの神社仏閣には、拝殿の柱に「はだしにてお百度踏むべからず」という貼り紙がされたという。下駄や草履をはいて敷石の上をガタガタ、バタバタのお百度まいりはおかしなものだと、当時の新聞は書いている。いま、はだしで街を歩く人はいないが、朝夕の満員電車で、はだし同然の若い女性を見かける。踏まれたら痛かろうに、と思うのは老婆心か、はたまた余計なお世話か。

八月《はちがつ》だから裏盆《うらぼん》

お盆行事の正式な名称は、梵語のウーランバナの音写である盂蘭盆《うらぼん》で、倒懸《とうけん》(逆さ吊り)と意訳される。お盆は地方によって旧暦(八月)と新暦(七月)で行なわれ、地域や個人の都合(農耕など)によって決められていることが多い。七月が正式とされるが、八月に行なう家で「うちは七月ではなく八月だから裏盆なんです」という人があり、これは大きなまちがいだから注意を要する。

八正道《はっしょうどう》は正《ただ》しい理解《りかい》と実践《じっせん》

八正道は、原始仏教において最も重視された八種の実践徳目。①正見《しょうけん》、②正思《しょうし》、③正語《しょうご》、④正業《しょうごう》、⑤正命《しょうみょう》、⑥正精進《しょうしょうじん》、⑦正念《しょうねん》、⑧正定《しょうじょう》。これら八種はそれぞれ関係深いが、正見と正定は悟りにたいする目的と手段を明示するものとして重要視される。釈尊の教えにたいする正しい見解をもち、正しい精神統一によって悟りに到達できるのだが、凡人が悟りに至らないのは、教えを理解できないのと修行が足りないからだ。まちがいない。

法被《はっぴ》の由来《ゆらい》

法被の語源は、鎌倉か室町時代まで遡る。「ハッピ」は「ハフヒ」の促音化にちがいないが、「法」を「ハフ」とする発音は唐音だろうから仏教用語の可能性が高い。実際、辞書を見ると、禅寺などの僧が座る椅子の被いを法被というそうだ。この名前が民間に流れて、現在の法被になったのではないか。

八百歳《はっぴゃくさい》の尼《あま》①

北陸の島の定例の寄り合いで飲み食いしていると、見知らぬ若者が現われて、羨ましそうにながめていた。頭が仲間に入れてやると、若者は喜んで、帰るとき「こんどは自分のところに来てくれ。次の寄り合いの日に迎えに来るから、浜に来てくれ」といった。その日、頭が浜に行くと、若者は頭を舟に乗せ、目隠しをした。頭は眠くなり、海の底に吸い込まれるようだった。

八百歳の尼②

目隠しを取ると、竜宮城のようなところだった。見たこともないような豪華な料理と酒でもてなされた。小便に行く途中、厨房をちらっと覗くと、俎板《まないた》の上に下半身が魚で上半身が女の子に見えるものを料理しているのが見えた。頭は気味悪くなり、一刻も早く家に帰りたくなった。若者は残念がり、土産をくれた。家に帰った頭は、土産にもらった魚の包みを棚に置いた。

八百歳の尼③

何も知らない頭の娘が、こっそり一切れ口に入れると、甘くて全部食べた。それから娘は年を取らず、八十歳になっても娘のようで、化け物の生まれ変わりといわれだした。娘は尼になり、諸国をめぐって修行し、人びとを勧進《かんじん》した。八百歳近くになったとき、娘は海岸に歳の数だけ椿を植え、八百歳の年に、咲き乱れる椿の花の下で息を引き取った。

初詣《はつもう》でと日本教《にほんきょう》

初詣では、正月に寺社に詣でて年頭の祈願をすること。大晦日から元旦にかけて参拝するが、除夜の鐘とともに初詣でとなる。古くは氏神への参拝であったが、都市部で、氏神とは別の神社や寺に参拝するようになった。暮れのクリスマスイブからバカ騒ぎをし、一週間たったら寺で除夜の鐘をつき、そのあと神社や寺院に初詣でする——日本人は不思議な人種である。クリスチャンから仏教徒、そして神道の氏子と、これも日本教か。

花咲《はなさか》じいさんは芽吹《めぶ》きのスイッチ

「枯れ木に花を咲かせましょう」といって、花咲じいさんが死んだ愛犬を焼いた灰をまくと枯れ木に花が咲いたという話は有名だ。しかし、いくらおじいさんに霊能力があっても、枯れた木が生き返ることはない。ここで枯れ木は冬に落葉した木のことで、春に芽吹く前にカルシウム(石灰)をまくと芽吹きがよくなるのである。冬の寒さを経験した木に、芽吹きのスイッチが入る。これを春化という。

花《はな》は仏国土《ぶっこくど》の荘厳《しょうごん》

仏教では花を用いることが多い。それは次の理由による。①お釈迦さまが法を説くときに天から曼陀羅華《まんだらげ》などの花が降ってくることにちなんでいる。②花を飾り、そこに香のよい香りが漂ってくれば、まさに極楽のようだということから、仏国土を再現しようとした。③葬儀などの仏事のときに飾られるのは多く白い菊で、その花言葉は「冥福を祈る」であるが、最近ではカラーの時代を反映してか色花も使われている。

花祭《はなまつ》りは釈尊《しゃくそん》の誕生祝《たんじょういわ》い

花祭りは、仏生会《ぶっしょうえ》・浴仏会《よくぶつえ》・釈尊降誕会《しゃくそんごうたんえ》・灌仏会《かんぶつえ》ともいう。釈尊の誕生を祝って花御堂《はなみどう》に誕生仏を安置し、甘茶をかけるのが慣わしである。また、花御堂そのものを季節の花で飾る風習もある。だが、むかしほど花祭りが注目されなくなってきた。異教徒の預言者の誕生日はお祭り騒ぎをし、ナンパの日と勘ちがいしている阿呆がいるほどなじみがあっても、花祭りと聞いてピンとくる若者はほとんどいない。寺と僧の怠慢だ。↓甘茶でカッポレ

母《はは》の愛《あい》①

武蔵《むさし》国の母と妻のいる男が、防人《さきもり》となって九州に行くことになった。九州へは母親を連れていき、妻には家を守らせた。男は妻が恋しくて仕方なくなったが、防人は三年家に帰れない。なんとか手だてを考えていると、母親を殺せば、葬儀のために家に帰れると思った。母親は信心深かった。男は、東の山で坊さまが、ありがたい『法華経』を説く集まりがあるといった。

母の愛②

母親は大喜びで、前日は湯を沸かし身体を浄めて、男といっしょに東の山に向かった。人気のない場所に来ると、男は恐ろしい顔になって、母親に「そこに座れ」といった。母親はびっくりして「なぜ、そんなことをいうのです。おまえは鬼がとりついたような顔ですよ」といっ

た。男はすぐに刀を抜いて、母親を殺そうとした。母親は子供の前にひざまずいていった。

母の愛③

「木を植えるのは、実を実らせ、木陰を作るため。子供を養うのは、老いて子供の力を借り、養われるため。どうしてこんな恐ろしいことをするのです」男は母親のいうことに耳を貸さなかった。母親は身につけている着物を脱いで三つに分け、「これを持ち帰るがよい。一つは兄のおまえが取り、後の二つは二人の弟に与えなさい」といった。男は母親の首を刎《は》ねようとした。

母の愛④

とつぜん大地が裂け、深い穴が開き、男が奈落《ならく》に落ちかかった。母親は男の髪の毛をつかんで、天に向かって「この子は本心ではありません。鬼がとりついているのです。どうか許してやってください」と頼み、懸命に男を引き上げようとしたが、髪の毛を残して、男は奈落に堕ちた。母親は坊さんを呼んで、髪の毛を供養した。「母の子を思う愛は深い。だから極悪の子供にも憐れみをかける。それにしても、親不孝の報いのくるのは早いものだ」と、坊さんがいった。

母《はは》の胎内《たいない》に六年間《ろくねんかん》

天竺《てんじく》のラゴラ国王は、仏教を理解できず嫌っていた。ある日、旅の乞食僧《こつじきそう》が国内に入ろうとしたが、報告を受けた国王は、乞食僧を追い出して、城門を固く閉ざして、中に入れなかった。旅の乞食僧は、もと来たほうに戻ることもできず、食べものもなく、七日めに飢え死にした。その罪で、ラゴラが死んで生まれ変わるとき、母の胎内に六年間もいなければならなかった。

早《はや》い出家《しゅっけ》が勝《か》ち

集団であれば、自然と序列ができる。仏教教団では出家得度してからの年数の差が、一つの物差となった。この尺度の問題点は、平等に年をとり、絶対に差を解消できない点である。同年齢であれば、早く出家したものが勝ち。そこで、幼年期の形式的な得度式が意味をもってくる。大学を出て自分の意思で決断し、一念発起して坊さんになったのでは、幼稚園のときに何もわからぬまま得度した同年齢の人には勝てない。

原坦山《はらたんざん》① 女の妄想

のちに東大で教鞭をとる原坦山が、出家して友人と諸国を行脚《あんぎゃ》しているとき、徒歩で渡る川があり、若い女が困っていた。坦山は見かねて、女を抱いて渡してやった。友人は不機嫌になって、口を利かない。しばらく無言で歩いていたが、友人は怒りに充ちた剣幕で「出家の身で女を抱くとはなにごとだ」と坦山につめよった。坦山は「なんだ、おまえはあれからずっと女を抱きつづけていたのか。おれはあのとき、すっかり煩悩を捨ててきたよ」と逆襲した。

原坦山② 蝸牛の家

京都で修行していた原坦山は、東山のあたりに移動式の家を造って住んでいた。車の上に六尺四方(約一・八メートル)の小屋を乗せ、書斎と台所もついたもので、冬は日当たり、夏は木陰と、自分の好きなところに車を引いて行き、読書したり経を読むという、蝸牛《かたつむり》のような家である。そして食いものがなくなれば、町に出て布施を乞うた。

原坦山③ 天狗を使う

明治になって、原坦山は箱根湯本の寺の天狗《てんぐ》の開帳式に、導師として招かれた。大勢の信徒も集まり、荘重な開扉の式が行なわれようとするとき、坦山は本尊の大きな天狗像を無造作にひっぱり出すと、その跡に自分が座った。びっくりした信徒たちは、天狗の罰が当たると騒いだが、坦山は「人間は天狗より位が高い。怖がるからつけあがるが、うまく使えばご利益がある。わしがいま、天狗に仏戒を授けてやる」と一喝《いっかつ》した。

婆羅門《ばらもん》はカーストの最上位《さいじょうい》

婆羅門はインドの階級制度であるカーストの最上位にあるアーリア人たちで、王族はその下に位置した。その権力の源泉は、インドの精神文化の支柱であるヴェーダ学の独占にあった。しかし大都市が出現して貨幣経済が発達すると、財力がものをいうようになり、婆羅門の至上権は失われた。仏教やジャイナ教などの新興宗教が現われるのは、ちょうどそのころである。

春《はる》の色《いろ》は青《あお》、秋《あき》の色《いろ》は白《しろ》

『般若心経』に「色即是空《しきそくぜくう》」とある。色事は空しいものよ、とも読めないことはないが、ほんとうは「色」は存在するもののことをいう。ところで四季には色があり、春は青、夏は赤、秋は白、冬は黒とされる。そして、四季を人生になぞらえて、春すなわち若き日のことを青春、若き人を青年という。「秋の色は白」ということから、詩人のペンネームは北原白秋となった。本名は北原隆吉である。

般若心経《はんにゃしんぎょう》と三蔵法師《さんぞうほうし》

一昔前のことだが、テレビドラマ「西遊記」を観ていたら、三蔵法師が玄奘《げんじょう》訳の『般若心経』を唱える場面があった。三蔵法師は玄奘その人である。それは天竺《てんじく》(インド)への旅の途中の情景であり、玄奘は『大般若経』などのサンスクリット原典を求めて天竺へ向かったのである。民放の作ったテレビドラマのこと、さほど歴史的考証を重視した番組でもないから、それを批判がましくいうわけではないが、事は意外に重大なものを含んでいる。↓三蔵法師は女性か

般若湯《はんにゃとう》は智慧《ちえ》の湯《ゆ》

酒を坊さんの隠語で般若湯と称し、出家僧が酒を飲んでいたことは、いまや自明のことである。古くは弘法大師空海が、高野山で厳寒をのりきるために嗜《たしな》んでいたという説もある。般若湯というのは、仏教でいう悟りの最高の智慧＝般若を増すためのお湯ということで、明らかに無理なこじつけによるものだ。現在、酒の消費量は人類の歴史上最高値を示しているが、人びとの智慧が増しているとは、とうてい思えない。→葷酒山門に入り浸り ↓酒の罪①～④

般若湯もいろいろ

般若は、慧・智慧・明《みょう》・黠慧《かつえ》と訳される。悟りを得る真実の智慧である。仏になることができるので、般若は仏母といわれる。禅僧は酒のことを般若湯と称し、密かに嗜んだそうである。智慧の湯とは、うまい命名をしたものだ。最近では、ビールを泡《あわ》般若というそうだ。ならば、スコッチウイスキーは英《えい》般若、ワインは葡萄《ぶどう》般若というとして、いまはやりの焼酎はなんと呼べばいいだろうか。

【ひ】

火《ひ》から生《う》まれた子《こ》①

釈尊はいつものように鉄鉢を持って城下に出かけ、大富豪の門前に立って布施を乞うた。大富豪は裸形外道《らぎょうげどう》の信者だったが、懐妊している妻を呼んで「世尊よ、生まれる子は男か女か教えてください」と訊ねた。釈尊は「それは男の子で、りっぱな顔だちをして家をますます隆盛させる力をもっている。私の弟子になれば、聖者になる資格をもっている」と答えた。富豪は喜んで、餅を釈尊に供養した。

火から生まれた子②

これを見ていた裸形外道の行者は、釈迦に信者を取られたら一大事だと思った。行者は大富豪に、釈迦が何をいったか聞いた。大富豪は、釈迦のいったとおりに話した。行者が念のため、釈迦のいうことが当たっているかどうかを暦数陰陽で調べると、釈尊と同じだった。だが、それをいえば信者を取られてしまうかもしれないと思い、行者は「半分は当たっているが、半分はでたらめだ」といった。

火から生まれた子③

どの部分がでたらめかと聞くと、行者は「男の子が生まれること以外はすべてでたらめで、家を潰すことになる。仏門に入るのも、貧乏で乞食になるからだ。そんな子は生まれる前に始末しなければ、災難のもとになる」と告げた。それを信じきった大富豪は、妻に内緒で堕胎薬を飲ませたが、胎児が流れ出るどころか、妻はかえって元気になった。こんどは妻の脇腹を踏んだが、それでも異常はなかった。

火から生まれた子④

大富豪はしかたなく数か月そのままにしていたが、妻は急に産気づいた。「子供が生まれてからでは始末しにくい。なんとか胎児のうちに」と焦るが、いいアイディアは浮かばない。困りはて、ついに夜中に妻を背負って山へ行き絞め殺し、また背負って帰ってきた。朝になって、昨夜、妻が急死したといって、召使いに葬儀の手配をさせた。親戚縁者たちは、なんの疑いもなく、火葬場へと向かった。

火から生まれた子⑤

裸形外道の行者は街角で旗を立て、「釈迦が家運隆盛の男の子が生まれ、僧になれば聖者になると予言したが、親子でこのとおり死んでしまった。釈迦を信じて幸福が招来されるなんて、お笑い草だ」といいふらした。これを遠く竹林精舎で聞いていた釈尊は微笑を浮かべ、口から五色の光明を放ち天上界から地獄まであまねく照らすと、「阿難よ、私はこれから火葬場へ行く。随行する者は衣を持参せよと伝えよ」といった。

火から生まれた子⑥

数百人の弟子や信徒に囲まれて、釈迦が火葬場へ行くと、四面から清涼な風が吹いてきた。これを知った王が、釈迦に深い思いがあると考え、太子や妃、家臣を率いて火葬場へと向かった。裸形外道の行者は、釈迦の態度に不安を感じ、大富豪に「福徳の薄い胎児はまだ死にきれない」とささやいた。大富豪は妻を薪の上に移して油を注ぎ、火をつけた。

火から生まれた子⑦

死体は骨になったが、腹の一部は黒くなったまま燃えない。大富豪は棒で何回も叩いて撃ち破った。すると、そこから青い蓮華が咲き、そのなかに赤ん坊が厳然として座っている。一同は驚嘆して息を飲んだ。釈尊は大富豪に「火のなかの赤ん坊を抱きとるがよい」といった。大富豪は迷って裸形外道に意見を求めると、「釈尊の言葉に従うと火に焼かれる」と止めた。

火から生まれた子⑧

釈尊は弟子に猛火のなかの赤ん坊を抱きとらせ、大富豪に赤ん坊を抱いて帰るようにいったが、大富豪はまたも裸形外道に意見を求めると、災難が降りかかるからと止められた。釈尊は王に赤ん坊を引き取るようにいい、王は赤ん坊を抱いて「世尊よ、名前はなんといたしましょう」と聞いた。釈尊は「火中から出生したから火生《かしょう》がよい」と命名した。

火から生まれた子⑨

火生の母には兄がいた。貿易商で海外にいるとき、釈尊から男の子が生まれると予言されたという妹からの手紙をもらって楽しみにして帰った。ところが、大富豪の家に行って妹の死を知った。偶然、真相を知った兄は、大富豪に「赤ん坊を取り返せ」と迫り、大富豪は王のもとに行くが、「これは釈尊から預かったもので、釈尊の許しを得てまいれ」と追い返した。

火から生まれた子⑩

火生が家に帰ってしばらくして大富豪は急死し、後を継いだ火生のもとに宝が集まった。火生はそれを高い竿《さお》の先の鉢に入れて「梯子《はしご》を使わず取ったものにやる」といった。通りかかった釈尊の弟子は、神通力で宝を取るようにすすめられ「そのようなことのために修行しているのではない」と断わったが、迦葉《かしょう》はするすると高い竿の先に手を伸ばして、なんなく宝を手に取った。迦葉は釈尊に叱られるが、火生の宝は評判になった。

火から生まれた子⑪

火生は成長して天人《てんにん》の様相を備えるようになり、王は尊敬のあまり国政も顧みず、しばしば火生のもとに行って王宮に帰らなくなった。王子が王を迎えに火生の家に行くと、おびただしい珍宝が目にとまった。父王を殺して王位についた王子は、宝が欲しくなり盗賊を雇って火生の家に忍び込ませたが、つかまってすべてを白状した。火生は宝のために王子に罪を犯させたと思い、財宝を貧者に分け与え、釈尊の予言どおり出家した。

彼岸《ひがん》としがん

彼岸とは、彼方の岸、向こう岸という意味。生死の世界をこちらの岸、すなわち此岸《しがん》というのにたいして、悟りの世界、涅槃《ねはん》の世界を彼方の岸という意味で彼岸という。――江戸っ子は「ひ」と「し」がうまく発音できない。「布団をひく」だし、「ひおしがり」(潮干狩り)である。彼岸を「しがん」といったところ、たしなめられ口論になった。寺の和尚さまに聞いてみようと押しかけ尋ねたところ、「彼岸も此岸もどちらもある。娑婆《しゃば》が此岸、仏は彼岸だ」と教えられた。

彼岸は飛雁《ひがん》のこと

春分、秋分は「暑さ寒さも彼岸まで」といわれるように、気候などの転換点にあたる。むかしから、天地の諸神の役割が変わり、陰陽が交代する象徴的な日とされてきた。渡り鳥が移動する時期でもある。雁が日本に飛来するのが秋分、北へ飛び立つのが春分のころなので、古い日本の暦では「飛雁」の語が、春分・秋分をあらわしていた。

彼岸は日願《ひがん》のこと

春と秋の彼岸会の源流は、日本古来の太陽崇拝である。北関東では、春分の日と秋分の日の前後に、日天(太陽)に祈願する日天願を行なってきた。農作物への先祖諸霊の加護を願う儀礼である。日天願はやがて「日願」と略して呼ばれるようになり、仏教が伝来してからは「彼岸」と混同された。

ビキニの語源《ごげん》

胸と腰の部分だけを覆う女性の水着、ビキニの語源は太平洋上マーシャル諸島の北西部に位置するビキニ環礁であった。一九四六〜五八年、アメリカの原子爆弾・水素爆弾の実験地となった。初めてこの水着を見たフランス人が、そのあまりに「爆発的・過激な」ところから命名したのだとか。最近では、男性の下着にもビキニというのがある。また、ビキニからモノキニ(下だけ一枚)という造語もされ、今後はやるという。

毘沙門天《びしゃもんてん》(多聞天《たもんてん》)は福《ふく》の神《かみ》

毘沙門はインドの神さまで、忿怒《ふんぬ》形《ぎょう》で仏教を護る軍神。仏教四天王の一、梵語ではヴァイシュラヴァナで、法を説き、すべてを一切漏らさず聞くことのできる大智慧者のことを意味するところから、多聞天ともいわれる。智慧・開運福徳・出世にご利益があるとされるが、とくに武力で貧乏神を追い払ってくれる「福の神」とされる。上杉謙信が守り本尊とした。

美人《びじん》に見《み》えるとき

女性が美人に見えるのは少し暗い雰囲気のときという。これが夜目《よめ》。次に距離を置いてのとき、これが遠目《とおめ》。さらに、傘《かさ》をさしていたり、ヴェールを付けているとき、これが傘の内《うち》。三つ合わせて「夜目・遠目・傘の内」という。

美人の基準《きじゅん》

いまの日本はダイエットブームで、女性はだれしも「痩せたい」と願ってエステサロンが大流行である。しかし男性からみれば、けっして太っているとは思えない人まででがそう願っていて、おかしく見えるほどだ。逆に肉付きのよい人のほうが魅力的に見えることも多く、インドでは太っている人のほうが美人とされている。帝釈天《たいしゃくてん》の夫人は「舎脂《しゃし》」という名であるが、なんとも脂《あぶら》の乗った女のイメージではないか。

額《ひたい》も頭《あたま》のうち

男性はとくに、加齢とともに髪の毛の占める部分が減ってきて、額がだんだん広くなっていく。俗に経験を積んで「顔が広くなる」というが、これはもちろん顔の表面積をいうわけではなく、世間的に知己が多くなる意だ。それはともかく、額の広さによって顔のイメージは変わる。では、どこまでが顔で、どこからが頭なのか。ちなみに解剖学では、鼻の付け根から眉毛を通り耳の穴に達する曲線の上を頭、下を顔というそうだ。そうか、額は頭なんだ！

必勝《ひっしょう》祈願《きがん》

神社仏閣に祈願する内容はいろいろだが、そのなかに必勝祈願というものがある。これは争いごとを助長するものだから、寺社は毅然として拒否すべきだと、さも得たり顔をしていう人がいる。しかし、必勝を期して「精進することを誓う」ということであれば、けっして神仏の教えに背くことにはならないであろう。世に争いごとは絶えない。だが、それも切磋琢磨《せっさたくま》のための試金石と捉えることができる範囲内のものであれば、向上のための良き機会となるのである。

ひとでなし

ビジネスマンは修羅場をくぐり、色事師は修羅場をつくって、阿修羅のように奮闘する。そして一人前になるというが、なにしろ阿修羅《あしゅら》は大海の底に王国を持ち、天上の神々に闘いを挑む好戦的な鬼神なので、あまり修羅場の経験を積むと、別名の無端正《むたんじょう》のように、容貌が醜悪になり、天神に似て天にあらざるものだから非天《ひてん》といわれるように、人間性を失い「ひとでなし」になってしまう恐れがある。↓かわいい阿修羅

人《ひと》の首《くび》を売《う》る①

アショーカ王は信仰心が厚かったが、大臣のアシヤは仏教を信ぜず、王が修行者を礼拝するのに不満をもっていた。彼は「僧には下層の出身者が多い。それを、大王たる者が、なぜ礼拝するのか」と王に聞いた。王は答えず、数日後、大臣たちを集めて、「私はいままで生きものの首を取るのを禁じてきたが、しかしみずから死んだもののの頭を切り取ることを許す。各自、異なった動物の頭を取ってこい。ただし、同じものがあってはならぬ。そして、それを市中で売って代価を得てまいれ」と、奇妙な命令を出した。

人の首を売る②

王は、アシヤには「おまえは自殺した者の頭を取って売ってこい」と命じた。大臣たちは命ぜられたとおり頭を売って帰ってきたが、アシヤだけはどうしても売れず、多くの人びとから「死人の頭を持ち歩くおまえは、卑しい最下層の者か、夜叉《やしゃ》か羅刹鬼《らせつき》か」と罵られた。アシヤは仕方なく、王に報告した。王は「ならば、無料でやってこい」と命じ、アシヤは市中に出ていった。

人の首を売る③

アシヤは「ただでやるから、誰かこの首をもらってくれないか」と言って回ったが、罵られるばかりだった。話を聞いた王は、「アシヤよ、どうして人間の頭は売れないのか」と訊《たず》ねた。「みんな嫌がって買おうとしないのです」「その一頭だけ嫌がられるのか?」「すべての人間の頭が嫌がられるのです」「私の頭も嫌がられるだろうか」アシヤは返事に困ってしまった。嫌がられるといえば王を侮辱することになるし、嫌がられないといえば、これまた嘘になる。

人の首を売る④

王はそれを察して「無礼を許す。遠慮せずに真実を話すがよい」許しを得たアシヤの「王さまの頭も嫌がられます」という答えに、王は「アシヤよ、人間の頭は貴賤を問わず、人種を問わず、一様に嫌忌すべきもので区別はない。おまえは貴賤にこだわり、自分を高みに置いていて、私が僧に敬礼するのを妨げようとした。まちがっていたと思わないか」と諭した。アシヤは、王の奇妙な命令の真意がわかった。

人《ひと》の真価《しんか》は死《し》んでから

「棺《かん》を蓋《おお》いて事定《じさだ》まる」は唐の詩人杜甫《とほ》の言葉。人間の真価は生前には見定めることはできず、棺に納め蓋をして初めてわかるというものだ。意味深な言葉である。逆境にあって、若者を励ますために送った詩にあるという。仏教において死は一つの通過点にすぎないが、この生涯に終止符を打つことではある。そのときまで人の真価はわからないとは、生を死の側から見る逆転発想だ。

独《ひと》り善《よ》がり

天上天下唯我独尊《てんじょうてんげゆいがどくそん》は、この世の中で自分が最もすぐれた者であるという意味。釈尊が生まれた直後、七歩あゆんでこの句を唱えたと伝えられる。わが国では、とくに独り善がりの意味で用いられるが、大きなまちがいである。この世で一番尊いのは自分の命であり、たった一つの命こそたいせつにしなければならない。自分の命が尊いなら、他人の命も同様に尊いことを教えている。

人《ひと》を見《み》て法《ほう》を説《と》け

「仏教の教えは理解しにくい」という人が多いが、はたしてそうか。働かない人には「働け」といい、働きすぎる人には身体を壊すから「働くな」と、まったく逆のことをいうので、とらえどころがないように感じられるからであろう。お釈迦さまは「人を見て法を説け」といわれている。これは対機説法《たいきせっぽう》といって、相手の状況に応じて教えを説いているので、教説を理解するにはその説かれた背景を把握する必要があるのだ。

雛人形《ひなにんぎょう》①

戦国のころ、雪の山道を傷ついた僧がよろよろと歩き、旧家の前で倒れこんだ。旧家の女主人が下男を呼んで、人の来ない蔵座敷に運ぶように命じると、下男は、見ず知らずの人を助けて面倒になる恐れがあるから、放っておけという。家人も同意見だった。女主人は「病人を放っておくわけにはいかぬ。これも縁かもしれぬ」といった。

雛人形②

手厚い看護で刀傷は日増しによくなり、桃の節句も近いころ、僧は木を刻んでいた。何をしているかと聞く女主人に「お世話になったお礼に、一対の雛を刻んでみようと思います」といって、数日後、完成した。気品に満ちた雛は、生きているかのようだったが、どこか寂しさを漂わせていた。僧は雛を見ながら「この男雛は、わしの縁《ゆかり》の若殿に似てしまった。女雛は、わしにつながる娘に瓜二つじゃ」といった。

雛人形③

来る年も来る年も、雛は女主人の手によって飾られたが、節句が近くなったころ、女主人は病の床につき、雛は蔵で埃《ほこり》をかぶったままだった。節句の夜、女主人が蔵座敷で寝ていると、「今日は雛祭りなのに忘れたとみえる」「いや、主人は女ゆえ、忘れることはないでしょう」という声が聞こえた。「わが身はよくよく閉じ込められる定めとみえる」「殿、もうそのようなことは……」

雛人形④

男雛は気をとりなおして「鼓《つづみ》でも打とう」といい、女雛は「琴があれば弾くものを」というと、鼓の音が聞こえてきた。女主人は、誘われるように琴を弾いた。そして、いつのまにか眠りに落ちた。翌日、一日遅れで雛は飾られた。その後、雛を出し忘れると、よくないことが起こるという。

ビフテキはフランス語《ご》

明治以前であればお寺で肉の話はご法度で、せいぜいひそかに隠語で語られる程度であった。さて、肉料理の定番といえばビフテキ。十八世紀の初めにイギリスでおこり、英語ビーフ・ステーキの訛とされる(広辞苑)が、フランス語のビフテックからという説もある。西洋料理といえばフランス料理のイメージが強いし、こちらのほうがホントくさい。だが、肉を食べない美風(ビーフ)も素敵(ステーキ)。

百尺竿頭《ひゃくしゃくかんとう》

「百尺竿頭、一歩を進む」は禅語で、三〇メートル余もある竿《さお》の先からさらに前進せよということ。百尺竿頭は高い目標(悟り)をさし、工夫にも工夫を凝らして向上することをいう。人はともすると現状に満足し、つい怠惰になりやすいものだから、それに警鐘を発した言葉である。決死の覚悟で事に当たれということだが、慎重にも慎重を期さないと、肝心の竿が折れてしまいかねない。

百姓清九郎《ひゃくしょうせいくろう》① 母の枕を天井に

江戸中期、大和の吉野に読み書きこそできないが、蓮《れん》如《によ》の「後生《ごしょう》を知るを智者とす」という意味の智者の百姓がいた。その清九郎は、母をたいせつにし、二十里の道を、母を背負って本山に詣でたことがある。いつも母の枕を天井に吊っているので理由を聞くと、「枕を下に置いて、足蹴《あしげ》にするともったいない。天井に吊って、見るたびに母のご恩を思い出させていただくのです」と答えたほどである。

百姓清九郎② 盗る金があってよかった

巷の聖といわれた大和の百姓清九郎が、付近の村の法事に出かけた留守に泥棒が入り、筵《むしろ》の下の銀札七匁《もんめ》が盗まれた。貧乏な清九郎を村人は気の毒がったが、清九郎は「貧乏なわが家に盗みに入るほど困っていたのだろう。あの金は菜種《なたね》を売った金で、いつもなら金などない。わずかでも盗っていくものがあってよかった」と、泥棒に同情していたという。

百姓清九郎③ これで充分

大和の百姓清九郎の一人娘が、隣村から婿《むこ》をとった。婿は博打好きで喧嘩の絶えない男だったが、婿は一月もしないで博打をやめ、仏に手を合わせるように変わった。清九郎は、そこから半里ほど離れたところに、二間に筵《むしろ》を二、三枚敷いた隠居小屋を建て、釜一つ茶碗二つで暮らした。人びとは寄付を集めたが、これで充分だと、すべて寺に寄進し、入道姿になって七十三歳で死ぬまで念仏を唱えつづけた。

百日間《ひゃくにちかん》で背《せ》が伸《の》びた栄西《えいさい》

日本に茶を広めた日本臨済宗の祖の栄西だが、修行時代、短軀《たんく》に悩んでいた。学業ではひけを取らないが、背の低いことで陰口をたたかれ、あるいは面と向かって「君は学問はでき、弁説もたつが、背丈が低くては、衆人のなかに入ると、注目もされず、無視されるだけだ」と侮辱された。ショックだった。そこで、十八歳のとき比叡《ひえい》山《ざん》の高僧から学んだ真言秘密の法「虚空蔵求聞持《こくうぞうぐもんじ》」で背を伸ばそうとした。すると、百日間の祈禱によって四寸（一二センチ）伸びていた。

譬喩《ひゆ》は理解《りかい》のたすけ

譬喩は一般には比喩と書いて、理解を容易にするため説明しようとする事柄と類似した例を借りて説き明かすことだが、仏典にも教えの解説に非常に多く用いられている。とくに『法華経』には七つの喩えがあり、これを「法華七喩《ほっけしちゆ》」という。難解な教えをわかりやすく説くには比喩が効果的である。電気製品の説明書なども、わかりやすい譬喩の精神をもって消費者の立場になって説明してくれればいいのだが。

病院《びょういん》とパチンコ

妙な取り合わせだが、病院に四と九の番号の病室はないし、パチンコの遊戯台の番号にもない。それを取り結ぶのは仏教の四苦(死苦)というからチト紛らわしいが、その理由は、たんなるダジャレにすぎない。その音から、四は死に、九は苦に通ずる。病院は治病を事とするゆえ、死・苦は忌み言葉である。入院患者とその家族の感情を配慮しての処置であろう。パチンコの場合は、賭け事のゲンをかつぐ性質から、すぐに察しがつく。科学万能の信仰さえ感じられる現代にあっても、人は禁忌(タブー)とされることには弱いものだ。

病院と霊《れい》の存在《そんざい》

現代人は、どこか霊の存在を認めていないフシがある。とくに医療分野の人とか、知的な職業に携わっている人にその傾向が強い。「死んだらおしまい」である。ところが、最新科学の粋を尽くしているといってよいであろう大病院の死体安置所に「霊安室」という表示がある。慣習といってしまえばそれまでだが、その「慣習」には明らかに日本人の精神文化が現われている。

平等《びょうどう》①

仏はすべての人にたいして平等だといわれ、よく太陽に喩えられる。しかし、太陽がすべてにたいして平等かというと、そうともいえない。植物は光合成をするためエネルギーとして太陽エネルギーを利用して水と二酸化炭素から有機化合物をつくる。しかし同じ太陽なのに、大きい木は多くのエネルギーを、小さな木は少ないエネルギーをというように、けっして平等ではない。そして、人間も人による。

平等②

人間はみな平等であるという。福沢諭吉も「天は人の上に人を造らず人の下に人を造らずと言へり」といっている。また、男女平等とも主張される。しかし、男には子供を産むことはできないし、女には子供を産ませることはできない。それでも同じといえるのだろうか。男と女ということだけをみても、そこには不平等が歴然として存在するのであるが、仏の目から見れば人間はすべて仏になる要素(仏性《ぶっしょう》)をもっている。そこでは、やはり平等なのである。

平等と慈悲《じひ》

平等とは、身分・財産・性別・老幼などにかかわりなく、人間には価値の差異がないという思想である。釈尊は四姓平等を説き、階級的偏見を否定した。カースト制度が成立していたインドにおいて、平等を説くことは画期的であった。平等の思想の根本は慈悲の心にあり、大乗仏教はこの思想を深めた。これを徹底したものが「一切衆生悉有仏性《いっさいしゅじょうしつうぶっしょう》」の教えであり、だれもが平等に仏になる可能性をそなえていることを強調した。

非理《ひり》の根源《こんげん》①

大国の宰相《さいしょう》が死に、残された子は幼すぎて父の後を継ぐことができず、財産もしだいに目減りして、貧困の中で成長した。才知豊かで、体力のある青年になったが、貧乏で才能を生かせる場がなく、かといって宰相の家に生まれた者としては、卑しい仕事につくのも躊躇《ちゅうちょ》された。生きていくためにはしかたなく、他人の物を盗ろうと決めた。

非理の根源②

しかし、盗られた人は財産が減って困るだろう。だったら、困らない王さまの物を盗もうと決心した。彼が夜中に王の寝室に忍びこむと、王は気がついたが、賊が強そうなので、寝たふりをしていた。服や宝石をまとめ、王の枕もとを見ると、器に水が盛られ、麦焦がしがあった。空腹の彼は、それを食べ、水を飲んだ。腹いっぱいになって、よく見ると、麦焦がしは灰だった。

非理の根源③

彼は「腹が減れば灰でも甘い。草を食っても生きられる。非理の根源である飢えがなくなれば、盗賊をする必要はない。まして、自分の父は一国の宰相だったのだ。こんな卑しいことをしてはならない」と思うと、まとめたものをそのままにして、帰っていった。王は、不思議な盗賊もいるものだと思った。

琵琶《びわ》は弁才天《べんざいてん》の持《も》ち物《もの》

弁才天の持っている琵琶の原語はサンスクリット語のヴィーナーで、竪琴に似た弦楽器である。中国で琵琶の字が当てられた。インドでは水の神であり、芸能・音楽の神でもあるサラスヴァティーがヴィーナーを持っているが、サラスヴァティーは中国で弁才天(弁財天)となり、琵琶を持つようになった。

火《ひ》を吹《ふ》く仏《ほとけ》

仏は災難や悪魔に出逢うと火炎三昧に入り、猛烈な炎を吹き出す。そして仏は、その広がった火炎の後ろに姿を隠す。中国の寺院で、旗竿に宝珠、火炎形の輪をつけるのは、火炎による災難・悪魔よけのためで、宝珠は摩《ま》尼珠《にしゅ》といって悪を去り、濁水を清浄にし、災難を除く功徳があるとされているからである。

貧者《ひんじゃ》の一灯《いっとう》

釈尊が説法をするために町に来るというので、人びとは楽しみにし、万灯《まんどう》をかかげて供養することになった。貧しい乞食暮らしの老婆もせめて一灯だけでも献じたいと思い、もの乞いをしたお金を持って灯油を買いにいった。今日の食事にも困っているのになぜ灯油を買うのかと不審に思ったが、わけを知ると、油屋も老婆に喜捨《きしゃ》した。当日、他の万灯が消えた後でも、老婆の一灯は灯りつづけた。↓長者の一灯より貧者の一灯

貧乏《びんぼう》になった長者《ちょうじゃ》

お盆には先祖の霊にお供えをするが、けちな長者は「目に見えず、いるかいないかわからないものにお供えするのは、もったいない」といってしなかった。長者の家の霊に「いっしょに帰ろう」と他の霊が迎えにきたが、長者の家の霊は元気がない。わけを聞くと、何も食べてないという。このことは閻魔《えんま》さまに報告され、長者は村におれないほど貧乏になったという。

貧乏の褒美《ほうび》①

ある村に、金持ちと貧乏人が隣りあって住んでいた。貧乏人は頼まれるといやとはいえず、損な仕事ばかりしていた。貧乏人は毎朝、金持ちの家に行って鍋《なべ》を借り、お茶を入れて擦《す》っては、その汁を呑んでいた。だが、ある日それが見つかり、鍋を貸してもらえなくなった。貧乏人はもう生きて行くのも嫌になり、狼《おおかみ》に食われて死のうと、夜の山に入り、うつ伏せになった。

貧乏の褒美②

つぎに、来た狼に「どうか食べてくれ」と頼んだが、知らん顔して通り過ぎた。来る狼、来る狼、どれも知らん顔して行ってしまった。何匹めかの狼が、やっと口をきいた。「いくら食えといっても、ここにはおまえを食う狼はいない、早く帰れ」「なぜだ、おれは死ぬしかないのだ」「おれたちは、どんな人間でも食うとはかぎらん。姿は人間でも、そうでない者は食うが、真の人間は食わぬ」

貧乏の褒美③

貧乏男は不思議に思い、「それをどこで見分けるのか」と聞いた。「簡単なこと、おれのまつげで見れば、すぐわかる。これをやろう」と、まつげを抜いて貧乏男にくれた。そして、狼は「これがあると、けっしてひもじい思いはしない。だが、けっして人に渡してはならぬ」といって、山の奥に入っていった。

貧乏の褒美④

食われに来た貧乏男は、まつげまでもらって山を下り、どんどん歩いて知らない村に来ると、田植えのさいちゅうで、早乙女《さおとめ》たちが歌を唄いながら苗を植えていた。貧乏人は、さっそく狼のまつげをかざして見ると、かわいい早乙女たちは蛇やムカデや犬や鶏などの動物ばかりだった。貧乏人は「真の人間は、狼のいったようにめったにいないものだなあ」と初めて知り、つい口に出した。

貧乏の褒美⑤

それを側で長者が聞いていて、「それを、わしにも見せてくれぬか」といったが、貧乏人は、狼にいわれたとおり断わった。長者は「ならば、わしの家に来てくれ」といって、りっぱな屋敷に連れて行き、「娘の婿《むこ》に、真の人間を探していた。わしの娘の婿になってくれぬか」と頼んだ。嫁になる娘は、まつげをかざして見ても、人間だった。それから貧乏人は、狼のいったように、ひもじい思いはしなかった。

【ふ】

不安《ふあん》は病気《びょうき》のこと

一般には、安心のできないこと、気がかり、心配なことを不安というが、仏教では、心が安らかでないことばかりでなく、身体を構成する地・水・火・風の四大《しだい》の均衡を失うこと、すなわち病気のこともいう。――病気だから不安になるというのではなく、身体の基本となっている構成要素のバランスが不安定だから病気になるのだ。これは、心ではなく肉体のことだ。

夫婦《ふうふ》の理想像《りそうぞう》

一蓮托生《いちれんたくしょう》とは、何か悪いことをして一人が捕まると、そこからつぎつぎに捕まってしまうという意味で使われることが多い。本来は、死んだ後に極楽浄土に往生して、そこの七宝池に咲いている蓮華の台にいっしょに乗ろうという夫婦の願いで、この世では肉体は別々でも、あの世では一心同体になろうという理想的な姿をさす言葉である。これは夫婦で同じ運命を受けるということで、ここから芋づる式に捕まることを意味するようになった。

→おれとおまえは一蓮托生

夫婦は夫《おっと》に仕《つか》える妻《つま》

夫婦とは、夫と妻、めおとをいい、法的には法に適った婚姻をした男女の身分をさす。仏教では「ぶふ」と読み、夫によく仕える妻をいう。しかし、いまどきそんなことを女性にいおうものなら、「ブフッ」と笑われるくらいならまだましで、妻にサービスすべき夫の務めを延々と説教されかねない。「めおと」「みょうと」と読んだばあい、女夫・妻夫とも書く。

不可解《ふかかい》なのは万有《ばんゆう》か女心《おんなごころ》か

自殺が社会現象となってあいつぐことがある。そのしりは、明治三十六年の藤村操ではないだろうか。彼は一高の哲学青年で、「万有の真相は……不可解」と書き遺して日光の華厳の滝から飛び込んで自殺した。当時「哲学死」と騒がれ、後追い自殺もあいついだという。しかしその真の原因は失恋にあり、不可解なのは万有ではなく女心なのではなかったかという説がある。

鱶地蔵《ふかじぞう》①

南の小島の善右衛門は信心深く優しい漁師で、漁の行き帰りにお寺の地蔵さんを拝んでいた。女房はきれいで、仲睦まじかった。ところが女房に若い男ができて、女房の人が変わり、この人さえいなくなればと思うようになった。ある日、女房は、岩場へ貝採りに連れていってほしいと、そ知らぬ顔でいった。その岩場は、潮が満ちると海面に沈み、その周囲は舟も避ける難所だった。

鱶地蔵②

女房のことをなにも知らない善右衛門は、舟を出すことにした。女房は、通じている男を水夫として連れていこうといい、三人で岩場に行った。貝は大漁だったが、善右衛門が気がつくと一人になっていた。岩に上って見ると、女房は男に舟を漕がせて離れていくところだった。善右衛門は大声で叫んだが、舟はどんどん離れていった。はかりごとに気がついた善右衛門は、呆然と立っていた。

鱶地蔵③

「潮が満ちれば、おれは死ぬ」と思った善右衛門は「南無地蔵大菩薩」と唱え、「唱えながら死のう」と心に決め、一心に祈った。すると、何かが身体に触った。見ると鱶で、背中に乗れというような目で見上げていた。善右衛門が鱶の背に乗ると、鱶は陸に向かって泳ぎだした。善右衛門は「南無地蔵大菩薩」と、すべすべした鱶の背で唱えていると、ひょいと背から滑った。

鱶地蔵④

慌ててつかまった拍子に、貝を採っていた小刀で鱶の背を刺した。善右衛門は鱶に謝りながら小刀を抜こうとしたが、小刀につかまっているのが楽なので、謝りながらつかまっていた。だが、鱶は痛がりも怒りもしなかった。やがて浜に着くと、鱶は消えた。翌日、善右衛門は、お地蔵さんにお礼しようと寺に向かい、浜に来ると血の痕があり、寺までつづいていた。寺のお地蔵さんの背中には、小刀が刺さったままだった。

吹上観音《ふきあげかんのん》

各地に何々観音と呼ばれる観音さまがあるが、あるところの信号の地名表示に「吹上観音」という名があった。さっそく地元の人に聞いてみると、その観音さまは大きな川を見下ろせる高台にあり、川からいつも大風が吹き、そこを女性が通ると着物の裾《すそ》がめくれて、女性の観音さまが見えてしまう。そこで吹上観音の名がついたとか。むかし「おお、モーレツ!」という、マリリン・モンローの映画の一場面をパロディー化したコマーシャルがあったが……。

布教《ふきょう》と説教師《せっきょうし》

布教は伝道ともいい、宗教の教えを解説し、その信仰をもたない人、さらに深めようとする人を教え導くことである。宗教には布教が不可欠である。布教なき宗教はありえない。布教が最も進んでいるのはキリスト教である。どんな地の果てまでも宣教師が赴き、教えを広めている。その方法は多様で、さまざまなテクニックが用いられる。仏教の布教の中心は説教であろう。名説教師といわれる僧侶たちが、庶民に仏の教えを説き明かした。

福寿《ふくじゅ》の散《ち》らし模様《もよう》

福禄寿《ふくろくじゅ》は七福神の一人。短身長頭で髭《ひげ》をたくわえ、経巻《きょうがん》のついた杖を持ち、鶴を従えていることが多い。中国では南極星の化身という。中国は清の時代、王宮の扉にある飾り模様に「福寿」の散らし模様があったという。一般にいう福禄寿なのだが、王様に禄は必要ないので、福禄寿から禄を抜いた福寿なのだとか。

福神漬《ふくじんづけ》は坊《ぼう》さんの知恵《ちえ》

惣菜《そうざい》として、またカレーライスの付け合わせとして好まれている福神漬だが、その起源は意外と新しい。輪王寺門跡の命名になるという「酒悦《しゅえつ》」十五代野田清右衛門の発明によるもので、その命名にあたり上野不忍池の弁天さまに近いところから、七福神↓福神漬とし、材料も七種にしたというのだ。明治十八年のことだが、この爆発的ヒットの裏では、どうやら坊さんが知恵を貸していたようである。

福禄寿《ふくろくじゅ》と寿老人《じゅろうじん》は同体異名《どうたいいみょう》

福禄寿は、中国道教で老人星の化身とされる。鶴と亀をしたがえ、長い頭が特徴で、中国道教の理想である幸福・俸禄の意味を持ち、延命長寿を司る神として信仰を集めている。ご利益は大望・人徳、長寿・富貴繁栄で、千五百歳の寿命をもつ鹿を伴う像や、宝珠や長寿の象徴である桃を持つ像もある。福禄寿と寿老人は同体異名である。

無事《ぶじ》が一番《いちばん》

取り立てて何事もないことを無事といい、消極的な意味にのみ取られがちだが、仏教とくに禅宗では、何も学ぶべきものも求めるべきものもない悟りの境地をいう。「無事人《じのひと》」といえば「無為《むい》の道人《どうにん》」と同意である。『臨済録《りんざいろく》』に「無事是貴人《これきにん》」とある。ふつうの日常生活においても、無《ぶ》事が一番幸せなことになかなか気づけないものだ。無事は「むじ」とも読む。↓達者が何より

ふしだら

ふしだらは、不しだらで、しだらがないこと。しだらは手拍子(神事に手拍子で歌うのを「しだら歌」という)で、ふしだらは秩序の乱れ、さらにだらしないことをいう。しだらの語源は、梵語スートラ(修多羅《しゅたら》＝経、糸、秩序)からとも、また自堕落の転化ともいわれる。しまりがない、だらしがないことを「しだらなし」というのと同じ意である。

無事《ぶじ》はさわりのない心《こころ》の状態《じょうたい》

無事は日常何事もなく、災いもない、めでたいニュアンスで使われるが、本来は仏教語からきたもので、出来事や身体的なものよりも、煩いがないという精神的なものとして使われる。つまり、すべてのものにこだわりをもたず、ひっかかりがなく、さわりがない心の状態が無事である。だから、悟りを得て、何もなすことのない人は無事な人である。凡夫はただ、無事に極楽往生することを祈るのみである。

不惜身命《ふしゃくしんみょう》と命知《いのちし》らず

悟りを得るため、教えを護るために自分の命を惜しまないことを不惜身命といい、不自惜身命ともいう。これは、命知らずとはまったくちがうことだ。ある暴走族のユニフォームにこの経文が大書されていたが、ひたむき

に教えを信じ行なうという意味をかんちがいしている。人気横綱がこの経文で今後の決意を語ったが、その後の精進ぶりで意味を理解していることがわかった。引退後は忘れてしまったようだが。

不生禅《ふしょうぜん》① 乗馬のこつ①

盤珪《ばんけい》は若いころ、千住小塚原《こづかっぱら》刑場の磔柱の下で、夜を徹して坐禅していた。盤珪の禅は不生禅で、日ごろから「ふだんの言葉で問答すればよいものを、むずかしい言葉を使うのは下手な証拠だ」といっていた。朝、馬場の堤《つつみ》で寝ころんで休んでいると、稽古をはじめた武士は、馬が意のままに動かず、しきりに馬を責めていた。どう見ても下手である。盤珪は「なんだ、そのざまは」と、思わずどなった。

不生禅② 乗馬のこつ②

武士は聞こえたが、そのまま馬を責めつづけた。三度めにどなったとき、さすがに武士は馬から下り、近づいて「さっきからどなっているが、子細をうかがいたい」と怒気を含んでいった。盤珪は「無理に馬ばかり責めず、まず自分の心を正しくすることだ。そうすれば、馬も自然に従うようになる」といった。すなおに盤珪の言葉に従った武士は、まもなく馬を乗りこなした。

不生禅③ 槍の極意

伊予《いよ》の大洲《おおず》六万石の藩主加藤康興が遍照庵《へんじょうあん》を訪れると、不生禅の盤珪は坐禅中だった。康興は、気合いを入れて勢いよく槍《やり》を盤珪の胸元に突き出した。胸板を貫いたと思った刹那《せつな》、盤珪はひらりとかわし、はずみでよろけた康興に「まだまだ未熟。心が動いてござる」と、盤珪の声が飛んだ。康興は深く感じ入り、精進に励んで、禅の印可《いんか》とともに槍の極意にも達した。

不生禅④ 盗みの根性

盤珪は讃岐《さぬき》に龍門寺を開き、数百名の僧が修行していた。あるときから盗難事件がつづくようになり、ほぼ犯人の目星がついた。修行僧の代表が、その僧を追放するようにと、盤珪に訴えた。盤珪はわかったと返事はするが、いっこうに実行しない。たまりかねた僧たちは、犯人を追放しないなら集団で寺を出ると、盤珪に迫った。

盤珪は、好きなようにと返事した。僧たちが理由を聞くと「盗みの根性はわしが直してやらねばならぬが、君たちはわしから離れても大丈夫だ」といった。

普請《ふしん》は大衆《たいしゅう》を集《あつ》めること

家などを建てることを普請というが、これはもと禅語に由来する。普請は文字どおり「あまねくこう」、禅寺であまねく大衆を集めることをいい、また、大衆に請うて堂塔建築などの作業に従事してもらうことをいったのに由来する。「ふしん」と読むのは、多くの禅語が中国宋代の音でわが国に伝えられた(鎌倉時代)ことによる。何事も安普請にならぬよう、気をつけたいものである。

ブスはトリカブトのこと

醜女と書いて「ぶす」、ブスッとして愛想がないからそういうのかと思ったら、附子(ぶし・ぶす)はトリカブトのことで、猛毒をもち、この毒にあたると麻痺して無表情になることから、表情のない人、美しくない人をブスというようになったという説がある。――ある寺庭婦人の話。「おまえはブスだから心美人になるように、いつもニコニコしていなさい」と父親にいわれて育ったとか。しかし、どこがブスなのか、むしろ魅力的な女性だった。

不殺生《ふせっしょう》と生類憐《しょうるいあわれ》みの令《れい》

殺生は生き物を殺すことで、転じてむごいこと、思いやりのない行為をいうようになった。徳川五代将軍綱吉は僧隆光のすすめにより生類憐みの令を発布して動物(とくに犬)愛護を命じたが、極端に走ったため人民を苦しめることとなった。野良犬を棒で殴ったら百叩きどころか打ち首獄門では、「そんな殺生な！」といいたくなるのも無理はない。

布施《ふせ》にも悪魔《あくま》

よこしまな布施を魔檀《まだん》という。悪魔の布施、たとえば現世利益を求めての布施などのことだ。これに対して、仏道に近づく布施を仏檀《ぶつだん》(仏壇ではない)という。見返りを求めない純粋な布施のことだ(『大智度論』)。ここで檀は檀那に同じく布施の意である。布施をする者と、金品と、布施される側に何のこだわりもないことを三輪清浄《さんりんしょうじょう》という。布施のあり方の理想である。

布施の相場《そうば》

布施は布《あまね》く施すという意味で、むさぼりの心を離れて衣食などを仏や僧、貧しい人に施すことである。その内容は、財施《ざいせ》(財物の施し)・法施《ほっせ》(教えの施し)・無畏施《むいせ》(恐怖心を取り除く)などに分けられる。また現在では、僧への法礼に「御布施」と称して用いられることが多い。――「お布施の相場はいくら?」と尋ねる非常識な人がいる。布施に相場などありはしない。できる範囲ですればいいのだ。それさえ惜しむから、相場などという言葉が口に出てしまうのだ。

布施は取《と》られるものか

医者にかかったとき、「何々医院でいくら取られた」といったら、その「取られた」という言い方に医師があきれていた。布施についても、一般には「取られた」とか「かかった」という意識が強いらしい。布施はもともと、自ら功徳を積むために喜んで分け与えるもので、またの名を喜捨《きしゃ》といった。葬式や戒名の代金ではないのだ。布施をする人を檀那(旦那)という。布施を家単位で継続的に行なうから檀家なのである。

布施をする人《ひと》

特定の寺院や僧にたいしてお布施をする人を檀那(旦那)という。それが転じて、商人がお金を持ってくる人を旦那といった。現代では、世の奥さま方が「お宅の旦那さまは」といった使い方をする。これはいったい、どういう意味なのか。家にお金を運んでくるパトロン、または家にいる観音さまにお布施を運んでくる人、どちらにしても男という生き物は哀れな存在なのかもしれない。

二《ふた》つの霊《れい》

霊には二つあるという。それを魂《こん》と魄《はく》という。魂は精神のはたらきで、魄は肉体的生命をつかさどる活力とされ、人が死ねば魂は天上にのぼるが、魄はしばらく地上に残るという。二元論であるが、現在よくいわれる物心の二元論と少し違うのは、身体もまた一種の「たましい」とされていることである。これは中国古代からの考え方で、日本でも江戸時代まではこの思想が生きていた。

淵《ふち》のなかの浄土《じょうど》①

熊野川の藤槙淵には昔から美しい姫が住んでいて、不浄の者が近づくと、みるみる空がかき曇り、無数の蛇が淵からはい出して暴風雨が起こり、心優しい者が来ると、お姫さまがもてなしてくれるという。藤の花の咲くころ、笛の名人の爺さまが毎日淵に来て笛を吹くのを楽しみにしていた。ある日、爺さまが笛を吹いていると、とつぜん激しい風が吹き、笛が流れに落ちた。

淵のなかの浄土②

爺さまが慌てて水面を見ると、軽い竹の笛が吸い込まれるように沈んでいった。爺さまは、笛を追いかけて淵に飛びこんだ。どんどん潜ってゆくと、急に息ができるようになり、一面青畳を敷きつめた御殿のようなところに出て、お姫さまが機《はた》を織っていた。そこにはかまどがあり、爺さまの笛が乗っていた。爺さまは、ほっとして笛に近づいた。

淵のなかの浄土③

姫は機の手を止めて、「いつも美しい笛を聞かせていただいているので、今日はご馳走させてください」と微笑んだ。居心地がよく、爺さまは三日ご馳走になったが、家で心配してるだろうと思い、家に帰った。家では読経の声がする。誰が死んだのかと思いながら家に入った。爺さまの姿を見ると、みな幽霊だと驚いた。三日だと思ったのは三年で、今日は三回忌だった。

仏教学《ぶっきょうがく》の領分《りょうぶん》

日本の仏教学はインド学が中心だ。しかし、それを行なっているのは大多数が寺院関係者であり、仏教学会を経済的に支えているのも寺院仏教である。ところが、日本仏教の研究といっても、せいぜい鎌倉時代までであり、それ以降、室町から江戸時代は歴史学の、近現代は社会学とか民俗学の領分となっている。その理由は、仏教学は思想を研究するもので、鎌倉新仏教以降は思想的な発展がないからだという。学問の怪である。

仏教語《ぶっきょうご》

とくに仏教で使われる言葉を仏教語・仏教用語・仏教要語などという。本書でも数多く使っている。日本において仏教の歴史は長く、その文化的に占めた比重は高く、日常語になった仏教語も数かぎりなくある。それをいまさら仏教語と、ことさらに区別していうのは、仏教の事実上の勢力が下降線にあることの逆証明になるのではないか。公的な義務教育機関から宗教教育が削られたことも、その原因のひとつだ。

仏教語の読《よ》み

作務衣は、本来は禅寺で修行僧が農作業や掃除の労働をするときの作業着のことだ。いまは宗派にかかわりなく用いられ、そのラフさがよいのか一般にも普及している。これは「さむえ」と読むが、「さくむい」と読んだ人がいる。それは、仏教学を専攻して大学院の博士課程まで出た人である。仏教語の読みはむずかしいが、正確に言わないとわからないこともあるし、正確に読むとわからないこともある。

仏教と農耕民族《のうこうみんぞく》

日本人は比較的早い時代から米を作っていたことが、遺跡などから知ることができる。田植えや刈り入れなどは同時期に行なわれるので、みんなで力をあわせて作業をしなければならず、おのずから共同体が生まれて、自分以外の考え方も受け入れてきた。本来インドの宗教である仏教が日本人にこれほど受け入れられたのも、仏教には多くの仏さまが存在し、日本の神々をも取り入れたからである。

仏教とヒンドゥー教《きょう》

インドで生まれ発展した仏教だが、インドでは長く持続しなかった。ヒンドゥー教はヴェーダの時代から女神たちでにぎわっていて、女性は悟りを開けないときびしく女性を差別する仏教の残忍さにインドの民衆はついていけなかった、という浅薄な見方もある。差別の残忍さといえば、ヒンドゥー教そのものが奴隷を認めるカースト制のうえになりたっていた。仏教の教団内においてはみな平等であったが、女性の出家は男性の出家に従属した。→尼僧の誕生

仏教の入口《いりぐち》

玄関は、一般には家の正面入口であるが、仏教にはいくつかの説がある。玄は玄妙などと表わされるように、深遠で微妙な道理、すなわち仏教の教えをさし、玄関は

仏道への入口をいう。「唯識《ゆいしき》三年倶舎《くしゃ》八年」といわれるほど難解な『倶舎論』の解説書のなかで、「この倶舎論は……アビダルマ仏教の玄関である」と説明している。

仏教は農耕民族《のうこうみんぞく》の宗教《しゅうきょう》

宗教と民族を大雑把に分類すると、農耕民族は仏教、狩猟民族はキリスト教と捉えることができる。民族の特徴として、農耕民族は勤勉である。一生懸命働けば、天候などのアクシデントはあるものの、それにみあった収穫がある。一方、狩猟民族は労働と収穫は比例しないので、勤勉さが意味をもたない。一日中獲物を探しても収穫があるとはかぎらないし、寝ていても獲物が飛び込んでくることもあるのだ。

仏教はヒンドゥー教《きょう》の一《ひと》つ

ヒンドゥー教では、人間の数ほど神がいるといわれるほど神さまが多い。しかし、それらヒンドゥー教の神々は、目に見えない唯一の神の化身で、本来の神さまは一人しかいない。釈迦はヒンドゥー教徒として修行し、仏陀になることができた。たんにヒンドゥー教の神の一人である。インド人にとって、仏教は独立した宗教ではなく、ヒンドゥー教の宗派の一つにすぎない。

仏事回向《ぶつじえこう》と修行《しゅぎょう》

回向は、みずからが積んだ善根功徳が他にめぐらされ及ぶことで、一般には仏事を営んで死者の冥福を祈ることをいう。冥福を祈り追善をほどこす言葉を回向文というが、僧侶が遺族や参列者の心に響く声や節回しで唱えれば、ありがたい法要であったと評価が高まる。仏事回向のほか、みずからが善根功徳を積み、父母六親九族を救済しようという高い志をもち、仏道修行に励むことこそ、りっぱな回向である。

仏歯寺《ぶっしじ》で信心《しんじん》が爆発《ばくはつ》

仏歯寺はスリランカの古都キャンディにある仏の歯をまつった寺。国民の仏教信仰の中心的寺院で、参拝者が絶えない。この寺で毎年八月に行なわれるペラヘラ祭りは圧巻である。仏歯を背負った象がきらびやかな飾りをつけ、何十頭もの象を従え行進するさまは迫力満点だ。首都コロンボでもペラヘラは行なわれるが、その比ではない。スリランカ人の釈尊にたいする信心、その歯を崇める心が、この祭りで一気に爆発する。

仏性《ぶっしょう》は人間《にんげん》だけにあるのではない

人間はだれでも老若男女を問わず、本来、仏になる可能性をもって生まれてきている。この可能性を仏性という。『法華経』の常不軽菩薩品《じょうふきょうぼさつぼん》では、常不軽という修行者があらゆる人に仏性を見て、尊敬の念をささげたことが説かれている。この仏性を発展させたものが、人間以外のすべての生きもの、はては鉱物までもが仏性をそなえているという思想である。人間だけではない、というのがすばらしい。

仏像《ぶつぞう》の数《かぞ》え方《かた》

仏像を数えるのに、体・軀などが用いられる。体は古くは俗字の躰がよく使われた。体(體)も軀《く》も「からだ」の意である。坐像には坐(座)も用いられる。古く、頭《かしら》・尊・基も用いられた。頭は仏頭、尊は尊像の略。基は主に仏塔などを数えるときに用い、建築物の基礎の意だから、大きな仏像の場合である。以上は彫像。画像は幅。鋪(舖)は折りたたむものや曼荼羅《まんだら》に用いる。

仏像《ぶつぞう》の見方《みかた》

東京上野の国立博物館で鑑真和上《かんじんわじょう》展が行なわれていた。その会場に来ていた人のなかに、僧侶と思われる人も少なくなかった。そのとき、ほかの仏像も展示されていて、その前である人が「これはすばらしい」と、さかんに賞賛していた。しかし、ほんとうの仏像のよさは正面から見たのではわからない。ひれ伏して仰ぎ見たときに、そっと微笑んでくれるのがよい仏像なのだ。仏像は美術工芸品ではない。

仏足跡《ぶっそくせき》と仏像《ぶつぞう》

仏さまは極めて尊い人だから、それを直接に図像化することはなかった。仏滅後まもなく、仏の特性を象徴的に表わした仏足跡ができた。それについてお釈迦さまの言葉が遺されている。「この石の上に足跡を遺すが、これを見て信心を起こし供養するものがあれば、その人の罪は消え、死後は浄土に生まれるであろう」と。仏像ができたのは、後代、ギリシア文化との交流があってからのことだという。

ブッダか仏陀《ぶつだ》か

お釈迦さまはじめ悟って仏《ぶつ》・如来《にょらい》になられた人をサンスクリット語でブッダといい、仏陀と漢訳した。仏教初伝以来、漢訳経典を用いてきたわが国では仏陀を「ぶつだ」と読んできた。ところが明治時代にヨーロッパから近代仏教学を学び原語であるサンスクリット語を知ってから、漢訳語の仏陀までブッダと読む場合も出てきた。たとえば中村元著『佛教語大辞典』がそうだ。しかし、これは明らかに誤りである。

仏陀《ぶつだ》となる予言《よげん》

仏陀はかならずしも仏さまのことではなく、サンスクリット語のブッダはブドゥの過去形で、「目覚めた」「悟った」という意味である。お釈迦さまが生まれたとき、高名な占星術者で予言者のアシタ仙人がヒマラヤ山中からやってきて、生まれたばかりの王子の人相を見て、「家にあれば転輪聖王《てんりんじょうおう》(現世的な理想の支配者)となり、出家すればブッダとなるだろう」と予言したという。

仏壇《ぶつだん》を購入《こうにゅう》する時期《じき》

仏壇を買うのは四十九日などの忌み明けがよいとされ、時でもないのに仏壇を買うと死者が出るとか、縁起でもないとかいわれるが、それはたんなる迷信にすぎない。仏壇は高価でなかなか購入できないものだから、そのようにいって買う時期を限定するという、庶民の知恵から出た説と思われる。買う時期はいつでもよいが、仏壇一式を買いそろえたら、菩提寺の住職に依頼して開眼供養をしてもらうことのほうが重要だ。

仏弟子《ぶつでし》への誘惑《ゆうわく》

釈尊の若き弟子が木陰で坐禅をしていた。「坐禅の場から動いてはならぬ、坐禅専一に努めよ」と、前年の長老会議で決められていた。眉目秀麗な若者は黙想しながら、ときおり困惑気味に顔をしかめている。よく見ると、なんと若者の背後に、妙齢の女性がいる。しかも豊満な胸を若者の背に押しつけて誘惑しているようす。動いてはならぬの定めを守った仏弟子は、ついに誘惑に負けた。次の集会で、そういうときは動いてもよい、と律が改められた。これが随犯随戒《ずいほんずいかい》である。

仏道《ぶつどう》から遠《とお》ざけるもの①

人の善心を覆い隠して仏の道から遠ざけるものに、次の五つがある。一、貪欲は低級な五欲の楽しみに執着して、仏道に進むのを妨げる。二、怒りはもろもろの善法を失う根本になる。三、睡眠は世の福徳を破り、今世と後世との究極の安楽を破る。元来、睡眠は大きな闇で、眠っている間は何も見えず、人間から光明を奪い去るのだ。

仏道から遠ざけるもの②

四、掉悔《じょうけ》とは精神の散り動くことで、不安定な心は、酔った象や野放しのラクダのようなもので、日常の行ないでも妨害になるが、まして出家した者においてはなおさらである。五、疑いの心は定心《じょうしん》と正反対のもので、定心のない者がいくら仏法を修行しても、得るものはない。日月の光は煙・雲・塵・霧・阿修羅の手で覆われているが、人間の心は、この五つに覆われている。

仏門《ぶつもん》に入《はい》る

「得度」の度は渡る意で、得度は生死の苦界を渡る、涅槃の彼岸に渡ることである。また、悟りを得ることであり、そこから転じて、出家・剃髪して仏門に入ることをいうようになった。これは、出家することが悟りを得る原因となることから、いわれるようになったものであろう。したがって得度式は在家から出家となるための儀式だが、ある宗派では在家の受戒会をそう呼んでいる。

蒲団《ふとん》は丸《まる》いもの

団とは、いろいろなものを集めて丸くしたものをさす。蒲団の本来は、坐禅のときに用いる円形の敷き物で、坐《ざ》蒲《ふ》ともいう。蒲は、中の詰め物に水性植物の蒲《がま》の穂を詰め、あるいは茎を円形に編んで坐蒲にしていたものである。だから、文字どおりにいえば、四角い蒲団は存在しないのだ。蒲の代わりに、ウォーターベッドのように水を使ってビニールで敷物を造れば、水団《すいとん》になる?

振袖火事《ふりそでかじ》はお寺《てら》が火元《ひもと》①

明暦三年(一六五七)一月十八日の未明、本郷丸山町の本妙寺から発した火は、折からの大風にあおられて、あっというまに江戸中に燃え広がり、十万七千四十六人の死者がでた。有名な振袖火事である。本郷に住む貧しい老夫婦が、一人娘の婚礼のため、古着屋でみつけた打ち掛けを買って、これを仕立て直して嫁に出した。ところが翌年の冬、娘は病で死に、本妙寺で行なわれた葬儀の棺の上に、その打ち掛けがかけてあった。

振袖火事はお寺が火元②

葬式の後、悪い坊主がその打ち掛けをかってに売り払った。数年後、またその打ち掛けのかかった棺が本妙寺の門をくぐった。坊主はまた古着屋に売りとばした。それから数年、またまた同じ打ち掛けのかかった棺が本妙寺にやってきた。さすがに気味悪くなった坊主は、打ち掛けを燃やした。打ち掛けがめらめらと燃えはじめたとき、どっと北風が立ち、風にのった燃え盛りの打ち掛けは、すそをひらひらさせながら空に舞い上がり、大惨事となった。

フルーツ・ポンチはインド産《さん》

フルーツ・ポンチの「ポンチ」はヒンディー語の「パンチ」(サンスクリット語の「パンチャ」)で、数字の「五」を意味する。パンチはインドでつくられたカクテルで、五種類の材料を混ぜ合わせたものであった。いまフルーツ・ポンチというと、小さく切ったいろんな果物にシロップや炭酸水などを加えた冷たい飲みもので、洋酒やジュースを加えることもある。

糞掃衣《ふんぞうえ》はボロ布《ぬの》で作《つく》った衣《ころも》

糞掃衣は僧侶の衣で、捨てられて泥まみれになった布を洗って繕《つくろ》った衣服のこと。釈尊時代の出家者は、みな一様にこの粗末な衣を身にまとって修行していた。いまでも南方仏教徒の僧侶は、糞掃衣に似せた法衣を常に身につけ、けっして一般人の服を着ることはない。法要儀式のときは法衣、プライベートなときは洋服に着替えるわが国の僧とはちがう。その内実はわからないが、出家者としての心が定まっている。

分別《ふんべつ》は世間知《せけんち》

分別はもと仏教語で「ふんべつ」「ふんべち」と読んで、心が外界を思いはかることを意味した。悟りの智を表わす無分別《むふんべつ》の対語である。そこから、考えること、思案をめぐらすことをいい、世間的な経験や識見などからでる考えをいうようになった。また「ぶんべつ」と読んで、ゴミの分別など、ものを種類によってわけることをいうようになった。さらには、僧の隠語で鰹節《かつおぶし》をいった。

【へ】

平均寿命《へいきんじゅみょう》はいま

いま平均寿命は男は七十八歳、女は八十四歳で、大まかには平均八十歳を越えたわけである。約二千五百年前、お釈迦さまは八十歳で亡くなった。経典によれば、百二十歳の寿命のうち四十年を一切衆生《いっさいしゅじょう》を教化するためにささげたからだという。ところで日本で江戸中期、二百九歳の長寿をまっとうした人がいるらしい。医学もゆきとどき、寿命の延びているいま、百歳くらいはピーヒャラピーヒャラ♪

蛇《へび》になった猟師《りょうし》①

四国の山に猟師の兄弟がいた。信心深い兄に比べ、弟は情け容赦なく子供のいる鳥や獣でも捕《と》るので、獲物はいつも弟のほうが多かった。近くの村に志度寺《しどじ》が建立され、都から偉い僧が来て説教をする日、兄は説教を楽しみにしていたが、ここ二、三日獲物がなく、山を下りるわけにはいかなかった。兄は弟に「代わりに説教を聞きにいってくれ」と頼んだ。

蛇になった猟師②

しぶしぶ説教を聞きにきた弟は、山の獲物のことが気になって仕方なかった。説教が終わると、一目散に山に向かった。兄のほうは説教のことが気になって、獲物は捕れず、寺に行かなかったことを後悔しながら家に帰り、弟を待っていたが帰らない。心配になった兄は、弟を迎えにいった。松明《たいまつ》をかざして山を下り、池の側まで来ると、池の底から声がした。

蛇になった猟師③

弟の声だった。「兄よ、殺生《せっしょう》のことばかり考えていたので蛇にされた。あんな恐ろしい寺へ行くのではなかった。おれは一生、この池に住む」兄は「いっしょに帰ろう」といったが、弟は姿を見せなかった。兄は毎日、池に行っては弟の名を呼んだ。七日めにやっと姿を現わした蛇は目玉をくわえ、「おれの目玉を瓶に入れると、酒がいくらでも湧いてくる。養生になる薬だから、せめてもの罪滅ぼしに病人に飲ませてくれ」といって消えた。

蛇の嫁になった女①

河内《かわち》の里の裕福な家の娘が桑の木に登って葉を摘んでいると、大きな蛇が登ってきたが、娘は気がつかなかった。道を通る人が注意すると、娘は大きな蛇に驚いて、木から落ちた。蛇も落ちて、半死状態の娘に巻きついた。知らせを聞いて駆けつけた両親が離そうとしたが、離れないので、娘と大蛇を板に乗せ、家の庭に運んで医者を呼んだ。

蛇の嫁になった女②

医者は、黍《きび》の藁《わら》三束を焼いて、湯と混ぜて三斗(一斗は約一八リットル)の汁をとり、さらに二斗に煮つめて、猪の毛十把を刻んで粉にしてその汁に混ぜたものを作らせて、娘の手足を柱に縛り、娘の陰部に注ぎ込んだ。一斗ぐらい注いだところで、蛇は娘から離れた。両親は村人の助けを借り、蛇を殺して川に捨てた。しかし、娘は蛇の子をみごもっていた。

蛇の嫁になった女③

蛇の子は猪の毛に刺されて、五升ほどの量になって出て、さらに二斗飲ませ、蛇の子がすべて出てくると、娘は目を覚まし「夢を見ていたようだ」といった。それから娘は大蛇が好きになり、自分から選んだ大蛇と夫婦になったが、すぐに死んだ。死ぬとき、娘は「この世でいちばん愛したのは夫の大蛇で、生まれ変わっても、また夫婦になりたい」と言い残した。

蛇の嫁になった女④

この娘の話は評判になり、和尚は「人間は、前世の因縁によって蛇や馬や牛、犬や鳥に生まれ変わるが、悪い因縁によってはお化けや恐ろしい獣になる。むかし、速く走るのが得意な子供がいて、その速さは、空を飛ぶ鳥のようだった。父親はかわいがっていたが、〝この子の走る速さは、まるで狐のようだ〟といっていた。子供が死んで、生まれ変わったのは狐だった。喩えるなら、よいものに喩えないとな」と説教した。

蛇娘《へびむすめ》①

北陸に狩人と娘が住んでいた。父は娘に黙って、蛇を味噌漬にした瓶を床下に埋めていた。蛇の味噌漬は、古くなると薬になるという。父は味がみたくて堪らなくなり、娘の留守にちょっと焙《あぶ》ってみると、いい匂いがたちこめた。そこへ娘が帰り、食べたいという。父は子供の食うものではないといったが、せがまれて少しだけ与えた。その甘さを、娘は忘れられなくなった。

蛇娘②

娘は父の留守に家中を探し、ちょっと食べたが、甘さが後を引き、とうとう全部食べてしまった。こんどは、咽《のど》が渇いて仕方がない。台所の水瓶ではまにあわず、川に行って川が涸れるほど水を飲んだ。ふと川面を見ると、蛇になった自分の姿が映っていた。もう家には帰れない。娘は山に入って住み着いた。何年か経ち、娘が山を七周り巻いたとき、旅の僧が夜道を登ってきた。

蛇娘③

若い旅の僧は、峠の石に腰をかけ笛を吹いていると、闇のなかから「坊さま、私は笛が好きだから、つい出てきたが、つづけてもっと吹いてください」と女の声がした。こんな夜の山奥に女がいるのを不思議に思い、「おまえは何者だ」と聞くと、女は大蛇になった経緯を話し、「もうすぐ山を十二周り巻くので、この一帯を泥の海にする」といい、「このことを人にしゃべると、おまえの命はない」といった。

蛇娘④

僧は命が惜しかったが、どうしてもこのまま見過ごすことはできず、泊めてもらった村ですべてを話し、「蛇には鉄の錆《さび》と栗の渋が毒だから、それを山に打ち込むとい い」といって息絶えた。村の人びとがそのとおりにすると、大蛇は七日七晩苦しんで死に、山はどろどろになった。この一帯の村は助かり、僧の笠と杖はお堂を建てて祀《まつ》られた。

勉強《べんきょう》と道心《どうしん》

勉強の嫌いな子供に勉強をさせようとしても、また会社で畑違いの仕事をやらせようとしても、本人にその意志がなければ、うまくいかない。いくら結果の素晴らしさを強調しても、当人には苦痛でしかない。辞書で「道心」の項を見ると、「仏道を修めようとする心」とある。つまり、ものごとに打ち込めるかどうかは、根本に道心があるかないかにかかっている。

弁才天《べんざいてん》から弁財天《べんざいてん》へ

弁財天は本来、「弁舌の才能を与える天部の神」という言葉の略称で、弁才天だった。ところが、水は豊饒をもたらすことから、農業神としても崇拝を受けてきた。豊饒はイコール富と結びつき、財運・財宝の神さまともなった。日本では、室町時代以降は、福徳財宝の神として受け止められ、鎌倉時代のころから「才」が「財」に変化して弁財天となった。七福神の一人に数えられる。

弁説《べんぜつ》さわやかな弁天《べんてん》さま

水の神サラスヴァティーと言葉の女神ヴァーチュの能力を合わせ持つ弁天さまは、音楽だけではなく、芸術・芸能や弁説でも、水の流れるようにさわやかで、まさに「立て板に水」である。弁才天の真言は「オン　ソラソバテイ　エイ　ソワカ」で、「この真言を唱えれば、技芸が上手くなり、弁舌が立つようになる」という意味。まさに、「弁才」の能力を手に入れられるのだ。

弁天《べんてん》さまと蛇《へび》①

宇賀《うか》の神・弁才天を夫婦神として信仰するほかに、弁財天は童女の化身だとか、宇賀の神の化身とする信仰もある。宇賀の神は蛇の姿をしており、弁才天の本来であるサラスヴァティーは河の女神で、蛇は河を象徴するところから、蛇は弁財天の化身だと考える民間信仰が生まれた。そこから、「蛇を殺すと、弁天さまの祟《たた》りがある」といわれるようになる。

弁天さまと蛇②

インドの弁才天は、白鳥あるいは孔雀《くじゃく》を従えているが、日本の弁天は蛇である。蛇になったのは、白鳥は日本ではあまり馴染みがないことや、孔雀は棲息していないことなどを理由に、水のあるところに住む蛇が代用されたとか、蛇行する河の象徴である蛇は孔雀に食べられる関係なので、インドでは孔雀を使って河を統御していたが、日本では蛇を従えて直接、河を統御しているという説がある。しかし龍や麒麟《きりん》、鳳凰《ほうおう》などが受け入れられているので、これは説得力がない。

弁天さまの夫《おっと》①

弁天さまのご利益は幅広く、人の穢《けが》れを払い、富貴・名誉・福寿・勇気、それに食物、愛嬌、縁結び、子孫繁栄の神であるといわれる。インドでは、ブラフマン神の配偶神とされているが、日本では穀物の神、転じて福の神とされる宇賀《うか》の神の夫婦神として信仰されている場合もある。また水の女神市杵嶋姫《いちきしまひめ》の神と同一視されることもあり、いくつもの顔をもっている。

弁天さまの夫②

弁天さまの夫である宇賀の神の姿は、老人の頭を持った白蛇である。インドでは白蛇を「ウガヤ」と呼んでいたことから蛇の姿になったとの説もある。本来は農耕・水の神だが、米が通貨代わりに使われてから富の神となった。仏法擁護のため貧を転じ未来の衆生に福を施すために働く神さまで、ふつう弁天さまの頭上に座る。

弁天さまの嫉妬《しっと》

江戸時代は弁天詣りが盛んで、とくに江ノ島の弁天さまは人気があった。しかし若夫婦や恋人どうし、同伴で江ノ島を訪れると弁才天が嫉妬するから、よそよそしく振る舞うように注意された。江ノ島の弁天さまは、裸で色っぽい。間違っても、手を組んで渡島すると、離別させられるといわれた。最近では、ほかの弁天さまも、同じように嫉妬による縁切りが語られている。

弁天（弁才天《べんざいてん》）の由来《ゆらい》

インドでは、水の神サラスヴァティー（弁才天）は言葉の女神ヴァーチュと同一視されている。創造神ブラフマンが世界を創造する時、ヴァーチュに言葉を語らせ、その語ったものが創造されたとされる。妙音天・妙音楽天・美音天とも訳され、大弁才天・大弁才功徳天・大弁才天女などとも呼ばれる。略して、弁天ともいい、俗に弁才天（弁財天）として親しまれるようになった。

弁天（弁才天）のルーツ

インドの弁財天は蓮の葉の上に乗り、白鳥か孔雀を従え、言葉と芸術の神らしく弦楽器のヴィーナも持っているが、そのルーツは、ゾロアスター教の水の女神アナーヒターと同根説もある。さらにアナーヒターは、メソポタミアのイシュタル、そしてギリシアのアフロディテ(ヴィーナス)にもつながるという説もあり、奥の深い神さまである。

遍路《へんろ》の娘《むすめ》①

村の若者が二人、遍路に出て、遍路宿で知り合った二人の若い娘に郷里をいうと、懐かしそうな顔で「隣村の紅葉とお梅だ」と名のった。しかし狭い村でたいていのことは知っているが、こんな娘のことは聞いたことがなかった。無事、遍路も終わり、郷里に帰ると、隣村の娘が気にかかる。二人は隣村に出かけ、紅葉とお梅のことを聞いてみたが、誰も知ってる者はいなかった。

遍路の娘②

春になったが、隣村のお寺の紅葉と梅はなかなか芽ぶきをしなかった。ずいぶん遅れて芽を吹いたときに、木の幹に新しい納経朱印がかかっていた。その話を聞いた二人の若者は、紅葉とお梅のことを思い出し、やはり隣村というのは嘘ではなかったと納得し、隣村のお寺に出かけていった。気のせいか、紅葉も梅も、二人が近づくと、さわさわと幹を揺すったように感じられた。

【ほ】

方位《ほうい》① 八方除け

占い師といわれる人が、よく方位の話をする。方位とは東西南北のことで、そのあいだが加わり四方八方となり、ふつうの家を建てるときはその見方でもよいが、最近は土地の価格が上がって狭いところを少しでも有効利用しようと、上ばかりでなく地下にまで部屋を造ることもある。四方八方ではこれに対応できないため、上下の二方を足して十方を考えなくてはならない。「八方除け」も時代後れになってしまった。

方位② 地磁気

地球には地磁気というものがあり、磁石はかならず南極北極の南北をさす。地球は丸いのだから方位は関係ないという人もいるが、人間の身体は七〇〜八〇パーセントを水が占めていて、血液もその一部で、そこをイオン化した物質(たとえば塩は Na^+・Cl^-)が流れている。これには当然、地球の磁気が関係してくる。その方位によって、体液のイオンが乱されてしまうのである。

判官贔屓《ほうがんびいき》とハルウララ

判官贔屓の判官は九郎判官源義経、功多くして薄命な英雄として愛惜され同情された。転じて、弱者に対する同情や贔屓をいう。ハルウララは連戦連敗の競馬馬。連敗にもかかわらず、いやそれゆえに人気抜群だ。これも判官贔屓の一種といえるだろう。人は英雄に喝采《かっさい》を送ると同時に、運悪くツキに恵まれないものに同情を寄せるやさしさも併せもっている。

坊《ぼう》さんと坊《ぼっ》ちゃん

「坊」という漢字にはいろいろな意味があるが、そのなかに「房」に通じる「へや」の意がある。坊さんは僧侶の住む部屋であり、坊ちゃんは皇太子の住む部屋をさす。「春房」というように、身分の高い人の子供の部屋をさす。さらに、そういう人は甘やかされて育つことが多いことから、世間知らずの男子をいうようになった。坊さんも世襲的になり、二世、三世となってくると、お坊ちゃん坊さんになりやすい。

坊さんの隠語《いんご》

坊さんの使う隠語には次のようなものがある。――般若湯(酒)、倶利伽羅《くりから》(牛肉)、山の芋(うなぎ)、紙巻・牛の角・独鈷《どっこ》(かつおぶし)、歌舞《かぶ》の菩薩(遊女・芸者)、かみそり(鮎)、紀三井寺(馬鹿)、高野心経(男色)、踊り子(どじょう)、白拍子(鶏卵)、歎仏(刺身)、因果骨(男根)、観音(女陰)、金釘(煮干)などである。むかしから、生臭い、きな臭い坊さんも少なくなかったようだ。

坊さんは長生《ながい》きする

むかしから、坊さんには長生きする人が多い。それは、腹式呼吸による読経、脳波が熟睡状態に近い坐禅、質素な食事、性的な節制、簡素な生活などが、本来身体のそなえている機能を長持ちさせるのだと思われる。だれでも長生きしたければ、そのうちのどれか一つでもいい、自分に生活に取り入れてみることだ。いずれもお金のかかることではなく、心の向上と蓄財につながる。

坊さんよ大志《たいし》をいだけ

最近「ボーズ・ビー・アンビシャス」という運動がある。もちろん札幌農学校に招かれたクラーク博士の名言「ボーイズ・ビー・アンビシャス」をもじったもので、ボーズは坊主のことだ。おもに若い僧侶を対象とした、まだ小さいがまじめな運動である。――「坊さんよ、大志をいだけ」って、そもそも悟りという大志をいだいて出家したのではないかなどとイヤミをいうのは、寺院内部の人間ではなく外部の者にちがいない。

法事《ほうじ》① お経の時間

法事のときのお経の時間について話しあった。お経を読むペースによって、時間はあるていど調節できる。しかし結論は、イスに座るか畳に正座するかで決まるものらしい。同じ時間のお経でも、イスのばあいは短く感じ、正座の場合は長く感じるもののようである。したがって、本堂にはイスを用意しないで正座をしてもらったほうが、ありがたみが増すということになる。自分勝手にありがたがっているのだ。

法事② 脚のしびれ

ある法事で、上流階級とおぼしき奥様に「お焼香をどうぞ」というと、しずしずとお焼香台のほうへ歩いてきたが、脚がしびれていたらしくロングスカートの裾を踏んでしまった。裾を踏めばとうぜん転ぶが、転ぶまいとして力んだ結果、「ブー」という大きな音が聞こえ、まわりでは笑いをこらえる音がする。それを聞くと、よけいにおかしくなって、法事はだいなしになってしまった。

法事③ 簡略化

最近では、お葬式のあとに初七日の法要がつづいて行なわれるというパターンが多くなっているが、初七日はあくまで死後七日め(地方によっては六日め)の一番初めの法事で、その後七日めごとに二七日、三七日～七七日とつづく。だが、初七日はお葬式後のお骨揚げのお経といっしょに、七七日(四十九日)は埋葬といっしょにというように簡略化されている。自分も死んだら略されてしまうのだ。

法事はだれのためにするのか

いま三回忌くらいまでの法事をする人は多いが、七回忌を過ぎるとあまり法事を行なわなくなる。「寺にお布施をすると損をする」と考える人が、それにあたるようだ。しかし、お布施は寺にするのではなく自分の仏さま、たとえば自分の親の供養のためにするもので、けっきょく自分自身のためでもある。自分が死んだあと、子供たちがそっぽを向いて知らんぷりをされたら、あなたはどう思うだろうか。

方丈《ほうじょう》の起源《きげん》

「方丈さん」と禅宗の坊さんを呼んだりするから、方丈は禅の言葉かと思ったら、どうも大乗経典の『維摩経《ゆいまこじ》』に由来するらしい。この経典の主人公である維摩居士の質素な居室が方一丈(約三メートル四方、四畳半ほど)の広さだったことから、住職の部屋を方丈というようになり、そこの住僧をもそう呼ぶようになったという。広い冷暖房完備の庫裏で羽根布団に寝ている贅沢な坊さんを「方丈」と呼ぶのはどうかと思うが、時代だからそれもしょうがないか。

方丈は四畳半一間《よじょうはんひとま》

「ウチの方丈さんは」というと、菩提寺の住職のことだ。とくに禅宗でいう。それは、『維摩経』の維摩居士の居室が一丈四方、四畳半ほどの広さだったことにちなんでいるという(一丈は一〇尺。約三メートル)。その部屋や建物のことも方丈という。有名な『方丈記』は、世を捨てて出家した歌人の鴨長明《かものちょうめい》が、そのような部屋に住んで書いたから、そう命名されたのであろう。

法人《ほうじん》の救《すく》い

人びとを人生の悩み苦しみから救うのが教化《きょうけ》のはずだが、教理や死語に近い専門語の解説に終始した法話をもって教化と勘違いしている人もいる。それどころか、法話すらしない坊さんも多いと聞く。もし坊さんの側に寺院を維持すること以外に人生の目的がないとすれば、そこに教化も救いもないのは当然であり、あるのは生身の人間ではなく寺院という宗教法人の救いだけであろう。

坊主丸儲《ぼうずまるもう》け

「坊主丸儲け」といったら、ある坊さんが反発してこういっていた。——大学を卒業し、宗派の基準を満たしてやっと修行が認められる。本山での修行は無給だ。それが終わって寺へ帰っても、師僧が住職でいるかぎり自分は部屋住みの身分で「四十、五十は小僧のうち」といわれ、やっと六十代になって一人前と認められるのだ。坊主にたいし「丸損」をしたという人がいたら教えてほしいと。

疱瘡《ほうそう》の神《かみ》さま

疱瘡は天然痘《てんねんとう》のことで、むかしはこれにかかって命を落とす人も多く、たとえ治っても顔などにアバタが残ってしまうので、とくに女の子をもつ家では恐れられていた。そこに登場したのが、疱瘡から守ってくれる神さまである。しかし現代では、医学の発達によって天然痘は根絶したとされている。では、この神さまをまつった社寺は、どうするのだろうか。新しくエイズ観音でも造ろうか。

棒《ぼう》に振《ふ》る

棒は手に持てるほどの細長い木や金属などで、まっすぐに引いた線の意もある。禅宗では坐禅中の修行者の目を覚まさせる警策《けいさく》の俗称である。「棒に振る」というのは、「棒を引く」が書いてある文章を線を引いて消す、帳消しにするということから、それまでの努力や苦労を無にする意になったものらしい。人生を棒に振ってしまわないように、たまには坐禅会に参加して警策で喝《かつ》を入れてもらうのもいいかもしれない。

法然《ほうねん》の死《し》

法然(一一三三〜)は浄土宗の開祖で、諱《いみな》は源空。法然は住坊の名称だ。建暦二年(一二一二)一月二十五日正午過ぎ、現在の知恩院勢至堂の場所にあたる庵室で、弟子たちの念仏のなか示寂した。ときに八十歳。遺体はその東崖の上に石棺に収めて葬られたが、比叡山の破却から守るため、安貞二年(一二二八)西山の粟生野で火葬にして遺骨を壁に塗り固めて隠し、天福元年(一二三三)二尊院に廟塔を建てて納めた。

法楽《ほうらく》は法会《ほうえ》の後《あと》の楽《たの》しみ

法楽とは、本来は世間の欲楽に対して法の真理に接することによって得られる宗教的な楽しみをいうが、法会の後で舞楽や芝居などを見せたことから無料の楽しみを意味するようになり、しだいに楽しみがウエイトを占めるようになって、遊びや慰みをさすようになった。――「社長があんなに芝居だ、歌だと法楽に現を抜かしていたら、あの会社も崩落するのが目に見えてるよ」

法律《ほうりつ》は釈尊《しゃくそん》の教《おし》えと戒律《かいりつ》

ふつうに法律といえば、六法全書に代表されるもので、狭義には国会で制定された規範をさし、広義には社会秩序維持のための規範をいう。法律はもともと仏教語で、法はお釈迦さまの説かれた教え、律はお釈迦さまが制定した生活上の禁止条項(戒律)を意味する。世法と仏法のちがいはあるが、人はだんだん悪くなっていくものらしく、時とともに条項は増えていく。戒律のごときはあまりに増えすぎて、いまは無きに等しい状態となってしまった。

法輪《ほうりん》は武器《ぶき》

車輪のように、いかにもありがたみのあるように図示される法輪だが、もともとは生々しく現実的なものなのだ。輪《りん》は古代インドにおける戦闘の道具、すなわち武器であった。法は悪・邪を摧《くだ》いて正すものだから、武器に喩えられたのだ。法によって支配する理想の王とされた転輪聖王《てんりんじょうおう》のもつ七宝の一つに、輪宝《りんぼう》がある。それには金・銀・銅・鉄の四種があるという。

牧師《ぼくし》と神父《しんぷ》

キリスト教で聖職者のことを、カトリックでは神父あるいは司祭といい、プロテスタントでは牧師というらしい。そんなことをキリスト教系の女子大学を出た人に教えてもらったが、その彼女は「弘法大師って真言宗となんか関係あるの?」といった。いま、仏教書の編集に携わっているのだという。本のできぐあいは著者しだいともいえるが、ろくに仏教を知らない仏教書の著者も増えている。どんな本ができるのやら。

菩薩《ぼさつ》は努力《どりょく》する人《ひと》

菩薩は仏になる資格をもっているが、この世界に留まり、観音さま、お地蔵さまと親しまれて心の救済をしてくれている。心の葛藤は、理想を掲げてそれをめざすが、それが叶えられないときに生じ、挫折《ざせつ》してあきらめてしまうことが多い。しかし、結果よりも理想に向かって努力する過程がたいせつで、現実の世の中での菩薩とは、理想に向かって歩みつづける人のことである。

菩薩は身近《みぢか》な存在《そんざい》

菩薩は悟りを求める人のこと。また、仏界に入れるにもかかわらず、衆生を救うために、みずからこの世にとどまる人をいう。自分だけ悟ることができればいいというのでは、仏にもなれないし菩薩にもなれない、ただの利己的な人である。仏は崇め奉る尊い存在だが、菩薩は衆生の救いを至上としているため庶民の信仰を集めた。その代表が観世音《かんぜおん》菩薩であろう。菩薩は衆生とともに悩み、苦しんでくれるから身近に感じられるのだ。

墓参《ぼさん》は家族《かぞく》のメモリー

東京の郊外には、都民の霊が宿る都営霊園が各所に存在する。そこかしこ春秋の彼岸ともなると参道には露店も出て、墓参の人びとでごった返す。そのため、地元の路線バスが臨時にコースを変えるほどだ。春うららかな休日、あるいは秋気ただよう一日、墓参は家族そろってのリクリエーションにもってこいの機会でもある。メモリアルパークのメモリーは、消えかけた家族の思い出なのだろうか。

墓相学《ぼそうがく》①

近年、一般の人でも墓相学などということをようになった。ある家の法事で、施主が僧侶にあいさつをした。「きょうは墓地と墓石の開眼供養ですので、よろしくお願いいたします。わたしの家の墓は、墓相学の大家の○○先生に見てもらいましたので、先祖は満足していると思います」——僧侶は、何もいわずに帰ってしまった。

墓相学②

最近はテレビなどによる影響か、風水とか家相とかがよくいわれるようになってきた。しかし方位からみて鬼門と呼ばれるのは南西と北東であるから、かならず存在する。「ここに何かを建てるな」というほうに無理があるのだ。さらに墓相なるものまであり、しかも大げさに墓相学と「学」までついている。墓相学で成仏できるものなら、お釈迦さまも出家して苦行などしなかっただろう。

菩提寺《ぼだいじ》と寺檀関係《じだんかんけい》

　菩提寺とは、一家が代々帰依《きえ》して葬儀や追善供養などを営み、さとり(菩提)をゆだねる寺のことで、菩提所・檀那寺《だんなでら》(布施を行なう寺)・香華院《こうげいん》(香・華をささげる寺院)ともいう。家制度が崩壊したいま、寺檀関係はその形骸だけでも維持するのがむずかしくなり、広く個々人の信仰を獲得する必要に迫られている。事態は逼迫しているが、それに気づいている人は幾ばくぞ。

菩提寺をもたない人《ひと》びと

　都市部では、地方の出身者で菩提寺というものをもたない人が多い。この人たちは中学とか高校を卒業してすぐに都市に出てきたため、お寺との付き合い方を知らない人が多く、自分勝手に考えて「寺の坊さんの時間給は高すぎる」などというようなことをいう。このような人は、お墓もたんなるお骨を置いておくだけの場所としか考えていないようである。

菩提心《ぼだいしん》は敬虔《けいけん》な心《こころ》

　菩提心は無上菩提を求める心で、道心ともいう。困難な求道の旅をつづけてきた善財童子《ぜんざいどうじ》を弥勒菩薩《みろくぼさつ》は称えたが、基本は自己を超えた絶対者に対する敬虔な心である。その絶対者はお釈迦さまでもキリストでもアッラーでも文学、演劇の神でもよい。大事なのは、それを求める過程での自己否定と他利の心と全人類的視野で、それを自覚したところで、めざすところが見えてくる。

ぼたもちとおはぎ

　お彼岸の供え物にぼたもちとかおはぎは不可欠だが、ぼたもちは牡丹餅、おはぎは萩餅が語源という。ぼたもちもおはぎも、じつは同じもので、牡丹の季節、春の彼岸に供えるのをぼたもち、萩の季節、秋の彼岸に供えるのをおはぎといった。つぶ餡《あん》とこし餡、もちごめとふつうの米との割合などによる違いは地方によるもので、これが本来の違いである。

墓地《ぼち》と賃貸《ちんたい》マンション

　墓地は賃貸マンションと思えばよい。賃貸マンションの家賃は毎月支払うが、墓地のほうは契約時の一括支払いである。もっとも最近では墓地ローンもあるから、ますます事情は似てくる。墓地は使用権を買い、マンションは居住権を買う。そして、別に管理料を支払う。したがって広告などに「墓地分譲」とするのは、そもそもまちがいなのだ。それは、寺院墓地でも霊園でも同じことがいえる。

発願《ほつがん》と祈願《きがん》

発願は願いを起こす、神仏に願いをかけることで、「ほつがん」と読む。発(ほつ・はつ)は起こす、放つ、始める、開く、明らかにするなどの意味をもつ語で、仏教で重視する言葉。発心《ほっしん》といえば、在家から仏門に入り坊さんになることであり、悟りを開き迷える人びとを救おうと菩提心《ぼだいしん》をおこすことをさす。神仏に願いを祈る祈願よりも、発願のほうが自発的な点で評価される。

布袋和尚《ほていおしょう》は弥勒菩薩《みろくぼさつ》の化身《けしん》

布袋和尚は中国五大聖人の一人で、唐代に実在した禅僧であり、弥勒菩薩の化身ともいわれる。肥満体で生涯定住せず、肩に大きな袋を掛け、生活用具と乞食した物を入れて歩き、子供と戯れたという。肩の袋を堪忍袋といって、寛容で度量の大きいことを表わし、大黒さまの福袋とは違う。本名は契此《かいし》だが、人びとからは「布袋さん」と呼ばれていた。堪忍と和合を教えてくれ、福運の御利益がある。吉凶の判断にすぐれ、未来を予知する才に長けていた。

布袋信仰《ほていしんこう》とことわざ①

起源・根本・元値・よりどころなどがわからないことを、しゃれて「布袋のちんぽで元が知れぬ」という。布袋は大きな腹をしていて、自分の陰茎が見えないところから、このことわざが生じた。布袋とは、むろん福徳をもたらす神として信仰される七体の神、七福神の一である。七福神信仰が盛んとなったのは江戸中期以降のことで、七神は恵比寿・大黒天・毘沙門天・弁財天・布袋・福禄寿・寿老人である。

布袋信仰とことわざ②

布袋は中国の五代後梁《ごりょう》の禅僧で明州奉化県の人、名は契此《かいし》、号は定応大師《じょうおうだいし》、奉化県の岳林寺《がくりんじ》に住した。腹の肥えた身体に杖を持ち、日常生活用品をすべて入れた袋をになって町中を歩き、人の運命や天候を予知したという。死後、弥勒菩薩の化身といわれた。日本では円満の相が尊ばれ、七福神の一として信仰されるようになった。

布袋信仰とことわざ③

高さ十メートル内外、径二～五センチメートルになり、下方は節間がつまって膨れている竹を布袋竹《ほていちく》という。ごさんちく、仏面竹、人面竹ともいうが、布袋竹という名は、竹の形状が布袋の体つきに似ていることからきたものであろう。筍《たけのこ》は食用にする。竹は釣竿や、杖を作るのに用いる。しかし「布袋竹の杖をつくとよいよいになる」ということわざもあるから要注意だ。「よいよい」は、脳卒中など中枢神経の障害による病気のことである。

布袋信仰とことわざ④

布袋が、なぜ罵り語になるのか。じつは罵り語にあたるのは、七福神のほてい様ではなく、ふてい(布袋)のほうである。布の音読みは、漢音ホ、呉音フである。呉音で「ふてい」と読むと、多様な意味がある。まず、ぬので作ったふくろ。つぎに、入り婿、婿養子の意味がある。そして、つぎが罵り語である。十分に食べ、暖かい衣服を着る生活に満足する者を罵り非難したものだ。

仏《ほとけ》さまは大法螺吹《おおぼらふ》き

「ホラを吹く」とは、大袈裟《おおげさ》なことをいうとか、嘘つきの意味で使われる。日本では、法螺貝は陣貝と呼ばれ、戦場での合図に使われ、インドでも戦場で使われていた。法螺貝は本来、螺貝である。それに「法」がつくのは、仏の説法の喩えとして用いたためで、『方広大荘厳経《ほうこうだいしょうごんきょう》』に釈尊の言葉として「大法幢を建立して、大法螺を吹き、大法鼓を撃つ」とある。

仏《ほとけ》と石頭《いしあたま》

「木仏《きぶつ》、金仏《かなぶつ》、石仏《いしぼとけ》」と、慈悲憐愍《じひれんみん》に満ちた仏さまが、頭がかたくて融通が利かない人をいうたとえに用いられている。仏さまはお優しくても、仏像の木や金や石はかたい。この場合、仏に意味はなく、頑固なことというのに木・金・石と重ねて強調したにすぎない。「石部金吉金兜《かねかぶと》」

というのと同じ言い回しである。毅然とした態度は好ましいが、頑迷だと「石頭」と馬鹿にされる。

仏《ほとけ》嬲《なぶ》りと病院通《びょういんがよ》い

信心からではなく道楽半分で仏事をおこなうことを「仏嬲り」という。「仏いじり」「仏せせり」とも。年寄りの朝課など、暇つぶし的なことを嘲笑していう言葉だ。いまでいえば、サロンと化した病院通いであろうか。暇つぶしでもいい、寺がサロンとなれば、そこから仏縁が広がるはずだ。仏がなぶる対象ですらなくなった時代、寺には閑古鳥が鳴いてはいまいか。それとも、寺は寺族のマイホームか。

仏《ほとけ》の顔《かお》も三度《さんど》

釈尊は北インドの小国、釈迦国の王子として生まれた。隣の大国コーサラ国から侵略される事態になったとき、母国滅亡を回避するため国境で坐禅をして無言の抵抗をしたが、二度、三度と進軍はやまなかった。そのつど釈尊は禅定したが、四度目の進攻になると、あえて抵抗しなかった。この故事をもって「仏の顔も三度」というが、一般的な意味は、いかに温和で慈悲深い人でも、たびたび無法を加えられれば、しまいには怒りだすことである。

仏の僕《しもべ》

「仏飯《ぶっぱん》を食《は》む」の仏飯とは仏前に供える米飯のことで、それを食べるのは僧職にある者である。この場合、仏飯は広く布施と解釈してもよいであろう。布施をもって生活する僧職者は、いわば公僕ならぬ仏僕である。ここで仏は、本尊ばかりでなく、それをまつる寺堂、檀信徒までを含む世界である。仏僕、はたして現在の僧侶に、それだけの自覚があるだろうか。三界の大導師とばかり、ふんぞり返ってはいないだろうか。

仏の泣《な》き声《ごえ》①

紀伊《きい》国に、正式の許可を得ず勝手に修行僧になった者(私度僧)が、村人の造った室堂という道場で修行していた。できたばかりの堂で、土で造られた二体の仏像も半分しか仕上がってなく、腕は折れて、鐘撞堂《かねつきどう》に置かれていた。これを見つけた修行僧は落ちていた腕を糸で胴につなぎ、仏さまの頭を撫でながら「いつか偉い坊さんがここに来て完全な姿にしてくれるので、それまで辛抱してください」と語りかけた。

仏の泣き声②

何年か経った宝亀二年(七七一)の秋の夜更け、修行僧の耳に「痛い痛い」という声が聞こえた。遠い山から聞こえるようでもあり、細く長い女の声のようでもあった。「もしかして、山を越そうとした女が病気になったのか」と思い探しに出たが、どこにも声の主はいなかった。だが、声は夜通し聞こえた。眠れない修行僧が、やっと探りあてた声の出場所は、鐘撞堂のなかだった。

仏の泣き声③

しかし、仏像が「痛い痛い」などというわけがない。修行僧はしばらく考えていたが、ちょうどこの道場に宿泊していた奈良元興寺《がんこうじ》の豊慶法師を起こし、「鐘撞堂から変な声がします」といった。調べてみると、鐘撞堂のなかで泣いていたのは、二体の造りかけの仏像だった。法師は「作りかけで放っておくからこうなるのだ」といって村人を集めると、仏像を仕上げ、盛大な法要を営んだ。いま仏堂の弥勒《みろく》さまの左右にある菩薩は、このときの仏像である。

仏の変化身《へんげしん》

釈尊は変化身について語った。——蛇が古い皮を脱ぐのは蛇の死ではない。仏も同じで、方便のために娑婆世界で毒身を捨てることはあるが、それは蛇と同じで仏の死ではない。また、金細工師は純金を意のままにこね回してさまざまなものを作るように、仏も同様に、人びとを救うためいろいろな肉体を現わすので、仏を無辺身ともいうが、細工の形が変わっても金に変わりがないように、仏の本体は変わらない。

仏ほっとけ神《かみ》かまうな①

「仏ほっとけ神かまうな」は、駄洒落《だじゃれ》を利用して、宗教的なことにはへたにかかわらないほうが賢明だという庶民の知恵をいったものだ。「触らぬ神に祟《たた》りなし」ということわざもある。現に、胡散《うさん》臭い神や仏が人びとを惑わしつづけている。科学時代の現代においても、事情は同じだ。むしろ、そんな現代ならではの新手の神仏も数多く出現していて、すっかり宗教に疎《うと》くなってしまった現代人は戸惑うばかりだ。

仏ほっとけ神かまうな②

「仏ほっとけ神かまうな」は「触らぬ神に祟《たた》りなし」と同じ意味で使われている。神仏への信心に凝り固まれば、仕事はおろそかになり生活にも支障をきたす、という意味もあるかもしれない。仏や神をまつるのは面倒だし、そんなことに煩わされるより放っておいたほうが気が楽だし、粗末にしなければ罰も当たらず祟りもないだろう、とは自己弁護の言葉だ。

施《ほどこ》しを受《う》ける価値《かち》

阿羅漢《あらかん》は梵語アルハトの音写で、羅漢と略称され、応《おう》供《ぐ》と意訳される。尊敬、施しを受けるに値する人物という意味で、初期仏教・部派仏教において最高位の修行僧に与えられる称号である。そこでは修行の階位に四段階を設け、もはや学ぶことのなくなった人(無学位)を阿羅漢とする。現代のわが国の僧侶のなかに、はたして阿羅漢に相当する僧侶がいるだろうか。施しを受ける価値のある僧侶ばかりなら、仏教不信もないのだが。

骨《ほね》に霊《れい》は宿《やど》るか①

人間の肉体の構成要素を、その成長を追って考えてみよう。父母の染色体が結合し、母体から養分を取り、母乳で育てられ、やがてみずから食事を取って成人する。その間、一見個体として存続しているようだが、じつは個々の細胞は絶え間なく新陳代謝をくり返している。そして最後に肉体は焼かれ、骨のみが残る。この骨にどんな霊が宿るというのだろうか。霊とか魂といわれるものは、別次元の存在であろうに。

骨に霊は宿るか②

骨は霊の依代《よりしろ》だという説もある。追善の供養をするにも、何か手がかりがなければならない。最後に残った骨を墓に納め、それを縁《よすが》として供養をするのだという。そもそも日本人の骨信仰には、尋常ならざるものがある。釈尊の遺骨をシャリーラ(舎利)といい、仏塔を建てて祀《まつ》ってきた舎利信仰の伝統があるが、どうもそれとこれとは別な系統のもののようだ。

骨に霊は宿るか③

日本人は遺骨を非常に大事にする民族であるが、しかし寺院墓地の改葬などのさい、遺骨が出てくるので、檀家がその作業に従事するのを嫌がったという話も聞く。たしかに、人骨を掘り出すのはあまり気持ちのいいものではあるまいが、骨信仰と矛盾する感も否めない。かつて「骨まで愛して」という流行歌があった。それを歌った歌手も、すでに故人となっている。

法螺《ほら》吹きは転法輪《てんぼうりん》

「大法螺を吹く」とは本来、仏の説法であり、転法輪と同じ意味である。それが大袈裟なことや嘘つきの意味になったのは、「まるで釈迦のように尊大な説教をする」ということの形容だったのが、やがて「大袈裟な言葉」となり、「嘘をいう」になっていったのであろう。法螺貝は千手観音の持ち物であり、インドのヴィシュヌ神のシンボルでもある。→仏さまは大法螺吹き

本因坊《ほんいんぼう》は寺坊名《じぼうめい》

囲碁を中国式から現代につながる日本流に変えたのは、碁界中興の祖とされる本因坊算砂《さんさ》である。算砂は日蓮宗の僧で、法名は本行院日海であり、本因坊は京都寂光寺の坊名であった。信長・秀吉・家康の三代に仕え、囲碁・将棋衆を統率した。江戸に出てから、本因坊算砂を名乗ったらしい。「碁なりせば劫《こう》など打ちて生くべきに、死ぬるばかりは手もなかりけり」が辞世の句である。

盆棚《ぼんだな》と棚経《たなぎょう》

お盆のときに檀家の各家をまわって読むお経を「棚経」という。お盆には精霊棚をつくってそこにご先祖さまをお迎えし、その棚の前でお経を読むことから、この名がついた。ご先祖様が一年に一回お帰りになるだから、新しい部屋を造るという意味で棚をつくり、そこに新しいゴザを敷いてお迎えをする。最近は生花店などで小さなコモを売っていて、それにお供えを載せて仏さまはそのままという家が多い。

梵天《ぼんてん》① 天地創造の神

梵天(ブラフマン)は、もとはヴェーダの祈禱の文句だったが、宇宙の根本原理・創造力の意味になり、それが神

格化されて男神となり、ブラフマンとなった。ヒンドゥー教ではヴィシュヌ、シヴァとともに三主神で、天地創造の神である。それが仏教の神話に編入され、帝釈天《たいしゃくてん》(インドラ)とともに仏法の守護神となった。だが、ヒンドゥーの三神とも同一神の異名である。

梵天②ヴィシュヌの子供

ブラフマンはヴィシュヌ神の臍《へそ》から生まれたとされる。ヴィシュヌ神が赤ん坊の姿で寝ているとき「自分は何をするために、どうして生まれたのだろう」と考えた。すると、「一切は私のせいである」と天から声がした。ヴィシュヌ神は意味がわからず考えていると、自在神が現われて、ヴィシュヌ神の臍からブラフマン神が生まれ、ブラフマン神の眉間からシヴァ神が生まれた。

梵天③仏陀と大日如来の兄弟

自在神は「ブラフマンが世界を創造し、ヴィシュヌが維持し、シヴァが破壊する」と、それぞれの役割を告げると、ヴィシュヌ神の臍から蓮華が生えて、その上にブラフマン神が座っていた。そして、ブラフマン神の苦行が始まり、天地創造が行なわれた。仏陀はヴィシュヌ神の九番目の化身で、シヴァは大日如来とされるから、仏陀と大日如来、梵天は兄弟か親・子・孫ということになる。

梵天④自在神

最初、宇宙はすべて闇に包まれていた。自在神は闇を破って現われ、まず最初に水を造り、そして自分の種を園水の中に投げ入れた。するとその種は、太陽のように光り輝く黄金の卵になり、自在神はそのなかに全世界を創造するブラフマンとなって、みずから生まれた。卵は二つに割れ、一つは天、他方は地となり、それからブラフマンは次つぎと宇宙一切のものを創造していった。

煩悩《ぼんのう》の犬《いぬ》

煩悩を犬に、菩提を鹿にたとえるのは『涅槃経《ねはんぎょう》』の教えである。「煩悩の犬は追えども去らず」という。人のもつ煩悩は、追い払っても追い払ってもつきまとう犬のように、凡夫の心から離れるものではない。反対に「菩提の鹿は招けども来らず」というように、菩提(悟り)はなかなか得ることができない。

煩悩の裸《はだか》

裸のバラモンの一隊と僧の一隊がいっしょになった。少年の僧が「衣類もつけずに裸でいるのは恥知らずだ」と人前で笑った。バラモンのなかで仏教を少し知っている者が「坊さんよ、出家の印の袈裟を着ているからといって、人をさげすんではいけない。形は出家でも、それで、煩悩を断ったとはいえない。だとすれば、あなたの未来は、袈裟のない裸として生まれざるをえない。それでよく人の裸が笑えるものだ」といった。

煩悩は無数《むすう》にある

煩悩は心身をかき乱し、悩まし、けがす精神作用の総称で、その根本は貪《とん》(貪り)・瞋《じん》(怒り)・痴《ち》(愚か)の三毒である。どんなに悟りすました人でも、仏でないかぎり煩悩に身を焦がしている。三毒に侵され苦悩しているのが、人間の現実である。その数は百八ともいい、八万四千の煩悩という説もあるくらいだから、無数にあるといえよう。大晦日の除夜の鐘百八つでこれらの煩悩を消すことができるか、はなはだ疑問だが、それは新年を迎えるにあたっての祈りの鐘でもある。

【ま】

蒔《ま》かぬ種《たね》は生《は》えぬ①

貧乏な男が「毎日あくせく働くよりも、神さまに祈願して、現世利益を得て暮らすほうが楽でよい」と、つくづく思った。彼は弟を呼ぶと家業を任せ、家族が生活に困らないように、弟を田畑に連れて行き、植えるものを細かく指示した。後顧の憂いをなくした男は、天神の社に行き、天神の一族のために大斎会《だいさいえ》を設けた。

蒔かぬ種は生えぬ②

香華を供養し、香泥を地に塗り、昼夜にわたって礼拝恭敬して、「どうか神さま、私に現世安穏の利益を与えたまえ。多くの財宝を恵みたまえ」と、一心に祈願した。この一方的な願いを聞いた天神は「この横着者は、働かずに福利を得ようとしているが、この男がたとえ少しでも前世で布施をし功徳を積んだことがあれば、方便をもって叶えてやろう。

蒔かぬ種は生えぬ③

しかし、彼の前世の行ないには、少しの布施も功徳もない。なんの因縁もないのに、一所懸命になって私に利益を求めている。いくら必死に頼んでも無駄なことだ。かといって利益を与えなければ、私を恨むにちがいない。なんとかあきらめるような方便を考える必要がある」天神は彼の弟に化け、天神の社で「福を与えたまえ」と、兄と同じように祈願した。

蒔かぬ種は生えぬ④

それを見た兄は「おまえはここへ何をしに来た。種は蒔いたか」と詰問した。天神の弟は「私も兄さんと同じように、財宝が恵まれるように天神にお願いに来た。天神は財宝を恵んでくれ、苦労して種を蒔かなくても、稔りをくれるでしょう」兄は「種も蒔かずに実るはずがない。心得ちがいもはなはだしい」と弟を諭した。弟は「兄さん、いまなんといいましたか」と聞き返した。

蒔かぬ種は生えぬ⑤

兄は「なんどでもいってやる。種を蒔かずに稔るはずがない。馬鹿馬鹿しいことをいうな」ここで弟は天神になると、「おまえのいったとおり、種を蒔かなければ稔らない。おまえは熱心に、私に願いごとをしているが、財宝を得るには一族そろって身辺を清浄にし、布施の行に励みなさい。すべては、行ないの結果として現われるのだから」と諭した。

摩訶不思議《まかふしぎ》

摩訶不思議というが、このうち「摩訶」はまことに不思議な言葉である。それは、一つひとつの漢字それ自体とそのつながりには、まったく意味がないからである。これは古代インドの言葉サンスクリット語マハーの音を漢字の音で写したものである。「大」を意味している。仏教語には、このように漢字の字面だけを見ていても意味不明な言葉が実に多い。仏教語がわかりにくいことの大きな要因のひとつだ。

幕《まく》の内弁当《うちべんとう》とお斎《とき》

ひとむかし前、囲碁の小林光一氏がタイトルを総なめにしていたころ、タイトル戦の昼食は幕の内弁当と決めていたそうである。何も考えずにすむし、その土地の旬の食材が食べられるからだとか。幕の内弁当は、もと芝居の幕間に食べたことからいい、ゴマをかけた小さな握り飯とおかずを詰め合せた弁当のことである。いまは、法事のお斎も仕出しで、これと同じスタイルのものが多くなった。

真姿《ますがた》の池《いけ》

武蔵国に住む玉造小町という絶世の美女が、ライ病(ハンセン病)を患った。小町は、病気が治るように国分寺の薬師如来を訪れると童子が現われ、近くの池の畔に案内して清らかな湧き水をさすと、「この池の水で顔を洗うように」と告げた。小町がそのとおりに顔を洗うと、たちどころに顔はもとどおりになり、病は癒えた。その池は真姿の池と呼ばれ、弁財天が祀《まつ》られている。

抹香臭《まっこうくさ》い

「抹香臭いヤツ」といわれれば、陰気なヤツという意味であるが、本来の抹香は香を粉末状にしたものをさし、その原材料は伽羅《きゃら》や沈香《じんこう》、白檀《びゃくだん》などで、伽羅一グラムは金一グラムと同じ値とされている。本来高価な香が陰気臭いイメージに変わってしまったのは、葬式のときの焼香のイメージがあるからであろう。だが、光源氏が側を通ると伽羅の香りがしたそうだ(いい男の条件)。

末法《まっぽう》と「世《よ》も末《すえ》だ」

「世も末だ」という。世の中の堕落を嘆き「この世はもう終わりだ」の意だが、これは仏教の末法思想からきている。末法は仏法流布の期間を三区分した正法・像法・末法の最後にあたり、悟りも修行もなく教法のみがあるという時代だが、逆にその危機的意識から真剣な求道の心も湧いてくる。ところが「世も末だ」という場合、どこか投げやりな捨て台詞にちかいニュアンスがある。

待《ま》てなかった若殿《わかとの》①

南の国に凛々《りり》しい若殿がいた。若殿は嫁をとる気がなく、乳母をやきもきさせていた。ある日、托鉢の僧が「若殿は妻がいないので肩身が狭い。雲の世の玉のみの姫は幼いけれど、似合いたる姫」と唄いながら門口を通った。乳母が呼び止め、「坊さまはその姫を見たことがあるか」

と聞くと、僧は「後ろ姿を見た者はあるが、前から見た者はいない。年は七つでかわいい子らしい」といった。

待てなかった若殿②

乳母はさっそく雲の世に行って、玉のみの姫をもらう約束をした。嫁は小さい姫で、若殿がいつ見ても、手鞠《てまり》やままごとで遊んでいる。若殿は「こんな子供とはいっしょに暮らせない。雲の世に返そう」と思った。乳母は、三年待つようにいった。だが、三年たっても同じだった。乳母は、もう三年待てといった。だが、やはり同じだった。若殿は、乳母に黙って姫に暇を出した。

待てなかった若殿③

姫が座敷を出ようとすると、柱に袖がひっかかった。姫は柱に「柱よ、引き止めても若殿は行けという」と唄って渡廊下に出たら、渡廊下に姫の袖がひっかかった。「渡廊下よ、引き止めても若殿は行けという」と唄って庭に出たら、若殿が「行ったと思ったら、まだ遊んでいたのか」と荒い声を出した。姫が急いで門に行くと、門の石に姫の袖がひっかかった。

待てなかった若殿④

姫は門に「門よ、引き止めても若殿は行けという」と唄うと、若殿は怒って「行ったと思ったのに、まだいるのか」と怒った。姫は涙を拭きながら家に帰ると、乳母に「手仕事も教えずに嫁に出すから帰された」といって、夜も眠らずに手仕事を習い上達した。若殿は三年たっても、まだ嫁が見つからなかった。

待てなかった若殿⑤

祭りの日、乳母は自分で嫁を見つけるように若殿にいった。仕事ができないために嫁が帰されたことを知っている娘たちは、編み物をしたり、縫い物をしながら門の前を通って行く。しかし、どの娘も若殿の気に入らなかった。托鉢の僧の後に、籠に乗って玉のみの姫が通った。若殿が「なんと美しい姫」と声をかけたが、姫は「捨てた妻に声をかけて盲目の殿よ」と唄って通り過ぎた。

待てなかった若殿⑥

布団を被って寝ている若殿に、祭りから帰った乳母が「嫁を見立てずに、寝ていたのですか」と聞くと、「捨てた妻を見立てた」と若殿は答えた。乳母は「あれほど待つようにいい、柱や渡廊下や門も引き止めたのに、こんどは自分で謝っておいでなさい。あらためて嫁を迎えにまいりましょう」といった。若殿は雲の世に旅立った。途中、機織りの村で、若殿が通るのを知った娘が機を織っていた。

待てなかった若殿⑦

若殿はそれを無視して村を抜け、布断ちの村に行くと娘が布を断っていたが、それも無視し、いくつもの村の娘を無視して雲の世に着いた。玉のみの姫は機を織っていた。若殿が声をかけると、姫は「棄てた妻のところに来て恥ずかしくないのですか」という。若殿が待つことができなかったのを悔やみうなだれていると、姫の乳母がとりなしてくれた。後日、あらためて若殿の乳母が嫁を迎えに来た。

守《まも》り本尊《ほんぞん》

各人の十二支による生まれ年によって、守護してくれる仏が次のように定まっている。子《ね》は千手観音、牛《うし》・寅《とら》は虚空蔵菩薩、卯《う》は文殊菩薩、辰《たつ》・巳《み》は普賢菩薩、午《うま》は勢至菩薩、未《ひつじ》・申《さる》は大日如来、酉《とり》は不動明王、戌《いぬ》・亥《い》は阿弥陀如来である。なお、戌・亥年に八幡大菩薩を充てる説もある。その起源や発生などは不明だ。なかには、吉原の観音さまの茂みを一本抜いて守り本尊にした輩もいたそうだが、何を守ったのやら、守らなかったやら。

魔羅《まら》は悪魔《あくま》

魔羅は悪魔のこと。仏道修行を妨げ、人の善事を害する悪鬼邪神である。釈尊成道の直前、魔王が魔軍を遣わして妨害しようとした。また隠語で、男性の象徴、陰茎をいうことは、すでに一般に流布している。これがあるから修行に没頭できないし、いろいろ淫らなことを考えるので悪魔としたのは、男ならだれでも身に覚えがあるし理解できよう。——「これがあるからいけない」と、悲痛な表情で訴えた修行僧がいた。

摩利支天《まりしてん》①多妻

勝利、護身、得財、隠身の本尊として武士に崇拝された摩利支天は、光線を意味する梵語マリーチで、太陽、陽炎、蜃気楼の意味ももつ。マリーチはブラフマン(梵天)の意から生じた六大仙人の一人で、その妻カーラーとの間に一切の生類の祖となるカーシャパ仙をもうけた。カーラーのほかに、ウールナー、サンブーティ、ダルマラターなどの数名の妻をもっていた。

魔利支天② 聖地となった妻

魔利支天は妻のダルマラターにマッサージをさせ、眠り込んだ。そこへ夫の父の梵天が来たので、妻はもてなした。目覚めた夫は、妻のいないことに怒り「石になれ」と呪った。石になった妻が火の中で苦行をすると、ヴィシュヌ神が現われ、呪いを解いてくれと頼んだが、「その呪いはとけない。おまえは神の岩となり、梵天、ヴィシュヌ、シヴァ、ラクシュミーらが住むことになる」と告げた。石は聖地ガヤーとなった。

卍《まんじ》はおめでたい証《あかし》

地図を見ると、神社は鳥居、お寺は卍のマークで示されている。ところが、卍は漢字であり、音は「マン」、訓は「まんじ」である。インドの古代宗教に由来し、これが仏教に取り入れられて、仏徳の象徴として仏足跡や仏像の足の裏などに刻されるようになった。見かけがあまり漢字らしくないので、寺院のマークとして採用されたのだ。もともと卍は、聖なるおめでたいものの証だったのである。

マンダラとマントラ

密教でいうマンダラ(曼荼羅)とマントラ(真言)、どこがどう違うのか。簡単にわかりやすくいうと、マンダラは絵で、マントラは経文のことだ。マンダラは、壇を築いて作った聖なる領域(道場)から円輪、そしてそれを絵画化したものの意となる。マントラは仏・菩薩の誓いを表現した秘密語で、密呪《みつじゅ》・陀羅尼《だらに》ともいう。ダラ図、トラ言と覚えるといい。

曼荼羅《まんだら》は仏教《ぶっきょう》的《てき》宇宙《うちゅう》

曼荼羅には、本質をもてるもの、本質を図示したものという意味がある。仏の悟りの境地を表現したものであるとともに、仏教的な宇宙を理念的かつ体系的に表現したものと解釈される。密教の『大日経』にもとづく胎蔵《たいぞう》界《かい》曼荼羅と、『金剛頂経』にもとづく金剛界曼荼羅《こんごうかい》によって究極の目的(即身成仏《そくしんじょうぶつ》)に達する。また日蓮聖人が著わした大曼荼羅(法華曼荼羅)は、十界の代表者が『法華経』の題目の光明に照らされて成仏するさまを表現している。

万年機《まんねんばた》

気立てのいい女が機を織っていると、乞食坊主が来て「手ぬぐいがなくて困っているが、織っている布を少し切ってくれぬか」と頼むと、女は「坊さまがほしいというなら上げましょう」といって、惜し気もなく切ってくれた。坊主は「ありがたや、これからおまえの織る機は万年機になるぞ」といって去った。それから女の機は、お終いのない万年機になり、思いどおりの模様が出るようになった。乞食坊主は弘法さまだった。

【み】

見栄《みえ》の戒名《かいみょう》

戒名は、受戒《じゅかい》、灌頂《かんじょう》、得度《とくど》などの儀式をうけ、仏門に帰依《きえ》した者に与えられる法名をいい、中世末期からは死者に与えられるようになった。戒名・法名は二字が通例であったが、のちに院号や位号などを加えしだいに長くなった。字数が多い戒名・法号のほうが世間にたいして見栄もよく、高い地位での成仏が約束されたように錯覚し、意味不明な字を羅列した戒名をありがたがる風潮がいまだに消えないのはどうしたことだろう。悪僧のカモである。

身代《みが》わり和尚《おしょう》①

天明のころ、板橋宿の本陣に、山門を建てるため諸国を勧進《かんじん》にめぐっている鎌倉建長寺の和尚を乗せた籠《かご》が着いた。本陣の主人は丁寧に迎えたが、籠から下りた和尚は、おちつかないようすであたりを見回し、「申しつけたとおり、すべての犬はつないであるであろうな」と確かめた。夕食のときは女中の給仕を断わり、一人で食べた。不審に思った女中がそっとのぞくと、犬のように食べていた。

身代わり和尚②

別の宿では、風呂にバシャバシャとしっぽで水をはねるように入るのを見られ、別の宿では、障子に映った影が狸に見えたという。「和尚は狸だ」とささやかれた。噂が籠かきの耳に入ると、街道の途中で犬をけしかけ、和尚は噛《か》み殺された。だが狸の正体は現われず、籠かきは青くなって自首した。ところが三日めに、和尚の死体は大狸の姿になって正体を現わした。

身代わり和尚③

和尚の集めた山門建設資金三十両と銭五貫二百文と狸の死骸は、建長寺に届けられた。建長寺の本物の和尚は、「これは寺の山林に数百年住み着く狸で、山門建築の話の後、自分が病気になり、旅に出られなくなった。思案していると、金集めに必要な絵符と人馬帳がなくなった。不思議に思っていたが、この狸が身代わりになってめぐってくれていたとみえる」と涙を流した。

身代わりと代受苦《だいじゅく》

中年の女子社員がガンで亡くなった。病院でその納棺の儀に立ち会った定年退職後のパート社員がいった。「オレが死ねばよかったんだよな」――その時の心境と言葉に、けっして嘘はないと思う。人の苦しみを代わって受けることを仏教では代受苦といい、地蔵菩薩が有名だが、それができる人はまずいないだろう。大きな苦しみや悲しみを味わわされたり死に瀕した場合、ほとんどの人はむしろ「なんでオレが」と思い、「どうしてこのアタシが」と嘆くのではないか。

身代わりになる仁王《におう》さま――田端東覚寺《たばたとうかくじ》

徳川三代将軍家光のころ、江戸で疫病がはやった。東覚寺の僧が願主となって寄付を募り金剛力士像を造立し、病気平癒の祈願をして疫病を退散させた。この霊験を信じた人びとは、いつのころからか、仁王像の自分の病気と同じ箇所に赤い紙を貼って病気平癒を祈るようになった。仁王さまが身代わりになって、病気や怪我、痛いところが治るという。

身代わりの石《いし》①

むかし、釣り好きの男がいて、畑仕事もろくにせず、釣りばかりしていた。女房に「今日は子供が生まれそうだから家にいておくれ」と頼まれても、振りきって釣りに行ったが、その日は一匹も釣れなかった。面目なくて、帰るに帰れない。寺のお堂で横になると、いつの間にか眠ってしまった。夢の中で馬の鈴の音を聞き、鈴の音はお堂の前で止まった。

身代わりの石②

「村でお産があるのに、行きなさらんのか」「ごらんのとおり客がいて、出るに出られない。すまんが一人で行ってくれ」という会話が聞こえ、鈴の音が遠ざかった。また声が聞こえた。「生まれたのは男じゃった」「寿命は?」「七歳の七月十四日の夜、雷に打たれて死ぬ」「むごいことじゃ」「仕方あるまい、父親が釣り好きで、捕らなくてもいい魚まで捕り、今日も、女房がお産というのに釣りに出た」

身代わりの石③

男はびっくりして起き上がり、生まれたのが女の子であってくれと、祈りながら家に急いだ。生まれたのが男の子だとわかると、その場に座り込んだ。男は釣りをやめ、畑仕事に精をだした。だが、七歳の七月が近づくと心配で、石工に大きな石櫃《いしびつ》を作らせ、その日がくると、子供をそのなかに入れ、夫婦で一心に祈った。盆祭りの音が賑やかに聞こえてきた。

身代わりの石④

石櫃のなかにも、賑やかな盆祭りの音が聞こえてくる。子供はじっとしていられない。とうとう石櫃から抜け出して、祭りに行った。夜になると、にわかに曇って激しい雨になり、雷が鳴った。男と女房は一心に祈った。火柱が石櫃を貫き、石櫃は微塵に砕けてしまった。両親は気を失った。だが、抜け出して踊っていた子供は無事だった。

水子《みずこ》と供養《くよう》

水子という呼び方は元来なく、水子《すいし》・孩子《がいし》といって、生まれて一年以内に死んだ嬰児《えいじ》や死産した胎児をさした。最近では、後者を水子といい、供養するようになった。水子に心あたりのある女性が「供養をしなければ災いがふりかかる」といわれると、脛《すね》に傷をもつ身としては、少々高価でも地蔵尊を買ったり、法外な供養料を払うはめになってしまう。くれぐれも身を慎むようにしたいものである。

水《みず》で死《し》の判定《はんてい》

末期《まつご》の水は、お釈迦さまが入滅の際、沙羅双樹《さらそうじゅ》の下で横になり弟子の阿難《あなん》に水を求められたが、阿難は水がなくて困っていると、鬼神が現われ水をささげたのが起源とされる。しかし実際には、水を飲ませることにより息を吹き返すこともあるので死の判定のために用いられたのと、水のもっている霊力によって魂が呼び戻されるという意味合いをもっていたものらしい。

水《みず》と塩《しお》は海水《かいすい》の意味《いみ》

通夜や葬式に参列したときには、自分の家に帰ると、塩を使って身を清めてから家のなかに入る。最近は「死は穢《けが》れではない」といって塩を使わないばあいもあるが、日本人としてはどうも釈然としない。塩で清めるということは古くから行なわれており、『古事記』『日本書紀』などにもイザナギノミコトが悪霊《あくりょう》や死霊《しりょう》の穢れを清めるために海水で禊《みそぎ》を行なったことが記されている。水と塩は海水の意味である。

水辺《みずべ》の弁天《べんてん》さま

弁才天を祀《まつ》る社寺・祠《ほこら》の多くは河川や池・湖の畔や中島、あるいは海浜の傍らや島にあり、しばしば島自体の名称が弁天島などになっている。これは弁財天が技芸の神だから、行楽の地が好きなのだという説があるが、本来、インドの河の女神サラスヴァティーは水を司り、海を護る神として自然のことであり、とくにリゾート地が好きなためではない。

蜜月《みつげつ》は欠《か》けていく

蜜月はハネムーンの訳語で、結婚した当月のこと、転じて両者が親密な関係を保っていることをいう。ハネムーンのムーンは地球の衛星の月のことで、新郎新婦の蜜の甘さも月と同じく欠けていくことの喩えだという、皮肉たっぷりの説もある。そして、新郎はひたすら働き蜂になる。なお、ハネムーンには新婚旅行の意味があり、日本人はほとんどこの意味で用いている。

密語《みつご》と蜜語《みつご》

密語は内証の言葉で、蜜語は男女の甘いささやきである。密語は秘密の言葉で、仏が真実を裏にかくして説いた言葉や教えで、仏の真実は言葉で言い表わせないものだから、すべてが密語ともいえる。――尼僧が老僧に「秘密意とはどんなものか」と問うた。老僧は尼僧の手をぐっと握った。尼僧は「老師さまにも、まだそんな心がおありでしたか」老僧はすかさず「君にこそ、その心があるのだよ」

密葬《みっそう》と家族葬《かぞくそう》

密葬ということが誤解されている。『広辞苑』には「ひそかに葬ること。内々で行う葬式」とあるが、本来は、社会的に貢献した人などが亡くなった場合、国葬とか社葬の本葬の前に近親者だけで行なうことを密葬というのである。したがって、本葬のない密葬はありえないのだ。遺族だけでつつましく行なうようなジミ葬は、密葬というより、むしろ家族葬とでもいったほうがよい。

水戸《みと》黄門《こうもん》は水戸《みと》の中《ちゅう》 納言《なごん》

テレビの長寿番組「水戸黄門」の黄門は何か、なんて考えたこともないという人が多いと思う。あまりにも有名だから、号か何かと思っていた。ところが、これは中納言の唐名だという。唐の門下省の次官である黄門侍郎の職掌に似ているから、中納言を黄門というようになったのだとか。そういえば、「先の中納言水戸光圀公にあらせられるぞ。頭が高い！」というおきまりの名台詞のなかに、すでに黄門さまが入っていた。

南《みなみ》では無《な》い

仏教学を学び始めたばかりのまじめな学生が、仲間どうしで議論をしていた。「南無とはどういう意味か。南では無いのだから、大乗仏教は北方に伝播したのだ」云々と。むろんバカバカしい議論だ。議論にもなっていない。南無は梵語ナマスの音写で、身命を賭して帰依《きえ》するという義である。まじめはいいが、辞書も引かずに議論をするようなまじめさは、「へたな考え休むに似たり」よりも危険だ。

身延詣《みのぶもう》でと落語《らくご》

日蓮宗総本山の身延山久遠寺《みのぶさんくおんじ》を訪ね、日蓮聖人の墓所に詣でる信仰の旅を身延詣でという。聖人の滅後から始まり、江戸時代には急速に参詣者が増加した。題目講でまとまって参詣することが多く、白装束に団扇太鼓《うちわだいこ》という習俗が生まれ、案内記も刊行されるほど盛んになった。三遊亭圓朝作の落語「鰍沢《かじかさわ》」は、江戸時代の身延詣でにまつわる話を題材にしている。当時の祖師(日蓮)にたいする庶民の信仰がよくわかり、身延詣での労苦が描写されている。

明恵《みょうえ》の狼《おおかみ》のなかの坐禅《ざぜん》

明恵は二歳のとき、乳母に抱かれて清水寺に参詣し、信仰心がめばえた。高倉院の武者所の父は、明恵が四歳のとき烏帽子《うぼし》を被せ、「将来は御所に上げよう」といった。出家を望む明恵は、この顔さえ傷つけばと思って焼け火箸を顔に当てようとしたが、熱い火が恐くて断念した。九歳で出家し、十三歳のときには、夜、死骸を捨てる原に出て、骸《むくろ》を食う狼の傍らで坐禅を組んでいた。

明恵の耳《みみ》を切《き》る修行《しゅぎょう》

京都高山寺の明恵は、端正な風貌に似ず気性の激しい男だった。修行時代の若いころ、こんな安穏な修行ではとうてい真智を得ることはできないと考えて、眼をえぐり取ろうとした。だが、眼が見えなくなれば経を読むことができない、と気づいた。次は、鼻を削《そ》ごうと思ったが、鼻水が垂れては経文を汚すと思ってやめ、耳なら穴があれば用が足りると考えて耳を切った。

妙超《みょうちょう》① 逃げた辻斬り①

京の加茂川あたりに辻斬りが出没し、夜になると人影はなく、魔の空間として恐れられていた。妙超はここを絶好の坐禅の場だと考えて、河原に座った。深夜になって三人の武士が現われると、妙超を取り囲み、ひそひそと順番を決めていた。妙超は黙然と座りつづけた。武士がいよいよ刀の柄に手をかけたが、手がこわばって抜けない。武士に悪寒が走り、恐怖がつのって、一目散に逃げていった。

妙超② 逃げた辻斬り②

妙超が五条の橋を渡っていると、つけてくる者がある。身体が触れるほど近づいたとき、とつぜん妙超がふり向いて「なにか用か！」と大喝し、睨みつけた。武士は大刀を振り上げ、まさに斬り下ろそうとしていた。虚を突かれた武士は、目に射すくめられてしばらく動けなかった。だが、我に帰ると、刀を担いだまま逃げていった。妙超は、母が書写山の観音菩薩に日参して授かった子だという。

妙超③ 後継者

大灯国師といわれる妙超が病になり、花園上皇の問いにたいして、妙超は後継者に関山《かんざん》を推薦した。だが、六十一歳の関山は行方不明で、全国に人相書を回して、やっと美濃《みの》の山中で見つけたという捉えどころのない人物だった。死ぬときもユニークで、正平十五年(一三六〇)八十四歳になって、旅じたくをととのえて、弟子たちを集め「今から旅に出る」といって外に出て、泉水の畔で息絶えた。

弥勒《みろく》は救世主《きゅうせいしゅ》① 成仏の予言

弥勒は釈尊の没後、五十六億七千万年後に仏陀になるという。釈尊の死後、仏陀になれるのは弥勒だけなので、いわばメシアとして、人びとから待望された。未来仏の弥勒菩薩のサンスクリット語はマイトレーヤで、「情け深い」を意味し、慈氏と漢訳する。バラモンの弟子マイトレーヤは師の使いとして釈尊のもとに行き、将来、マイトレーヤが仏陀になることを釈尊が予言した。

弥勒は救世主② 仏陀となる

将来、人間の寿命が八万歳になるとき、シャカ王の司祭の息子としてマイトレーヤが生まれ変わる。バラモンに満足しないマイトレーヤは森に陰棲し、仏陀となると、シャカ王をはじめとする人びとをともなって山に入ると、山が開き、大迦葉《だいかしょう》の骸骨が現われる。マイトレーヤはそれを手に取り、これは無執着の行で頭陀《ずだ》第一だった大迦葉だと説明すると、聴衆は驚いて、みな阿羅漢《あらかん》となった。

【む】

無一物《むいちもつ》と貧乏人《びんぼうにん》

禅語に「無一物中無尽蔵《むいちもつちゅうむじんぞう》」というのがある。すべては本来空《ほんらいくう》であるから、執着すべきなにものもなく、そこに尽きることのない悟りの世界が開けることをいう。ところが世間では、無一物といえばただの貧乏人にすぎず、あわれむどころか軽蔑の対象である。そんな人が無尽蔵の世界を語っても、だれも相手にしない。色紙などに書く教養としてではなく、文字どおり無一物で無尽蔵の法を説ける禅僧はいるものだろうか。

無益《むえき》な殺生《せっしょう》

無益な殺生とは、いたずらに楽しみで動物を殺すことをいう。戦争があった時代には、人殺しをも含んでいた。現在でいえば、レジャーでやる釣りや狩猟、そして日々マスコミをにぎわせている殺人などのことである。では、むやみに植物を伐採したり、農薬で消しさるのは殺生ではないのだろうか。また、豊作で価格低下のため野菜を捨ててしまうのも、やはり殺生に違いあるまい。植物も生き物である。

無学《むがく》は阿羅漢《あらかん》の別名《べつめい》

無学は無学文盲などと、学がなく、ばかなやつという意味で使われている。だったら、鎌倉の無学祖元《むがくそげん》はばかなのか、または謙遜していうのだろうか。もともとは仏教語で、仏教の最高位の阿羅漢を別名無学という。もう学ぶことのない、なすべきことはみななし終えた人のことで、勉学途中の人は有学《うがく》である。お寺に行って「私は無学なもので」などといったら、まさに無学をさらすことになる。

むかしの火葬《かそう》

いまはほぼ全国的に火葬が行なわれているが、三十年ほど前まで、地方では土葬が一般的だった。そのなかでも唯一、浄土真宗(一向宗といった)の門徒だけが火葬にされた。地域ごとに焼き場があり、そこに薪を積んで死体を焼いた。そのにおいは独特なものがあった。焼き場から煙が上がり、そのにおいがしてくると、子供心にも何か神妙な気持ちになったものだ。そこには人間の生々しさが感じられた。

むかしの茶《ちゃ》と自販機《じはんき》の茶《ちゃ》

近年、ダイエットのためか緑茶が注目されている。茶に含まれるカテキンとかいう成分が抗菌作用を有する云々のことはともかく、茶はもともと、日本で臨済宗を開いた栄西禅師《えいさいぜんじ》が、留学先の中国からもたらしたもので、もともと薬として栽培、服用したものらしい。ついこの前まで、若者はコーヒー・紅茶、コーラばかりに走り、お茶など飲もうともしなくなっていたのだが。きょうび「お茶はタダだんべえ」ではなくなっている。

無我《むが》ということ

よく禅宗の坊さんなどが「無我になりきれ」などという。ところが、原始仏教からの基本的な教えである無我の原義は「宇宙の本質ブラフマン(梵)に通ずる個体の本質アートマン(我)ではない」ということで、そんな本質ではないものに「なりきれ」というのは、そもそもおかしい。しかし、それが「小我を捨てて大我につけ」の意であってみれば、大義では合っているから不思議だ。

麦《むぎ》の炎《ほのお》①

和泉国《いずみ》に、自分勝手に生きて、生きものをいじめるのが楽しく、鳥の卵を取って食べる若者がいた。ある春の日、兵士が「国の役人のお召し」だといって若者を連れ出し、広い麦畑に連れていった。その麦は、若者には炎に見えた。若者は燃え盛る火のなかに放り込まれ、「熱い、熱い、助けてくれ」と叫びながら、炎から脱出しようと、麦畑のなかを走りまわっていた。

麦の炎②

村人が泣き叫んで走りまわる若者をやっと捕まえ、畑の外に出すと、若者は気を失って倒れた。しばらくして気がついた若者は、「足が痛い」とうめいた。村人がなぜ、そんなに痛がるのかと聞くと、「兵士に火のなかに入れられ、出口を探して走りまわり、足が焼けただれた」と話した。たしかに足の肉は焼けただれ、骨だけになっていた。若者は、一日生きて死んだ。村人は、地獄はこの世にあるものだと話しあった。

婿養子《むこようし》はあさましいか

「婿猫軽子《かるこ》世の中の業《ごう》かたり」ということわざがある。お婿さん、猫、軽子(下男)の三つは世の中でも横着であさましいという意味であるが、ほんとうにそうであろうか。一見、婿さんはその家の財産が目当てのように見えるが、地方によっては長男がいてもわざわざ娘に婿を取って後を継がせる。できの悪い実子より、よい婿さんのほうがよほど家のためになるからだ。そういえば、仏教界も養子のほうが出世する確率が高い。

無言《むごん》の話《はなし》①

獅子《しし》将軍と異名をとる豪傑に子供が生まれた。生まれる前、胎児に向かって「おまえは心に正しい道をもち、経典を思い、世俗の談話を軽々しくしてはならぬ。方便・渡世の法を修め、言葉を少なく、俗事を捨てて正義に帰し、美辞をもって飾った説をとってはならぬ」と、大声が天から届いた。生まれた子は産声もあげず、子供らしい顔はしていなかったので、身体不自由児かと心配された。

無言の話②

泣き声も声を出さない子供は、僧によって「無言」と名づけられた。八歳になった無言は端正な顔だちになり、子供ながら威厳をそなえ、大人でも威圧されるようになっていた。無言は、両親・親戚・知人といっしょに霊鷲山《りょうじゅせん》の釈尊のもとに行き、礼拝した。釈尊のまわりに菩薩たちが座り、おごそかな空気に、無言は法悦に浸っていた。

無言の話③

無言を見て、舎利弗が「世尊、無言童子はかの獅子将軍の息子で、容姿端麗で、威厳さえそなえているのに、言葉を発することができないのは、前世の悪行のせいでしょうか」と訊ねた。釈尊は「無言を軽蔑してはならぬ。無言は菩薩である。この子が生まれるとき、天からの戒めがあり、それを守って一言半句も発しないのだ。だが時が来れば、かならず教法を説いて人びとを指導する」といった。

無言の話④

釈尊の言葉が終わると同時に、静寂を破ってとつぜん大地が揺れ動き、空に大音声が響きわたると、美しい花が空から降ってきて、妙なる音楽があたりに満ちた。この不思議な現象のなか、無言は大地から四丈九尺(約一五メートル)浮き上がり、もろもろの菩薩たちとともに、釈尊の徳を讃えた。八年間、一言も声を出さず、口がきけないと思われていた無言が声を出したことに、みな驚いた。無言は釈尊のいったように、修行を積んで菩薩になった。

蒸風呂《むしぶろ》の縁起《えんぎ》①

別府の鉄輪《かんなわ》温泉は、むかし、鉄輪地獄といって、ひどい濃霧で人びとは悩まされていた。一遍《いっぺん》が豊後《ぶんご》で布教していたとき、ここを通りかかって、これを解消しようと、そこにそびえる鶴見岳の権現《ごんげん》に二十一日間断食参籠し、小石に一字ずつ大蔵経を書き写して、荒れくるう温泉地獄に投げこむと、煮え立つ温泉はたちまち静まり、霧も晴れた。

蒸風呂の縁起②

一遍は、岩床の上に菖蒲《しょうぶ》を小型にしたようなセキショウの葉を敷きつめ、床から百度以上の蒸気を噴出させると、室内は強烈な草いきれで充満する。そのなかに、石を枕に寝そべるのである。草は押しつぶされてどろどろになり、草の成分が出て、傷や病気に効きめがあり、ハンセン病の治療にも用いられた。

無尽灯《むじんとう》は尽《つ》きない火種《ひだね》

無尽灯は『維摩経』にある言葉で、仏の教えが一人の菩薩からつぎつぎと伝わって尽きることがないことを、一灯が多くの灯の火種になることに喩えていう。ただし、それは人から人へと伝わるのであって、けっしてカセットテープやCD-ROMのみによって伝わる無人灯なのではない。まさに「法は人によって尊し」である。また、油の尽きない灯台の意もある。

娘《むすめ》の骸骨《がいこつ》①

むかし、手伝いで暮らしている爺が、きょうは休んで酒でも呑もうとしていたが、急に使いを頼まれた。途中、花野で一杯やろうと徳利を持って出かけた。花野の石に腰掛け、盃を取り出し、足もとを見て驚いた。骸骨があるのだ。爺はこれも縁だと思い、「相手がほしかったところだ。いっしょにやろう」といって、骸骨に酒をかけ、まわりのようすを語ってやった。

娘の骸骨②

骸骨と酒盛りをし、歌も唄い、いい気分で使いに行った。帰りに花野にさしかかったのは黄昏時で、家に向かって足を早めて歩いていると、「爺さま爺さま、ちょっと待ってください」と女の声がした。こんな野原で、と思いながら後ろを見ると、十七、八の美しい娘が立っていて、「きょうは楽しい思いをさせていただいて、その礼をいいたくて、待っていたのです」といった。

娘の骸骨③

爺は、これは狐だと思い、「おれはいま、おまえと会ったばかりで、礼をいわれる覚えはない。いったい誰で、なぜこんなところにいるのだ」と用心して聞いた。娘は三年前、ここを通ったとき、急に具合が悪くなり死んだ。両親は探したが見つけてくれず、骸骨になった。たまに通る人がいても気がつかないか、顔をそむけるばかりで、酒をふるまってくれた爺さまの心がうれしくて、と説明した。

娘の骸骨④

爺は、狐のいうことだと思って聞いていた。娘は「この月の二十八日が私の命日で、両親は三回忌をする。爺さま、その日は、何をおいてもここに来てください」と頼んだ。爺は「わかった、きっと来る」といい加減に返事し、立ち去ろうとした。娘は涙を浮かべ「疑っているようだが、信じて……」とすがるように頼むので、爺は約束して立ち去り、振り向くと娘の姿はなかった。

娘の骸骨⑤

爺は二十八日まで、狐か、本当か、迷って過ごした。その日になると、じっとしていらず、爺は吸い寄せられるように花野に向かった。娘は、はるか遠くから爺を見つけ、うれしそうに寄ってくると、いっしょに来てくれという。着いたところは隣村の大きな家で、盛大な法事が始まっていた。爺は気後れして帰ろうしたが、娘にいわれるまま娘の着物を握ると、爺の姿は見えなくなった。

娘の骸骨⑥

娘に連れられて仏壇の間に入ると、さまざまなご馳走が出され、娘に勧められるまま、呑み食った。満座の客や和尚は驚いた。人もいないのに料理はなくなり、酒が消える。和尚は「これこそ、御仏の功徳というもの」と数珠をもみ上げた。料理が下げられるとき、下女が誤って皿を割ると、父親がひどく怒り、満座は白けた。娘は、もうこの家にはいたくない、といって立ち上がった。

娘の骸骨⑦

爺は慌てていっしょに行こうとしたが、もう娘の姿はなかった。とつぜん現われたみすぼらしい爺の姿に、みな驚いた。事情を聞いた母親は泣き、ここにいた娘がいなくなった理由を聞いた。爺は皿の割れた騒ぎを話し、骸骨のある場所に和尚もいっしょに案内した。あらためて盛大な葬儀が行なわれ、娘の霊は慰められた。爺は使い仕事をやめ、娘の家に雇われ、心配なく暮らした。

娘の寿命《じゅみょう》①

年とって、やっと子供に恵まれた夫婦がいた。大事に育てた娘は十八になった。婿の見つかるのを楽しみに、娘を奥の座敷きに置いて、毎日野良仕事に出た。ある日、乞食爺が来て、娘が施すと、爺は娘の顔を見て、「なんとかわいい娘だろう。いくつになるかの」と聞く。十八だと答えると、「それなら、この八月に親を泣かせることになる。いたましい娘だ」と呟いて去っていった。

娘の寿命②

ちょうど畑から帰ってきた父親が、呟きを耳にした。聞き捨てならない。爺の後についていき、わけを質した。乞食爺はなかなか理由を話さなかったが、「十八歳の八月二十四日に急病で死ぬ、と顔に出ている。それが不憫《ふびん》で、つい口からでてしまった」と話した。父親は「そこまでわかるなら、ただの人ではない。なんとかそれを逃れる方法はないものか」とすがるようにして頼んだ。

娘の寿命③

乞食爺は、「その日の三日前に、白酒を三升買い、盃三つと魚気のない料理を添えて娘に持たせ、暁の六つの鐘が鳴ったら娘に目隠しをして、東に歩かせ、まっすぐ行くと物に突き当たり、どうしても通れないと思ったら、初めて目隠しを取って見渡すと、一段高い岩の上に三人の僧侶が座っているので、何もいわず三人に盃を持たせ次つぎに酒を注ぎ、あるだけ飲ませ、あるだけ食わせて、初めて口を開いて命乞いせよ」といった。

娘の寿命④

娘は目隠しをして、料理と酒を持ち、いわれたとおりに歩いた。足もとはおぼつかなく、そろそろと歩くと、見知らぬ国に入っていくようだった。恐ろしさがつのり、この世の果てにゆくような長い時間が経ったように思えた。すると足が固いものに触れ、超えることができなかった。目隠しを取ると、洞窟のなかだった。目を凝らすと、一段高いところに明かりが揺れ、緋《ひ》の衣の三人の僧がいた。

娘の寿命⑤

一人の僧は帳面を、一人は算盤《そろばん》を、一人は筆を持って仕事をしていた。誰も娘に気づかない。娘はいわれたとおりにした。僧は驚いたが、酒も料理も甘く、しだいに機嫌がよくなった。酒と料理がなくなると、娘は「三日めに死ぬ寿命を延ばしてください」と頼んだ。僧は帳面を見て確認し、顔を見合わせ、「ならぬことだが、ご馳走の礼をしよう」といって、十八の上に八を書き加え「おまえの寿命は八十八と決まったぞ」といった。

娘の布教《ふきょう》①

舎衛国の富豪に、美しい娘がいた。誕生のとき吉兆があり、大事に育てた。数十里離れた都の富豪に、美男の息子がいた。ある日、バラモンの道士が来て、よもやま話のなかで「つりあいのとれた嫁を探していたが、なかなか見つからない」というのを聞いて、舎衛国の富豪の美しい娘のことを話した。息子はさっそく外道の服に着替え、鉄鉢をもって舎衛国へ偵察にいった。

娘の布教②

富豪の門前で乞食をすると、娘が布施を持って現われた。その姿を見た息子は、うっとりと見とれていた。娘も、みすぼらしいが息子の男らしい姿に恋をした。外道の服に気がついた娘が「なぜ外道の人が釈尊の信者のところに乞食に来たのか」と質問したが、息子は黙って立ち去り、両親に娘を嫁にもらってくれと頼んだ。父は翌日、供を連れて娘の家に行った。

娘の布教③

話を聞いた娘の親は、「良縁だとは思うが、信じている釈尊の許可をいただいてから」と答えた。息子の一族は、今まで釈尊の名すら聞いたことはなかった。釈尊は「その一族はバラモンの信者だというが、娘が嫁に行き、その一族と、その都で仏教を広める努力をするならよかろう」と許可をあたえた。娘が嫁にいってしばらくして、舅《しゅうと》が多くの外道を招待した。

娘の布教④

客の接待を命ぜられた嫁は、釈尊の弟子の舎利弗や目連が呼ばれたと思い、喜んで座に出ると、醜く汚れた外道たちだった。立ちつくしている嫁に「なぜ布施をしないのか」と、舅はいぶかって聞いた。娘は「私は聖者には供養しますが、外道の人たちに供養するのは悪行になるのです」と答えた。舅は「おまえはなにも知らないが、この人たちこそ聖者です。失礼なことをいってはいけない」とたしなめた。

娘の布教⑤

娘は釈尊の話をし、その人以外に布施はしないという と、舅は「その話は初めて聞くが、一度お目にかかれるよう手配してくれないか」と娘にいった。外道たちも娘の話を聞いて、釈尊の弟子になりたいと叫ぶ者もいた。娘は上等の食事を作らせると、花で鬘《かずら》を作り、祇園精舎のほうに向かって礼拝しながら銘香を焚き、妙華を散じ、合掌して、来てくれるように釈尊に頼んだ。

娘の布教⑥

娘の散らした華は鳥となり、釈尊の前に行った。釈尊は阿難《あなん》に弟子を集めさせると、娘の嫁ぎ先に向かった。嫁ぎ先では、全員そろって出迎え、釈尊の徳にふれて拝んだ。噂を聞いた都中の人びとや、バラモンなどの外道も集まった。「富豪の家といえども、これだけの人を収容するスペースはない。いい気味だ」と思った外道もいたが、それを察知した釈尊は、富豪の家を水晶の広い家に変えた。

娘の布教⑦

広い庭、広い家で誰でも釈尊を拝めるようになったのを見て、悪意をもっていた外道は、釈尊の力に驚き、その心は歓喜《かんぎ》に満ちた。娘によって、この都の人びとや外道たちは釈尊を知り、こころの迷いから解き放たれたのだった。この娘は、二万年前にも聖者に供養を怠らない篤信の人だった。→王の見た夢

夢窓疎石《むそうそせき》の名前《なまえ》の由来《ゆらい》

夢窓疎石は、しだいに禅に心を引かれるようになり、ある夜、静座して夢うつつの境地になった。そのうち気がつくと中国に来ていて、疎山、石頭の二寺に参詣した。すると老僧が現われて、一本の掛軸を示した。開いてみると、達磨大師の像である。ここで疎石は夢から覚めた。疎山と石頭の文字をとって疎石としたのは、このときからである。

夢窓疎石は観世音菩薩《かんぜおんぼさつ》から授《さず》かった子《こ》

夢窓疎石は母の臨終のとき、枕もとに呼ばれて言い聞かされた。「おまえは母が観世音菩薩に祈念して授かり、十三か月も胎内にいた子で、ふつうの子ではない。生まれてからも、幼児のときから仏像を拝み、お経を聞くと喜ぶ子で、すべては前世からの仏縁だから、かならず出家して、母の菩提を弔っておくれ」疎石は九歳になると、甲斐《かい》の塩山寺《えんざんじ》の空阿《くうあ》のもとで出家し、十八歳で得度した。

無相《むそう》とクオーク

物質をどんどん細かくしていくと「微塵《みじん》」となる。それをもっと細かくしていくと「極微《ごくみ》」となる。さらに細かくしていくと、そこには相が存在しなくなり「無相」となる。これを現代科学にあてはめると、微塵は原子、極微は陽子・電子、無相はクオークと考えられる。クオークはすべての物質のもっとも基本となるものだ。二千五百年も前の仏教に、現代科学にも匹敵する教えが説かれていたとは驚きである。

無体《むたい》は実体《じったい》のないこと

時代劇などでよく「お代官様、そんなご無体な……」といって、女中などが悪代官のセクハラから逃げだそうとする場面がある。その無体は、もともと仏教語で、すべてのものに実体がないことをいう。無自性《むじしょう》・空《くう》と同義である。実体がないことから、根拠がないことを言い立てて無理押し、ゴリ押しをすることをいうようになったものだ。

無二無三《むにむさん》は一《いち》

「むにむざん」とも読む。二でもなく三でもないと、一を強調する表現である。『法華経』に説くところの、成仏の道はただ一乗《いちじょう》であって二乗も三乗もないということで、無二亦無三《むにやくむさん》の略。二乗は声聞《しょうもん》乗と縁覚《えんがく》乗＝小乗、それに菩薩《ぼさつ》乗＝大乗を加えると三乗である。一乗は一仏乗ともいう。そこから、ただ一つだけで他に類のないことを意味し、唯一無二に同じ。また、脇目もふらず、ひたむきの意で、遮二無二《しゃにむに》ともいう。

胸《むね》の釘《くぎ》

都に親不孝な悪い女がいた。母は信心のために六日間食事を取らず、先祖の命日に娘の家に行って食事を乞うた。娘は「今日は飯を炊かなかったので、お母さんに出すご飯はない」といった。母が家に帰って寝ていると、夜中に見知らぬ人が「あなたの娘の胸に釘が刺さり、死にそうに苦しんでいる」と告げた。母は、すぐに行こうと思ったが、疲れて動けなかった。娘は胸に釘が刺さったまま、悶えて死んでいた。誰が釘を刺したのかと、近所で話しあった。

無念《むねん》は不本意《ふほんい》なこと

無念無想という禅の境地が、なぜ残念無念という悔しさの表現になったものかというと、語源は別である。前者は妄念・雑念がないことで、後者は逆に正念がないことから悔しく思うこととなり、それで不本意なわけである。ところで「ぶねん」(不念とも書く)と読むと、また別な意味になる。気がつかない、ゆきとどかない、不注意、落度を意味するが、こちらはあまり用いられない。

無仏時代《むぶつじだい》の救世主《きゅうせいしゅ》——地蔵菩薩《じぞうぼさつ》

地蔵菩薩は釈尊の入滅から弥勒仏《みろくぶつ》が救済に現われるまでの無仏時代に出現し、六道を輪廻して衆生を救済する菩薩。わが国で人気のある仏(菩薩)は観音菩薩と地蔵菩薩が双璧であろう。むかし、親は幼いわが子を送るばあいが多く、その逝く末を案じた。ところが地蔵菩薩が守ってくれるという信仰が広まり、子供の冥福を祈るため、地蔵菩薩はいたるところにまつられた。親心である。

無分別《むふんべつ》は悟《さと》りの智《ち》

前後の見境もなく行動することや思慮のないことを無分別というが、もともと仏教語で、主体と客体との区別を超えて対象を言葉や概念によって把握しようとしないことを意味し、悟りの世界を表わすものであった。そこから悟りの聖なる部分が削《そ》げ落ち、単純に世間知のないことだけが強調されて一般語となってしまった。バイクを飛ばす命知らずの暴走族は、もしかしたら馬鹿者なのではなく聖者の行進なのか。

無明《むみょう》の酒《さけ》

酒は百薬の長とも、気違い水ともいう。飲み方しだいで薬にも毒にもなる。ところで「無明という根本的な無知があるために、人は貪欲《とんよく》(むさぼり)、瞋恚《しんい》(怒り)、愚痴《ぐち》(愚かさ)の三毒《さんどく》にとらわれつづけるのだ」と仏教では説く。そして「無明を断ち切れば煩悩の火も消える」と。けれども、人の心を楽しませ、無上のよろこびを与えながら醒めたときに悔いを残す酒のように、無明はなかなか断ち切れぬものである。それが無明の酒。

紫《むらさき》は聖《せい》なる色《いろ》

紫はムラサキの根で染めた色で、色相でいえば赤と青の間色である。霊的で神聖な色であり、伝統的に霊性と結びつけられている。そういえば、紫衣《しえ》は宗派により異なるとはいえ、多くは高僧の着る衣である。ところが、聖は性にどうつながっているのか、なにやら淫靡《いんび》で妖《あや》しげな色でもある。また、紫は女房詞で鰯《いわし》をいい、さらに醬油をさす言葉でもある。

【め】

名刹《めいさつ》①旗

名刹は由緒ある有名な寺院をさす。刹はサンスクリット語では杖とか棒、または旗竿の意味で、寺院のことではない。旗竿が寺院と結びつくのは中国である。中国の寺院で、一般向けの説法が行なわれるとき、長い旗竿を立て、旗を掲げて知らせた。人びとは、この旗に注目するようになった。この旗を刹幡《せつばん》といい、寺の印となり、「刹」が寺院の代名詞となった。

名刹②悟得を知らせる

禅宗の寺で、問答によって修行僧が一法を得たと師が判断したとき、そのことを村人に知らせるため、長い刹幡を使って遠くからでも見えるようにした。村人はそれを見て、一人の僧が法を会得したことを知ると、供養したという。このように、寺院の大切な行事を人びとに知らせるのに刹幡を使ったので、旗竿を意味する「刹」が寺院の代名詞となった。

明治《めいじ》は遠《とお》くなりにけり

「明治は遠くなりにけり」というが、これは俳人の中村草田男が昭和六年(一九三一)「降る雪や明治は遠くなりにけり」と詠んだ句による(第一句集『長子』所載)。場所は母校である東京青山の小学校。久しぶりに訪れたのは、しんしんと雪の降る日であった。ここで「明治」というのは、三十歳の作者が学んだ「少年期」の時代である。たんなる年号をいっているのではない。平成も二桁のいま、昭和も遠くなったか。

瞑想《めいそう》で名僧《めいそう》になる

禅定《ぜんじょう》は心を静め、集中し、安定させること。智慧《ちえ》を生み出す直接の基盤となる瞑想で、六波羅蜜《ろくはらみつ》の第五に配される。現代人は時間に追われ、つい我を忘れがちである。そんな多忙な人でも、一日に五分や十分の時間はあるはず。短時間でもいいから禅定、すなわち瞑想をしなさいとは名僧の指導である。瞑想すれば、名僧の境地に到達できるかもしれない。釈尊も菩提樹下で瞑想をし、悟りを得たのだ。

滅《め》入《い》ることは悟《さと》ること

「滅入る」といえば、意気消沈してすべてを投げ出したいという気持ちを表わしている。これは「滅度に入る」からきており、涅槃《ねはん》(解脱《げだつ》)の世界に入ることである。心が寂静となった悟りの境地で「寂滅《じゃくめつ》」ともいう。しかし、煩悩多きわれわれ凡夫は、失敗して滅入ってしまい、悟りとはほど遠い世界にいる。↓入滅と滅入る

迷惑《めいわく》をかけないは妄説《もうせつ》

迷惑は、ものごとの道理に迷うこと。一般的には、他人から厄介なめにあわされて困ることとして使われている。よく「人に迷惑をかけなければ何をしてもいい」というが、だれでも知らず知らずのうちに迷惑をかけているものである。人が存在することじたい自然にとって迷惑だし、他人にも迷惑をかけることになる。したがって「迷惑をかけない」などというのは妄説にすぎない。

妾《めかけ》の喧嘩《けんか》

一遍《いっぺん》は聖《ひじり》たちのもとで修行していたが、父の死によって十五歳のとき帰郷して妻帯した。妾が二人いて、ふだんは仲がよかったが、ある日、一遍の昼寝の夢に二人が現われた。二人の髪の毛は蛇となり、たがいに食いあうすさまじい闘争の光景だった。その愛欲の身の毛もよだつような夢によって、愛欲の浅ましさに嫌気がさして、一遍はふたたび僧の生活に戻った。

目玉《めだま》の観音《かんのん》① 病から里人を救う

聖輪寺《しょうりんじ》(千駄ヶ谷)の本尊如意輪観世音菩薩《にょいりんかんぜおんぼさつ》は、行基《ぎょうき》が千駄ヶ谷に滞在したとき、谷のなかから如意輪観音が現われ、「この地に我は因縁あり、我が姿を彫刻し、末世の衆生《しゅじょう》を結縁《けちえん》させよ。広く利益を与えるであろう」と告げて古木のもとに消えた。行基は、その古木で如意輪観音像を作った。国中に疱瘡《ほうそう》が蔓延したとき、童たちが像を川へ運んで水遊びをすると、里人は病から免れたという。

目玉の観音② 盗賊を殺す

江戸時代になって、里人を病から救った聖輪寺(千駄ヶ谷)の本尊、如意輪観音像の両眼が黄金造りだと聞きつけた盗賊が忍び込み、刀で目玉をくり抜こうとしたが、盗賊は自分の刀で自分を刺し、盗賊は死んだという。以来、この如意輪観音像は「目玉の観音」と呼ばれ、その霊験が崇められるようになった。

滅法《めっぽう》は並外《なみはず》れていること

人並みはずれていることを「滅法」という。本来、滅法は「無為法《むいほう》」の異称で、生滅《しょうめつ》や変化の相を離れていること、涅槃《ねはん》などをいう。ふつうの道理をはずれていることから、「法外に」「はなはだ」の意となり、そこから、とてもすばらしいことに用いられる。やみくもに事を行なうのを「めくら滅法」というのは、法外の意の転用である。また「滅法強い」のは、神仏の力が加わっていると思われたからか。

目《め》で殺《ころ》す

「目で殺すは殺生《せっしょう》の外《ほか》」とは、生きものを殺すのは仏教の不殺生戒で禁じられているが、美人が流し目で男の心をとらえて悩殺するのは、べつに殺生にはならないということだ。だが、相手かまわず送った流し目に悩殺されたあげく、肘鉄を食らった男のほうはたまったものではない。「そんな殺生な！」と、愚痴をいいたくもなろう。まことに女は罪深く、男はたわいないものだ。

面目《めんもく》は本来《ほんらい》の心性《しんしょう》

面目は「面目が潰れた」とか「面目が立たない」と使われ、名誉とか体面の意味で用いられる。本来は仏教語で、禅宗では顔の要として「めんもく」と読み、骨髄とか真理、根本の信義の意味をもつ。目鼻が自然にあるように、少しも人為を加えない、本来人間がそなえている心性で、悟りを得た境地で顕現する。つまり、仏の無上の智慧《ちえ》で、その人の智慧の如実の姿が面目で、煩悩に煩わされない不染汚《ふぜんま》であり、それを知らないのが愚か者である。煩悩が多くて面目《めんぼく》ない。

【も】

儲《もう》けか布施《ふせ》か

「坊主丸儲け」とは、坊主は元手いらずで儲けることからいわれる。では、なぜ「丸」儲けなのか。全部、丸々儲けという意味と、坊主は剃髪していて丸禿《はげ》であるから、丸い坊主頭にも掛けていうのであろう。儲けとは、もちろん布施のことである。「儲け」か「布施」かは、それを受け取る側の資質によると思われるが、いかがなものだろうか。

もう一人《ひとり》の創造神《そうぞうしん》① 毘首羯磨

毘首羯磨《びしゅかつま》と音訳されるヴィシュヴァカルマンは、かつてインドラ(帝釈天《たいしゃくてん》)または太陽を意味していた。ヴィシュヴァカルマンは、全方向に目・腕・足を持ち、天地を創造した。そのとき彼は、両腕で翼をあおいで鍛冶屋のように火をおこして繋いだという。また創造を手伝った神々は、大工が材木で家を造るように建造したという。日本では、美術・工芸・建築を司るとされる。

もう一人の創造神② チャクラの発明

ヴィシュヴァカルマンはプラバーサ(光明神)とブリハスパティ(祈禱主神)の妹の間に生まれ、帝釈天や梵天の宮殿に仕え、すべての工芸の創始者であり、建築家でもあり、毘沙門天《びしゃもんてん》(クベーラ)が統治した都市ランカーを建設するなど、都市設計家でもあった。また、ヴィシュヌのチャクラ、シヴァの槍《やり》、スカンダ(韋駄天《いだてん》)のシャクティなどの武器も作っている。

木魚《もくぎょ》と津波《つなみ》

山菜採りの男が津波がくるのを見つけ、急いで村に帰り知らせると、大慌てで避難を始めた。そのとき、長老が「津波の神さまは木魚が嫌いなことを忘れたか。みんなで木魚を叩くのだ」といった。前に津波がきたとき、木魚を叩いていたお寺だけが助かり、津波の神さまは木魚が嫌いなことがわかったのだ。それ以来、各家に木魚がある。村中で木魚を叩くこの村を、津波は避けて通り過ぎた。

木食上人《もくじきしょうにん》① 木食行

木食行は五穀を断ち、木の実や皮だけで命を養う苦行で、それを行なう人を木食行者、木食僧、木食上人ともいい、即身仏のミイラになる準備としても行なわれる。だから、木食上人と名乗った僧は、ミイラになった僧や岩頭から投身遷化した僧、政治活動をした僧、仏像を刻んで全国を行脚した僧など何人かおり、固有の名ではない。だが、現代の感覚からすると、木食行は健康食で、その意味ではぜいたくな行ともいえる。

木食上人② 阿闍梨

政治に関与した木食上人に、木食応其《おうご》がいる。近江の武士の家に生まれたが、主家の没落で、感じるところがあって高野山で出家した。阿闍梨位《あじゃりい》を授けられ秀吉の帰依《きえ》を受けたが、派閥が嫌いで客僧としてとおした。秀吉の高野山攻めのときは客僧の木食が使者となり、高野山の危機を救った。関ヶ原でも、西軍に攻撃される京極高次や富田信高を救い家康から詰問されるが、僧として命がけで人を救ったまで、とかわした。

木食上人③ 放浪

仏像を残し全国を放浪した木食上人は、木食五行《ごぎょう》である。江戸後期、甲斐に生まれ、十四歳のとき江戸へ出奔するが、二十二歳のとき相模国《さがみ》大山不動に参詣し、出家の決意をした。四十五歳で常陸国《ひたち》木食観海上人により木食戒を受け、五十六歳から九十三歳の終焉まで、北海道から九州まで三十余年の遍歴流浪の旅で、木食が各地に残した木食仏は、柳宗悦によって見出され「微笑仏」という言葉で広く知られるようになった。

目的《もくてき》は何《なに》か

一生懸命働いて、給料をもらえなければバカバカしいと、誰でも思う。中国で一心に学び修行する道元に、ある禅僧が聞いた。「語録を読んでどうするのか」「祖師の足跡を学ぶため」「なんのために学ぶのか」「日本に帰り、人びとを導くために」「なんのために」「人びとを救うため」「人びとを救うのは、なんのためか」。道元は、返す言葉がなかった。そして、何かのためにすることの小ささに気がついた。

目連《もくれん》と目蓮《もくれん》と木蓮《もくれん》

「目連」は仏十大弟子の一人で神通第一とされ、お盆の説話で知られる。ところが、まちがって「目蓮」とする表記をよく見かける。目連は梵語でマハーマウドカリヤーヤナ、その漢字の音写で摩訶目犍連《まかもっけんれん》の略である。連と蓮、音写語で漢字そのものに意味はないのだからどちらでもよさそうなものだが、どうも気になってしかたがない。あるいは、同じ音の「木蓮」の蓮と混同してのことだろうか。

持《も》ち味《あじ》を生《い》かす①

ある夏のこと、三代将軍家光と沢庵和尚《たくあんおしょう》がよもやま話をしていた。西瓜《すいか》が出された。「これは愚僧の大好物、ありがたくちょうだいいたします」といって、砂糖のかかっていないところを選んで食べる。家光が不審に思ってたずねると、「これは西瓜でございます」「いかにも西瓜じゃ」「西瓜を出されましたので、西瓜を食べております。砂糖を出されたのであれば、砂糖をちょうだいいたします」という。

持ち味を生かす②

「それはそうじゃが、砂糖をまぶしたところを食べたほうが甘くて、よい味がするであろうと思って、わざと砂糖をまぶして出させたのじゃ」「これは上様の言葉とも思われませんな。およそ、物にも人にもその持ち前がございます」「うむ」「西瓜には西瓜の持ち前があります。拙《せつ》僧《そう》は西瓜を好みますので、砂糖のないところを食べます。どうも天然の持ち味を消して食べますのは、人の持ち味を曲げて用いるのと同じですな」

物惜《ものお》しみは飢《う》えと渇《かわ》きに苦《くる》しむ

盂蘭盆会《うらぼんえ》は、寺や民間で行なう七月十五日前後の儀式。俗にいうお盆は、梵語のウーランバナ(逆さ吊りの苦しみ)に由来するといわれる。釈尊の十大弟子の一人、目連尊《もくれんそん》者《じゃ》が餓鬼道《がきどう》に堕ちた母を救うため、七月十五日の雨安居《うあんご》明けに百味百果の供養をして母を救ったことにちなみ、亡き肉親や先祖を供養する儀式が広く行なわれるようになった。欲深く物惜しみをする者は、餓鬼道という飢えと渇きの世界に堕ちるというから、極度の吝嗇《りんしょく》にはご用心!

喪《も》の期間《きかん》

喪という漢字は亡と哭から成り、亡き人を送って泣くことだという。そこから、人の死後、その親族が一定期間、家に籠もって身を慎むようになった。ところで、服喪期間は時代とともに短くなり、現代にいたっては四十九日と、それとてもあるかなきかといったところで、それほど世の中は慌《あわただ》しくなっている。時代は進化していると、喜んでばかりもいられまい。時代の進化に反比例して、人びとの心は貧しくなっているのかもしれない。

桃《もも》の花酒《はなざけ》①

美しい娘のところに、夜な夜な若い男が通って来るようになった。娘は男が来ると夢見心地になり、朝目が覚めると誰もいないので、夢か現かわからなかった。家の者も眠りに落ちた。娘は、日ごとに痩せていった。心配した母親が、眠気がくるたび膝に錐《きり》を刺し、眠らずに見張っていた。障子も開けずに入って来た若者は、娘の床に入り、夜明けに出ていった。

桃の花酒②

翌朝、娘に聞くと、「夢見心地でよくわからない」という。母親は「今夜、若者が来たら、この針を若者の着物に刺しておくがよい」といった。娘は、夢見心地のなかでいわれたとおりにし、夜が明けて母親が見ると、針に通していた糸が障子の腰板の穴から外に出ていた。母親が糸をたどっていくと山奥までつづき、滝壺の穴に入っていた。そして、中からは呻《うめ》き声が聞こえていた。

桃の花酒③

耳を澄ませて聞くと、「図られた。苦しい、もうだめだ」と男の声だった。「鉄を刺されたおまえはもう助からぬ。何か言い残すことはないか」「おれは死んでも、あの娘の腹に、子を千匹孕《はら》ませたから満足じゃ」蛇の親子の会話だった。母親は、ぞっとした。早く帰って娘を助けなければならない。だが、どうすればよいのだろう。母親は、山道を考えながら走った。

桃の花酒④

高い杉の木のところで天狗《てんぐ》が現われた。と思ったら行者だった。行者は「桃の花の酒を作って娘に飲ませればよい」といって、作り方を教えてくれた。母親は、いわれたとおりに桃の酒を作り、娘に飲ませると、盥《たらい》三杯の蛇の子がうじゃうじゃと出てきて、娘はもとのように元気になった。こうして、桃の節句に桃の花酒を飲むと、桃のあくで魔物の種が溶けて流れるといわれる。

燃《も》やされた仏像《ぶつぞう》

中国の丹霞和尚《たんかおしょう》はある寺に泊まったが、あまりの寒さに木仏を燃やして暖をとった。これを見つけた住職が「ありがたい仏さまを焼くとは何事だ」と怒った。丹霞和尚は「燃やして仏舎利を取ろうとしているのだ」と答えると、住職は「木仏から舎利が取れるはずがない」という。それを聞いた丹霞和尚は「では、これはありがたい仏といっても、ただの木ではないか」と平然としていった。

文覚《もんがく》の荒行《あらぎょう》①

文覚は、師走に熊野権現《くまのごんげん》に詣で、那智《なち》の滝で修行をはじめた。雪は積もり、川の水は氷っていたが、躊躇《ちゅうちょ》せず着物を脱ぐと、滝壺に首までつかり、不動明王の「慈救《じくの》呪《じゅ》」を唱えつづけた。だが五日め、文覚は気を失い、身体が水面に浮かぶと、滝の流れで浮きつ沈みつ流された。そこへ美しい一人の童子が現われて、文覚の手を取って引き上げた。

文覚の荒行②

気がついた文覚は「七日も経ってないのに、なぜ引き上げた」と怒って、ふたたび滝壺に飛び込んだ。それから三日め、文覚の身体は冷えきって、息が絶えた。そこへ不動明王の使いの矜羯羅《こんがら》・制吒迦《せいたか》の二人の童子が現われて、文覚を蘇生させた。那智に千日籠もった後、文覚は大峰山《おおみねさん》、葛城山《かつらぎさん》、高野山《こうやさん》、金峰山《きんぷせん》、白山《はくさん》、立山《たてやま》、富士山《ふじさん》、箱根山《はこねやま》、戸隠山《とがくしやま》、羽黒山《はぐろさん》を巡って荒行を積んだ。

文覚の藪《やぶ》のなかの修行《しゅぎょう》

袈裟御前《けさごぜん》に横恋慕し、誤って殺して出家した文覚は、直情径行な青年で「行はあれど学はなき上人なり」といわれるぐらいだが、その修行もいささか乱暴である。草もしおれるぐらいの夏の炎天下の藪のなかで真っ裸になり、ごろりと仰向けに寝ころんで、七日間、虻《あぶ》や蚊《か》、蜂《はち》、蟻《あり》などの刺すにまかせた。真っ赤になった身体で八日めに起き上がると、そのまま旅に出た。

文覚、龍神《りゅうじん》を鎮《しず》める

文覚は神護寺《じんごじ》の復興を志し、寄付を募って歩くが、ゆきすぎて法皇の怒りを買い、伊豆に流された。伊豆への途中、船は高波に翻弄され、難破寸前になった。三十一日断食して高鼾《たかいびき》だった文覚は、がばっと起きると、舳《へさき》に立ち天を睨《にら》んで「龍王よ、大願をもつ聖の船を、どうして沈めようとするのか。ただいま、龍神ともに天罰が下るだろう」と叫ぶと、暴風雨は鎮まった。

文殊《もんじゅ》と文珠《もんじゅ》①

文殊菩薩は「文殊」と書くのが正しい。ところが、日本の文献や尊像には「文珠」と表記されているのをよく見かける。もともとサンスクリット語のマンジュシュリーを漢字の音で写して文殊師利としたものだから、かならずしもまちがいともいえないが、中国で文字表記の手段が漢字しかない時代、音写文字にはかなり気を使って用いているのだから、文珠とするのはやはり大きなまちがいである。

文殊と文珠②

文殊菩薩と書くのは仏教学的にはまちがいだが、現に日本の寺院などでは実際に使われている。そして、民衆の信仰を得て長く伝えられている。いわゆる民俗信仰である。それをも、まちがいとしなければならないのだろうか。いや、まちがいはまちがいで正しい。それが伝承となれば、なおさらである。伝承となった時点で、それはたんなるまちがいではなく、あらたな信仰となったのである。

文殊と文珠③

文殊師利の文は、あや、かざり、文字、精神文化などを意味し、殊は殊勝、師は師匠、利はするどい、ききめ、役に立つ意だから、梵語マンジュシュリーの音写ではあっても、ただたんなる音写なのではなく、この菩薩のもつ特性をも表現しようとした形跡を見てとることができないだろうか。ただし、この場合でも「文殊」が「文珠」であって悪い理由は見あたらない。珠は真珠などの宝石のことだ。

文殊と文珠④

「文珠」の用語は、いわゆる仏教辞典や『広辞苑』や『大辞林』などの国語中辞典にはなく、ふつうの国語小辞典の「文殊」の項目に「文珠とも書く」とあるくらいである。ところが戦前までの仏教書には、『大正新脩大蔵経』などの学術的な文献を除けば、かならずといっていいくらい「文珠」とあるのだ。これは、辞典類における怪でもある。

文殊の化身《けしん》——聖冏《しょうげい》

聖冏は百数十巻の著述を残した。浄土宗を強固な組織にするためだったが、各宗派にわたって研究した。八歳のとき、故郷常陸《ひたち》で常福寺の了実に預けられるが、その後、諸国を遍歴して、天台、真言、禅、唯識などの学問を修めた。師の亡き後は、常福寺に帰り著述を進めた。火事で寺が焼けると、瓦礫《がれき》のなかで執筆し、佐竹義秀の乱では、兵火を避けて山中の岩窟のなかで執筆に励んだ。この姿を見て、文殊の化身といわれたが、額から三日月の後光が射していたと伝えられる。

文殊の智慧《ちえ》

「三人寄れば文殊の智慧」ということわざの文殊は、たんに智慧のマクラに使われているにすぎない。それほど文殊は智慧の権化《ごんげ》、代名詞とされるほど有名であり、人口に膾炙《かいしゃ》した。文殊（マンジュシュリー）は大乗仏教を代表する菩薩の一人で、仏の智慧(般若)を象徴するとされ、とくに『般若経』で説かれる。そして、のちには普賢菩《ふげんぼ》薩《さつ》とともに釈迦三尊を構成するにいたる。

文殊菩薩の前身《ぜんしん》①

獅子音王という仏が、千光という国に現われた。その国の木々は七宝でできていて、つねに清浄で妙なる法音を出していた。人びとはこの音を聞くと、自然に仏の道に向かうのだった。獅子音王が涅槃《ねはん》して六万年のあいだは、その仏法が世にとどまっていたが、その年限が過ぎると仏法は消滅し、七宝の木々もなくなり、法音を再び聞くことができなくなった。

文殊菩薩の前身②

仏法が消滅し、七宝の木々がなくなったころ、喜根と勝意という二人の菩薩がこの国に現われた。二人の性格は正反対で、喜根法師は善悪の区別に無頓着で、小欲知足も馬鹿馬鹿しいと思い、戒行《かいぎょう》も意に介さず、理論の究明に熱心だった。一方、勝意法師は戒律に厳しく、つねに戒行を修め、禅定《ぜんじょう》にも精通する実践派だった。

文殊菩薩の前身③

喜根の弟子も師にならい、戒行などの実践面には関心がなく、法の深義を究めることに熱心だった。喜根は弟子に「淫欲、怒り、愚痴などの諸相はそのまま諸法の実相であり、そのまま仏の道である。この相のほかに仏法はありえず、その実相をつかむのが道の核心である」と教えていた。喜根の弟子は、いかなる問題に出逢っても自然体で対処し、不動の態度で臨んだ。

文殊菩薩の前身④

勝意の弟子は、師匠にならって戒律を固く守って善悪の区別を厳格につけて修行に励んでいるが、学問的修養を欠き、世間と距離をおいているため、一つの問題に接するごとに、つねに心が動転した。ある日、勝意がとつぜん、喜根の弟子の家に来て、戒律について意見を述べ、「喜根法師は法を説きながら、人を邪見の底に引き入れている」と激しく批難をしはじめた。

文殊菩薩の前身⑤

「喜根法師は、淫欲、怒り、愚痴の種々の相がそのまま仏の道などというが、見下げはてたことである。そのようなものは、断じて仏の道ではない」喜根の弟子は「では、性欲はなんの相でしょうか」と勝意に聞いた。「性欲は煩悩の相である」と勝意は答えた。「では、淫欲の煩悩は、内にあるのでしょうか、それとも外にあるのでしょうか」と喜根の弟子は重ねて聞いた。

文殊菩薩の前身⑥

勝意の答えは「淫欲の煩悩は内にも外にもない。もし内にあるのなら、外の因縁を待ってはじめて起こるべきだが、実際にはかならずしも外界の刺激を待つのではない。また、外にあるのなら、自分とは無関係だから、そのために悩まされることはない。だから、内にも外にもないのである」というものだった。すぐに、喜根の弟子が反撃した。

文殊菩薩の前身⑦

「淫欲の煩悩が、内にも外にもなく、東西南北四維《しゆい》の上下からくるのでもないというなら、淫欲の実相はけっきょく、求めても得られないものでしょう。求めて得られないものは、不生不滅《ふしょうふめつ》の法です。生なく滅なきものは空《くう》ですから、煩悩ともいえないでしょう」反撃された勝意は、答えが見つからなかった。勝意の顔が青ざめ、「喜根法師が人をたぶらかすというのはこのことだ。君もすでに邪道に陥っている」といって出ていった。

文殊菩薩の前身⑧

勝意が、仏の説を聞けば喜ぶが、外道の説を聞けば怒り、初善・中善・後善を聞けば喜ぶが、貪《とん》・瞋《じん》・痴《ち》の三不善を聞けば喜ばず、生死の説を憂い、涅槃の説を喜ぶというのは、勝意の修行がまだ未熟だからだった。腹を立てて喜根の弟子の家を出た勝意は、その足で林の中にある喜根の精舎を訪れた。中には多くの尼僧がいた。勝意はすぐに、説法をはじめた。

文殊菩薩の前身⑨

「喜根は、虚偽の法を説いて多くの人を邪見に陥れ、邪道に引き入れた。淫欲、怒り、愚痴のような煩悩が、そのまま仏の道だなどと、もっともらしく説くからである」たまたまいあわせた喜根は、この説法を聞いていた。喜根は「彼は腹を立てて、大罪を犯している。今はともかく、将来のために、仏道との因縁を結ばせてやろう」と思い、口を開いた。

文殊菩薩の前身⑩

「淫欲はすなわち道である。怒りも愚痴も同じで、この三つのなかに仏道は連なっている。したがって、この三つを仏の道と区別すれば、仏の道に背くものである……」と仏の道を長々と説いた。人びとの多くは、その真実をつかんで解脱の道を得たが、勝意は怒りと邪念のため地獄に堕ち、長い苦しみののち、人間になり出家した。喜根は文殊菩薩の前身である。

【や】

薬師如来《やくしにょらい》とヤブ医者《いしゃ》

東方浄瑠璃《じょうるり》世界の教主薬師瑠璃光如来《やくしるりこうにょらい》の原語はバイシャジャ・グル。バイシャジャは癒す者、医者を意味し、グルは尊師、首長を意味する。文字どおり医療を専門とする仏で、別名を医王如来ともいう。医療の発達しない時代には、頼りがいのある仏だった。薬師を「くすし」と読めば医者のことだが、「藪薬師」はヤブ医者を意味し、ヤブは「野巫《やぶ》」(いなかの巫医、たった一つの術を解する者)のことで、藪は当て字である。

薬師如来の脂《あぶら》①

奈良の里で、夫のいない両目の見えない女が、女の子を産んで育てていた。乳飲児のときはまだよかったが、歩くようになると守がたいへんで、食事の用意もままならず、手探りで近所の家に行っては食べ物をもらい、七歳になった子供に与えていた。だが、いつもよその家に二人分の余計な食べ物があるとはかぎらず、飢饉のときは誰も食べものをくれなかった。

薬師如来の脂②

目の見えない女はある日「私は前世からの宿業《しゅくごう》によってこんな身体になったにちがいない。このまま一生終わるより、仏道を修めてから死にたい」と思い、里にある薬師如来の木造を安置した仏堂の前に来ると、外から木像を拝んで「私はこのとおり目が見えず、長いあいだ苦労してきました。もう、命は惜しくありません。むしろ、死んであの世で生きたほうが楽しいと思います」と語りかけた。

薬師如来の脂③

女はつづけて「でも、一つ心残りは娘のことで、娘といっしょに死ぬわけにはいきません。娘の命はたいせつなので、どうか目を治してください」と祈った。これを見た里人は哀れに思い、女の手を引いて堂内に入れ、薬師如来の木像に近づけてひざまずかせた。女は、なんども薬師如来の名前を呼んで拝んでいた。二日経った。側にいた子供は、仏さまの胸のあたりに脂のようなものがにじみ出て、下に垂れているのを見た。

薬師如来の脂④

子供は不思議そうに見ていたが、「なにやら桃の汁のようなものが出ています」と母に教えた。母は何日も食べていなかったので、「その汁を私の口に入れておくれ」と子供にいった。子供がその脂のようなものを指ですくうと、プーンといい匂いがした。子供の指が母親の口に触れると、母親はすぐに汁を飲みこんだ。このとき奇跡が起こった。母親の目が開いたのだ。親も子もびっくりし、抱きあって泣いた。

薬石功《やくせきこう》なく

葬式の弔辞や諷誦文《ふじゅもん》などで、よく「薬石功なく……」という表現がなされる。その薬石の薬はいうまでもなく「くすり」だが、では石はなんだろうか。答えは鍼灸《しんきゅう》の「鍼《はり》」である。鍼は、現在は金や銀など金属でできているが、古く中国では石を研磨し鍼として用いていた。そこから、薬石は医学的な治療全般を意味する。「さまざまな医学的施術や投薬の甲斐《かい》もなく(亡くなられた)」という意味である。

薬石《やくせき》と懐石《かいせき》・会席《かいせき》

病気で亡くなった人の弔辞などで「薬石功なく」といわれる薬石は薬や治療法をいうが、もともとは温かい石を腹部にあてる治療法であった。そこから、正午を過ぎてからは食事をしてはならない禅僧が、薬石で空腹をしのいだのが起源で、夕食を薬石というようになった。懐にしのばせるので懐石ともいった。また、会席は接客用の精進料理で、言葉のルーツは別である。

厄年《やくどし》はダジャレ

男は二十五歳、四十二歳、六十歳、女は十九歳、三十三歳を厄年とし、男の四十二歳と女の三十三歳を大厄《たいやく》とする。大厄の前後が前厄と後厄。これは平安時代の陰陽道《おんようどう》に由来しており、災難を未然に防ぐため神仏に祈願してきたものだが、その年齢には諸説ある。三三は「散々《さんざん》」、四二は「死に」につながるということで、とくに近世にいわれたが、その根拠といえばダジャレ。いまは医学的・社会学的な意味づけがなされている。

野僧《やそう》に徹《てっ》すべし① 野僧沢庵

沢庵禅師《たくあんぜんじ》は将軍家光から屋敷と寺を与えられたが、「一か所に縛られるのは嫌だ」といって断わっている。事実、野僧に徹すべしとする沢庵は、これまでも寺を替わっている。二十九歳のとき、勅命によって大徳寺の住持に出世するが三日で退山し、堺の南宗寺・陽春寺の住持になるが、またもや寺を出て故郷の但馬(兵庫県北部)に庵を建てて静かな暮らしを送っていた。

野僧に徹すべし② 沢庵番

沢庵禅師は、家光の要望を断わりきれず、ついに大寺院を押しつけられた。沢庵は「野僧に徹すべし」の生き方から、「つなぎ猿」とみずからを嘲っている。それでも沢庵はあきらめたわけではない。何とか逃げ出そうと、チャンスをうかがっていた。それを察知した家光は、近所の百姓に、交代で沢庵を見張るように命じた。これを沢庵番と呼んだという。

八《や》つ裂《ざ》きにされた玄昉《げんぼう》①

聖武天皇の生母宮子夫人は、重度の心神喪失で、親子の対面は一度もできず、宮中の悩みの一つだった。天平九年(七三七)宮中の内道場の禅師玄昉が、治療のために呼ばれた。玄昉は一目見て治療法を悟り、その方法は記録に残っていないものの、たちどころに治した。天皇は、四十歳で初めて生母と対面することができた。以降、玄昉は天皇の信頼を得た。

八つ裂きにされた玄昉②

玄昉が吉備真備とともに、藤原氏に代わって政権を握った橘諸兄のブレーンになると、藤原一族は、名門の出ではない玄昉を排斥しようとし、聞き入れられないと、藤原広嗣は反乱を起こし、処刑された。天平十七年(七四五)行基《ぎょうき》が大僧正《だいそうじょう》になると、玄昉は太宰府《だざいふ》の観音寺に左遷され、翌年、広嗣の悪霊が玄昉を襲った。空中高くつかみ上げると、その身をちりぢりに破り、地上に落としたのである。弟子たちは、粉々になった肉片を拾い集めて埋葬した。

野暮天《やぼてん》は神像《しんぞう》

「野暮と化け物は箱根から先」という言葉がある。野暮と化け物は箱根から西の方にいるという意味である。これは、江戸っ子がみずからの通と粋を自慢していった語である。その野暮ということばも、江戸っ子が谷保天満《やぼてんまん》宮《ぐう》(東京都国立市)の「やぼ」の音を、そこにあった素人づくりでやぼったい神像の姿にひっかけて言った語がもとになっている。

病《やまい》と教《おし》え

須達《しゅだつ》長者が重い病気になり、危篤状態になった。長者は家人を呼んで、「舎利弗《しゃりほつ》尊者にお目にかかりたいが、病気が重くて伺えない。どうか憐れみの心をもって家までおいでいただきたいとお願いしてくれ」といいつけた。舎利弗は快く承諾し、「信心深い長者は悟りを開いており、さらに上の悟りを得るだろう。のちのちのことを憂えることはない」と話すと、長者は心が落ち着き、苦痛が去って全快した。

山芋《やまいも》と鰻《うなぎ》

「山芋が鰻になる」とは、物事が急に別なものに変わることとか、身分の低い者が急に成り上がることをいう。山芋と鰻の形が似ており、その価値が違うことからいわれたのであろう。このことわざから、坊さんの隠語で「山の芋」は「うなぎ」をさすようになった。もっとも、いまや山芋の自然薯《じねんじょ》などは、養殖鰻や輸入鰻よりもはるかに高価なものとなってしまったが。

山《やま》の神《かみ》とカミさん

山の神は、いうまでもなく山の守護神、山の精。春になると山を下り田の神になるという民間伝承もある。ところで、自分の女房を「山の神」と称するにいたったのはなぜか。女房はふだんは静かだが、ときとして荒ぶる神となり、また生殖・生産の豊饒の神でもある。「触らぬ神に祟《たた》りなし」しかし、触らなければもっと祟りのある怖い存在である。ここから「うちのカミさん」と神棚の一角にまつるようになった。

山《やま》の小判《こばん》①

山にひどく貧乏な家があった。遭難した旅人を助けようとして足の骨を折り、不自由な身体になって働けなくなったのだった。寒い冬がきても、子供たちに着せる着物がなく、貯えた木の実や山菜も底をついた。子供たちはひもじくて泣いた。親父は自分の甲斐性《かいしょ》のなさに情けなくなり、狼に食われて死のうと狼のいる山に入り、「狼よ、一匹でも出て来てわしを食ってくれ」と叫んだ。

山の小判②

しかし、なんど叫んでも、狼の声はするのに出てこなかった。どんどん奥へ入り、日が暮れると、一軒の家があり、覗《のぞ》くと白髪の爺さんが火にあたっていた。休ませてもらっていると、爺さんが「その身体で、こんなところになんの用があって来た」と聞いた。事情を話すと、爺さんは「そうか、金さえあればつらいことがなくなるのか。朝までに、わしが金儲けをさせてやろう」といった。

山の小判③

「おまえは手ぬぐいで顔を包み、わしの行くところまでついてこい。だが、けっして手ぬぐいをとってはならん」わけがわからなかったが、いわれるとおりにして、ついていった。しばらく行くと、ぶつかるものがあった。見てみたかったが、手ぬぐいは取れない。手探りでぶつかったものに触ると、「身につけられるだけつけていけ」といわれた。

山の小判④

男はいわれるとおり、固いものをできるだけ身につけると、爺さんは「ポンと手を叩け」と小声でいった。男が手を打つと、爺さんは手ぬぐいを取ってくれた。眺めると、そこは山奥だったが、爺さんの姿も一軒家も跡形もなく、男だけが立っていた。身につけた固いものは、すべて小判だった。長者となった男は、遭難小屋を作り、旅人の無事を祈った。

【ゆ】

唯我独尊《ゆいがどくそん》

「ただ我独りのみ尊し」文字面だけ追うと、なんて不遜な言葉だろうと思う。釈尊ご生誕直後の言葉として有名だ。だれもが自信とそれにともなう責任をもって生きよという意味だと思われるが、変に自信をもちすぎて、他人を奴隷のようにしか見ていない人もいる。尊さと自分勝手を勘ちがいしているのだ。それは、とくに社会的に優遇されている人に多い。お坊さま、あなたは大丈夫ですか？　↓甘茶でカッポレ

唯識《ゆいしき》と倶舎《くしゃ》

「唯識三年倶舎八年」といわれる。もちろん「桃栗三年柿八年」をもじったものだ。仏教教学の基本となる唯識学を学ぶのに三年かかり、『倶舎論』を学ぶのには八年を要するというのだ。ところが、倶舎は部派仏教の綱要書であり、唯識はそれを大乗的に発展させたものである。したがって、倶舎は唯識の基礎学といえる。たとえていえば、義務教育が九年、高等教育が三年ということだ。

幽閉《ゆうへい》された王《おう》①

王舎城の皇太子が悪友にそそのかされて反逆を起こし、父の大王を獄室に閉じ込め、王となった。彼は誰も獄室に近づけるなと厳命していたが、大王が餓死するのを心配した王妃は、身を香水で洗い清め、小麦粉を牛や羊の乳で練り固めて身に塗り、装飾品のなかに葡萄《ぶどう》酒を入れ、密かに獄室に忍び込んだ。大王は危険を冒して食糧を運んできた妃に感謝し、霊鷲山《りょうじゅせん》に向かって合掌して釈尊の加護を祈った。

幽閉された王②

大王が「世尊よ、私の親友である目連尊者《もくれんそんじゃ》を遣わして、私に八戒を授けたまえ」と祈ると、釈尊は神通力で目連を鳥のように飛ばして毎日獄室に送り、八戒を授け、さらに富楼那《ふるな》尊者を遣わし、説法を行なわせた。二十一日すぎたが、妃の運ぶ食物と毎日の説法で、大王は心身と

もに平穏で衰えなかった。王は、父王は餓死しているはずだと獄室番に確かめた。

幽閉された王③

獄室番は、妃が食物を運び、目連と富楼那が毎日説法に来るが、誰も止めることができず、大王は元気だと報告した。王は母に「あなたは、わが敵の父王と同類の賊だ。そして、怪しげな術を用いて悪王を生かす釈迦の弟子も悪人だ」と罵ると、剣を抜いて妃を殺そうとした。そこへ王の従兄弟と大臣が来て王の剣を押さえ、「王位に執着し、父王を殺した者は一万八千人いると聞くが、母を殺した話は聞いたことがない」と止めた。

幽閉された王④

王は母を奥深く閉じ込めた。大王のもとに通えない妃は殺されたほうがましだと考え、悲しみに痩せ衰えた。妃は霊鷲山に向かって合掌し「世尊よ、目連尊者と阿難《あなん》尊者をお遣わしください」と祈った。釈尊は目連と阿難に命じ、みずから妃の部屋に来臨し、妃の「汚れたこの世ではなく、清らかな世界を見る法を授けてほしい」という願いを聞いた。釈尊が微笑むと、その口から五色の光が現われ、大王の頭上にも輝いた。

幽閉された王⑤

大王は獄室を超えて釈尊の姿を拝み、悟りを得ることができた。釈尊は妃に「西方の極楽浄土を思い浮かべなさい」というと、浄土往生の方法を説いた。釈尊の説法を一心に聞いていた妃や五百人の侍女たちは、極楽世界の広びろとした荘厳を見ることができ、阿弥陀仏の真実身や観世音菩薩や大勢至菩薩を拝むことができ、かつてない法悦を味わった。

雄弁家《ゆうべんか》になった爺《じい》①

山の頂に仏が住むという嶮《けわ》しい山の麓に、しゃべるのがへたで黙りこくった爺が、仏像を彫って一人暮らしをしていた。爺は「死ぬまでに一度もいいから、あの嶮しい山の頂に登って仏を見たい」と長いあいだ思っていたが、あるとき、ついに実行にうつした。大きな木に登り、枝を切って鉤《かぎ》を作ると、それを次つぎに高い木の枝に掛けて登り、頂に着いた。そこはなだらかな草原で、花が咲き乱れていた。

雄弁家になった爺②

爺は疲れて藪の陰で眠った。深い眠りのなかで、歌声が聞こえてきた。爺が顔を上げると、空は暗黒で、草原が金色に輝いていた。歌は仏たちのものだった。夜が明け、仏たちは「富がほしいか、健康がほしいか」と唱えだした。爺は「健康がほしい」といおうとしたが、しゃべりべたで、ついまちがえて「雄弁になりたい」といった。爺の口は軽くなり、仏たちは消えた。爺は村一番の雄弁家になった。

幽霊《ゆうれい》とお化《ば》け

最も有名なお化けといえば『番町皿屋敷』に登場する「お菊」さんで、夏のお化け屋敷はもちろん、落語の怪談《かいだん》噺《ばなし》にまでなっている。ある人が「幽霊とお化けはどうちがうの?」と聞いたら、「幽霊は美人が死んだあとになるが、お化けはちがう」という答えが返ってきた。たしかに、お化けは妖怪など人間以外の霊が変化したものが多いようだ。

幽霊の足《あし》

幽霊には足がないというのが、日本人にはあたりまえのようになっている。これが定着したのは、どうやら江戸時代らしい。まず『東海道四谷怪談』『番町皿屋敷』などの妖怪ものの文芸にはじまり、それが絵画や人形浄瑠璃・歌舞伎などに影響を及ぼしていったのだという。足がなくフワリフワリしているほうが、異界のもののイメージが強くなると思うのは、日本人的な発想なのか。ちなみに、アメリカのサイキック(霊媒師)によると、霊界への入口は地上九〇センチのところにあるという。

幽霊の住処《すみか》

戦後の高度経済成長期、核家族化がすすむなかでマイカー・マイホームが大多数の国民の目標とされた。それにともなって墓も家庭墓が望まれ、都市近郊では墓地の新造設が急がれた。森林を伐採して、宅地と墓地の造成がさかんになされた。ところが長引く不景気で、いまはどちらも売れない。売れ残ってしまった住宅や墓は、いずれ幽霊の住処となるしかないのだろうか。危ない幽霊でないといいのだが。

湯灌《ゆかん》① 清めの儀式

湯灌は死体を洗い清める儀式で、本来は血縁の者によって行なわれた。そのお湯も、その水の汲み方は逆さ水(上流から下流に向かって汲む)にするとか、水を先に入れたあと湯を加えるとか、洗い方、湯の捨て方などの作法が、地方によって細かく定められていた。それには死体を清めるということ以外に、その魂も清めるという神聖な意味が込められていたのである。いまは病院で看護士などがアルコールで拭《ふ》くくらいで、ろくに浄化もせずに棺に入れられてしまうことが多い。

湯灌② 脱脂綿を詰める

現在、湯灌といえば「拭《ふ》き湯灌」といって、ただ遺体を拭くだけということが多い。これには、鼻・耳・肛門などに脱脂綿を詰めて汚物が出ないようにする意味もあり、いまはほとんど病院でやってくれるので知らない人もいる。——ある人が亡くなる前に病院側とけんかをしてしまい、穴をふさいでもらえなかった。さて、その人をお棺に納め遺体を動かそうとしたとき、汚物が噴き出してしまった。

湯灌は受戒得道《じゅかいとくどう》の準備《じゅんび》なのに

死体をぬるま湯で清めるので湯灌といわれた。その意味は、死出の旅に出るための斎戒沐浴《さいかいもくよく》である。仏教的には、受戒得道の準備である。しかし、いまは病院で亡くなることが多く、湯灌は看護士さんがやってくれる。ぬるま湯を注ぐのではなく、アルコールで拭き清めるだけだという。そして、耳・鼻・肛門などに脱脂綿を詰める。ビニールの手袋をした手で死の穢《けが》れから己が身を守りながら、すべてが事務的になされる。そこに心の入り込む余地はない。

遊戯《ゆげ》は自在《じざい》な心身《しんじん》の活動《かつどう》

遊戯を「ゆうぎ」と読むと、遊び楽しむことである。お遊戯は幼児の踊りをいう。だが本来は仏教語で、「ゆげ」「ゆけ」と読み、遊化とも書いて、仏菩薩の自由自在な心身の活動を意味する。また、そのなかには衆生の教化もふくんでいる。仏ともなると、何にも束縛されない自在なはたらきが、そのまま教化にもなるというのだ。児戯と一笑に付すなかれ、むしろあどけない児戯のほうが仏に近いのだから。

遊山《ゆさん》は遍歴修行《へんれきしゅぎょう》

物見《ものみ》遊山《ゆさん》といえば、見物して遊びまわること、行楽の旅で、どこか軽く見下していわれるニュアンスのある表現である。だが、遊山はもと禅語で遊方《ゆほう》ともいい、禅僧が他山を旅し多くの師を訪ねて遍歴修行することを意味した。さらに遊山翫水《ゆさんがんすい》といって、心に一点のくもりもなく山紫水明《さんしすいめい》を遊び楽しむことである。旅は心をリフレッシュする。日常的な目的のまったくない自由な旅もまた、仏に近づくよき方法かもしれない。

ユダヤ教《きょう》の輪廻《りんね》転生《てんしょう》説《せつ》

イスラエルに興った啓示宗教の一つであるユダヤ教には、何千年も前からギルガルという輪廻転生の考え方があった。それをここ二百年ぐらいのあいだに、合理的な科学志向の西洋人に受け入れられるよう、東欧のユダヤ人たちは一部の派を除いてこの考え方を捨ててしまったのだという。彼らは、不要なものを切り捨てたのか、あるいは貴重なものを見失ってしまうにいたったのか、いま反省の時がきているようである。↓聖書の輪廻転生説

ゆばは豆乳《とうにゅう》の薄皮《うすかわ》

ゆばは、大豆をつぶしてしぼった豆乳を静かに煮立て、表面にできた薄皮をすくい上げてつくる、良質の植物性タンパク質《しつ》に富む食品である。湯葉・湯波・油皮・豆腐皮などと書き、生ゆばと干ゆばとがある。その製造法は、鎌倉時代に中国から渡来した禅僧が伝えたものらしい。今でも、大本山クラスの大きな禅寺などへ行くと、境内などでゆばの精進料理を出してくれる店のあるところもある。

指一本《ゆびいっぽん》①

中国の唐代に、倶胝《ぐてい》和尚と呼ばれる人がいた。いつも倶胝陀羅尼を誦していたので、この名があるという。彼は修行時代、禅の問答で何も答えることができず悩んでいた。あるとき夢のなかで、菩薩が尋ねて来られるというお告げがあり、ほどなく禅僧が来たので、「仏教のいちばんたいせつなところはなんでしょうか」と教えを乞うた。禅僧はこれにたいして、指を一本立てて答えた。倶胝はこのとき、ハッと悟ることができ、以降、倶胝は何を尋ねられても指一本で答えた。

指一本②

中国の禅僧倶胝の留守に訪問者があり、修行している小僧に「和尚はどんな教えを示されるのか」と尋ねた。小僧は師倶胝の真似をして、指を一本立てて答えた。帰ってこれを聞いた倶胝は、小僧の指を切り取ってしまった。痛くて泣きながら逃げる小僧の名を、倶胝が呼んだ。振り向いた小僧に、倶胝が指を一本立てた。その瞬間、小僧は悟った。物真似の指がなくなったとき、小僧は本物の指を得たのである。この和尚の禅を、世人は一指頭の禅と称したといわれる。

ゆるす努力《どりょく》

「姑《しゅうとめ》と同じ墓には入りたくない」「亭主と死後も同居するのはイヤだ」などという女性がふえているという。ごていねいに、家代々墓のほかに個人墓まで用意している人もいるとか。しかし、死後のことは自分では決められない。いくら遺書に記したとしても、それを実行するのは喪主なり墓の権利の承継者である。死後のことは後継者に任せ、すべてを「ゆるす」ことに努力するほうが浮かばれる道だと思うのだが。

【よ】

良《よ》い良《よ》くないは心《こころ》がつくる

中国に磐山《ばんざん》という僧がいた。市場の肉屋の前を通りかかると、客が「甘い、良い肉を売ってくれ」といい、肉屋が「お客さん、うちの肉はすべて良い肉ばかり、どこに良くない肉があるというんですか」と言い返していた。これを聞いていた磐山は、「良い」「良くない」は実体ではなく、それを作り出すのは人間の心にほかならないと悟った。

ヨガと修行《しゅぎょう》

現在ではカルチャーセンターなどで、健康法のひとつとしても行なわれているヨガだが、原語はサンスクリット語のヨーガで瑜伽《ゆが》と漢訳される。広い意味での坐禅一般をいうが、その原意は心をひとつに結びつけることであり、瑜伽行といえば古来、インドで修行一般を意味していた。――夜のいとなみで女性がヨガるのは、心が快楽の一点に結びつけられていることからいうとは、だれもが知っていても言わない説である。毎晩、ヨガる修行に精をだすといい。

良《よ》き友《とも》は金持《かねも》ちか

知識とは、友人、良き友のこと。サンスクリット語のミトラ、カルヤーナ・ミトラを善き友、善知識《ぜんちしき》と訳し、仏の教えを説いて悟りの世界へ導いてくれる人のことをいった。「善知識」がそなえもっている智慧《ちえ》や教養などが転化し、略されて「知識」となったものと思われる。――昨今の「良き友」とは、知識ある者より、金持ちの者だとか。

欲《よく》の順位《じゅんい》

人間の欲として五欲があげられるが、生きるために必要とされるのが食欲・性欲・睡眠欲の三つで、ほかの財欲や名誉欲は、これらが満たされたうえで生ずるものである。ところが、これら基本的な欲にも順位のあることが荒行の経験でわかった。いちばん必要なのは睡眠欲で、次が食欲、その次が性欲である。自己保存ができてはじめて性欲が生じるのだ。さて、あなたはいま何がほしいですか。

欲《よく》は喉《のど》の渇《かわ》き

人間、悩みのない人はいない。その悩みの根本の原因はどこにあるかを考えてみると、そこには欲がある。その基本が五欲と呼ばれる食欲・性欲・睡眠欲・財産欲・名誉欲で、これには満足ということがない。お釈迦さまはこれを「渇愛《かつあい》」(喉の渇いた人がどんどん水を欲する状態)といった。このように欲望が渦巻く世界から脱出することによって、はじめて悟りが得られる。「登っても峠を知らぬ欲の道」

欲深《よくぶか》な男《おとこ》①

奈良に、欲深で修行の乞食《こつじき》をとても憎《にく》む男がいた。それを知らない若い僧がその男の門前で食を乞うと、男は「おまえにやる米などない」といって、「おまえはどこの坊主だ」と聞いた。僧が、まだ未熟な小僧だというと、「ならおさら、おまえにやるものはない」と、僧を殴って追い払った。その夕方、男は池の鯉で煮凝《にこご》りを作り、翌朝それを肴《さかな》に酒を飲もうとしたが、盃を口に近づけると、口から黒い血を吐き出して床に倒れ、そのまま息絶えてしまった。

欲深な男②

この世にあり得ないような死に方をした欲深男の話は奈良に広まり、「邪な心は身を切る剣のようなもので、物を惜しむのは餓鬼道《がきどう》に堕ちることだ」と人びとは戒め、そして「ものを惜しむ人は泥土でも金や宝石のように大事にし、慈悲深い人は金や宝石を施しても、葦か木を施したぐらいにしか思わない。乞食が来て、施す物がなければ、悲しくなるものだ」と話しあった。

横車《よこぐるま》を押《お》す

もともと車は縦に動くもので、横に押しても動くものではない。その横に動かぬ車を無理矢理に動かすこと、すなわち道理を曲げ、無理を通そうとするのが「横車を押す」である。中国の宋の禅僧晦巌智昭《かいがんちしょう》のことばに、「車、横に押さず、理、曲げて断ぜず」(『人天眼目《にんでんがんもく》』)とある。

吉原《よしわら》で弔《とむら》い戦《いくさ》

弔い戦は弔い合戦《かっせん》ともいい、戦死者の追悼のために行なう復讐戦のことであるが、江戸時代には吉原遊郭へしけこむことをさした。浅草・山谷は寺町で江戸八百八町には入らず寺社奉行の管轄になるほど寺院が多く、したがって葬儀も絶え間なく、その帰りに精進落としと称して吉原へと決まっていたらしい。「本堂で吉原と衆議一決し」「その数珠はしまってくれと土手でいい」

世捨《よす》て人《びと》

世の中を見捨てた人、俗塵をさけて出家した人を「世捨て人」というが、日本史をひもとくと「世に捨てられた人」の印象も強く残る。仏道を修めるには不惜身命《ふしゃくしんみょう》の覚悟で勇猛精進《ゆうみょうしょうじん》しなければならないであろうに、政治的に形勢が芳しくなったからとか、行き場がなくなったからとか、出家の理由が後ろ向きである場合が多いように思われるのだ。たとえ世に捨てられたとしても、仏さまは見捨てないとは思うが。

夜爪《よづめ》は世《よ》をつめる

子供のころ、よく「夜爪を切ると、親の死に目にあえない」とか「早死にする」などといわれた。これは禁忌のひとつであるが、その理由は「世をつめる」＝早死にするという言葉の語呂合わせからきている説と、爪や髪

を使って行なう呪詛《じゅそ》などに悪用されないためという説もある。↓夜爪を切ると

黄泉《よみ》に行《い》った男《おとこ》①

讃岐《さぬき》国で裕福な夫婦が、息災で大勢の召使いをつかって暮らしていた。だが、隣には貧乏な老夫婦が暮らしていて、子供がいないので働き手がなく、着るものも食べものもないので、隣の金持ちの食事時をみはからって行き、食べものを乞うと、金持ちはこころよくくれなかった。金持ちは「食べものがあるから来るのだろう」と思い、夜中にこっそり食べものをつくり、召使いに食べさせるようになった。

黄泉に行った男②

どうしてわかったのか、老夫婦は夜中にもかかわらずやってきた。金持ちの妻が、「あの老夫婦を召使いの仲間に入れてやりましょう」と主人にいった。主人は「食事を与えて老夫婦を養うなら、おまえたちの食事を少しずつ分けてやれ。他人に施しをするのに、自分の肉を裂いて与えるのが最高の行ないなのだから」といった。家族はいいつけに従って、老夫婦を養った。

黄泉に行った男③

ところが一人、欲深な召使いがいて、「腹が減っては仕事ができない」といって食べものを与えず、しだいに他の者もそれをまねるようになり、老夫婦に食事を与えるのは金持ちの妻だけになった。ある日、海に行って牡蠣《かき》を十個採ってきた召使いに、主人が「その牡蠣を譲ってくれ」というと、米五斗を要求された。主人は黙って米を与え、坊さんを呼んでお経をあげてもらい、海に返してやった。

黄泉に行った男④

この慈悲深い主人が、薪作りに召使いを連れて山に行き、登った松の枝が枯れていて、落ちて死ぬと、占い師に乗り移り「私の身体を焼かず、七日間このままにしておくように」といった。みんな半信半疑だったが、占い師にいわれたとおり死体は家のなかに寝かされ、七日めに生き返り、死んでいたあいだのことを次のように話した。

黄泉に行った男⑤

黄泉の国を歩いていたら、五人の坊さんが歩いてきて、その後ろに五人の信者がいた。道は広く、平らでまっすぐに延びていた。道の両側には幡《はた》が立っていて、正面に黄金の宮殿があった。坊さんに「あれは何か」と聞くと、「年寄り夫婦を養った功徳で、おまえの妻がこの国に生まれ変わるときに住むための宮殿を造ったのだ」といい、「私が誰かわかるか」と聞いた。

黄泉に行った男⑥

いくら考えてもわからないというと、僧と信者は、助けられた十個の牡蠣だという。宮殿前で角をは生やした男が首を切ろうとしたが、僧と信者が助けてくれた。門の前で大勢の人が楽しそうにご馳走を食べていて、腹が減って咽《のど》の渇いた私の口から炎が出ていた。僧が「それは、おまえの仲間が隣の年寄りに施しをしなかった酬いだ」といって、この世に連れ帰ってくれた。

黄泉の国《くに》から帰《かえ》った金持《かねも》ち①

摂津《せっつ》国の金持ちは異国の神を信心して祈り、祭りとして七年のあいだ毎年一頭の牛を殺して神に捧げるようにいわれ、それを守った。七年過ぎて七頭殺したところで病気になり、医者にかかったり占い師や祈禱師、お祓《はら》いも頼んだが効きめはなく、七年たったが病気は重くなるばかりだった。病気が治らないのは、七年のあいだ牛を七頭殺したせいではないかと思った。

黄泉の国から帰った金持ち②

殺生の罪は重い、と仏さまは教えている。金持ちは殺した牛の償いをしようと思い、月に六日は身体を浄め、生きものを救済することに決めた。蚊や蝿も殺さず、鶏《にわとり》や鴨《かも》が殺されそうになっていると、値段かまわず買い取って放し、病気の犬猫は看病してやり、七年たったが治らなかった。死ぬときがきて、金持ちは妻に「私が死んでも九日間は焼いてはならぬ」といった。

黄泉の国から帰った金持ち③

黄泉の国には、頭が牛で身体が人間の七人の男がいて、金持ちの髪に縄をかけ、宮殿の中にひっぱっていき、閻魔《えんま》大王の前に連れていった。閻魔は「これがおまえたちを殺した男か」と七人に聞いた。七人は、たしかにそうだと答えると、包丁と俎《まないた》を持ってきて「こいつがわれわれにしたように、こいつをなますにして食べるから、早くお裁きください」といった。

黄泉の国から帰った金持ち④

このとき千万もの人が出てきて、金持ちの縄を解き、大王に「この人の罪ではありません」と金持ちを弁護すると、七人は怒り、千万の人と言い争いになった。争いは何日もつづき、大王は黙って聞いていた。七人は「こいつは、自分の利益のためにわれわれを殺して食った。われわれも、同じように食いたいと思います」千万の人は「罪はこの人にあるのではなく、異国の神にあります。物事の善悪は証人の多さで決まります」と、それぞれ大王に訴えた。

黄泉の国から帰った金持ち⑤

九日めに出た大王の判決は「証人の多いほうに決める」だった。七人は怒り「この仇はきっと討つ」といったが、千万人が金持ちを囲んで守り、外まで輿《こし》に乗せて送った。

なかには、金持ちを拝んでいる者もあった。金持ちが「あなたたちは何者か」と聞くと、「あなたに助けられた鶏や鴨や犬猫です」といった。金持ちは九日めに生き返り、家を寺に造り替えて、あらゆる生きものを放してやった。金持ちは九十四歳で死ぬまで、病気をしなかった。

黄泉の国の報い《むく》①

豊前《ぶぜん》国の長の膳臣広国が急死して、黄泉の国へ行った。暗いところを歩いていたら、二人の使いが来て、二人について行くと金で塗り固めた大きな橋があり、向こう岸に渡南の国があった。都に着いて門のところに行くと、武器を持った八人の役人が早く入れと促した。前方に黄金の宮殿があり、入ると、正面に閻魔大王が黄金の椅子《いす》に座っていた。閻魔は「おまえを呼んだのは、おまえの妻が訴えたからだ」といった。

黄泉の国の報い②

閻魔が呼び出した女は頭から尻まで釘《くぎ》だらけで、手足は鉄の縄で縛られていた。「おまえはこの女を知っているか」「はい、死んだ私の妻です」「おまえはなんの罪に問われているか知っているか」「知りません」広国は、何がなんだかわからず、妻にわけを聞いた。妻は「あなたが私を追い出したので恨《うら》んでいるのです」といったが、閻魔は「おまえに罪はない。家に帰ってよいが、父に会いたければ南に行け」といった。

黄泉の国の報い③

南に行くと、父がいた。熱い銅の柱を抱かされて立っていたが、釘を三十七本身体に打たれ、鉄の杖で朝三百、昼三百、夕方三百打たれていた。広国が「父がこんな苦しみを受けているとは知らなかった」というと、父は妻子を養うためにしてきた日常の罪を話し、「痛くてたまらない。いつになったらこの罪が許されるのだろう。おまえは急いでわしのために仏像を造り、お経を写してお寺を建て、わしの罪を償ってくれ」といった。

黄泉の国の報い④

そして「七月七日に大蛇になって家に行き戸口から入ろうとしたが、おまえに杖でひっかけられて捨てられた。五月五日には赤犬になって行ったが、おまえはほかの犬をけしかけ、わしを追い払ったので、食べるものもなく飢えて帰ってきた。正月に猫になって行ったときは、お供えがあったので、それで三年食いつないだ。わしは道に背いたので、自分で出したものを舐《な》める犬になるだろう」とつづけた。

黄泉の国の報い⑤

広国は恐ろしいものを見て帰途についた。大橋のところで門番が「ここに入った者は二度と出られない」というので躊躇《ちゅうちょ》していると、子供が来て広国を呼んで扉を開け「早く行きなさい」といった。広国が「おまえは誰の子だ」と聞くと、「おまえが小さいとき、親にいわれて写した観音経だ」と答えて帰った。ふと気がついてあたりを見まわすと、自分の布団の上だった。

黄泉の国の報い⑥

三日めに生き返った広国は、死の国で見た善悪の報いを本に書いた。「米一升を他人に施すと、その酬いに三十日間の食べものが得られ、衣服一揃いを他人に施すと一年分の衣類を得、また仏さまのお経を読ませる者は東方の黄金の宮殿に住め、死んでも天に生まれ変われる。仏の像を作る者は西方の浄土に生まれ変わり、生きものを放す者は北の国の浄土に生まれ変わる。一日食事をとらず施す者は、十年間の食糧が得られる」と。

読《よ》みのパターン認識《にんしき》

熟語などを一つのまとまりとして認知することをパターン認識という。だから、速く読むことができるのだという。これは視覚のみではなく聴覚にも当てはまり、広義のパターン認識とされる。ところで、仏教には独特の伝統的な「読み」がある。それをパターン認識するから伝わるわけだが、最近、それが伝わりにくくなっている。読むほうもいい加減だし、聞くほうにも認識の素地がないからだ。

嫁《よめ》になった吉祥天女《きちじょうてんにょ》①

和泉国《いずみ》の山寺に信濃《しなの》から一人の信者が来て、坊さんになって住み着いた。坊さんは、この寺に美しい天女の像があると聞いて来たが、土で作られた吉祥天女の像は、話に聞いたより、ずっとりっぱだった。しかも女らしくて、現実にこんな女性がいたら妻にしたい、と坊さんは思った。吉祥天女に魂を奪われた坊さんは、一日六度の礼拝のたびに「天女さまのような女性が妻になりますように」と祈っていた。

嫁になった吉祥天女②

坊さんは、吉祥天女が嫁になった夢を見、幸せな一夜を過ごした。翌朝、いつものように天女を拝み、天女の衣の裾《すそ》が汚れているのに気がついた。「もったいない。私は似た娘をとお願いしたのに、ご自身でお相手してくださるとは……」天女は黙って坊さんを見ていた。坊さんは信者として恥ずかしい行為だと思い黙っていたが、気づいた弟子がいうことをきかなくなり、弟子は追い出された。

嫁になった吉祥天女③

弟子は里に行って「あの坊さんは、吉祥天女の像を嫁にしている」と言いふらした。村人はまさかと思い、寺に行って天女の衣を見ると、たしかに汚れていた。坊さんは正直に話した。村人は呆れたが「何事も深く信じこんだ人は、かならずその心に従って不思議なことが起きるものだ」と話しあい、「みだりに女性を慕ってばかりいる者は、絵に描いた女にでも欲情が起きるものだ」という言葉を思い出していた。

嫁の曼陀羅《まんだら》①

山里に若い夫婦が住んでいた。嫁は天女のように美しく、来る日も来る日も機《はた》場で曼陀羅を織っていた。夫がそれを遠くの町に持っていくと、その不思議な布には高い値がついて売れた。だが、夫が遠くの町に出かけて留守のあいだに、男たちが妻に言い寄った。「おまえの夫は町に妾を持っていて、それで逗留が長くなる。だからおまえも遊べ」しかし、嫁は耳を貸さなかった。

嫁の曼陀羅②

嫁の曼陀羅は都でも評判を呼び、飛ぶように売れた。嫁は一日中曼陀羅を織って、遠い都の夫を思った。夫が都に行って何年か過ぎた。男たちは夜な夜な口説き、悪い男がむりやり犯した。嫁は夫の名を呼びながら、川に身を投げた。夫は家に曼陀羅を送るように手紙を出しても、なんの返事もないので、急いで家に帰ると、嫁は死んだ後だった。

嫁の曼陀羅③

嫁を犯した男の死体が、山の杉の木の上に晒《さら》されていた。夫は来る日も来る日も、泣きながら嫁の屍《しかばね》を抱いて暮らした。五月五日になって、夫は嫁の屍肉を切り、ススキの葉に包んで食べた。これが五月の節句のススキ餅の始まりだといわれる。七月七日に、夫は嫁の筋を残らず剝《は》ぎ取って素麵《そうめん》にして食べた。それから、七夕には素麵を食べるようになったという。

嫁の道《みち》①

インド一の大富豪の嫁は貴族の娘で、インド一の美貌だった。嫁はそれを鼻にかけて傲慢《ごうまん》で、舅《しゅうと》のいうことを聞かなかった。嫁はそれを鼻にかけて傲慢で、舅のいうことを聞かなかった。富豪の家では、嫁の態度を改めさせようとしたが効果なく、悩みの種だった。釈尊なら嫁の高慢な心を導けると思い、自宅に招待した。家中の者が門前で釈尊を迎えたが、嫁だけは自室にこもって出てこない。釈尊は身から大光明を放ち、嫁の部屋を照らした。

嫁の道②

嫁は、その光明とそのなかにある妙なる相貌にうたれ、部屋を出て釈尊の前にひざまずいた。釈尊は外見の美しさの空しさと婦人の三障《さんしょう》十悪を説き、五善を行なえば世人に尊敬され来世は幸せになれるが、三悪をなす者は人に憎まれ来世は苦の世界に生まれるだろうと説いて、「おまえは善良な婦人と悪婦のどちらを選ぶか」と問うた。嫁は婦人のあるべき姿に目覚め、信仰を深めた。

夜爪《よるつめ》を切《き》ると

いまはほとんどおこなわれていないようだが、むかし、死に装束《しょうぞく》の頭陀《ずだ》袋《ぶくろ》のなかに近親者の爪を入れる風習があった。死者が地獄で爪を抜いた指で筍《たけのこ》を掘らされるからとか、冥土の旅では爪で水を飲むためとか、その理由には諸説ある。この風習から、「夜爪を切ると親の死に目に会えない」などともいわれた。これは迷信で、爪を切るのは風呂上がりが軟らかくていい。↓夜爪は世をつめる

世渡《よわた》りの殺生《せっしょう》

殺生がいけないとは、誰もが知っている。しかし、それで生計を立てている人にとっては、知っていてもどうにもならない。また不殺生を心がけてはいても、思わぬ過失や無慈悲な行ないをしてしまうこともある。そこで方便の教えがある。「世渡りの殺生は釈迦も許す」と。これは教えというより、庶民の開きなおりにちかいたくましさが生んだ言葉であろう。いけないのは無益な殺生なのである。

弱《よわ》みと霊感商法《れいかんしょうほう》

「弱みの怨霊《おんりょう》」という。弱った身体に物《もの》の怪《け》がつくことで、不運のうえに不運が重なることだ。「弱り目に祟《たた》り目」「泣き面に蜂」ともいう。怨霊ではないが、最近の霊感商法などは、ことさらに人の弱みを突いてくる。誰しも多少なりと弱みはもっているものだから、救われたいからすがりつくのに、逆に地獄の底までしゃぶりつくされてしまいかねない。

【ら】

ラゴラと寺《てら》の子供《こども》

「羅睺羅《らごら》に母あり」とは、情を解さない人間はいないと

いうこと。羅睺羅は釈尊の実子で梵語ラーフラ(障碍《しょうげ》の意)、ヤショーダラー妃とのあいだに生まれた。戒律を細部にわたって厳しく守り、密行《みつぎょう》第一とされた十大弟子の一人である。そんな出家の身であっても母親はおり、母を想う心は同じだということ。また、釈尊の子ということから隠語で「寺の子供」をいうようになった。

羅刹《らせつ》① 梵天の怒り

羅刹はラークシャサの音訳で、夜行性の食人鬼であり、古代インドの悪魔である。女の羅刹もいて、羅刹斯《らせつし》と呼ばれる。身体は青または緑、あるいは黄色で、目は上下に長く裂け、爪は有毒で、人だけではなく馬も食う。羅刹を生み出したのは梵天《ぼんてん》で、梵天がヴェーダを唱えていたとき、激しい飢えに悩まされ、怒りをおぼえた。その怒りから羅刹が生まれ、飢えから夜叉《やしゃ》が生まれた。

羅刹② 親殺しの結婚法

羅刹は悪魔となったが、一族のなかの三兄弟が苦行をして梵天を喜ばせ、梵天によって夜叉などの半神族や閻《えん》魔《ま》などの神々、龍王および他の悪魔の上に立つ強大な力を得た。三兄弟は高慢になり、牛やバラモンを殺しつづけた。古代インドの婚姻法の一つラークシャサ法は、娘の親たちを殺害して家を破壊し、泣き叫ぶ娘を略奪するもので、武士階級に許された。羅刹は仏教では守護神として十二天の一つになった。

ラマ教《きょう》のラマは神人《しんじん》

師の阿闍梨《あじゃり》から秘儀を直接授かる密教では、子弟の関係は緊密で絶対であり、その相承の系譜を血脈《けちみゃく》と呼んでいる。まさに師は仏と同じ存在だが、チベットの仏教をラマ教というのは、彼らがグル、つまりラマを極度に尊敬するためである。ラマは観世音菩薩の化身ダライ＝ラマと阿弥陀仏の化身パンチェン＝ラマが代々転生し、今日にいたっている。

【り】

力士《りきし》は仁王《におう》

近年の相撲の世界では外国人の力士が多く入門して、かなり活躍している。本来、日本の国技であるはずなのに、いったいどうなっているのだろうと憤る人も少なくないだろう。力士とは、本来は金剛力士《こんごうりきし》(仁王)の略である。最近は相撲界だけでなく、仏師の世界でも困っているらしい。それは、力士があまりにもスリムになって、むかしのように筋肉隆々という人がいなくなり、金剛力士像のモデルがいなくなったからだという。

利他《りた》で悟《さと》りに近《ちか》づく

悟りは真理に目覚めた体験的な智慧《ちえ》で、仏智《ぶっち》、涅槃《ねはん》ともいう。大乗仏教では、悟ることは仏になることである。この世で仏陀になったのは釈尊だけということになっているので、悟りを得ることは非常にむずかしく凡人にはできないということになる。悟りすました僧は、いずれもニセ者なのか。ところで、大乗の悟りは自利を利他に転ずることにある。みずからの利益より他の者の幸福を願い、導くことが悟りであるなら、仏の地位が近くなった気がするのは錯覚か。

律義者《りちぎもの》の子沢山《こだくさん》

「律義者の子沢山」という言葉がある。律儀(義)は生活態度が実直で堅物であり、カミサンへのサービスもまじめにつとめている人のことである。であれば、子供が多いのはとうぜんだろう。律儀はもと仏教語で「りつぎ」と読み、悪を抑止するもののことである。律儀戒と熟語して奨励されたことから、一般日常語として義理堅いこと、実直であることを意味するようになった。

龍王《りゅうおう》①

腕のいい取り上げ婆さんがいて、どんな難産でも楽々と赤子が生まれるので、よその村まで知られていた。だが、水に恵まれない村で、稔りの悪い年は、貧乏な百姓家では、せっかく生まれた赤子を始末することもあり、婆のつらいことの一つだった。春先から乾いた日がつづき、村人が不吉な思いで空を仰いでいる年のある夜中、見知らぬ男が婆を迎えにきた。

龍王②

連れて行かれる途中、婆は気が遠くなり、気がついたところは御殿の中で、王が「姫が無事に出産できるよう、ぜひ婆に頼みたい」といった。産室では姫が息も絶え絶えで苦しんでいたが、無事男児が誕生した。王は喜んで

「望みどおりの礼をする」といった。婆が村の田畑の水を望むと、「わしは龍王だから、たやすいこと。雨がほしいときは、不動堂で火を焚いて合図すれば雨を降らす」といった。それから村では水不足はなくなった。

良寛《りょうかん》① 土佐の良寛

良寛は無口だった。三十すぎて放浪の旅に出るが、江戸の国学者近藤万丈が旅の途中、土佐の城下はずれの山の麓の草庵を訪れ、宿を乞うた。炉端に、やせて青白い顔の僧が座り、迎え入れたが、木彫りの仏像と『荘子』の一冊の本があるだけで、蒲団も食うものもなく、話しかけても、ただ微笑を返すだけだった。その夜は、二人とも炉端でごろ寝し、朝になると、麦の粉を湯がいて食わしてくれたという。

良寛② 無言の意見

良寛が晩年になって、親戚の甥《おい》の放蕩がやまないので、意見してくれと頼まれ、親戚の家に泊まりにいった。だが、何日経っても良寛は意見せず、もう帰るといいだした。良寛は敷居に座って草鞋《ぞうり》を履こうとしたが、老いの手が震えて紐《ひも》が結べない。みかねた甥が土間に下りて結ぶと、良寛の目に涙があふれ落ちた。甥がわけを聞くと、「これがおまえとの最後やもしれぬ」といった。甥の放蕩はぴたりとやんだ。

良寛③ 五合庵の泥棒

晩年の良寛がまだ五合庵にいるころ、こともあろうに五合庵に泥棒が入った。せっかく泥棒に入ったものの、貧乏坊主の庵にはめぼしい収穫品はない。手ぶらで帰るのも泥棒の沽券《こけん》に関わると思ったのか、仕方なく、泥棒は良寛の寝ている蒲団に手をかけた。すると、良寛は泥棒が盗りやすいように、寝返りを打ってやったという。

良寛④ 別れの和歌

貞心尼は、良寛の晩年の弟子で、若い美貌の尼だったらしい。良寛の庵を訪れては和歌をとり交わしていた。天保二年(一八三一)良寛が臨終のとき、貞心尼は枕もとで「生き死にの界はなれて住む身にも、さらぬ別れのあるぞ悲しき」と詠んだ。死に際の良寛は「裏を見せ表を見せて散るもみじ」と、古歌で答えた。

良寛さんの鍋《なべ》

良寛さんのボロ寺に客があった。足を洗う水を出し、食事の用意をし、朝の洗面の水を汲み、良寛さんは大切にもてなした。それらはすべて、一つの鍋が使われた。良寛さんが貧乏で、鍋が一つしかなかったのでも、使い分けるのがめんどうだったわけでもない。きれい、汚いはそれぞれの心のなかにあり、こだわりである。そのこだわりや差別を超えた自由な境地が「空《くう》」なのである。

猟《りょう》師《し》の発心《ほっしん》①

王舎城から五百里のところの山中に、百二十二人が住み、狩猟で生計を立てていた。衣服は獣の皮、食料は獣肉で、農業はせず、鬼神を崇拝していた。釈尊は、教化のため里を訪れ、樹の下に座った。男たちは狩猟に出かけ、女子供ばかりが里にいたが、釈尊の放つ光明で山中の木や石が黄金に輝くのを見て、神か仏と思った里の人びとは、釈尊の前に集まり礼拝した。

猟師の発心②

釈尊は里人に殺生《せっしょう》は罪悪だと説き、慈悲の心が幸せをもたらすものだと説くと、里人は非常な喜びを感じて「私たちは殺生を生業として暮らしているので、肉しかないが、私たちの心を汲んで、どうか食事をしてください」と頼んだが、釈尊は断わり、他を殺して食べ自分が生きる殺生の罪を語り、「殺生の罪を犯さなければ、後の世まで憂いを除くことができるだろう」といった。

猟師の発心③

猟から男たちが帰ってきたが、いつものように女たちが出迎えないので、怪しみながら来てみると、女たちは釈尊の前に座って説法を聞いていた。男たちは怒り、釈尊を罵って殴りかかった。女たちは慌てて止め、わけを話すと、男たちは詫びて釈尊を礼拝した。釈尊は、男たちに殺生の罪を説き、「仁をふみ、慈を行ない、博愛で衆生を救えば十一の誉れを得る」と説いた。

猟師の発心④

釈尊は、福、安眠、安心、悪夢からの解放、天の守り、愛されること、害毒を避けること、兵役の免除、水火難からの守り、利得、梵天への生まれ変わりなど、十一の誉れを説明した。里の男も女も子供も仏教を信じるようになり、五戒をたもつようになったので、釈尊は王から田地を与えさせ、殺生をしなくても暮らせるようにした。

霊鷲山《りょうじゅせん》と耆闍崛山《ぎじゃくくっせん》

霊鷲山は、中インドのマガダ国の首都である王舎城（ラージャグリハ）の東北にある山で、音写して耆闍崛山ともいう。釈尊が『法華経』を説いたことで名高い。ビンビサーラ王は山麓から峰に至るまで石の階段を作り、問法に行く人びとの便をはかった。山頂が鷲《わし》の形に似ており、鷲が多く棲息していた。経文には霊鷲山と耆闍崛山の両方の名称が出てくる。日蓮聖人は霊鷲山での釈尊の『法華経』説法に特別な意義を認め、霊山浄土《りょうぜんじょうど》を強調した。

料理《りょうり》の秘訣《ひけつ》は三《みっ》つの心《こころ》

禅の教えによれば、料理の秘訣は喜心・老心・大心の三つの心だという。心から喜んで作り、こまやかな愛情をもってこさえ、おおらかな偏《かたよ》りのない心で調理することであると。食べる人のことを配慮し、食材の色や味、栄養分を活かし、味つけと煮炊き法を工夫すれば、体にやさしく滋味ゆたかな料理ができるという。しかし現今のようにレトルト食品や店屋物では、秘訣も何もあったものではない。

臨済宗《りんざいしゅう》と曹洞宗《そうとうしゅう》の違《ちが》い

「臨済将軍曹洞土民」とは、臨済宗は支配階級である武家層の支持を得、曹洞宗は被支配階級である農民層に普及したということかと思いきや、そうではなく、修行の性質を比喩的に表現したものだという。臨済宗は王道のごとく頓悟《とんご》を身上とし、曹洞宗は土を耕すように根気よく心地をたがやして悟りをめざすことをいうのだが、教団史的には前者の意もその傾向があったようだ。

臨終正念《りんじゅうしょうねん》と死《し》に水《みず》

死に水は、水のもつ力によって再生を願うという説もあれば、逆に死にゆく人に死の自覚を促すという説もある。この死の自覚は、臨終正念に深くかかわるものである。朦朧《もうろう》と薄れゆく意識を冷たい水で覚醒させ、正しく阿弥陀仏に迎えられるようにするというのは、なるほど納得しやすい説だ。↓死に水を取る　↓水で死の判定

臨終は安《やす》らかに

臨終とは、生命が燃え尽きて、まさに終わろうとするときのことで、臨命終時《りんみょうじゅうじ》の略。脈を打たなくなり、脳波が止まったとき、医師が家族に「ご臨終です」と告げる場面はドラマや映画のシーンでおなじみである。力尽きて望みがなくなったときにも「ご臨終だ」などというように、一般にも使われる。どのように臨終を迎えるか、人間にとっては大きな問題である。できるだけ悔いのない、安らかな心境で臨終を迎えたいのは、だれもが同じであろう。

輪廻転《りんねてん》生《しょう》とリセット①

オウム事件のとき、来世のことなどまったく意中にないと思っていた現代の若い人たちが、輪廻の思想をいとも簡単に受け入れていることに驚かされた。しかし、本来の輪廻とはちがって受けとめられているフシもみられた。人生というものが、テレビゲームのようにいつでもリセットできるものと思っているようなのだ。これには、ここ半世紀のアメリカの精神科学における研究とその成果が、たぶんに影響を及ぼしていると思われる。

輪廻転生とリセット②

精神科学による研究は、治療とか癒しの目的をもってなされているもので、それなりの必然性があるのだが、その成果の受けとめ方に大きな問題がひそんでいる。生まれ変わりとか霊体のようなものを信じるのはよいが、この世の生をあまりにも軽く見すぎる傾向があるのだ。ゲームはリセットボタン一つ押せばまた始められるが、生と死、そして輪廻転生はリセットなどとは本質的にちがうものである。

輪廻転生の逆輸入《ぎゃくゆにゅう》

輪廻転生の思想を現代的発想で最初に捉えたのは、『チベットの死者の書』の英訳を読んだアメリカのヒッピー族らしい。そして末期ガン患者である。彼らにとって輪廻転生は逃れるべき苦しみではなく、「死んでもまた生きられる」というポジティブなものだったようだ。インドの宗教や仏教の本質を外れた捉え方といえるが、いま日本人はそれを輸入している。一五〇〇年も前から日本にあったものを、逆輸入しなければならないというのは、まことに皮肉なものだ。

輪廻は生《う》まれ変《か》わり死《し》に変《か》わり

輪廻は、流転・輪廻転生・生死輪廻などともいう。衆生が生まれ変わり死に変わりすることは、車輪が回るように果てしないということで、輪廻と訳された。輪廻は古代からのインド思想に共通の考え方で、仏教もそれを取り入れたのである。――輪廻を信じるようになったら、刹《せつ》那的な考え方から解放されるようになったとは、ある知識人の意見である。

【れ】

霊魂《れいこん》は不滅《ふめつ》か

霊魂は「たましい」の意。肉体とは別に霊魂も存在し、死後もなお存続すると古代インド人は考えたが、仏教ではこれらの質問には直接答えておらず、霊魂の不滅を説くことはなかった。しかし輪廻転生説が取り入れられると、しだいに霊魂説が台頭し、それがやがて祖先崇拝と結びついて、その供養をいうようになった。葬儀や年忌法要が寺院経営のために欠かせない現状では、僧侶も否定はできない。否定したら、葬儀や法事などできるはずがないのだから。

霊能者《れいのうしゃ》にも得手不得手《えてふえて》

テレビで人気のある番組の一つに霊能者の登場するものがあるが、ときどきニセ者が出演し、あとでそれがバレて話題になることがある。一般の人びとは、霊能者というと全能の神のように考えているらしいが、じつはそうではない。霊能者にも、分野により得手不得手があるのだ。たとえば透視能力、物質移動、霊との会話などがあって、千里眼といわれる人には、物質の移動はむずかしい。

霊《れい》の呼《よ》び出《だ》し

私は祈禱師として、ときどき霊の呼び出しをすることがある。他の人は密室で行なうようであるが、わたしは大衆の面前で行なう。すると、信者さんは「先生は霊能者ですか」などというが、自分ではけっしてそう思っていない。お経を読めば、お釈迦さまも何度も何度も生まれ変わったことや、そうして修行を重ねたことが説かれている。お経がつくられた時代の僧侶は、不妄語《ふもうご》といってけっして嘘はいわなかった。そのお経に説かれていることなのである。

蓮華《れんげ》の台《うてな》

仏像は、蓮華の台に乗った姿で表わされることが多い。仏教で蓮の花はもっとも清浄な植物とされ、その清浄な花の上に載ることのできる人はもっとも清浄、いわゆる悟った人という意味で、仏さまが蓮華の上に乗った姿で造られるようになった。私たちも死んだ後にはそのような姿になりたいものだが、もう少し心も体もダイエットしておかないと、蓮華の台に乗ったとたんに沈んでしまいかねない。

蓮如《れんにょ》の死《し》

蓮如(一四一五〜)は浄土真宗中興の祖とされる本願寺八世。明応八年(一四九九)三月二十五日正午、京都の山《やま》科《しな》本願寺において静かに眠るがごとくの臨終であった。ときに八十五歳。遺言により遺体は親鸞の御影堂に安置された。四月二日に予定されていた葬儀は、群衆の殺到を危ぶんで急遽、翌二十六日に行なわれ、数万人が別れを惜しんだという。その葬儀の式次第が、いまに残されている。

【ろ】

聾唖《ろうあ》になった泥棒《どろぼう》——亀戸東覚寺《かめいどとうかくじ》

戦国時代の享禄四年(一五三一)、笈《おい》箱を背負った旅の僧が亀戸の草庵を訪れ、一夜の宿を乞うた。その夜、庵に忍び込み、笈箱を盗もうとした男が、仏罰で聾唖になってそこに座り込んだ。朝になり、旅の僧が笈箱の中の不動像に祈念すると、男は再び口がきけるようになり、改心した。これを見た庵の僧は、衆生のために役立てたいと不動像を譲り受け、堂宇を建てて安置した。

老体《ろうたい》を養《やしな》う女体地獄《にょたいじごく》

明治の初め、八十三歳の老人が二十歳の女性を囲い、それでも足らずに女中などを口説くこともたびたびであったという。幼少のころから女好きで、だれかれ差別なく口説き落とし、七十歳のときに十六歳の娘を身ごもらせたこともあるとか。その老人は、常日ごろから「私は女色を好むのではなく、若い女の精気を借りて老体を養うのだ」といっていたそうだ。いかにももっともらしく響くが、さもしい女体地獄に堕ちていたにちがいない。

老《ろう》は尊敬《そんけい》の意《い》

何年か前、中国を訪問したとき、小学生とおぼしき子供たちが「ラオシ、ツアオ」と、口々にいいながら駆け抜けていった。声をかけられた方は、若い女性であった。通訳の方に聞くと「先生、おはようございます」といっている由。漢字では「老師、早」と書き、「老」は尊敬の意を表わすという。さて、日本の各界の長老はどうだろうか。

良弁杉《ろうべんすぎ》①

近江で、赤子を木の下に置いて、母が桑を摘んでいると、大きな金色の鷲《わし》にさらわれた。両親は山々を探索したが行方不明となった。鷲は、赤子を奈良春日山の大杉の根もとに落とした。それを参詣に来ていた義淵僧正《ぎえんそうじょう》が拾い、撫育した。赤子は東大寺の初代別当良弁僧正となって、母子はめでたく再会した。その大杉というのは、現在二月堂の前にそびえる良弁杉である。

良弁杉②

良弁杉の金色の大鷲が伝説だとしても、金鷲菩薩とも呼ばれる良弁は、聖武天皇の皇太子基親王の冥福を祈る金鐘寺《きんしょうじ》の知行僧の一人に選ばれたが、金鐘寺は「金鷲寺」という字をあてられる場合もある。やがて、金鐘寺が大和国国分寺、さらに盧舎那《るしゃな》大仏造像の地となって東大寺となるが、金鐘寺のあったところは、良弁が創建したと伝えられる法華堂(三月堂)になっている。

【わ】

若返《わかがえ》りの水《みず》

百姓の爺が足腰の弱ってきたのを嘆いていた。婆が病気で働かなければならない。爺は仏さまにお願いした。ある日、畑の湧き水の水を飲むと、急に元気が出てきた。家に帰ると、婆がけげんな顔をして「爺に似ている若者だが、どなたさまで?」と聞いた。爺が湧き水のことを話すと、婆も畑に行った。帰りの遅い婆を爺が迎えにいくと、湧き水の側で赤子が泣いていた。

若《わか》さとバカさ

「若いという字は苦しい字に似てるわ」という歌がはやったことがあったが、若いというのはバカいという響きに似ている。若いときはエネルギーがあふれ、それでいて世の中について無知なるがゆえに無鉄砲である。暴発の恐れがある。若さゆえに苦しく、バカさゆえに挫折《ざせつ》するからこそ、文学などで永遠のテーマとなるのだ。挫折はまた、宗教へのよき入口ともなる。

若僧《わかぞう》と若様《わかさま》

よく「若僧に何がわかるか」などという。若い人や未熟な者を卑しめていう言葉だ。「若僧」は「若蔵」「若造」とも書く。蔵はくら、造は年、年代の意。それに対して、尊敬を込めていう言葉は「若殿」「若様」「若君」「若大将」などか。「若」と略してもいう。しかしこれは身分の違いによるもので、若僧の対語としては「老僧」「老宿」などである。いま身分差はなくなったはずだが、若様きどりの若僧も少なくないのではないか。

我《わ》がもの大海《たいかい》のごとし

明治初期の鎌倉建長寺の境内を、尼僧が歩いていた。そのとき六尺近い偉丈夫の雲水が、尼僧の前で作務衣《さむえ》の裾《すそ》を広げ、一物を出し、「我がもの巨木のごとし」と宣言した。その様子に周囲の人達はビックリしたが、尼僧は臆することなく作務衣の裾をからげ、「我がもの大海のごとし」と言い放った。雲水は顔を赤らめ、逃げ出してしまったという。

鷲《わし》にさらわれた子供《こども》①

山里に、夫に死なれ、幼い男の子をもつ母親がいた。子供を負って手伝い仕事、賃仕事で暮らしていた。子供が無事に育つようにと、観音さまのお守りを子供の着物の襟《えり》につけていた。子供を畑の畔に寝かせて茶摘みの手伝いをしていると、とつぜん空が暗くなり、火のついたような子供の泣き声がした。振り返ると、一羽の鷲が子供をさらって舞い上がった。

鷲にさらわれた子供②

母親は急いで家に帰ると、遍路姿になって子供を探す旅に出て、十三年の後には乞食になって諸国をさすらっていた。大和の茶屋で得た情報は、「東願寺の小僧は杉のてっぺんから生まれたので、毎朝、庭の杉の木に参らないと朝飯も食わない」というものだった。母親は東願寺へ急いだ。だが、寺が立派すぎて、母親は寺に入るのをためらい、近所で小僧の情報を集めた。

鷲にさらわれた子供③

近所の爺さんの話だと、「杉の木の上で二歳ぐらいの男の子が泣いていて、寺では杉から子供が生まれたとして、子供には杉が親だと教えているということじゃ」「で、どうして子供が杉の木に……」「わしの思うには、大鷲に違いない。長いこと、あの木に巣をかけていたからの」母親は、話を聞きながら涙をながした。朝を待って東願寺へ行くと、十四、五の小僧が杉の木の下に現われた。

鷲にさらわれた子供④

どう見ても、わが子に違いない。母親はうれしくて、なりふりかまわず飛び出し、小僧に抱きついた。急に乞食婆に抱きつかれて、小僧は驚いた。騒ぎを聞きつけて、和尚が出て来た。「おまえの子だという証はあるのか」と和尚は聞いた。「もし、そのときの着物が残っているなら、左襟に観音さまを縫い込んであるはずです」というと、和尚はすぐに了解した。

鷲にさらわれた子供⑤

着物は大事に保管されていた。袷《あわせ》も肌着もへこ帯も、すべて母親の手織りだった。観音さまは、輝いているように見えた。和尚は、母親の愛情に感じいった。母親に、この寺で親子ともに暮らすようにすすめた。仕事もなく天涯孤独だった母親は寺の雑用をし、小僧は修行を積みりっぱな僧侶になった。そして、鷲にさらわれた子供は優れた力を身につける、といわれるようになった。

鷲の食《く》い残《のこ》した子供《こども》①

但馬《たじま》国の山中の家で、父母が野良に出ているあいだに、中庭で遊んでいた生後半年の女の子が鷲にさらわれた。東に飛んでいったのはわかったが、ゆくえ知れない。父母は嘆き悲しみ、追善の供養をし、冥福を祈った。八年後、用があって丹波《たんば》の他人の家に泊まった。そこには八歳ぐらいの女の子がいて、村の子供に「おまえは鷲の食い残し」といわれて虐《いじ》められていた。

鷲の食い残した子供②

父親はどうして鷲の食い残しといわれるのか家の主人

に聞くと、主人は「私が鳩《はと》を取ろうと樹に登ったところ、鷲が飛んできて、足にはさんだ幼児を巣に落とした。その巣には鷲の雛《ひな》がいて、幼児を食べようとしたが、幸い泣き声にひるんで食べなかったので、私が抱いて帰って育てたのです」といった。八年前のことだといい、季節も方角も合っている。

鷲の食い残した子供③

父親が八年前の話をすると、家の主人も驚いて「それはあなたの子にまちがいない」というと、子供を父親に返した。父親は、たまたま泊めてもらった家の主人が、わが子を拾って育ててくれていたのも、旅の途中、仏さまに祈りつづけたお陰だと思い、いっそう信心が深まった。丹波の村の人びとも、親子の絆の深さを仏さまが憐れんで助けてくれたにちがいない、と話しあっていた。

忘《わす》れ去《さ》ること

「記憶すべきことを忘却するは、はなはだ不便なり。忘却すべきことを記憶するは、はなはだ不幸なり」は評論家長谷川如是閑の言葉である。むかし「忘却とは忘れ去ることなり」というナレーションで始まるテレビドラマ「君の名は」があった。表面的には忘れてしまったようにみえても、じつは心の深層(無意識層)にはしっかり記憶されているという。それを心の表面に押し出すには、技術を要するだけである。

笑《わら》いと信仰《しんこう》

「笑う門《かど》には福来る」とは、いつも笑顔を絶やさないような家庭には幸福がついてくるという意味である。門は家の出入り口のことだが、その家に住む人びとのことをもいう。人間、幸せがつづけば、おのずと笑顔でいられる。しかし、笑っていれば幸せがついてくるというのは、幸せに縁の薄い者には納得しにくい。それでも笑えるというのは、よほどのノー天気か、あるいは信仰に篤い人であろう。

悪《わる》ガキは飽食《ほうしょく》時代《じだい》の産物《さんぶつ》

餓鬼《がき》はもちろん六道の一つ餓鬼道の住人のこと。子供をいやしんでいう言葉でもあり、このばあいは、漢字がむずかしいので「ガキ」とカタカナで書いたりもする。

最近のはやり言葉に「悪ガキ」というのがある。子供を餓鬼といった背景には、いつも腹を空かしているというイメージがつきまとっているが、悪ガキには餓鬼道のイメージはまったくない。むしろ豊かな飽食の時代の産物である。

ワンダー・さとりへの道① 何ものにも恐れない獅子の姿

釈尊が舎衛国《しゃえこく》の祇園精舎《ぎおんしょうじゃ》に、普賢《ふげん》と文殊《もんじゅ》の二人の菩薩《ぼさつ》をはじめとする多くの菩薩や悟りの浅い声聞《しょうもん》や天人《てんにん》たちとともにいたとき、釈尊は「仏の大慈悲《だいじひ》で、如来《にょらい》の智慧《ちえ》の世界と如来の功徳のことを、ことごとく私たちにお示しください」と、彼らが心のなかで願うのを感じると、獅子奮迅三昧《ししふんじんざんまい》の瞑想に入った。この瞑想に入ると、何ものにも恐れない獅子の姿に似てくるといわれる。

ワンダー・さとりへの道② 宮殿になる祇園精舎

釈尊が獅子奮迅三昧に入って大悲の相を現わすと、祇園精舎の林は忽然として広大な宮殿となった。そこには宝珠が敷きつめられ、宝の花が散り、床は荘厳《しょうごん》な金剛《こんごう》で、柱は瑠璃《るり》で、さまざまな宝の欄干がめぐらされていた。宝石で飾られた高殿《たかどの》があり、きらびやかな旗がその周囲に連なり、階段は宝石で造られていた。そして、飾られたすべての宝石から放たれる光は、全世界を照らしていた。

ワンダー・さとりへの道③ きらびやかな空間

さらに、宮殿をとりまく祇園精舎の林は、宝石を敷きつめた土地や、宝石でできた並木道、香水をたたえた無数の河にはさざ波が立ち、白蓮の花が一面に咲き、岸には花をいっぱいにつけた樹が植えられ、飾られたその間からは宝石で飾られた無数の高殿が輝く広大な世界になっていた。また虚空には、無数の宮殿の雲や、香樹の雲、須弥山《しゅみせん》の雲、真珠の雲など、さまざまな雲が漂い、音楽が流れていた。

ワンダー・さとりへの道④ 悟りの浄土①

この祇園精舎の空間に現われる不思議な空間現象は、すべて仏の神通力による浄土で、深い悟りの世界である。はるかな彼方の十方の仏土からは仏を賛美し、祇園精舎を荘厳にするため、東方の金剛雲明浄灯荘厳世界、南方の金剛蔵、西方の宝灯須弥山、北方の宝衣光明幢世界、東北の放離垢歓喜光明網世界、東南の香雲荘厳幢世界、西南の光蔵世界、西北の浄願摩尼宝蔵世界、

ワンダー・さとりへの道⑤ 悟りの浄土②

下方の一切如来光円満清浄世界、上方の説無尽覚世界から、菩薩たちがそれぞれの一族を率いて、光や香、花、宝の世界、雲を起こして祇園精舎に集まってくると、釈尊の前に進んで礼をし、宝の楼閣と獅子座を造り、宝の網をまとい、宝の冠をいただいて座った。これらの菩薩は、広大無辺な悟りの世界に入り、無限の功徳を成就した人びとである。

ワンダー・さとりへの道⑥ 声聞と仏の資格①

仏の三昧の力によって、祇園精舎の林は広大無辺の浄土となり、十方世界の諸仏や菩薩が訪れたが、舎利弗《しゃりほつ》・目連《もくれん》・迦葉《かしょう》等の声聞たちは、仏の化現《けげん》した荘厳《しょうごん》を見ることなく、音楽を聞くこともなく、十方の諸仏を見ることもなく、光の網にも触ることなく、舎衛城外の祇園精舎の林の中で、ささやかな寂滅《じゃくめつ》道場の瞑想に入っていた。彼ら声聞には、仏の悟りの世界に参加する資格がないからだった。

ワンダー・さとりへの道⑦ 声聞と仏の資格②

声聞たちが仏の悟りの世界に参加できないのは、仏の功徳の荘厳を見る目がないからで、たとえば目覚めた人が寝ている人の夢を見ることができず、餓鬼《がき》がガンジス川の水を火と見るようなもので、牧人や猟師が常に雪山《せっせん》に入っても薬草を発見できず、呪術者のみが地中の伏蔵を見分けるように、盲目の人が宝の山に入ったように、声聞たちは現在起こっているこの仏事を見ることができないのだ。

ワンダー・さとりへの道⑧ 声聞と仏の資格③

これら声聞たちをよそに、集まった菩薩たちは、雲に響く声を上げて、釈尊を称えるそれぞれの歌を唄った。仏の獅子座のまわりの菩薩たちは、如来の三昧の光に照らされ、普賢・文殊の解脱《げだつ》と賛歌に導かれて、ことごとくあらゆる世界の悟りの世界に入り、さらに大悲の力を得て、十方の世界にあるすべての者を救うことができ

た。

ワンダー・さとりへの道⑨ 菩薩の神通力

菩薩たちは毛穴から光を放ち、その一つひとつの光の先に一万億の菩薩を現わして、仏の世界に遊ばせ、人びとの求めに応じて教化した。その菩薩たちは、無常の死の相を現わして人の世のはかなさを悟らせ、十界の世界を現わし、化身の雲を放ち、梵天、仙人、良医、商人、あるいは都城や集落まで現わしてこれを教化した。こうして祇園精舎に集まった菩薩たちは、智慧の世界や悟りの海にあって神通力を現わして、数多くの化現をほどこすことができた。

ワンダー・さとりへの道⑩ 顔だちのいい童子①

祇園精舎に集まった菩薩たちが悟りに入ると、文殊菩薩は一族を率いて南方のガヤーに赴いた。文殊菩薩が来ると聞いたガヤーの人びとは、先を争って集まり、法を聞こうとした。文殊菩薩は法を説こうとして、聴衆の心を観察した。そのなかに、きわだって顔だちのよい童子がいた。この童子は受胎のとき、彼の家の宝の蔵から七宝の楼閣が現われ、誕生のときには、部屋に五百の器が自然に並んだという。

ワンダー・さとりへの道⑪ 顔だちのいい童子②

この吉兆をバラモンの占い師に観てもらうと、「むかし多くの善根をなし、永く菩薩の行を修めた者だ」と告げた。占い師は、この不思議な現象にちなんで、童子に善《ぜん》財《ざい》という名を与えた。文殊菩薩は、善財童子に「私は、おまえのために正しい法を説くであろう」と告げ、説法を終えると、南に向かって遊行《ゆぎょう》した。善財童子は、さらに仏の功徳を聞き、仏の智慧を求めようと、文殊菩薩に従って後を追った。

ワンダー・さとりへの道⑫ 南方の修行者①

道を求めようとする善財童子の志を耳にした文殊菩薩は、「よい師を求めて親しみ、敬い、供養して、一心に悟りの道を修め、いかにして悟りの行を行なうべきかを問うがよい」といって、童子を励ました。そして「南のほうに可楽という国がある。そこの和合という山の中に功《く》徳雲《どくうん》という修行者が住んでいるので、そこへ行って教えを乞うがよい」と教えた。

ワンダー・さとりへの道⑬ 南方の修行者②

喜んだ善財童子は、文殊菩薩に再会を誓って南に向かった。和合山で山の頂を静かに歩く功徳雲を見つけたのは、七日めだった。童子はその前にひれ伏して、一心に悟りの道を問うた。功徳雲は「よく菩提心をおこされたが、一口に菩薩の行といっても、ひじょうにむずかしいものである。悟りによって私の得たものは、清らかな信の目と、広く照らす智慧の光にすぎない」といって、言葉をつづけた。

ワンダー・さとりへの道⑭ 南方の修行者③

「それは、善は善であり、悪は悪であると見通す、ありのままの世界である。これは、普門光明観察正念諸仏三昧というものだが、私の知っているのはこの三昧だけである。だから、菩薩の円満で清らかな智慧と行は、とうてい私の知るところではない。南のほうに海門という国があって、海雲《かいうん》という修行者がいるから、そこへいって菩薩の行を問うがよい」と童子に教えた。童子は南に向かった。

ワンダー・さとりへの道⑮ 海辺の修行者①

善財童子は、海門国の海辺に住む海雲という修行者に教えを乞うた。海雲は童子の発心《ほっしん》を誉めて、自分の得たところを次のように語った。「ここに千二百年住んで、つねに生死《しょうじ》の大海を観察しているが、生死の大海はじつに広大で深く、底の知りえないものである。ある日、私が海底の果てを見ると、自然に大きな蓮華が海面に現われた。茎はイナニラの宝で、葉は金、芯は瑪瑙《めのう》でできていて、沈水香の宝を台として、大海の水面いっぱいに広がっていた。

ワンダー・さとりへの道⑯ 海辺の修行者②

この花のまわりを、幾百万の天王・龍王・海神・阿修羅などが珠玉を雨のように降らせ、香水を降らせ、花を散らして、敬い巡っていた。蓮華の上には、一人の如来が不思議な丸い光に包まれて顔を輝かして座り、まわりの大衆に向かって法を説き、自在の力でさまざまな変化《へんげ》を現わすのを見た。その如来は、右手を伸ばして私の頂を撫で、普賢の法を説いた。

ワンダー・さとりへの道⑰ 海辺の修行者③

これこそじつに如来の世界であり、菩薩の行である。私は千二百年のあいだ、この教えを受けて、ことごとくこれを記憶し、理解することができた。私の知っているのは、この教え一つのみである。だから、広大な菩薩の修行を知っているわけではない。ここから南に行くと、海岸という国があり、善住《ぜんじゅう》という修行者がいる。彼に、いかに菩薩の行を修めるべきか問うがよい」と童子に教えた。

ワンダー・さとりへの道⑱ 海岸の修行者①

善財童子は三百里の旅のあいだ、海雲に授けられた普賢菩薩の教えを考えながら歩き、やっと海岸国に着いて訪ねた善住は空中を歩いていた。まわりには宝の雲を起こし、天の花を散らして妙なる音楽を奏でる一族が取り囲んでいた。童子は、はるかにこれを仰ぎ見て、合掌し、どうすれば菩薩の行が修められ、仏の悟りが得られるのかと、教えを乞うた。

ワンダー・さとりへの道⑲ 海岸の修行者②

善住は童子を歓迎し、「私は無礙《むげ》の法門を成就《じょうじゅ》している。それゆえ、すべての人の心のありさまを観察することができ、障《さわ》りなき明らかな智慧《ちえ》の光を得た。その智慧の光ですべての人の心を見るのになんの障害もなく、世のありさまを見るになんの障害もない。私は、この自由自在な無礙の智慧によって神通力を得ることができ、自由自在に空中を歩くことができるようになった。

ワンダー・さとりへの道⑳ 海岸の修行者③

さらに、ただ空中を歩くだけではなく、念ずることによって、ただちに十方の仏国土に飛んで行くことができ、その仏たちの説く尊い教えをことごとく記憶して、正しく理解することができるようになった。そして、もし私を正しく見る人があれば、その人はただちに悟りの道に入ることができるのである。

ワンダー・さとりへの道㉑ 海岸の修行者④

善財童子よ、私の知っているのは、ただこの無礙の法門だけである。菩薩のたもつ戒を知りつくすことは、とうていできない。数ある戒については無知だといえる。だから、これ以上のことを教えることはできない。ここから南のほうに自在という国があり、呪薬という城の中ににメーガ(雲)という良医がいるので、その師を訪ねて菩薩の修行を積むがよい」と教えた。童子は、無礙の法門を心に念じつつ、南に向かった。

ワンダー・さとりへの道㉒自在国の良医①

善財童子が自在国の呪薬城に入ると、良医メーガは一万の大衆に囲まれて『輪字荘厳光経《りんじしょうごんこうきょう》』を説いていた。童子はただちにメーガのところに行き、合掌して「どうすれば、生死のなかに処して、菩提心を失わずにいられ、現実の誘惑から逃れ、菩薩の行を修めることができるでしょう」と教えを乞うた。メーガは「童子よ、ほんとうに無上の菩提心をおこしたのですか」と確かめた。

ワンダー・さとりへの道㉓自在国の良医②

善財童子がほんとうだと答えると、メーガは座を下り、五体を地に投じて善財童子を礼拝して「無上の菩提心をおこされた方は、あらゆる仏を守り、あらゆる仏の国を浄め、あらゆる人びとを救い、つねに諸仏の守りを受け、つねに諸天に供養され、清き智慧の光を得て菩薩の道を照らすでしょう。そして、菩薩は人びとの父母となって苦悩を除き、善根を育て、かぎりない功徳の宝を蔵しているのです。

ワンダー・さとりへの道㉔自在国の良医③

さらに、日輪《にちりん》のように愚痴の闇を照らし、月輪《がつりん》のようにすべてを清涼にして、大将となって敵や悪魔を降伏させ、善丈夫のように法城の王となり、火となって貪愛《とんあい》を断ち、雲となって甘露《かんろ》の雨を降らせ、橋となって生けるものすべての人びとに生死の河を渡らせるのです」と、メーガは童子とすべての菩薩を賞賛し、口から大きな光の雲を放って三千大千世界を照らした。

ワンダー・さとりへの道㉕自在国の良医④

すると、もろもろの天人がメーガのもとに集まり、メーガは天人のために『輪字荘厳光経』を説いた。説法が終わると、天人は菩提心を起こし、メーガはもとの座に昇って童子にいった。「私は菩薩の一切施設《せせつ》の海に入り、言葉の海に入るという法門をもっている。これによって三千大千世界のあらゆる生きものの言葉を知りつくしているが、私の知っているのはこれだけで、菩薩の広大な行を知りつくすことはできない。南にある住林国に住む、諸法を照らす法を知っている解脱《げだつ》という長者に問うがよい」と教えた。童子は南に向かった。

ワンダー・さとりへの道㉖ 林の中の長者①

善財童子は、いままで教えられた法門を考えながら、十二年かけて広大無辺のすべての法の本質を知り、ようやく住林国に入って、「善い師に会うのはむずかしく、親しむことも、教えを受けることもむずかしい。そして、それを実行するのはなおむずかしい」と思いながら、林の中で静かに暮らしている解脱長者を訪ね、「菩薩の行を満たし、仏の智慧を得ようとしているが得られない」と教えを乞うた。

ワンダー・さとりへの道㉗ 林の中の長者②

そのとき長者は、すべての仏国土に障りなく出没できる三昧の境地に入った。この三昧の境地に入ると、長者は鏡のようになった清浄な身体のなかに、十方のさまざまな仏の相を映した。それらの仏の過去の修行から現在の降誕、成道、説法、涅槃にいたるまでのあらゆる仏事が映され、そこに現われた諸仏の神通力を見、説法をことごとく聞くことができた。

ワンダー・さとりへの道㉘ 林の中の長者③

長者は立って、善財童子に「私は如来の無礙《むげ》荘厳《しょうごん》の法門をもっている。この法門によって、私は十方世界の数知れない多くの仏を拝することができる。だが、それは仏がここに来られたのでも、私がそこに行ったのでもない。すべて障りのない力によって、そのまま融通するのである。このことを知るならば、すべてが自分の心に存在するようになる。

ワンダー・さとりへの道㉙ 林の中の長者④

つまり、菩薩は自分の心によって仏の法を得、菩薩の行を修め、あらゆる国を浄め、あらゆる人びとを導くことができるのである。だから、智慧の光で自分の心を照らし、仏と等しい広大な心、自在な心を起こしなさい。

ただ、私の修めたのはこの如来の無礙荘厳の法門だけで、菩薩の障りのない智と行とのすべてを説くことはできない。南に法の真理を見ることを知っている海幢《かいどう》という修行者がいるので、問うとよい」と教えた。童子は南に向かった。

ワンダー・さとりへの道㉚ 瞑想の修行者①

善財童子は国中を探して、静かなところでひとり結跏《けっか》趺坐《ふざ》して深く瞑想に入っている海幢を見つけた。童子がその前に来ても、息を殺し、身動きもしない海幢の身体に不思議な現象が起こった。その足もとから無数の長者が現われると、もろもろの貧乏人に食糧や衣服を与え、いたわり慰め、その両膝からは無数のクシャトリヤが現われて、人びとに道徳を説き諭しているのだ。

ワンダー・さとりへの道㉛ 瞑想の修行者②

腰のあたりからは、草の衣服を着けた大勢の仙人が現われ、虚空を遊行して緒論を説き、両脇からは無数の龍王が現われてさまざまな荘厳雲を出して世界を照らし、諸仏を供養している。さらに、胸にある卍《まんじ》からは無数の阿修羅王が現われて、世界をとどろかせて悪魔と闘い、背からは無数の声聞と縁覚が現われて、人びとに無常観を説き、不浄観を教えている。

ワンダー・さとりへの道㉜ 瞑想の修行者③

両肩からは無数の夜叉《やしゃ》王、羅刹《らせつ》王が現われて、仏や菩薩を守り、人びとを諸難から救っている。腹からは無数の緊那羅《きんなら》王が現われて、あらゆる音楽を奏でて法を称え、仏を賛美している。口からは無数の転輪聖王《てんりんじょうおう》が現われて七宝を持ち、四兵を率いて人びとに財を与え、善を教えている。両目からは無数の日輪が現われ、真実の世界を照らしている。

ワンダー・さとりへの道㉝ 瞑想の修行者④

眉間からは無数の帝釈天《たいしゃくてん》が現われて仏の功徳を賞賛し、仏の教えを聞く利益をすすめている。額からは無数の梵《ぼん》天《てん》が現われて仏を賛嘆し、説法を勧請《かんじょう》している。頭の上からは無数の菩薩が現われて六波羅蜜《はらみつ》の修行をし、自在の力で甘露《かんろ》の雨を降らせて、すべての人びとを教え導いている。善財童子は海幢の前に立って、そんな働きを一心に見つめ、この不思議な境地を考えていた。

ワンダー・さとりへの道㉞瞑想の修行者⑤

幾月か過ぎて、海幢はその三昧から出た。善財は手を合わせて三昧を誉め称え、「この広く深い力をもった三昧は、なんというのですか」と聞いた。海幢は「普眼捨得《ふげんじっとく》、または清浄光明智慧波羅蜜、あるいは清浄荘厳普門という。私は智慧を修めてこの三昧を得、同時に他の三昧にも達することができた。

ワンダー・さとりへの道㉟瞑想の修行者⑥

この三昧に入れば一切の世界を観察することができ、一切世界に遊んでもさしさわりはない。すべての仏法を観ずることも説くことも、なんらさしさわりはない。あらゆる仏を拝することも、あらゆる人びとを救うことも自由自在である。だが私は、清浄光明智慧波羅蜜の三昧に達しているだけで、菩薩のすべてを語ることはできない。南のほうに普荘厳という園林《おんりん》があり、そこにいる休《く》捨《しゃ》という信女に教わるといい」と教えられた。童子は南に向かった。

ワンダー・さとりへの道㊱園林の信女①

善財童子は、海幢の三昧の境地を思い、その朗らかな声や優しい顔、清らかな心を思い出しながら、「善い師こそ諸仏を見せてくれ、法を見せてくれるものだ」と感じつつ南に歩き、大海の潮の寄せる普荘厳園林に着いた。美しい林は、七宝の垣を巡らし、無数の宝の樹木の枝は花を散らし、香りを放ち、宝珠の雨を降らし、音楽を奏で、数知れない黄金の高楼と殿堂が輝いて、真珠を敷きつめ、功徳水《くどくすい》をたたえた池には蓮華が咲き、水鳥が遊んでいた。

ワンダー・さとりへの道㊲園林の信女②

園林の中に荘厳幢という大宮殿があり、床には貝をちりばめ、柱は瑠璃で窓は珠玉に飾られ、すべてが宝でできていて、それから放たれる光は堂内で交差し、香がただよっていた。在家の信者である休捨夫人は、中央の金色の座に、全身を宝石で飾って端然として座り、まわりには婦人を尊敬して集まった世界中の天王・国王が手を合わせて礼拝していた。

ワンダー・さとりへの道㊳ 園林の信女③
善財童子は殿堂に昇り、手を合わせて教えを乞うた。休捨夫人は「私は、私を見る人は道を求める心から退かないというただ一つの法門をもっているだけです。十方の諸仏はつねに私のところに来て、私のために法を説いておられる。この普荘厳園林の人びとは、みな道を求める心が消えないのです」といった。童子は「あなたは、いつ道を求める心を起こしたのですか」と訊ねた。

ワンダー・さとりへの道㊴ 園林の信女④
休捨夫人は「私はむかし、砂の数ほどの多くの仏に対し、道を求める心を起こしました」と答えた。善財童子は「いつ道を求める心が満たされるのですか」と聞くと、「私は一部の人びとを救うために道を求めているのでも、一部の国を浄化するために願を起こしたのでもありません。あらゆる国を浄め、あらゆる人びとを救ったときが、満たされるときです」と夫人は答えた。

ワンダー・さとりへの道㊵ 園林の信女⑤
童子がいま説いた法門の名を聞くと、「離憂安穏幢《りうあんのんどう》と名づけましょう。私は、このことだけしか知りません。広大な悟りへの修行については語れません。南に海潮という国があり、毘目多羅《びもくたら》という仙人がいて悟りへの道を説くので、訊ねるがよい」と教えてくれた。善財童子は「善い師には会い難く、悟りへの道は遠い」と思いながら、さらに南に向かった。

ワンダー・さとりへの道㊶ 林の中の仙人①
善財童子は海潮国に着くと、毘目多羅仙人を探した。仙人は大きな林の中で、木の皮を着て草の上に座り、多くの仙人といっしょに住んでいた。童子は仙人を見つけると、五体を地に投じて礼拝し、教えを乞うた。仙人は側にいる仙人に「この童子は、すべての人びとを救うため大いなる願をおこしているのだ」というと、仙人たちは童子に花を散らし、足を礼して誉めた。

ワンダー・さとりへの道㊷ 林の中の仙人②
「この童子こそ、世界からすべての苦悩を取り去り、愛欲を断って、愚痴の闇を照らす人である」仙人たちの賛美が終わると、毘目多羅仙人は童子に「私は壊れることのない智慧を得ている」といった。童子がその働きを問うと、仙人は右手を伸ばして童子の頭を撫で、童子の手を取った。とつぜん、童子は十方世界の多くの仏の場所に行って修行している自分の姿を見た。

ワンダー・さとりへの道㊸林の中の仙人③

そして、その仏の相好《そうごう》と一族と光明を見、仏の智慧の光に照らされて、それらの仏のところに一日一夜、あるいは七日七夜、または一月、一年、百年、千年、万年あるいは無量億劫のあいだ法を聞き、光に照らされて修行している自分の姿を見た。そして、仏の力を究めたのである。仙人の破れることのない智慧に照らされて、童子は無数の三昧に入ることができた。

ワンダー・さとりへの道㊹林の中の仙人④

しばらくして、仙人がその手を放すと、童子はもとのところへ帰っている自分の姿を見た。不思議な出来事だった。仙人は「三昧中のことを憶えているか」と聞いた。童子が「よく憶えている」と答えると、仙人は「私は、この破られることのない智慧に達しているだけで、悟りへの道のすべてを話すことはできない。南にある進求国に住む方便命《ほうべんみょう》というバラモンに悟りの道を問うがよい」と教えた。童子は南に向かった。

ワンダー・さとりへの道㊺苦行のバラモン①

諸仏の神力を極める菩薩の法門を知った善財童子は、道すがらその力を試みながら進求国に着いた。バラモンの方便命は苦行の最中で、険しい刃の山から、燃え盛る炎の谷の中へ身を投げようとしているところだった。童子は方便命の足もとにひれ伏し、教えを乞うた。方便命は「この刃の山に登り、炎の谷に身を投じるなら、菩薩の行が完成するであろう」といった。

ワンダー・さとりへの道㊻苦行のバラモン②

しかし、善財童子は「善い師に出会い、正しい法を聞くことはむずかしい。だが、こんな危険な苦行をすすめるのは、魔か魔の使いが善い師に化けて、私を殺し、求道の邪魔をしているのかもしれない」と疑ったそのとき、虚空から「この人は悪魔ではない。大聖である」と梵天の声が聞こえ、諸天、龍王、阿修羅王などが童子を励ましていった。

ワンダー・さとりへの道㊼苦行のバラモン③

「この苦行のバラモンが炎に身を焦がしたとき、大いなる光がほとばしって、諸天の宮殿を照らし、不思議な楽を得さしめ、さらに光は阿鼻地獄を照らし、永劫《えいごう》の苦痛を除いたのだ」これを聞いた童子は、自分の軽率を恥じて、バラモンの方便命に謝ると、勇気を出して刃の山に登り、炎の谷に身を投じた。身を投じて、まだ中間に行かないうちに、童子は安住三昧に達し、炎の中に入ったときに、静寂で安楽な証明三昧を得た。

ワンダー・さとりへの道㊽苦行のバラモン④

童子は炎の中から、方便命に向かって喜びの声を上げた。「刃の山も、炎の谷も、実際に触れてみると、安らかな快楽《けらく》以外のなにものでもありません」方便命は「私はただ、この菩薩の尽きることなき解脱の法門を知っているのみで、広大な修行については語れない。この荒野の南方に獅子奮迅という都城があり、そこに弥多羅尼《みたらに》という童女がいるので、彼女に悟りの道を問うがよい」と教えた。童子は、荒野を南に向かった。

ワンダー・さとりへの道㊾金色の童女①

善財童子が獅子奮迅城に入って弥多羅尼童女の所在を聞くと、童女は獅子幢王宮内に住んでいるという。出入り自由の王宮には大勢の人びとが入って行き、みなが童女のもとに法を聞きに行くのだという。童女は、宝石や黄金で造られた麗しい珠の部屋の獅子の座にすわっていた。肌は金色に輝き、目も髪も紺色に澄んで、人びとに向かって優しい声で法を説いていた。

ワンダー・さとりへの道㊿金色の童女②

善財童子は、何ものかに引かれるように童女に近づき、教えを乞うと、童女は「この法堂の荘厳をごらんなさい」といった。童子が見たのは、瑠璃《るり》の柱や金剛の壁、玉の鏡、金の鈴など、あらゆるものの一つひとつに、法界のすべての仏の、発心《ほっしん》から涅槃《ねはん》にいたるまでの修行、説法、功徳のあらゆる光景がありありと映しだされたものだった。童子は「これはなんという悟りの法ですか」と童女に訊ねた。

ワンダー・さとりへの道⑤①金色の童女③

童女は「これは、智慧によって彼岸にいたる普荘厳《ふしょうごん》の法です。私は数えきれないほどの仏に会って、この法門を修めました。仏たちは、おのおの異なった門から、私を悟りの法に入れてくれたのです」といった。童子がこの法のはたらきを聞くと、童女は「私が悟りのなかに入り、正しく思惟して平等の心を起こすとき、多くの呪文を得ることができたのです。

ワンダー・さとりへの道⑤②金色の童女④

それは、仏や法についてのあらゆる呪文、智慧や願行についてのあらゆる呪文、禅定や神通についてのあらゆる呪文、他人の心を見通す呪文、多くの人を救うあらゆる呪文、世界を起滅させる呪文、仏の世界を自在に知るあらゆる呪文などですが、私の知っているのは、ただこの法門だけで、広大な功徳《くどく》についてはお話しすることができません。南のほうの救度国に、善現《ぜんげん》という修行者がいます。彼に訊ねてください」といった。童子は南に向かった。

ワンダー・さとりへの道⑤③経を読んで歩く修行者①

善財童子は救度国内を探して、やっと林の中を歩く善現を見つけた。善現は紺青の髪、紫金の肌、青い蓮華のように涼しい目をもち、唇は果物のような紅で、四肢は細く伸びやかで、まわりには丸い光が一メートル半ほど輝き、動じない心をもって静かに経を読んで歩いていた。そして、彼が歩く一足ごとに地から蓮華が出て、風が芳しい花の香りを運んできた。

ワンダー・さとりへの道⑤④経を読んで歩く修行者②

善財童子は、善現の足もとにひれ伏して教えを乞うた。善現は「私は若く出家して日も浅いが、生まれて以来、多くの仏のもとで修行し、菩薩の行を究め、障りのない智慧を得て林の中を歩きながら、一念のうちにあらゆる仏国土を荘厳することができ、一念のうちに多くの仏を見ることができる。また願力によって、一念のうちに衆生救済の法輪を転ずることもできる。これを随順菩薩灯明の法門というが、私はこの法門に達しているだけで、もろもろの法を語れない。南の輸那《しゅな》国の釈天主《しゃくてんしゅ》という童子に訊ねるがいい」と教えた。童子は南に向かった。

ワンダー・さとりへの道⑤⑤ 相を観る童子①

善財童子が善現の林を出て南に向かうのに、多くの天人や龍王が童子を囲んで同行した。童子が輸那国で釈天主童子を探しあぐねていると、虚空の天の龍王が「童子は城外の大河の畔にいる」と教えた。そこでは、釈天主童子が大勢の童子と砂で遊んでいた。善財が教えを乞うと、釈天主は「私は文殊師利菩薩から、あらゆるものがもつ固有の形相である印相《いんぞう》を教わった。

ワンダー・さとりへの道⑤⑥ 相を観る童子②

私は、これによって一切の巧みな術を行なう智慧を得ることができた。病気の人や、毒にあてられた人や、鬼にとりつかれた人を治すことができ、都城や村落や宮殿や園林を造るときの善悪の相、農産物や商売の善悪の相、人間の相を知って、行く末の善悪をきわめることもできる。また、無数の砂の丘があっても、その砂の一粒一粒を数えて、ことごとく知ることもできる。

ワンダー・さとりへの道⑤⑦ 相を観る童子③

また、一切の諸仏や菩薩たちの出現の数を、いちいち数えることもできる。しかし、私はこの巧みな智慧を得ているだけで、大菩薩はよく一切の仏、一切の法、一切の人びとを数えつくすが、私には深く算法に入って一切を数えつくす菩薩の功徳を説くことはできない。南海の畔にある海住という城に住む、自在《じざい》という童女に訊ねるといい」と教えた。善財は南海に向かった。

ワンダー・さとりへの道⑤⑧ 平服の童女①

善財童子は、大海がすべての流れを飲みこむように、あらゆる師を求めて歩き、海住城に着いた。探している自在童女は城の中の奥深くの宮殿に住んでいると、路上の人が教えてくれた。城は宝の垣で囲まれ、開かれた四つの門は、出入り自由だった。童女はつつましい平服を身にまとって無造作に髪をからげ、小さな器を前に端然と座っていた。

ワンダー・さとりへの道⑤⑨ 平服の童女②

飾りけのない姿だが、光り輝くように美しく、まわりには天女のように美しい多くの若い女性が童女をたたえて歌い、肌からは言いようのない香りを放っていた。童子が近づいて教えを乞うと、童女は「私のこの小さな器に盛ったささやかな食べもので、百人、千人はおろか、法界の塵の数ほど多くの人びとの食欲を満足させることができます。

ワンダー・さとりへの道⑥⓪平服の童女③

ほかにも衣服、髪飾り、首飾りでも車でも、ほしいと思う人に残らず施すことができるのです。あらゆる世界の声聞や縁覚は、みな私の食べものを食べて阿羅漢の位を得たのです。また、あらゆる世界の菩薩たちは、みな私の捧げものを食べて魔軍を降し、悟りを得たのです」といい、側にはべる侍女たちを指さして善財童子にいった。

ワンダー・さとりへの道⑥①平服の童女④

「この人たちは、私と同じ行を修め、私の器から食べものを取って、あらゆる聖者、餓鬼に供養しているのですが、私の器の食べものは、いつまでも減らないのです」といって、四つの門から入ってくる人びとに食べものを与え満足させたが、器は満ちたままだった。そして「私はこの尽きぬ功徳の蔵を得ただけで、もろもろの功徳を語ることはできないので、城の南方の大興城に住む甘露《かんろ》頂《ちょう》という長者を訊ねなさい」と教えた。童子は南に向かった。

ワンダー・さとりへの道⑥②物欲を満たす長者①

善財童子は、虚空のような功徳の海を心に感じながら南に歩き、数日後に大興城に着くと、甘露頂長者は七宝の堂の中の獅子の座にすわり、多くの人びとに囲まれて教えを説いていた。堂内は美しく飾られ、宝の幢が連なり、絹の幡が垂れていた。長者の背後からは、黄金の蓋をさしかけ、左右にはもろもろの香が焚かれていた。童子は、長者の前に進んで教えを乞うた。

ワンダー・さとりへの道⑥③物欲を満たす長者②

長者は「悟りの道を求め、あきることなく善い師を求めて実行するのは、なかなかできないことだ」と童子を誉め、「私は思いのままに功徳の宝を出す蔵を得て、すべての人びとの願いを満たすことができる。車や象、衣服、食物、香、花、薬などはもちろん、正しい法を施して、すべての人びとを潤すことができる。よく見るがよい」というと、ほうぼうの都城や村落から長者のもとに無数の人が集まってきた。

ワンダー・さとりへの道㊹ 物欲を満たす長者③

長者が虚空を見つめていると、集まってきた人それぞれが望んでいるものが天から降ってきて、その人の手もとに届けられた。人びとの物欲を満たし、世間の貧乏を救うと、長者は次に正しい法を説いて、愛欲の悩みを消してやると、人びとは帰っていった。長者は「私はただ、心のままに功徳の宝を出す蔵を得ているのみで、多くの功徳を自在にする法を説くことはできない。城の南の獅子重閣という城にいる法宝周羅《ほうぼうしゅら》長者を訊ねるといい」といった。童子は南に向かった。

ワンダー・さとりへの道㊺ 貧苦を除く長者①

甘露頂の功徳の力を得た善財童子は、獅子重閣城の路上で法宝周羅長者に出会った。童子が教えを乞うと、長者は童子の手を取って自分の家に連れて行き「私の家をごらん」といった。それはりっぱな建物で、七宝の垣が巡らされ、瑪瑙《めのう》の池には功徳水がたたえられ、宝の樹木が連なっていた。柱や壁は宝石で、八つの門がある十階建てだった。

ワンダー・さとりへの道㊻ 貧苦を除く長者②

一階にはいろいろな食べものがあり、二階には宝の衣服が、三階には宝の家具や装飾品があり、四階には美しい女性がおり、五階には菩薩十地の階級のうちで初地から五地までの菩薩が集まって正しい法を結集《けつじゅう》し、六階には六波羅蜜《はらみつ》を得た菩薩が集まって智慧の法門を説き、七階には音響忍《おんこうにん》の菩薩が集まって方便の法門を説き、八階には常住の菩薩が集まって神通力を現じ、九階には補処《ふしょ》の菩薩が満ち、十階にはあらゆる仏がいて、衆生《しゅじょう》を救済していた。

ワンダー・さとりへの道㊼ 貧苦を除く長者③

童子が「このような光景を見るのは初めてだが、あなたがいま、このような果報を得るために、むかしどのような善根を積んだのでしょう」と聞くと、長者は「むかし、無量光明法界普荘厳王如来が城中に入られたとき、私は香華と音楽を供養した。この功徳によって、未来はつねに貧苦を除き、仏に会い、つねに正しい法を聞こうと願った。それによって、いまこの報いを得たのです。

ワンダー・さとりへの道㊽ 貧苦を除く長者④

だが、私はただ、この大願を満足したにすぎません。壊すことのできない智慧と真理を得た大菩薩たちのように、広大な功徳の行を説くことは、私にはできません。この城の南のほうに実利根国《じつりこん》があり、普門という城がある。そこにいる普眼妙香《ふげんみょうこう》という長者に訊ねるといい」といった。童子は南に向かった。

ワンダー・さとりへの道㊾ 病を癒す長者①

善財童子は、いままで体得した法を考えながら実利根国の普門城に入った。城壁は高く堅固で、城下町らしいにぎわいだった。普眼妙香という長者は、城中で香や薬を売っていると聞かされ、そこに行って教えを乞うた。長者はこころよく迎え、「私はすべての人の病気を知って、これを治療することができる」と、自分の法を説明しはじめた。

ワンダー・さとりへの道㊿ 病を癒す長者②

「風や寒さ、暑さなどの諸病にかかった者には、食べものに注意するよう戒め、健康のたいせつさを教え、鬼にとりつかれた者や毒にあてられた者、呪術にかかった者も私のところに来れば、それぞれの状態に応じて対処できる。病の治療が終わると、私は香りの高い風呂に入れ、衣服を与え、飾り物をつけさせ、おいしい食べものを与え、そしてもろもろの仏の教えを説いて導くのである。

ワンダー・さとりへの道㉛ 病を癒す長者③

愛欲の多い者には不浄観を教え、ケチや怒りの多い者には慈悲観を教え、愚痴の多い者には法相観を教え、等分行の者にはさらに法門を教えて彼らに喜びと満足を与えて帰す。私はまた、香を合わせる法を知っている。私が合わせた香をたくときは、すべての人を救い、すべての仏国土を荘厳にし、すべての仏を供養しようと願う私の大願が満たされるのだ。

ワンダー・さとりへの道㉜ 病を癒す長者④

たくのが一握りであっても、その煙は十方の仏の国に満ちあふれ、香の形像、光、雲となって広大無辺の法界を荘厳にする。しかし、私はただ、私のところにやって来る多くの病人の病原を確かめて、それに応じた治療をしているだけで、すべての人を喜ばせ、いっさいの仏を見るだけで、迷いを断ち悟りを開かせる大菩薩の行を私は説けない。この城の南に満幢という城があり、満足《まんぞく》という王がいるので、菩薩の道を問うがよい」と教えた。童子は南に向かった。

ワンダー・さとりへの道⑦③ 残虐な王①

善財童子は満幢城への途中、いままで遍歴した善き師のことを思い、感謝して教えを考えながら清らかな喜びを覚え、広々とした障りのない心を内に生じ、一念のうちに十方の仏国土に遊んで仏を見ていた。満幢城に入って道行く人に聞くと、「満足王はいま正殿で政治を行ない、裁断をされている」ということだった。王宮に行くと、王は獅子座にすわって報告を聞き、指示をあたえていた。

ワンダー・さとりへの道⑦④ 残虐な王②

王の髪は紺青で耳は長く垂れ、珠玉の冠を被り、金の蓋には瑠璃の竿《さお》をつけ、幡を立てていた。大臣たちが王の左右に座り、将軍は兵を従えて前後を守っていた。王は法を破った罪人を刑罰に処しているところで、手足を切られる者、耳鼻を落とされる者、両眼をえぐられる者、首を斬られる者、熱い灰に投げ入れられる者、油を注いだ敷物に巻いて焼かれる者など、残虐をきわめた刑罰が王の目の前で執行されていた。

ワンダー・さとりへの道⑦⑤ 残虐な王③

童子はこれを見て「私は人びとの苦悩を救うための悟りを求めて、菩薩の行を修めているのだ。それなのに、この王は悪逆のかぎりをつくし、あらゆる不善を行なっている。はたして、この悪王から学ぶものがあるのだろうか」と思った。そのとき、虚空から「童子よ、おまえは普眼妙香長者の教えを憶えているか」という声が聞えてきた。童子が「覚えている」と答えると、虚空からの声はつづいた。

ワンダー・さとりへの道⑦⑥ 残虐な王④

「憶えているなら、なぜ疑うのか。菩薩の智慧と方便は測り難く、人びとを救う手段は、われわれの理解を超えたものなのだ」童子はこの声を聞くと、王のところへ行って、菩薩の道を教えてくれるよう頼んだ。王は政治の仕事を終えると、正殿から下り、童子の手を取って宮殿に帰ると「私の宮殿を見るように」といった。それは七宝の垣を巡らせ、珠玉の高殿がそびえ、広い宮殿には天女のような五百の侍女が住んでいた。

ワンダー・さとりへの道⑰ 残虐な王⑤

童子が広い宮殿を見終わると、王は「私のこの優れた果報を見て、私の行ないが善か悪か判断するがよい」といった。童子が納得すると、王は言葉をつづけた。「私は幻化《げんけ》の法に達している。犯罪者というものは、ただ口先だけの教えでは悪行を正すことができない。それで私は、幻の悪人を作り、できるだけ残虐な刑を執行して現実の犯罪者に示し、悪をやめさせるようにしているのだ。

ワンダー・さとりへの道⑱ 残虐な王⑥

私は蟻《あり》一匹殺せないのだ。それなのに、現実の人間が殺せるはずがない。人は本来、もろもろの善根を生むものを生まれながらもっているものだから、犯罪をなくすため、この幻の法に達して人を導いているのだ。悪を知り、菩薩の行を幻化と見て、すべての法を夢と考えて、障りのない真実の世界に入り、自在の功徳をそなえる大菩薩の修行を説くことは、私にはできない。この城の南に善光という城があり、大光《だいこう》という王に菩薩の行を問うがよい」と教えた。童子は南に向かった。

ワンダー・さとりへの道⑲ 慈しみの王①

善財童子は、すべての法は幻のようなものだと考え、菩薩の願行も幻化のようなものだと知って、真実の世界に入ることができた。童子は野を越え山を越え、多くの都や町を過ぎて苦難にあったが、一心に善い師との出会いを願って善光城に向かった。善光城は七重の深い堀と七重の宝の壁に囲まれ、黄金や白銀、瑠璃や玻璃《はり》で飾られた多くの高殿があった。

ワンダー・さとりへの道⑳ 慈しみの王②

大光王は宮殿の中の珠玉をちりばめた高殿に住み、法堂の獅子座にすわっていた。王の肌は金山のように輝き、顔は満月のように清らかで、姿は太陽のように堂々として、まわりを圧していた。王のまわりには美しい侍女たちがはべり、黄金の角をもった無数の乳牛が甘い乳を出し、さまざまな食物や香が供えられて、街路ごとに多くの菩薩が派遣され、物心ともに人びとを救っていた。

ワンダー・さとりへの道㉛慈しみの王③

童子が王に教えを乞うと、王は「私は多くの仏から慈しみを旗印とする行を学び、それによって国を治め、国民を正しいほうに導き、実践している。私は貧しい人びとのためにつねに蔵を開き、ほしいものがあれば自由に持っていかせ、悪行を禁じている。国民は、大乗の心を起こしているが、その心の程度によって、この城の見方が違っている。

ワンダー・さとりへの道㉜慈しみの王④

ある者は汚れていると見、ある者は清らかだと見、ある者は木や石と見、ある者は瑠璃と見る。それは過去の因縁によるもので、心の清らかな者のみに宝で麗しく飾られた城が見え、清らかに感じるのである。しかし、多くの国民は、前世で不善を行なったため、大乗の心を起こしても、心が汚れているので、清らかな城を見ることができない。

ワンダー・さとりへの道㉝慈しみの王⑤

しかし、私が彼らを哀れに思い、世に順じる三昧に入れば、彼らの心は浄められ、この世の汚れが除かれる。では、その順世三昧を見せよう」といって王が三昧に入ると、善光城は六種に震え、城中のすべての宝の垣、高殿、宮殿、鈴などがいっせいに妙なる声を上げて王を賛美した。国民すべてが喜びにあふれて王に手を合わせ、獣も鳥も王に礼拝し、山も林も身を曲げて王に向かい、河も泉も王に向かって流れ、諸天は花を降らせて歌を唄い、龍王は雲を起こし香水を注いで王を供養した。

ワンダー・さとりへの道㉞慈しみの王⑥

血を飲み肉を喰らう悪鬼羅刹《あっきらせつ》も、水に泳ぐ悪獣もことごとく慈しみの心を得てもろもろの悪を離れ、五体を地に投じて王を礼拝した。王が三昧から立つと、童子に「私はただ、この慈しみを旗印とする行と三昧を知っているだけで、如意宝珠のように人びとの願いを満足させる大菩薩の法を説くことはできない。この城の南にある安住という城に住む不動《ふどう》という信女を訊ねるといい」といった。童子は南に向かった。

ワンダー・さとりへの道㉟ 心を浄める信女①

善財童子は、大光王の三昧を心に念じながら安住城に着いた。不動信女は父母といっしょの家に住み、多くの人に説法をしていた。信女の家は黄金の光を放ち、まばゆいばかりにあたりを照らし、この光にふれた童子は赤ん坊のように身も心も柔らかくなり、天界のどこを探しても得られないような妙香に包まれた。童子は彼女に手を合わせ、一心に仰ぎ見た。

ワンダー・さとりへの道㊱ 心を浄める信女②

信女は美しい容色をそなえ、妙なる香りを出し、飾りをつけて座っていたが、その美しさは愛欲をそそるようなものではなく、人の心を浄め高める美しさだった。童子が教えを乞うと、信女は優しい声で「私はむかし、修臂《しゅひ》という仏が世に出たとき、電光という国王の王女に生まれたのです。ある真夜中、すべての音楽がやみ、侍女たちが眠りに落ちたとき、私はひとり楼上に昇って輝く星を眺めていました。

ワンダー・さとりへの道㊲ 心を浄める信女③

そのとき、私は山のようにそびえ立つ仏を見たのです。その肌からは大きな光の網が放たれて十方を照らし、毛穴からは妙なる香りが漂い、私はその香りを嗅いで身も心も柔らかくなり、喜びにあふれ、一心に手を合わせて仏を仰ぎ見ました。その姿は広大で、全体を見ることはできませんが、その相好《そうごう》の荘厳さは見飽きることがなく、『どうして、このように光り輝く円満な相好が得られたのだろう』と思ったのです。

ワンダー・さとりへの道㊳ 心を浄める信女④

すると仏は『煩悩を滅して生死を離れ、仏の法を聞き、仏の法を説くべし』と仰せになった。それから私は道を修め、欲をおこさず、怒らず、正念を起こし、夢の中にも仏を見、法の平等を見、測り難い神変を現わすことができるようになりました」と話した。童子が見せてくれと頼むと、信女は尽きることのない三昧に入った。

ワンダー・さとりへの道⑧⑨ 心を浄める信女⑤

すると、測り難い世界は六種に震え、瑠璃のように清く澄みわたり、その一つひとつの世界のうちに無数の仏が現われ、光を放ち、法を説き、涅槃を示していた。三昧から立った信女は、童子に「私はこのようにして十方世界のいっさいの国の人びとを、いろいろな方便で、いろいろな色や姿で、いろいろな言葉や声で教え導いていますが、私の知っているのはこれだけで、大菩薩の法を説くことはできません。この城の南に甘露味という国があります。そこの青蓮華香《しょうれんげこう》という長者に訊ねなさい」といった。童子は南に向かった。

ワンダー・さとりへの道⑨⓪ 香の長者①

善財童子は、甘露味国の青蓮華香長者に教えを乞うと、長者は「私はあらゆる香を知っている。病を癒す香、悩みや憂いを除く香、衆生の喜びや楽しみを生ずる香、煩悩を増す香、煩悩を滅する香、迷いを喜ぶ香、迷いを厭《いと》う香、わがまま放逸《ほういつ》の香、わがままを抑える香、諸仏を念ずる香、正しい法に従う香など、すべての香のおこり、はたらき、性質、形をことごとく知っている。

ワンダー・さとりへの道⑨① 香の長者②

龍の闘いによって生まれた大象蔵という香は、一粒でもたけば、大きな光の雲をおこしてその国を覆い、七日七夜のあいだ、香水の雨を降らし、これを身体や衣服、宮殿につければすべて金色になり、この香を嗅げば、七日七夜は喜びに満ち、すべての病を癒し、恐怖の心を除き、大慈の心を得て衆生を思う。そのとき、私はその人に法を説き、悟りを求める心を起こさせる。

ワンダー・さとりへの道⑨② 香の長者③

マラヤ山から生ずる牛頭栴檀《ごずせんだん》という香を身に塗れば、火も焼くことができない。大海から生ずる不可壊《ふかえ》という香を身に塗れば、妙なる声を出し、怨敵を降伏することができる。阿耨達池《あのくだっち》の岸から生ずる蓮華黒沈水という香を一粒でもたけば、全世界がその香で満ち、この香を嗅げば、すべての悪を離れ、清らかな戒をそなえることができる。雪山《せっせん》から生じる明相という香を嗅ぐ人は、もろもろの汚れを離れ、清らかな心を得る。

ワンダー・さとりへの道⑬香の長者④

私は、このように人びとに法を説いて、汚れを離れた三昧を与えている。また、帝釈天の善法堂から生じる清浄荘厳という香を一粒たけば、その天の人に念仏三昧を与える。夜摩天《やまてん》から生ずる浄蔵という香を一粒たけば、その天の人びとは夜摩王のところに集まって正しい法を聴受する。兜率天《とそつてん》から生ずるセンダバという香の一粒をたけば、大きな香の雲を起こし、十方の法界を覆い、すべての仏へのかぎりない供養になる。

ワンダー・さとりへの道⑭香の長者⑤

他化自在天《たけじざいてん》から生じる転意という香の一粒をたけば、七日七夜のあいだ、荘厳具の雨を降らせることができる。だが、私はただこの香の世界を知っているだけで、智慧の妙香で欲を離れ、魔を降し、無礙《むげ》の戒香をそなえて、汚れを浄め、障りを除く大菩薩の行を説くことはできない。南のほうに楼閣という城がある。そこに住む自在《じざい》という船師に訊ねるがよい」といった。童子は南に向かった。

ワンダー・さとりへの道⑮海辺の船師①

楼閣城の自在という船師は、港で多くの商人に囲まれて大海に入る法を説き、仏の功徳を示していた。善財童子は船師のもとに行き、教えを乞うた。船師は「私は、この海辺に住んで大悲の行を修めている。貧しい人びとに浮世の財を与えてその願いを満たし、次に法の財を施して智慧を養い、悟りの海に入らせている。

ワンダー・さとりへの道⑯海辺の船師②

また、私は大海の中のすべての国や宝を知り、龍宮城の場所も知って、龍の難を避けることができ、羅刹《らせつ》の所在を知って羅刹の難を避けることができる。また、渦巻《うずま》きのある場所を知って、転覆の難を避け、海水の色の善し悪しを見、日月星の運行を測り、昼夜の長短を知り、船の材料や船の寿命を知っている。

ワンダー・さとりへの道⑰海辺の船師③

さらに、風の順逆を知って運航を判断し、海上の安危を知って宝の国に至る。こうして、多くの商人を率いて大海に入り、宝を与えてその願を満たし、さらに法を説いて生死の海の恐怖を除き、智の海に入らせて光の海を得させ、自在に十方の仏の海に遊ばせている。だが、私はこの大悲の行をそなえているのみで、実法の海で衆生を導く大菩薩の法を説くことはできない。この城の南方にある可楽という城に住む無上勝《むじょうしょう》という長者に訊ねるといい」といった。童子は南に向かった。

ワンダー・さとりへの道⑱ 出没自由な長者①

善財童子は可楽城に入り、離憂悩妙荘厳幢という林で、大勢の長者に説法をしている無上勝長者を訪ね、五体を地に投じて教えを乞うた。長者は「私は、あらゆるところに自由に赴く神通力を得ている。すなわち、この三千大千世界の天上の宮殿に、人間の都城に、阿修羅の城郭に、龍王の宮殿に、餓鬼の国にも、さらに地獄に赴いて種々の法を説き、争いや怒り、恐れをなくし、邪な考えや悪を滅ぼし、さまざまな技芸や学問を授け、喜びを与えて仏法の中へ導く。

ワンダー・さとりへの道⑲ 出没自由な長者②

さらに、この三千大千世界のみならず、十方世界に数限りなくある世界においても、同じように法を説いて人びとを導いている。だが、私はあらゆるところに自由に赴く神通力を得ているだけで、あらゆる仏国土に赴き、普眼と広長舌相で人びとを導くことはできない。この城の南にある難忍という国の迦陵伽婆提という城の獅子奮迅《ししふんじん》という尼僧に訊ねるといい」といった。童子は南に向かった。

ワンダー・さとりへの道⑩⓪ 智の底を究める尼僧①

善財童子は難忍国の迦陵伽婆提城に入ると、尼僧の獅子奮迅が人びとのために法を説いているという王園の日光林を訪ねた。林には大いなる光を放って数百里を照らす満月という大樹があり、傘の形をして青い光を放つ普覆という大樹や、雪山ほどの高さで帝釈宮のデイコのように赤い花を降らせる華蔵という樹、光り輝く果実をいっぱいつけた柔軟という大樹や、かぎりなく清らかな珠を出す明浄という大樹があった。

ワンダー・さとりへの道⑩① 智の底を究める尼僧②

また、美しい着物をつくりだす衣樹や、自然に音楽を奏でる歓喜樹、あらゆる香を出して十方に香りを放つ普荘厳香薫樹があった。七宝の欄干を巡らし、黒栴檀の泥と黄金の砂を敷いた池には功徳水をたたえ、水面には赤や白、紫の蓮の花が咲き乱れて、池のまわりには栴檀の樹が列をなしていた。

ワンダー・さとりへの道⑩ 智の底を究める尼僧③

そして、それぞれの樹の下には、おのおの宝の布衣を敷き、香をくゆらせ、宝の帳《とばり》を垂れた獅子の座、蓮華蔵の座、香蔵の座、龍荘厳蔵の座、宝珠蔵の座、明浄蔵の座、獅子楽蔵の座などが設けられ、その一つひとつの座のまわりにはそれぞれ十万の座があって、そこに尼僧の一族がすわっていた。尼僧は、座のすべてにおごそかな姿を現わしていた。

ワンダー・さとりへの道⑩ 智の底を究める尼僧④

そして、それを巡る人びとの心に応じ、願いにしたがってあらゆる法を説いて心を癒し、病を治していた。童子はこの不思議な現象を見て、尼僧の神通力にふれ、その妙なる声を聞いて身も心も柔軟になり、五体を地に投じて足を礼し、さらにそのまわりを回ろうと思って立つと、童子の身体はすべての樹とともに、すべての座にその姿を現わしている尼僧の周囲を右に左にと、かぎりなく回っていた。

ワンダー・さとりへの道⑩ 智の底を究める尼僧⑤

童子は手を合わせて尼僧の前に立つと、教えを乞うた。尼僧は「私は一切智の底を究める智光荘厳という法門をもっています。この悟りを得れば、智慧の光によって、一念のうちにあまねく三世を照らすことができるのです」といった。童子が法のはたらきを問うと、尼僧は「智慧の光を放つことによって、一切法林三昧に入り、十方のいっさいの世界の仏の前に、無数の国で、それぞれに身を現わし、そのすべての身から多くの花や幡、法座を出して仏を供養できるのです。

ワンダー・さとりへの道⑩ 智の底を究める尼僧⑥

私のこのかぎりない供養を知る人は悟りを得、求道に来る人には智慧を得る道を説きます。しかし私は、人に対しても人という想いはおこさず、すべての言葉を知っていても執着せず、すべての仏を見てもその相に執着しない。それは深く真理を悟るからで、一念のうちにいっさいの真理に到達しても真実の思いは取らない。それは、すべての法は幻のごとしと悟るからです。

ワンダー・さとりへの道⑯ 智の底を究める尼僧⑦

しかし、私はただ一切智の底を究めているだけです。もろもろの大菩薩のように、己が身を法界に満たしたり、あらゆる仏の国を現わしたり、一念のうちにあらゆる仏の国に遊んだりして、人びとを導くことは私にはできません。この城の南に険難という国があり、宝荘厳という城があって、そこにいる波須蜜多《はすみった》という女人に菩薩の道を問うがよい」といった。童子は南に向かった。

ワンダー・さとりへの道⑰ 離欲の信女①

善財は険難国の宝荘厳城に入って波須蜜多女の居場所を問うと、「あんな情欲に充ちた女のところへ行くのか」という反応と、「人びとの愛欲の毒矢を抜き、色香に迷う心を破る」という反応があったが、女人は城中の広大な家に住んでいると教えられた。宝の垣は十重に巡らされて、宝の多羅《たら》樹が植えられ、十重の堀には黄金の砂が輝き、青・紅・白の蓮の花が心の汚れを浄めていた。

ワンダー・さとりへの道⑱ 離欲の信女②

宮殿は宝で飾られ、軒に垂れる金の鈴は清らかな音とともに雪のような花を降らしていた。多くの人に囲まれて座っている波須蜜多の肌は、ふくよかで金色に輝き、手足は伸びやかで、目も髪も紺色に澄み、声は優しく、あらゆる技芸学問に通じていた。彼女の身体から放たれる光にふれる人びとには、喜びと楽しみの心がめばえ、身も心も柔軟になって悩みがうすれた。

ワンダー・さとりへの道⑲ 離欲の信女③

善財童子が教えを乞うと、信女は「私は、欲を離れた清い世界に達している。天人が私を見れば天女に見え、人間が見れば人間の、修羅《しゅら》や羅刹《らせつ》が見れば修羅や羅刹の女に見え、そのすぐれた姿は天上界にも人間界にも比類がないでしょう。欲にまみれた人が来れば執着のない世界に入らせ、その人たちが私を見れば清らかな喜びを得、私と言葉を交わせば自在の妙なる音を知ります。

ワンダー・さとりへの道⑩離欲の信女④

そして、私が手を取ればすべての仏の国土に遊ぶ力を得、いっしょに宿れば解脱の光にふれ、飽かずに私を眺めれば心の静けさを得、顔をしかめるようすを見れば外道を破る力を得、私を観察すればすべての仏の光に照らされ、抱擁すればすべての人を救う力を得、私に口づけすればそれぞれの欲を離れて、もろもろの功徳の蔵を得ることができ、私のところに来る人はみな、欲を離れた清らかな心になるのです」と、自分の達している世界を教えた。

ワンダー・さとりへの道⑪離欲の信女⑤

童子が、いかなる善根、善行によってその悟りを得たのかを問うと、信女は「むかし、常住如来という仏が現われ、人びとを憐れんで安楽城に入り、城門の敷居を踏むと、大地が震えて城が平らになり、音楽が流れ、光が空に充ちました。私はそのとき、ある長者の善女という妻でしたが、この不思議に驚き、夫とともに街に出て、常住如来に宝冠を捧げたのです。

ワンダー・さとりへの道⑫離欲の信女⑥

そのとき、仏の侍者だった文殊師利菩薩が私のために法を説き、悟りを求める心を起こさせてくれたのが因縁となって、後に悟りを得ることができたのです」と答え、「私はただこの欲を離れた世界に達しているだけで、大菩薩の広大な智慧の世界を説くことはできません。この城の南に首婆波《しゅばは》という城があり、栴檀の仏塔を供養している安住《あんじゅう》という長者がいるので、彼に菩薩の道を問うてください」と教えた。

ワンダー・さとりへの道⑬過去・現在・未来の仏を見る長者①

善財童子は、首婆波城に行って安住長者に教えを乞うと、長者は「私は、仏は肉身ではなく悟りの智慧そのものであり、そのため肉身は滅びても悟りの智慧そのものは滅びないと理解している。私がこの栴檀の仏塔を開いたとき、《仏性は永遠に尽きることがない》という無尽仏性三昧に達して、妙なる法を得ることができた」と答えた。童子は、その三昧のはたらきを問うと、長者は次のように答えた。

ワンダー・さとりへの道⑭ 過去・現在・未来の仏を見る長者②

「私がこの三昧に入ると、迦葉仏をはじめ拘那含仏《くなごんぶつ》や尸棄仏《しきぶつ》や毘婆尸仏《びばしぶつ》などのほかに、数多くの十方の世界の仏を見ることができ、そして、これらの仏たちの初発心《しょほっしん》から、善根を植えて神通を得、妙行を修めて悟りを得て法輪を転ずるありさまを、ことごとく見ることができる。そして、それらの仏の説く法を理解し、記憶することができる。

ワンダー・さとりへの道⑮ 過去・現在・未来の仏を見る長者③

また、現在の仏も未来の仏もすべて見ることができ、それらの仏からも聞くことができ、十方世界三世の声聞《しょうもん》、縁覚《えんがく》、菩薩《ぼさつ》を見ることもできる。だが、私はこの三昧を得ているだけで、大菩薩のように一念に三世を知り、時間の相を離れて仏と我とすべての人が等しく悟る境地を説くことはできない。南の海辺にある巧妙山にいる観世音《かんぜおん》という菩薩に菩薩の道を問うといい」

ワンダー・さとりへの道⑯ 大悲光明の観世音菩薩①

善財童子は、あらゆる仏を見、仏の法を聞きながら南に向かい、南海のほとりの光明山の頂に登って四方を見わたすと、観世音菩薩は西方の岩屋のなかにある金剛宝座に静かにすわり、緑樹のあいだに集まっている多くの菩薩たちに大慈悲の教えを説いていた。童子はそれを見て「善い師は如来であり、一切の法であり、あらゆる功徳の蔵である」と思っていると、観世音菩薩が童子に声をかけた。

ワンダー・さとりへの道⑰ 大悲光明の観世音菩薩②

「おまえはすべての人びとを救うため、仏法とよき師を求め教えを遵奉している。これはみな、文殊師利菩薩の功徳と智慧の大海から生まれたもので、仏の力を得、正しい法を求め、諸仏を見、悪を離れ、善を修め、智慧を得ることができる」と。童子は山を下り、観世音菩薩のところに行くと、「無上の悟りを得たいのですが、いかにして菩薩の道を修めるべきかわかりません」といって教えを乞うた。

ワンダー・さとりへの道⑱ 大悲光明の観世音菩薩③

観世音菩薩は「私は大悲光明の行を成就して、すべての人を救済している。あるときは物を施し、あるいは不思議の身を現わし、光の網を放ち、微妙の声を出し、おごそかな威儀を示し、変化の身や同類の身を現わして救っている。私がこの大悲光明の行をおこなうとき、すべての人の険しい道への恐れ、熱の悩み、愚痴の恐怖、緊縛や殺害、貧乏、訴訟、死、悪道、愛憎などのあらゆる恐怖を除こうと願っている。

ワンダー・さとりへの道⑲大悲光明の観世音菩薩④

そして、私を念じ、私の名を唱え、私を見る人びとすべてを恐怖から離れさせようと願っている。だが、私はこの大悲光明の行を成就しているにすぎない。あらゆる利他の大願を満たし、利他の行を成就している大菩薩の功徳を私は知らない」といったとき、正趣《しょうしゅ》という菩薩が娑婆に現われ、大地を六種に震動させ、光を放ち宝の雨を降らせて観世音菩薩のところに来た。観世音菩薩は「正趣菩薩に道を問うといい」といった。

ワンダー・さとりへの道⑳あらゆるところに赴く菩薩①

正趣菩薩は「童子よ、私はあらゆるところへ即座に赴き、人を救う行を成就している」といった。童子が、いかにしてその行を得たかを問うと、正趣は「私の国は妙蔵といい、そこに住む妙徳という仏のところでこの行を成就することができた。私が妙蔵国を発ってから言い表わせないぐらいの時間が経っている。

ワンダー・さとりへの道㉑あらゆるところに赴く菩薩②

そして私は、一念のうちに口で言い表せないほどの歩みをし、その一つの歩みで口で言い表せないほど多くの国を過ぎ、その過ぎた国々の仏たちにもろもろの供養を捧げ、その国々の人びとの心を知って、その求めに応じて、いろいろに法を説いてきた。だが、私は、あらゆるところに即座に赴いて、人びとを救う行を成就しているのみで、すべての人を導く大菩薩の行を説くことはできない。この南の婆羅波提《ばらはだい》という城に住んでいる大天《だいてん》という天人に問うがいい」といった。

ワンダー・さとりへの道㉒方便の天人①

善財童子は、正趣菩薩のなにものにも妨げられない自由安楽な世界を念じ、不思議な遊戯《ゆげ》神通を経験しながら南に向かい、婆羅波提城に入った。大天は城内の大法堂に住み、大衆のために法を説いていた。童子が教えを乞うと、大天は四つの長い手を伸ばして四大海の水を汲み取って自分の顔を洗い、もろもろの金の花を取って童子に散らしていった。

ワンダー・さとりへの道⑫③方便の天人②

「菩薩はたまにしか現われない不思議な存在で、菩薩には会い難くその説法は聞き難い。菩薩は人中の花で、つねに優しい言葉で正しい法を説き、人の汚れを浄め、悩みを消して善を増し、智慧を開かせる」といって、童子の前に黄金の水、白銀の山、もろもろの宝珠、あらゆる荘厳具、娯楽具の山を積み、大勢の童女を現わして、善財童子に向かっていった。

ワンダー・さとりへの道⑫④方便の天人③

「これらもろもろのものをとって仏に供養せよ。さらに人に施して布施の修行をせよ。私はこのようにして、人びとの貪《むさぼ》りの心を除き、仏に近づき道を求めさせている。さらに、欲深な者には不浄の世界を現わし、怒りや放逸、高慢、争いの心の強い者には慈悲の道を教え、懈怠《けたい》の者には水火、盗賊、悪王、怨敵などの難を現わして、その心をあらためなおしている。

ワンダー・さとりへの道⑫⑤方便の天人④

私はこのように、いろいろな方便によってあらゆる人びとを導き、修行の障りを除き、道に入らせている。だが、私はこのことを知っているだけで、大菩薩のように衆生のいっさいの煩悩の火を滅ぼし、貪欲を焼きつくすことはできない。中インドのマガダ国の菩提道場に安住《あんじゅう》という道場神がいるので、そこへ行って菩薩の行を問うがいい」

ワンダー・さとりへの道⑫⑥善根の蔵①

善財童子がマガダ国の菩提道場に入ると、安住地神をはじめ一万の地神たちは童子を誉めたたえて迎えた。安住は童子に「あなたが、かつてここで植えた善根の果報を見たくはないか」と聞いた。童子が「ぜひ見たい」と頼むと、安住は足の指で大地を踏んだ。すると、多くの宝の蔵が地上に湧きだした。「これらの宝の蔵は、あなたがむかし蒔いた善根です。意のままにするがいい」と安住はいって、言葉をつづけた。

ワンダー・さとりへの道⑫⑦ 善根の蔵②

「私は、壊すことのできない悟りの蔵をもっている。ところで、これは遠い荘厳という時代に月幢世界の善眼仏のところで得た悟りで、それ以来、数知れない仏に会ってこの悟りを育て、教え導いてきた。だが、私はこの悟りを成就しているのみで、あらゆる仏に仕え、あらゆる仏の法をもち、あらゆる仏の悟りに入って、つねに仏と法を出して壊れないような大菩薩の行を私は知らない。この中インドにあるカピラ城に、婆娑婆陀《ばしゃばだ》という夜天《やてん》が住んでいるので、そこへ行くがいい」

ワンダー・さとりへの道⑫⑧ 智慧の光で救う夜天①

善財童子は、釈尊の生まれたカピラ城に入って宿をとったのは夕方だった。童子は婆娑婆陀夜天を見ようと思い、十方を観察すると、夜天は城の上の空の中に座していた。肌は金色で、宝石で飾った朱の衣をまとい、目も髪も紺色に澄み、髪は梵王のように頂で結んでいた。身の中にはあらゆる星の光を現わして、多くの人びとを導き、一つひとつの毛穴の中に導かれていく人びとのさまざまな姿をありありと見ることができた。

ワンダー・さとりへの道⑫⑨ 智慧の光で救う夜天②

童子は夜天に教えを乞うと、夜天は「善い師の教えに従えば、無上の悟りを得るだろう。私は光をもって諸法を照らし、人びとの愚痴を壊す力をもっている。私は悪を行なう人、不善の人に大慈の心を起こさせ、善を行なう人の心に歓喜を起こさせ、邪道の人には正しい道の心を起こさせ、生死を願う人には教えに従う心を起こさせ、声聞や縁覚を願う人には菩薩の心を起こさせる。

ワンダー・さとりへの道⑬⓪ 智慧の光で救う夜天③

また、深夜に人が寝静まって鬼神や盗賊が横行するとき、雲や深い霧に覆われて月日が光を失うとき、城や集落や山間や荒野や大海の中で難に遭う人のために、あらゆる手段をつくして人びとの恐れを除く。海で難に遭う人のためには、船の形になり、海神の姿になってその難から救い、平地で難に遭う人のためには、月の光や星やいなずまや松明《たいまつ》となって、その恐れを除く。

ワンダー・さとりへの道⑬1 智慧の光で救う夜天④

山で難に遭う人のためには、果樹となり、泉となり、飛鳥、山神、平地となってその難から救う。また、名誉や財産、人間の愛情に悩む人のためには、それぞれの方便でこれを救う。このように難から逃れた後、さらにこれらの人びとのあらゆる執着から解き放ち、生死を超えて悟りに入らせようと願っている。

ワンダー・さとりへの道⑬2 智慧の光で救う夜天⑤

また、方角に迷う人がいれば導き、迷いを断ち、出口がわからなくて悩んでいる人がいれば門を開き、道を失った人には道を示し、渡ろうとしている人には船を与え、さらに、これらの人びとの愚痴の闇を照らして悟りを求める心を起こして智慧の世界に入らせようと願っている。そして、貧しい人や病に苦しむ人、老いて弱った人にはそれぞれの手段で救い、愚痴、生老病死の苦、無常を超えた世界に入らせようと願っている」といい、長々と自分の悟りの世界を示しつづけた。

ワンダー・さとりへの道⑬3 智慧の光で救う夜天⑥

聞き終わった童子は、悟りを得ようと発心してからどれくらいの年数を経、どれくらいの人びとを教化したのかと夜天に聞いた。夜天は「遠い寂静という時代に五百億の仏が世に出、妙徳という林の中の一切仏自在光明という菩提樹の下で一切法雷王仏が悟りを開いて大きな光を放ち、一切の世界を照らした。

ワンダー・さとりへの道⑭3 智慧の光で救う夜天⑦

すると真夜中に、城内に住む浄月という夜天が、王妃の法慧月蓮華光に、一切法雷王仏が悟りを開いて諸仏の功徳を賛美し、普賢の行願を称えていると知らせた。これを聞いた王妃は、ただちに一切法雷王仏と、その弟子たちを供養した。その王妃が、いまのこの私である。私はこの仏のところで蒔いた善根によって、地獄や餓鬼や畜生にも堕ちず、貧しい家にも生まれてくることはなかった。

ワンダー・さとりへの道⑬5 智慧の光で救う夜天⑧

その間、つねに天人として仏や菩薩と離れず、その間にも善根をうえつづけたので、長いあいだ安穏快楽《あんのんけらく》に過ごせたが、まだ菩薩の諸根をそなえるまでにはなっていなかった。長い時が過ぎ、離憂の時代になって、離垢勝の世界に須弥寂浄眼如来をはじめとして、五百の仏が世に出た。この世界に離垢という国があり、私はそこの荘厳城に住む明勝という長者の娘として生まれ、勝慧光と名づけられた。

ワンダー・さとりへの道⑬⑥ 智慧の光で救う夜天⑨

最初に私を導いた浄月天は、こんどは荘厳城の清浄眼という夜天となって、ある夜中に私の家にその姿を現わし、仏の徳を称えて私を須弥寂浄眼如来のところに連れていくと、供養を捧げ、説法を聞かせた。そして私は、智慧の光があまねく三世を照らし、仏を見、多くの人びとを救う三昧を得ることができた。

ワンダー・さとりへの道⑬⑦ 智慧の光で救う夜天⑩

私はこの三昧の力によって遠いむかしにいた仏のことを思い、それらの仏の教法を聞き、光で諸法を照らし、人びとの愚痴を除く悟りを得た。そして、この悟りによって、すべての仏の国で仏に会い、その法と本願を知り、その国の人びとの欲望を知って、方便で人びとを導く。だが、私は光明で照らし、人びとの愚痴を除く力をそなえているだけで、大菩薩の法を説くことはできない。このマガダ国に住む甚深妙徳離垢光明《じんじんみょうとくりくこうみょう》という夜天を訪ねるといい」

ワンダー・さとりへの道⑬⑧ 静かな禅定の夜天①

教えを乞う善財童子に、甚深妙徳離垢光明夜天は「清い心で仏に向かい、姿を見、かぎりない御身の光が法界を照らすのを仰ぎ、三世にわたる法輪の声を聞き、その不可思議な自在の神通を見ることで、菩薩の行はそなわる。私はすでに静かな禅定の楽しみを得て、すべての法界に遊び、あらゆる仏とその美しい国を見ることができる。

ワンダー・さとりへの道⑬⑨ 静かな禅定の夜天②

私はそのかぎりない神通や法輪や法身を見ても、仏に執着しない。なぜなら、仏はその執着を滅しているから過去でもなく、起こるところがないから未来でもなく、生まれることのない身だから現在でもない。また、仏は言葉を超越しているから滅でもなく、幻を現わすから実でもなく、すべての人を救うために出現したのだから虚妄でもない。

ワンダー・さとりへの道⑭⓪ 静かな禅定の夜天③

また、法性は破れることがないから仏は破れない。言葉の道を離れているから仏は一つの性である。法性を究めているから仏は無性である。童子よ、私はこのように静かな禅定と精進によってあらゆる仏を見極めているのである。そして、この禅定にあって大悲の心を起こし、人びとを救っている。しかし、私は静かな禅定と精進をするだけで、大菩薩の行を説くことはできない。ここからそう遠くない仏の菩提道場にいる喜目観察衆生《きもくかんさつしゅじょう》という夜天に菩薩の道を問うといい」といった。

ワンダー・さとりへの道⑭① 喜びの悟りの夜天①

善財童子が菩提道場を訪ねると、喜目観察衆生夜天は仏の側に大衆とともに蓮の座にすわって、清い光の喜びに浸っていた。よく見ると、夜天のすべての毛穴から、不思議な雲が流れ、十方の人びとは飽くこともなく、これを見て喜んでいた。また、あらゆる毛穴から、全世界の人口と同じぐらいの変化の菩薩を現わし、人びとのために行を示し、教えを説いて、人びとを救っていた。

ワンダー・さとりへの道⑭② 喜びの悟りの夜天②

また、あらゆる毛穴から、夜天の過去の修行のようすを現わし、また、あらゆる毛穴から、天人、龍王、修羅、人間、仙人、鬼神などのすべての身を変化して、人びとのために夜天の功徳を称え、人びとはこれによって導かれていた。童子は、この夜天の不思議な行を見て、夜天と同じように清い光の喜びに浸ることができた。童子は手を合わせて夜天を称えた。

ワンダー・さとりへの道⑭③ 喜びの悟りの夜天③

童子は夜天に、悟りを求める心を起こしてどれくらいの時が経ち、悟りを得てどれくらいの時が過ぎたのかと聞くと、夜天は「遠いむかし、寂静音という時代があり、香水という都があって智慧という王がおり、勇猛な千人の王子と、賢明な一億の大臣と、端正な十億の侍女にかしずかれていました。王は正しい法をもち、善い政治を行なって、全世界に君臨し、私はその妃でした。

ワンダー・さとりへの道⑭ 喜びの悟りの夜天④

ある夜半、私が寝ていると、夢のなかで功徳海という仏が現われて大地が動き、光が放たれ、天人は喜び、仏のすべての毛穴からもろもろの化身が現われて十方の世界に満ち、法を説いているのを見た。私はその法を聞いて喜びにあふれ、目が覚めると清らかな光が部屋にあふれていました。その光をたどると、道場の樹の下の宝山のような仏の全身の毛穴から大いなる光が放たれていたのです。

ワンダー・さとりへの道⑮ 喜びの悟りの夜天⑤

私はそれを見て、喜びはさらにふくらみ、このような徳を得たいという願いをもちました。私は側で寝ている王を起こし、宮中の人びとを起こして、この光を見せて喜びの心を分かちあい、王とともに宮中の者を連れて仏のもとに行って、二万年のあいだ、あらゆる宝を捧げて供養しつづけたのです。そのとき、仏は私たちのために『功徳普雲経』を説いてくださいました。私はそのとき、未来の世には夜天となって生まれ、放逸《ほういつ》の人を導こうと願を起こしました。

ワンダー・さとりへの道⑯ 喜びの悟りの夜天⑥

これが、私がさとりを得ようと発心《ほっしん》した最初です。その後、功徳灯、宝幢、虚空智、蓮華蔵、無礙音月、法月王、円満智灯、宝炎、化音声などの諸仏を十億年のあいだ供養しましたが、生死の海を渡ることはできませんでした。その後の天妙勝の時代に、宝光世界で円満月、明浄月、光明、須弥山王、華炎、智慧海、燃灯仏、天徳蔵、光明王幢、普智王などの諸仏を供養しましたが、愛欲を離れることはできませんでした。

ワンダー・さとりへの道⑰ 喜びの悟りの夜天⑦

その次の荘厳梵音の時代に、蓮華灯雲世界で宝須や功徳海などの諸仏を供養しましたが、真の悟りを得ることができず、次の歓喜徳の時代に、功徳幢世界で乾闥婆王、寿命樹王などの諸仏を供養しましたが、妙なる智慧を得て法界に入ることはできませんでした。また、その次の寂浄慧の時代に、普光明雲世界で無礙力、法界光明などの諸仏を供養しましたが、法を悟ってあらゆる国に遊行することはできませんでした。

ワンダー・さとりへの道⑱ 喜びの悟りの夜天⑧

さらに、その次の香灯雲の時代に、清浄起世界で無量称、法海などの諸仏を供養して、正見・正思・正語・正業・正命・正精進・正念・正定の八正道を会得することができた。また、その次の明浄堅固の時代に、宝幢王世界で円満徳、寂静音などの諸仏を供養して、無礙の法を求めましたが、それを究めることができませんでした。

ワンダー・さとりへの道⑲ 喜びの悟りの夜天⑨

さらに、その次の勝主の時代に、寂静音声世界で華聚、海蔵などの諸仏を供養して、正しい道を修めることができました。そして、その次の千功徳の時代に、善化幢灯世界で寂静灯、智慧灯などの諸仏を供養しましたが、生死を出て諸法を究めることができませんでした。お終いの無著荘厳の時代に、無量勝光世界で功徳須弥、虚空心の諸仏を供養して、功徳幢如来が世に出ました。

ワンダー・さとりへの道⑳ 喜びの悟りの夜天⑩

このとき、私は功徳天となって仏を供養し、法を聞いて、ついに悟りを得ることができました。私が最初に妃となった王とは、いまの文殊師利菩薩で、そのとき私を目覚めさせた夜天とは、いまの普賢菩薩です。私が悟りを得て、どれくらいの人を救ったかはわかりません。しかし、私はこの悟りを得ているだけで、大菩薩のように広大無辺の悟りの力を現わすことはできません。道場の大衆の中にいる夜天の妙徳救護衆生《みょうとくくごしゅじょう》に道を尋ねるとよいでしょう」と教えた。

ワンダー・さとりへの道㉑ 王女だった夜天①

妙徳救護衆生夜天は眉間の白毫から光を放ち、広くいっさいの世界を照らし、次にその光は善財童子の頂に入って全身に満ちあふれた。すると、童子は汚れを離れたまどかな三昧に入り、全世界の微塵《みじん》の一つひとつのなかに全世界のあらゆる現象や全生物の移り変わりをありありと見ることができた。そして、夜天がそれらの全世界の人びとの前に現われて、人びとの心や求めに応じて法を説き、救っているのが手に取るように見えた。

ワンダー・さとりへの道⑫王女だった夜天②

童子は、この夜天の不思議な悟りの世界を見て、それを称え、この悟りの名と、悟りを得てどれくらい経つのか、いかなる行によって得ることができたのかを質問した。夜天は「それは菩薩の世界であって、人の達し難いところである。だが、私は仏の力を借りて解説しよう」といって、次のような過去の話をはじめた。

ワンダー・さとりへの道⑬王女だった夜天③

「遠いむかし、離垢円満という時代の明浄妙徳幢世界に、数えられないほどの仏が出現した。そのころ金剛山の近くにある華灯幢という国に宝華灯という都城があり、明浄宝蔵妙徳という大王がいて、美しく気立てのよい王女は妙徳眼といった。宝華灯城の北に普光明妙法音幢という宝で作られた菩提樹があり、光を放ち、仏を称える音楽を奏でていた。

ワンダー・さとりへの道⑭王女だった夜天④

その菩提樹の前に宝華光明真法音雲という香水の池があり、池の真ん中に三世一切仏荘厳境界雲という一本の蓮華が咲き、その上に妙徳幢仏という仏が座って、最初の悟りを開いた。妙徳幢仏は十二種の光を放ってあらゆる人を誘い、大地を六種に震動させてあらゆる人を集めていた。そのとき、山も河も、家も城も、すべて微妙な音をだして仏の徳を歌い、光の雲、華の雲、香の雲がたなびいて仏を供養した。

ワンダー・さとりへの道⑮王女だった夜天⑤

妙徳幢仏のすわる蓮華のまわりにもたくさんの宝の蓮華が咲き、その一つひとつの芯の上に多くの菩薩がすわっていた。妙徳幢仏は、あらゆる世界の人びとの心や求めに応じて、さまざまな法輪を転じて導き救っていた。そのとき、普賢菩薩は端厳微妙《たんごんみみょう》の姿を現わして、宝華灯城に行き、王の宮殿の上の虚空で『大王よ、仏が世に出て、いま普光明妙法音幢菩提樹の下におられる』と告げた。

ワンダー・さとりへの道⑯王女だった夜天⑥

王はこの声を聞くと喜んで、一族を連れて道場に行き、仏を供養した。王女の妙徳眼は、身に着けた宝飾品のかずかずを取り外して仏に供養すると、これらは宝の蓋に変わり、王女はこの蓋のなかに、菩提樹が枝を伸ばし、葉を茂らせて全世界を覆うのを見た。そして、菩提樹の下に座った多くの菩薩たちとともに、もろもろの道を修めている仏を見、さらに、この仏があらゆる世界の王たちに囲まれているのを見た。

ワンダー・さとりへの道⑮⑦王女だった夜天⑦

そして、この蓋のなか、樹の下に、あらゆる時の過ぎていくさま、あらゆる仏の出世する順序、そして、普賢菩薩がこの仏を供養し、衆生を教化するありさまを見た王女の心は喜びに震えた。このとき仏は、一切如来法輪妙音という教えを説き、王女はこれを聞いて身も心も軽やかになり、悟りを求める心を起こしたのだ」と夜天は語った。

ワンダー・さとりへの道⑮⑧王女だった夜天⑧

さらに言葉を継いで「このときの明浄宝蔵妙徳大王がいまの弥勒菩薩で、妙徳眼王女が私です。私は宝飾品のかずかずを妙徳幢如来に供養して仏の神通を見、正しい法を聞くことができた。私はさらにその後、大光明という時代に種々の荘厳世界に生まれて、つぎつぎと五百の仏を供養して法を聞き、さらにその後も数知れない仏の法を聞き悟りを得て、人を救った。童子よ、この道場の大衆のなかに王の妃だった寂静音《じゃくじょうおん》という夜天がいる。その夜天に菩薩の道を聞くがいい」といった。

ワンダー・さとりへの道⑮⑨かぎりなき喜びの三昧①

善財童子は、つぎつぎに善い師に出会うことで、しだいに心の目が開けていった。寂静音夜天は、かつて明浄宝蔵妙徳大王の妃の妙徳成満夫人だった。教えを乞う善財童子に、寂静音夜天は「私はかぎりなき喜びに満ちた三昧に入っている」といった。童子は、その三昧はどのようなはたらきをし、またいかなる世界を観察し、どのような方便をもっていて、いかなる行を修めて得たのかと聞いた。

ワンダー・さとりへの道⑯⓪かぎりなき喜びの三昧②

夜天は「私はあらゆる人びとの心を浄め、汚れを除き、生老病死の悩みを断って如来の楽しみを与え、一切智を求めさせる。また、私は菩薩のもろもろの修行するありさまを観察して、喜びを起こし、仏の不可思議の相好を見て、かぎりない喜びを感じる。また、仏の一つひとつの毛穴から香りを放ち、雲を出し、龍王、夜叉、阿修羅を出し、転輪王、梵天王を出し、あらゆる人びとに応じて法を説くのを見て、かぎりない喜びを得る。

ワンダー・さとりへの道⑯ かぎりなき喜びの三昧③

なぜなら、私は仏の不可思議な相好や変化を見て、一切の法はただ一つの性であると悟ることができたからである。私の得た喜びの三昧は、すべての法界においてはてしがない。そして、仏の静かな智慧の境地だから深くて広い。また、一つの姿のなかに一切の自在の力をおさめるから普門である。

ワンダー・さとりへの道⑯ かぎりなき喜びの三昧④

また喩えていうと、大地のように衆生に恵みを与え、大水のように衆生を潤し、大火のように愛欲を消しさり、大風のように衆生を悟りに送り、大海のように衆生を荘厳し、雲のように衆生に甘露の法を降らせ、太陽のようにすべてを照らし、影のようにさまざまな業報《ごっぽう》に応じ、響きのように求めに従う。これらの喩えを深く考えるがよい」といった。

ワンダー・さとりへの道⑯ かぎりなき喜びの三昧⑤

童子が、どのような行を修めてこの悟りを得たのかと聞くと、夜天は「十の妙法を修めて得た悟りである。布施を行なって人びとを喜ばせ、戒を守って功徳を満たし、忍辱《にんにく》によって法の真実性を悟り、一切智に向かって退かず、禅定に入って人びとの煩悩を鎮め、智慧を修めて法をわきまえ、方便によって人びとを導き、大願を立てて菩薩の行をおこない、もろもろの力を修めてつねにいっさいの国にあって悟りを得て尽きない智慧を修め、三世の法を悟って障りがない」と答えた。

ワンダー・さとりへの道⑯ かぎりなき喜びの三昧⑥

童子が、悟りを得る心を起こしてどれくらいの時が経つのかと聞くと、夜天は「むかし、普照幢という時代の離垢光金色荘厳世界に、一切衆宝荘厳蔵月光明という道場があり、そこで不退法界妙音という仏が悟りを得た。私はそのとき功徳灯無量光幢という菩提樹神となって、この仏によって悟りを開き、さらに神通を現わすのを見て、無上の悟りを求める心を起こした。

ワンダー・さとりへの道⑯⑤ かぎりなき喜びの三昧⑦

不退法界妙音仏の入滅後、法樹功徳山という仏がこの道場で悟りを開いたが、このとき菩提樹神ではなく、妙徳慧功徳光明妙という菩提樹夜天として生まれていた私は、この仏の説法を聞いて、かぎりない喜びを得た。それから数えきれない仏に会い、長いあいだ天人や龍、人間、あるいは男、あるいは女として生まれ変わって供養し、法を聞いて修行に励んだ。

ワンダー・さとりへの道⑯⑥ かぎりなき喜びの三昧⑧

さらにその後、蓮華蔵荘厳世界の娑婆世界に生まれ、道場神となって拘楼孫如来に会い、次に迦葉如来に会い、菩提樹の下で悟りを得て、神通を現わすのを見て、かぎりない喜びを感じた。そして、この喜びによって、あらゆる法界の微塵の一つひとつに仏の国を見、そのなかの仏が菩提樹の下で悟りを得、神力を現わし、法を説くのを見たり聞いたりすることができた。

ワンダー・さとりへの道⑯⑦ かぎりなき喜びの三昧⑨

また、それらの仏のすべてが全身の毛穴から無数の化身を出して、真実世界のあらゆるところに送り、人びとの求めに応じて法を説くのを見て、聞いて、記憶し、理解することができ、さらに、それらの仏の過去のことごとくも見ることができた。だが私は、このかぎりない喜びの三昧に入ることができるにすぎない。この道場にいる妙徳守護諸城という夜天に、菩薩の道を聞くがいい」といった。

ワンダー・さとりへの道⑯⑧ 自在音声の夜天①

善財童子に教えを乞われた妙徳守護諸城夜天は「私は甚深の功徳をそなえた自在の音声《おんじょう》をもっている。だから私は、すぐれた大法師として、障るところがなく如来のすべての法の蔵に入り、如来の大いなる慈悲をもって、あらゆる人びとに悟りの心を起こさせる。そして、法界のはてしなく清浄不滅なことを観察し、一万の陀羅尼をもって衆生のために、あらゆる法を自在に説いて、人びとを教え導いている。

ワンダー・さとりへの道⑯⑨自在音声の夜天②

童子が、この悟りを得てどれくらい時が経つのかと聞くと、夜天は「むかし、離垢光明という時代に、法界妙徳世界海の荘厳幢国にある普宝華光城外の法王宮殿光明という道場に無数の仏が出現した。普宝華光城の離垢光明王は、最初に出現した法海雷雲音光明仏の正しい法を聞いて深く心をうたれ、仏が入滅すると、王は出家して道を修めた。

ワンダー・さとりへの道⑰⓪自在音声の夜天③

仏が入滅してしばらくすると、正法は滅び、煩悩がさかんになり、僧は仏法を捨てて世俗のことのみ論じていた。離垢光明王はこれを憂い、虚空に昇って大光明を放って十方世界を照らしてあらゆる人の煩悩を除き、悟りの道に入らせた。そうして、ふたたび仏の正しい法が栄えるようになった。このとき、王女の法輪化光は、父の神変を見て無上の悟りを求める心を起こした。

ワンダー・さとりへの道⑰①自在音声の夜天④

すると王女は、すべての仏の灯明三昧と甚深《じんじん》の供養をそなえた自在音声の悟りを得ることができた。その離垢光明王がいまの普賢菩薩であり、王女の法輪化光が私なのです。それ以降、私はこの道場にあって、悟りを開いた多くの仏を供養し、この甚深の供養をそなえた自在の音声で人びとを導いてきました。童子よ、私はただ、この甚深の供養をそなえた自在の音声を得て、人びとの虚言や両舌の口の過ちを除き、真実を悟らせているのみで、大菩薩の行を説くことはできません」といって、この大衆のなかにいる開敷樹華《かいふじゅけ》という夜天を訪ねるようにすすめた。

ワンダー・さとりへの道⑰②光の悟りをもつ夜天①

開敷樹華夜天は、宝樹の座にすわって多くの一族に囲まれていた。善財童子に教えを乞われた夜天は、「私は、夜疲れて家に帰るとき、険しい道に迷う人に光を与えて平らな道を示し、山や海で難に遭った者に光を放って難を除く。愛欲におぼれている者には生死の苦しみを示し、貪りの心の強い者には施しの徳を教え、戒を犯す者には清らかな戒をあたえ、怒りの心の強い者には慈悲をすすめる。

ワンダー・さとりへの道⑰③ 光の悟りをもつ夜天②

そして、懈怠《けたい》の者には精進の行を教え、心の乱れた者には三昧を習わせ、愚痴の者には智慧を学ばせ、小さな教えを楽しむ者には大乗を説き、この世に執着する者には無執着の法門を教え、もろもろの煩悩に縛られて苦しむ者には力を与えて悟りのなかに入らせる。このように、かぎりない喜びに満ちた光の悟りを私はもっている」といった。

ワンダー・さとりへの道⑰④ 光の悟りをもつ夜天③

童子が、この悟りはいかなる世界に入るのかと問うと、夜天は「この悟りに入れば、仏が方便の光明によって人びとを救っているのを知ることができる。人びとが楽を受けるのは、みな仏の力によるもので、仏の教えに従っているからである。私がこの悟りの境地に入って、仏がむかし修行したことを深く考えれば、ことごとくそれがわかる。

ワンダー・さとりへの道⑰⑤ 光の悟りをもつ夜天④

つまり、仏がむかし菩薩の修行をしていたとき、すべての人びとは我《が》と我所《がしょ》に執着し、無明に覆われ、貪りに心が乱れ、惜しみと妬《ねた》みにまといつかれて、この世を転々として苦悩していた。仏はこれを憐れみ、因縁の真理を教えて諸法の実相を悟らせ、生死の苦を除き、その心を浄め、仏と同じ善根をあたえたのである」と答えた。童子は、無上の悟りを求める心を起こしてからどれくらいの時が経ったのかと、重ねて尋ねた。

ワンダー・さとりへの道⑰⑥ 光の悟りをもつ夜天⑤

夜天は「これは仏の世界のことであり、その時を知ることは困難で、菩薩でさえ知ることができない。心が清く智慧の明らかな、仏の悟りに達した者のみしか信じ理解することができない。だが、私は仏の力によって、あなたを救うため、これを説いてみよう」といって、次のようなむかしの物語をはじめた。

ワンダー・さとりへの道⑰⑦ 光の悟りをもつ夜天⑥

「むかし明浄山という世界海の普門荘厳のなかに、一切宝色妙徳普照世界があった。そのなかの宝山幢という国の堅固法荘厳雲灯城に、一切法獅子吼円蓋妙音という王がいた。ここの国民は心が邪で、貪欲で、たがいにそしり、争い、少しも和合しなかった。だから顔は醜く、寿命は短く、貧乏だった。

ワンダー・さとりへの道⑱ 光の悟りをもつ夜天⑦

そのうえ風雨もこの国を避けて、草木は枯れ、穀物は稔らず、飢饉に悩まされていた。人びとは王宮に来ては飢えと病を訴え、王に救いを求めた。哀れに思った王は『煩悩のために乱され、生死の苦しみに落ちても救う者がいない。私が安らかな境地をあたえ、悟りに導いてやろう』と考え、鼓を打って『恐れることはない。おまえたちの求めるものを与えてやろう』と、広く人びとに告げた。

ワンダー・さとりへの道⑲ 光の悟りをもつ夜天⑧

王は、すべての蔵を開いて、あらゆる宝、衣服、食べものを出して、みずから与えた。その大衆のなかに宝光明という童女がいて、六十人の童女とともに合掌して王を仰ぎ『大王は人びとを救った。この大王の智慧、大王の道、その相好、その財宝を破る者はいません。私も未来はこのようになり、同じところに生まれたいと思います』と、善い師に会えたことの喜びにあふれていた。

ワンダー・さとりへの道⑳ 光の悟りをもつ夜天⑨

王は童女に『私はすべての財宝を捨てたのだから、ほしいものを早く取るがよい』といったので、童女はますます感激して、王を称えた。王は『これを着るがよい』と、衣服を取って童女に着せた。他の六十人の童女にも衣服が与えられ、身につけると童女たちから星の光が放たれ、美しく輝いた。人びとは、晴れわたった夜空の星のようだと感嘆の声を上げた。

ワンダー・さとりへの道181 光の悟りをもつ夜天⑩

この堅固法荘厳雲灯城の一切法獅子吼円蓋妙音王とは釈尊である」と物語を終えた夜天は、「私はただ、このかぎりない喜びに満ちた三昧を得ているにすぎない。この道場にいる願勇光明守護衆生という夜天のところに行って、さらに菩薩の道を問うがよい」と童子にすすめた。童子は、夜天の三昧を考えながら願勇光明守護衆生《がんゆうこうみょうしゅごしゅじょう》を探した。

ワンダー・さとりへの道⑱器量に応じた悟り①

願勇光明守護衆生夜天は普照摩尼王蔵の座で摩尼王網を身にまとい、日や月や星の光を身体として、すべての命あるものの姿と、すべての仏の清らかな法身《ほっしん》をそのなかに現わしていた。善財童子はこれを見て、五体を地に投じて手を合わせると、教えに従い道を求める心、境地を同じくする心を起こし、あらゆる真実の世界、諸仏、菩薩、衆生とを共同する悟りに入ることができた。

ワンダー・さとりへの道⑱器量に応じた悟り②

童子は夜天の徳を称えて、いま現わした不思議な悟りはなんというのか、その悟りを求める心を起こしてどれくらいの時が経ったか、また、これからどれくらいの時を重ねて無上の悟りに到達するのかと尋ねた。夜天は「これは、それぞれの人の器量に応じて悟らせ善根を育てる悟りで、私はこの悟りに入って、すべての平等を知り、真実の相が見えて、この世の執着から離れている。

ワンダー・さとりへの道⑱器量に応じた悟り③

また、いっさいのものは一つでなく異なったものでもないと悟って、十方の衆生を教え導いている。菩薩の智慧は、すべての障りを超えて、朝、日輪が闇を払ってすべてを照らすように、等しく教化する者を照らしている。菩薩はすべての人を救うために、もろもろの世界に姿を現わすが、それにとらわれることも、流されることもない。

ワンダー・さとりへの道⑱器量に応じた悟り④

それは、太陽がこの世を照らし、地上の海や樹や草にその影を宿すが、日輪が海や草原に入るのではないように、菩薩はこの世を幻と悟って真実の法に達し、大悲をもって導いているからである。私はこの悟りを得てから、どれくらいの年月を経たかを、仏の力を借りて説明しよう」といって、次のようなむかしの物語を語った。

ワンダー・さとりへの道⑱器量に応じた悟り⑤

「むかし、善光という時代に宝光世界があり、法輪音声虚空灯という仏が現われ、林のなかにある善華道場の花の座にすわって悟りを開いた。この世界の人びとは、人を殺し、盗み、邪婬《じゃいん》をなし、虚言をはき、貪りと怒りの心に満ちていた。法輪音声虚空灯仏は道場で法を説いていたが、それは菩薩や天王、善心をもった者だけのためで、対象外のその他の人びとの善根が育つのを待っていた。

ワンダー・さとりへの道⑱⑦ 器量に応じた悟り⑥

この都の牢獄には、法を犯した多くの犯罪者が罪に服していた。この都の勝光王の太子の善伏は慈悲の心が深く、囚人の泣き叫ぶ声を聞くと、悩んだあげく獄舎に行って囚人の状態を見た。囚人の衣服は破れ、髪は乱れ、縛られ、鞭打たれ、泣き叫び、目をそむけたくなるような情景だった。これを見た太子は『おまえたちを放してやるから安心しろ』といって、王のところへ行った。

ワンダー・さとりへの道⑱⑧ 器量に応じた悟り⑦

囚人を解き放してくれという太子の訴えを聞いた王は、大臣たちを集めて意見を聞いた。大臣たちは『囚人たちは公のものを盗み、王を殺そうとした者ばかりで、とても許すことはできない。もし助ける者があれば、その者を罪に処さなければならぬ』という意見だった。これを聞いた太子は『代わりに私を牢獄に入れて、彼らを放してください』と王に頼んだ。

ワンダー・さとりへの道⑱⑨ 器量に応じた悟り⑧

そして『私が彼らをこの獄舎から救うことができなければ、生死の牢獄に囚われている三界の人びとを解脱させることはできない』とつづけた。五百の大臣は『大王よ、罪人を放せば、国の法は破れ、王をはじめ私たちにも危害が及びます。太子をこのままにしておいては、国は滅びるでしょう』と王にいった。王は大臣の意見を入れて、太子の処刑を決めた。

ワンダー・さとりへの道⑲⓪ 器量に応じた悟り⑨

それを知った王妃は驚いて、王に太子の命乞いをした。王は太子に囚人の解放をあきらめさせようとしたが、太子は『私を身代わりにしてくれ』とくり返すばかりだった。王は怒って『かってにしろ』というと、太子は身代わりとなって獄舎に入り、刑に服することになった。王妃が王に『太子を刑に服させるのは半月待って、その間、人びとに施しをして徳を積ませてあげてください』と頼むと、王はこれを聞き入れた。

ワンダー・さとりへの道⑲器量に応じた悟り⑩

太子は、日光という林で大施会《だいせえ》を催し、衣服や食べもの、車や宝飾品など、あらゆるものを人びとの求めに応じて与えた。半月過ぎた最終日、王も大臣も長者も居士も外道も、老若男女を問わず大勢集まり、太子のために泣き悲しんだ。法輪音声虚空灯仏は、この国の国民の心に善根が育ち、導くときがきたと思った。

ワンダー・さとりへの道⑲器量に応じた悟り⑪

法輪音声虚空灯仏は、大衆とともに天王や龍王、夜叉に守られて、太子の大施会に来た。端正で静かな清らかな存在で、いっさいを照らす光とともに毛穴から微妙な香り雲を放ちつつ、林のなかを進む仏の偉容を見た太子は喜びに震え、五体を大地に投じて『どうかこの宝の座におつきください』といった。

ワンダー・さとりへの道⑲器量に応じた悟り⑫

仏はもろもろの菩薩とともに座に着くと、人びとのために正しい法を説きはじめた。人びとは、これによって悟ることができた。太子はこのとき、人びとの器に応じて悟らせ、善根を育てていく悟りを得ることができたのだった」と夜天は物語を終え、「そのときの太子が私です。そして五百の大臣がいまの提婆達多《だいばだった》の一族で、仏は彼らをも教え導いて、悟りを求める心を起こさせた。

ワンダー・さとりへの道⑲器量に応じた悟り⑬

私が救った罪人たちは、拘楼孫《くるそん》等の千仏および百万の大菩薩として、すでに世に現われている。勝光王は、いまの薩遮尼乾子大論師《さっしゃにけんしだいろんじ》で、他の王や宮人は、尼乾の六万の弟子である。私は法輪音声虚空灯如来のところで出家し、五百年のあいだ行に励み、善根を育てて神通に達した。その後、何回となく王や天王、大臣、商人などに生まれ変わり、無数の仏を供養し、法を聞き、行に励んできた。

ワンダー・さとりへの道⑲器量に応じた悟り⑭

私はこの悟りを得ているだけで、もろもろの大菩薩のように、大いなる智慧と自在の力であらゆる人びとを救うことはできない。だから童子よ、この国のルンビニーという園林に住んでいる妙徳円満《みょうとくえんまん》という天神を訪ねて、どうしたら菩薩の行を修め、如来の家に生まれることができるか問うがいい」と話し終わった。

ワンダー・さとりへの道⑯ 釈尊の下生①

善財童子は、多くの夜天の悟りの世界を味わいつつルンビニー園に入ると、多くの諸天に囲まれて高殿に座り、『菩薩受《ぼさつじゅ》生経《しょうきょう》』を説いている妙徳円満天神を訪ね、菩薩の行を修め、如来の家に生まれ、世の灯火になれる法の教えを乞うた。天神は「そのためには、次の十の受生の法を修めなければならない」と話しはじめた。

ワンダー・さとりへの道⑰ 釈尊の下生②

「一つは、深い信心を起こしていっさいの仏を供養しようと願う。二つは、大悲の心を起こしていっさいの人びとを救おうと願う。三つは、大悲の心を起こしていっさいの法を観察し、四つは、清浄の心を得て、いっさいの障りを除いて法の真実の姿を知る。五つは、衆生救済のためにものの真を見て、平等に人びとを導く。六つ目は、仏の家に生まれることで、仏の善と功徳をわがものにし、七つは、法の光明の力を受け、八つは、仏の悟りの海に入り、九つは、もろもろの仏の国を飾り、十は、あらゆる仏の灌頂《かんじょう》を受けることである」と、修めるべき行をいった。童子は、この法の境地を重ねて問うた。天神は答えて「私はこの法を修めて、その願いを満たすことができたので、この林のなかに生まれてきた。私がこの林で菩薩の下生《げしょう》を念じて百年経ち、釈尊が兜率天から降誕する前、不思議な吉兆が現われた。

ワンダー・さとりへの道⑱ 釈尊の下生③

林ははてしもなく広がり、土石は金剛となり、雑木は宝の沙羅双樹となって香りを出し、宝の雨が降り、池の蓮の花が開き、もろもろの龍王や天女が集まり、十方の仏は臍《へそ》のなかから菩薩の受生自在灯という光を放って林を照らした。私はこれを見て、仏の下生を知り、喜びを得た。やがてマーヤー夫人がこの林に入ると、すべての法の光が人びとの心を照らした。

ワンダー・さとりへの道⑳⓪釈尊の下生⑤

マーヤー夫人が樹の下で太子を生もうとしたとき、夫人の身のまわりに不思議な変化が現われた。すべての天人、龍王が集まり、夫人の放つ功徳の光に人びとの悩みは消えた。夫人の腹のなかには三千大千世界の百億の四洲《しゅうし》が現われ、その国の城のことごとくに無数の天人や龍王に囲まれている夫人の姿が現われた。

ワンダー・さとりへの道㉑⓪釈尊の下生⑥

また、マーヤー夫人のすべての毛穴のなかに、いま生まれようとする太子が、過去の世でさまざまな国に生まれ、あらゆる仏に会い、もろもろの行を修める光景がことごとく現われた。また、夫人のなかに、過去のすべての仏たちが、仏として生まれるときの美しい国土や樹木、宝飾品、香、音楽が林のなかに満ちた。そして夫人のなかに、いま生まれようとする菩薩を供養するための荘厳な宮殿が現われた。

ワンダー・さとりへの道㉒⓪釈尊の下生⑦

また、誕生を賛嘆するために端麗な菩薩たちが現われた。太子が夫人の胎内から離れるとき、夫人の前に大きな宝の蓮華が咲き出て、太子を受けた。楽神は賛美の歌を唄い、諸天は空から花をそそぎ、修羅と夜叉は地上に身を投げて敬った。その情景は、日輪が虚空に現われ、祝賀の雲が山の頂に出、電光が密雲のなかで光ったように輝く世界であった。

ワンダー・さとりへの道㉓⓪釈尊の下生⑧

釈尊はこのときこの世に生を受けたが、『いっさいの法は夢幻のごとく、来らず、去らず』と悟っていた。私はこの林で菩薩受生の不思議な吉兆を見たとき、三千大千世界の百億の国や一つひとつの塵のなかにも同じ情景を見ることができた。そしていまでも、つねにこの菩薩受生の不思議な吉兆を見つづけている」といった。童子は重ねて、この菩薩受生自在の法を悟ってどれくらいの時が経つのかと聞いた。

ワンダー・さとりへの道㉔⓪釈尊の下生⑨

天神は「むかし、可悦楽という時代の一切宝世界に、不可慧自在幢王という仏がいた。そして、荘厳幢という都の宝炎眼光王の第一夫人を善喜光といった。善喜光夫人は、マーヤー夫人と同じように、林のなかで菩薩を生んだ。黄金の林で、宝の樹の上で生まれた太子を、もろもろの天王は雑香の湯に入れ、抱いて離垢光という乳母に授けた。

ワンダー・さとりへの道㉕ 釈尊の下生⑩

乳母はかぎりない喜びのなかで普眼三昧を得て、少しの障りもなく十方の仏を見ることができ、菩薩の受生を見ることができた。そして、それを見ることのできる自在の力を得た。その乳母が私で、そのとき得た法で、仏の受生の吉兆と仏が人びとを教え導く神力を見つづけてきた」と答え、言葉をつづけて、

ワンダー・さとりへの道㉖ 釈尊の下生⑪

「私はただ菩薩の受生を見通す力を得ているだけで、大菩薩たちのように、正しい法を悟り、あらゆるところに生を示して人びとを導くような、広大な功徳を説くことはできない。カピラ城にいる釈迦族のゴーパー夫人に、どうすれば生死の世界に遊んで人びとを教えることができるか問うがいい」といった。

ワンダー・さとりへの道㉗ 蓮から生まれた娘①

善財童子は、菩薩受生自在の法を思いながら、カピラ城の講堂の離憂妙徳天のところに行くと、天神は一万の一族を率いて「やがて仏の世界に入る人だ」と称えて童子を迎えてくれた。童子はこれに「私は、さまざまな悪行によって三悪道に堕ち、苦しんでいる人びとを救い、安らぎを得させようと願っている。菩薩は、みずからのために悟りを求めるのではなく、ただ人の苦しみを見て、これを救うために大悲の願いを起こし、悟りを求めて修行に励むものだ」と答えた。

ワンダー・さとりへの道㉘ 蓮から生まれた娘②

童子が講堂に昇ろうとすると、天神は香を焚き、花を散らして、童子を賛嘆した。そして、童子は天神とともに法堂に昇ると、八万四千の侍女に囲まれて、蓮の獅子座にすわっているゴーパー夫人の前に五体を地に投げ出して合掌して教えを乞うた。夫人は「善き師を求めて広大な願を起こし、深い悟りを求め、仏を供養し、菩薩に

従い、仏に護られ、生死を超えるなら、因陀羅網普智光明菩薩の行を満たすことができるでしょう。

ワンダー・さとりへの道㉙ 蓮から生まれた娘③

身命を惜しまず、法の実相を知って、菩薩のもろもろの願を知り、仏の世界に入ろうとして師を求めれば、仏のかぎりない法を修めることができる」と童子にいい、さらに言葉をつづけていった。「私は、あらゆる菩薩の三昧の世界を思い浮かべる悟りに入っている」童子がその悟りのはたらきを問うと、夫人は

ワンダー・さとりへの道㉚ 蓮から生まれた娘④

「この悟りに入ることによって、私は娑婆世界の人びとの、もろもろの善悪の業をなして、その因縁によって生まれ、死んで行くありさまをことごとく知ることができる。また、この世界に現われた仏が道を求め、行を修めて悟りを得、法輪を転じて神力を現わし、人びとを救うようすをすべて見ることができる。そして、十方世界のすべてで同じことができるのです。これはみな、仏の本願のお力です」と答えた。

ワンダー・さとりへの道㉛ 蓮から生まれた娘⑤

童子は、この悟りの心を起こしてどれくらいの時が経つのかと聞くと、夫人は次のような昔話をはじめた。「むかし、勝光明という時代に離恐怖世界があり、妙徳樹須弥山という王都に一切宝主という勇健で端正な王が、六万の侍女と、五百の大臣と、五百の王子とともに住んでいた。太子の増上功徳がある日、多くの侍女とともに車を列ねて香牙山の園林に遊んだ。

ワンダー・さとりへの道㉜ 蓮から生まれた娘⑥

ちょうどそのとき、この園林に、離垢妙徳という娘が、母の善現に伴われて遊びに来ていた。離垢妙徳は、髪も目も金色に輝き、赤い唇から出る声は滑らかで、才能ゆたかな心優しい娘だった。その娘が太子と園林で出会い、恋に落ちた。娘が『あの人といっしょになりたい』と母親に思いを訴えると、母親は『あの方は太子の身分だからあきらめなさい』と娘をたしなめた。

ワンダー・さとりへの道㉝ 蓮から生まれた娘⑦

園林の外に法雲光という道場があり、その日は、勝日

光仏が道場で悟りを開いて七日めだった。娘は遊び疲れて、つい、うとうとと眠り、勝日光仏を夢に見た。娘が夢から覚めると、空中から「おまえがいま夢に見たのは勝日光仏である。仏が悟りを開かれてまさに七日め、いま道場で多くの菩薩や天人、龍王、鬼神や多くの人びとに囲まれて正しい法を説いておられる」という声がした。

ワンダー・さとりへの道㉔ 蓮から生まれた娘⑧

娘は天の声を聞いて、勇気を出して太子のところへ行き、手を合わせて太子の徳を称え、いっしょになりたいという胸の思いを打ち明けた。太子は『おまえは誰の娘で、世話をしているのは誰だ。もしほかに決まった者があれば、私はおまえをあきらめなければならぬ』と、娘の気持ちを確かめた。娘が生まれた因縁と、技芸に秀で、気立てのよいことを、娘に代わって母親が答えた。

ワンダー・さとりへの道㉕ 蓮から生まれた娘⑨

『春の日、花の咲く沙羅双樹園の池の畔に座っていると、池のなかに蓮が咲きでて、花のなかから光とともにこの娘が誕生しました。毛穴からは栴檀の、口からは蓮華の香りが漂い、身体は伸びやかで、心は優しく、伎楽・技芸にすぐれ、病を治し、人を憐れみ、師を敬い、五欲に酔わず、法を求め、見て飽くことがありません。願わくば、この娘を妃とされますように』と。

ワンダー・さとりへの道㉖ 蓮から生まれた娘⑩

それを聞いた太子は、『私はいっさいの人を救い、国を浄めるために、長期にわたって私の持っているすべてのものを人に施し、菩薩の道を修めねばならない。私の修行を支え、道心を破らぬと誓うなら妃にしよう』と答えた。娘は『私の願いは、あなたとともに道を求めることだけです』と答え、夢に見た勝日光仏のところにいっしょに行って供養しようとすすめた。

ワンダー・さとりへの道㉗ 蓮から生まれた娘⑪

これを聞いた太子は喜んで、娘とともに宝の車で道場に向かった。清らかに澄み、寂然とした仏の威容に接した太子はさまざまな供養をし、仏は太子のために『普門灯明経』を説いた。これを聞いた太子は、多くの三昧を得、娘は求道の心を固くした。王宮に帰った太子から、園林で娘に会い、道場に行って仏を供養した話を聞いた王は、『仏は宝であり、それに会うのは稀なことである』と大いに喜んだ。

ワンダー・さとりへの道218 蓮から生まれた娘⑫

王は大臣たちを集めて、仏が出現したことを太子から聞いたと話し、『私の喜びはたとえようもない。私は王位を太子に譲り、仏の道場に詣でて仏の道を求めたい』と宣言すると、一族を率いて仏のもとに行った。仏は白毫から一切衆生心灯という光を放ち、十方の世界を照らして、そのすべての王の前に如来の不思議な神力を現わして人びとの心を浄めた。

ワンダー・さとりへの道219 蓮から生まれた娘⑬

仏は、真実灯陀羅尼門を説き、これを聞いた王は出家し、悟りを開いた。このとき王宮にいた太子は、転輪聖王のそなえるべき金輪宝、白象宝、紺馬宝、神珠宝、玉女宝、主蔵臣宝、主兵宝の七つの宝を自然に得ることができた。玉女宝からは端正で勇猛な千人の子供が生まれ、国は栄えた。そして、八万の王城にそれぞれ五百の僧房と仏塔を築き、それぞれに仏を招いて、道を広めたのです」と夫人は話し終えると、言葉をついだ。

ワンダー・さとりへの道220 蓮から生まれた娘⑭

「そのときの太子が釈尊で、王が東方の世界にいる宝華仏で、娘の母がいまの私の母の善目で、娘がいまの私です。私は菩薩の三昧の世界を観察する法を得て、さらに多くの仏を供養し、法を修めましたが、まだ智慧三昧の境地を知ることができません。そして、さらに数多くの仏に会って法を聞き、法を修めましたが、まだ普賢菩薩の広大無辺の法門を知ることができません。

ワンダー・さとりへの道221 蓮から生まれた娘⑮

なぜなら、普賢菩薩は仏の世界と同一だからです。私はただ、普賢菩薩のすべての毛穴のなかに現われる多くの世界や、そのなかで仏の行なうさまざまな行を目のあたりに見ることができるのみで、私自身で自在の力を現わすことはできません。ですから、このカピラ城のなかに住んでいる釈尊の生母マーヤー夫人のもとに行って、菩薩の道を尋ねるといいでしょう」

ワンダー・さとりへの道㉒㉒仏の母①

善財童子は「善い師はつねに真実の境地にあって、清らかな法の身ともろもろの化身をもち、障りのない行を修めている」と思いながら歩いていると、宝眼というカピラ城の城天が「生死を離れるために心の城を守り、仏の力を得るために心の城を飾り、惜しみとまがった心を離れるために心の城を浄め、もろもろの三昧に入って自在の力を得るために燃え盛る心の城を滅せよ。

ワンダー・さとりへの道㉒㉓仏の母②

如来の功徳の海を受けるために心の城を広くせよ。かぎりない大悲をもって人びとを救うために心の門を開き、もろもろの法に実性なしと悟るために心の城の真の姿を究め、仏の法の城に入るために心の城が幻のようなものだと悟れ。このような城を知れば、もろもろの障りを除き、いっさいの善き師に会って、悟りの境地に達するだろう」と童子にいった。

ワンダー・さとりへの道㉒㉔仏の母③

次に、法妙徳天が虚空でマーヤー夫人を賛嘆し、さまざまな色の光の網を放って仏の世界を照らした。その光は仏の身を巡って、ことごとく童子の頂に入り、身体に満ちると、童子は汚れを離れた光の眼が開け、愚痴の闇が除かれて、すべての人と法の性を見ることができ、すべての仏の姿と業を見ることができた。

ワンダー・さとりへの道㉒㉕仏の母④

また、善眼という法堂を守る羅刹鬼王《らせつきおう》は、虚空から花をそそいで童子に「正しい心をもって大悲の心を破らず、智慧の眼を開いて仏を固く信心すれば、もろもろの善き師に近づくことができるだろう。また、もろもろの三昧のなかに入って一心に善き師を求めれば、やがて叶うだろう」といった。童子は礼をいって、善き師に会える道を示してくれるように頼んだ。

ワンダー・さとりへの道㉒㉖仏の母⑤

羅刹鬼王は「あまねく十方を礼拝して、善き師を求めなさい」と答えた。童子がいわれたように十方を礼拝すると、たちまち宝の蓮華が現われた。花の台の上に千の柱を立てて無数の手すりを巡らし、宝で装飾した高殿があり、そのなかに宝の網で覆って金の鈴をかけた摩尼宝《まにほう》の獅子座があり、その上に多くの一族に囲まれたマーヤー夫人がすわっていた。

ワンダー・さとりへの道㉗ 仏の母⑥

そして、その鈴やほかの装飾品、調度品から妙なる音がながれ、さまざまな花を散らし、不思議な光が放たれ、仏を賛美する歌が奏でられ、もろもろの仏の化身が現われた。夫人の清く麗しい色身からは、無数の化身が現われ、人びとの求めに応じて教え導いていた。この不思議を見た童子は、夫人の現わした化身と同じくらいの化身を出し、五体を地に投じて合掌して教えを乞うた。

ワンダー・さとりへの道㉘ 仏の母⑦

マーヤー夫人は「私は、大いなる願いと智慧と幻の法をそなえている。それによって、このカピラ城の宮殿でシッダールタ太子を生み、自在の力を現わすことができたのです」と、釈尊の誕生のとき、一切如来受生という光がいっさいの世界を照らして夫人の頂にふれ、すべての毛穴から体内に入ると、すべての仏や天人などが夫人の胎内に入り、自由に動いたが、胎内は広すぎも狭すぎもしなかったと、数多くの不思議を童子に語って聞かせた。

ワンダー・さとりへの道㉙ 仏の母⑧

童子が、法を得てからどれくらいの時が過ぎているのかと問うと、夫人は「むかし浄光明という時代に、妙徳須弥山王世界があり、智幢という都に勇盛という王が住んでいた。都の北に慈妙徳という道場神が守る月光明という道場があり、離垢幢菩薩が悟りを開こうと、この道場に座って瞑想に入ったとき、金剛明光という悪魔がこれを邪魔しようと、一族を率いてやってきた。

ワンダー・さとりへの道㉚ 仏の母⑨

これを知った勇盛王は、神力で悪魔軍より強い軍隊を作り出して追い払い、離垢幢菩薩が悟りを得るのを助けた。道場神慈妙徳はこれを見て喜び、『王が仏になるまで、私は母となって守ろう』と心に誓った。この道場神が私で、王が釈尊です。私が誓いを立ててから、釈尊が生を受けるときはいつも私が母で、またむかしから十方の仏の母は、いつも私でした。

ワンダー・さとりへの道㉛ 仏の母⑩

私はただこの大きな願いと智慧と幻の法をもち、一切の仏の母となっているだけで、もろもろの大菩薩たちのように大悲の心をもって、あらゆる人びとを教え導き、自在の力を得て、すべての毛穴から一切の仏の変化を現わすことはできません。この娑婆世界の三十三天にいる正念王に、天主光《てんしゅこう》という童女がいるので、そこで菩薩の道を問うといいでしょう」と答えた。

ワンダー・さとりへの道㉜ 功徳を思いうかべる童女①

善財童子はただちに天に昇り、天主光童女に会って教えを乞うた。童女は「私は、諸仏のそなえている功徳を、心のままに思い浮かべる菩薩の悟りを得ている。むかしをふりかえってみれば、青蓮華という時代に数かぎりない仏に供養を捧げました。これによって、すべての仏の発心から悟りを得るまでのすべてを思いうかべる法を得たのです。いわば、私はすべての仏の功徳力を自分のものにしているのです。

ワンダー・さとりへの道㉝ 功徳を思いうかべる童女②

しかし、私はこの悟りを得ているだけで、生死の闇を出て法性の悟りを開き、仏の力をそなえて人びとを教え導く仏の行は、私にはとてもできません。カピラ城に偏《へん》友という童子がいますので、そこへ行って菩薩の道を問《う》うてみるがいいでしょう」と答えた。童子は、童女の法を心に思いながらカピラ城に向かった。

ワンダー・さとりへの道㉞ 技芸の童子①

善財童子は、カピラ城の偏友童子に教えを乞うと、偏友は「ここで善知衆芸《ぜんちしゅげい》という童子が菩薩の字智法門を修行しているので、そこで問うといい」と教えられた。善財童子が善知衆芸に教えを乞うと、善知衆芸は「私は菩薩の悟りを得て、種々の技芸に達している。私は四十二文字の根本になる《阿》《陀》を唱えることによって六波羅蜜に入り、四十二の根本を知ってさらにかぎりない智慧を得、もろもろの技芸に達することができる。

ワンダー・さとりへの道㉟ 技芸の童子②

私はただこの悟りを得ているだけだが、もろもろの菩薩たちはすべての技芸に通じ、文字、算術に深い悟りをもち、医薬・呪術をもって病を治す。また珠玉、珍宝の出所や品種、価値を知り、人間の住所の善悪をわきまえ、地理に詳しく、人相の吉凶や鶏の声、気象の変化、穀物の豊凶、国土の安危を観察するなど、世間のあらゆる学芸に通じて、その根本を究めている。

ワンダー・さとりへの道㉓⑥ 技芸の童子③

また世間の法を分析し、社会を観察し、名を尊び義をわきまえて、愚痴を離れ、憂いや悩みをなくしている。しかし私には、菩薩のように学と道と芸の一致した功徳の行を説くことはできない。マガダ国の集落にヴァルダナという城があり、そこに賢勝《けんしょう》という信女がいるので、そこで菩薩の道を聞くがいい」と答えた。

ワンダー・さとりへの道㉓⑦ 空の心の信女①

善財童子は《阿》とか《陀》とかの言葉になる以前の境地に入ることを考えてヴァルダナ城に向かった。童子に教えを乞われた賢勝信女は、「私は空の心をもって尽きることのない功徳を生む菩薩の悟りを得ています。この悟りに入るとさまざまな神通を現わし、悟りの世界からさまざまな行動を現わします。

ワンダー・さとりへの道㉓⑧ 空の心の信女②

つまり知性の眼を生み出し、耳・鼻・舌・身・意を生み出し、知性の智慧と神通、かぎりない功徳、世間を照らす光を生み出します。私はただこの《空》の心の悟りを得ているだけで、すべてに執着しない菩薩の功徳の行を私は知りません。南のほうに五穀のみのる沃田という城に、知徳円満な堅固解脱《けんごげだつ》という長者がいるので、そこで菩薩の行を問うといい」と答えた。

ワンダー・さとりへの道㉓⑨ 執着を離れた長者

善財童子に教えを乞われた堅固解脱長者は、「私は執着を離れた清浄の念に住む菩薩の悟りに入っている。私がこの悟りを得てからは、すでに功徳は満ち足りて、十方の仏に願い求めることはない。私はこの悟りを知っているだけで、大菩薩の行を説くことはできない。この城中に住んでいる妙月《みょうがつ》という長者に、菩薩の道を聞くがいい」と答えた。

ワンダー・さとりへの道㉔⓪ 浄い智慧の長者

妙月長者の家は光に照らされていた。善財童子が教えを乞うと、長者は「私は菩薩の悟りを開き、浄い智慧と光明を得ている。しかし、ただそれを知っているだけなので、かぎりない解脱の法門を悟っている菩薩の行を説くことはできない。この南にある出生という城に無将軍《むしょうぐん》という長者がいるので、そこで菩薩の道を問うがよい」と答えた。

ワンダー・さとりへの道㉔① 海岸の修行者

善財童子に教えを乞われた無将軍長者は、「私は菩薩の悟りを開き、尽きない功徳の姿を成就している。これによってかぎりない仏を見、尽きることのない功徳の蔵を得ている。しかし、私はこれを知っているだけで、無限の智と無礙《むげ》の弁才を得た菩薩の行を説くことはできない。この南に法という名の集落があり、そこに住む尸毘最勝《しびさいしょう》というバラモンに菩薩の道を問うがよい」と答えた。

ワンダー・さとりへの道㉔② 誓願の言葉のバラモン①

善財童子に、教えを乞われた尸毘最勝は、「私は菩薩の悟りを得て、誓願の真の言葉を知っている。過去・現在・未来の三世のすべての菩薩は誓願をもっているため、修行を怠ることなく、私はこの言葉を知っているために、自分の心に念じたことはかならず成就することができる。しかし、私はこの誓願の言葉の悟りを得ているのみである。

ワンダー・さとりへの道㉔③ 誓願の言葉のバラモン②

すべての菩薩は、誓願の言葉と行が異なることなく、かぎりない功徳を生み出す。それは、私の説く行ではない。この南のほうに妙章華門という城があり、そこに純情童心の境地にある男女がいて、男は徳を生むことから徳生《とくしょう》といい、女は徳を現わすことができるので有徳《うとく》と呼ばれている。この二人に菩薩の行を問うがよい」と答えた。

ワンダー・さとりへの道㉔④ 幻のなかに住む男女①

善財童子は徳生と有徳の二人を訪ねて教えを乞うと、二人は「私たちは菩薩の悟りを開き《幻》のなかに住んでいる。この悟りのなかから見ると、業と煩悩から生まれたすべての人も、迷える無明と愛欲から展開したすべての法も、すべて《幻》のなかにある。転倒の智慧が生んだこの世界も、真実でない分別から生まれた生老病死、憂悲悩苦も、すべて幻にすぎない。

ワンダー・さとりへの道㉔⑤ 幻のなかに住む男女②

智慧と誓願から生まれたあらゆる声聞・縁覚・菩薩もすべて《幻》のなかに住んでいる。《幻》の境地は有《う》でなく空《くう》でもなく、まことに不可思議な性をもつものである。私たち二人は、この幻住の解脱を得ているのみで、はてしない広大な幻の網のなかに入っている菩薩たちの行を説くことはできない」と答え、善根の力で童子を柔軟にし、光沢を添えて言葉をつづけた。

ワンダー・さとりへの道㉔⑥ 幻のなかに住む男女③

この南の海の近くにある海潤という国の大荘厳蔵という園林のなかに、厳浄蔵という大きな高殿が建っている。それは菩薩のむかしの善根と自在の神力によって築かれたもので、そこに弥勒《みろく》という菩薩が住んであらゆる人びとを教え導いているが、いまあなたのために菩薩の法と力を示そうとしている。弥勒菩薩はいっさいの菩薩の行を究めていて、あなたを導く真の善き師です」

ワンダー・さとりへの道㉔⑦ 弥勒菩薩①

善財童子は、海潤国の弥勒菩薩のいる宏壮な高殿を遥かに仰ぎ見て、五体を地に投じて「これは諸仏の塔であり、如来の姿であり、法宝の住まうところで、すべての悟りの境地である」と思った。そして、これは虚空のように障りなく、真実の世界のように障りなく、影のように、夢のように、ことごとく縁より起こって有でも無でもないと見て、我を離れて深く因果の真理を悟り、世界の実相を知ることができた。

ワンダー・さとりへの道㉔⑧ 弥勒菩薩②

善財童子はそう悟ると、身も心も柔軟になった。そして、身を起こすと高殿のまわりを十回めぐり、手を合わせて観察し「これは、世界を空と悟り、人間を実有にあらずと知る人の住むところである。すべてを空と悟りながら、しかももろもろの力を現わして世界を浄め、人間を救う人の住むところである」とふたたび思い、弥勒菩薩の住む高殿を歌で賛美した。

ワンダー・さとりへの道㉔㊾ 弥勒菩薩③

歌い終わった童子が、弥勒菩薩を見たいと一心に思い、内部を仰ぎ見ると、解脱の清らかな天冠を被って、大智の網を身にまとった菩薩が、天人や龍王に囲まれていた。童子が合掌して教えを乞うと、菩薩は童子を指さし、まわりの大衆を顧みて「菩薩の道を問うているこの童子は、マガダ国のガヤーで文殊師利菩薩の教えを受け、師を求めて長い遍歴をし、ここに来たのである。

ワンダー・さとりへの道㉕⓪ 弥勒菩薩④

身命を捨てて人を救おうと道を問うこの童子は、菩薩の行を満たし、徳をそなえて大きな智慧の海に入り、障りのない空のなかに遊び、すべての道を得てあらゆる人びとを救っている」といって、童子に「おまえは見聞しがたいもろもろの聖者に会い、その説くを知り、体得してきた。かぎりない時を経て修める菩薩の行を、おまえは一年でなしとげた。私が説き示そうとしているところは、みな普賢菩薩の所行である。

ワンダー・さとりへの道㉕① 弥勒菩薩⑤

過去の仏たちは、一心に菩提を求め、時を重ねて行を修め、苦を受けたが、善き師に恵まれず、行を満たすことができなかった。だが、おまえはいま、それを成就することができたのである。おまえはもう一度、文殊師利菩薩のところへ行って、普賢の行を問うがよい」といった。これを聞いた童子は、涙を流して感謝した。

ワンダー・さとりへの道㉕② 弥勒菩薩⑥

そのとき文殊師利菩薩は、不思議な肘を遥かに伸ばして、童子の首に花の飾りをかけた。童子は喜んで、これを弥勒菩薩の上に散らすと、弥勒菩薩は右の手で童子の頂を撫でて「仏の御子よ、おまえはまもなく、私と同じになるだろう」といった。喜んだ童子は、身を踊らせて感謝の歌を唄い、五体を投じて弥勒菩薩を拝み、菩薩の行の教えを乞うた。

ワンダー・さとりへの道㉕③ 弥勒菩薩⑦

弥勒菩薩は「おまえは幸いにも人間に生まれて仏に会い、聖なる法の器となって善根が潤い、欲を浄め、善い師に導かれ、多くの仏に守られている。これらはすべて菩提心を起こしたからで、この菩提心は仏の種子であり、その心からすべての仏が生まれる」と説いて、菩提の心は田地であり、水、眼、大道、大海、楽器、鏡であると、喩えによって詳しく説いた。

ワンダー・さとりへの道㉕④ 弥勒菩薩⑧

そして「この明浄殿の高殿に入れば、ただちに菩薩の道を知り、かぎりない徳をそなえることができる」と教えた。童子が手を合わせて、どうか門を開いてくれるように頼んだ。弥勒菩薩は右の指を弾くと、門は自動的に開き、童子が中に入ると、自動的に閉まった。なかは空のように広く、もろもろの宝で飾られ、無数の窓は開け放たれ、鈴は鳥の声と和し、妙香が漂い、花が降って、光の玉が隅々まで照らしていた。

ワンダー・さとりへの道㉕⑤ 弥勒菩薩⑨

さらに、まったく同じ百千の高殿が並んでいた。この不思議な高殿の光景を見て、童子の心は喜びに満ちて和らぎ、すべての妄想を離れ、愚痴の闇は開き、敬いの念を抱いて礼拝すると、弥勒菩薩の神力によって、この高殿にある小さな高殿のすべてのなかに、自分の姿を見ることができ、さらに仏たちの行のすべてや、天人のすべて、鏡のなかにはすべての世界を見ることができた。

ワンダー・さとりへの道㉕⑥ 弥勒菩薩⑩

弥勒菩薩は「童子よ、高殿のなかに現われた大菩薩たちの不思議な力を見たか」と聞いた。童子は、虚妄を離れて三界のすべての法を見ることができ、数千年の時間が過ぎたように思えた。弥勒菩薩は神力をおさめ「童子よ、定《じょう》より起て」といった。童子はそれに従うと、「これはいかなる解脱の法門か」と聞いた。弥勒菩薩は「これは三世のなかに入る正念の蔵で、一生にして成仏する菩薩は、このような不思議な解脱を得ている」といった。

ワンダー・さとりへの道㉕⑦ 弥勒菩薩⑪

さらに童子が、この高殿に現われた不思議はどこからきたのかと聞くと、弥勒菩薩は「どこからでもなく、菩薩の神力からきたもので、龍王が心のままに雨を降らすように、菩薩の智と願の力によって現われたものである」

と答えた。童子は重ねて「あなたはどこから来たのか」と聞くと、弥勒菩薩は「菩薩もまた、来るところはなく、行くところもない。不生不死の国から来るのである。

ワンダー・さとりへの道㉘弥勒菩薩⑫

しかし、私は生まれ故郷のマリ国から、グバラ長者のために法を説き、故郷の人びとを導いてここに来たが、菩薩は人びとを救うため、大慈悲のなか、大願の道から来るのである。菩提の心こそ菩薩の生まれるところで、直い心、大いなる願い、大いなる慈悲、真実の観法が菩薩の生まれるところである。菩薩は般若を母とし、方便を父とし、布施を乳母として生まれるのだ。おまえは、これから文殊師利菩薩のところに行って、菩薩の道と普賢の行とを問うがよい」といった。

ワンダー・さとりへの道㉙文殊菩薩①

善財童子は、ふたたび文殊師利菩薩に会おうと、普門城のほとりで方法を一心に思案していると、文殊師利菩薩が姿を現わし、右手を伸ばして童子の頭を撫でて「よいか、《真》という根本を離れて精進を失い、一つの善根、少しの功徳に執着して菩薩の行を起こさず、善い師につかず、仏に守られなかったら、このような真の法、道を究めて悟ることはできなかっただろう」といった。

ワンダー・さとりへの道㉚文殊菩薩②

善財童子はこの教えを聞いて、心に喜びが満ちあふれ、かぎりない智慧の光、神通の力を得て、普賢の行の道場に入ることができた。文殊師利菩薩は、童子を自分の住んでいる場所に連れていくと、そこで姿を消し、本拠に帰っていった。童子は、多くの善い師に会い、法を求め、恵まれて、ついに普賢菩薩の行を得るようになったのである。

ワンダー・さとりへの道㉛普賢菩薩①

善財童子は、普賢の名号や行願、功徳、境地を聞いて、その姿を見ようと一心に願い、普賢の世界にかなう虚空のように障りのない広い心を起こすと、みずからの善根の力と、仏の神力と、普賢菩薩の力によって、あらゆる国が道によって守られ、すべての人びとが慈しみの心をもち、仏を念じて麗しい姿になる吉兆を見た。

ワンダー・さとりへの道㉖② 普賢菩薩②

さらに、世界のすべての塵が、すべての仏のさまざまな光の網を放ち、宝や光、香りの雲を放ち、菩薩や仏の身雲を出して法界に充ちている光の相を見ることができた。善財童子が、さらに普賢菩薩に会いたいと一心に願っていると、金剛道場の如来の前の蓮華蔵獅子座にすわっている普賢菩薩を見ることができた。それは、大衆に囲まれ、虚空のように心で法界に遊ぶ、不可思議な姿であった。

ワンダー・さとりへの道㉖③ 普賢菩薩③

普賢菩薩のすべての毛穴から放たれる無数の光は法界を照らし、もろもろの香や花、宝などの雲は空に満ち、すべての毛穴から出る天人、梵王、欲天、如来、菩薩、仏の身雲は空に満ちて仏事を行なっていた。そして、普賢菩薩のすべての支節のすべての毛穴から、三千大千世界のすべての自然、生きものの営みが映し出されていた。善財童子はこの不可思議な神通の力を見て、破れることのない智慧を得て、いっさいの仏に詣で、法を聞き、普賢の悟りを得た。

ワンダー・さとりへの道㉖④ 普賢菩薩④

普賢菩薩は右手を出して、善財童子の頭を撫でると、十方のあらゆる仏の前にいる他の普賢菩薩も、童子の頭を撫でた。普賢菩薩は「私の善き法身を見るがいい。わずかな善根を植えた声聞や菩薩は、私の名すら聞くことができず、身を見ることができない。私の名を聞き、身を見る者はかならず、私の清浄な法身のなかに生まれ、その身も国も力も法も、仏と同じになるであろう」と告げた。

監修者紹介

松本　慈恵（まつもと　じけい）

1952年　東京都生まれ。

1974年　日蓮宗で得度。

　　　　日本大学農獣医学部農芸化学科卒業。

1976年　立正大学仏教学部宗学科卒業。

1975-87年　学校法人堀ノ内学園東京立正中高等学校講師。

2002年　日蓮宗加行所第五行成満。伝師相承。

現　在　僧正。横浜市杉田妙法寺副住職・練馬区法華結社教導。葬送文化研究会会員。

主　著　『日蓮聖人書体字典』(編)、『忌と喪と斂』(共著)、『戒名のはなし』、『供養と成仏のはなし』、お経本シリーズ『妙法蓮華経』４巻（編)、『法華経名句辞典』、『図説葬儀』

仏教珍説《ぶっきょうちんせつ》・愚説辞典《ぐせつじてん》　ISBN4-336-04655-7

平成16年10月８日　印刷
平成16年10月20日　発行

監修者　松本慈恵
発行者　佐藤今朝夫

〒174-0056 東京都板橋区志村１-13-15
発行所　株式会社　国書刊行会
TEL.03(5970)7421(代表)　FAX.03(5970)7427
http://www.kokusho.co.jp

落丁本・乱丁本はお取替いたします。　印刷・㈱エーヴィスシステムズ　製本・㈱石毛製本所

索　引

【あ】

アートマン　81
アーリア系　181
合縁奇縁　3
愛敬　69
愛語は布施行　3
挨拶は試し合い　3
愛人　4,201
会津藩　302
愛染明王とキューピット　3
愛想と愛想尽くし　3
アイヌ　230
愛の神　3
愛はエゴの最たるもの　4
愛別離苦　33
あいまい　42
アインシュタイン　32
阿吽　252
青い鳥　190,209
青の洞門①②　4
青物から酢屋へ　138
赤ちゃん　17
閼伽と化粧水　4
垢抜けた女性　5
閼伽は浄水　5
赤松満祐　287
秋の色は白　315
秋の彼岸　355
あきらめなかった梵天　5
アクア　5
悪意　122
悪意(悪魔)　300
悪行　114
悪業　253
悪事　68
悪知識　225
悪人も善男善女に　5
欠伸指南　231
悪病　299
悪魔　367,418
悪友　225
悪霊　372,401
明智光秀　272
阿含経　178,267
浅草の酉の市　232
朝題目に夕念仏　6
足利義教　286
アシタ仙人　340
脚のしびれ　350
『阿闍世王授決経』　261
阿闍梨　87,390
阿闍梨と阿闍　6
阿閦如来　108
阿修羅　84,320
阿修羅道からの生まれ変わり　6
アショーカ王　321
遊び人　207
遊びは仏に通じる　6
阿吒薄倶　125
頭だけになった娘①②　7
新しい道具　7
篤く三宝を敬え　163
後の祭り　172
あなた任せ　250
阿難　372
阿難尊者　404
阿難長老　262
あの世千日この世一日　144
痘痕も笑窪　122
阿鼻叫喚の巷　144
阿鼻地獄　106

甘い汁と甘露　7
甘い水　8
雨乞い　191
雨乞いと祈禱　8
雨請いの龍王①～⑤　8
甘茶　40
甘茶でカッポレ　9
尼寺　124
尼になった猫①～④　9
阿弥陀笠　10
あみだ被り　10
『阿弥陀経』　211
あみだくじ　11
阿弥陀籤　11
阿弥陀信仰　130
阿弥陀如来　108,238,266
阿弥陀如来と禅僧　138
阿弥陀の光も金次第　11
阿弥陀仏　63,135,404
蛙鳴蟬噪　71
飴で餅　11
飴と鞭　11
飴になった刀　49
雨ニモ負ケズ　266
雨降って地固まる　12
アメリカ　173
雨を降らす龍王　12
過ちと慢心　12
過ちを補い潰ちたるを拾う　122
新井薬師　42
阿羅漢　360,376
荒行　393
荒行は教育か修行か　12
荒間　204
阿頼耶識　238
あらゆるところに赴く菩薩①②　458
蟻に食われた弥勒さま①②　12-13
泡般若　315
鮑　64
行脚は師を求める旅　13
安国寺恵瓊①②　13
安住地神　459
安住長者　456
安心　33
安堵の姿　79

【い】

イエスマン　122
癒えた傷①②　14
家光　16,272,391
硫黄島　67
医王善逝　272
遺骸を引き取る　15
伊賀国　37
斑鳩　243
生きている舌①～③　14-15
威儀を正す　15
池上宗仲　293
異国の神　412
医師　86
石頭　358
石田三成と沢庵①②　15
石の奇跡　16
石原裕次郎の散骨　16
石部金吉金兜　357
医者と坊主　16
医者の不養生　82
医食同源　289
以心伝心①～③　16-17
イス　350
伊豆　394
伊豆大島　49
和泉国　82,377
和泉国の山寺　415
出雲大社　232
伊勢神楽の諭し　215
伊勢参り　10
遺体　65
韋駄天　390
韋駄天走り　17
板橋宿　369
一挨一拶　3

一一文文是真仏　218
市杵嶋姫の神　347
一隅を照らす　17
一言居士　139
一字関　79
一汁一菜　68
一汁一菜か一住一妻か　17
一乗　385
一大事因縁　18
一大事は人びとを救うこと　18
一日三食　168
一日作さざれば一日食らわず　18
一日二食　168
市の聖　112
一仏乗　39
一味　18
一蓮托生　68,329
一蓮托生は心中の決まり文句　18
一蓮托生はホモ願望か　19
一角仙人　12
一休伝説①～⑨　19
一休と蓮如　41
一休の袈裟　21
一休の悟り　20
一休の修行　20
慈しみの王①～⑥　448-449
一茶　104,306
一茶①②　21
一切皆成　216
一切経　236
一切衆生悉有仏性　216,326
一切衆生悉皆成仏　172
一切はすべて　22
一指頭の禅　408
一水四見　22
一千日の修行　47
一昼夜眠る　23
一徹な禅僧　70
一得一失　22
一遍　379,388
一遍首題　296
威徳寺　71
井戸掘り　233
田舎坊主白隠①～④　22-23
稲守稲荷①～④　23-24
稲荷信仰　239
稲荷鮨　101
稲荷鮨と連想ゲーム　24
稲荷の復讐　24
猪苗代湖と弘法さま①②　25
犬は守り神　25
居眠り　209
命知らず　332
いのちの花①～⑯　25-29
井の中の蛙　98
位牌は死者の霊　29
意馬心猿　29
衣鉢　44
芋づる式　329
鋳物職人　266
癒し　423
イヤミな貧者の一灯　30
イラク　42
イランの女神　88
入れ代わった娘①～④　30
色好まざらん男は　31
色と色　31
鰯の頭も信心から　31
石清水八幡宮　81
岩にしみ入る蟬の声　31
印　192
因果応報　34,68,80
因果応報説　224
因果と縁　32
因果と善行　32
因果骨　32,253
陰茎　296,356,367
隠語　188,266,349
因業と果報　32
インド一の大富豪の嫁　416
引導　71,144
引導と松明　33

引導と導引　33
引導のはじまり　33
引導は死者へのものではない　33
引導法語　79
引導法語を聞いてショック死　34
引導ミス　263
引導を渡さない宗派の教え　34
引導を渡すは殺すこと　34
インドラ神　84
因縁　18
因縁一つ　34

【う】

ヴィシュヌ神　214
ヴィシュヌの子供　362
有為転変は世の習い　35
飢え　327
飢え死にした男①～③　35
飢えと渇きの世界　36
有縁の日　46
有学　376
有学と無学　36
宇賀の神　346,347
倉稲魂　24
動かざること山の如し　70
ウサギ　280
胡散臭い　36
牛　261
牛になった父親①～③　36-37
牛になった母親①～④　37-38
宇治の飢饉　269
牛の字紋　38
嘘　114
有象無象はいっさいことごとく　38
嘘、戦略、方便　38
嘘つかばこそ仏なり　214
嘘も方便　39
唄う説法①②　268-269
歌題目は日蓮賛歌　39
宇宙人　61
有頂天　273
有頂天から地獄の底へ　39
有頂天になる　280
団扇太鼓　254
美しい姫　335
美しい娘　392
写し残しの『法華経』①～③　39-40
腕を切った慧可和尚　40
有と空　42
有徳(菩薩)　486
ウナギ　283
鰻　401
乳母　263
産声は「天上天下唯我独尊」　40
有法と無法　42
馬じゃげな　41
馬の耳に念仏　41
生まれ変わり　6,73,170,257
生まれ変わり死に変わり　424
生まれ変わる　211
海亀　195
海から生まれた吉祥天　41
海に流された兄弟①②　41-42
海辺の修行者①～③　433-434
海辺の船師①～③　452
有無を言わさず　42
梅の中の仏　42
うやむやも時と場合　42
占い師　348
盂蘭盆　63,223,310
裏盆　310
盂蘭盆会　246,392
恨み　53,178
胡乱　36
うわべ　21
雲水　427
雲水行脚で病を治す　306
雲水と流れ者　42
雲泥の差　65

【え】

永久　64

永劫　64
永興禅師　14,222
栄西　324
栄西禅師　148,376
叡尊　81
永代供養も期限つき　43
英般若　315
慧可和尚　40
慧鶴　23
恵瓊　13
エゴ　4
回向　338
回向院　98
回向はふりむけること　43
絵師の布施①～③　43-44
会釈と会得　44
衣珠喩　239
恵勝　161
懐奘　276
恵信尼　250
似非僧　119
得体　44
衣体の知れぬ　44
越前　143
越前気比の庄　208
エデンの園　135
会得　44
衣鉢を継ぐ　44
恵比寿は漁師の神さま　45
衣領樹　165
恵林寺　70,212
エロスの神秘　254
縁　32
縁覚と過去七仏　45
縁起観　117
縁起と吉凶の前兆　45
円教寺　195
縁切り寺　75
冤罪の囚人　269
円通懺摩法　191
円珍と黄不動　45
円珍の頭　45
エンドルフィン　181
縁日は有縁の日　46
円仁の奇跡①～③　46
役小角　47
役行者①～⑯　47-50
エンバーミング　179
縁は異なもの　3,50
縁は運命の赤い糸　50
閻魔　265,418
閻魔様　242
閻魔さま　263,327
閻魔様への送り状①②　51
閻魔大王　30,412,413
閻魔大王の像　51
閻魔帳はブラックリストか　51
閻魔と亡者　51
閻魔の使いの男　105

【お】

お愛想　4
オアシス　135
追い出された福の神①②　52
お稲荷さん　239
追い剝ぎ　72
老いらくの恋　21
花魁　100
王　56
奥義　69
扇島　25
黄金は毒蛇　52
王子　287
横死は非業の死　52
王舎城　14,258,297,403,421,422
王女　53
往生　200
往生際が悪い　244
往生際は良い　53
往生は極楽に生まれること　53
応天門　131
王の残した言葉①②　53

王の見た夢①～⑤　53-54
黄檗希運禅師　33
欧米人　110
近江　426
近江国　161
オウム事件　139,423
オウム事件の加害者　55
御会式と万灯　55
大岡越前　239
狼　328
大きな乗り物　235
大国主命　231
大酒飲み　195
大田垣蓮月①②　55
大田南畝(蜀山人)　283
大違い　241
大伴赤麿　38
大穴牟遅　232
大原寂光院　140
大判小判　303
大法螺吹き　357
大法螺を吹く　361
大物主　232
お開帳とご開帳　56
小笠原流の礼法　216
岡寺　97
お金の価値観①～③　56
おかめそばは和風五目そば　57
オカルト　213,217
荻野独園①②　57
沖雅也　304
お経　424
お経になった魚①②　57
お経の意味　58
お経の時間　350
お経は退屈なものか　58
奥の院　58
『奥の細道』　247
諡号　62
贈り物①②　59
お札　66
おさんどんは飯炊き女　59
お地蔵さま　52,279
お地蔵さんの杖　59
押しつけられた赤ん坊　22
御釈迦　63
オシャカ　130
お釈迦さま　108,212,252,340,372
お釈迦さまの頭のイボイボ　59
お釈迦さまの銭①～⑥　60-61
お釈迦さまの歯　17
お釈迦さまは宇宙人か　61
お釈迦にする　266
おシャカになる　61
お釈迦になる　266
おせちは神前料理　62
お祖師さまは日蓮　62
お供え　162
恐れ　170
恐れ入谷の鬼子母神　62
お大師さま　62
お大師さまの護摩の灰　63
織田信長　215
御陀仏　63
御陀仏は弥陀仏か　63
お中元と物欲餓鬼　63
億劫は永遠の時間　64
お告げの鮑①③　64
お寺の奥さん　232
男盛りの出家　64
男は死体で女は遺体　65
『男はつらいよ』　141
男は度胸　69
踊り子　282
御取越　284
お内仏　65
同じ木の切れ　65
同じ水でも乳と毒　65
同じレベル　66
鬼　30,31,219,220
鬼の住居　50
鬼は人を害するもの　66

お墓は高いか　66
おはぎ　355
お化け　405
御布施　335
お布施　351
「おふだ」と「おさつ」　66
お盆①②　67
お盆　162,223,327,392
お盆はいつから　67
お守りと加持祈禱　67
おみおつけとおつけ　68
親子は一世、夫婦は二世、主従は三世　165
親殺しの結婚法　418
親の因果　68
親の因果が子に報い　32
親不孝　35,313
親不孝な悪い女　385
織姫と彦星　247
おれとおまえは一蓮托生　68
尾張国　145,256
恩返し　79,110,132,281
音写文字　394
園城寺　45
女心　330
女三界に家なし　68
女になる　68
女の妄想　314
女は愛敬、坊主はお経　69
陰陽師身の上知らず　82
陰陽道　283,400
厭離　121
園林の信女①～⑤　438-439

【か】

我(アートマン)　81
カースト　314
カースト制度　192
カード地獄　144
海雲(修行者)　433
開眼してコツがわかる　69
晦岩昭公　410
海岸の修行者①～④　434
海岸の修行者　486
開眼は悟ること　69
開眼　69
開眼供養　78,119,340
骸骨　379
契此　356
海水　110
懐石・会席　399
快川和尚　212,221
快川和尚①～③　70
戒壇と鑑真　70
海中の不動明王像　71
海幢(修行者)　437
甲斐の塩山寺　384
戒は悪を防ぐための規律　71
開敷樹華夜天　470
解剖学　320
戒名　139,217,369
戒名と居士　71
戒名なしの葬儀　71
戒律　70,214,216
蛙　113
蛙の面に小便　309
カエルの鳴き声とさとり　71
火炎三昧　327
顔欠け地蔵　72
顔だちのいい童子①②　432
香りとリラックス効果　72
加賀　208
科学　181
加賀百万石の殿様　21
鏡　72
鏡のなかの観音菩薩　72
鏡餅は祖先の霊魂　72
牡蠣　411
餓鬼　36,429
餓鬼道　410
餓鬼道からの生まれ変わり①②　73
餓鬼道に堕ちた母　392
餓鬼と子供　73

柿の種　272
かぎりなき喜びの三昧①～⑨　467-469
架空の吉相①～③　73-74
学がある　74
角界　297
覚悟はさとり　74
覚心　111,151
覚信尼　212
学僧と僧学　75
拡張新字体　86
廓然無聖　191
隠れた吉祥天①②　75
家系の不思議　75
駆け込み寺　75
華甲　96
過去・現在・未来の仏を見る長者①～③
456-457
過去七仏　45
鹿児島　31
過去世　290
過去帳を振れ　76
過去の業　193
笠地蔵①～③　76
鰍沢　374
加持祈禱　67
鍛冶屋　203
掛錫　183
呵責は坊さんの罰　77
鍛冶屋の男　112
火生　317
火定　221
迦葉如来　53
柏手は二回手を打つ　77
上総の里　238
風邪　116
カセットテープ　271
風邪は人に移せば治る　77
火葬　30,376
華叟宗曇　20
火葬場と観音さま　77
家族葬　373
火宅と家計簿　78
『火宅の人』　144
形から入る　78
蝸牛の家　314
ガタピシ　78
喝　33
渇愛　409
鰹節　303,343
葛洪仙人　299
喝采　79
合掌の意味　78
葛藤は言語文句　79
河童　59
カッパ(合羽)　79
喝破　79
河童と合羽　79
河童の川流れ　12
カッポレ　9
喝を入れる　79
加藤清正　284
仮名垣魯文　280
蟹　234
蟹の恩返し①②　79
下半身は別人格　80
歌舞伎十八番　88
果報　32,80
家宝は寝て待て　80
南瓜に目鼻　113
蟷螂の菩提　80
鎌倉　264
鎌倉円覚寺　273
鎌倉建長寺　103,369,427
鎌倉八幡宮　293
釜風呂の起源　80
我慢にも忍耐　81
我慢は思い上がり　81
神　110
神風を起こす①②　81
神々の住処　82
神さまも死ぬ　82
カミさん　401

雷　234
神も仏も無い　82
髪結いの乱れ髪　82
亀戸東覚寺　425
亀の甲より年の劫　282
亀の年を鶴が羨む　266
鴨長明　351
ガヤー　368
芥子の種　277
カラスの駆け落ち①～③　82-83
伽藍　83
がらんどう　83
ガラン堂　83
訶梨帝母　62
狩人　345
カルト　213,217
カロート　173
かわいい阿修羅　84
河内　105
河内の女　148
河内の里　344
川人足　229
川を遡った薬師如来　84
雁　104,319
簡易葬儀　173
眼横鼻直　84
棺桶とがんばこ　84
歓喜天　198,200
寒苦鳥は懲りない性格　85
諫言は耳に痛し　122
勧財　88
関山　375
関山と薪　85
干支　96
漢字教育　269
観自在　95
漢字使用について①～④　85
患者をみない治療　86
慣習　325
灌頂①～④　86-87
勘定　87
勧請と勘定　87
甘蔗王　181
鑑真大和上と味噌　87
勧進帳　88
勧進は喜捨のすすめ　88
勧進比丘尼　88
鑑真和上　70
鑑真和上展　339
観世音　95
観世音菩薩　294,354,384,457
観世音菩薩は女か　88
勧善懲悪、殺生なし　224
完全な精進料理　88
勘違い　89
関東　31
鉄輪温泉　379
堪忍袋　356
観音　104
『観音経』 39,127
観音経　414
観音さま　78,133
観音さまと大黒さま　89
観音さまの生まれ変わり　89
観音さまの依怙贔屓①～④　89
観音さまのくれた子①～③　90-91
観音さまの櫃①～⑤　91-92
観音さまの目①～⑤　92-93
観音さまの料理①～⑦　93-95
観音寺　401
観音は誤訳か　95
観音菩薩　72,166
観音菩薩は女性か　95
がんばこ　84
眼病　229,287
灌仏会　9
勘弁は点検すること　95
勧募　88
がんもどき　223
願勇光明守護衆生夜天　472
簡略化　350
還暦は再生の祝い　96

甘露　7
甘露甘露　96
甘露頂長者　444
棺を蓋いて事定まる　322

【き】

紀伊国　12,14,41,358
帰依心矢の如し　96
消えた遺骸　50
消えた火種①～③　96-97
義淵僧正　426
義淵僧正の悪龍退治　97
祇園精舎　430
飢餓　73
気が遠くなる時間　97
祈願もいろいろ　98
聞く耳を持つ　98
技芸の童子①～③　484-485
機嫌はそしりきらうこと　98
喜根法師　396
既視体験(デジャヴュ)は幻覚か　98
貴志寺　12
鬼子母神　62
喜捨　88,335
喜捨は布施のこと　98
鬼女　239
起承転結　99
『魏志倭人伝』　77
鬼神　372
疑心暗鬼　99
気絶か死か　99
帰巣本能　96
汚く稼いで清く暮らせ　109
北原白秋　315
北枕　257
北枕の真相　99
北枕は縁起が悪い　100
気違い水　386
吉祥天　41,75,214,282
吉祥天女　415
吉祥天女からの料理①～④　100-101
吉祥天は美女の代表　101
吉祥天ファミリー　101
吉凶の前兆　45
吉相　73
狐　222
狐の宝物①～③　101-102
狐の復讐①～③　102
狐の宝珠　103
祈禱　8,12,272
祈禱師　424
祈禱はいのり　103
木の上の禅僧　309
木の枝の霊骨　103
吉備真備　400
木仏、金仏、石仏　357
黄不動　45
紀三井寺　116
帰命頂礼　103
亀毛　280
喜目観察衆生夜天　463
逆縁も縁　104
逆修　218
逆輸入　423
キヤノンは観音　104
伽羅　365
佉羅陀山　153
九死に一生を得る　176
九族　194
宮殿になる祇園精舎　430
牛肉と倶利伽羅　104
キューピット　3
キューブラー＝ロス,E　169
旧暦　305
浄い智慧の長者　486
教育　12
教員学力認定試験　187
境界　121
恐喝　79
今日からは楽に寝よ　104
行基　46,148,295,388,401
行基大徳　83,235

経木で生臭を消す　104
行基の宮殿①～⑪　105-107
敬供養　119
行供養　119
今日来るか明日来るか　107
教化　127,351
行者と業者　108
教主は無数にいる　108
行春　42
行商人の一行　224
経典　181
経典の編集会議①②　108
経文　182
経読みの経知らず　108
経を読んで歩く修行者①②　442
清く暮らせ　109
極限状況　109
玉泉寺　220
魚肉　240
拒否する悟り　109
清正公信仰　284
清水寺　138
清めの儀式　406
浄めの塩は禊　109
きらびやかな空間　430
キリギリスの恩返し　110
ギリシア文化　339
キリスト教　331,353
キリスト教と狩猟民族　110
キリスト教と仏教の真理　110
義理でする法事　110
器量に応じた悟り①～⑭　473-475
ギルガル　407
禁戒　114
径山寺味噌　111
銀舎利　188
金鷲菩薩　426
金鐘寺　426
琴線は金銭　111
近代仏教学　340
巾着　198,199
禁肉食戒　289
勤王の僧　111
金の髪飾り　111
金峰山　205
勤勉さ　338
金力　171

【く】

苦　212
空　113,421
空阿　384
空海　6,45,62,87,171
空海の死　112
空思想　123
空寂　141
空の心の信女①②　485
空也と神泉苑の老女①②　112
空也と逃げた盗賊　112
空也と蛇と蛙　113
空理空論は造語　113
食えない芋　113
クオーク　384
苦界十年離れがたし　113
苦行　186,253
苦行と女性　114
苦行の空しさ　114
苦行のバラモン①～④　440-441
臭い物に蓋　114
草に縛られた僧①～⑥　114-115
九字　299
クシナガラ城　16
愚者と紀三井寺　116
休捨夫人　438
くしゃみ三回で風邪　116
『倶舎論』　338,403
九種浄肉　116
鯨　239
薬　65
薬屋　250
救世観音　116
百済観音　95

愚痴　117,126,257
愚痴と無明　117
愚痴のなおし方①②　117
愚痴は無知のこと　118
倶胝和尚　407
句読点　192,262
功徳雲(修行者)　432
功徳水　4
功徳と利益　118
功徳は無い　118
功徳を思いうかべる童女①②　484
苦と楽　118
国の宝　17
椚の老樹の精　221
クバガサ　248
クビ　34
熊野　222
熊野川　335
熊野権現　393
鳩摩羅什　95
供養　43
供養で罪を免れる　118
供養と似非僧　119
供養はおそなえをすること　119
倶利伽羅　104
クリスマスと花祭り　119
クリスマスはイエスの誕生日にあらず　119
庫裏は寺の台所　120
グルメ僧　18
黒と玄　120
薫育と機械化　120
葷酒山門に入り浸り　120

【け】

恵果　87
猊下は高僧の尊称　121
警策　352
敬慎院　175
敬白　305
外縁　285
怪訝　149
『華厳経』　160,275
袈裟　15,21,296
袈裟御前　394
芥子劫　97
下女　79
化粧水　5
解脱　260
解脱長者　436
解脱は解き放たれること　121
下駄も仏も同じ木の切れ　65
ケチ　73
結縁は仏道修行の縁結び　121
月海元昭　305
結界は境界線のこと　121
血気の勇①②　121-122
結婚と墓場　122
結集　108
月照　111
月蝕はラゴラのしわざ　122
欠点と諫言　122
外道　123
外道の妨害①～③　123
外道は異なる宗教　123
下品　205
外面似菩薩内心如夜叉　192
ゲン(験)　45
謙翁　20
源覚寺　150
玄関　15,225,337
玄関は道理の入口　124
元気は大いなる呼吸　124
研究熱心と挫折　124
謙虚さ　227
源空　352
賢護　258
健康で長生きは万人の願い　124
健康寺　251
堅固解脱長者　485
拳骨和尚　236
堅固不動　149

元璋　46
還生　298
玄奘　95,166,315
玄裳縞衣　120
賢勝信女　485
元帥大将①〜⑤　125
現世安穏、後生善処　222
阮籍の故事　308
現世利益が売りもの　126
現世利益の神　62
玄宗　134
現代お寺繁盛記　126
現代科学　384
現代人の求道　126
現代僧の三毒　126
現代の教化　127
献体は捨身供養か　127
乾闥婆①②　127
乾達婆　128
建仁寺　148
懸衣翁　165
元服　69
玄昉　400
玄侑宗久　210
建礼門院　140

【こ】

恋は盲目　122
コインロッカー　307
劫　97
香　129
薨　211
業　180
公案　225
幸運の女神　75
行雲流水　42
香が食料　128
『康熙字典』　86
後継者　375
香語　79
高座の設置　268
口実　307
合誦　108
豪商吉利①〜④　128-129
公娼廃止　113
皇太子　403
広長舌　258
広長舌は嘘がない喩え　129
香典と御霊前　129
香典は香の代金　129
高徳院　167
香には沈静効果がある　130
香の長者①〜⑤　451-452
コウノトリは親を選ぶ　130
光背　10
光背は仏の光　130
業はつくりだすこと　130
講は仏教の講義　131
興福寺　84
降伏と降魔　131
弘法さま　113,168,369
弘法大師　25,112,228
弘法大師空海　194,233,254,315
弘法大師信仰　171
弘法の投げ筆　131
弘法も筆の誤り　12,131,181
降魔　131
高慢　6
傲慢　416
黄門　373
高野山　131
高野山奥の院　112
高野山の僧　63
高野豆腐　131
紺屋の白袴　82
高野聖から護摩の灰　132
行李は使者　132
高齢社会　194
牛黄　73
コーサラ国　358
ゴーパー夫人　478
コオロギの恩返し　132

五陰盛苦　218
五戒　71
誤解　122
ご開帳　56
御開帳と船玉　132
五戒は簡単でむずかしい　132
五月人形①〜④　133
五月人形の鍾馗さま①②　134
五感　238
ご祈禱　222
故郷　96
虚空蔵求聞持　324
虚空蔵菩薩　153
国事　111
黒白衣　134
国分寺の薬師如来　365
極微　384
極楽　211
極楽往生　244
極楽浄土　404
極楽トンボ　134
極楽はオアシス　135
虚仮は偽りのもの　135
五眼は仏の眼　135
五合庵の泥棒　420
心　78
心の葛藤　183
心の美人　135
心は受動的　136
心は仏のもの①〜④　136-137
心を浄める信女①〜⑤　450-451
古今亭志ん生　9
居士　71,139
五時　147
護寺会はメンバーシップ　137
こじき　142
『古事記』　372
乞食小屋の禅僧①②　137
乞食桃水①〜⑥　137-138
五色の霊光　47
五色の霊骨　103
乞食坊主　21,37,369
こじつけ　139
ゴシップ　307
居士と大姉　139
居士は在家の男子　139
ご出家は尊敬された　139
後生　126
五障　297
五障三従　68,140
後生は死後の生存　140
後生は来世のこと　140
後生への思い　140
五辛　120
五辛と西洋野菜　141
護身法と泥棒　141
御前様　141
小僧　427
古代インド　173
五体投地　147
こだわりのない布施　141
こだわる心　141
ごちそうさま　142
コツ　69
乞食　218,409
こつじきとこじき　142
骨相観　117
骨壺の大きさ　142
木端微塵　142
古典落語　151
悟得を知らせる　386
言葉遊び　116
子供　73
子供を亡くした母親　277
粉々になった役人①〜③　143
個の保存の法則　143
この世との縁を切る儀式　144
この世の一日　144
この世の地獄　144
この世は火宅のごとし　144
この世は忍耐の地　145
子は鎹　145

子はカスがいい　145
五百人力の女①～⑤　145-146
五百羅漢に知人を見る　146
御仏前　147
枯木寒巌によりて、三冬に暖気なし　109
狛犬　25,252
護摩の灰　63,132
五味と五時　146
小宮豊隆　31
虚無僧　111,151
虚妄分別　260
五欲　409
懲りない性格　85
垢離は禊　147
五輪塔の位牌　147
五輪は全身　147
御霊前　129
御霊前と御仏前　147
これで充分　324
衣の色は黄褐色　148
壊された仏さま　148
子を淵に投げた女①～④　148-149
魂　335
権現は神仏の生まれ変わり　149
『金剛頂経』　369
金剛づくし　149
金剛はダイヤモンド　149
『金光明経』　101
金剛力士　289,419
言語道断　150
言語文句　79
金地院崇伝　134
金色の童女①～④　441-442
『今昔物語』　160
根性は気の習慣　150
コンスタンチン大帝　217
近藤万丈　420
こんにゃく閻魔①②　150
こんにゃくで身心のダイエット　151
蒟蒻問答　151
根本的な無知　117
金輪際　109
金輪際は大地の下　151

【さ】

さあ逝くか　151
斎戒沐浴　406
サイキック　405
西行の出家の理由　152
在家と出家の区別　152
在家の男子　139
宰相　326
菜食主義　289
財施　99
再生　96
賽銭　11
西大寺　81
最澄　6,17,46,71
最澄の死　152
斎藤義龍　70
斎藤茂吉　31
済度は救い渡すこと　152
災難除け　221
西方の虚空蔵菩薩①～⑰　153-156
財宝を授ける弁天さま　156
『西遊記』　79,166
西遊記　315
蔵王権現の感得　47
魚　57
相模灘　16
坂本政道　212,246
鎖龕・起龕　84
先島丸　67
先立つ不幸　157
鷺になった観音さま①②　157
防人　312
桜の名所　48
桜は八方美人　158
さくらんぼ　158
酒　315
酒と女と金　127
酒の罪①～④　158-159

酒は百薬の長　386
酒や肴　197
沙悟浄　79
挫折　427
坐禅　161,209
坐脱　221
座頭の魂①～④　159-160
坐と座　160
悟り　74,246,419
悟りの街道　275
悟りの浄土①②　430-431
悟りを求める人　354
讃岐国　30,411
鯖と『華厳経』　160
サバをよむ　160
坐蒲　341
サプリメント食品　247
差別　255
差別と平等　160
さまざまな浄土　161
作務衣　337
作務と掃除夫　161
さもしい　187
サラリーマン　126
猿だった釈尊　161
猿になった大王①～④　161-162
猿になった長者　162
猿も木から落ちる　12,181
沢蟹　79
触らぬ神に祟りなし　359
サンガ　228
三界　68
三界火宅　144
三界に家なし　163
山岳宗教　192
三帰依　278
三帰依は仏教徒の基本　163
残虐な王①～⑥　447-448
残虐な王子　163
散華の法　267
三元　63
三国一の婿①～③　163-164
散骨　16
散骨の本音　164
散骨(撒骨)は自然葬　164
三車火宅の喩え　144
三十二種の特徴　61
三十日秘仏　279
三十番神　279
三乗　39,385
サンスクリット原典　315
サンスクリット語　288
三途の川①～③　164-165
三途の川で溺れるつらさ　165
三世　290
三世救済　48
三世の縁　165
三千世界の鴉　57
三千世界のカラス　166
三蔵　236
三蔵法師　315
三蔵法師は女性か　166
三蔵法師は多数存在　166
山賊の宿　166
三大仏あれこれ　167
三大煩悩　117
産道とタイムトンネル　167
三毒　117,126,206,363,386
三毒は三つの煩悩　167
三度なる栗　167
三度の食事　168
三人寄れば文殊の智慧　258
産婆　124
三昧　168
三昧と等持　168
三昧場でロック三昧　168
三遊亭圓朝　374
三輪清浄　334
死　53

【し】

寺院　386

寺院専用ソフト　271
寺院の聖と俗　168
寺院のマーク　368
寺院仏教　336
紫衣　386
思円上人　81
塩と水　110
四恩はこの世で受ける四つの恩　169
死骸　97
資格と人格　169
志賀の浦　272
死華花　66
死から生へ　169
此岸　318
只管打坐　218
時間の単位　97
色　31
磁気　100
児戯　406
色究竟天　280
色即是空　315
識の依処　193
死期の予言　23
四苦　218
慈救咒　393
四苦八苦　169,299
死後　140
慈光寺　50
自業自得　170
自業自得の教え　170
自業自得は当然の報い　170
地獄　22,144,242,265,288,377
地獄からの生まれ変わり①②　170-171
地獄の釜　246
地獄の刑罰①～④　286-287
地獄の沙汰も金次第　171
地獄の底　39
地獄の猛火　114
四国の山　343
四国八十八か寺巡礼　194
四国遍路の起源　171
死後の世界の有無　171
死後の祭り　172
自己発見の道　126
死後もマイホーム　172
自在音声の夜天①～④　469-470
自在国の良医①～④　435
自在神　362
自在(船師)　452
自在童女　443
自殺　329
自殺者　82
獅子座　121
獅子将軍　378
獅子身中の虫　122
師子身中の虫　172
獅子奮迅三昧　430
獅子奮迅(尼僧)　453
使者　132
死者　369
四捨五入と死者悟入　172
死者の着物　165
寺社奉行　269
死者への最後通告　33
四住期と長寿社会　173
四十九院　201
地震　221
静かな禅定の夜天①～③　462-463
四姓平等　192,326
自然石　264
自然葬　164
自然葬は物真似　173
自然に還る　173
自然のままに　173
地蔵　72
地蔵菩薩　265,266,385
寺族は台風一家　173
舌　15,205
死体　65,231
四諦　275
四大　258,329
四諦八正道①～③　174

寺檀関係　355
寺檀制度　29
七五三は「しめ」の祝い　174
七夕と織女伝説　175
七仙　45
七福神　101,356
七福神の誕生　175
七福神のなかで唯一の女神　175
七面山は久遠寺の守護神　175
死中に活を得る　176
悉皆成仏　216
実践　109
実体　384
嫉妬　347
嫉妬心　73
実とはいかなるものか　138
十返舎一九　176
寺庭は寺の家族　176
辞典　395
四天王　82
四天王と数字合わせ　176
志度寺　343
私度僧　358
品川宿と寺　177
死ななかった坊さん①～⑥　177-178
死にがけの念仏　178
死に金と生き金　178
死に化粧と遺体復元　179
死に装束　179,417
死に水　422
死に水を取る　179
死ぬ　63
『死ぬ瞬間』　169
死ねば仏①②　179-180
自然薯　401
死の判定　179,372
死はあなた任せ　21
柴崎　208
司馬達等　294
死は薬味　180
慈悲　262,326
慈悲①②　154-155
慈悲観　117
尸毘最勝(バラモン)　486
慈悲はなさけ　180
慈悲は無私の愛　180
至福感と脳内麻薬物質　181
自分が原因なのに　181
紙幣　66
嶋　294
志村けん　203,236
しめなわ　174
下野　249
『ジャータカ』　290
ジャータカ　161
ジャイナ教　114,314
舎衛国　382,430
舎衛城　291
釈迦　206,274
釈迦国　358
釈迦族　163
釈迦族はアーリア系か　181
釈迦にも経の読み違い　181
釈迦如来　42
釈迦如来像　266
釈迦の尻①②　181-182
釈迦の神通力　210
釈迦は部族の名　182
釈迦牟尼は釈迦族の聖者　182
釈迦牟尼仏　55,153,237
写経　264
写経は手動印刷　182
杓子　303
釈種　18
寂静音夜天　467
錫杖の役割　183
釈宗演　236
釈尊　5,16,59,66,72,114,122,123,129,161,163,170,188,191,207,237,255,259,262,266,272,277,291,300,316,322,358,375,378,382,403,416,418,419,421,430

釈尊と魔王　183
釈尊と魔王①～⑭　183-186
釈尊の下生①～⑪　476-478
釈尊の禅　186
釈尊の誕生　312
釈尊の入滅　257
釈尊より仏弟子が勝れている　187
釈天主童子　442
舎脂　320
捨身供養　127
借金取り　206
寂光土　187
遮二無二　385
娑婆　145,153
娑婆世界と極楽　187
しゃもじ　102
沙門はさもしい　187
沙門は出家修行者　187
舎利信仰　187,360
しゃりと舎利　188
舎利弗　203
舎利弗尊者　401
舎利弗と目連①～⑦　188-189
舎利弗の親友①～③　190
酬恩庵　19
十牛図と青い鳥　190
周及の雨乞い　191
宗教家　36,208
宗教指導者　82
集合住宅　172
宗旨ちがいで葬式争い　191
執着を離れた長者　485
従者の鬼　48
住職　261
十善業　298
集中する心　191
十二因縁の説法　287
十二因縁の法　257
十二支　96,367
周文　220
秋分　318
宗門改め　246
酒悦　331
受戒得道　406
修行　12
儒教　157
儒教思想　224
修行者　277
修行僧　73
修行僧の恋　191
修行に女は邪魔　192
修行年数の差　192
綜芸種智院　294
修験　229
修験道　204
修験道は忍術のルーツ　192
守護仏　48
守護霊　307
儒者の不身持ち　82
数珠と句読点　192
数珠はカウンター　193
受胎の神　127
受胎の法門　193
須達長者　401
出院　295
出家　64,139,152
出家修行者　187
出家状態　123
出家とは家を出ること　193
出家の動機などはどうでもいい　193
出家は一族の安全策　194
『出定後語』　235
出胎　193
出没自由な長者①②　453
朱は善人、紫は悪人　194
須弥山　82,184,219
樹木葬　211
修羅場　320
狩猟民族　110,338
寿老人　101,331
寿老人は福禄寿と同じルーツ　194
春屋宗園　15

春分　318
巡礼は癒しの旅　194
生　260
牀　210
勝意法師　396
松蔭寺　22
請雨法火　9
請雨法月　8
請雨法水　9
請雨法日　8
請雨法の本尊　8
生涯教育　194
正覚と大酒飲み　195
正覚坊　195
商家の結界　195
聖観音　116
鍾馗　134
娼妓自由廃業　113
性空と深山の草庵　195
性空と遊女の普賢菩薩①～③　195-196
将軍を折伏　286
聖冏　395
正眼と正眼　196
相国寺　219
上戸と泥棒上戸　196
精舎はいずこへ　197
趙州禅師　216
正趣菩薩　458
清浄行　274
清浄な虚空①～④　156
精進　290
精進落とし　283,410
精進落としとは　197
精進落としの席順　197
精進と仏道修行　197
傷心の一休　20
精進料理　17,89,197,289
紹禎　20
昇天　274
聖天さまの恐ろしさ　198
聖天さまのご利益　198
聖天さまの大根まつり　198
聖天の頭①～④　198-199
聖天の結婚　199
聖天の大根　199
聖天の誕生①～③　200
浄土　161,273
勝道　293
聖徳太子　46,135,251
聖徳太子とお札　200
『浄土三部経』　249
浄土真宗　34,65,98
浄土に生まれる　200
浄土もいろいろ　201
庄内　229
商人　275
上人か笑人か　201
聖人・上人と商人　201
少年の策略①～⑧　201-203
商売違い　203
商売繁盛　233
商売繁盛の神さま　45
乗馬のこつ①②　333
上品　204
常不軽菩薩　339
常福寺　395
成仏　206,216,243,296
成仏の予言　375
丈夫と大丈夫　203
菖蒲湯　253
『正法眼蔵』　32
聖宝と東大寺の荒間①②　204
聖宝の荒修行　204
情報分析の天才　13
上品と下品　204
聖武天皇　70,400
声聞と仏の資格①～③　431
常用漢字　85
承陽大師　276
少欲知足　205,266
精霊棚　246
聖輪寺　388

生類憐みの令　334
浄瑠璃の鏡　242
青蓮華香長者　451
唱和する舌　205
初期仏教　214
諸行無常は変化の相　205
食後のタバコ　205
織女伝説　175
女子家系　75
書写山　195
女性　140,166,297
女性は成仏できない　206
女性蔑視のお釈迦さま　206
初七日　350
初七日忌はサービスではない　206
除夜の鐘と借金取り　206
女郎買いの釈尊①②　207
白専女　47
知らぬが仏　207
知らぬは亭主ばかりなり　207
白髭の老人　26
自利　43
自力　250
尻込み　231
死霊　109,372
尸林　240
シルバーシートは和製語　207
白い菊　227
白狐　23,103
白鼠　233
信　99
瞋恚　126
人格　169
進化しない宗教界　208
真教①～③　208
蜃気楼　128
心外と青い鳥　209
信玄の悟り①②　70
信仰心　44
神護寺　394
真言　282
真言密教　228
新婚旅行　372
信士　139
『心地観経』　169
森侍者　21
真実　253
神社　77
信者の布施　268
心中　18
新宗教　126
新新宗教　126
身心脱落　209,246
身心のダイエット　151
信心深い爺　303
甚深妙徳離垢光明夜天　462
神通力①～③　209-210
神通力を身につける　209
人生二回でルンルン気分　210
人生の特効薬　210
親切　141
親切と深切　210
神泉苑　112
神前料理　62
神象　122
心臓　305
寝台と布団　210
死んだときの呼び方　211
慎重　236
死んで花になる美しい幻想　211
死んで花実がなる　211
死んでも未来は存在する　211
神道　251
心頭滅却　212
心頭滅却すれば火自ずから涼し　221
人肉　14
真の悟りの境地　87
信不信は信仰にあらず　212
神変大菩薩　50
『新約聖書』　120
親鸞　249
親鸞聖人　290

親鸞の死　212
真理　110
真理としての苦　212
診療時間は三分　213
人類滅亡か進化か　213

【す】

西瓜　391
随喜の涙　213
随喜も同じ功徳　213
水死者　285
酔象　262
瑞相　221
水天宮　310
随犯随戒　214,340
数字合わせ　176
スートラ　332
頭蓋骨　205
姿を変える妻　214
スキャンダル　307
救い　237
厨子　84
筋を通す　15
鈴木正三①～④　214-215
ススキ餅　416
雀　52
数息観　203
頭陀　218
頭陀行と頭陀袋　215
頭陀袋　417
捨て去る　246
捨鉢は師の鉢を捨てること　215
捨てる礼儀　21
スピリチュアル　213,217
すべて仏になる　216
スマラサーラ長老　194
相撲　418
スリランカ　338

【せ】

世阿弥　285
生花　227
正解は無い　216
生活の規範　216
生活用品　276
正眼　196,308
青眼　308
青岸渡寺　116
誓願の言葉のバラモン①②　486
精気　124
正座　350
正座は封建的な座り方　216
聖書　58
聖職者　353
聖書の輪廻転生説　217
成人　68
精神医学と宗教、そしてオカルトとカルト　217
精神科学　423
生前戒名①②　217
生前に仏事を行なう　218
清僧　287
聖地となった妻　368
聖なること　169
正反対の教え　218
清貧の修行　218
西洋野菜　141
性欲の苦しみ　218
青龍寺　46
世界はヴィシュヌ神の臍から生じた蓮華　219
施餓鬼供養　119
施餓鬼幡　246
関地蔵開眼①②　19
席順　197
関寺　167
世間虚仮、唯仏是真　135
世間は鬼か　219
説教師　331
説教泥坊　219
絶句　99
セックスと体操　219

切磋琢磨　320
雪舟の禅　219
雪舟の鼠　220
殺生　257,343,376,388,421
節制と摂生　220
雪山　85
摂津国　412
切腹　302
節分①〜③　220-221
説法　266
説法堂　267
説法と地震　221
銭洗い弁天　157
善悪　224
禅海　4
選挙違反の報い　221
善行　32
宣教師　331
遷化　295
禅家の死に方に三種　221
善現(修行者)　442
禅語　84
線香　72
善根の蔵①②　459-460
善財童子　275,355,432
善住(修行者)　434
千手観音　143
千手観音の手①②　222
禅定　387
善処する　222
善信尼　294
前世　363
前世の記憶　98
前世の狐①〜③　222-223
禅僧がもたらしたがんもどき　223
先祖は留守番　223
先祖霊　307
洗濯屋　203
旃陀羅の自覚　223
善知識　225,409
煎茶道　305
禅寺の書院　124
船頭多く船進まず　226
善童鬼　48
善男善女　5
善人と悪人　224
仙人になった行者　50
仙人の肘①〜④　224-225
千の風　225
禅の公案　225
禅問答　118,151
善友と悪友　225

【そ】

僧階は虚仮威しか　226
僧学　75
葬儀　71,144,197,283
葬儀①〜③　226
臓器移植　305
葬儀と生花　227
葬儀と花輪　227
僧伽　228
葬祭ディレクター　227
『荘子』　420
葬式　191,265
増上慢と謙虚さ　227
僧職もいろいろ　228
葬送儀礼　248
葬送の自由をすすめる会　16
相対性理論　32
曹洞宗　422
僧と坊さん　228
僧と暴走族　228
僧の一団　114
素麺　416
僧侶　228
僧侶の妻帯　193
ソウルメイト　51
相を観る童子①〜③　443
ソーマ　96
俗字　86
俗信　31

即身成仏　141
即身成仏した弘法大師　228
即身成仏は生き仏　228
即身仏になった川人足①～④　229
俗なること　168
賊除け地蔵　277
賊をあわれむ心①～③　230
祖師　62
祖師(日蓮)　374
粗食　68
祖先の霊魂　72
卒　211
蘇鉄問答　135
袖触れあうも多生の縁　245
素読　108
素読は貴重な学習方法　230
卒塔婆と収入の差　230
『曾根崎心中』　140
その他大勢　38
蕎麦　247
孫悟空　166
尊勝法　81
村長　274

【た】

タイ　141
諦　212
大安寺　60
ダイエット　253,425
ダイエットブーム　320
大演説　258
大迦葉　375
対機説法　322
『大孔雀明王経』　232
退屈は尻込みすること　231
大光王　448
対告衆　271
大黒さま　89
大黒さまと大国主命　231
大黒さまは怒りの神　231
大黒さまはお寺の奥さん　232
大黒さまは男女の和合を表わす　232
大黒さん　120
大黒天の妻たち　232
大黒天舞と門付け　232
大黒天をまつると商売繁盛　233
大黒鼠は大黒さまの使い　233
大黒柱は大黒さまを支えるもの　233
太鼓叩きになった井戸掘り①②　233-234
醍醐味はくすり　234
大根　233,240,241
大根まつり　198
大志　350
大師　62
大蛇　80,204
帝釈天　84,389
帝釈天王　237
大蛇を食った蟹①～④　234-235
代受苦　370
大乗は仏説にあらず　235
大乗非仏説　235
大乗仏教は大きな乗り物　235
大丈夫はりっぱな人物　236
大蔵経　269
大蔵経、三蔵、一切経　236
太宗寺　263
大僧正の位　105
大胆と慎重　236
『大智度論』　334
大天(天人)　458
大灯国師　375
大徳寺　15
『大日経』　368
『大日経疏』　232,275
大日如来　147
大日如来の忿怒形　231
提婆　262
大悲光明の観世音菩薩①～④　457-458
大病院　86
台風　173
大富豪　258,316

大佛寺　167
太平寺　167
松明　33
松明を灯した狐　272
大曼荼羅(法華曼荼羅)　369
題目　6
題目は救いの旗印　237
題目旗　284
ダイヤモンド　149
太陽　325
太陽の誕生日　120
大欲　205,266
大楽　240
平将門の首塚　208
大力王の施し①～③　237
大力の使い方　236
大領　82
第六感と意識のちがい　238
田植え地蔵　238
田植え如来①②　238
高岡大仏　167
高賀茂間賀介麻呂　47
多賀神社　161
高杉晋作　166
高橋お伝　280
宝の持ち腐れ　238
滝壺の水①②　239
荼枳尼天　24,231
荼吉尼天と稲荷信仰　239
荼吉尼天は鬼女①②　239-240
沢庵　264
沢庵和尚　17,107,181,391
沢庵和尚の閻魔様への添書①～⑤　242-243
沢庵和尚の真相①～⑦　240-241
沢庵禅師　400
沢庵宗彭　15,173
沢庵漬の名づけ親　243
沢庵番　400
沢庵問答　243
武田信玄　70
武田物外和尚　236
筍　243
竹藪の髑髏①～⑤　243-244
多妻　367
太宰府　401
堕地獄　244
但馬国　428
ダジャレ　400
太政官布告　290
多生の縁と多少の縁　245
ただよりは負けない　305
立ち小便　19
立ち達磨大師　251
橘諸兄　401
脱衣婆　165
脱脂綿を詰める　406
達者が何より　245
達者は真理に達した人　245
達人にはこだわりがない　245
脱落身心　246
脱落は捨て去ること　246
縦糸　58
たどり着けない地図　246
棚経　361
棚経は宗門改め　246
七夕　67
たなばた　175
七夕とお盆　246
七夕の竹は神の憑代　246
他人　219
他人の念仏で極楽詣り　110
他人の褌で相撲を取る　110
狸　369
タバコ　205
田端東覚寺　370
旅人と放浪者　247
食べもの①②　247
たましい　335,424
魂のルーツ　247
魂を入れる行事　69
魂を抜く①～⑦　248-249

玉造小町　365
霊屋　67
多聞天　319
陀羅尼品　296
他力と自力①②　249-250
他力本願はあなた任せ　250
達磨　46
達磨寺　251
達磨大師　40,191
達磨大師と薬屋　250
達磨大師とダルマ人形　250
達磨大師と武帝　251
達磨大師の足　251
達磨大師の化身　251
ダルマと神道　251
ダルマ人形　250
ダルマの目　251
田を耕す仏道①②　252
檀家　137,335
丹霞和尚　393
檀家制度　217
檀家制度は請負制度　252
檀家と旦那　252
啖呵は叱り真実を説くこと　253
短気　53
端午の節句と菖蒲湯　253
男根は悪業をつくる因果骨　253
男子家系　75
断食とダイエット　253
壇上結界　195
男女平等と不平等　253
だんだんよくなる法華の太鼓　254
タントラにはエロスの神秘　254
タントラ仏教　87
檀那　252
檀那(旦那)　335
丹波　428
タンパク質　279
断臂不動明王　254
断末魔の苦しみ　255

【ち】

智慧　258,282
智慧の光で救う夜天①～⑩　460-462
智慧は平等を知ること　255
力自慢①～④　255-256
力持ちの女二人①～③　256
ちくしょう！　288
畜生界からの生まれ変わり①②　257
畜身の釈尊　257
竹林精舎　184
智光　105
知識　409
地磁気　348
地磁気と北枕　257
知識と実行　309
知識と智慧　258
智者　324
地図　295,368
智の底を究める尼僧①～⑦　453-455
知は力なり　258
痴は馬鹿　258
『チベットの死者の書』　423
チベットの仏教　418
チャクラの発明　389
チャンダーラ　223
中陰　128
中有　128
中元　63
中風は風大の障り　258
厨房　231,232
注連寺　229
宙を飛ぶ行者　49
重源　80
長広舌は大演説　258
弔辞　273,399
長者たちの出家①～⑩　258-260
長者の万灯より貧者の一灯　261
長者の婿①②　261
長寿　250
長寿社会の住職　261

聴衆と聴き手　262
長寿の秘訣　271
超常現象　181
弔電と句読点　262
調伏も慈悲から　262
長老は老年にあらず　262
治療ミスと引導ミス　263
賃貸マンション　355

【つ】

追善回向　43
追善供養　119,218
通　209
通仙亭　305
月の人間への影響　263
継蠟燭がいけないわけ　263
つけひも閻魔　263
漬物石　264
漬物石の墓　264
辻斬り①②　214-215
辻説法は日蓮聖人から　264
津波　390
妻への写経①～⑤　264-265
爪を剝ぐ修行　286
通夜と喪服　265
通夜などの接待の席　51
通夜ぶるまい　265
釣り鐘　236
釣り好きの男　370
鶴　120
鶴が亀をうらやむ　266
鶴は千年、亀は万年　266
『徒然草』　31

【て】

貞心尼　420
定年離婚　210
溺死　282
できそこない　266
デクノボー　266
弟子たちの説法①～⑪　266-269
哲学死　329
鉄眼、冤罪を晴らす　269
鉄門海　229
父なし児　47
寺請　252
寺子屋　25
寺子屋は世界水準　269
寺銭は席料　269
寺とパソコン①～⑥　270-271
『寺の家族』　176
寺の子供　418
寺の台所　120
寺への相談　226
テレフォン法話と双方向性　271
天　82
天海僧正　134
天海僧正の長寿の秘訣　271
天海大僧正①～③　272
天海の柿　272
伝教大師　152
伝教大師最澄　233
伝教大師は釈尊　272
天狗　306
天狗と山伏　273
天狗を使う　314
点検　95
電光影裏　273
天国　273
天国と浄土　273
天竺(インド)　315
天主光童女　484
伝承　395
天上界から奈落の底　273
天上界から人間へ　273
天上天下唯我独尊　9,40,60,274,322
天地創造の神　361
天童山　209
伝統宗教　246
王女だった夜天①～⑧　465-467
天人五衰　273
天然痘　352

天皇のご落胤　19
天への道①～⑤　274-275
伝法灌頂　6,87
転輪聖王　340

【と】

塔　187
導引　33
東海寺　107,243,264
東海道五十三次　275
『東海道中膝栗毛』　176
『東海道四谷怪談』　405
東願寺　427
投機のすすめ　275
投機は心の感応　275
道教　33,194
同行二人　62
道具　7
道具は修行僧の生活用品　276
東慶寺　75
投華得仏　87
道元　391
道元禅師　186,209
道元の死　276
等持　168
導師はかつての同志　276
道場は修業の場　277
道心　346
道心は童心にあり　277
桃水　137
銅製の観音像　157
当然のこと　277
盗賊　56,112,114,132,327
盗賊退治の地蔵さま　277
盗賊の出家①～④　277-278
盗賊の目　278
盗賊を殺す　388
東大寺　160,167,204,426
堂々巡り　279
童女　297
東野浅之助　302
塔婆　231
当番制・日雇いの神仏　279
豆腐　131
東福院　279
豆腐の好きなお地蔵さま　279
豆腐の味噌汁　279
同朋　250
灯明　263
道楽　283
道林和尚　309
兎角は実在しないもの　280
栂尾の大明神　81
読経　69
度胸自慢の男　102
読経は冥界の道案内　280
得意の絶頂　280
徳川家光　243
徳川家康　271
徳川綱吉　334
毒蛇　52
徳生(菩薩)　486
得度　193,341
毒婦高橋お伝の墓　280
徳本　281
トクホンは名僧の名　281
ドグマ　126
髑髏　243
髑髏の恩返し①～③　281
土左衛門は力士の名　282
土佐の良寛　420
年の劫と智慧　282
どじょうと踊り子　282
屠所の羊　282
年寄りの和尚　301
土葬　376
独覚　45
特権階級意識　89
独鈷杵　47
都々逸　166
都々逸問答　57
杜甫　322

富永仲基　235
富を授ける吉祥天　282
弔い戦　410
弔い戦は精進落とし　283
友引と葬儀　283
土用の丑の日はウナギを食べる　283
豊川稲荷　239
銅鑼打つ　283
ドラえもんと土左衛門　284
捕らえられた役行者　49
虎退治の清正公　284
銅鑼息子　283
とらわれ　136
取り上げ婆さん　419
鳥居はにわとり　284
トリカブト　334
取越し苦労　284
盗る金があってよかった　324
泥棒　141
泥棒上戸　196
頓悟　422
トンネル　167
貪欲　126

【な】

内縁は内心の分析　285
内方　65
長生き　349
長生きしないと出世できない　285
中野宝仙寺　103
中身が大事　20
中村草田男　387
中村半次郎　57
中山法華経寺　12
流れ灌頂は水死者を葬る儀式　285
泣面に蜂　417
情けは人の為ならず　285
那智の滝　239, 393
なにくそ　144
何ものにも恐れない獅子の姿　430
鍋かむりの日親①～⑥　286-287
生臭坊主　289
生臭坊主と清僧　287
怠け者　110
涙の治療薬①②　287
南無　373
南無阿弥陀仏　63
南無三とちくしょう！　288
南無釈迦仏　14
南無はサンスクリット語　288
奈良　60, 93, 177, 222, 409
那羅延金剛　289
奈落　313
奈落と転生　288
奈落の底　273
奈落は舞台の下　288
ならず者の集団　306
奈良の里　398
成瀬川土左衛門　282
南泉斬却猫児　216
男体山　293
南方の修行者①～③　432-433

【に】

贅食い坊主の布施好み　289
仁王　419
仁王さま　370
仁王像　252
仁王は帝釈天　289
肉　116
憎い坊主の布施好み　289
肉食の中に肉食あり…　290
肉食禁止のルーツ①②　289
肉食妻帯　216
肉食妻帯お構いなし　290
肉食妻帯は至難　290
肉食の禁止　290
肉欲の情　21
肉を食べても食べたことにならない　290
逃げた辻斬り①②　374
西　211
西風　304

二乗　385
二食　59
二世はこの世とあの世　290
尼僧　373,427
尼僧の誕生　291
ニダイの出家①～⑧　291-292
日域大乗相応の地　239
日蓮　223
日蓮宗　254
日蓮宗の祈禱本尊　62
日蓮聖人　39,62,237,264
日蓮聖人の忌日　55
日蓮の死　293
日蓮の法難　293
日光は観音の浄土①～③　293-294
日昭　293
日親　286
入胎　193
似て非なるもの　294
日本教　311
日本最初の私立大学　294
『日本書紀』　372
日本人　247,337
日本大師号の初め　152
日本で最初の留学生　294
日本初の日本地図　295
『日本霊異記』　200
二枚舌でも足らない　295
入院と出院　295
ニューエイジ　213
入寂と遷化　295
入定　295
入道は袈裟姿の俗人　296
ニューハーフ　174
入仏供養　119
入法界品　275
入滅　295
入滅と滅入る　296
如意棒　32
如意宝珠①～③　155
如意棒と不邪婬戒　296
如意輪観世音菩薩　388
如浄禅師　209
如説修行で成仏　296
女体地獄　425
女人禁制と角界　297
女人成仏はあたりまえ　297
如来神力品　296
如来になった童女①～④　297-298
如来は来るが如し、去るが如し　298
にわとり　284
人間界から人間に①②　298
人間としての苦しみ　299
人間はみな仏陀候補　299
忍者は九字を切る　299
忍術　192
忍耐　81
『人天眼目』　410
忍土　145,187
忍辱行　300
『仁王経』　175
人薬王子①～③　299-300
忍力仙人①②　300
糠漬け　241
盗みの根性　333
沼にできた参道　208

【ね】

猫　9,216
猫に小判　41
猫の和尚①～⑥　301-302
猫の鳴き声①～④　302-303
猫も杓子も　303
鼠　10
鼠小僧次郎吉　98
鼠の宝①～③　303-304
『涅槃経』　147,216,362
涅槃経を読む　304
涅槃で待つ　304
涅槃と昼寝　304
涅槃西風　304
年賀状と春　304

拈華微笑　66
年功序列　285
年数の差　313
念仏　6
念仏で引いた濁流　208
年齢不詳の天海　272

【の】

ノイローゼ　194
農耕民族　338
納骨信仰　112
脳死と臨終　305
脳の疲労　98
ノストラダムス　213
喉仏　142
信長　13

【は】

『破悪業障陀羅尼経』　153
拝啓は中国の書簡文　305
売茶翁①②　305-306
灰左様なら　176
倍の力①②　306
蝿が手をする足をする　306
破戒僧　203
破戒は格好のゴシップ　307
『葉隠』　180
バカさ　426
博士　308
馬鹿力　258
墓とコインロッカー　307
墓場　122,168
墓参りの意義　307
墓参りは口実　307
墓参りは六度行　308
墓も変化する　308
魄　335
縛　136
白隠　22
白眼視の由来　308
博士は「はかせ」か「はくし」か　308
博打　269
白楽天①②　309
馬耳東風　41,309
婆娑婆陀夜天　460
芭蕉　31
蓮から生まれた娘①～⑮　478-481
蓮っ葉　309
蓮の花と葉っぱ　309
波須蜜多女　455
長谷川如是閑　429
パソコンにできないこと　270
パソコンの可能性　270
パソコンの操作性　271
パソコンの値段　270
パソコンの必要性　270
旗　386
パターン認識　415
跣足禁止令　310
働き者の百姓　92
鉢　215
八月だから裏盆　310
八幡地獄　124
パチンコ　325
八敬法　291
八苦　218
抜苦　180
白骨　15
八正道　174
八正道は正しい理解と実践　310
法被の由来　310
八百歳の尼①～③　310-311
八方除け　348
初詣でと日本教　311
パトロン　335
花咲じいさんは芽吹きのスイッチ　311
花は仏国土の荘厳　312
花祭り　119
花祭りは釈尊の誕生祝い　312
花見　158
花御堂　40,312
花輪　227

ハネムーン　372
母の愛①～④　312-313
母の胎内に六年間　313
母の枕を天井に　324
早い出家が勝ち　313
林の中の仙人①～④　439-440
林の中の長者①～④　436
原坦山①～③　314
バラモン　274
婆羅門はカーストの最上位　314
バラモン村　252
鍼　399
針供養　119
春　304
ハルウララ　349
春の色は青､秋の色は白　315
春の彼岸　355
盤珪　333
磐山　408
盤石劫　97
『番町皿屋敷』 405
般若灌頂　87
『般若経』 396
『般若心経』 37
般若心経と三蔵法師　315
般若湯は智慧の湯　315
般若湯もいろいろ　315

【ひ】

比叡山　272
火自ずから涼し　70
火から生まれた子①～⑪　316-318
光の悟りをもつ夜天①～⑩　470-472
彼岸　308
彼岸は飛雁のこと　318
彼岸は日願のこと　319
引きこもり　194
ビキニの語源　319
比丘尼僧伽　291
髭題目　296
非業の死　52
肥後ずいき　213
悲惨な強深瀬　165
毘沙門天　389
毘沙門天(多聞天)は福の神　319
毘首羯磨　389
美女　101
美女を誘惑する半神　127
美人　135
美人に見えるとき　319
美人の基準　320
美人の妻　248
非想非非想処天　280
額も頭のうち　320
常陸　395
常陸国　84
柩　84
必勝祈願　320
必要性　226
秀吉に恩を売る　14
悲田院　232
一言主神　49
ひとでなし　320
人の首を売る①～④　321
人の死　305
人の真価は死んでから　322
独り善がり　322
人を食う鬼　48
人を見て法を説け　322
雛人形①～④　322-323
火の車　78
彼岸としがん　318
非物質的なもの　73
秘仏堂　58
ビフテキはフランス語　323
ヒマラヤ　85
卑弥呼　77
秘密灌頂　87
紐　15
毘目多羅仙人　439
百尺竿頭　323
百姓　52

百姓清九郎①～③　324
百丈禅師　18
百姓の爺　426
白檀の木　72
百日間で背が伸びた栄西　324
譬喩は理解のたすけ　325
病院通い　358
病院とパチンコ　325
病院と霊の存在　325
病気　329
平等　11,160,255
平等①②　325-326
平等と慈悲　326
平賀源内　283
非理の根源①～③　326
飛竜子　223
蛭子尊　45
毘盧遮那仏　228,229
昼寝　304
ビルマ系　181
広国　413
琵琶は弁才天の持ち物　327
琵琶法師　87
火を吹く仏　327
貧苦を除く長者①～④　445-446
貧者の一灯　30,327
ヒンドゥー教　81,82,337,338
貧女　261
貧女の一灯　30
貧乏な男　363
貧乏な女　60
貧乏な爺と婆　76
貧乏な母親　91
貧乏な山伏　89
貧乏な老夫婦　411
貧乏になった長者　327
貧乏人　375
貧乏の褒美①～⑤　328

【ふ】

不安は病気のこと　329
風　77
風大　258
風鐸　84
フーテンの寅　141
夫婦喧嘩は犬も食わぬ　145
夫婦の理想像　329
夫婦は夫に仕える妻　329
笛の名人　336
不可解なのは万有か女心か　329
深川不動　310
鱶地蔵①～④　330
吹上観音　331
拭き湯灌　406
布教と説教師　331
福沢諭吉　326
福寿の散らし模様　331
福神漬は坊さんの知恵　331
福田行誡上人　51
福の神　319
福禄寿　194,331
福禄寿と寿老人は同体異名　331
普化宗　111
普賢菩薩　195
普賢(菩薩)　430
普賢菩薩①～④　490-491
普眼妙香長者　446
富豪　382
不死　225
無事が一番　332
ふしだら　332
武士道　180
武士道禅　214
無事はさわりのない心の状態　332
武士は戦略、坊主は方便　38
藤村操　329
不邪婬戒　296
不惜身命と命知らず　332
不浄観　203
不生禅①～④　333
藤原広足　264
藤原広嗣　401

普請は大衆を集めること　334
ブスはトリカブトのこと　334
布施　30,43,73,252,389
布施行　3
不殺生と生類憐みの令　334
布施にも悪魔　334
布施の相場　335
布施は取られるものか　335
布施をする人　335
豊前国　413
武宗皇帝　46
舞台の下　288
二つの霊　335
豚に真珠　41
二股大根　198,199
補陀落山　293
二荒山神社　293
二人使い　226
淵のなかの浄土①～③　335-336
仏教　82,110
仏教学の領分　336
仏教語　336
『佛教語大辞典』　340
仏教語の読み　337
仏教弾圧　46
仏教的宇宙　368
仏教徒　163
仏教と農耕民族　337
仏教とヒンドゥー教　337
仏教の入口　337
仏教の俗字　86
仏教は農耕民族の宗教　338
仏教はヒンドゥー教の一つ　338
仏眼　135
仏光寺　230
仏国土　312
仏師　419
仏事回向と修行　338
仏歯寺で信心が爆発　338
仏舎利　188
仏性　255,326
仏性は人間だけにあるのではない　339
仏像　78,130,393,425
仏像の数え方　339
仏像の見方　339
仏足跡と仏像　339
仏陀　299
ブッダか仏陀か　340
仏陀と大日如来の兄弟　362
仏陀となる　375
仏陀となる予言　340
仏壇　65,334
仏壇を購入する時期　340
仏弟子への誘惑　340
仏道から遠ざけるもの①②　341
仏道修行　197
仏飯を食む　358
仏門に入る　341
物欲を満たす長者①～③　444-445
ふてい(布袋)　357
武帝　191
不動心　70
不動信女　450
不動像　425
不動堂　420
葡萄般若　315
不動明王　393
不動明王像　71
蒲団は丸いもの　341
船玉　132
不本意　385
不滅　424
不妄語　424
ブラックリスト　51
ブラフマン　81
振袖火事はお寺が火元①②　341-342
不立文字　218
フルーツ・ポンチはインド産　342
富楼那尊者　403
古びた下帯　19
浮浪人　143
不老不死　250

糞掃衣　148,218
糞掃衣はボロ布で作った衣　342
分別は世間知　342

【へ】

平均寿命はいま　343
平服の童女①〜④　443-444
『ヘーヴァジュラ・タントラ』 9
ベーコン,フランシス　258
『碧巌録』 225
別府　379
ペニス　32
蛇　113,393
蛇になった猟師①〜③　343
蛇の嫁になった女①〜④　344
蛇娘①〜④　345
ペラヘラ祭り　338
ペルシアの太陽神　135
偏友童子　484
変化　205
勉強と道心　345
弁財天　101,175
弁才天　327,372
弁才天から弁財天へ　346
弁才天の真言　346
変成男子　206,282
変成男子願　19
弁説さわやかな弁天さま　346
弁天　41
弁天さま　157,346
弁天さまと蛇①②　346
弁天さまの夫①②　347
弁天さまの嫉妬　347
弁天島　372
弁天(弁才天)の由来　347
弁天(弁才天)のルーツ　347
遍路の娘①②　348

【ほ】

法　110
崩　211
方位①②　348
法衣の材体　44
法外　388
判官贔屓とハルウララ　349
忘却　429
方広経　177
『方広大荘厳経』 357
坊さん　228
坊さんと坊ちゃん　349
坊さんの隠語　349
坊さんは長生きする　349
坊さんよ大志をいだけ　350
坊さんを罰する七法　77
法事①〜③　350
法事はだれのためにするのか　351
放射線状　11
『方丈記』 220,351
豊饒の神　232
方丈の起源　351
方丈は四畳半一間　351
法人の救い　351
坊主　123,228
坊主頭　296
坊主の不信心　82
坊主はお経　69
坊主丸儲け　262,351,389
疱瘡　272,388
暴走族　228
疱瘡の神さま　352
放蕩　420
棒に振る　352
法然の死　352
法は人によって尊し　379
方便　39
方便灌頂　87
方便としての破戒　203
方便の天人①〜④　458-459
方便命(バラモン)　440
法宝周羅長者　445
法名　369
法名・戒名　139

法楽は法会の後の楽しみ　352
放埒の一休　20
法律は釈尊の教えと戒律　353
法輪は武器　353
法蓮寺　302
放浪　390
法話　271
棒を引く　352
ボーズ・ビー・アンビシャス　350
牧師と神父　353
北陸　345
北陸の島　310
法華経　236,265
『法華経』　14,37,46,57,147,162,182,195,205,237,296,297,312,384,422
法華経の行者　108
『法華経』の守護神　62
『法華経』譬喩品　144
『法華経』方便品　39
『法華経』法師品　144
菩薩　192,203,266
菩薩行　297
『菩薩受生経』　476
菩薩の神通力　432
菩薩は努力する人　353
菩薩は身近な存在　354
菩薩摩訶薩　289
墓参は家族のメモリー　354
墓相学①②　354
菩提薩埵　95
菩提寺　217
菩提寺と寺檀関係　355
菩提寺をもたない人びと　355
菩提心　87
菩提心は敬虔な心　355
菩提達磨　118,250
菩提の鹿　362
ぼたもちとおはぎ　355
墓地　66,172,405
墓地と賃貸マンション　355
発願と祈願　356
法華七喩　325
法華堂(三月堂)　426
法華和讃　39
木剣　20
発心　356
法身説法　72
法施　99
掘っ建て小屋の桃水　138
坊ちゃん坊主　13
布袋信仰とことわざ①～④　356-357
布袋和尚は弥勒菩薩の化身　356
布袋竹　357
仏　6,207
仏さまは大法螺吹き　357
仏作って魂入れず　78
仏と石頭　357
仏嬲りと病院通い　358
仏の教え　18
仏の顔も三度　358
仏の使者　157
仏の僕　358
仏の泣き声①～③　358-359
仏の母①～⑩　482-484
仏の変化身　359
仏ほっとけ神かまうな①②　359-360
施しを受ける価値　360
骨に霊は宿るか①～③　360-361
墓埋法　16
ホモ　19
法螺貝　357,361
法螺吹きは転法輪　361
ホラを吹く　357
本因坊は寺坊名　361
梵字　47
梵字を書く子供　47
本葬　373
盆棚と棚経　361
梵天①～④　361-362
梵天勧請　5,87
梵天の怒り　418
先斗町　31

本有灌頂の法　47
煩悩の犬　362
煩悩の数　299
煩悩の裸　363
煩悩は無数にある　363
凡夫　163
本妙寺　284
『梵網経』　289

【ま】

マーヤー夫人　47,481
マイカー・マイホーム　405
マイトレーヤ　375
マイホーム　172
魔王　183,188
摩訶迦葉　66
摩訶迦羅　233
マガダ国　422
蒔かぬ種は生えぬ①～⑤　363-364
摩訶不思議　364
薪　85
幕の内弁当とお斎　364
枕　182
真心　30
将門の祟りを鎮める　208
真姿の池　365
貧しい爺　162
貧しい女王　100
魔檀　334
松尾芭蕉　247
抹香　72
抹香臭い　365
末期の水　99,179,372
末法と「世も末だ」　365
末魔　255
待てなかった若殿①～⑦　365-367
末那識　238
マハープラジャーパティー　291
幻のなかに住む男女①～③　486-487
継子　59
豆まき　220
守り本尊　367
摩耶夫人　59
迷いの極み　275
魔羅　12
魔羅は悪魔　367
マリア観音　95
摩利支天①②　367-368
卍はおめでたい証　368
マンション　307
慢心　12
満足王　447
曼荼羅　87,229
マンダラとマントラ　368
曼荼羅は仏教的宇宙　368
万灯供養　254
万灯奉納　55
マントラ　368
万年機　369
満預大法師　162

【み】

ミイラ　230,390
見栄の戒名　369
見方　22
身から出た錆　170
身代わり和尚①～③　369-370
身代わりと代受苦　370
身代わりになった泥棒　55
身代わりになる仁王さま　370
身代わりの石①～④　370-371
微塵　142,384
水　422
水子と供養　371
水で死の判定　372
水と塩は海水の意味　372
水辺の弁天さま　372
味噌　88
禊　109,147,372
味噌汁　279
弥陀仏　63
弥多羅尼童女　441

密教　86
蜜月は欠けていく　372
密語と蜜語　372
密迹金剛　289
蜜禅　138
密葬と家族葬　373
三つの渡し　164
水戸黄門　84
水戸黄門は水戸の中納言　373
南では無い　373
南菩薩さま　14
源義経　349
美濃国　256
身延山久遠寺　175
身延詣でと落語　373
『箕輪心中』　100
美作　39
宮沢賢治　266
明恵の狼のなかの坐禅　374
明恵の耳を切る修行　374
妙月長者　485
妙超①〜③　374
妙童鬼　48
妙徳円満天神　476
妙徳救護衆生夜天　465
妙徳守護諸城夜天　469
弥勒寺　84
弥勒は救世主①②　375
弥勒仏　385
弥勒菩薩　201,355
弥勒菩薩①〜⑫　487-490
弥勒菩薩の首　13
弥勒菩薩の化身　356
民俗信仰　394

【む】

無　57
無一物中無尽蔵　375
無一物と貧乏人　375
無為の道人　332
無益な殺生　376
無学　36,74
無学位　360
無学祖元　273,376
無学は阿羅漢の別名　376
むかしの火葬　376
むかしの茶と自販機の茶　376
無我ということ　377
無我の教え　78
無記　42
麦の炎①②　377
無功徳　118,191,251
婿猫軽子世の中の業かたり　377
婿養子はあさましいか　377
無言の意見　420
無言の話①〜④　378
武蔵国　38,312,365
無実の行者　49
無私の愛　180
蒸風呂の縁起①②　379
無常　35,205
無将軍長者　486
無上勝長者　453
無常瑜伽タントラ　254
無尽蔵　376
無尽灯は尽きない火種　379
息子　290
娘の骸骨①〜⑦　379-381
娘の寿命①〜⑤　381-382
娘の布教①〜⑦　382-383
夢窓疎石　191
夢窓疎石の名前の由来　384
夢窓疎石は観世音菩薩から授かった子　384
無相とクオーク　384
無体は実体のないこと　384
無知　74,118
陸奥国　177
無二無三は一　384
胸の釘　385
無念は不本意なこと　385
無仏時代の救世主　385

無分別は悟りの智　385
無明　117,118
無明の酒　386
無用の長物　276
紫　194
紫は聖なる色　386
『無量寿経』 19,250,297

【め】

冥界　280
名利①②　386
明治は遠くなりにけり　387
瞑想で名僧になる　387
瞑想の修行者①～⑥　437-438
冥土の沙汰も金次第　111
滅入る　296
滅入ることは悟ること　387
迷惑をかけないは妄説　387
メーガ(良医)　435
メーテルリンク　190,209
妾の喧嘩　388
メシア　375
飯炊き女　59
馬勝　188
目玉の観音①②　388
滅法は並外れていること　388
目で殺す　388
芽吹き　312
面目は本来の心性　389

【も】

儲けか布施か　389
蒙古の大軍　81
亡者　248
もう一人の創造神①②　389
盲目の老婆　150
木魚と津波　390
木食　229
木食応其　390
木食行　390
木食五行　390
木食上人①～③　390
目的は何か　391
沐浴　147
土龍　239
目連　203
目連尊者　392,403
目連と目蓮と木蓮　391
餅　146
持ち味を生かす①②　391
物惜しみは飢えと渇きに苦しむ　392
喪の期間　392
物の怪　204
物部守屋　294
物見遊山　407
喪服　265
桃栗三年柿八年　403
桃の節句　322
桃の花酒①～④　392-393
燃やされた仏像　393
文覚上人　239
文覚の荒行①②　393
文覚の藪のなかの修行　394
文覚、龍神を鎮める　394
文殊師利菩薩　490
文殊と文珠①～④　394-395
文殊の化身　395
文殊の智慧　395
文殊(菩薩)　430
文殊菩薩①②　490
文殊菩薩の前身①～⑩　396-398
門前の小僧習わぬ経を読む　120
聞法　98

【や】

柳生但馬守宗矩　107
『薬師経』 52
薬師寺　222
薬師如来　84
薬師如来とヤブ医者　398
薬師如来の脂①～④　398-399
薬石功なく　399

薬石と懐石・会席　399
厄年はダジャレ　400
役に立たない　61
厄除け　97
夜叉　192,418
野僧沢庵　400
野僧に徹すべし①②　400
奴只中道心者　64
八つ裂きにされた玄昉①②　400
柳に風　309
柳は緑、花は紅　84
耶馬渓　4
ヤブ医者　398
野暮天は神像　401
谷保天満宮　401
野暮と化け物は箱根から先　401
病から里人を救う　388
病と教え　401
山芋が鰻になる　401
山芋と鰻　401
病を癒す長者①～④　446
山岡鉄舟の禅哲学　57
山里　416,427
山城国　281
山寺　31,301
大和の尼寺　157
大和国　7,35,36
大和の山寺　264
山に架ける橋　49
山の鬼　7
山の神とカミさん　401
山の小判①～④　402
山伏　273
病み上手に死に下手　124
病め医者、死ね坊主　16
槍の極意　333
病んだ老女　112

【ゆ】

唯我独尊　403
唯識三年倶舎八年　338,403
唯識と倶舎　403
『維摩経』　139,253,351,379
維摩居士　253,351
遊戯　406
遊女　207
遊女の長者　195
裕福で信心深い家　93
裕福な年老いた夫婦　90
裕福な夫婦　411
幽閉された王①～⑤　403-404
雄弁家になった爺①②　404-405
幽霊とお化け　405
幽霊の足　405
幽霊の住処　405
湯灌①②　406
湯灌は受戒得道の準備なのに　406
遊戯　6
遊戯は自在な心身の活動　406
遊山翫水　407
遊山は遍歴修行　407
ユダヤ教の輪廻転生説　407
湯殿山　254
ゆばは豆乳の薄皮　407
指一本①②　407-408
湯布院　4
夢　54,72,195,264,384
湯屋　80
ゆるす努力　408

【よ】

良い良くないは心がつくる　408
養子　378
ヨーガ　228,229
ヨガと修行　408
良き友は金持ちか　409
よき仏子も斧の躓きあり　181
欲心　74
欲の順位　409
欲は喉の渇き　409
欲深な男①②　409-410
欲望　266

横車を押す　410
吉野　324
吉野山　57
吉野山の桜　48
吉原　100
吉原で弔い戦　410
世過ぎと死ぬのは薬がない　210
世過ぎ身過ぎ　210
世捨て人　410
他所の牛蒡で法事する　110
夜爪は世をつめる　410
世に捨てられた人　410
呼ばずが来る　51
呼ばぬ閻魔に推参亡者　51
黄泉　30
黄泉に行った男①～⑥　411-412
黄泉の国　264
黄泉の国から帰った金持ち①～⑤　412-413
黄泉の国の報い①～⑥　413-414
読みのパターン認識　415
嫁　96
夜目・遠目・傘の内　319
嫁になった吉祥天女①～③　415
嫁の曼陀羅①～③　416
曼陀羅　416
嫁の道①②　416-417
世も末だ　365
与楽　180
与楽寺　277
寄り合い　310
憑代　246
依代　307,360
夜爪を切ると　417
喜びの悟りの夜天①～⑩　463-465
世渡りの殺生　417
弱みと霊感商法　417
弱みの怨霊　417
弱り目に祟り目　417
四コマ漫画　99

【ら】

ラークシャサ法　418
来世　140,290
羅漢　146
羅漢の境地　20
裸形外道　316
楽　118
ラゴラ　122
ラゴラ国王　313
ラゴラと寺の子供　417
羅睺羅に母あり　417
羅刹①②　418
螺髪　60
ラマ教のラマは神人　418
蘭渓道隆　72,103

【り】

利益　118
理解　85
力士　255,282
力士は仁王　418
利供養　119
離間語　295
利生　11
リセット　423
理想　354
利他　43
利他で悟りに近づく　419
律義者の子沢山　419
律　216
律儀　419
『立正治国論』　286
立太子式　86
リバウンド　253
利益　118
龍王　8,12,394
龍王①②　419
竜宮城　311
龍樹菩薩から法を授かる　47
龍津寺化霖　306

笠智衆　141
龍女成仏　282
立亡　221
『楞伽経』 289
良寛①～④　420
良寛さんの鍋　421
了源上人　230
両国　98
漁師　330
漁師の神さま　45
漁師の兄弟　343
猟師の発心①～④　421
霊鷲山　259,378,403
霊鷲山と耆闍崛山　422
両舌　295
霊山浄土　422
梁の武帝　118
梁の武帝　250,251
良薬口に苦し　122
料理の秘訣は三つの心　422
緑茶　376
離欲の信女①～⑥　455-456
リラックス効果　72,130
臨済宗と曹洞宗の違い　422
臨済将軍曹洞土民　422
『臨済録』 332
臨死体験者　167
臨終　206,305
臨終正念と死に水　422
臨終は安らかに　423
輪廻転生　53,82,143,244
輪廻転生説　217
輪廻転生とリセット①②　423
輪廻転生の逆輸入　423
輪廻は生まれ変わり死に変わり　424
輪宝　353
臨滅度時の鐘　293

【れ】

霊　335
霊安室　325
霊感商法　417
霊骨　103
霊魂　73
霊魂説　248
霊魂は不滅か　424
霊性　217
霊能者にも得手不得手　424
霊の呼び出し　424
霊媒師　405
蓮華　219
蓮月尼の美貌　55
蓮華の台　425
蓮如　41
『蓮如上人御一代記』 98
蓮如の死　425

【ろ】

聾唖になった泥棒　425
臘次　192
老人　207
老僧　373
蠟燭　263
蠟燭の明かり　280
老体を養う女体地獄　425
老は尊敬の意　426
良弁杉①②　426
ローマ神話　3
ローン地獄　144
六地蔵　76
六神通　209
六道　67
六度行　308
六波羅蜜　197
ロザリオ　193
ロシ長者　123
漏神通　209
『六巻抄』 162
六甲秘呪　299
ロバ　294
論語読みの論語知らず　108

【わ】

ワイルド　122
若い道人　122
若い夫婦　416
若返りの水　426
若さとバカさ　426
若様　427
若僧と若様　427
若殿　365
若者　311
我がもの大海のごとし　427
わが家　96
別れの和歌　420
鷲　422,426
鷲にさらわれた子供①～⑤　427-428
鷲の食い残した子供①～③　428-429
儂は言わぬが、お前が言うぞ　72
忘れ去ること　429
和製語　207
渡し守　159
渡る世間は鬼はない　219
笑いと信仰　429
笑う門には福来る　429
悪ガキは飽食の時代の産物　429
悪口　59
割殻喰わぬ上人はなし　88
吾唯知足　142
ワンダー・さとりへの道①～㉖④　430-491